Lee Teodora Gušić

Theater im Krieg – Friedenstheater?

D1720442

Annette Bühler-Dietrich (Hg.)
Frauen – Literatur – Wissenschaft
Band 3

Lee Teodora Gušić

Theater im Krieg – Friedenstheater?

Theaterstücke zu den Jugoslawienkriegen (1991–1999):
Sarah Kane, Biljana Srbljanović, Milena Marković, Ivana Sajko
und Simona Semenič

Frank & Timme

Verlag für wissenschaftliche Literatur

Umschlagabbildung: Ausschnitt aus *Der Fuß der Moderne*, Nic Kramer, Frankfurt am Main, 1995, 120 x 60 cm, Eitempera/Acryl auf Holz

ISBN 978-3-7329-0674-1
ISBN E-Book 978-3-7329-9315-4
ISSN 2513-0854

© Frank & Timme GmbH Verlag für wissenschaftliche Literatur
Berlin 2021. Alle Rechte vorbehalten.

Herstellung durch Frank & Timme GmbH,
Wittelsbacherstraße 27a, 10707 Berlin.
Printed in Germany.
Gedruckt auf säurefreiem, alterungsbeständigem Papier.

www.frank-timme.de

Zugl. Dissertation der Universität Stuttgart, D 93

Über einige Davongekommene

Als der Mensch
Unter den Trümmern
Seines
Bombardierten Hauses
Hervorgezogen wurde,
Schüttelte er sich
Und sagte:
Nie wieder.

Jedenfalls nicht gleich.

Günter Kunert (1929–2019)[1]

---

1   Kunert, Günter: *So und nicht anders. Ausgewählte und neue Gedichte*, München/Wien 2002, S. 7. Das Gedicht aus dem Jahr 1963 gehört zu der Sammlung *Erinnerungen an einen Planeten. Gedichte aus 15 Jahren.*

Widmung

Im Krieg, den nur Davongekommene wollen können, die nichts verstanden haben, ist die einzige Reise Flucht. Manchmal nennt man sie auch Auswandern, Übersiedeln oder Exil.

Lee Teodora Gušić

Writing is the ultimate homage that one can pay the dead: it is an act of love.

Louise deSalvo[2]

In diesem Sinne:
Allen antitotalitär eingestellten LGBQIT*-Menschen, den Überlebenden[3] aus den Nachfolgestaaten Jugoslawiens und allen ‚meinen' lieben Menschen und Tieren in herzlichster Zuneigung – ob sie noch leben oder nicht, wo auch immer.

....

2   DeSalvo, Louise A.: „Shakespeare's ‚Other' Sister", in: Marcus, Jane (Hg.): *New feminist essays on Virginia Woolf*, London/Basingstoke 1981, S. 77.

3   Dies ist ein Fachbegriff für Menschen, die sexuelle Gewalt überlebt haben.

Inhaltsverzeichnis

1   Einleitendes – Forschungsinteresse, Korpus,
    Annahmen und Vorgehen 13

2   Aus Überzeugung sterben oder überzeugend sterben?
    Frauen im Krieg und im Theater 21

   2.1   Konflikt, Aggression, sexualisierte Gewalt, Krieg –
         zur Begrifflichkeit 26

   2.2   Jugoslawienkriege (1991–1999):
         Erläuterungen und Forschungsstand 34

   2.3   Sprache, Schweigen und Spaß im (Nach)Kriegsalltag 44

         2.3.1   Wenn Krieg die Sprache verschlägt –
                 Sprache, ihre Absenz und Krieg 44
         2.3.2   Komik zu Kriegszeiten – weder spaßig, noch lustig 47

   2.4   Medium Theater – ein Stück weit Krieg oder
         ein Stück weiter in Richtung Friedenstheater? 57

3   Theaterstücke zu den Jugoslawienkriegen (1991–1999):
    Forschungsstand, Auswahl, Schwerpunkte, Methodisches 69

   3.1   Untersuchungen zu Stücken mit Kriegsthematik –
         Bericht zur Forschung 69

   3.2   Theaterstücke, Inszenierungen und Performances im Kontext
         der Jugoslawienkriege – Werkschau, Auswahlkriterien
         und Forschungsbericht 73

   3.3   Im Fokus: Arbeiten von Autorinnen 80

         3.3.1   Die fünf Autorinnen und ihre Stücke 87
         3.3.2   Der Forschungsstand zu den
                 hier diskutierten Autorinnen 91

3.3.3 Autorinnen, Performerinnen und performende Gruppen
       aus Südosteuropa: Srbljanović, Marković, Sajko, Semenič
       in Relation zu Abramović, den *Frauen in Schwarz* und
       dem *DAH Theater* 104

3.4 Autoren aus Südosteuropa:
     Šnajder, Dukovski, Frljić, Mihanović, Bošnjak 110

3.5 Autoren aus West- und Mitteleuropa: Richter, Handke 114

3.6 Schwerpunkte: Komik, Generationen- und
     Geschlechterverhältnisse 123

3.7 Methodisches Vorgehen 125

4 **Vorstellung sprengt Vorstellungen. Sarah Kane – *Blasted*, 1995 .... 133**

4.1 Kane – Leben und Werk 133

4.2 Forschungsüberblick 141

4.3 *Blasted* – Inhalt 147

4.4 Hintergründe und Zusammenhänge der *Blasted*-Rezeption 149

4.5 Struktur 167

4.6 Handlungsorte 170

4.7 Figurenkonstellationen 176

4.8 Kriegerische Gewalt 189

4.9 Lachen bei komischer Nähe –
     Nahrung für Mit- oder Verlachen? 202

4.10 Kane – Fazit 207

5 **Neues Jahr, neues Leben, neue Todesart. Biljana Srbljanovićs**
   ***Belgrader Trilogie*, 1996 und *Familiengeschichten. Belgrad*, 1999 ..... 217**

5.1 *Belgrader Trilogie*, 1996 223

     5.1.1 *Belgrader Trilogie* – Inhalt 223
     5.1.2 Struktur, Zeiten und Orte 228
     5.1.3 Figurenkonstellationen und Kriegs(gewalt) 232

5.1.4   *Belgrader Trilogie* – Fazit 242

5.2   *Familiengeschichten. Belgrad*, 1999 245

5.3   Srbljanović – Fazit 253

6   Explosive Familienprobleme. Milena Markovićs
Die Pavillons oder Wohin gehe ich, woher komme ich,
und was gibt's zum Abendessen, 2001 .... **257**

6.1   *Die Pavillons* – Inhalt 263

6.2   Struktur 269

6.3   Handlungsorte 273

6.4   Figurenkonstellationen 274

6.5   Kriegs(gewalt) 288

6.6   ÜberZeichnung – ÜberFülle – ÜberMut 292

6.7   Marković – Fazit 299

7   ,Sexbomb, sexbomb, sexbomb'?
Ivana Sajkos *Žena bomba/Bombenfrau*, 2003 .... **301**

7.1   *Bombenfrau* – Mittelstück einer Trilogie 303

    7.1.1   *Bombenfrau* – Inhalt und erste Ebenen
         des Textverständnisses 310

    7.1.2   Struktur 315

    7.1.3   Figurenkonstellationen 321

    7.1.4   Weitere Deutungsebenen des Textgeflechts 323

    7.1.5   Gewalt(tät)ige KörperNähe, physische Gewalt –
         KriegsMacht 334

    7.1.6   *Bombenfrau* – Fazit 339

7.2   Bezüge zu *Bombenfrau* in vier weiteren Stücken von Sajko 344

    7.2.1   *Orange in den Wolken*, 1998/2001 344

    7.2.2   *4 trockene Füße*, 2001 353

    7.2.3   *Rippen/Wände*, 2002 357

    7.2.4   *Rose is a rose is a rose is a rose. Partitur*, 2007 360

7.3   Sajko – Fazit 367

8   Machtspiele zwischen Herrschaft und Weisheit.
    Simona Semeničs *whilst i almost ask for more or a parable
    of the ruler and the wisdom*, 2011 371

8.1   *whilst/wisdom* – Inhalt 383

8.2   Strukturelles zur Handlung – Sprache, Orte, Aufbau 389

8.3   Figurenkonstellation und Kommunikationsformen 397

8.4   Krieg(sgewalt) 404

8.5   Komik, Ironie, Humor – hier?!? 412

8.6   *whilst/wisdom* – Fazit 415

8.7   *5jungs.de. stück für fünf schauspielerinnen
       mit prolog und epilog, 2008* – Inhalt, Struktur und Zeit 421

       8.7.1   Figurenkonstellationen 425
       8.7.2   Handlungsorte 428
       8.7.3   Krieg(sgewalt) als Kinderspiel 429
       8.7.4   *5jungs.de* – Fazit 437

8.8   Semenič – Fazit 439

9   Aufführungen – eine weitere Dimension des Sujets 443

10 Resümee 459

    10.1   Gewalt und Schweigen im Spiel. Querbezüge 463

    10.2   Humor, Komik, Ironie 470

    10.3   Schlussbemerkungen und Ausblick 472

Interview mit Tanja Miletić-Oručević 477

Literatur und Quellen 485

Danksagung 559

1 Einleitendes – Forschungsinteresse, Korpus, Annahmen und Vorgehen

In der vorliegenden Arbeit stehen ausgewählte Dramen im Mittelpunkt, die von europäischen Autorinnen zu den Jugoslawienkriegen 1991–1999, währenddessen oder in den Nachkriegsjahren[4] verfasst worden sind. Das Forschungsinteresse gilt dem Kriegskontext und dem Gewaltgehalt der Dramen, besonders im Blick sind die Geschlechterverhältnisse.

Zum ausgewählten Textkorpus, dem Hauptgegenstand, der hier untersucht wird, gehören primär fünf Stücke:

- *Blasted/Zerbombt* von Sarah Kane,
- *Belgrader Trilogie* von Biljana Srbljanović,
- *DIE PAVILLONS oder Wohin gehe ich, woher komme ich, und was gibt's zum Abendessen* von Milena Marković,
- *Žena bomba/Bombenfrau. Monolog für eine Bombenfrau, einen namenlosen Politiker, seine Leibwächter und seine Geliebte, Gott und einen Chor der Engel, einen Wurm, die Mona Lisa von Leonardo da Vinci, zwanzig meiner Freunde, meine Mutter und mich* von Ivana Sajko und
- *sophia. whilst i almost ask for more or a parable of the ruler and the wisdom*[5] von Simona Semenič.

....

4   Teilweise dauert in den jugoslawischen Folgestaaten die Nachkriegszeit bis in die 2010er Jahre an, was sich u.a. an der Kriminalitäts-, Suizidrate, Suchtstoffabhängigkeit und den Fällen von häuslicher Gewalt festmachen lässt, ebenso wie an der Verfolgung und Verurteilung von Kriegsverbrechern. Vgl. u.a. Ramet, Sabrina P.: *Die drei Jugoslawien. Eine Geschichte der Staatsbildungen und ihrer Probleme*, (Engl. Orig.: *The Three Yugoslavias. State-Building and Legitimation 1918–2005*, Washington D.C. 2006) München 2011.

5   Der Vorname Sophia wurde nachträglich von Semenič eingesetzt, da sie dies für das Besprechen des Stückes passender fand. Hier in der Arbeit greife ich primär den Langtitel auf.

Der Kern der Untersuchung besteht darin, zu analysieren, wie das wechselseitige Verhältnis innerhalb der Triade Theater – Frauen – (Jugoslawien)kriege gestaltet ist, vor allem bezogen auf die Bereiche Gewalt und Komik. Die Autorinnen der Theaterstücke sind bekannt und zugleich verdienen sie mehr Beachtung.

Weitere Stücke der Autorinnen sowie andere Stücke zur Thematik werden ergänzend diskutiert, insofern sie aufschlussreich für das Verständnis sind.

Um die Texte zu erschließen wird close reading sowie die intra- und intertextuelle Textanalyse herangezogen sowie Elemente der feministischen und interkulturellen Zugangsweise, worauf beim methodischen Vorgehen näher eingegangen wird.

Die Untersuchungen zu Frauenfiguren in Stücken, die Bestandsaufnahme von Stücken von Autorinnen, Krieg als Thema in Theaterstücken und Jugoslawienkriege als Thema in Theaterstücken bedeuten eine schrittweise Annäherung an eine Kombination, die bisher in der Forschung so nicht besteht: Frauenfiguren in Theaterstücken von Autorinnen zu den Jugoslawienkriegen.

Zunächst wird hier Krieg als Phänomen an sich und in Abgrenzung zu Gewalt, Aggression und Konflikt thematisiert. Dann werden Aspekte der Jugoslawienkriege der 1990er Jahre in den Blick genommen, die für die Stücke relevant sind. Dies erfolgt ausführlicher, da diese europäischen Kriege sowohl in ihrem Beginn als auch im Verlauf anders komplex sind als jene mit Ressourcen-Interesse z.B. in Afghanistan, Irak und Syrien. Anschließend rücken konkrete europäische Theaterstücke zu den Jugoslawienkriegen in den Blickpunkt.

Die thematische Verbindung Theaterfrauen und Krieg ist für die vorliegende Untersuchung ebenso wichtig wie die Themenkreise Theater und Krieg sowie Frauen im Krieg, wie hier im Weiteren deutlich wird.[6] Theaterstücke

....

6   Einführend: U.a. Sajjad, Sajjad, Tazreena: „Rape on Trial: Promises of International Jurisprudence, Perils of Retributive Justice, and the Realities of Impunity", in: Rittner, Carol/ Roth, John K. (Hg.): *Rape. Weapon of War and Genocide*, St.Paul MN 2012, S. 61–81; siehe Karte S. xxiii und Chronologie S. xxv–liii. Vgl. Muska, Susan/Olafsdottir, Greta: *Women. The forgotten faces of war*, New York 2002. Ein Dokumentarfilm über Schicksale von Frauen, die die Kriege überlebt haben und u.a. vom Kosowo nach Albanien geflohen sind. Und: Alexijewitsch, Swetlana: *Der Krieg hat kein weibliches Gesicht*, 3. Aufl., München 2015.

europäischer Autorinnen zu den Jugoslawienkriegen sind ein naheliegendes Forschungsgebiet und bisher relativ unbearbeitet. Mit Blick auf diese europäischen Kriege werden auch Autoren aus Südosteuropa und West- und Mitteleuropa sowie ein über Europa hinausgehendes Beispiel beachtet. Darauf folgen Untersuchungen und die Auswertung zu den Stücken der fünf Autorinnen aus den westlichen und östlichen Teilen Europas, Großbritannien und den Nachfolgestaaten Jugoslawiens. Handlung, Struktur, Figurenkostellationen und die inhaltlichen Bereiche KriegsGewalt und Komik stehen im Mittelpunkt.

Wenn es heißt: „Ohne Konflikt fänden weder Kriege noch Dramen statt",[7] scheint eruptive Destruktion Motivation und Vorbedingung für schöpferische Aspekte zu sein. Falls kriegerische Konflikte konstitutiv zur Welt gehören, ist es aber fraglich, ob bei Theaterstücken Gewalt ein zentrales Element sein muss, als bedürfe es zwingend gewalttätiger WidersacherInnen,[8] um Spannung aufkommen zu lassen.

Es wird hier die Annahme verfolgt, dass Theaterstücke, die im Kontext eines kriegerischen Ausnahmezustands entstanden sind, sehr vielschichtige Bedeutungen enthalten und mehrere Funktionen erfüllen: von propagandistischem Inhalt bis hin zu einem wichtigen Ausgleichs- und Gegenmoment.

Man könnte – so die zweite Annahme – denken, dass es innerhalb dieser fünf Stücke wenig bis keine Frauenfiguren gebe und sie – im Gegensatz zu den Männerfiguren – als schwach gezeigt würden, indem sie schweigen, zu schweigen hätten, oder kaum zu Wort kämen.

Es könnte zweitens sein, dass die Frauenfiguren maximal pazifistisch und falls überhaupt, nur minimal gewalttätig sind.

....

7   Oberender, Thomas: „‚Kriegstheater' oder: Die Spiele der Macht. Zum Verhältnis von Krieg und Theater", in: Oberender, Thomas/Peeters, Wim/Risthaus, Peter (Hg.): *Kriegstheater. Zur Zukunft des Politischen III*, Berlin 2006, S. 12.

8   Der Forderung nach einer Sprache, die geschlechtergerecht ist und vielfältige Geschlechterformen achtet, wird in dieser Arbeit in Form des Sternchens * und des Großbuchstabens I Rechnung getragen, der von der taz 1985 eingeführt, u.a. von der Linguistin PD Dr. Luise F. Pusch akademisch favorisiert wird. Vgl. auch Hellinger, Marlis: *Kontrastive Feministische Linguistik. Mechanismen sprachlicher Diskriminierung im Englischen und Deutschen*, Ismaning 1990, S. 98f. Wörter, die linguistisch keine weibliche Form haben, bleiben so (z.B. Schurke, Bösewicht), weibliche Schurken sind dann mitgemeint. Bei ausschließlich eingeschlechtlichen Gruppen wird ebenfalls die jeweils passende Form eingesetzt (z.B. nur Kritiker, wenn es sich gesichert ausschließlich um Männer, tendenziell cis-, handelt).

Drittens schien es naheliegend anzunehmen, die Frauenfiguren seien allesamt Mütter und gingen in dieser Rolle tendenziell begeistert auf, da es die Erfüllung in einem Frauenleben sei und lebensbejahendes Hoffnungspotenzial berge. Die Figuren täten alles für ihre Kinder und alles, um ihre Kinder zu retten, wäre zu vermuten. Oder sie seien auf eine archaische Art und nah an Bildern von Göttinnen, wie z.b. Tomyris oder Kali-Durga, autoritär und gewaltbereit, und insoweit selbst zuvor Opfer von Gewalt, unter Umständen sogar verroht.

Der vierte Denkweg lautet: Am und im Krieg ist nichts komisch. In Literatur und Menschheitsgeschichte findet und hält sich das Vorurteil, Frauen hätten keinen Humor. Die Stücke sind von Autorinnen verfasst, also könnte es sein, in den Stücken gebe es nichts zu lachen; und wenn, kämen Diskriminierungen und Stereotype vor.

Es würde – fünftens – eine Nachkriegsgesellschaft gezeigt werden, die sich um Frieden bemüht und Eltern, die ihre Kinder pazifistisch im Sinne der Nächsten- und Feindesliebe sowie der Geschlechtergerechtigkeit erzögen, im Geiste eines ‚Nie wieder'. Oder aber: Es gäbe nationalistisch-propagandistische Zuschreibungen zu Figuren und Orten der Handlung, und die Interaktion auf der Bühne sei geprägt von Gewalt; je geographisch näher an den Kampfhandlungen, umso intensiver das Kriegsgeschehen auf der Bühne.

Daher wäre, als sechste Annahme, zu erkennen, dass die privaten Konflikte nichts mit den Jugoslawienkriegen der 1990er Jahre oder Krieg allgemein zu tun hätten. Das eine sei persönlicher Beziehungskrieg, das andere sei offizieller Krieg zwischen Staaten mit Soldaten-, eventuell *innen, bei denen Zivilist*innen tendenziell nicht involviert seien.

Die zentrale Frage im Zusammenhang mit Theater und den Jugoslawienkriegen 1991–1999, den ersten europäischen Kriegen nach dem Zweiten Weltkrieg, ist hier daher: Wie gehen die ausgewählten europäischen Theaterautorinnen in ihren Stücken mit den Jugoslawienkriegen um?[9]

Spezifizieren lassen sich vier folgende Fragenbereiche (A bis D):

....

9   Europäisch bezieht sich auf die Geographie.

© Frank & Timme   Verlag für wissenschaftliche Literatur

A: Welche Rolle spielen Erinnern, Gedenken, Verarbeiten, Zeigen und Ästhetisieren bestimmter Ereignisse für die Autorinnen Kane, Srbljanović, Marković, Sajko, Semenič? Wie ist dies mit ihren Figuren verknüpft?

B1: Sind die Stücke im Kontext der Jugoslawien-Kriege spezifisch und wären sie auch übertragbar auf andere Konflikte und Kriege und Nachkriegsgesellschaften?

B2: Welche Lesarten gibt es? Worüber und wie schreiben (Theater)Autorinnen zu den kriegerischen Konflikten? Geraten sie in kriegsbedingte Deutungszwänge oder propagandistisch Anmutendes, das sich mit Blick auf die jugoslawischen Kriegszeiten in den 1990er Jahren ergibt? Inwiefern sind die Stücke politisch? Auf welche Art sind sie mit dem Persönlichen und Privaten, das sie zeigen, allgemein bedeutsam? Inwiefern können sie eine Art Probehandeln bezogen auf Krieg sein? Welche Vorstellungen von zwischenmenschlichem Umgang werden in den ausgewählten europäischen Theaterstücken aus der Zeit der Jugoslawienkriege und der Nachkriegszeit geweckt?

Daraus resultiert C1: Gibt es signifikante soziale Geschlechterkonstruktionen, und wenn ja, welche? Zu dieser Frage gibt es einen Unterkomplex an Fragen wie: Wie sind die weiblichen Rollen in diesen Stücken angelegt? Aufgrund der Geschlechtercharaktere und -rollen, die in der Gesellschaft zugewiesen werden, sowie geschlechtsspezifischen Rollenverschiebungen von Frauen in Kriegszeiten in Männerdomänen wird es darum gehen, wie diese artikuliert werden; in Nachkriegszeiten gibt es eine hohe Gewaltrate, besonders an Frauen.[10]

Daher folgt C2: Wie wird dies aufgegriffen? Wie findet bei diesen Autorinnen kriegerische Gewalt in ihr Stück Eingang: Strukturell, physisch, psychisch oder verbal? Wie wird die Kriegswirklichkeit für Frauen in den Stücken dargestellt? Wie verhalten sich die Frauenfiguren; verharren sie demonstrativ im

....

10   Vgl. Buckley-Zistel, Susanne/Krause, Ulrike/Loeper, Lisa: „Sexuelle und geschlechterbasierte Gewalt an Frauen in kriegsbedingten Flüchtlingslagern. Ein Literaturüberblick", in: *Peripherie. Zeitschrift für Politik und Ökonomie in der Dritten Welt*, Nr. 133, 34. Jahrgang, März 2014, S. 73: „Jüngere Studien argumentieren, dass auch nach Beendigung von Kampfhandlungen vielerorts die Gewalt an Frauen kein Ende nimmt, so dass für eine große Anzahl an Frauen in sogenannten Postkonfliktsituationen die Erfahrung von Gewalt gleich bleibt oder ansteigt".

Schweigen, oder nicht? Sind sie Kriegsgrund, -beute, Opposition oder werden sie als Individuen sichtbar? Entsprechen sie typischen Rollen, einem Klischee, falls es überhaupt mehrere Frauen/-rollen gibt? Entwickeln sich die Figuren in Richtung Gegengewalt, Selbstzerstörung, oder leisten sie Widerstand? Sind sie utopisch oder ideologisch?

Und schließlich D: Wenn irgendetwas Positives aus der Kriegszeit auf die Bühne gebracht wird, wie kommt es zur Sprache? Gibt es positive Körperlichkeit, wo doch Körper im Krieg eliminiert werden? Wird von der vielen (Kriegs)Gewalt, die es in den Jugoslawienkriegen gab, etwas dargestellt oder ganz darauf verzichtet? Welche kriegerische Handlung, falls es sie gibt, wird mit Sprache und den Mitteln und Zeichensystemen des Theaters dargestellt? Gibt es in den Theatertexten Hoffnung für die Gesellschaft und die Individuen? Welche Gegenwelten werden eventuell aufgebaut?

Überprüft wird, wie die Stücke zu verstehen sind, und inwiefern kommunikativ-versöhnliche, heilsame Elemente enthalten sind. Dies wird an Stücken zu den Jugoslawienkriegen untersucht, da, so die Ausgangsthese hier, diese Kriege, – mitten in der europäischen Friedenszeit nach Glasnost und kurz nach der friedlichen Vereinigung der BRD und DDR – einen besonderen Einfluss auf europäische Theaterstücke gehabt haben müssten. Ihre Beachtung kann für die Bedeutung des Theaters in Europa hilfreich sein.

Bei der Frage, welchen Aufschluss diese Theaterstücke über den literarischen Umgang mit diesen Kriegen geben, liegt der Schwerpunkt dieser Arbeit auf den Textvorlagen. Aufführungen und Performances sind im vorletzten Kapitel insoweit aufgenommen, als ihre Besprechung und Analyse die Fragestellung erhellen und um neue Gesichtspunkte bereichern. In der Arbeit werden hauptsächlich bereits auf Deutsch übersetzte Texte und Publikationen herangezogen, teilweise werden bisher nicht veröffentlichte oder nicht übersetzte Theatertexte zugänglich gemacht.

Diese Arbeit rückt Themen und Stücke in den Fokus, die immer wieder, ebenso wie das geographische Gebiet, Randerscheinungen zu sein drohen.

Im Bereich Theater auf diesem europäischen Gebiet zu arbeiten, mit bestehenden Nationalismen und unaufgearbeiteten Gewalttaten, besonders dem

Genozid an den muslimischen Bosnier*innen ist eine schwierige Gratwanderung und Herausforderung.[11]

Insofern Probleme kommunizierbar bleiben, trägt diese Beschäftigung mit Theaterstücken zu den Jugoslawienkriegen zur kulturellen, vor allem europäischen Friedensarbeit bei, denn: „Das Versagen der Kommunikation ist der Anfang aller Gewalttätigkeit [...]. Wo die Mitteilung aufhört, da bleibt nichts als Prügeln, Verbrennen, Aufhängen."[12] „Wo die Sprache versagt, beginnen, wie es

....

11   8.000 Tote allein nach dem genozidalen Massenmord 1995 in Srebrenica; 20.000 bis 70.000 systematisch vergewaltigte Frauen, vor allem muslimische Bosnierinnen – dies sind schreckliche Ereignisse und sehr schmerzhafte Informationen, die inhaltlich als (Hinter) Grundwissen zu dieser Arbeit gehören. Vgl. z.b. Campbell, Kirsten: „Transitional Justice und die Kategorie Geschlecht", in: *Mittelweg 36*, 18. Jahrgang, Hamburg Februar/März 2009, S. 41. Vgl.: http://www.icty.org/specials/srebrenica20/index.html, https://www.irmct.org/specials/srebrenica20/, Stand: 03.08.2020, https://en.wikipedia.org/wiki/Srebrenica massacre; vgl.: Gratz, Dennis: *Elitozid in Bosnien und Herzegowina 1992–1995*, Hamburg 2007, S. 122f.; vgl.: Stiglmayer, Alexandra: *Gender politics in the Western Balkans*, auf: https://www.forbes.com/sites/ewelinaochab/2017/07/10/remembering-the-lives-lost-in-srebrenica/#51d50162238c; Stand: 01.01.2019; vgl.: Dies.: „Vergewaltigungen in Bosnien-Herzegowina", in: Stiglmayer, Alexandra (Hg.): *Massenvergewaltigung. Krieg gegen die Frauen*, Freiburg im Breisgau 1993, S. 109–216. Vgl.: Wood, Elisabeth Jean: „Conflict-related sexual violence and the policy implications of recent research", in: *International Review of the Red Cross* (2014), 96 (894), S. 457–478. *Sexual violence in armed conflict*, doi: 10.1017/S1816383115000077, Stand: 03.08.2020, S. 461. Vgl.: Ball, Patrick/Tabeau, Ewa/Verwimp, Philip: *The Bosnian Book of Dead. Assessment of the Database* (Full Report), Households in Conflict Network Research Design Note 5, 17 June 2007, in: https://hrdag.org/wp-content/uploads/2013/02/rdn5.pdf, Stand: 03.08.2020. Sowie: El Sherif, Isis: *Die Bewertung von sexualisierter Kriegsgewalt gegen Frauen im internationalen Recht nach dem Jugoslawienkrieg*, Frankfurt am Main 2008, bes. S. 11, 19, 25ff, 30ff, 50, 53ff und 73. Die Diskrepanz (20.000 bis 70.000) der Zahlenspanne oben ist der Quellenlage verschiedener Jahre geschuldet, zeugt von der mühsamen Arbeit der Forscher*innen und stellt in keiner Weise Verifizierung und Verantwortung der einzelnen Taten in Frage, von denen – dies kann nicht oft genug gesagt werden – jede einzelne eine zu viel ist sowie verfolgt und geahndet gehört. Dazu: Sontag, Susan: *Das Leiden anderer betrachten*, 2. Aufl., Frankfurt am Main 2008, S. 16: „Wo es darum geht, den Krieg als solchen zu verurteilen, sind Informationen darüber, wer wann wo was getan hat, nicht erforderlich."
LTG ist feministisch-pazifistische Europäerin, die seit ihrem siebenten Lebensjahr in Deutschland lebt und austrokroatisch-kroatoserbische sowie elsässisch-donauschwäbisch-protestantische und makedonisch-griechisch-jüdische Ahn*innen hat. Ein kroato-bosnisch-muslimischer Zweig der Familie wurde erst zur Zeit dieser Jugoslawienkriege offenkundig, ist aber nach (noch) nicht juristisch verifizierten Angaben einem Erschießungskommando zum Opfer gefallen.

12   Sartre, Jean-Paul: *Was ist Literatur? Ein Essay*, Hamburg 1964, S. 167.

euphemistisch heißt, ‚die Waffen zu sprechen'. […] In dieser Sicht ist das Ende des kommunikativen Handelns der Anfang des unkommunikativen. Gegen die Gewalt gibt es kein anderes Mittel als die Verständigung",[13] dies sind die Wörter, die Sprache, die Kultur. Oder anders ausgedrückt „nur ethisches Handeln, das um sein eigenes destruktives Potenzial weiß, kann diesem widerstehen."[14]

Bei der Autorin Semenič findet sich diese Einstellung bei einer Figur wieder, die sagt: „Beyond dialogue there is death."[15] Statt den Dialog aufzugeben, ist die Alternative, auf einen zunächst gescheiterten Prozess unermüdlich einen weiteren Gesprächsversuch oder ein neues Theaterspiel folgen zu lassen.

....

13   Assmann, Aleida/Asmann, Jan: „Kultur und Konflikt. Aspekte einer Theorie des unkommunikativen Handelns", in: Assmann/Harth (Hg.): *Kultur und Konflikt*, Frankfurt am Main 1990, S. 12f.

14   Butler, Judith: *Die Macht der Gewaltlosigkeit. Über das Ethische im Politischen*, übersetzt von Reiner Ansén, Frankfurt am Main 2020, S. 212.

15   Semenič, Simona: *whilst i almost ask for more or parable of the ruler and the wisdom*, o.O. 2011, S. 29.

2 Aus Überzeugung sterben oder überzeugend sterben? Frauen im Krieg und im Theater

Die Performerin und Autorin Eve Ensler schreibt Bosnien betreffend: „Ich war entsetzt darüber, dass im Jahr 1993 mitten in Europa bis zu 70.000 Frauen vergewaltigt worden waren, als Teil einer systematischen Kriegsführung, ohne dass irgend jemand etwas dagegen tat. Ich konnte es einfach nicht verstehen. Eine Freundin fragte mich, weshalb ich überrascht sei. Über 500.000 Frauen würden jedes Jahr in den USA vergewaltigt, und rein theoretisch befinden wir uns nicht im Krieg."[16]

....

[16] Ensler, Eve: *die vagina-monologe*, (Engl. Orig. New York 1989) Hamburg 1999, S. 60. Vgl. auch Sanyal, Mithu M.: *Vergewaltigung. Aspekte eines Verbrechens*, Hamburg 2016, S. 117: „Die Philosophin Uma Narayan hat berechnet, dass die Tode als Folge häuslicher Gewalt in den Vereinigten Staaten statistisch ein ebenso signifikantes soziales Problem sind wie die Mitgiftmorde in Indien." Vgl. Enloe, in: Fuchs/Habinger (Hg.), 1996, S. 107: „Die Angaben über die Zahl der Frauen, die zwischen 1991 und 1993 im früheren Jugoslawien von männlichen Kämpfern vergewaltigt wurden, schwanken zwischen 3.000 und 30.000. Offenbar waren die Mehrheit jener Frauen, die von männlichen Soldaten vergewaltigt wurden moslemische Frauen aus Bosnien. MenschenrechtsbeobachterInnen haben aber auch Vergewaltigungen von Kroatinnen und Serbinnen dokumentiert. Die vergewaltigenden Männer waren ebenso Soldaten der jugoslawischen Armee wie serbische, kroatische und moslemische Milizionäre." Vgl. Solnit, Rebecca: *The Mother of All Questions*, Chicago 2017, S. 102: „Ninety-one Americans are killed by guns every day in this country, there are twelve thousand gun homicides a year in the United States, more than twenty times the level of other industrialized nations, according to Martinez's organisation, Every town for Gun Safety.", „We are a war zone in two ways. The first is the literal war that produces those twelve thousand corpses a year, including suicides, domestic violence homicides (3,110 women killed by male partners or former partners between 2008 and 2012), other murders, accidental deaths. The second war is a war of meaning." Vgl. auch Solnit, 2014, S. 19: „there is a reported rape every 6.2 minutes", ebd. S. 38: „We have far more than eighty-seven thousand rapes in this country every year".

Forschungsstand Frauen und Krieg

Sachbücher zum Thema Krieg sind eine Art Gebrauchsanweisung zur Kriegsführung und geben eine theoretische, zeitlose Legitimation für das Führen von Kriegen.[17] Alles dafür Nötige ist u.a. in drei Werken enthalten: *Meister Suns Kriegskanon*,[18] *Geschichte der Kriegskunst im Rahmen der politischen Geschichte*[19] und *Vom Krieg*.[20] Sie erscheinen z.T. neu, z.B. Meister Suns Text als Hörbuchfassung, in den nach-jugoslawischen Staaten.

Eine knappe umfassende philosophisch-juristische Übersicht über die Thematik gibt Stadler.[21] Auf dem soziologisch-kulturhistorischen Gebiet gibt es vor allem aufschlussreiche Untersuchungen von Assmann/Harth und von Münkler.[22]

....

17   Wie sie zuletzt in Deutschland Bundeskanzler Schröder in seiner Fernsehansprache angab, am 24.03.1999 gesendet, sagte: „Wir führen keinen Krieg, aber wir sind aufgerufen, eine friedliche Lösung im Kosovo auch mit militärischen Mitteln durchzusetzen." Pressemitteilung Nr. 111/99 vom 23.03.99, Presse- und Informationsamt der Bundesregierung, auch: www.glasnost.de/kosovo/990324schroeder.html, Stand: 03.08.2020 Schröders Aussage ist inhaltlich angelehnt an Clausewitz' Ausspruch: „Der Krieg ist eine bloße Fortsetzung der Politik mit anderen Mitteln.", in: Von Clausewitz, Carl: *Vom Kriege*, Nachdruck der 19. Auflage, Bonn 1991; Neuausgabe Köln 2010, *Buch I*, Kap. 1, Abschnitt 24, auch: http://www.clausewitz.com/readings/VomKriege1832/Book1.htm, Stand: 03.08.2020.

18   Meister Sun: *Meister Suns Kriegskanon*, Stuttgart 2011.

19   Delbrück, Hans G.L.: *Geschichte der Kriegskunst im Rahmen der politischen Geschichte*, 4 Bde., Berlin 1900–1920; diverse Nachdrucke, u.a.: Berlin 1962–1966; Berlin/New York 2000; Hamburg 2000–2008.

20   Von Clausewitz: *Vom Kriege*, Köln 2010; http://www.clausewitz.com/readings/VomKriege1832/Book1.htm, Stand: 03.08.2020. Clausewitz verwendet z.B. den Begriff „Kriegstheater", S. 807, 811 ff, im Sinne einzelner „Heergebiete", S. 812, und weist bei der Kriegsführung u.a. auf Bedeutung, Eindruck und Wirkung an den Schauplätzen des Krieges hin, vgl. ebd., S. 175. Entsprechend wird der englische Begriff Major Theater War mit Hauptkriegsschauplatz bzw. Haupt-Kriegsschauplatz übersetzt und ist u.a. ein Vorläufer des amerikanischen Abwehrkonzepts „two-theater-war" und anderen (Verteidigungs)Strategien. Den Begriff Kriegstheater erklärt Kittler, Wolf: *Kriegstheater*, in: Auer, Michael/Haas, Claude (Hg.): *Kriegstheater. Darstellungen von Krieg, Kampf und Schlacht in Drama und Theater seit der Antike*, Stuttgart 2018, S. 33 ff.

21   Stadler, Christian: *Krieg*, Wien 2009. Darin werden vor allem Heraklit, Platon, Cicero, Augustinus, Grotius, Spinoza, Kant, Clausewitz, Fichte, Nietzsche und Heidegger herangezogen.

22   Assmann/Harth (Hg.), 1990; Münkler, Herfried: *Die neuen Kriege*, Reinbek 2002; ders.: *Über den Krieg. Stationen der Kriegsgeschichte im Spiegel ihrer theoretischen Reflexion*, Weilerswist 2002.

Mehrere Anthologien[23] konzentrieren sich auf die soziale Ordnung in Kriegszeiten und French[24] gibt Aufschluss über eine soziologisch-feministische Sichtweise, die auf der Basis empirischer Beobachtungen argumentiert und von Hvistendahl bestätigt wird.[25]

Krieg und die Situation von Frauen finden ferner Beachtung in soziologischen, politologischen und theologischen Werken wie *Women and War*.[26] *The Women and War Reader*[27] zeigt auf, welche Gender-Konnotationen und -Relationen (Frauen im Militär, Mutterschaft und Elternrolle, Soldatin oder pazifistische Friedensaktivistin) es verbal und physisch u.a. von Zypern über Mexiko hin zu Jugoslawien, Afghanistan und Israel gibt. Es bespricht in einer feministischen Analyse die Gewalt in den Jugoslawienkriegen am Beispiel Bosnien, die systematische Vergewaltigung als Kriegsverbrechen. In *Writing and reading war*[28] setzen die Autoren biblische und moderne Rollenbilder in Beziehung, wie auch in der theologischen Disziplin in *Women's bodies as battlefields*[29] die christlich-religiösen und philosophischen Wurzeln des globalen Krieges gegen Frauen thematisiert werden. Heroische und erotische Fiktionen sowie der angeblich gerechte Krieg, der, deutlich durch die Wortwahl, bei sogenannten Kollateralschäden die realen Körper, die Körper von ZivilistInnen ignoriert. Kelle/Ritchel Ames streifen die Jugoslawienkriege am

23 Riekenberg, Michael (Hg.): „Einführende Ansichten der Gewaltsoziologie Georges Batailles", in: Riekenberg, Michael (Hg.): *Zur Gewaltsoziologie von Georges Bataille*, Leipzig 2012, S. 9–34.
Riekenberg, Michael: „Die Gewaltsoziologie Georges Batailles und das Verhältnis von Gewalt und Ordnung", in: Baberowski, Jörg/Metzler, Gabriele (Hg.): *Gewalträume. Soziale Ordnungen im Ausnahmezustand*, Frankfurt am Main 2012, S. 272ff.

24 French, Marilyn: *Der Krieg gegen die Frauen*, München 1993.

25 Hvistendahl, Mara: *Das Verschwinden der Frauen. Selektive Geburtenkontrolle und die Folgen*, München 2013.

26 Williams, Kirsten J./Kaufman, Joyce P.: *Women and War. Gender Identity and Activism in Times of Conflict*, Sterling 2010.

27 Lorentzen, Lois Ann/Turpin, Jennifer (Hg.): *The Women and War Reader*, New York/London 1998.

28 Kelle, Brad E./Ritchel Ames, Frank (Hg.): *Writing and reading war. Rhetoric, Gender, and Ethics in Biblical and Modern Contexts*, Atlanta 2008.

29 Thistlethwaite, Susan Brooks: *Women's bodies as battlefields. Christian theology and the global war on women*, New York/London 2015.

Rande wie auch Holmes in *Women and war in Rwanda*.[30] Holmes zeigt u.a. auf, wie die Medien, speziell Radiosender Geschlechterbilder transportieren, wie die Frauenfeindlichkeit im Krieg propagiert wird und den Genozid mit vorbereitet. Elsom schreibt im Kontext von Medien und Krieg: „The BBC also favoured Home Counties diction and in 1951, it officially stated that no ‚dialect' voices should read the national news. Women were also excluded. ‚People do not like momentous events such as war and disaster to be read by the female voice'".[31] Daraus kann zum Thema Frauen, Stimme und Krieg gefolgert werden, wie stark die weibliche Stimme abgelehnt wird, weil sie nicht zur Imagination passt, zum Opferbild und angeblich nicht genug Autorität habe.[32]

Wie Gewalt Literatur beeinflusst, untersuchen Werke wie beispielsweise Previšić,[33] Junk/Schneider,[34] Bösling et al. und Deb.[35] Previšićs Anthologie verhandelt ausführlich u.a. Prosawerke von Cavelius, Drakulić, Cigelj, Zeh, Kim, Gstrein, Handke, Kocman und Stanišić, wobei ein Schwerpunkt auf dem Thema Gewalt an Frauen bildet. Die Aufsätze bei Junk/Schneider behandeln Prosa von 1870 bis 1965. Bei Bösling et al. geht es neben 1992 bis 1995 u.a. um Mädchenliteratur im Ersten Weltkrieg sowie die systematisch organisierte Massenvergewaltigung durch das japanische Militär im Asien-Pazifik-Krieg 1937–1949. Deb geht in den feministischen Analysen ausschließlich auf Palästina/Israel, Guatemala, Indien, Algerien und Südafrika ein; grundsätzlich

....

30 Holmes, Georgina: *Women and war in Rwanda. Gender, Media and the Representation of Genocide*, London/New York 2014.

31 Elsom, John: *Cold War Theatre*, London/New York 1992, S. 25; mit Referenz zu BBC Press Release vom 23.01.1951, vgl. Elsom, 1992, S. 181.

32 Elsom, 1992, S. 25: „With the right accent in Britain, you signalled to others that you came from a good family, had received a classical education, and could thus speak with authority."

33 Vgl. Previšić, Boris: *Literatur topographiert. Der Balkan und die postjugoslawischen Kriege im Fadenkreuz des Erzählens*, Berlin 2014.

34 Junk, Claudia/Schneider, Thomas F. (Hg.): *Die Revolte der heiligen Verdammten. Literarische Kriegsverarbeitung vom 19. bis zum 21. Jahrhundert*, Osnabrück/Göttingen 2017.

35 Bösling, Carl-Heinrich/Führer, Ursula/Glunz, Claudia/Schneider, Thomas F. (Hg.): *Männer. Frauen. Krieg. Krieg und Frieden – eine Frage des Geschlechts?*, New York 2015. Deb, Basuli: *Transnational Feminist Perspectives on Terror in Literature and Culture*, 2015.

ist Kriegsgewalt dabei aber nicht spezifisch geographisch lokalisiert.[36] Wie Sprechen und literarisches Schreiben nach Gewalttraumata, bezogen auf die Shoah gelingen kann, haben u.a. Young und Lyotard[37] besprochen. Vervaet[38] greift hierzu Horozović, Drndić, Ilić, Lebović, Kiš und Albahari auf, zitiert Ivanjis Essay von 2015 und thematisiert wie in den Texten dem Phänomen begegnet wird, bei dem in den 1980er, und anders aber ebenfalls während der Kriege in den 1990er Jahren, der Holocaust in Kroatien und Serbien instrumentalisiert worden ist. In der Anthologie von Auer/Haas[39] wird der Blick auf Theater gerichtet, indem auf die Antike eingegangen wird, ferner Shakespeare, französisches Theater des 17. Jahrhunderts, Lessing, Schiller, Goethe, Lenz, Kleist, Eichendorff, Kraus, und auch Müller, Trolle und Jelinek. Für diese Untersuchung sachdienlich ist die Anthologie von Engelhardt/Hörnigk/Masuch, in der u.a. Strohschein fragt, welcher Umgang mit Gewalt und Inszenierung aktuell möglich ist und zu dem Schluss kommt, dass neue Konflikte neue Stoffe und neue Formen erfordern.[40]

Bei der Untersuchung der vorliegenden Stücke zeigt sich aber auch, dass sich Antike mit Aktuellem beim Rückgriff auf Mythen gut kontextualisieren lässt,[41] gerade bei Konflikt- und Gewaltzusammenhängen, deren Bandbreite groß ist.

---

36 Deb, 2015, S. 121ff.

37 Young, James E.: *Beschreiben des Holocaust. Darstellung und Folgen der Interpretation*, Frankfurt am Main 1997. Lyotard, Jean-Francois: *Streitgespräche oder: Sprechen nach Auschwitz*, Grafenau 1995, S. 153ff.

38 Vervaet, Stijn: *Holocaust, War and Transnational Memory*, Oxon 2018, besonders S. 117: *Berlin encounters. The Yugoslav wars of the 1990s through the lens of the Holocaust.*

39 Auer/Haas (Hg.), Stuttgart 2018.

40 Strohschein, Barbara Ruth M.: „Schock ohne Schreck", in: Engelhardt/Hörnigk/Masuch (Hg.): *TheaterFrauenTheater*, Berlin 2001, S. 133–145, bes. S. 142 Untertitel: „Die Brisanz der Gewalt und der ästhetische Umgang mit ihr".

41 Vgl. auch Lehmann, Hans-Thies: *Theater und Mythos. Konstitution des Subjekts im Diskurs der antiken Tragödie*, Stuttgart 1991, S. 88: „Der Mensch befindet sich in der griechischen Tragödie unausweichlich und a priori im Krieg."

2.1 Konflikt, Aggression, sexualisierte Gewalt, Krieg – zur Begrifflichkeit

Die Begriffsbestimmungen zu Gewalt hier ausführlich vorzunehmen, ist sinnvoll, da dies für das Verständnis der Handlungen der später dargestellten Theaterstücke relevant ist.

Aus der Forschungsliteratur sind folgende Begriffsbestimmungen dienlich: Gewalt ist eine „gewollte Beeinflussung körperlicher und nicht körperlicher Art eines anderen gegen dessen Willen. Neben Staatsgewalt und der Gewalt des Widerstandsrechts wäre damit auch jedes Schlagen subsumiert, auch wenn es strafrechtlich nicht geahndet wird."[42] Als positiv kann Gewalt höchstens in sehr eingeschränkten Sinne bezeichnet werden: als Erfahrung, „die Ordnung stiftet, weil der Tod das Ende von allem bedeutet".[43]

Die extremste Gewaltform, die kriegerische Gewalt, ist von einem Konflikt zu unterscheiden, da dieser mit friedlichen Mitteln, z.B. gewaltfreier Sprache und Mediation, leichter gelöst werden kann.[44] Krieg bezeichnet „einen organisierten, mit Waffen gewaltsam ausgetragenen Konflikt zwischen Staaten bzw. zwischen sozialen Gruppen der Bevölkerung eines Staates."[45] Älteste Erfahrung und Ergebnisse neuester Konflikt- und Friedensforschung bestätigen, dass Kriegführen ein Kultur zerstörendes Handeln ist, ein Bruch, ungeheuerlich[46] und von enormer Sprengkraft. Es ist ein extremer Zustand, in dem Gewalt herrscht, während Gesetze und Regeln aufgehoben sind.

---

42   Salewski, W.D./Wegener, Claus: „Gewalt und Gewaltlosigkeit", in: Dierks, Walter/Kogon, Eugen: *Frankfurter Hefte. Zeitschrift für Kultur und Politik. Sonderheft. Anpassung und Widerstand heute*, 34. Jg., Nr. 4, 04/1979, S. 17.

43   Baberowski, Jörg: „Einleitung: Ermöglichungsräume exzessiver Gewalt", in: Baberowski/Metzler (Hg.), Frankfurt am Main 2012, S. 27.

44   Vgl. Baberowski, Jörg: *Räume der Gewalt*, Frankfurt am Main 2015.

45   Bundeszentrale für politische Bildung, http://www.bpb.de/nachschlagen/lexika/politiklexikon/17756/krieg, Stand: 03.08.2020.

46   Sophokles: *Antigone*, Stuttgart 2013, Verszeile 332 (Chorlied): „Ungeheuer ist viel, doch nichts ungeheurer als der Mensch".

Nach der Typologie von Galtung ist Krieg eine intendierte personale Gewalt, die strukturell beschlossen wird und objektbezogen sowohl physisch als auch psychisch sein kann.[47] Dies korreliert mit sechs Stufen der Aggression, die hier, angelehnt an Lorenz,[48] unterschieden werden, darunter drei offene. Eine der offenen Formen ist physisch, die auch autoaggressiv sein kann. Dabei wird entweder ein Lebewesen versehrt, vom Schlagen bis hin zum Mord, mit bloßen Händen oder mit Gegenständen, geplant oder im Affekt. Geht es um einen Gegenstand, etwas Materielles, dann spricht man von Zerstörung und Vandalismus. Die beiden weiteren offenen Formen sind nonverbale und verbale: Die Nonverbale drückt sich in aggressiver Gestik und Mimik aus, die Verbale besteht aus destruktiven und eskalierenden Sprechakten.[49] Bei der verbalen Gewalt wird unterschieden zwischen direkter und indirekter Weise.[50]

Die versteckte Form der Aggression findet Einzug in Phantasien, während sich die halb versteckten Formen, die teils verbal und teils nonverbal sind, in Verhaltensweisen wie Schikane, Sabotage, Nachahmung/-äffung, Diffamierung und Mobbing manifestieren. Aggressionen entstehen u.a. beim Zerfall einer Rang-/Ordnung – wie bei den Jugoslawienkriegen der 1990er Jahre zu sehen. Sie können selbst motiviert ausbrechen oder als Ausführungen von Aufträgen befohlen sein. Im Grunde beinhaltet jedes Verhalten von Notwehr und Selbstbehauptung bis zu sadistischer Grausamkeit eine Form der Aggression. Gewalt erscheint dabei, statt verhängte ausgeführte gerechte Strafe zu sein, als Selbstjustiz oder als in die Tat umgesetzter Ausbruch von Gefühlen, die zuvor

---

47   Galtung, Johan: „Gewalt, Frieden und Friedensforschung", in: Senghaas, Dieter (Hg.): *Kritische Friedensforschung*, Frankfurt am Main 1971, S. 66.

48   Lorenz, Konrad: *Das sogenannte Böse. Zur Naturgeschichte der Aggression*, München 1998. Ders.: *Der Abbau des Menschlichen*, München 1983/1986.

49   Wie z.B. Beleidigung, Verspottung, mit ihren drei Formen Ironie, Zynismus und Sarkasmus; ferner Drohung, Provokation, Beschimpfung, Erpressung, Vorwurf, Abwertung, Übertreibung und Umdeutung. Ein insgesamt roher, vulgärer Sprachstil gehört meistens zu diesen Formen dazu.

50   Vgl. Diller, Hans-Jürgen: „Zwischen Sünde und Selbstbestimmung: Gewalt und Selbstmord im Tudor-Drama", in: Diller, Hans-Jürgen/Ketelsen, Uwe-K./Seeber, Hans Ulrich (Hg.): *Gewalt im Drama und auf der Bühne. Festschrift für Günter Ahrends zum 60. Geburtstag*, Tübingen 1998, S. 15.

unter Umständen passiv-aggressiv unterdrückt worden sind. Brutalität rührt dabei oft aus einem sadistischen Wunsch heraus, den/die GegnerInnen zu entmachten, die dafür in einer Gewinn-Verlust-Situation abgewertet, erobert, beherrscht, erniedrigt werden.[51]

Historisch besteht einerseits die Sichtweise, Gewalt sei ein Trieb, der sich im Zuge des Zivilisationsprozesses stetig mit zunehmendem Bildungsgrad reduziere. Oder, genau umgekehrt, bei der zweiten Sichtweise ist der Mensch, von göttlichen Ordnungen abgekoppelt und aufgeklärt, sich selbst der einzige Maßstab, was dazu führt, dass Gewalt gerade in der Moderne weiter bestehe, die Masse der Gewalthandlungen steige[52] und jederzeit von allen[53] ausführbar scheint. In Europa, so die Erfahrung der Moderne, konnten nach Faschismus, Holocaust und dem Zweiten Weltkrieg die „Bürgerkriege im ehemaligen Jugoslawien"[54] stattfinden. Dabei ist die Gewalt aber in einem (Zeit)Raum eskaliert, in dem bürgerliche Sicherungsräume fehlten.

Im Gewaltdiskurs, und dies ist für die Geschlechterfrage sehr relevant, lässt sich noch eine dritte Vorstellung ausmachen: Gewalt ist vor allem strukturell, daher eine unsichtbare, ausgeübt durch ein System, indem es soziale Ungleichheit produziere. Statt von Gewalt kann hierbei von Ignoranz derer gesprochen werden, denen es gut geht, gegenüber denen, die hungern und leiden. Ungerechte Behandlung ist eine Ungerechtigkeit, wie u.a. Roth feststellt;[55] systembedingte Gewalt bleibt es, und für bestimmte Teile der Gesell-

....

51   Vgl. Baberowski, Jörg: *Gewalt verstehen*, in: Riekenberg (Hg.), 2012, S. 40f.

52   Vgl. Hong, Melanie: *Gewalt und Theatralität in Dramen des 17. und des späten 20. Jahrhunderts. Untersuchungen zu Bidermann, Gryphius, Weise, Lohenstein, Fichte, Dorst, Müller und Tabori*, Würzburg 2008, S. 35f: „Die historische Tendenz (früher/später), wie sie zum Beispiel Norbert Elias' These vom Zivilisationsprozess behauptet, die sich aber auch in der umgekehrten Wahrnehmung einer Zunahme der Gewalt manifestiert; die Unterscheidung von Handlungssubjekten (Täter/Opfer), von moralischen Wertigkeiten (legitim/illegitim) und von sozialer Funktion (sinnlos/sinnvoll)."

53   Vgl. Baberowski, Jörg, in: Riekenberg (Hg.), 2012, S. 41: „jedermann zu jeder Zeit".

54   Baberowski: *Gewalt verstehen*, in: Riekenberg (Hg.), 2012, S. 39.

55   Roth, Michael: *Strukturelle und personale Gewalt. Probleme der Operationalisierung des Gewaltbegriffs von Johan Galtung*, Frankfurt am Main 1988. Nach Roth sind Typologisierungen von Gewalt mit Adjektiven wie ‚direkt' und ‚strukturell' überflüssig, S. 64: „Alle Gewalt ist ein Kontinuum zwischen personalen und strukturellen Komponenten."

     © Frank & Timme   Verlag für wissenschaftliche Literatur

schaft besteht ein permanenter Kampf,[56] der als Unfrieden bezeichnet werden kann: Unterbezahlung, Diskriminierung, Sexismus, Vergewaltigung im Kontext von Macht, Kontrolle und Unterwerfung. Diese Alltagskriege sind Teile struktureller Gewalt[57] und zeigen sich für Frauen und Mädchen darin, dass ihre alltägliche Arbeit oder gar die Bezeichnung abgewertet, zum Schimpfwort oder gleich ganz versagt wird, sie ihre Interessen als denen der Männer gleichwertig durchsetzen müssen und Gefahr laufen, sich in Gewaltbeziehungen wiederzufinden, wie es sich in den Theaterstücken zeigen wird.

Gewalt lässt sich nicht einfach sozusagen abstellen, sondern ist als eine Art Grenzfall des Unsozialen zu bezeichnen,[58] „immer liminal, ambivalent und außerordentlich"[59] sowie „eine ureigenste Möglichkeit des Menschseins"[60] und stets als potentielle Handlung präsent; sogar primär potentiell attraktiv, wenn erfolgreich und machtvoll.

Ganz gleich, ob Gewalt absichtsvoll oder versehentlich aufkommt, ob sie einhergeht mit sexueller Demütigung und Erniedrigung oder ohne, und in welcher kulturellen Ordnung, an welchem Ort und in welchem Kontext, es ist eine Demonstration von Macht, Verbreitung von Furcht und Schrecken. Es ist auch Inkaufnahme von Gegengewalt, vor allem, wenn sie sich Zeit und Raum nimmt, sich etabliert und dauerhaft Angst verbreitet. Der/Die FeindIn soll in der Widerständigkeit seines/ihres Körpers und als Subjekt gebrochen werden.

....

56 Deutlich formuliert Ingeborg Bachmann, in: Gürther, Christa: „Der Fall Franza. Eine Reise durch eine Krankheit und ein Buch über ein Verbrechen", in: Höller, Hans (Hg.): *Der dunkle Schatten, dem ich schon seit Anfang folge: Ingeborg Bachmann. Vorschläge zu einer neuen Lektüre des Werks*, München 1982, S. 83: „In dieser Gesellschaft ist immer Krieg. Es gibt nicht Krieg und Frieden. Es gibt nur Krieg."

57 Thürmer-Rohr, Christina: *Vagabundinnen. Feministische Essays*, Berlin 1990, S. 40.

58 In Umkehrung zu Giesen, der es als, Giesen, Bernhard/Binder, Werner/Gerster, Marco/ Meyer, Kim-Claude: „Amok, Folter, Hooligans. Gewaltsoziologie nach Georges Bataille und Victor Turner", in: Riekenberg (Hg.), 2012, S. 73: „Grenzfall des Sozialen" bezeichnet.

59 Giesen/Binder/Gerster/Meyer, in: Riekenberg (Hg.), 2012, S. 102.

60 Giesen et al., in: Riekenberg (Hg.), 2012, S. 73, 90.

Zudem gibt es eine spezielle Form und machtpolitisch-militärische Waffe: die sexualisierte Gewalt,[61] die mit voller Absicht auf die seelische und physische Zerstörung von Individuen und der Gesellschaft zugleich zielt.[62]

Während Frauen in Armeen und bei bewaffneten Kämpfen in Aktion sind und die einstmals männliche Domäne Militär eingenommen zu haben scheinen, wird aber der Begriff Feminismus, eingebettet[63] in die Argumentation, dazu benutzt, militärische Einsätze zu legitimieren.[64]

Bereits Virginia Woolf fragt sich zu den Ursprüngen des Militarismus, ob es männlicher Instinkt oder eine Erziehung dazu ist, und entscheidet sich gegen ein biologistisch-kriegerisches Modell, das Männer auf diesen Part festschreibt. Sie kritisiert eine Erziehung der Männer zu Überlegenheit, Konkurrenz und Besitzgier.[65] „Im Gewaltraum", stellt Baberowski dazu fest, „eröffnen sich jungen Männern Machtressourcen und Karrierewege. Männer, die es im Frieden zu nichts gebracht hätten, aber mit einem Gewehr umzugehen verstünden,

---

61   Vgl. Du Toit, Louise: „‚Meine Not ist nicht einzig.' Sexuelle Gewalt in kriegerischen Konflikten – Ein Werkstattgespräch", in: *Mittelweg 36, Zeitschrift des Hamburger Instituts für Sozialforschung, Themenheft zu sexueller Gewalt in kriegerischen Konflikten*, 18. Jg., Hamburg 2009, S. 3–5, zieht hier eine Parallele mit Vergewaltigung in Friedenszeiten, die ihr als Angriff erscheint, der einem kriegerischen Schritt gleichkommt.

62   Vgl. Evangelische Akademie Baden/Gemeinschaftswerk Evangelische Publizistik (GEP/ Frankfurt am Main): *Dokumentation Frauen und Krieg Ein Diskussionsbeitrag in Verantwortung für den Frieden, Tagung der Evangelischen Frauen in Baden und der Evangelischen Akademie Baden, Bad Herrenalb, 04.–06.07.2014*, Nr. 37/16.09.2014, S. 58.

63   Vgl. Nachtigall, Andrea: „Embedded Feminism", in: *Peripherie. Zeitschrift für Politik und Ökonomie in der Dritten Welt*, Nr. 133, 34. Jahrgang, *krieg macht geschlecht*, März 2014, S. 90–93, S. 90: Die „Formulierung ‚embedded feminism' geht auf die kanadische Feministin und Politikwissenschaftlerin Krista Hunt (2006) zurück und beschreibt die strategische Indienstnahme feministischer Positionen in Begründungs- und Legitimierungsdiskursen staatlicher und militärischer Gewalt".

64   Vgl. Hierzu Seifert, Ruth: *Disziplin, Wertewandel, Subjektivität. Ein Beitrag zum Verständnis soldatischer Identität in den 90er Jahren*, München 1994, S. 124: „Das weibliche Opfer von Kriegen verwirrt die Ordnungsvorstellungen nicht so nachhaltig wie die Frau als Anwenderin von Gewalt."

65   Vgl. DeSalvo, Louise: *Virginia Woolf. The Impact of Childhood Sexual Abuse to Her Life and Work*, Boston 1989, S. 300: „for Woolf understood that the impulse to war is rooted in the most early training which boys recieve in the superiority of their own gender. If the lives of girls are to change, if the lives of the poor are to change, if war is to be averted, then misogyny (which is fundamentally a claim to superiority) must cease."

erlebten den Krieg als eine Zeit der Ermächtigung. Die Entfesselung der Gewalt gab ihnen die Gelegenheit, Allmachtsfantasien auszuleben und alte Rechnungen zu begleichen. Arme konnten Reiche ausplündern oder Angehörige der alten Oberschicht erniedrigen, Starke konnten Schwache malträtieren, Männer Frauen vergewaltigen."[66] Systematisch organisiert waren, neben den Lagerbordellen und Experimenten an Schwangeren im Zweiten Weltkrieg, auch Massenvergewaltigungen, beispielsweise im Asien-Pazifik-Krieg (1937–1949) durch das japanische Militär oder im Kongo seit dem Ende der 1990er Jahre bis in die heutige Zeit hinein.[67] Der Genozid in Ruanda 1994 bedeutete, dass zwischen April und Juli Tausende von Tutsi- und Hutu-Frauen vergewaltigt worden sind.[68]

Zu Vergewaltigung im Kriegskontext bestehen sehr konträre Positionen: Einerseits sei Krieg nichts Ungewöhnliches, auch nicht die gezielte sexualisierte (Kriegs)Folter von Frauen.[69]

....

66 Baberowski, Jörg: *Verwüstetes Land: Macht und Gewalt in der frühen Sowjetunion*, in: Baberowski, Jörg/Metzler, Gabriele (Hg.): *Gewalträume. Soziale Ordnungen im Ausnahmezustand*, Frankfurt am Main/New York 2012, S. 175.

67 Vgl. Oldenburg, Silke: „Liebe in Zeiten humanitärer Intervention. Sex, Geschlechterbeziehungen und humanitäre Intervention in Goma, DR Kongo", in: *Peripherie. Zeitschrift für Politik und Ökonomie in der Dritten Welt*, Nr. 133, 34. Jahrgang, März 2014. Vgl. Sofsky, Wolfgang: *Zeiten des Schreckens. Amok, Terror, Krieg*, Frankfurt am Main 2002, S. 27 ff, 32 ff.

68 Vgl. Holmes, 2014, S. 101. Vgl. Karpenstein-Eßbach, Christa: *Orte der Grausamkeit. Die Neuen Kriege in der Literatur*, München 2011, S. 70: „So sehr das Kalasch-Syndrom auch von den Brutalisierungen kriegerischer Gewalt auf Seiten staatlicher Akteure zu Recht zu unterscheiden sein mag, so ist doch eine Verähnlichung darin zu sehen, daß in beiden Fällen die kriegerische Gewalt in Näheverhältnissen eskaliert, auf die sie übergreifen kann, weil jene Institutionen ausfallen, die über den Ausnahmezustand bestimmen." Vgl. auch: Koff, Clea: *The bone woman. Among the dead in Rwanda, Bosnia, Croatia and Kosovo*, London 2004 berichtet über ihre im doppelten Sinne Knochenarbeit als afroamerikanische forensische Anthropologin, die sowohl in Ruanda als auch in den genannten Gebieten des ehemaligen Jugoslawien exhumierend und rekonstruierend tätig war.

69 Hierzu lassen sich viele Geschehnisse an Orten nennen wie Chile, Japan, Osttimor und Ruanda. Vgl. Bovenschen, Sylvia: „Die aktuelle Hexe, die historische Hexe und der Hexenmythos. Die Hexe: Subjekt der Naturaneignung und Objekt der Naturbeherrschung", in: Becker, Gabriele/Bovenschen, Sylvia/Brackert, Helmut/Brauner, Sigrid/Brenner, Ines/Morgenthal, Gisela/Schneller, Klaus/Tümmler, Angelika (Hg.): *Aus der Zeit der Verzweiflung. Zur Genese und Aktualität des Hexenbildes*, Frankfurt am Main 1977, S. 307: „Diese Gewalt ist für die Geschlechtsideologie nicht das strukturelle Moment einer patriarchalischen Gesellschaft, sondern sie wird personalisiert. Als tragisch-komische Schlacht erscheint sie auf

Andererseits seien systematische Vergewaltigungen an der Zivilbevölkerung und dabei besonders den Frauen eine spezifisch im Jugoslawienkrieg von Serben an Musliminnen[70] vollzogene Untat, europäisch wie global absolut unüblich.[71]

König stellt übergeordnet fest: „Krieg ist Töten und Zerstörung und in patriarchalen Gesellschaften gehören Vergewaltigungen zum Krieg. Für die Opfer der Vergewaltigungen ist meist unerheblich, ob diese Teil einer Kriegsstrategie sind oder nicht. Jede Vergewaltigung ist eine zu viel und sie wird individuell erlitten, be- und verarbeitet. Von daher bedeuten die Zahlenspiele darüber, wie viele Frauen von welcher Gruppe vergewaltigt worden sind, eine Verhöhnung".[72] Allerdings muss u.a. mit Leydesdorff auf die Arbeit hingewiesen wer-

---

der Bühne des Welttheaters. Von Hans Sachs über Strindberg und Albee bis zu Bergmans *Szenen einer Ehe* versteckt sie sich hinter der Konstruktion eines immerwährenden Kampfes zwischen *einem* Mann und *einer* Frau. Zulässig ist die Darstellung dieser Gewalt aber offensichtlich nur als Einzelfall. Generalisiert gilt der Hinweis auf dieses Gewaltpotential als radikal feministisch", vgl. auch ebd., S. 311f. Ferner De Ishtar, Zohl/Pazifik Netzwerk/Pazifik-Infostelle/Women's International League for Peace and Freedom (Aotearoa)/the Disarmament and Security Centre (Aotearoa) and Pacific Connections (Australia) (Hg.): *Lernen aus dem Leid. Frauen der Pazifik-Inseln schildern die Schicksale ihrer Völker*, Neudettelsau, 1998, S. 56: „Ich habe viele schlimme, unvorstellbare Nachrichten über die Misshandlung von Frauen in Osttimor gehört. [...] 1979 haben sie Schlangen in die Vagina einer Frau geschoben. Frauen werden zu Sexsklaven der indonesischen Armee. [...] 1983 trieb das Militär sämtliche Männer und Jungen zusammen und tötete sie. Seitdem sind die Frauen das Freiwild für die Armeeangehörigen. Viele Frauen haben Kinder von ihnen, die inzwischen dreizehn- bis vierzehnjährigen Mädchen werden ebenfalls sexuell missbraucht." Vgl. auch Japanische Fraueninitiative Berlin/Koreanische Frauengruppe Berlin e.V., 1993, S. 11–22. Dort wird von Militärbordellen als Stätten organisierter Vergewaltigung, mit System berichtet. Die vollkommene Erniedrigung ist das Zuschauen der Väter, Ehemänner, Brüder; es liegt hierbei insofern keine spezifisch südosteuropäische Verhaltensart vor, S. 34: „Im heutigen Krieg in Bosnien-Herzegowina finden wir einen Zusammenhang mit unserer Vergangenheit. Weil unsere Geschichte nicht verarbeitet wurde, sind heute derartige Greueltaten möglich." Vgl. Solnit, Rebecca: *Men Explain Things to Me*, Chicago 2014, S. 26.

70   Hier gibt es eine Unterscheidung zwischen Nationalität und Religion, wie sie bei den Jugoslawienkriegen aufkommt. Ob es sich um nicht-gläubige Serben und agnostische Bosnier*innen oder muslimische handelt, bleibt offen.

71   Aus dieser Verhaltensweise lässt sich allerdings kein genuines Monopol eines gesamten Volkes auf dieses Verhalten ableiten.

72   Vgl. König, Angela: *Frauen-Bewegungen im Krieg in Bosnien-Herzegowina und Kroatien*, in: Lemke, Christiane/Penrose, Virginia/Ruppert, Uta (Hg.): *Frauenbewegung und Frauenpolitik in Osteuropa*, New York/Frankfurt am Main 1996, S. 56.

den, die die überlebenden Frauen leisten, die um Erinnerung, Gerechtigkeit und Zukunft ringen.[73]

An manchen Punkten ist die chauvinistische, forcierte und unendlich brutale Eskalation in Jugoslawien, vor allem in Zusammenhang mit Srebrenica, in der Nähe der Propaganda der Kriegshandlungen und Massaker in Ruanda, Kongo, Indonesien, Lateinamerika etc. zu sehen.[74] Massenhafte Vergewaltigungen sind in diesem Zusammenhang kein unkontrollierbares Nebenprodukt eines ‚primitiven und irrationalen‘ Krieges, sondern gehören zur geplanten Militärstrategie, sind Kriegsverbrechen. Wenn Kriegsparteien gebildet und Feindbilder verfestigt werden,[75] kann die Presse für Propagandazwecke funktionalisiert, Frauenhass geschürt und Bedrohungsszenarien zur nationalen Sicherheit entworfen werden. Fußballfans bzw. vor allem gewaltbereite Hooligans werden rekrutiert, eingängige Lieder haben Gewalt vorbereitenden Inhalt.[76]

Es zeigt sich, dass sowohl das Thema (Kriegs-)Gewalt an Frauen an sich und als Thema im Theaterbereich nicht in dem Maße präsent ist, wie sie auf Frauenleben einwirkt.

....

73 Leydesdorff; Selma: *Die Traumata von Srebrenica. Vom Ringen überlebender Frauen um Erinnerung und Zukunft*, in: Mattl, Siegfried/Botz, Gerhard/Karner, Stefan/Konrad, Helmut (Hg.): *Krieg. Erinnerung. Geschichtswissenschaft*, Wien/Köln/Weimar 2009, S. 351–373.

74 Vgl. u.a. Höpken, Wolfgang/Riekenberg, Michael (Hg.): *Politische und ethnische Gewalt in Südosteuropa und Lateinamerika*, Köln/Weimar/Wien 2001. Vom dem Raub der Sabinerinnen bis hin zur systematischen Vergewaltigung der Jesid*innen durch ISIS-Terroristen ist ein systematisches Vorgehen zu verzeichnen. So auch beim Leben von Phoolan Devi, der indischen Sozialrebellin. Vgl. Baer, Willi/Dellwo, Karl-Heinz (Hg.): *Bibliothek des Widerstandes*, Bd. 13, *Phoolan Devi. Die Rebellin*, Hamburg 2012. Eine Ausgabe mit den beiden Dokumentarfilmen *Phoolan Devi – Rebellion einer Banditin*, Regie: Mirjam Quinte, 80 Min. BRD, 1994 und *Pink Saris*, Regie: Kim Longinotto, 96 Min., GB/Indien 2010.

75 Vgl. Bridenstine, Evan M.: „Identity as Ideology, Assumed or Otherwise. Second-Wave Responses to the Idea of 9/11“, in: Phillips M. Scott (Hg.): *Theatre Symposium. A publication of the Southern Theatre Conference*, Vol. 14, 2005, *Theatre, War and Propaganda. 1930–2005*, S. 125ff.

76 Köster, Philipp: „Die Blutspur des Tigers“, in: *11 Freunde*, Heft 191–102017, in: https://www.11freunde.de/artikel/wie-die-hooligans-von-roter-stern-belgrad-zu-moerdern-wurden, bis 2019. Nun: https://11freunde.de/artikel/die-blutspur-des-tigers/531061, Stand: 03.08.2020. Dies wird bei Srbljanović zu sehen sein.

2.2   Jugoslawienkriege (1991–1999): Erläuterungen und Forschungsstand

Nach der Unabhängigkeitserklärung Sloweniens und Kroatiens am Abend des 25.06.1991 beginnen die Jugoslawienkriege. Die Kriegshandlungen sind jeweils von unterschiedlicher Dauer: Zehn-Tage-Krieg bzw. maximal drei Monate 1991 in Slowenien, 1991–1995 in Kroatien, 1992–1995 in Bosnien-Herzegowina,[77] dabei wird 1992–1996 Sarajewo belagert. Es gibt einen kroatisch-bosnischen Krieg darin 1993/1994, im November 1994 wie auch im Mai 1995 einen NATO-Einsatz. In Srebrenica, das von 1992 bis 1995 belagert ist, findet ab dem 11.07.1995 Genozid an der muslimisch-bosnischen Bevölkerung statt. Am 21.11.1995 wird der Dayton-Vertrag geschlossen. Die kroatischen Großoffensiven Operation Blitz/Slawonien und Sturm/Krajina finden 1996 statt. 1997 wird Milošević Präsident. 1998–1999 findet der Krieg im Kosowo zwischen Kosowo-AlbanerInnen und SerbInnen statt, bis die NATO-Bombardierung von März bis Juni 1999 einen Zustand des Nichtkrieges herstellt, der sich unter Vorbehalt als Frieden auffassen lässt.

Diese Ereignisse sind bei der Untersuchung der Theaterstücke für das Verständnis relevant. Die Vielschichtigkeit der Konfliktparteien korreliert mit der Vielschichtigkeit der Figuren und mehreren Ebenen des Verstehens und der Deutungen. Domnica Radulescu schreibt hierzu: „The theater of war and exile unfolds in unpredictable narrative and chronological architectures that challenge if not destroy and mock conventions of classical or realistic theater. It

....

77   In dieser Arbeit wird Jugoslawien mit „w" geschrieben, in der Konsequenz dann aber auch Slowenien, Slawonien, Bosnien-Herzegowina, Sarajewo, Wojwodina und Kosowo nicht mit „v", auch wenn es im Schriftbild evtl. gewöhnungsbedürftig ist und von LTG nicht präferiert wird. Bei der Literaturangabe für die Bibliotheksausleihe zu Kocur, Miroslav: *On the Origins of Theater*, transl. by David Malcolm, Frankfurt am Main 2016, bestehen beide Schreibvarianten für den Vornamen, einmal mit „w", als auch mit „v". Es handelt sich nicht um Tippfehler. Dies ist ebensowenig falsch wie Beograd als Schreibvariante, die im Deutschen etwas seltener ist als das vielleicht etwas leichter auszusprechende Belgrad. Englische, serbische und kroatische Literaturangaben werden in der Originalschreibweise wiedergegeben. Herzegowina und Herzegovina finden sich beide in der Literatur. Wörter wie Enklave oder Sklave; letzteres slawischen/slavischen Ursprungs, sind hierzu Ausnahmen.

© Frank & Timme   Verlag für wissenschaftliche Literatur

contains diverse, overlapping theatrical languages within the unfolding of one play or performance."[78]

Die Theaterstücke befassen sich vor allem mit der europäisch-politischen Lebenswelt im Großen und Kleinen, im Öffentlich-Politischen und im Privat-Familiären, mit den Bedingungen für Humanität oder Post-Humanität, und sie werfen die Frage der Menschlichkeit neu auf.[79]

Die Details der kriegerischen Exzesse in Prijedor und Srebrenica, die als Genozide eingestuft werden müssen, sowie die Folgen der Beweissuche und der Rechtsprechung werden in dieser Arbeit exemplarisch aufgegriffen.[80]

Diesbezüglich wird u.a. nach Previšić[81] von einem defizitären „Erfahrungs-raum der begünstigten Welt"[82] ausgegangen, aus dem sich ein Bedarf ableitet, zu dem sich u.a. bei Saunders[83] oder im Leaflet zur DVD *Sturm* Chronologien politischer Ereignisse finden lassen, ebenso wie sie im Stück *Common ground*[84] aufgeführt werden. In der Fußnote und Literaturliste wird auf weiterführende

....

78 Radulescu, Domnica: *Theater of War and Exile. Twelve Playwrights, Directors and Performers from Eastern Europe and Israel*, Jefferson 2015. S. 204.

79 Vgl. Ballestra-Puech, Sylvie/Brailowsky, Yan/Marty, Philippe/Torti-Alcayaga, Agathe/ Schweitzer, Zoé: *Théâtre et violence. Shakespeare*, Titus Andronicus. *Corneille*, Médée. *Botho Strauss*, Viol. *Sarah Kane*, Anéantis, in der Reihe: Moncond'huy, Dominique/To-miche, Anne (Hg.): *Clefs concours – Littérature comparé*, Neuilly 2010, S. 96: „Voix non élitiste frottée aux enjeux du théâtre européen, l'œuvre qu'elle produit au sein des structures avant-gardistes des années 1990 va choisir de s'appuyer sur une performativité brutalement efficace afin de faire partager son effroi face à la condition humaine et à ses conséquences dans l'ère de la post-humanité – dans le cas d'*Anéantis*, telle qu'illustrés par la guerre qui déchira l'ex-Yugoslavie de 1991 à 1995."

80 Wenn eine Position in der Arbeit bezogen wird, dann für die Verfolgten, Gequälten, Ge-folterten und Vergewaltigten, zumeist Frauen, Kinder und Randgruppen, auf allen Seiten, damit sie, gerade in den nach Warstat: *Krise und Heilung, Wirkungsästhetiken des Theaters*, München 2011, S. 192, „nicht betroffenen Territorien", die, wie weiter unten erklärt, als durchaus betroffen aufgefasst werden können, nicht vergessen werden.

81 Vgl. Previšić, 2014, S. 18ff.

82 Warstat, 2011, S. 193.

83 Vgl. Saunders, Graham: *About Kane: the Playwright & and the Work*, London 2009, S. xvii–xix. Dort findet sich eine tabellarische Chronologie der Weltgeschichte 1989–1999, eine unkommentierte Auswahl.

84 Dazu mehr im neunten Kapitel.

wissenschaftlich anerkannte Literatur verwiesen,[85] in der die Geschichte Jugoslawiens gerade mit Blick auf die Verantwortungen für die Kriegsgeschehnisse sachlich wiedergegeben wird: Neben Ramets umfassenden und hoch informativen Werken geben die anderen hier unten in den daher ausführlichen Fußnoten, u.a. 85, 87, 88, 89 angegebenen Werke einigen Aufschluss darüber, wie die Trennungen und Unabhängigkeiten zustande gekommen sind, die auch als „Tragödie des Westens"[86] bezeichnet werden können.

Die Situation für Frauen vor Ort ist zudem als schwierig genug[87] zu bezeichnen, denn die „Frauenbewegung im ehemaligen Jugoslawien gehörte zu

....

85 Vgl. alle im Internet zugänglichen Webseiten des Den Haager Tribunals und u.a. Drakulić, Slavenka: *Keiner war dabei. Kriegsverbrechen auf dem Balkan vor Gericht*, Wien 2004; Rohde, David: *Endgame. The betrayal and fall of Srebrenica: Europe's worst massacre since World War II*, Boulder 1997; Ramet, Sabrina Petra: *Balkan babel. The Disintegration of Yugoslavia from the Death of Tito to the War for Kosovo*; davon gibt es eine weitere Ausgabe unter dem Titel: *Balkan babel: the disintegration of Yugoslavia from the death of Tito to insurrection in Kosovë*, Colorado/Oxford 1999. Dies.: *Die drei Jugoslawien. Eine Geschichte der Staatsbildungen und ihrer Probleme*, München 2011 (Engl. Orig.: *The Three Yugoslavias. State-Building and Legitimation 1918–2005*, Washington D.C. 2006). Auch: Listhaug, Ola/Ramet, Sabrina Petra (Hg.): *Bosnia-Herzegovina since Dayton. Civic and uncivic values*, Ravenna 2013. Dies.: *Civic and uncivic values in Macedonia*, Budapest 2013. Auch: Dies.: *Civic and uncivic values in Kosovo*, Budapest 2015 und Listhaug/Ramet/Dulić, Dragana (Hg.): *Civic and uncivic values – Serbia in the Post-Milosevic-era*, Budapest 2011. Ferner Boeckh, Katrin: *Serbien, Montenegro. Geschichte und Gegenwart*, Regensburg 2009; Jäger, Friedrich: *Bosniaken, Kroaten, Serben. Ein Leitfaden ihrer Geschichte*, Frankfurt am Main 2001. Neben Brân, 2001; auch Brix, Emil/Suppan, Arnold/Vyslonzil, Elisabeth (Hg.): *Südosteuropa. Traditionen als Macht*, Wien 2007, Wieser, Angela: *Ethnische Säuberungen und Völkermord. Die genozidale Absicht im Bosnienkrieg von 1992–1995*, Frankfurt am Main 2007, S. 100ff, Pieper, Uwe: „Kriegsschuld, Gerechtigkeit und Frieden", in: Gršak, Marijana/Reimann, Ulrike/Franke, Kathrin: *Frauen und Frauenorganisationen im Widerstand in Kroatien, Bosnien und Serbien*, Frankfurt am Main 2007, S. 218f und Calic, Marie-Janine: *Geschichte Jugoslawiens im 20. Jahrhundert*, München 2010. Als zeitgeschichtliches Dokument: Sulajgić, Emir: *Srebrenica – Notizen aus der Hölle*, Wien 2009, S. 235f. Auch: Möntnich, Ute: *Aufarbeitung nach Bürgerkriegen. Vom Umgang mit konkurrierender Erinnerung in Bosnien und Herzegowina*, Frankfurt am Main 2013, S. 207ff, bes. 241.

86 Meier, Victor: *Wie Jugoslawien verspielt wurde*, 1999, S. 6.

87 Vgl. Tufek, Selma: „Die Frauen Bosniens vor, im und nach dem Krieg", in: Fuchs, Brigitte/Habinger, Gabriele (Hg.): *Rassismen & Feminismen. Differenzen, Machtverhältnisse und Solidarität zwischen Frauen*, Wien 1996, S. 225. „Die bosnische Gesellschaft ist äußerst patriarchal geprägt. Abhängig von den Lebensbedingungen, geprägt von der sozialen Umgebung und der traditionellen Erziehung beteiligen sich die bosnischen Frauen am männlichen Chauvinismus und unterstützen ihn. Unabhängig davon, in welcher Region Bosniens

© Frank & Timme   Verlag für wissenschaftliche Literatur

den ältesten in Osteuropa und konnte bei Kriegsbeginn auf ca. 15 Jahre feministische Diskussion über Geschlechterverhältnisse und die Rolle der Frau im Sozialismus zurückgreifen",[88] während der Krieg sie zwischen und jeweils innerhalb der Nachfolgestaaten Jugoslawiens spaltet, mit den Vergewaltigungen auf den ‚Balkan' zurückwirft und dieses Thema opportun politisiert und funktionalisiert.[89]

Der Balkan aber ist ein Gebirge, das sich geographisch eher Bulgarien und Rumänien zuordnen lässt als dem Gebiet der Nachfolgestaaten Jugoslawiens.[90] Jugoslawien dagegen ist vom Wort her eine Gegend, in der SüdslawInnen leben. In einigen Artikeln und Aufsätzen wird das Wort Balkan eingesetzt, u.a. um die Region kurz zusammenfassend zu formulieren oder Jugoslawien als abgeschaffte Staatsbezeichnung zu vermeiden. Seit den Kriegen in den 1990er

....

sie leben und zu welcher Nationalität sie gehören, haben die meisten ein sehr ähnliches Schicksal. Sie führen kein selbstbestimmtes Leben. Sie sind verheiratet (ein Leben außerhalb einer Ehe ist eher selten) und in ihren Ehen haben sie kaum Chancen oder ergreifen solche nicht, sich weiterzuentwickeln und nach Selbstbestätigung zu suchen." Vgl. auch: König, Angela: „Frauen-Bewegung im Krieg in Bosnien-Herzegowina und Kroatien", in: Lemke, Christiane/Penrose, Virginia/Ruppert, Uta (Hg.): *Frauenbewegung und Frauenpolitik in Osteuropa*, New York/Frankfurt am Main 1996, S. 46–68, S. 59: „Eine kontinuierliche Diskussion über (Kriegs)gewalt als Männergewalt wird von keinem System gewünscht. In der Bundesrepublik hatte die Ausblendung des patriarchalen Kontextes der Gewalt zudem noch die Folge, den Konflikt weiter zu balkanisieren und zu ethnisieren."

88 König: *Frauen-Bewegung im Krieg in Bosnien-Herzegowina und Kroatien*, in: Lemke/Penrose/Ruppert (Hg.): *Frauenbewegung und Frauenpolitik in Osteuropa*, 1996, S. 53, mit Verweis auf Fregiehn, Claudia/Knežević, Durda: *Gewalt gegen Frauen im ehemaligen Jugoslawien*, in: *beiträge zur feministischen theorie und praxis 37*, Köln 1994. Vgl. auch Lóránd, Zsófia: *A politically non-dangerous revolution is not a revolution: critical readings of the concept of sexual revolution by Yugoslav feminists in the 1970s*, in: *European review of History: Revue européenne d'histoire*, 2015, Vol. 22, Nr. 1, S. 120–137.

89 Lóránd, Zsófia: *Feminist Intellectuals: From Yugoslavia, in Europe*, in: Jalava, Marja, Nygård, Stefan, Strang, Johan (Hg.): *Decentering European Intellectual Space*, Leiden/Boston 2018, S. 288: „After 1991, Europe is where one can do what was also possible in self-managing Yugoslavia, while with the loss of the country, people from Yugoslavia lost their place in Europe – and Europe, the West, relocated them to the Balkans."

90 Statt der Bezeichnungen ‚ehemaliges Jugoslawien', ‚Ex-Jugoslawien' oder ‚(Post-)Jugoslawien' wird die Formulierung ‚Nachfolgestaaten Jugoslawiens' unter anderem aus sprachästhetischen Gründen hier vorgezogen; vgl. Braun, Insa/Drmić, Ivana/Federer, Yannic/Gilbertz, Fabienne (Hg.): *(Post-)Jugoslawien. Kriegsverbrechen und Tribunale in Literatur, Film und Medien*, Frankfurt am Main 2014.

Jahren ist es als Codewort vermehrt mit der Konnotation von wilden, zersplitterten und chaotischen Verhältnissen eingesetzt worden.[91] „Balkanisierung" ist als „Zersplitterung, Schaffung verworrener staatlicher Verhältnisse (wie früher auf dem Balkan)" bereits im Fremdwörterduden von 1977 erklärt und verzeichnet.[92]

Dabei war die sozialistisch-föderale Republik Jugoslawien ein blockfreier Vielvölkerstaat und eine Föderation, die aus sechs Teilrepubliken Slowenien, Kroatien, Bosnien-Herzegowina, Serbien, Montenegro und Makedonien bestand.[93] Das Land hatte, wie allgemein bekannt, eine hohe Alphabetisierungsrate, relative Reisefreiheit, deutlich anhand der Gastarbeiterphase in den 1960ern zu sehen, und eine teils größere Geschlechtergerechtigkeit als die heutigen Nachfolgestaaten. Religion spielte eine untergeordnete Rolle, war eine private Angelegenheit, neben dem Atheismus zu Zeiten Jugoslawiens.[94] Die Ethnien wohnen teilweise seit Generationen in anderen Teilrepubliken.

Die Jugoslawienkriege haben ca. 100.000–130.000 Menschenleben gefordert, darunter 20.000 Kinder,[95] und dazu geführt, dass ein ganzes Land auf diesem Kontinent in sechs (Slowenien, Kroatien, Bosnien-Herzegowina, Serbien, Montenegro, Makedonien) aufgeteilt wurde.[96] In diesem kriegerischen Kon-

---

91 Um nur eine Zeitungsartikelüberschrift zu nennen: Schwartz, Peter: „Digitaler Balkan. Viele Staaten wollen das globale Internet in nationale Netze aufteilen. Es wäre ein Rückschritt, der alle Länder Wohlstand kosten würde", S. 10. Da heißt es im ersten Satz: Das „Ende der Globalisierung", „G-Zero", „Balkanisierung", „Fragmentierung" und das „Ende des Internets" – das alles sind Formulierungen, die das 21. Jahrhundert beschreiben, in denen sich die Welt vernetzt hat. Vgl. auch Petzer, Tatjana: „Geoästhetische Konstellationen. Kartographische Kunst im Spiegel von Balkanisierung/Libanonisierung", in: Jakiša/Pflitsch (Hg.): *Jugoslawien – Libanon. Verhandlungen von Zugehörigkeit in den Künsten fragmentierter Kulturen*, Berlin 2012, S. 143f. Und vgl. Previšić, 2014, S. 47ff.

92 Dudenredaktion: *Der kleine Duden*, 1977, S. 52.

93 Gebiete wie Wojwodina und Kosowo unterstanden der Verwaltung Serbiens.

94 Aktuell sind die Bevölkerungen signifikant; katholisch, serbisch-orthodox und muslimisch. Die generell stärkere Zugehörigkeit zu einer Konfession oder Religion fand erst nach und durch die Kriege 1991–1999 statt.

95 Vgl. Engelmann, Reiner (Hg.): *Plötzlich ist nichts mehr sicher. Kinder und der Krieg*, Berlin 2000, S. 4f.

96 Diese Formulierung ist lange erwogen worden, denn „verfallen" klingt, als hätte es ein Verfallsdatum gegeben, „zerfallen" nach Soufflé und „sich gebildet" nicht exakt und zu positiv, wenn man die Lange in Bosnien, Makedonien und auf dem Kosowo bedenkt.

flikt[97] ist die menschliche Katastrophe[98] mit einem gesamtpolitischen Zusammenhang verknüpft.[99] Es bestehen Einschätzungen, dass der Krieg vermeidbar, allerdings von weltpolitischen Interessen gelenkt war:[100] „Jugoslawien, das als Rand Europas betrachtet wird",[101] war „nicht von vornherein zum Scheitern verurteilt".[102] Allerdings sei es „außer Kontrolle geraten"[103] oder von einem

....

97   Hier wird im Singular formuliert, neben stilistischer Satzästhetik, da es um das Phänomen Krieg an sich geht und nicht um die detaillierten Einzelkonflikte zwischen den wechselnd verfeindeten Bevölkerungsgruppen bzw. sechs Teilstaaten (Slowenien, Kroatien, Bosnien-Herzegowina, Serbien, Montenegro, Makedonien). Insofern ist mit Krieg die gesamte Phase über acht Jahre gemeint. Übrigens ist es missverständlich von Balkan-Kriegen zu sprechen, da diese 1912/13 stattgefunden haben.

98   Im Januar 1999 waren, Berichten in den Nachrichten *tagesschau* zufolge, noch mindestens 200.000 Menschen auf der Flucht. Ende März kam es in Serbien wegen der schwelenden Kriegssituation und Vertreibungspolitik auf dem Kosowo zu den NATO-Luftangriffen, gespeist von den Vorstellungen eines Großserbien durch Milošević, der bereits in den 1980ern diesbezüglich auf dem Kosowo konflikteskalierend agieren ließ. Vgl. Ramet, Sabrina Petra: *Die drei Jugoslawien*, 2011 (Engl. Original: *The Three Yugoslavias. State-Building and Legitimation 1918–2005*, Washington D.C. 2006). Auch Ramet: *Balkan babel*, 1999. Ferner Höpken, Wolfgang: „Post-sozialistische Erinnerungskulturen im ehemaligen Jugoslawien", in: Brix/Suppan/Vyslonzil (Hg.), 2007, S. 33.

99   Ca. 750.000 sogenannte Mischehen zwischen SerbInnen und KroatInnen gab es allein in Bosnien, davon 34% der Ehen in Sarajewo, 29% in den Ortschaften und 9% im dörflichen Bereich, wobei die Befragten zum Teil von dem Begriff verwirrt waren, weil sie keine Vorstellung von „mixed" hatten. Vgl. Weine, Steven M.: *When History Is a Nightmare. Lives and Memories of Ethnic Cleansing in Bosnia-Hercegovina*, New Brunswick, New Jersey, and London 1999, S. 15f, 46ff. Vgl. auch Ramet; und auch Gjelten, Tom: *Sarajevo Daily: A City and Its Newspaper Under Siege*, New York 1995, S. xif, 234. Die Machthaber der bosnischen Serben verboten 1993 sogar ethnisch gemischte Ehen.

100   Vgl. u.a. Werke von Ramet, Sabrina Petra: *Die drei Jugoslawien. Eine Geschichte der Staatsbildungen und ihrer Probleme*, München 2011. Dies.: *Balkan babel*, 1999; auch: Loquai, Heinz: *Der Kosovo-Konflikt – Wege in einen vermeidbaren Krieg*, Baden-Baden 2000, S. 50. Auch Dieter S. Lutz in einem Brief an Erhard Eppler vom 19.03.1999, https://www.reutlinger-friedensgruppe.de/brief_an_erhard_eppler.htm, Stand: 03.08.2020, und: https://www.freitag.de/autoren/hans-springstein/vor-15-jahren-nato-krieg-gegen-jugoslawien, Stand: 03.08.2020.

101   Miguoué, Jean Bertrand: *Peter Handke und das zerfallende Jugoslawien. Ästhetische und diskursive Dimensionen einer Literarisierung der Wirklichkeit*, Innsbruck 2012, S. 51.

102   Ramet, Sabrina P.: *Die drei Jugoslawien*, München 2011, S. 829.

103   U.a. Formulierung von Wladimir Putin bezogen auf die Situation in Makedonien am 20.03.2001, s. *Die Welt*, Autor DW, https://www.welt.de/print-welt/article440504/Putin-will-in-Mazedonien-militärisch-eingreifen, Stand: 03.08.2020.

versagenden Europa vernachlässigt[104] worden. Die kroatische Literaturwissenschaftlerin Nikčević sieht Bosnien als ein Modethema der Länder Westeuropas an, die sich danach dem „nächsten Spielzeug"[105] Ruanda zuwenden.

Einige der Teilkonflikte und Kriegsverbrechen sind bis heute nicht geklärt,[106] sondern nur insofern zu Ende,[107] als sie nicht mehr ausgeführt oder verfolgt werden. Jedoch sind sie anhand aller Erfahrungen mit täglichen ethnischen Konflikten, der hohen Zahl an Fällen von häuslicher Gewalt und Kriminalität sowie dem noch unbeendeten Räumen der Minen nicht vorbei.

Das Schwierige und die Falle beim ‚Erklären' der Jugoslawienkriege ist, dass ein Teil wie jeder andere Krieg, jedes andere Massaker auf der Welt abläuft,[108]

104 „In diesem Krieg zahlen wir den Preis für die Haltung der Europäer, die – gut informiert über die unbegreifliche Zerstörung und Barberei – peinlich berührt in ihren Lehnstühlen sitzen bleiben.", so Albert Goldstein, kroatischer Schriftsteller in einem Interview, geführt von Anita Kontrec, in der taz vom 06.11.1991, in: Schmid, Thomas (Hg): *Jugoslawien – Journal. Von der Krise in Kosovo zum Krieg in Kroatien: Reportagen, Analysen, Interviews*, Frankfurt am Main, o.J., S. 68. Vgl. auch Meier, 1999, S. 430.

105 Vgl. Nikčević, Sanja: *Nova europska drama ili velika obmana 2. O nametanju dramskog trenda u europskom kazalištu i neobičnoj sudbini teatrološke knjige*, 2. ergänzte und erweiterte Auflage, Zagreb 2009 [übers. Neues europäisches Drama oder große Täuschung 2. Über das Aufzwingen eines Dramentrends im europäischen Theater und das ungewöhnliche Schicksal eines theaterwissenschaftlichen Buches], S. 85. Dort steht: „Dva su dokaza da je spominjanje Bosne bio tek dobar marketinški trik i neka vrsta izgovora za nasilje na sceni. Prvo, kad je u zemljama Zapadne Europe Bosna prestala biti u modi i kad su se počeli igrati s drugom igrčkom ljudske boli, zvanom Ruanda," [übers.: Zwei Beweise, dass die Erwähnung von Bosnien nur ein guter Marketing-Trick war und eine Art Bejahung von Gewalt auf der Bühne. Zuerst, als in den Ländern Westeuropas Bosnien nicht mehr in Mode war und als sie begannen, mit dem zweiten Spielzeug menschlichen Leids zu spielen, genannt Ruanda,].

106 Die vorhandenen Konflikte werden, z.B. von Prof. Dr. Lene Hansen, Politikwissenschaftlerin in Kopenhagen, während eines Gesprächs bei der Konferenz *Visualizing War: The Power of Emotions in Politics. An international and interdisciplinary conference on the role of images of war in shaping political debates* im November 2014 in Odense/Dänemark, mit einem Pulverfass oder mit schlafenden Hunden verglichen, die man nicht wecken möchte. Ihr Vortrag fand nicht Eingang in die Publikation: Engberg-Pedersen, Anders/Maurer, Kathrin (Hg.): *Visualizing War. Emotions, Technologies, Communities*, New York 2018.

107 Paech, Joachim: „Männer-Frauen-Krieg: Sarajevo 1992–1995", in: Bösling et al., 2015, S. 95, schreibt vereinfachend, dass 1992 bis 1995 ein Krieg „zu Ende" ging. Es ließe sich auch sagen, dass er drei Jahre lang nicht „zu Ende" ging. Dies ist die Zeit der gewaltvollen-militärischen Belagerung der Stadt gewesen.

108 Sofsky, 2002, S. 77: „Menschen haben einander immer schon bekämpft, verfolgt und getötet. In seinem Haß ist der Homo sapiens unabhängig von seiner Zugehörigkeit zu jeder Ethnie,

aber ein anderer Teil der konkreten Ereignisse, die lokalen Details der brutalen Taten an die Geographie und Geschichte von Ethnien geknüpft zu sein scheinen, was gefährlich ist, weil genozidale, andro- und gynozidale Absichten verschleiert werden.[109]

Die Anfänge der Konflikte in 1989/1990 führten nicht an den Verhandlungstisch, sondern in einen zweiten ca. sieben Monate dauernden[110] Teilkrieg, zwischen kroatischen Kroaten und kroatischen Serben sowie serbischen Serben auf kroatischem Gebiet, u.a. in Slawonien;[111] und vielen Flüchtlingen. Insgesamt gab es in den Jugoslawienkriegen ca. 400.000 Flüchtlinge aus Bosnien, ca. 950.000 in Kroatien, davon ca. 550.000 KroatInnen und ca. 400.000 serbische KroatInnen.[112] Viele flohen ins europäische und außereuropäische Ausland. Manche von den serbischen KroatInnen bzw. kroatischen SerbInnen[113] flohen auch nach Serbien,[114] das zumindest formal auch Ausland war.[115]

Nation oder Klasse." Vgl. Baberowski, Jörg: *Einleitung: Ermöglichungsräume exzessiver Gewalt*, in: Baberowski/Metzler (Hg.): *Gewalträume*, 2012, S. 11: „Weder in Jugoslawien noch im Irak Saddam Husseins, und nicht einmal in Ruanda sprach die Gewalt, weil der Staat zusammengebrochen war."

109   Z.B. systematische und organisierte Vergewaltigungen, auch an Männern, sehr sadistisch, brutal und demütigend. Vgl. auch Branislav Jakovljević, Stanford: *Zvornik 1992: Vernacular Imagination and Theater of Atrocities*, Vortrag, gehalten in Wien, 20.11.2015, 15.15–16.15h bei der Tagung *Theatre During the Yugoslav Wars*. Ferner: Tomašević, Dragana: *Briefe nach Sarajevo*, Graz/Wien 1995; Gutman, Roy: *Augenzeuge des Völkermordes*, Göttingen 1994.

110   Vgl. Ramet: *Balkan babel*, Colorado/Oxford 1999, S. 161.

111   Ein Gebiet, in dem historisch-gewachsen auch Donauschwaben/-schwäbinnen und Ungar*innen beheimatet sind. Zu dem Kriegsgeschehen u.a. vgl. Ramet, 1999, S. 230f.

112   Vgl. zur Relation: Weltweit gibt es zurzeit ca. 70 Millionen Flüchtlinge, in: www.bpb.de/gesellschaft/migration/laenderprofile/160545/historische-entwicklung, Stand: 03.08.2020.

113   Hofbauer, Hannes: *Balkankrieg. Zehn Jahre Zerstörung Jugoslawiens*, Wien 2001, S. 38. Serb*innen aus und in Kroatien sind aus diesem historischen Siedlungskontext heraus nicht einfach gleichzusetzen mit Serb*innen aus Bosnien-Herzegowina, Serb*innen aus dem Kosowogebiet oder Serb*innen aus Serbien, denn die Menschen der ersten, zweiten oder dritten Gruppe haben Serbien unter Umständen noch nie betreten. Ebenso wie kroatisch-bosnische oder jugoslawische Bewohner*innen Bosniens unter Umständen nie in Kroatien oder sonst irgendwo waren.

114   Vgl. Ramet, 1999, S. 158.

115   Man stelle sich als Äquivalent einen Südbayern ohne Verwandte als Flüchtling erstmals im Leben an einer der nördlichsten Stellen Deutschlands vor.

Kurz nach einem zeugenlosen Gespräch zwischen dem kroatischen Präsidenten Tuđman und dem serbisch-restjugoslawischen Präsidenten Milošević über eine Aufteilung Bosniens kommt es zu Kampfhandlungen auf bosnisch-herzegowinischem Gebiet, einem Jugoslawien im Kleinen, zwischen bosnischen Serben/serbischen Bosniern, bosnischen Kroaten/kroatischen Bosniern und bosnischen Bosniern,[116] die religiös als muslimische Bosnier bezeichnet werden. Die kroatischen BosnierInnen sind mehrheitlich katholisch, die serbischen BosnierInnen mehrheitlich orthodox, sie werden aber nicht als katholische bzw. orthodoxe BosnierInnen bezeichnet, sondern als KroatInnen bzw. SerbInnen, so wie nicht alle BosnierInnen muslimisch sind – diese Schieflage in den Bezeichnungen liegt an der Vermischung eines aktuell starken Nationalismus mit einer neuen und demonstrativen Religiosität.[117] Die bosnisch-muslimischen BosnierInnen wurden einerseits von kroatischen[118] und andererseits dauerhaft heftig von serbischen Bosniern[119] angegriffen.

....

116   Die serbisch-nationalistische Sichtweise sieht sie als zur Zeit der osmanischen Okkupation zwangsislamisierte Serb*innen, eine islamistische ebenso wie die islamfeindliche Sichtweise sehen sie als Muslime, die nach der ca. 500jährigen osmanischen Herrschaft vor Ort geblieben sind.

117   Ein gewisses humoristisches Potential liegt darin, dass die Antwort auf die Frage, woran man merke, dass man nach den Kriegen Bosnier*in sei, lautet: „U.a. bringst du Ekavisch und Iekavisch durcheinander, wunderst dich heut-noch, dass die Amerikaner Karadžić und Mladić nicht gefasst haben, obwohl sie Rambo haben. Du hast noch eine handbetriebene Kaffeemühle, seit 1992 fluchst du Gott nicht mehr, beginnst aber jeden Satz mit: ‚Fick ihn.‘, rauchst mehr als vor dem Krieg, deine Mutter macht Kuchen mit Zucker, Öl, einem Ei und Mehl und nennt ihn ‚Kriegskuchen‘, dreimal die Woche isst du Sarma, hast mindestens drei Pässe und hast in den vergangenen Jahren in mindestens vier Staaten gelebt und fragst dich, wie du während des Krieges überhaupt überlebt hast", vgl. Lukić, Zlatko, 2005, S. 471f.: [Orig. „Brkaš ekavski i ijekavski", „Dan-danas se čudiš kako Amerikanci nisu uhvatili Karadžića i Mladića, a imaju Ramba", „Porodica ti ima ručni mlin za kahvu.", „Od 1992. više ne psuješ Boga", „Većinu rečenica počinješ sa ‚Jebi ga.‘", „Pušiš više nego prije rata.", „Majka ti pravi kolač od šećera, ulja, jaja i brašna i zove ga ‚ratni kolač‘.", „Imaš sarmu za ručak najmanje tri dana heftično.", „Imaš najmanje tri pasoša i živio si u posljednih dvanaest godina u najmanje četiri države.", „Pitaš se kako si uopće ostao živ u ratu."]

118   Z.B. 1993 ethnische ‚Säuberungen‘ in der Lašva-Region, vgl. Chronologie des ICTY, International criminal tribunal for the former Yugoslavia; s. Booklet zu *Sturm*, Deutschland 2010, S. 17.

119   Vor allem der Massen- und Völkermord in und um Srebrenica (ca. 8.000 tote muslimische Bosnier*innen), die Taten von Zvornik und die über dreijährige Belagerung von Sarajewo, aber auch Prijedor, Trnopolje, Omarska usw. Zwischen 1991 bis 1999 sind ca. 60% der Ge-

Zeitweise bildeten die muslimischen BosnierInnen mit den kroatischen BosnierInnen eine Allianz gegen die serbischen BosnierInnen bzw. bosnischen SerbInnen.[120] Bei kriegerischen Aktionen auf bosnischem Gebiet waren zum Teil auch kroatische KroatInnen und serbische SerbInnen involviert, besonders publik wurde der Völkermord, den teils bosnische, teils serbische Serben an den bosnisch-muslimischen BosnierInnen begangen haben.[121] Die über drei Jahre lang dauernde Belagerung Sarajewos, die genozidale Erschießung von muslimischen Bosnier*innen (mehrheitlich Männern) und die systematische Schwängerungs-Vergewaltigung von muslimisch-bosnischen Frauen sind drei Schlüsselereignisse dieser Gewalt. Dabei war das multiethnische Bosnien zuvor ein Modell für friedliche Koexistenz,[122] und wurde durch den Dayton-Vertrag[123] quer durch Familien aufgeteilt.[124]

Die Atmosphäre des politisch ungeklärten Zustandes findet Eingang in die Sprache und Kommunikation der Figuren, auch ihr Schweigen.

Um zu verstehen, warum eine Figur auf der Bühne schweigt, ist es sinnvoll, sich zu vergegenwärtigen, dass Sprache und ihre Absenz eine größere Macht hat, wenn es nicht um Liebesentzug geht, sondern um einen Missstand, der auffallen soll. Ein theatergeschichtlich frühes Beispiel dafür ist Tekmessa: Die Ehefrau von Aias kommt, nachdem sie zwei Drittel des Redetextes für sich be-

....

töteten BosnierInnen, 28% SerbInnen und 8% KroatInnen. Vgl. Ramet, S.P., 1999, S. 167, 234ff., 306f. Vgl. Böhm, Andrea: „Unsere ungewollten Kolonien. Kann die Europäische Union in Bosnien und im Kosovo stabile Staaten aufbauen? Eine Reise durch den Balkan zwölf Jahre nach Dayton", in: *Die Zeit*, Nr. 32, 02.08.2007, S. 3 führt zu den 100.000 Toten des Bosnienkrieges, darunter mind. ca. 40.000 ZivilistInnen, die Studie *Bevölkerungsverluste zwischen 1992 und 1995* vom IDC, Zentrum für Forschung und Dokumentation, an.

120   Vgl. Ramet, 1999, S. 239. Auch Weine, 1999, S. 46ff, 53, 136, 139.

121   Hierzu sei als eines Srebrenica genannt sowie erneut auf Rohde: *Endgame*, 1997, verwiesen und vor allem auf zwei Werke von Ramet, 1999 und 2011.

122   Davon zeugen u.a. die zwischen 1918 und 1954 verfassten Werke von z.B. Andrić, Ivo: *Liebe in einer kleinen Stadt. Jüdische Geschichten aus Bosnien*, Frankfurt am Main 1996.

123   2008 ist das Original verschwunden, die Lücke wurde durch eine Original-Kopie aus dem Pariser Archiv ersetzt; Čečo, Irham: https://www.boell.de/de/2015/11/03/das-verlorene-abkommen-20-jahre-dayton, Stand: 03.08.2020. Die Gültigkeit der Dauer des Dayton-Vertrages ist umstritten. Siehe dazu: www.deutschlandfunk.de/20-jahre-dayton-vertrag-wieder-am-scheideweg.724.de.html?dram:article_id=337552, Stand: 03.08.2020.

124   Siehe z.B. Republika Srpska und die dreigeteilte Stadt Mostar.

ansprucht hat, zwar auf die Bühne zurück, sagt aber nichts mehr. Ihr Schweigen ist so extrem auffällig, dass es zu einer Stärke gerät und die Umwelt entlarvt.[125]

2.3 Sprache, Schweigen und Spaß im (Nach)Kriegsalltag

In den beiden folgenden Unterkapiteln wird untersucht, wie Sprache, ihr Ausbleiben und Komik sich im Kriegs- und Nachkriegsalltag auswirken, wie die Umstände, Sprachverhältnisse und Bedingungen für die Stücke sich darstellen. Der (Nach)Kriegsalltag, der auf dem Sprachgebiet stattfindet, macht die Figurensprache und das Schweigen nachvollziehbar. Die Frage ist, wann geht es um Defizite der Sprachfähigkeit, wann um eine Stärke beim Aufzeigen einer sozialen und Geschlechterungerechtigkeit.

2.3.1 Wenn Krieg die Sprache verschlägt – Sprache, ihre Absenz und Krieg

Bezogen auf den Krieg in allen Teilen des früheren Jugoslawiens schreibt Melčić: „Es ist, als ob die Sprache, die zu einem Mordinstrument entgleist ist, eine solche destruktive Kraft entfaltet, daß sie das Fundament des menschli-

....

125 Ormand, Kirk: „Silent by Convention? Sophokles' Tekmessa", in: *American Journal of Philology* 117/1, 1996, S. 37–64: Im Stück von Sophokles geht diese Figur ab und kommt wieder auf die Bühne zurück, als vierte Person, satt der üblichen drei Personen, aber schweigt. Der Tod des Helden Aias wird durch die Anwesenheit seiner Ehefrau noch deutlicher und schmerzhafter. Da Odysseus mit Teukros und Agammemnon spricht, scheint das Schweigen der Witwe zunächst nur eine formale Konvention. Aber das Publikum muss – die Dreier-Regel kennend – verwundert sein, zumal die Witwe zuvor sprach. Ihr Schweigen wird auch nicht irgendwie thematisiert, wie z.B. bei *Alkestis* von Euripides, worin die anderen Figuren das Schweigen erklären. Ormand arbeitet heraus, dass Tekmessa letztlich nicht um ihren Mann trauert, wie es Konvention wäre, und sich ihr Status durch seinen Tod erhöht. Der Chor verweist auf ihren Schmerz. Sie ist die Erste, die den Leichnam bedeckt und im Chor einen Schutzpatron hat. Mit dem Sohn an ihrer Seite betont sie ihre Position als einzige Frau, die Aias ein Kind, einen Sohn geboren hat. Sie kommuniziert mit ihrem Schweigen ihr Recht ihn zu beweinen, da sie nicht nur eine Bettgesellin ist oder bloße Kriegsbeute. Aias' Selbstmord ist eine Ausnahmesituation. Tekmessas Status erhöht sich ornamental, indem sie schweigt, statt aufzubegehren oder ungehemmt zu klagen.

chen Zusammenlebens zersetzt. "[126] Auf Jugoslawien bezogen sagt Okuka: „Die Sprache war, obwohl es offiziell niemals zugegeben wurde, der Kriegsschauplatz",[127] und zwar wegbereitend vor dem Kriegsausbruch. Totalitäre Rhetorik führte zu Gewalt in der und gegen die Sprache.[128] Sprache fiel der nationalen Ideologie zum Opfer. Dies griff nicht nur auf die Vornamen[129] über, sondern u.a. auf Bücher.[130] Insofern sind manche Übersetzungen, bzw. die Übertragung als Rettung in andere Sprachen (z.b. das Deutsche), eine Art Exil und neutraler Boden. Die Nähe der ehemaligen Teilrepubliken der Vielvölkerföderation bzw. der Nachfolgestaaten Jugoslawiens zeigt sich daher u.a. an der Sprache: Serbokroatisch ist erwiesenermaßen linguistisch eine Sprache,[131] die lokale bzw. territoriale Unterschiede hat, die nationale Grenzen überschreiten. Kroatisch,[132] Serbisch und Bosnisch sind politische Setzungen, bei denen man die Verwendung abweichender und neuer Wörter teilweise forciert/e oder ältere

....

126 Melčić, Dunja: *Das Wort im Krieg. Ein bosnisch-kroatisches Lesebuch*, Frankfurt am Main 1995, S. 174. Bis auf dieses Zitat ist diese Anthologie an den Stellen fraglich, an denen z.B. ein George-Gedicht Rilke zugesprochen wird.

127 Okuka, Miloš: *Eine Sprache, viele Erben. Sprachpolitik als Nationalisierungselement in Ex-Jugoslawien*, Klagenfurt 1998, S. 125; vgl. auch ebd., S. 136.

128 Vgl. Okuka, 1998, S. 120.

129 In den kroatischen, vor allem Zagreber, Meldeämtern ließen viele ihre Vornamen (z.B. Dragan zu Dragutin, Stevan in Stjepan, Jovanka zu Ivanka) ändern.

130 Unzählige Bücher wurden global aus Büchereien aussortiert, weil die serbokroatische Sprache darin politisch neu als Serbisch, Kroatisch oder Bosnisch bezeichnet wird .

131 Vgl. Kordić, Snježana: *Jezik i nacionalizam*, Zagreb 2010; bisher nur ins Spanische übersetzt: Madrid 2014; FR-Artikel von Norbert Mappes-Niediek vom 17.01.2011 auf S. 31, https://www.fr.de/kultur/literatur/kein-narrenrabatt-11432353.html, Stand: 03.08.2020; s. dazu die zahlreichen qualifizierten Literaturverweise auf https://hr.wikipedia.org/wiki/Snježana_Kordić; Stand: 03.08.2020. Auch: Cvetković-Sander, Ksenija: „Diktatur oder Demokratie? Titos Jugoslawien aus der Sicht der Sprachplanung", in: Voß, Christian/Dahmen, Wolfgang (Hg.): *Babel Balkan? Politische und soziokulturelle Kontexte von Sprache in Südosteuropa*, München/Berlin 2014, S. 77–92.

132 Es gibt das Ekavische, Iekavische und Dalmatinische, regionale Dialekte: ljepo – iekavisch, lepo – ekavisch, lipo – dalmatinisch. Ferner heißt „Was (soll ich dir sagen?)" auf ‚Hochkroatisch' „Što" oder „Šta (da ti kažem?)", in Zagreb sagt man „Kaj (da ti velim?)". Französische Lehnwörter wie lavabo, trotoar, plafon, avion und frižider sowie deutsche (escajg, beštek etc.) aus der Purgerzeit der k.u.k.-Monarchie außen vor gelassen. Es gibt auch ein Verb für singen z.B. zwischen pevati und pjevati minmale Differenz.

und veraltete reaktiviert.[133] Das Wort gerät so zur psychisch-verbalen Waffe – in Notwehr, wie bei provokativer Attacke.[134] Dies ist beispielsweise bei Begriffen wie Rededuell, Sprengsätze, Stichworte und pfeilspitze Bemerkungen zu verzeichnen. Es ist, als begebe man sich auf ein verbales Minenfeld,[135] wenn man das falsche Wort wählt und dadurch jemanden mit einer Aussage trifft oder festgelegt wird.[136] Das Beschreiben, Aus- und Ansprechen von Gewaltsituationen kann heilsam sein, auch in Form von künstlerischer Arbeit, je nachdem wie sie sich damit befasst.[137]

....

133 Vgl. Oppenrieder, Wilhelm/Thurmair, Maria: „Sprachidentität im Kontext von Mehrsprachigkeit", in: Janich, Nina/Thim-Mabrey, Christiane (Hg.): *Sprachidentität – Identität durch Sprache*, Tübingen 2003, S. 42: Von „Manövern wie der Separierung des Serbokroatischen in zwei unterschiedliche Nationalsprachen" wird hier gesprochen. Vgl. auch Kordić, Snježana s. auch Okuka, Miloš: *Eine Sprache, viele Erben. Sprachpolitik als Nationalisierungselement in Ex-Jugoslawien*, Klagenfurt 1998. Darin bes. Kap 1.7–1.9, 2.14, 3.9–3.11, 4.2 und 4.3. Die beiden Wörter für Knopf, dugme und gumb, sind jedoch z.b. frei von national-politischen Zuordnungen. Vgl. auch Terzić, der darauf hinweist, dass die Sprachdebatte u.a. mit dem in allen diesen Sprachen identischen Satz „Ja čitam."/„Ich lese." persifliert werden kann. Vgl. Terzić, Zoran: „Politischer als Politik", in: Jakiša/Pflitsch (Hg.), 2012, S. 215f.

134 Turner, 2009, S. 172: „Waffen können sowohl Blicke, Gesten und Worte, als auch Handgreiflichkeiten, Speere oder Feuerwaffen sein". Vgl. auch Colleran, Jeanne: *Theatre and War. Theatrical Responses since 1991*, New York 2012, S. 31, die auf Pinters Rede und sein zehnminütiges Stück *The New World Order* verweist, dass so brutal sei, wie ein Messerschnitt quer über die Kehle.

135 Bečejac schreibt über die Deutsche Sprache in ihrem Essay „Ortlos – ausgewiesene Schuld", in: Wehr, Norbert (Hg.): *Schreibheft. Zeitschrift für Literatur*, Nr. 71, Essen 2008, S. 122: „Orthographie, Interpunktion oder Intonation sind ein wahres Minenfeld".

136 Im Deutschen ist es schwer vorstellbar erschossen zu werden, weil man Semmeln statt Schrippen zu Brötchen gesagt hat, aber in den Kriegszeiten der 1990er konnte es existenziell bedeutend sein, die richtige Wortwahl zu treffen.

137 Baberowski, in: Riekenberg (Hg.), 2012, S. 43: „Aber die Opfer, ihre Angehörigen oder die Zuschauer, die die Gewalttat beobachtet haben, können überleben. Dann werden sie von der Gewalt physisch und psychisch gezeichnet sein. Bleibend wird sich die Gewalterfahrung in ihrer Erinnerung festsetzen und ihr Handeln beherrschen. Das weiß auch der Täter, der, wenngleich er siegreich war, dennoch mit Rache oder Vergeltung rechnen muss und der, wenn er seine Tötungshemmung überwinden musste, selbst zutiefst traumatisiert sein kann. Es kommt also darauf an, die Situationen dicht zu beschreiben, in denen sich die Gewalt entfaltet und in denen sie zu einer Ordnung wird, bevor man darüber urteilen kann, wie Gesellschaften Gewalt bewältigen, institutionalisieren oder domestizieren". Vgl. auch Schröder, Gunda: *Lebenszeichen, Sterbensworte*, (Besprechung von Dieckmann, Dorothea: *Sprachversagen*, 2002), in: *Virginia*, 2005, S. 6: „die Versprachlichung durch Leidtragende" könne „diese auf lebensnotwendige Weise unterstützen".

Demonstratives Schweigen in Verbindung mit körperlicher Präsenz ist eine Sonderform auf der Bühne, die als Erinnerung an Unangenehmes oder stumme Anklage machtvoll verunsichert. Präsenz mit expressivem Schweigen mahnt Missstände an, wie beispielsweise die Gruppe *Frauen in Schwarz*, die 1988 als internationales Netzwerk gegründet wurde und in Europa durch feministisch-pazifistische Frauen in Serbien seit 1991 präsent ist.[138]

Die machtvolle Absenz von Sprache, ist auch beim Lachen zu finden,[139] das auch der Trauer führt, daher hier nun Ausführungen zum Komischen im Krieg und Groteskem als Element, u.a. in Srbljanovićs Stücken.

2.3.2 Komik zu Kriegszeiten – weder spaßig, noch lustig

Dieses Kapitel geht besonders auf Humor, Witz, Groteskes und ihr Verhältnis zu Krieg und Theater[140] ein. Für die Stücke der Autorinnen sind relevante Fragen: Sind Humor-Muster zu erkennen? Kommt eine Art kriegsspezifische Komik auf? Gibt es bestimmte Formen zu erkennen, besonders im Gender-Kontext?[141] Gibt es in den Stücken Witze über Ethnien, wird sich über z.B. BosnierInnen,[142]

....

138 Die Gründung ist u.a. inspiriert durch die Mütter in Argentinien auf der Plaza de Mayo (wöchentlicher Schweigemarsch donnerstags seit dem 30.4.1977), aber auch durch die Black Sash-*Bewegung gegen Apartheid (Frauenliga zur Verteidigung der Verfassung) 1955/1956 in Südafrika*. www.sahistory.org.za/article/black-sash, und: www.sahistory.org.za/article/black-sash-organisation-history-transformation-ashley-schumacher, Stand: 03.08.2020.

139 Vgl. Bourdieu, Pierre: *Die verborgenen Mechanismen der Macht*, 1992, S. 135: „Was sehr überrascht, ist, daß die kompetentesten Leute zum Schweigen verdammt sind. Zunächst, weil sie sich in den Problemen so, wie sie gestellt werden, nicht wieder erkennen und weil ihre erste Reaktion darauf wäre, in Gelächter auszubrechen."

140 Vgl. Larkin-Galiñanes: „Writing on Humor and Laughter in the Late Modern Period: Introductory Notes. Introduction", in: Figueroa-Dorrego, Jorge/Larkin-Galiñanes, Cristina (Hg.): *A source book of literary and philosophical writings about humour and laughter*, New York/Ontario 2009, S. 313: „the possession of sense of humour was obviously very highly valued".

141 Ist z.B. die Tradition des Humors von Frauen vorhanden, die eher durch Isolation von der dominanten Kultur und Frustration über die ihnen zugeschriebenen Rolle charakterisiert sind? Vgl. Walker, Nancy: *A Very Serious Thing: Women's Humor and American Culture*, Minnesota 1988, S. 48.

142 Die Verwendung der inklusiven Sprache hier bei Bosnier*innen folgt der Erfahrung, dass es einen typischen Frauennamen bei Witzen gibt, aber keinen weiblichen serbischen oder kroatischen Namen. Das sexistische Stereotyp stellt die bosnische Frau als sehr naiv, ahnungslos und unschuldig dar, vor allem auf sexuellem Gebiet.

SerbInnen oder KroatInnen lustig gemacht? Welche ‚Witzhintergründe' zwischen Nationalitäten und Kulturen spielen eine Rolle und müssten bekannt sein, um zur Wirkung zu kommen oder aber um in ihrem eventuell ironischen Gebrauch verstanden zu werden?

Komik, Humor und Lachen sind wegen der höheren „Abstraktionsstufe" verbreiteter Wörter, auch bei den vorliegenden Dramen, schwerer voneinander zu trennen als „die aus der Antike stammenden Ausdrücke Ironie, Satire, Sarkasmus".[143] Witz kann der Textwitz oder eine geistreiche Verfassung sein.[144] Zu den Formen der Umsetzung gehören u.a. das Versteckspiel und die Farce (Posse, Verhöhnung, Karikatur eines Geschehens, auch Distanz zu einem tragischen, so dass es komisch ist und trotzdem gelacht werden kann)[145] sowie Doppelrollen und Rollenvertauschungen,[146] besonders Geschlechterverwirrung bzw. sogenannte Transvestitentheater.[147] Techniken der Komikerzeugung[148] sind Sprachregister (verschiedene Mundarten, Dialekte, aber auch „klassenspezifische Eigenheiten"[149] und Sprach- und Sprechfehler); ebenso sind Witz-Narration mit Pointe und Untertreibung, mit den Sonderformen (Selbst)Ironie (Steigerungen: Spott, Sarkasmus und Zynismus) und Stilmittel, u.a. Litotes und Hyperbel in den Stücken vorhanden. Ferner gehören dazu Stile

143 Vgl. Schmidt-Hidding, Wolfgang (Hg.): *Europäische Schlüsselwörter. Wortvergleichende und Wortgeschichtliche Studien, Bd. 1, Humor und Witz*, München 1963, S. 49.

144 Vgl. Schmidt-Hidding (Hg.), 1963, S. 49ff. und vgl. Larkin-Galiñanes, Cristina: „An Overview of Humor Theory", in: Attardo, Salvatore (Hg.): *The Routledge Handbook of Language and Humor*, New York 2017, S. 4ff. Vgl. Kindt, Tom: *Literatur und Komik. Zur Theorie literarischer Komik und zur deutschen Komödie im 18. Jahrhundert*, Berlin 2011, S. 3.

145 Vgl. Berger, Dieter A.: *Englischer Humor – literarisch*, Trier 2008, S. 153.

146 Kinder übernehmen beispielsweise eine verantwortungsvolle Elternrolle, während die Erwachsenen sich infantil oder regrediert verhalten. Vgl. dazu besonders Kapitel 5 und 8.

147 Antikes sowie elisabethanisches Männertheater machen deutlich, dass Frauen einerseits als Schauspielerinnen nicht erwünscht waren; zugleich sorgte die Geschlechtsverkleidung für eine homoerotische Zweideutigkeit, die vielleicht im Sinne der antiken, aber bestimmt nicht im Sinne der puritanischen Konventionen gewesen sein kann, vgl. Berger, D.A., 2008, S. 149. Diese Zweideutigkeit taucht bei Srbljanovićs *Belgrader Trilogie* in zwei Szenen auf.

148 Vgl. Baltzer, Stefan: *Wo ist der Witz? Techniken zur Komikerzeugung in Literatur und Musik*, Berlin 2013, S. 17.

149 Berger, D.A., 2008, S. 239. Sozusagen ‚Milieu-Slang' und Umgangssprache bis hin zum Vulgären.

wie das Absurde, Groteske und Surreale sowie Richtungen wie Parodien sowie Comedy, Kabarett, Personen- und Sprachsatire.[150]

Seit der Antike ist das Lachen ein bekanntes Phänomen.[151] Als angeborener physischer Reflex wurde es seit ca. 1872 erstmals biologisch-anthropologisch von Darwin untersucht.[152] Es ist Teil der Körpersprache und primär ein ehrlicher, am wenigsten planbarer[153] Ausdruck von Lebensfreude, auch dann, wenn es auf Überreizung beruht. Lachen ist komplex, hängt nicht von Humor, Witz oder Komik ab und kann voller Konflikte stecken, denn darin ist vielfältiges Potential enthalten: Druckentlastung über sozial codierte Muster, Distanz und Überbrückung bis hin zu Entwertung, Verlachen, Verschweigen und Überspielen.[154] Obwohl in der Schadenfreude über Pannen und Fehler auch Norm und Ordnung restituiert werden,[155] liegt im Auslachen Gefahr:[156] Stereotype, Klischees, Vorurteile, Diskriminierungen in Form von Sexismus, Rassismus, Nationalismus[157] etc., können verfestigt werden, besonders mit und in Witzen. Diese erzeugen Distanz, können psychisch kränken, sogar

....

150 Vgl. Berger, Arthur Asa: *An anatomy of humor*, New Brunswick/New Jersey 1998, S. 18 ff.

151 Biologisch (C. Darwin), physiologisch (G. Dumas), psychologisch (S. Freud), literarisch-philosophisch (I. Kant, G. Lessing, Goethe/Kontrastheorie).

152 Hüttinger, Stefanie: *Die Kunst des Lachens*, Frankfurt am Main 1996, S. 17 ff.

153 Vgl. Hüttinger, 1996, S. 34 f. Vgl. auch Hoffmann, Tina: *Humor im Theater mit Fremdsprachenstudenten oder: Warum gerade Komödie?*, in: Hoffmann et al.: *Humor. Grenzüberschreitende Spielarten eines kulturellen Phänomens*, Göttingen 2008, S. 211.

154 Es kann also zerstören oder konstruktiv sein. Hüttinger, 1996, S. 8: Es „sollte gedacht werden als eine Idee einer Weltsicht, einer relativierenden, ambivalenten und spekulativen Weltanschauung."

155 Hüttinger, 1996, ebd.: „Das Lachen kann Normen relativieren oder festigen".

156 Vgl. Larkin-Galiñanes, in: Attardo (Hg.), 2017, S. 5 f.

157 Grundsätzlich gibt es eher Witze ‚über‘ jemanden. Aber es gibt neben dem Witz gegenüber den Herrschenden/dem herrschenden System (z.B. *Wer lacht, sitzt. Lachen im realen Sozialismus, Lachen im Nationalsozialismus. Erlaubter und verbotener Humor unter Hitler*), wobei der Witz Luft gegenüber Unterdrückung verschaffen soll (z.B. *Wenn Frauen boshaft lachen: noch mehr Witze über Männer*) im Gegenzug Witze der Herrschenden über die Minderheiten bzw. die Beherrschten und Kolonialisierten sowie drittens die herrschaftsunabhängigen und zeitlosen Witze über Berufsparten (*Lachen ohne Bewährung, Juristenanekdoten, Lachen macht selig. Theologenanekdoten* etc.). Vgl. auch Romashova, Ksenia: *Dealing with dark times. The changing forms and functions of humor in Mark Twain's later writings*, Magdeburg 2016.

als Anlass für Anschläge dienen.[158] Stereotype zu Ethnien und Nationalitäten gibt es in Jugoslawien wie in manchen anderen Kulturen reichlich und seit langem.[159] In Kanes Großbritannien wie auch in den Nachfolgestaaten Jugoslawiens, aus denen die weiteren Autorinnen kommen, ist die Witzkultur recht ausgeprägt und vielschichtig.[160] Die ‚bloßen' Witze ‚über' Minderheiten und Nationen, die den Boden für Animositäten bereiten, sind bisher nicht systematisch untersucht.[161]

Beim Humor zeigt sich dabei zum Teil Hybridität, Cross-, Inter-, Bi-, und Multikulturalität.[162] Zudem geht es bei Komik und Humor in Situationen der KriegsGewalt entweder um Machtdemonstration und Propaganda der Mächtigeren oder als Form des Widerstandes;[163] kulturelle und nationale

....

158 Wie der Anschlag auf die Karikaturist*innen der Zeitschrift *Charlie Hebdo* in Paris zeigt.

159 Z.B. den Buchtitel *Korsen lachen nicht sardonisch.* Äquivalent wäre ‚Serben lachen nicht kroatisch', ‚Kroaten lachen nicht serbisch' oder ‚Bosnier lachen nicht kroatisch und nicht serbisch'. Vgl. Figueroa-Dorrego/Larkin-Galiñanes, 2009, S. 313ff.

160 In Jugoslawien sind die Bosnier*innen so etwas wie die ‚Ostfries*innen des Balkans', und wie diverse Publikationen von Witzsammlungen zeigen, hat sich seit den Kriegen höchstens die Bezeichnung von Bosnier zu Muslim gewandelt oder es gibt keine konkrete Zuschreibung, sondern nur Vornamen, bei denen diese unnötig ist, weil Mujo, Haso und Fatima/Fata selbstredend sind.

161 Es gibt, Hüttinger, 1994, S. 11: „kaum ausführliche Zusammenfassungen über Lachtheorien", nur eine wissenschaftliche Richtung, die beispielsweise kontrastiv deutsch-chinesische oder deutsch-japanische Komik vergleicht oder sich dem *Black Humor* in Amerika und Deutschland widmet. Vgl. Barnes, Linda Horvay: *The Dialectics of Black Humor: Process and Product. A Reorientation toward Contemporary American and German Black Humor Fiction*, Frankfurt am Main/Bern/Las Vegas 1978. Dabei verfestigt diese Kategorie der Witze über Minderheiten und Nationen Feindschaften und Herrschaftsverhältnisse. Vgl. Boyes, Roger: „‚Don't mention the war!' Warum die Engländer so gerne über die Nazis lachen und wie der Krieg im Humor weiterlebt", in: Demandt, Alexander (Hg.): *Was vom Krieg übrig bleibt*, Regensburg 2007, S. 85–86. Auch: Boyes, R.: „Don't mention the war!", in: *Kulturaustausch. Zeitschrift für internationale Perspektiven*, Ausg. 1/2007: *Was vom Krieg übrig bleibt*, s. auch: https://www.zeitschrift-kulturaustausch.de/de/archiv?tx_amkulturaustausch_pi[auid]=18&tx_amkulturaustausch_pi[view]=ARTICLE&cHash=f61b6027a131b-fb3c43a7c1fe45d048f, Stand: 03.08.2020.

162 Vgl. Dunphy, Graeme/Emig, Rainer (Hg.): *Hybrid Humour. Comedy in Transcultural Perspectives*, Amsterdam/New York 2010, S. 32.

163 Sombatpoonsiri, Janjira Echanechiraa: *Humor and Nonviolent Struggle in Serbia*, Syracuse 2015, S. 34: „Black humor, charactarized by poking fun at otherwise depressing moments, has long been a mechanism of coping with everyday difficulties in serbia such as povetry." und „The cultural construction of intuitive humor provides an explanation about the relati-

Zugehörigkeit spielen daher hier insofern eine Rolle, als die Figuren in den Stücken ‚typisches' Sprechverhalten[164] oder ‚nationalspezifischen' Humor haben könnten. Komische Elemente tauchen in den Stücken reduziert auf, sind umso auffälliger; oftmals sind es angespannte Varianten: Überlegenes Lachen, z.b. über einen Sprachfehler einer anderen Figur, wie bei Kanes Cate, „Lachen aus Verzweiflung",[165] ein psychischer Kompensationsakt, wie bei Kanes Figur Cate und Semeničs Figur Weisheit/wisdom zu sehen; auch wenn die Untergebenen dort dem Herrscher ein leeres, unehrliches, ‚ansozialisiertes' Lachen nach dem Munde liefern. Anhand von Atmungsdauer, Tonhöhe und Frequenz, Atmungstiefe, Dauer, Klangfarbe und rhythmischer Gliederung, insgesamt der emotionalen Färbung lässt sich nachweislich hören und erkennen,[166] wann worüber gelacht wird,[167] – was eine schauspielerische Herausforderung darstellt.

Das Lachen ist aber in seiner Mehrdeutigkeit auch eine subversive, versteckte Form der Macht. Zum Verhältnis von Lachen und Gewalt stellt Henri Bergson treffend für Kriegszeiten fest, es sei zu erklären „als eine Reaktion auf eine Versteifung des Lebendigen. Sobald ein mechanischer Automatismus das Lebendige überdeckt, fordert die Gesellschaft mit ihrem nahezu strafenden La-

---

onship between proliferation of comedic culture in the former Yugoslavia, and the invention of tactical humor by Serbian protesters in the 1990s."

164   Z.B. serbokroatisches Sprechverhalten voller Flüche, die einen Schwerpunkt auf die Geschlechtsorgane legen, oder englisches, das häufig F***-Wörter verwendet.

165   Vgl. Lercher, Marie-Christin: *Humor als Bewältigungsstrategie von Fremde: Beobachtungen zu Ida Pfeiffers Reisebericht über Madagaskar*, in: Hoffmann et al., 2008, S. 99ff. Lercher bezeichnet zudem völkerverbindendes Lachen als strategisch, wenn das Lachen eine Brücke bildet, eine Bewältigungsstrategie von Fremde, zum Mittel der Distanzbewältigung wird, „kulturspezifisch und diese Kultur bejahend". Lercher, Marie-Christin: „Humor als Bewältigungsstrategie von Fremde: Beobachtungen zu Ida Pfeiffers Reisebericht über Madagaskar", in: Hoffmann, 2008, S. 101. Diese Bewältigungsstrategie von Fremde setzt einen kommunikativen Prozess voraus.

166   Vgl. Hüttinger, 1996, S. 25f.

167   Beispielsweise über Sexuelles. Vgl. Hüttinger, 1996, S. 38. Auch: Burneva, Nikolina/Hristova, Maria: *Gender und Kunstfolklore: über ein Festival maskuliner Emanzen in Bulgarien*, in: Hoffmann et al., 2008, S. 38. Vgl. Leich, Karin: *Zu Humor und Bewusstsein in Thomas Manns Joseph-Roman*, in: Hoffmann et al., 2008, S. 124. Vgl. Lercher verweist auf Habermann: *Stimme und Sprache*, S. 82.

chen eine Korrektur dieser Steifheit."[168] Lachen weist Schaeffer der Peripherie zu,[169] das mag es mit (Angriffs)Krieg gemeinsam haben, der von den Rändern her ins Zentrum vorzustoßen versucht. Beidem kann man, wenn die Dämme unverschämt bzw. schamlos[170] gebrochen sind, schlecht Einhalt gebieten.[171] „Dabei verdrängt das spontane Lachen eher etwas, während die Ironie oder der Humor eher etwas zu verstehen sucht."[172]

Mit Humor kann sublimiert, mit anderen innerhalb des Sozialen Kontakt gepflegt, können Probleme bewältigt werden: Coping-Humor dient als Strategie, bei der sich dem Humor heilsame Aspekte zusprechen lassen.[173] Dies ist bezogen auf die Stücke zum Krieg wichtig.[174]

Zur Analyse des Humors, dieses Zustands und dieser Gemütsverfassung mit variabler Dauer, werden vier Bereiche unterschieden: Sprache, Logik, Identität und Aktion.[175] Der verbale Humor, bestehend aus Sprach-Wortwitz, Allusion, Ironie, bewusstem Missverständnis, Wort-Wörtlichkeit, Wortspielen, Lächerlichkeit und Satire, steht dem der physisch-nonverbalen Aktion gegenüber, die mit Verfolgung und Slapstick (Schlagstock, oder auch

---

168 Bergson, Henri: *Das Lachen*, Darmstadt 1988, S. 47, vgl. auch Hüttinger, 1996, S. 21.

169 Vgl. Schaeffer, Neil: *The Art of Laughter*, New York 1981, S. 159: „The crucial point of the definition is that in my view laughter springs from what might be regarded as the periphery of the text, its envelope, its context."

170 Schreiner, Margit: *Frauen verstehen keinen Spaß*, in: Strigl (Hg.): *Frauen verstehen keinen Spaß*, 2002, S. 70: „Was ist oder wäre die große, neue, weibliche Literatur und worin unterscheidet oder unterschiede sie sich nun von der männlichen? Durch Schamlosigkeit also. Durch die Neigung zu Autobiographie und Philosophie. Durch Vermischung von Persönlichem und Abstraktem."

171 Vgl. Schaeffer, 1981, S. 18.

172 Hüttinger, 1996, S. 139.

173 Vgl. Berger, A. A., 1998, S. 157: „A Laugh a Day Keeps the Doctor Away", ebd., S. 158: „How Humor Heals on the Intrapsychic Level", ebd., S. 167: „Humor is itself, a source of pleasure. But humor also liberates, eases feelings of guilt, forces one to recognize the ironical and absurd nature of life, and doesn't allow people to take themselves too seriously."

174 Vgl. Ruch, Willibald: „Sense of humor. A new look at an old concept", in: Ruch, W. (Hg.): *The sense of humor. Explorations of a Personality Characteristic*, Berlin/New York 1998, S. 3–14.

175 Berger, A. A., 1998, S. 17: „There are four basic categories under which all my techniques of humor can be subsumed: 1. Language. The humor is verbal. 2. Logic. The humor is ideational. 3. Identity. The humor is existential. 4. Action. The humor is physical or nonverbal."

Kochlöffel), Geschwindigkeit und Zeit arbeitet.[176] Ironie,[177] die intellektuell Zustände zugespitzt darstellt, ist zu unterscheiden[178] von Humor, dieser Begabung, Unzulänglichkeiten im Leben gelassen zu begegnen. Humor demaskiert Stereotype, arbeitet mit Karikatur und Peinlichkeit. Als Charaktereigenschaft und Fähigkeit ist Humor verbunden mit Identität, auch mit einem Ausgestellt-Sein, Exzentrik und Burlesque. Groteske, Wiederholung in Form von Thema und Variation, Imitation, Mimikry und Parodie sind damit verbunden. Grotesk ist der Humor, wenn es um Situatives (Koinzidenzen und Unfälle) geht, um Enttäuschung, Ignoranz und Rigidität.[179]

Der echte oder positive Humor stellt sich auf eine Stufe mit dem Verlachten.[180] Nach Schubert[181] gibt es drei Elemente zur Entstehung von Humor. Auch Attardo, der sich u.a, auf Berger, Raskin und Schmidt-Hidding bezieht,[182] nennt diese drei: Erstens die Feindseligkeit und Überlegenheitsgefühle. Zweitens: Die Entlastung, die dabei hilft, das angespannte Innere und Hemmungen zu lockern (coping). Als drittes konstituierendes Element wird die Inkongruenz angeführt. Widersinniges, ungewöhnlich Verknüpftes sowie zuvor Verglichenes weicht ungewohnt voneinander ab, dies führt zum Lachen. Humor

---

176   Vgl. zur Vertiefung Hempelmann, Christian F.: „Key Terms in the Field of Humor", in: Attardo (Hg.), 2017, S. 34–48.

177   Die Ironie, grch. eironeia, ist die Verstellung und Flucht bzw. Ausflucht. Bei dieser Redeweise wird ein Thema ins leicht Lächerliche verzerrt, unsinnig verknüpft und es wird durch einen Kommentar in Parenthese provoziert. Neue Wörter entstehen, aber allein dadurch noch keine neue Handlungsidee.

178   Vgl. Leich, Karin: „Zu Humor und Bewusstsein in Thomas Manns Joseph-Roman", in: Hoffmann et al., 2008, S. 125, orientiert sich an Thomas Mann. Für sie ist Humor ganzheitlich und Ironie nur intellektuell.

179   Vgl. u.a. Schmidt-Hidding, 1963, S. 50f.

180   Vgl. Schmidt-Hidding, W. (Hg.): *Europäische Schlüsselwörter*, Bd. 1, *Humor und Witz*, München 1963. Nach Descartes wird von „Überlegenheitskomik", Hüttinger, 1996, S. 15, 19, gesprochen.

181   Schubert, Christoph: „Kommunikation und Humor aus multidisziplinärer Perspektive", in: Schubert (Hg.): *Kommunikation und Humor*, Berlin 2014, S. 8.

182   Attardo/Raskin: „Linguistics and Humor Theory", in: Attardo (Hg.), 2017, S. 50f.

überzeugt, gewinnt und ventiliert,[183] hat aber schlechte Überlebenschancen im Krieg, denn Krieg ist nicht witzig.

Außer der Arbeit von Walker[184] zum Frauenhumor in der amerikanischen Kultur gibt es keinen Diskurs über Frauen, Humor und Nationalität bzw. kulturelle Identität, schon gar nicht Krieg.

Frauen hat man früh das Lachen als unschicklich abgewöhnt, da es vulgär sei, wenn ein sehr offener Mund die Zähne bloßstellt. Zähnefletschen stehe dann drohend für Lachen statt Beißen und Essen – eine Art Schadenfreude scheint durch, ein offener Körper, der sich grotesk die Situation einverleibt.[185] Diese Erkenntnisse über diese Verhaltensweise, die Frauen nicht zustehe, stammen aus der Karnevalsforschung.[186] Walker stellt fest, dass Frauen, falls sie überhaupt im Kriegskontext schreiben, eher die Absurditäten niederschreiben, um sich selbst zu glauben, nicht als Widerstand und nicht um zum Lachen zu bringen. Denn einerseits werfe Krieg Frauen zurück an den Herd und zur Mütterlichkeit, gleichzeitig dürften sie die Lücke füllen, die der Männermangel bedeute, bis die Soldaten wieder ins zivile Leben zurückkehrten. Für Frauen zieme es sich nicht Witze zu erzählen oder zu witzeln, intellektuell werde ihnen Humor nicht zugetraut und – passend miteinander verzahnt – werde es ihnen moralisch nicht erlaubt: Sie seien ethisch zu gut für Witze und von Natur aus Heldenverehrerinnen.[187] Frauen sollen sehr höflich sein, unaufgefordert in der

....

183 Schubert, in: Schubert (Hg.), 2014, S. 9, erwähnt werden der persuasive Aspekt, das Zeigen interkultureller Kompetenz sowie der revolutionäre Charakter.

184 Walker, Nancy: *A Very Serious Thing: Women's Humor and American Culture*, Minnesota 1988.

185 Vgl. Hüttinger, 1996, S. 121, 124.

186 Nach der heißt es, die Narrenfiguren aller Kontinente seien immer hungrig, gierig nach jedem Essen, das sie bekommen können, und seien meist hinter jeder Frau her. Trunkenheit, Stolpern und Verlust der Körperbeherrschung seien Auslöser dieses rein männlichen Lachens. Vgl. Hüttinger, 1996, S. 122. Vgl. Hüttinger, 1996, S. 100, 125. Lachen ist Orgasmusäquivalent, die Scham verschwindet nicht, sondern wird überspielt, ist ihr Ausdruck. In manchen Kulturen, z.B. Japan z.B., wird allerdings stets und immer noch nicht schallend gelacht, sondern sofort die Hand verschämt vor den lachenden Mund gehalten.

187 Vgl. Figueroa-Dorrego/Larkin-Galiñanes, 2009, S. 538: „Hence it may to be urged that women are too good to be humorists. They are too pure and saint-like and enthusiastic to understand masculine cynicism, and they hate to be told that any cause to which they have given their affections has after all a tinge of absurdity. They are naturally hero-worshippers".

Öffentlichkeit schweigen, auch und gerade an lauten Orten, und schon gar nicht lachen.[188]

Humor, Selbstironie, Distanz zu sich sind durchaus wichtige Charaktereigenschaften, jedoch werden diese Fähigkeiten dann überstrapaziert, wenn Frauen über Witze anderer auf ihre eigenen Kosten lachen, weil Misogynie verinnerlicht worden ist oder der Mächtigere einen Witz macht und man mitlacht. Wenn Männer besser ohne Frauen über sie lachen können, weil Frauen die Witze nicht komisch finden und nicht lachen,[189] entsteht das Bild, Frauen hätten keinen Sinn für Humor, was ein willkommener Grund ist, sie von weiteren vermeintlich spaßigen Treffen auszuschließen. Ebenso ist bei der Rückeroberung von Humorbereichen durch Frauen Vorsicht geboten, damit Witze, die Frauen auf ihre eigenen Kosten und ihre Situation machen, beispielsweise Autorinnen über Frauenfiguren in Dramen, statt zur Erleichterung nicht zur Preisgabe geraten, und zudem die Witze nicht niveaulos und unfair werden sowie Stereotype produzieren.

Für Frauen war Lachen in der Menschheitsgeschichte ohnehin ein gesellschaftliches Tabu, u.a. wie Hosentragen, Rauchen, frontales Sitzen auf Pferderücken und Fahrradfahren, weil es Freiheit und Macht bedeutet. Danach wurde ihnen zugesprochen, sie hätten keinen Humor, vor allem, wenn sie aufhörten bezüglich ihrer Situation welchen zu haben. Generell wurde im Zuge dessen von Frauen erwartet, humorlos zu sein. Dabei zeigen Frauen bis heute vor allem Humor, wenn sie selbst das Bild von sich humorvoll verändern, damit sie neu gesehen werden, als humorvolle Menschen,[190] wobei sie eher Geschichten erzählen als Witze, was als subversiver Protest gelten kann.[191] Ihnen geht es eher um Selbstvergewisserung, Kommunikation und Erfahrungsaustausch als

---

Stephen steigert sich noch zu, ebd., S. 539: „All women notoriously hate humour; and the audience of the true humorist is limited even amongst males".

188 Vgl. Schmidjell, Christine: „Mauerblümchen, na und? Beispiele aus der österreichischen Literatur der fünfziger und sechziger Jahre", in: Strigl, 2002, S. 92ff.

189 Ahmed, Sara: *Feministisch leben! Manifest für Spaßverderberinnen*, Münster 2017, S. 196: „Wenn es nicht lustig ist, lachen wir nicht."; ebd. S. 314f. Vgl. Ahmed, Sara: *Living a Feminist Life*, Durham 2017, S. 153: „When it's not funny, we do not laugh." Vgl. ebd., S. 245f.

190 Vgl. Schreiner, Margit: *Frauen verstehen keinen Spaß*, in: Strigl, 2002, S. 62.

191 Vgl. Walker, 1988, S. xii, 10.

um Selbstdarstellung oder Demonstration von cleverer Witzigkeit, mehr um freien Ausdruck von Freude in menschlicher Ebenbürtigkeit und Gleichheit, als zusammengesetzte Witze auf Kosten anderer – davon ist auszugehen, soweit es Untersuchungen dazu gibt.[192]

„Ein verbranntes Abendessen ist nicht Inkompetenz, sondern Krieg", zitiert Walker Marge Piercy[193] und definiert feministischen Humor als den, der unabhängig von der Witzquelle bzw. der ErzählerIn die Absurditäten der Kultur entlarvt, die frauenfeindlich ist.[194] Außerdem ist der Vorwurf, Frauen hätten keinen Humor, an der Stelle obsolet, an der Frauen, gerade mit Blick auf die Kriegszustände, nichts zu lachen haben[195] und das Lachen über Witze von Männern verweigern.[196] Dies lässt sich uneingeschränkt auf die Situation der

---

192 Vgl. Walker, 1988, S. xff, 61. Strigl hat eine Anthologie herausgegeben, in der Margit Schreiner in ihrem Text, gleichnamig mit dem Buchtitel, den Unterschied zwischen Humor und von einer Männermacht dominierenden Spaßdefinition unterscheidet, vgl. Strigl, 2002, S. 62ff. Ansonsten gehen weder Parkin/Phillips (Hg.): *Laughter and Power*, 2006, noch Wiegmann: *Und wieder lächelt die Thrakerin*, 2006, auf Texte von Frauen ein, was die These aufkommen lässt, viele Männer und Frauen trauen Frauen insofern keinen Humor zu, als sie nur Texte von Autoren untersuchen. Dabei sind drei der zehn Aufsätze in Parkin/Phillips von Frauen. Von den Autorinnen befasst sich eine mit Rabelais, eine mit Molière und die dritte geht auf *Charlie Hebdo* ein.

193 Walker, 1988, S. 139.

194 Das verbrannte Abendessen als Krieg zu bezeichnen, heißt eine Absicht zu unterstellen, bei der die Nahrungsaufnahme verhindert wird. Das verweigerte Kochen eines Essens als Krieg aufzufassen, oder gar als Generalboykott den Herd zu sprengen, wird bei *Pavillons* von Marković zentral.

195 „Das zeitgenössische Theater ist dekadent, weil es das Gefühl verloren hat für das Ernste einerseits und das Leben andererseits. Weil es gebrochen hat mit der feierlichen Tiefe, mit der unmittelbaren, verderblichen Wirksamkeit und – um alles zu sagen – mit der Gefahr. Weil es außerdem den Sinn verloren hat für den echten Humor und für das körperliche und anarchische Dissoziationsvermögen des Lachens. Weil es gebrochen hat mit dem Geist krasser Anarchie, der aller Poesie zugrunde liegt.", Artaud, Antonin: *Die Inszenierung und die Metaphysik*, in: *Das Theater und sein Double*, Frankfurt am Main 1969. S. 44f.

196 Vgl. Walker, 1988, S. 142ff. Frauen hören auf über Dinge zu lachen, die ihnen nicht witzig erscheinen, vor allem frauenfeindliche Witze, und dann wird ihnen Humorlosigkeit vorgeworfen, evtl. auch Männerfeindlichkeit, vor allem, wenn sie keine Mütter sind. Wenn sie sich selbst ernst nehmen, definieren sie die Qualität. Aber auch Patricia Highsmith sah das mit der Humorlosigkeit der Frauen so wie ziemlich konservative Männer seit Jahrhunderten, allerdings aus Lebensform-biographischen Gründen, vgl. Rohrer, Barbara: *Patricia Highsmith – Weiberfeindin ohne Humor? Über die unveröffentlichten* notebooks *und die* Little

© Frank & Timme   Verlag für wissenschaftliche Literatur

Frauenfiguren in allen vorliegenden Stücken übertragen, besonders Marković und Kane.

Frauenhumor sei bitterer als feministischer Humor,[197] den Walker als hoffnungsvollen Humor bezeichnet, da er ohne Stereotype auskommt.[198] Komik, als Form der Ästhetik,[199] zeigt sich hier in manchen Titeln der Stücke. Markovićs *Was es zum Abendessen gibt* enthält einen Kontrast zu Krieg und Flucht; Wortwitz und Doppeldeutigkeit bestehen bei Sajkos *Bombenfrau* im Titel und bei den kreativen und sprechenden Namen fast aller Charaktere der vorliegenden Werke.[200]

Bei den vorliegenden Stücken ist Humor Kennzeichen von einer Lebendigkeit, die als Kontrapunkt zum Krieg, so die These hier, in einen entspannteren leeren,[201] aber aufgeklärt-wissenden Zustand entlassen. Mit einem Lachen im Moment des Erkennens[202] sind Ironie und Humor friedliche Mittel des Verstehens, – Mittel, die dabei helfen, einen Interpretationsvorschlag zu finden.

2.4 Medium Theater – ein Stück weit Krieg oder ein Stück weiter in Richtung Friedenstheater?

Inwieweit sind die ausgewählten Stücke – Kanes *Blasted*, Markovićs *Pavillons*, Sajkos *Bombenfrau*, Semeničs *whilst/wisdom* und Srbljanovićs *Belgrader Trilogie* – Friedenstheater? Was können sie im Kontext von Historie und Gegenwart

---

Tales of Misogyny, in: Strigl, Daniela (Hg.): *Frauen verstehen keinen Spaß*, Wien 2002, S. 163ff, 166.

197 Walker, 1988, S. 143.

198 Walker schließt ihre Betrachtungen von 1988 zu feministischem Humor in Amerikas Kultur mit einem Verweis auf Agnes Reppliers *In Pursuit of Laughter* von 1936 und dass sich nicht viel verändert hat, solange für oder gegen einen Humor gekämpft werden muss.

199 Schmidt-Hidding, 1963, s. tabellarische Übersicht auf S. 50f.

200 Z.B. genannte Person Col bei Kane, die Figuren Branimir und Weisheit bei Semenič.

201 Hüttinger, 1994, S. 218: „Lachen ist Ausdruck der komischen Katharsis".

202 Vgl. das Verständnis vom Staunen bei Hersch, Jeanne: *Das philosophische Staunen*, 4. Aufl., München (1981) 1995.

glaubwürdig zeigen, ohne zu wiederholen, zu traumatisieren oder propagandistisch zu sein? Was ist zu den Kriegen zeig-, was sagbar?

Entgegen dem westlichen gesellschaftlichen Diskurs, bei dem zwischen einem 'mitteleuropäischen' Kroatien und einem Bosnien-Herzegowina und Serbien auf dem 'Balkan' differenziert wird,[203] bot Theater während der Jugoslawienkriege gerade in Serbien eine alternative Sichtweise im Vergleich zu den vom Milošević-Regime kontrollierten Staats-Medien (Rundfunk, TV und Presse).[204]

Die hier untersuchten Theaterstücke stellen diverse Positionen zur Diskussion, wobei die Sichtweisen wie auch die „Gedächtnisrevision"[205] das kriegerische Ende Jugoslawiens bewältigen, und zwar nach 70 Jahren sozialistischen Sonderwegs, das zugleich sowohl verdrängt als auch durch den Aufbau neuer Staatlichkeit heroisiert wird.[206]

Stücke zu Kriegen können mit der Repräsentation der Gewalt[207] Grausames mitteilbar und vermittelbar machen, je nachdem wie sie Gewalt auf der

203   Vgl. Höpken, Wolfgang: „Post-sozialistische Erinnerungskulturen im ehemaligen Jugoslawien", in: Brix/Suppan/Vyslonzil (Hg.), 2007, S. 20ff.

204   Vgl. Ramet, 1999, S. 159.

205   Höpken, in: Brix/Suppan/Vyslonzil (Hg.), 2007, S. 16.

206   Schneider, Wieland: „Alte und neue Mythen in Südosteuropa: Vom Amselfeld bis Rambouillet", in: Brix/Suppan/Vyslonzil (Hg.), 2007, S. 178: „Unter der Prämisse, einen Völkermord abwenden zu müssen", wurde die serbische Gewalt in Kroatien als ein 'gerechtfertigter Verteidigungskrieg' bezeichnet. Äquivalent dazu gesteht die kroatische Seite eigene politische Versäumnisse nicht ein, behauptet in Medien und Regierungserklärungen absolut nicht schuldig zu sein; darin findet sich ein serbisches und ein kroatisches Verharren im Opferstatus bei zeitgleichem Wunsch nach Heroismus, das in einem Theaterstück zu gleichen Teilen konkretisiert werden könnte.

207   Vgl. Ballestra-Puech et al., 2010, S. 90f: „Une vision existentialiste du monde s'établit fermement chez les artistes, vision mise en tension par deux courants opposés. Le premier reconnaît le caractère aporétique de l'art et la crise de la représentation sur laquelle il débouche, puisque ce dernier, en tant que production humaine, ne peut plus rendre compte de ce qui n'est plus de l'ordre de l'humain, mais qui s'est révélé lors de ces cataclysmes. Il en manifeste donc la défaite à travers, entre autres, une esthétique du fragment ou de la répétition qui mènera, plus tard, au postmodernisme. Le second soutient que c'est précisément l'absence de transcendance qui fonde et dote de valeur la liberté humaine et que, notamment dans l'action collective, l'homme peut/doit, à chaque instant, à chaque acte qui l'engage, recréer son humanité."

Bühne verbal, szenisch oder verbal und szenisch umsetzen.[208] Im szenischen Bereich kann die Gewalt ausgelassen oder aber sichtbar sein, andeutend oder detailliert.[209] Konkretisieren kann bedeuten, beispielsweise jenen zuzuspielen, die nationalistisch sind, auch jenen, die Verantwortung für Gewalt verdrängen, sich den Folgen ihrer Taten nicht aussetzen, das Geschehen nicht wahrhaben, keine Konkretion wollen, jedenfalls nicht bezogen auf sich.[210] Durch Spielen und Nachahmen kann die tabuisierte Wahrheit über Verbrechen geäußert, nach außen frei gesetzt und so dem Schweigen der Täter und Täterinnen entgegnet werden.[211]

---

208   Szenisch bedeutet hier alle anderen theatralen Zeichen, die nicht Text sind.

209   Das Destruktive des Krieges als allabendliche Zerstörung von Bühnenbild und Kostümen ist u.a. teuer, abgesehen davon, dass Krieg durch den bloßen Akt des Zeigens innerhalb des ‚Unechten‘ schnell ad absurdum geführt wird. Theater kann Krieg nur begrenzt und modellhaft abbilden, Theaterblut beispielsweise albern wirken. Der Versuch einer möglichst ‚authentischen‘ Darstellung auf der Bühne ist insofern zum Scheitern verurteilt, als sie das theatrale Spiel in Frage stellt. Da liegt der Unterschied beim Betrachten der Realität und der gespielten Realität.

210   Butler, Judith: *Raster des Krieges. Warum wir nicht jedes Leid beklagen*, Frankfurt am Main 2010, S. 31: „Das Ziel mancher kultureller Zuarbeiten zur militärischen Macht in solchen Zeiten läge dann in der Maximierung der Gefährdung anderer bei gleichzeitiger Minimierung der Gefährdung der fraglichen Macht selbst. [...] Es ist schwer oder gar nicht zu entscheiden, ob diese ‚Betrachtung‘ oder eben dieses Nichtsehen zur entsprechenden ‚materiellen Realität‘ führt oder ob diese materielle Realität umgekehrt dafür sorgt, dass bestimmte Gruppen nicht gesehen werden müssen, denn beides scheint sich gleichzeitig zu ereignen, und solche Wahrnehmungskategorien scheinen auch für die Gestaltung der materiellen Realität ganz wesentlich zu sein“.

211   Nach Portmann, Michael: „Zwischen Tradition und Revolution: Die kommunistische Bevölkerungspolitik in der Vojvodina 1944–1947“, in: Brix/Suppan/Vyslonzil (Hg.), 2007, führte das Tabu über Kriegsverbrechen der jugoslawischen Teilnationen zu sprechen zu dem, S. 118: „blutigen Revival“. Šnajder sieht einen Grund darin, dass im SerboKroatischen das Wort für *aufarbeiten* fehlt. Vgl. „Adornova analiza potiskivanja prošlosti“, in: *Republika. Časopis za književnost*, Broj 7–8, Zagreb 1996, S. 111: „U jednu riječ, baš tu riječ *aufarbeiten*: Mi zato nemamo za nju neposredno točnog prijevoda, jer nam je problem daleko od svijesti, jer je i prošlost te svijesti već njezina nesvijest. Zato se i dogodilo ono što se kod nas dogodilo.“ [übers. In einem Wort, genau dieses Wort *aufarbeiten*: Wir haben dafür keine direkt passende Übersetzung, weil uns das Problem fern unseres Bewusstseins ist, weil die Vergangenheit dieser Bewusstheit bereits ihre Ohnmacht ist. Deshalb hat sich das ereignet, was bei uns geschehen ist.]

Die ausgewählten Autorinnen suchen mit den Stücken äußere und innere *Orte der Grausamkeit*[212] auf, holen sie in die Gegenwart. Jakiša schreibt hierzu: „Die Herstellung von Gegenwärtigkeit, von Präsenz gehört somit zu den zentralen Vorhaben und ist zugleich auch ein Effekt des Performativen und der Konzeption von postdramatischem Theater. Auch in der Bühnenarbeit und den Theatertexten der Zagreber Theaterautorin und Dramaturgin Ivana Sajko wird deutlich sichtbar, wie das Evidenz-Potential von Theater die fiktive Augenzeugenschaft des Publikums hervorbringt und diese sekundäre Zeugenschaft selbst postdramatisch ‚vor Augen stellt‘.“[213]

Der Schmerz,[214] ein wortloser Schmerzensschrei, eine Wehklage, ein Schweigen gehört dazu, ist aber eine Form der gewaltfreien Kommunikation. Wenn dies unerträglich ist, können die Zuschauenden, wie bei Aufführungen von Kanes *Blasted* der Fall, den Saal verlassen, oder gar, wie bei einer Aufführung von *Balkan macht frei* im April 2015 erlebt, in die Aufführung eingreifen, eine Handlung stoppen. Ein Theaterstück, das den Krieg während des Krieges kritisiert, hat dabei einen anderen Effekt, so hier die These, als außerhalb des Kriegsgebietes und als dasselbe Theaterstück in Friedenszeiten. Ein erboster älterer Zuschauer hat beim Versuch, seine Frau vom offiziellen Gespräch nach der Aufführung am 22.03.2014 in Stuttgart von *Zerbombt* wegzuholen, vor mir stehend geäußert: „Was soll man sagen, dass die Welt schlecht ist, und die Menschen sie schlechter machen? – Dafür braucht man kein Theater.“ Das Stück hat mit der Macht der geschriebenen und ausgesprochenen Sprache eine Wirkung und die Zu-schauenden werden stets auf irgendeine Art und Weise beeinflusst und reagieren, sei es auch ‚nur‘, indem ihr Blutdruck steigt,

---

212 So lautet auch der Titel von Karpenstein-Eßbach, 2011.

213 Jakiša, Miranda: „Postdramatisches Bühnen-Tribunal: Gerichtstheater rund um das ICTY“, in: Gephart, Werner/Brokoff, Jürgen/Schütte, Andrea/Suntrup, Jan Christoph (Hg.): *Tribunale. Literarische Darstellung und juridische Aufarbeitung von Kriegsverbrechen im globalen Kontext*, Frankfurt am Main 2014, S. 231f.

214 Vgl. Allard, James Robert/Martin, Mathew R. (Hg.): *Staging pain, 1580–1800. Violence and Trauma in British Theater*, Burlington/Surrey 2009, S. 1. In diesem Sammelband wird dem Theater die Kraft zugeschrieben, den Schmerz zu transformieren und vermittelbar zu machen.

© Frank & Timme   Verlag für wissenschaftliche Literatur

sie schwitzen oder gar weinen, auch wenn dann immer noch offen ist, was in den Köpfen vorgeht.

Ruth Berghaus vertritt die Meinung: „Wer den revolutionären Gehalt nicht aus den Werken herausholt, macht sich vor Theater und Publikum schuldig."[215] Theaterszenen und Realität überschneiden sich immer wieder: Wenn Flüchtlinge so auf der Theaterbühne untergebracht sind, dass ihre Matratzen morgens für die Proben weggeräumt werden und abends flüsternd neben Schlafenden geprobt wird, weil man sich die Bühne als Lebens- und Probenraum teilt,[216] wenn sich ein Schauspieler in seiner Rolle erhängen soll, er aber die Vorstellung dann wirklich zu seiner allerletzten macht, oder noch abgründiger, wenn wie in Zvornik, einer kleinen Stadt in Bosnien nah zur serbischen Grenze, 1992 die Ebene zwischen Krieg und dem zur Schau Stellen von Folter auf einer Theaterbühne in eins fällt.[217]

„Gewaltaufführungen wenden sich an Dritte".[218] Rettende Figuren, die dabei als helfende Menschen eingreifen und als HeldInnen fungieren, scheinen in den Stücken in Ansätzen vorhanden zu sein, auch wenn einiges an Gewalt durchgespielt und in Kinderrollen nachgespielt wird, wie bei Srbljanović und Semenič. Selten, so bei Srbljanovićs *Familiengeschichten. Belgrad*, kommt ein Sohn von einer Oppositions-Demonstration nachhause zu den gewalttätigen

---

215 Uecker, Karin/Ullrich, Renate/Wiegand, Elke: *Deutschland*, in: Uecker (Hg.), 1998, S. 37.

216 Vgl. Thompson, James/Hughes, Jenny/Balfour, Michael: *Performance in Place of War*, London/New York/Calcutta 2009, S. 39: „*Laughter under the Bombs* is the title of a play performed by a group of young people in the Medina Theatre in Beirut that has become a place of refuge for families displaced by the Israel-Lebanon war of 2006. It was written by Sharif Abdunnur, lecturer at the American University of Beirut, performer, counsellor and director of Masrah al-Arab, a theatre group that produces professional productions and works in a range of community settings. […] Masrah al-Arab had previously worked in hospitals, refugee camps and prisons, using theatre and drama to explore issues of women's rights, prisoners' rights and violence against children."

217 Paramilitärische Einheiten haben 150 muslimische Bewohner eines benachbarten Dorfes gefangen gehalten und auf der Bühne des kulturellen Zentrums von Celopek, einem Vorort von Zvornik, sowohl gefoltert als auch zu gegenseitiger Gewaltanwendung gezwungen. Andere Soldaten saßen währenddessen im Zu-schauer-raum. Vgl. Jakovljević, Branislav: *Zvornik 1992: Vernacular Imagination and the Theater of Atrocities*, Vortrag, gehalten in Wien, 20.11.2015, 15.15–16.15h bei der Tagung *Theatre During the Yugoslav Wars*.

218 Sofsky, 2002, S. 35.

Eltern.[219] Sonst findet – interessanter, aber auch verblüffender Weise – kaum eine Figur der Anti-Kriegsbewegung in ein Theaterstück Eingang, die z.B. von einer Straßenaktion zurückkehrt.

Ein anderer künstlerischer Weg, der mit Enttabuisierung brisanter und problematischer Themen der Gesellschaft arbeitet, ist die Performance, wobei die Grenze zwischen Performance und Theater, zwischen Theater und Film seit der Verwendung medialer Elemente bei Inszenierungen eine synergetische, teils potenzierende Verbindung darstellt.

Signifikant häufig wird die Performance von Frauen als Ausdrucksmittel gewählt,[220] wird der Körper bei Performances, die unvorhersehbar sind, real bedroht, weil den Besuchern ihr Verhalten völlig freigestellt wird. Der Tod ist als Potenzialität beispielsweise in mehreren Performances von Marina Abramović enthalten, bei denen ihr Leben in Gefahr war. Ebenso bewusst bedroht sind die *Frauen in Schwarz* auf der Straße in Belgrad. Sie sind bereits mit der schweigenden Präsenz, mit der sie auftreten, sich für Frieden engagieren und ein alternatives Verhalten eröffnen, so provokativ, dass sie Gewaltausbrüche bei den Zuschauenden auslösen.[221]

Bei Kane, Sajko und den anderen Autorinnen ,platzt' wörtlich genommen die sexistische Metaphorik (z.B. *Sexbombe*) in die Beschaulichkeit einer vermeintlich friedlich-alltäglichen Welt, die kein Schauspiel ist, „das bloß eine wahre Realität maskiert, die hinter den Kulissen existiert. Sie ist wie sie erscheint. [...] das Auftauchen eines strukturellen Feldes von Konflik-

---

219 Srbljanović, 1999, S. 144.

220 Vgl. Lehmann, (1999) 2011, S. 251: „Die körper- und personenzentrierte Performance ist auffallend oft ,Frauensache'. Unter den bekanntesten Performance-Künstlern sind Rachel Rosenthal, Carolee Schneemann, Joan Jonas, Laurie Anderson. Es lag nahe, daß der weibliche Körper als sozial kodierte Projektionsfläche von Idealen, Wünschen, Begehren und Herabsetzungen in besonderem Maße zum Thema wurde, während feministische Kritik das männlich codierte Frauenbild und zunehmend auch die ,Gender'-Identität als Konstruktion erkennbar machte, die Projektionen des männlichen Blicks ins Bewußtsein hob.", vgl. auch die Performances von Regina J. Galindo, die wie Abramović stark mit ihrem nackten Körper arbeitet und die Bedrohtheit des Körpers spürbar macht.

221 Vgl. Women in Black (Hg.): *The Women's Side of the War*, Belgrade 2008.

ten".[222] Hier wird die Arbeit von SchriftstellerInnen durch Krieg und dem damit verbundenen potentiellen Tod vielfältig beeinflusst, und besteht darin, Tabuisiertes anzusprechen, das Augenscheinliche, aber auch Unsichtbare auffällig zu machen. Bei den vorliegenden Stücken erfolgt dies z.b. durch Ohnmachtszustände oder den Wechsel von Bühnenabgängen mit erneuten Auftritten.

Gleichzeitig wirkt das von der Realität beeinflusste Werk auf das Publikum und provoziert eine Reaktion, z.B. Widerstand. Dieser Widerstand richtet sich eigentlich gegen die Themen, die gezeigten Verhaltensweisen, nicht gegen die Stücke[223] – trotzdem geraten die ausgewählten SchriftstellerInnen teilweise von der Kritik unter ‚Beschuss', nicht die dargestellten Verhältnisse.[224] Die Gewalt ‚da draußen' und ‚da unten' ist dadurch, dass über sie gelesen oder sie auf der Bühne betrachtet wird, präsent: Was als Ereignis geschieht, formt auch Erinnerungen an Ereignisse.

Friedenstheater, als Neologismus noch kein etablierter Begriff, betont, dass Stücke, die unter diesen Begriff gefasst werden können oder innerhalb einer solchen Einrichtung aufgeführt würden, zu einer Deeskalation in den Figurenverhältnissen oder zwischen verfeindetem potenziellem Publikum beitrügen.

Als der russische Kinderbuchautor Marschak kriegspielende siebenjährige Kinder aufklärt, dass sie lieber Frieden spielen sollen, weil sie doch wissen, wie schlimm Krieg ist, sind diese zwar einverstanden, aber auch nach längerem Überlegen und Austausch untereinander ratlos und fragen zurück: „Großväterchen, wie spielt man Frieden?"[225]

....

222   Dreyfus, Hubert L./Rabinow, Paul/Foucault, Michel: *Jenseits von Strukturalismus und Hermeneutik*, Frankfurt am Main 1987, S. 138.

223   Dies wird bei Kane, Srbljanović und Handke sichtbar, deren Stücke z.T. auf Ablehnung stoßen.

224   Ob es ein Grund für die reduzierte Anzahl von Intendantinnen ist, sei dahingestellt. Vgl. Ross, Annika: „Männertheater. Kotzen. Foltern. Ficken. Was unterscheidet das Theater von Intendant Sebastian Hartmann vom Theater der Intendantinnen? Nachfragen", in: *Emma*, Frühling 2011, S. 96f: Nach Mareike Mikat scheint diese Welle vor allem die 160 subventionierten Theater Deutschlands zu betreffen; davon sind ca. vier von Intendantinnen geführt, eine davon Karin Beier. Festzuhalten ist auch, dass mittlerweile insgesamt deutlich mehr geschlechterbewusst inszeniert wird.

225   Zitiert in Büttner, Christian: *Mit aggressiven Kindern leben*, 3. Aufl. Weinheim 1992, S. 127.

Dieser Zustand der kindlichen Ratlosigkeit enthält Friedenspotential.[226] Frieden ist hierbei verstanden als gewaltfreie Verhältnisse, bei denen es zwischen dem Ist-Zustand und den gewünschten potentiellen Zuständen keine Differenz gibt, also auch kein Leben in Armut, Unterdrückung und Entfremdung.[227]

Hierzu ein Szenario: Angenommen[228] der Vorhang geht auf und Nikola Tesla füttert die Tauben in New York, während er auf einer Parkbank unter seinem Hotelfenster sitzt und sich halb mit sich, halb mit ihnen zu Themen unterhält, wie Heimweh, Heimat, Betrug-OstenWestenWissenschaftler. Er beschwert sich, dass er bis in die 1980er nicht im Großen Brockhaus-Lexikon auftauchte – eine Taube jammert, dass er nicht schon wieder mit dieser alten Leier anfangen soll; schließlich sei es unerheblich, wer den Wechselstrom erfunden habe, wenn man Hunger habe. Teslas Stimme wird immer leiser, während er die Rolle seiner Entdeckungen für Krieg und Frieden ausführt.

Ein anderer Nikola, ein 17-Jähriger, im Halbdunkel und vor Hunger sehr schwach, angelt nach Tauben mit einem Freund, den er anspricht, der aber nicht zu sehen ist, erzählt im zweiten Jahr der Belagerung Sarajewos vom Leben und Theaternachmittagen des *Sarajevo War Theater*; auf die Bühnenwand im Hintergrund ist riesengroß ein weiterer, dicker Mann projiziert, hinter

---

226 Ungeachtet dessen, was die Menschheit in der Geschichte sich gegenseitig anzutun im Stande war. „Die griechisch-römischen und die jüdisch-christlichen Buchüberlieferungen sind voll von Krieg, Verrat, Folter, Mord, Schändung, Verstümmelung und Menschenopfern.", Assmann/Harth (Hg.), 1990, S. 345. Auch islamische Schriften sind nicht per se friedfertig; Muhammed wird, bevor er Prophet wird, eher zu einem „gefährlichen und gefährdeten Außenseiter", der viel mit Strafe und Kampf droht, da er sich gegen eine polytheistische, eine bereits muslimische, eine beduinische und eine jüdische Opposition militärisch durchsetzen will, vgl. Küng, 2006, S. 146ff. Auch Stücke der griechischen Antike zeugen von Krieg als Element einer menschlichen und göttlichen Interessenpolitik.

227 Vgl. Roth: *Strukturelle und personale Gewalt*, 1988, S. 29. Wenn Slobodan Šnajder schreibt, das „politische Theater" gebe es, damit die Politik aus dem Theater verschwindet (so in: *Radosna apokalipsa*, Rijeka 1988, S. 178f), dann nicht damit es manchen noch besser geht (vgl. Šnajder, 1988, S. 180), sondern für die noch Unterdrückten (vgl. Boal, Augusto: *Theater der Unterdrückten. Übungen für Schauspieler und Nicht-Schauspieler*, Frankfurt am Main 1989, S. 66, 68, 116f).

228 Dies ist ein von der Verfasserin entworfenes Szenario.

ihm ist eine Skyline zu sehen, er liegt im Gras, döst, blinzelt, schweigt und ab und zu fliegt ihm eine gebratene Taube in den Mund, evtl. füttert er ab und zu s/einen Hund mit einer solchen. Eine Friedenstaube unterhält sich mit einem Albino-Raben über Haut- bzw. Gefiederfarbe, Verantwortung, Hunde sowie Überleben zwischen Taubenschießen, Rattengift und Flugrouten in Kriegszeiten. Am Ende erstickt der dicke Mann auf der Leinwand an einer zu großen Portion oder an einem Knöchelchen. Die Skyline hinter ihm, die z.B. eine Mischung aus New York, Frankfurt am Main und Dubai ist, wird durch Bomben zerstört und fällt tonlos in sich zusammen. Die zwei Männer und die zwei Vögel auf der Bühne pfeifen derweil die europäische Hymne. Der Vorhang wird langsam von links und rechts geschlossen.

Ist dieses Grundkonzept eines Stücks mit dem Arbeitstitel *Tauben angeln*[229] nun ein Kriegsstück oder ein Friedensstück? Was sind die Merkmale, um dies zu entscheiden? Es kommen keine Soldaten auf die Bühne; es gibt keine Frauenrollen, auch wenn mindestens zwei Figuren von Frauen gespielt werden könnten; der bedrohte Angler ist eigentlich auf dem Dach einer Anstalt, sein Freund ist imaginär, wie sich herausstellt; der dicke Mann und die Skyline eventuell ein Filmexperiment in Miniatur. Unter Umständen wird alles nur von einer Figur auf einer Parkbank fantasiert.

Dieses Beispiel illustriert Friedenstheater. Denn kann von Friedenstheater gesprochen werden, wenn Gewalt theatral ‚ausagiert‘ wird?[230] Bei Brecht werden weder physische noch verbale Gewaltakte auf der Bühne ausgeübt, wenn doch, nur ausnahmsweise.[231] Bei Shakespeare, Kleist, Grabbe, Müller,

....

229 Oder: *Hast du keinen Krieg erlebt oder den Krieg überlebt, musst du in Frieden sterben.*

230 Vgl. Turner 2009, S. 167: „Selbst wenn in verschiedenen Kulturen in bestimmten Theaterformen Konflikt als spielerischer oder freudiger Kampf dargestellt oder interpretiert werden mag, ist es nicht schwer, im soziokulturellen Milieu Verbindungsfäden zwischen Spielelementen und Konfliktquellen aufzuspüren. Daß Streitszenen in einigen Theater- und Kulturtraditionen nur verhalten oder gar nicht vorkommen, ist selbst bereits ein Hinweis auf ihr Vorhandensein in der Gesellschaft und könnte eher als kultureller Abwehrmechanismus denn als Metakommentar zum Konflikt aufgefasst werden.“

231 Vgl. Vaßen, Florian: *einverstanden sein heißt auch: nicht einverstanden sein.* Gewaltstrukturen in Brechts Lehrstück-Texten und in Lehrstück-Spielprozessen, in: Hilzinger (Hg.), *Gewalt und Gerechtigkeit*, 2012, S. 28f: „Bei Brecht finden wir also weder moralische Entrüstung oder Selbstgerechtigkeit angesichts von Gewalt noch Faszination oder gar begeisterte Präsentation von Gewalt.“

Schwab geht es sehr gewaltvoll zu, auch Kane, Sajko, Srbljanović, Marković und Semenič können hinzugefügt werden. Das als-ob gewalttätig Sein ist in seiner Substanz immer noch Gewalt, eine Ohrfeige ist eine Ohrfeige. Als irgendwann etablierter Begriff dürfte Friedenstheater HeldInnen beinhalten, die zu gewaltfreien Aktionen finden. Friedenstheater wäre ein Lernprozess durch Beobachtung, Einfühlung und Nachahmung friedlicher Konzepte, wie z.B. das *Freedom Theatre Jenin*[232] eines ist,[233] „der Versuch, sich mit Kunst gegen den Wahnsinn des Kreislaufs von Gewalt. Zerstörung und Tod zu stemmen."[234] Diese Theaterschaffenden stehen vor Herausforderungen,[235] denen im geteilten Mostar vergleichbar, und bieten zugleich eine andere Welt als es der öffentliche Raum ist.

Solches Theater zu Zeiten reduzierter Möglichkeiten im Krieg[236] hat unfreiwillig etwas von Grotowskis Armem Theater, mit Kerzenbeleuchtung, ohne Vorhang, ohne vierte Wand, mit sichtbarem Szenenwechsel und mit mehr meta-theatralischen Effekten und Konnotationen. Kriegsstücke, wenn sie

....

232   Jenin liegt im Westjordanland. Nach dem Palästinakrieg 1947 war es ein Sammelpunkt für palästinensische Flüchtlinge. 1967 wurde das Gebiet von Israel erobert und besetzt. Heute unterscheidet man zwischen der Stadt und dem Flüchtlingslager, in dem 12.000 Menschen leben; 42% davon sind unter 15 Jahren. Vgl.: Rohrwacher, Julia: *Märtyrer oder Schauspieler? Das Freedom Theatre Jenin*, in: *junge bühne. das junge Theatermagazin der Deutschen Bühne*, 6. Jahrgang, Spielzeit 2012/13, S. 48–51. Vgl. auch: www.thefreedomtheatre.org finden, Stand: 03.08.2020.

233   Es wurde von dem Schauspieler und Regisseur Juliano Mer-Khamis 2006 gegründet, der dabei in die Fußstapfen seiner Mutter Arna Mer trat. Diese gründete 1987 ein Kindertheater im Flüchtlingslager. Vgl. Cohen, Tsafir: „Das Theater am Rande der Welt", in: *rundschreiben 04/08, medico international*, S. 26–29 und ders., „Kein Ort mehr für Grenzgänger", in: *rundschreiben 02/11, medico international*, S. 28–29. Arna Mers Sohn Julio Mer-Khamis drehte den Dokumentarfilm *Arnas Kinder*. Dafür gab er seine Schauspielkarriere auf und engagierte sich künstlerisch und politisch. Nach dem tödlichen Attentat auf ihn am 04.04.2011, Khamis wurde erschossen, arbeitet das Theater weiter.

234   Lebert, Stefan: Ostermeier, Thomas: *Der Radikale*, vom 08.12.2011, editiert am 07.05.2014, in: https://www.zeit.de/2011/50/Regisseur-Ostermeier, Stand 03.08.2020.

235   Yael Ronen, die israelisch-berlinerische Theaterregisseurin, verheiratet mit einem palästinensischen Schauspieler, im Interview mit Ijoma Mangold: *Das war meine Rettung*, in: *Zeit Magazin*, Nr. 41, 08.10.2015, S. 98, stellt fest: „Es wäre rechtlich, physisch und psychisch einfach nicht möglich, mit syrischen Flüchtlingen zusammen Theater in Israel zu machen."

236   Unter anderem auch mal bei Stromausfall. Vgl. Interview mit Tanja Miletić-Oručević im Anschluss an Kapitel 10.

nicht kriegsbegeistert und parteiisch sind, bieten vor allem ein öffentliches Forum, einen öffentlichen Raum im Arendtschen Sinne,[237] damit ein Dialog und Austausch über kontroverse aktuelle Geschehen möglich ist.[238] Sowohl das *Freedom Theater Jenin* als auch SARTR,[239] das *Sarajevo War Theater* sind als solche Institutionen für Freiheit und gegen den Krieg gegründet worden,[240] wobei noch offen ist, ob das *Sarajevo War Theater* nicht in *Sarajevo Peace Theater*, umbenannt werden sollte.[241] Krieg setzt die Selbstkritik außer Kraft, ist zerstörerisch und tödlich, mag er temporär kreative Kräfte und intensive Phantasien mobilisieren. Die Bedeutung von Theater als Gegengewicht heben

....

237   Vgl. Scherl, Magdalena: „Zwischen Abgrenzung und Entgrenzung – Feministische Lesarten des öffentlichen Raums bei Arendt", in: Herb, Karlfriedrich (Hg.): *Raum und Zeit. Denkformen des Politischen bei Hannah Arendt*, Frankfurt am Main 2014, S. 92–106, bes. S. 94f. Und: Meinefeld, Ole: „Von der Zeitlichkeit zum öffentlichen Raum – Politik als ‚Sorge um die Welt'", in: Herb, 2014, S. 107–134, bes. S. 112ff.

238   Callaghan, David: „Where Have All the Protestors Gone? 1960s Radical Theatre and Contemporary Theatrical Responses to U.S.Military Involvement in Iraq", in: Phillips, 2005, S. 118: „Mark Amitin, who worked with the Living Theatre during the late 1960s and 1970s, as well as creating the universal Movement Theatre Repertory to help disseminate information about the radical theatre groups of the era, believes that the theatrical response to the war and current political situation is still in a relatively nascent stage." ‚Rap' gilt als Waffe in Kriegszeiten, die New York Times nannte sie – Callaghan, ebd. – *Fighting Words*.

239   Dies ist die lautorientierte Schreibweise für den Namen des französischen Philosophen Sartre.

240   Bogoeva-Sedlar, Liljana: „Art Against war, or War Against Art? NATO's use of Shakespeare in the 1999 Attack on Yugoslavia", in: *FACTA UNIVERSITATIS – Linguistics and Literature*, Vol. 2/7/2000, S. 87–100. Mit Gesprächen, Vermittlung, Schlichtung, Gedichten, Literatur, Theater etc., mit Hilfe von Sprache kann es gelingen, zu verarbeiten, zu spiegeln, zu dokumentieren, aufzurütteln und aufzuklären, aber sie kann auch gezielt gegen den Feind ausgelegt werden.

241   In Kriegszeiten ist es bewusst als machtvolles Gegenmittel bzw. Kriegsführung mit anderen Mitteln genannt worden, obwohl es, wenn man sich in Nihad Kreševljakovićs Archiv die Aufführungsliste und -ausschnitte anschaut, nicht propagandistisch, sondern zutiefst pazifistisch und gegen chauvinistischen Nationalismus war. Vgl. Thompson/Hughes/Balfour, 2009, S. 45: „Generally, the war works really well with theatre. People need to sit down and laugh and people need to meet other people. It's the one time when you really need to see other humans, whether you like them or not, you need to see them: you need to feel you're not alone" – wie der Dramatherapeut, Autor und Regisseur Abdunuur in einem In Place of War-Seminar im Libanon in 2006 ausführt.

u.a. Fischer und Jones hervor.[242] Theaterstücke können dabei Elemente der Anschauung, der Reflexion und des Widerstandes sein. Wie lebensgefährlich Widerstand[243] in Form von Theaterarbeit sein kann, wird am Beispiel von Mer Khamis deutlich.[244]

....

242 Jones, Briony: „Educating citizens in Bosnia-Herzegovina – experiences and contradictions in post-war education reform", in: Fischer, Martina/Simić, Olivera (Hg.): *Transitional Justice and Reconciliation. Lessons from the Balkans*, Oxon/New York 2016, S. 257 und Fischer, Martina: „Dealing with the past from the top down and bottom up – challenges for state and non-state actors", in: Fischer/Simić (Hg.): *Transitional Justice and Reconciliation*, Oxon/New York 2016, S. 45.

243 Thompson/Hughes/Balfour, 2009, S. 38: „theatre as a positive form of resistance to the worse aspects of war".

244 Juliano Mer Khamis wurde mehrmals unter Morddrohungen aufgefordert, seine Theaterprojekte in Palästina/Isreal aufzugeben und wurde schließlich auf offener Straße erschossen.

3 Theaterstücke zu den Jugoslawienkriegen (1991–1999): Forschungsstand, Auswahl, Schwerpunkte, Methodisches

In diesem Kapitel werden die einzelnen Bereiche der zentralen Fragestellung untersucht: Theaterstücke mit KriegsGewaltthematik im Geschlechterverhältnis und europäischen Kontext sowie inhaltliche Unterscheide und Verbindendes zwischen den AutorInnen aus West- und Südosteuropa.

3.1 Untersuchungen zu Stücken mit Kriegsthematik – Bericht zur Forschung

In der Forschung zu Theater wird Gewalt meist in Monographien und mit starkem Bezug zur Prosa hin untersucht. Dabei kommen jeweils spezifische Bereiche zum Tragen.

Sabine Kebir und Therese Hörnigk geben eine Anthologie mit Essays, Analysen und Gesprächen zu Texten von Brecht heraus. Bei einem sagt Günter Kunert darin als einzige direkte Ansprache zu Jugoslawien: „Wir haben doch alle den entsetzlichen Balkankrieg erlebt. Was haben wir denn da gesehen? Furchtbare Geschichten. Wir brauchen gar nicht bis Afrika gehen. Was ist da alles geschehen? Wir haben uns abends im Fernsehen die vergewaltigten Frauen, die in Lagern verhungernden Männer, die Leichenhaufen angeguckt. Und hinterher kam dann Thomas Gottschalk mit seinen Gummibärchen."[245] Da wird klar, ‚erlebt' hat eine ganz andere Dimension, als wenn jemand das

....

245 „‚Man muss arbeiten ohne Hoffnung.' Ein Gespräch zwischen Käthe Reichel, Günter Kunert, Peter Palitsch u.a.", in: Kebir, Sabine/Hörnigk, Therese (Hg.): *Brecht und Krieg. Widersprüche damals, Einsprüche heute, Brecht-Dialog 2004, Theater der Zeit, Recherchen 23*, o.O. 2005, S. 182.

sagte, der oder die aus dem Kriegsgebiet stammt oder in der Zeit dort gelebt hat. Zurückgeblickt wird darin ferner auf den Dreißigjährigen Krieg und *Mutter Courage*, seine *Kalte-Kriegs-Fibel 1964–1970* und weitere Textfragmente und Gedichtsausschnitte, die mit aktuellen Konflikten in China, Tansania und Afghanistan verknüpft werden.[246]

In dem von Krister Petersen 2004 herausgegebenen Sammelband *Zeichen des Krieges in Literatur, Film und den Medien* schreibt Hans Krah über das Verhältnis Bosnienkrieg und Krimi im deutschen Fernsehen, der über Stereotype beim Verhältnis Täter und Opfer Aufschluss gibt.[247]

Im Sammelband *Repräsentationen des Krieges* von 2012 gehen zwei Aufsätze auf das ehemalige Jugoslawien ein. Jürgen Brokoff untersucht die Darstellung von Kriegsopfern im Bosnienkrieg und Texte von Handke, Sulajgić und Drakulić. Dabei wird eingeschränkt, dass ein Vergleich mit Nazi-Deutschland unhistorisch sei, ohne die Kriegsverbrechen der bosnischen Serben zu relativieren.[248] Sulajgić und Drakulić geht es um die Reflexion der möglichen Beweggründe und emotionale Annäherung an irritierend brutale Ereignisse.[249] Andrea Schütte untersucht Krieg und Slapstick, Kontrolle und Kontrollverlust im Bosnienkrieg am Prosa-Beispiel des Debütromans von Stanišić.[250] Braun et al.[251] befassen sich mit Kriegsverbrechen und Tribunalen zu *(Post-)Jugoslawien*

....

246 Auch Süselbeck, Jan: *Im Angesicht der Grausamkeit. Emotionale Effekte literarischer und audiovisueller Kriegsdarstellungen vom 19. bis zum 21. Jahrhundert*, Göttingen 2013, lässt Jugoslawien aus. Er thematisiert Geschehnisse und Filme im Kontext des Holocaust, Ruanda und Abu Graib. Sein Textkorpus umfasst Kleist, Bronnen, Flex, Remarque, Döblin, Tolstoj, Clausewitz, A. Zweig, Hugo bis hin zu Bärfuss, Schlink, Jelinek, Duden, Schlink, Daldry.

247 Krah, Hans: *KRIEG UND KRIMI. Der Bosnienkrieg im deutschen Fernsehkrimi – TATORT: KRIEGSSPUREN und SCHIMANSKI: MUTTERTAG*, in: Petersen, Krister (Hg.): *Zeichen des Krieges in Literatur, Film und den Medien*, Kiel 2004, S. 128.

248 Brokoff, Jürgen: „‚Nichts als Schmerz‘ oder mediale ‚Leidenspose‘? Visuelle und textuelle Darstellung von Kriegsopfern im Bosnienkrieg (Handke, Suljagić, Drakulić)", in: Fauth, Søren R./Krejberg, Kasper Green/Süselbeck, Jan (Hg.): *Repräsentationen des Krieges. Emotionalisierungsstrategien in der Literatur und in den audiovisuellen Medien vom 18. bis zum 21. Jahrhundert*, Göttingen 2012, S. 171.

249 Brokoff, in: Fauth et al., 2012, S. 178f.

250 Schütte, Andrea: „Krieg und Slapstick. Kontrolle und Kontrollverlust in der literarischen Darstellung des Bosnienkrieges", in: Fauth/Krejberg/Süselbeck (Hg.), 2012, S. 275–293.

251 Braun/Drmić/Federer/Gilbertz (Hg.): *(Post-)Jugoslawien*, 2014.

in *Literatur, Film und Medien*. Die amerikanische Berichterstattung wird exemplarisch anhand der *Washington Post* beschrieben, und anhand von Filmen wie *Crying Game* und *Snow* wird herausgestellt, wie wichtig es ist, dass die private und die öffentliche Ebene ebenso verknüpft werden wie die Seite der Betroffenen und Verantwortlichen. Juli Zehs, Dubravka Ugrešićs und Peter Handkes Prosa wird besprochen, aber keine Theaterstücke. Dževad Karahasan wird zu seinen Prosatexten und seinen Innenansichten zu kriegspolitischen Geschehnissen und dem Leben in Sarajewo interviewt. Ebenso enthält die Anthologie *Tribunale*[252] Aufsätze zur juristischen Aufarbeitung von Kriegsverbrechen sowie u.a. der kulturellen und literarischen Bedeutung von Tribunalen; besonders im dritten Teil *Recht sprechen: Tribunale als theatralische Erscheinung* und vierten Teil *(Post)Jugoslawien: Theater und Literatur der Gegenwart*. Darunter finden sich neben den Nürnberger Prozessen und südafrikanischen Erfahrungen Aufsätze zum Internationalen Gerichtshof (ICTY) und zum ehemaligen Jugoslawien.[253] Zwei Forschungsbeiträge nehmen die Verbindung Kriege und Theater auf, wobei auch die jugoslawischen Kriege der 1990er Jahre, vor allem in Bosnien vorkommen.[254] Domnica Radulescu wendet sich im zweiten Kapitel von *Theater of war and exile* mit der Überschrift *Theater of War and Genocide, and Theater Dystopias Biljana Srbljanović* und *Milena Marković* zu.[255] Zu dem Kapitel findet sich ein Unterkapitel zu dem Rumänen Matei Vişniec, dessen Theaterstück mit dem Titel *The Body of a Woman as a Battlefield in the Bosnian*

252 Gephart/Brokoff/Schütte/Suntrup (Hg.), 2014.

253 Flügge, Christoph: „Die juristische Aufarbeitung von Kriegsverbrechen am International Criminal Tribunal for the former Yugoslavia (ICTY) in Den Haag", in: Gephart/Brokoff/ Schütte/Suntrup (Hg.), 2014; Karahasan, Dževad: „Tribunal, Theater und das Drama des Rechts", in: ebd., S. 151–155; Brokoff, Jürgen: „Übergänge. Literarisch-juridische Interferenzen bei Peter Handke und die Medialität von Rechtssprechung und Tribunal", in: ebd., S. 157–171; Vidulić, Svjetlan Lacko: „Geteilter Erinnerungsort? Der Internationale Gerichtshof für das ehemalige Jugoslawien als Topos regionaler Erinnerungskulturen", in: ebd. 2014, S. 173–185; Schütte, Andrea: „Peter Handkes Literatur der Fürsprache", in: ebd. 2014, S. 189–213; Schütte: „Imaginäres Interview mit der kroatischen Autorin Dubravka Ugrešić", in: ebd. 2014, S. 215–222; Jakiša: „Postdramatisches Bühnen-Tribunal: Gerichtstheater rund um das ICTY", in: ebd. S. 223–242.

254 Radulescu, Domnica: *Theater of war and exile. Twelve playwrights, directors and performers from Eastern Europe and Israel*, Jefferson 2015. Und: Karpenstein-Eßbach, 2011.

255 Radulescu, 2015, S. 123–139: *Biljana Srbljanović*, S. 140–150: *Milena Marković*.

War[256] eine bosnische Frau zur Protagonistin hat, die zum Kriegsopfer wird. Sein Thema ist die Gewalt sowie die Frage, ob eine aus der Vergewaltigung resultierende Schwangerschaft abgebrochen werden soll.[257]

Thompson, Hughes und Balfour untersuchen in *Performance in Place of War*, 2009, hauptsächlich von den Kriegsschauplätzen her Nordirland, Sri Lanka, den Kongo, Beirut, nennen Beispiele aus Peru, Sudan, Sierra Leone, Ruanda, Israel und palästinensischen Gebieten (West Bank, Gaza, Ramallah) und äußern sich zu Theaterprojekten im Kosowo, in Belgrad und Sarajewo lediglich, indem sie auf Aufsätze und Beiträge von Munk, Furlan, Panovski und Knežević verweisen.[258]

Karpenstein-Eßbach geht in ihrer Untersuchung der *Orte der Grausamkeit* von 2011 an den Gattungen Essay, Lyrik und Drama orientiert vor, wobei sie dreizehn Seiten Sajkos Drama *Europa* widmet und feststellt, dass die Literarisierung und „geformte Sprache" besonders sind, denn: „Weder mediale Bilder noch wissenschaftliche Diskurse über Neue Kriege sind dazu in der Lage, eine solche Nähe qua Form zu erzeugen und Spannung und Reichtum von Emotionen zur Sprache zu bringen".[259] Bisher gibt es keine weitere Arbeit, die Theaterstücke unter dem Aspekt ‚Kriegsgewalt und Jugoslawienkriege' un-

---

256 Radulescu 2015, S. 96–122: *Matei Vișniec: Consciousness Raising Through Theater*, und ebd., S. 151–162: *Motti Lerner: Playwriting as Resistance to War*.

257 Womit sich auch Scheuermann-Hodaks Stück *Marijas Bilder* befasst. Scheuermann-Hodak, Lydija: *Marijas Bilder. Monodrama*, Ulm 2000; http://okf-cetinje.org/lydia-scheuermann-hodak-slike-marijine/, Stand: 03.08.2020. [Orig.: *Marijine slike*, 1992 oder 1995 verfasst – zwei versch. Angaben in zwei verschiednen Quellen, 1996 veröffentlicht, 2004 aufgeführt], sowie der Film *Esmas Geheimnis/Grbavica* von Jasmila Žbanić, Ö/BH/D/Hr-Kooperation, 2006.

258 Vgl. Thompson/Hughes/Balfour, 2009, S. 4: „This literature describes the different responses of theatre and performance in the lead-up to and during the conflict. It includes analyses of performance that supported nationalism, as well as work that remained silent or sought an apolitical position in response to issues of rising concern (Munk 2001; Panovski 1996)". Vgl. auch Thompson/Hughes/Balfour, 2009, S. 4ff, 252 und 203: „More than 5,000 people were missing at the end of the conflict in 1993 [...] It was widely argued that the issue of the missing in Kosovo needed to be addressed as part of the process of establishing stability in the country. *Voices* was a theatre project that sought to open up new areas of public discussion in 2005 and 2006 in response to this difficult issue."

259 Karpenstein-Eßbach, 2011, S. 154.

tersucht. Daraus lässt sich ableiten, wie in Europa und global mit dem Thema Jugoslawienkriege in der Theaterforschung bisher umgegangen worden ist.[260]

Im Bereich der Sekundärliteratur nimmt Hillgärtner[261] die visuellen und medialen Aspekte (z.B. Fotografie, Internetdarstellung, aufgezeichnete Video- und Kamera-Live-Übertragung) in den Fokus, beachtet die prosaischen Vorläufer, wie Thukydides und de Goya, aber auch u.a. die Arbeit der ermordeten Kriegsfotografin Anja Niedringhaus.

In der Forschung, kann hier festgestellt werden, sind wenig bis keine Analysen von Theaterstücken zu Kriegen vorhanden, insbesondere zu den jüngsten europäischen Kriegen, den Jugoslawienkriegen und Stücken in diesem Kontext.

3.2 Theaterstücke, Inszenierungen und Performances im Kontext der Jugoslawienkriege – Werkschau, Auswahlkriterien und Forschungsbericht

Bezüglich vorhandener Stücke zu den Jugoslawienkriegen können die Werke von Handke, Šnajder, Dukovski und Richter im Sinne der zentralen Fragestellung dieser Arbeit als wichtig erachtet werden. Dabei thematisieren, siehe Kapitel 3.4 und 3.5, Handke und Richter, Šnajder und Dukovski die Jugoslawienkriege explizit und implizit, z.B. durch Orte und Personennamen. Ein Stück, das die politische Diskussion aufgreift und gezielt auf das Verhältnis zwischen den Ethnien und Nationalitäten, beispielsweise SerbInnen und KroatInnen, eingeht, und zwar jeweils denen in Serbien, in Kroatien und in Bosnien, steht noch aus.

....

260 Zur zahlreichen Prosa siehe z.B. Beganović, Davor/Braun, Peter (Hg.): *Krieg sichten. Zur medialen Darstellung der Kriege in Jugoslawien*, Paderborn/München 2007 und Hitzke, Diana: *Nomadisches Schreiben nach dem Zerfall Jugoslawiens. David Albahari, Bora Ćosić und Dubravka Ugrešić*, Frankfurt am Main 2014; Hitzke/Majić, Ivan (Hg.): *The State(s) of Post-Yugoslav Literature*, http://www.kakanien-revisited.at/beitr/re_visions/DHitzke_IMajic1.pdf, Stand: 03.08.2020.

261 Hillgärtner, Jule: *Krieg darstellen. Kaleidogramme*, Bd. 83, Berlin 2003.

Zorica Jevremovićs[262] neueres Stück *Tišina, pomrlice* [übers. Stille, Sterben-de],[263] das noch nicht auf Deutsch übersetzt vorliegt, geht diesen Weg, indem vier historische Frauen in jeweils eigenen Szenen vorgestellt werden: Die kro-atische Widerstandskämpferin Mila Gojsalić zündet, nach der Konfrontation mit dem Erlebten und den Tätern, sich und die Soldaten osmanischer Seite, die sie brutal vergewaltigt haben, an. Die bosnische Dichterin des 19. Jahrhunderts Umihana Čuvidina (1794–1870) ist im Gespräch mit einer jungen Christin, die 1856 geheiratet und von neun Kindern nur noch drei hat. Sie erlebt die letzten Momente der altersschwachen Dichterin, die sie bewundert, weil diese aus Treue zum gefallenen Verlobten lebenslang unverheiratet blieb. Schließlich sind zwei Szenen jeweils zwei Künstlerinnen des 21. Jahrhunderts gewidmet: Der Bildhauerin Eleonora Bruk, die unbekannt in der Provence umringt von Lavendel an Krebs stirbt, wie Dunja Koprolčec in Granada 2009 und einer Schriftstellerin namens Zorica Jevremović, die reflektiert und erklärt: Bruk ist zwischen Gojsalić und Čuvidina angeordnet, um die Diskontinuität in Frauen-leben zu unterstreichen. Vier sind es wie ein Kleeblatt für Glück, es verbindet sie über die Jahrhunderte hinweg, bedeutet aber auch, neben Tod und Trauer, den Mut des selbst gewählten Lebensweges.

Das Stück *Voices*, das die UN-Mission im Kosowo in Auftrag gab, wurde in Englisch, Serbisch und Albanisch veröffentlicht.[264] Von 2002 bis 2005 ist es für die Familien von Vermissten mit Interviewmaterial entwickelt und mit Laien-SchauspielerInnen aller betroffenen Seiten besetzt worden. Jonathan Chadwick vom AZ Theatre in London hat mitgearbeitet und das Center for Children's Theatre Development war beteiligt.[265] Diese Methode des Forum

....

262 Zur Autorin Jevremović: Dragičević Šešić, Milena: „Culture of Dissent, Art of Rebellion: The Psychiatric Hospital as a Theate Stage in the Work of Zorica Jevremović", in: Dolečki, Jana/Halibašić, Senad/Hulfeld, Stefan (Hg.): *Theatre in context of the Yugoslav Wars*, Cham 2018, S. 177–198.

263 Jevremović, Zorica: *Tišina, pomrlice*, Beograd 2017 [übers. Stille, Sterbende]. Der Titel ist imperativisch im Sinne von „Sei still!" zu verstehen, lässt sich aber auch als Nomen auffas-sen: Stille, Sterbende. Das Stück liegt auf Serbokroatisch vor.

264 Neziraj, Jeton/Zadel, Andrew: *Voices. An interactive Theatre initiative addressing the issue of the missing in Kosovo*, 2006.

265 Vgl. Thompson/Hughes/Balfour, 2009, S. 203: „In Kosovo, a UN agency has worked with a young people's theatre organization to explore the issue of the missing with both the Serbian

Theaters, die aus Mitsprache des Publikums beim Fortgang der Handlung mit offenem Ende und einer Aussprache am Ende besteht, war ein Experiment, das über die Inhalte hinaus als erfolgreich angesehen werden kann, wie sich mitunter im September 2009 in Sarajewo beim pitchwise-Festival gezeigt hat.

Um dem Gefühl der Verzweiflung einen Ausdruck zu verleihen, wählt die Performance-Künstlerin Marina Abramović eine scheinbar neurotisch-sinnlose Wiederholung einer Tätigkeit bis zum Exzess – gemeint ist das vier Tage lange vom Fleisch Säubern von (Rinder)Knochen.[266] Bei dieser Performance, *Balkan baroque*, 1997, die, spät angemeldet,[267] einen stickigen Kellerraum zugewiesen bekommt, gelingt es, sich mit einer scheinbar sinnlosen Handlung innerlich etwas Luft zu verschaffen. Diese Arbeit raubt aber den Atem insofern, als sowohl für die Performerin als auch die Besuchenden und Zuschauenden spätestens am dritten Tag der Performancearbeit der Geruchsschmerz eintritt, der allerdings das Geschehen im Kriegsgebiet zu der Zeit im Kern trifft: Es riecht nach verwesenden Knochen, Fleisch und Blut, wie die Leichen im Krieg, vor allem in Bosnien, die nicht weggeräumt wurden oder ausgegraben werden mussten. *Balkan baroque* wurde bezeichnenderweise bisher nicht der Repetition ausgesetzt, obwohl die Frage nach der Wiederholbarkeit einer Performance spätestens seit *The artist is present*, 2010, stärker in den Mittelpunkt der Beobachtung gerückt worden ist, wie bereits der Begriff *re-performance* zeigt.

---

and Albanian communities"; vgl. ebd. S. 251–266. Und: Schuring, Jos: *United Nations uses theatre in Kosovo to help people deal with the pain of loss*, in: *The power of culture*, Januar 2006, s. www.krachtvancultuur.nl/en/current/2006/january/kosovo.html, Stand: 27.05.2018.

266 Marina Abramović entfleischt schrubbend sieben Stunden pro Tag ca. 300 Knochen, die inmitten von 700 sauberen Knochen verteilt sind bzw. mit diesen vermischt. Dies ist der live-aktive Teil der Performance, neben dem es noch Video-Einspielungen mit ihren Eltern gibt und sie in einem Kittel auftritt, u.a. einen serbischen Volkstanz aufführt und etwas über eine Rattenfangtechnik vom Balkan erzählt. Diese wie auch die Performance *Delusional* von 1994 waren für Abramović verbunden mit Scham und Trauer über die Jugoslawienkriege, vgl. Westcott, James: *When Marina Abramović dies. A biography*, Massachusetts 2010, S. 236 ff.

267 Abramović ließ sich nicht eindeutig einer Nation zuordnen, obwohl sie zu vereinnahmen zunächst Politik- und Propagandainteresse war. Anschließend hat man sich distanziert, weil der Gehalt der Performance ideologisch-politisch nicht passte und unklar war, wer den Pavillon finanzierte, der 1996 noch Jugoslawischer Pavillon hieß. Vgl. Westcott, 2010, S. 255 ff.

Private konfliktbehaftete Beziehungen bilden das kriegerische Verhältnis von Gruppen bis hin zu Staaten ‚in Klein' ab,[268] was z.b. darin deutlich wird, wie die *New War Plays*[269] mit Krieg und dem Nukleus Beziehungskrieg[270] umgehen oder dann, wenn Autoren für Lebens- und Familienverhältnisse das Wort Krieg verwenden, wie z.b. Virginia Woolfs Onkel und auch ihr mehrmals, um sein Verhältnis zu ältesten Tochter zu beschreiben.[271]

In dem Zusammenhang werden im Folgenden drei Stücke exemplarisch erwähnt, die auf das Gebiet der Nachfolgestaaten Jugoslawiens sehr naheliegend und leicht übertragbar sind.

Bei dem Einakter von Pavel Kohout *Krieg im dritten Stock,*[272] ist für die hier verhandelten Stücke relevant, dass Kohouts Protagonist fast bis zum Schluss

---

268 Dramen der Antike wie *Sieben gegen Theben* und *Antigone*, die familiär-tragischen Charakter haben, weil sie Bürgerkriege thematisieren, passen dazu. Denkbar: Antigone als bosnische Serbin oder serbische Kroatin, die versucht einen ihrer Brüder zu beerdigen, der für die Befreiung des Dorfes statt wie der andere als Besatzer gekämpft hat. Befreit, besetzt, belagert dürfte je nach politischer Position differieren; oder aber auch Shakespeares *Romeo and Julia*.

269 Vgl. Boll, Julia: The *New War Plays: From Kane to Harris*, London/New York 2013, S. 56.

270 Ozieblo, Barbara/Hernando-Real, Noelia (Hg.): *Performing Gender Violence: Plays by contemporary American Women Dramatists*, New York 2012.

271 Vgl. DeSalvo, Louise: *Virginia Woolf. Die Auswirkungen sexuellen Missbrauchs auf ihr Leben und Werk*, München 1990, S. 27: „Fast ein Jahr nach Virginias Geburt ist diese Schlacht immer noch im Gange. Einmal, als Laura beim Lesen nicht stecken bleibt, stellt Leslie das als Sieg dar. Da denkt er kurz, er sei zu Unrecht aus der Haut gefahren, aber es dauert nicht lang, da kündet ein anderer Brief von neuerlichem Krieg und davon, dass Laura wieder bestraft werden müsse", ebd. S. 37: „Leslies Bruder James Fitzjames hat über seine Eton-Erlebnisse gesagt, er habe dort für sein ganzes Leben begriffen, daß schwach sein bedeutet, das Nachsehen zu haben, und daß Kriegszustand der eigentlich natürliche Zustand sei".

272 Kohout, Pavel: *Krieg im dritten Stock*, Luzern/Frankfurt am Main 1970. Seit 1970 hundertmal aufgeführt, zweimal verfilmt, mit dem Kunstpreis zur deutsch-tschechischen Verständigung 2014 bedacht: Der ostdeutsche Protagonist Dr. Blaha und Herr Müller aus dem Saarland sollen ersatzweise und stellvertretend für ihre Länder kämpfen. Mitten in der Nacht wird Dr. Blaha in seinem Schlafzimmer informiert, ärztlich untersucht, mit Waffen ausgestattet und durch einen General instruiert. Da der Protagonist anfangs mit seiner Frau im Ehebett war und die Welt nicht versteht, bleibt er so lange in seinem Schlafzimmer, bis der Feind im Treppenhaus ist. Bis zu diesem Moment ist aber in ihm und seiner Frau durch die Umstände und den General viel Panik darüber geschürt worden, dass der andere Mann auf dem Weg zur Wohnung, zum Schlafzimmer ist und denselben Auftrag hat, sodass es nicht um die Verteidigung des Landes geht, sondern – doch – des eigenen Lebens. Der Protagonist stirbt außerhalb der Bühne im Treppenhaus beim Kampf, während der Gegner

an seinem Unwillen zu kämpfen festhält.[273] Das Stück führt die Absurdität von Kampfbegegnungen vor Augen, indem der Krieg in das Schlafzimmer ‚platzt'. Ahnungslose ZivilistInnen werden in kriegerische Gewalthandlungen hineingezogen. Aufgrund von Situationskomik und Wortwitz ist die Situation, mitternachts im Schlafzimmer ins Militär eingezogen zu werden, grundsätzlich absurd und die Zuschauenden haben sukzessive weniger zu lachen; am Ende des Stückes gibt es mindestens zwei Tote. Das erinnert stark an die vorliegenden Stücke. In Kohouts Einakter[274] ist nur eine Frauenrolle vorgesehen, diejenige von Dr. Emil Blahas Ehefrau – sie bleibt in der Auflistung namenlos. Im Stück wird ihr Kosename Mischa deutlich, als ihr Mann sie weckt, damit sie statt seiner schaut, wer an die Schlafzimmertür klopft. Die Rolle im Stück ist mit den ‚üblichen' Klischees von der furchtsamen Ehefrau ausgestattet, die Auskunft gibt, wo sich das Bad befindet und ihren Mann bittet, sie zu beschützen. Sie wird vom Macht habenden General als „seine Alte"[275] bezeichnet, ebenso wie die Ehefrau des Gegners. Gegen Ende fällt Mischa wie in einen Wahn, gibt euphorisch-anstachelnde, aber verwirrte Direktiven[276] für den bevorstehenden Kampf ihres Mannes im Nachthemd, was den Eindruck des irre Werdens verstärkt.[277] Ohne ihren Mann droht sie zur Kriegsbeute zu werden, fällt aber zum Schluss in Ohnmacht, was an Kanes Figur Cate erinnert.

---

tödlich verwundet ins Schlafzimmer wankt und sich höflich-zaghaft und erschöpft vorstellt, obwohl er die Frau im Ehebett vergewaltigen soll. Er kollabiert, stürzt mit Herzattacke auf die Frau, während diese gleichzeitig in eventuell letale Ohnmacht fällt.

273 Hier finden sich Parallelen zu Srbljanovićs Figur Jovan und Kanes Blasted mit dem Handlungsort Schlafzimmer mit Bad sowie der Detonation.

274 Elf Rollen sind vorgesehen, die von nur vier Darsteller*innen und zwei Statist*innen gespielt werden können.

275 Kohout, 1970, S. 33: „Sehen Sie nicht, Müller! Seine Alte! Sie hat sich Ihnen von selber hingelegt! Was ist da zu tun, Müller!", S. 34: „Das ist doch seine Alte! Der hätte ihre Alte bestimmt vergewaltigt! Nur frisch ans Werk, Müller!".

276 Kohout, 1970, S. 32: *„hält sich die Ohren zu und schreit hysterisch"*, Regieanweisung.

277 Kohout, 1970, ebd.: „Emil! Ins Treppenhaus vorstoßen! Granaten werfen! Du bist im Vorteil, Emil! Zerfetz ihm den Helm! Setz dir die Lunge auf! (…) Pump ihn mit Blei voll! Mach Hackfleisch aus ihm! Erledige ihn!". Helm und Lunge vertauscht die Figur in ihrer irrationalen Gemütsverfassung.

So wie dieses Stück in den Kontext der Jugoslawienkriege gestellt werden kann, ist zu einem weiteren Stück, das „irgendwo" „da unten"[278] in einer anderen außereuropäischen Welt spielt, ein wichtiger Querbezug zu sehen, zumal die weißen Vorfahren aus Europa kommen: *Irirangi Bay*[279] von Riwia Brown aus Aotearoa mit drei Paaren in drei verschiedenen Epochen und dem jeweiligen Beziehungsverhältnis miteinander hat von den Konstellationen her mehr gemeinsame Bezüge als zunächst vorstellbar scheint.[280] Rassismus und fami-

278 Oftmals abschätzig ungenau für Jugoslawien und die Nachfolgestaaten verwendet, wie bereits belegt.

279 In *Irirangi Bay* geht es um Ahninnen, binationale bzw. bikulturelle Ehen zwischen früher verfeindeten Nationalitäten, Völkern und Kulturen, Gerechtigkeit und die Folgen von vorurteilsbehaftetem Denken. Es werden drei Frauenschicksale gezeigt: Mary, reiche Pakeha (= Weiße) und George (Maori und Arzt), die sich seit ihrer Kindheit kennen, haben geheiratet und ziehen in die Irirangi Bucht in ein Haus, in dem es angeblich spukt, weil Catherine und Earl, ein Paar, das früher dort gewohnt hat, gewaltsam gestorben ist. Die Bucht ist nach Irirangi benannt, die, verheiratet mit Tamipo, aber in einen britischen Soldaten verliebt war. Das blauäugige Kind, das sie gebiert, bringt ihr Isolation von ihrem Volk und zudem dem Kind den Tod und ihr die Vergewaltigung durch betrunkene britische Soldaten. Die Beziehung zwischen Mary und Georges ist nicht nur belastet, weil seine Praxis leer bleibt, da er Maori ist, sondern eventuell auch weil Georges Vater Land und Besitz an Marys Vater verloren hat, bevor er für ihn arbeitete. Marys Vater ist nicht begeistert von der Heirat und Kinderplänen, hat Streit mit Tochter und Schwiegersohn, stirbt an einem Herzinfarkt. Aufgrund Marys Schwangerschaft wird die Huntington Krankheit bei ihr festgestellt, die erblich ist. Das Stück lässt offen, ob George dies als Arzt wusste und alles ein Stück weit seine Rache ist oder, ob tragischerweise der Vater wegen der Krankheit gegen die Heirat und Kinder ist, dies aber nicht offen sagt. Das Stück endet damit, dass Mary George und sich in dem Haus tötet und ein Geist wird, wie Catherine und Irirangi zuvor.

280 Überhaupt sind die Auswirkungen von Kriegen (während und nach ihnen; z.B. des Zweiten Weltkriegs) auf ‚ferne' Orte wie z.B. Aotearoa, Samoa und Hawai'i oft größer, als Menschen in Europa wahrscheinlich präsent ist; sowohl der militärische Einsatz an sich, als auch das Verhältnis zu den ehemaligen Kolonialmächten sowie die internationale Migration danach. Vgl. Franco, Robert W.: „Samoan Representations of World War II and Military Work: The Emergence of International Movement Networks", in: White/Lindstrom (Hg.): *The Pacific Theater. Island Representations of World War II*, Melbourne 1990, S. 373ff: „…the aftereffects of World War II have been as disruptive as the war itself", S. 374. Dabei wirkt sich der militärische „Einsatz insofern stärkend auf diese Minderheiten aus, als ihnen danach eine Begegnung auf Augenhöhe mit den ehemaligen Kolonialmächten möglicher ist." (vgl. Lindstrom, Lamont/White, Geoffrey M.: „War Stories", in: White/Lindstrom, 1990, S. 21; auch: Ihimaera, Witi: *The uncle's story* u.a. Grace, Patricia: *Tu*). Zugleich wird übersehen, dass diese vermeintliche Stärkung einhergeht mit einer Schwächung der Solidarität zwischen manchen Inselbevölkerungen untereinander, die entweder auf amerikanischer oder auf japanischer Seite waren und als Kämpfer und Arbeiter für die Kriegs-Ökonomie

liäre Gewaltgeschichten bezüglich der Abstammung aus ethnisch gemischten Familien und Landbesitz vermengen sich mit Mythen und Sagen. Eine Verbindung zwischen einem Soldaten und einer Einheimischen, Familienverhältnisse mit Schichtunterschieden, bei denen es Konflikte um Enteignungen und Besitzverhältnisse gibt, sind gemeinsam, besonders mit Blick auf historisch bedeutsame bis brisante Gegenden, und, ob und wie erfolgreich jemand, hier ein (Ehe)mann, beruflich in weniger vertrauter und misstrauischer bis feindseliger Umgebung ist.[281]

Als drittes und letztes Stück ist Yasmina Rezas *Gott des Gemetzels*[282] zu nennen. Ein Stück über zwei Elternpaare, deren Weltbilder und Selbstbilder starke Veränderungen erfahren, nachdem ihre Söhne sich miteinander geprügelt haben. Über die konflikthafte Schuldfrage, welcher Junge warum angefangen hat und wie sehr sie jeweils für die Folgen verantwortlich sind, geraten die zwei Ehepaare in eine Krise. Es offenbaren sich gewaltige Abgründe, je länger die Paare miteinander reden. Vermeintlich zivilisierte Figuren schaffen es nicht, zivilisiert zu bleiben, oder hatten es ohnehin nur vorgegeben, bis die Masken fallen. Wären die Paare Kroate/Kroatin und Serbin/Serbe oder muslimische BosnierInnen oder als eine Mischehe – z.B. in Kroatien lebendes muslimisch-katholisches Paar, eröffneten sich ganz neue Dimensionen der Deutung.[283]

---

rekrutiert wurden; dabei wurde die veraltete Tradition der Stammeskämpfe ausgenutzt und die Solidarität geschwächt (vgl. Lindstrom/White, in: White/Lindstrom, 1990, S. 6ff). Ein ähnlicher Effekt lässt sich bezüglich des Mann-Frau-Verhältnisses nach der Partisanenzeit in Jugoslawien beobachten. Ansonsten ist der Effekt im Allgemeinen für Frauen eher reversibel, da sie nach den Kriegen zum Teil wieder auf ihre ‚klassische‘ Rolle verwiesen werden. Frauenbewegungen durch Nationalismen zu spalten, wie beispielsweise in den nach-jugoslawischen Ländern, scheint ferner eine vergleichbare Methode.

281   Siehe die Figuren von Srbljanović, Marković und Semenič, auch von Kane und Sajko.

282   Reza, Yasmina: *Gott des Gemetzels*, Langwil 2007.

283   Oder beide Jungen könnten zwar katholische Kroaten sein, aber ein Junge für den Krieg sein, einer gegen ihn. Oder ein Junge kroatisch-katholischer oder serbisch-orthodoxer Nationalist und einer homosexuell, der dabei aber Selbsthass empfindet, evtl. verdrängt und auto-homophob ist. Eine solche Umsetzung wäre aufgeladen, das Publikum wäre evtl. indirekt noch viel intensiver als bei der Originalvorlage versucht Partei zu ergreifen oder würde sich dabei ertappen, dass es Partei ergreift. Interessant wäre auch, wenn eine solche Zuordnung von Konfessionen, Lebensformen, sexuellen Orientierungen oder teilnatio-

Werke der Autorinnen Dimitrijević, Radović, Kaštelan, Dragan, Mitrović, Vujčić, Scheuermann-Hodak und Peričić, wie auch zu den zuvor Genannten,[284] gilt es zukünftig in Arbeiten für eine Weiterentwicklung des europäischen Theaters fruchtbar zu machen; auch Werke der nachfolgenden Generation, beispielsweise Stücke von Maria Milisavljević.[285]

3.3　Im Fokus: Arbeiten von Autorinnen

„So wie der Krieg gilt auch die Literatur über den Krieg als Männersache",[286] beginnt eine Besprechung von Sajkos Roman *Rio bar*. Die Befreiung von Frauen wird zudem in der Geschichte immer wieder als Kriegsvorwand benutzt,[287] damit wird diese benachteiligte Mehrheit, werden diese Leidtragenden in Kriegen in ein Bild des unschuldigen Opfers per se festgeschrieben.[288]

Frauen schreiben aber selbst, sie entwerfen Figuren, Situationen und Bilder von Erlebtem, von realen Zuständen und Auswegen daraus. Die Frauenfiguren

....

nalen Definitionen sich erst am Ende eröffnen und unter Umständen das Publikum seine Sympathien in Frage gestellt sähe.

284　John von Düffels *Weltkrieg für alle. Eine kurze Geschichte des Friedens*, Reinbek bei Hamburg 2014, ist eine zukünftige Untersuchung wert. Er verknüpft das Private mit dem Politischen, aber aus der sich anbahnenden Dramatik der Kriegssituation wird eine Farce, ein übertriebener Klamauk, bei dem die Figuren allegorisch und z.T. direkt aus dem weltpolitischen Geschehen benannt sind (Josch K. steht zwischen Väterchen Frost und Ronald McReagon).

285　Milisavljević ist 1982 in Deutschland geboren, hat in Deutschland und England studiert und arbeitet zurzeit in London. Ihr Stück *Beben* ist erfolgreich und preisgekrönt, die Namen der zwei Paare in diesem Beziehungsstück sind slawisch.

286　Schnitzler, Mathias: *Die Kroatin Ivana Sajko schickt eine junge Braut in die Hölle. Bombenfrauen am Thresen*, 25.05.08, http://www.berliner-zeitung.de/15844430, Stand: 11.01.2018.

287　Vgl. Colleran, Jeanne: *Theatre and War. Theatrical Responses since 1991*, New York 2012, S. 72ff, nennt als ein Beispiel Bushs Kriegslegitimation.

288　Vgl. Karpenstein-Eßbach, 2011, S. 66: „Jede Rede über Opfer, gerade unter den Prämissen des generalisierten Opferbegriffs, fällt dem Verdacht anheim, zum Instrument in den Händen anderer zu werden. Umgekehrt sind aber auch die Darstellungen kriegerischer Aktionsgewalt auf der Täterseite als information warfare zu verstehen und verdächtig zugleich, weil sie dem Opfer hier gerade keinen bildlichen Raum einräumen und sich dadurch diskreditieren."

von Frauen sind, wie zu sehen sein wird, nicht ausschließlich Unterdrückte, sondern werden aktiv.

Die Entscheidung, explizit Stücke von Frauen zu untersuchen, wird bestärkt durch Arbeiten wie Bühler-Dietrichs *Auf dem Weg zum Theater. Else Lasker-Schüler. Marieluise Fleißer. Nelly Sachs. Gerlind Reinshagen. Elfriede Jelinek,*[289] Schmitz-Burgards mit ihrer Arbeit zu Mann, Meinhof, Bachmann, Wolf, Jelinek und Königsdorf[290] und Fleigs *Handlungs-Spiel-Räume. Dramen von Autorinnen im Theater des ausgehenden 18. Jahrhunderts.*[291] Fleig thematisiert in sechs Einzelinterpretationen verschiedene Aspekte von der Rezeption über Identitätsfragen der Figuren bis hin zum Opferbegriff, allerdings im ausgehenden 18. Jahrhundert verortet. Mit dem gender-spezifischen Blick auf die Geschlechtergerechtigkeit finden sich in vielerlei und vielschichtigen Benachteiligungssituationen die nachvollziehbaren Gründe für das Fehlen von Frauen: Teilweise hatten sie schlechte Bedingungen, teilweise wurden ihre Werke nicht wahrgenommen; bis heute gilt es sie zu ‚entdecken':[292] „Immer noch fehlt der Literatur von Frauen der Status selbstverständlichen Daseins, der zunächst einmal unabhängig von ihren Inhalten, ihrer Qualität, ihren Entstehungsbedingungen oder Selbstaussagen ist."[293] Dabei haben Frauen schon

....

289 Bühler-Dietrich, Annette: *Auf dem Weg zum Theater. Else Lasker-Schüler, Marieluise Fleißer, Nelly Sachs, Gerlind Reinshagen, Elfriede Jelinek,* Würzburg 2003.

290 Schmitz-Burgard, Sylvia: *Gewaltiges Schreiben gegen Gewalt: Erika Mann, Ulrike Meinhof, Ingeborg Bachmann, Christa Wolf, Elfriede Jelinek, Helga Königsdorf,* Würzburg 2011.

291 Vgl. Fleig, Anne: *Handlungs-Spiel-Räume. Dramen von Autorinnen im Theater des ausgehenden 18. Jahrhunderts,* Würzburg 1999.

292 Die erste deutsche Dramatikerin hieß Hrosvit, Hrotsvit(h), auch Roswitha von Gandersheim (ca. 935 – ca. 983) und schuf sechs Dramen. Vgl. Kraft, Helga: *Ein Haus aus Sprache. Dramatikerinnen und das andere Theater,* Stuttgart/Weimar 1996. Auch: Kronenberg, Kurt: *Roswitha von Gandersheim und ihre Zeit,* Bad Gandersheim 1978. Vgl. *The Plays of Hrotswitha of Gandersheim,* transl. by Larissa Bonfante with collaboration of Alexandra Bonfante-Warren, Illinois 2003; Chipok, Robert (Hg.): *The Plays of Hrotswitha of Gandersheim. Bilingual Edition,* Illinois 2013; Und vgl.: Feld, Helmut: *Frauen des Mittelalters. Zwanzig geistige Profile,* Köln/Weimar/Wien 2000, S. 14–30. Bis 1660 haben Frauen keine Rolle im Theater zugewiesen bekommen, dann nur eine Rolle am Rande, eher eine passive, ohne Stimme oder mit wenig Text, und erst 1776 spielte eine Frau erstmals eine Hauptrolle, – nämlich Sarah Siddons den Hamlet.

293 Fleig, 1999, S. 279. Hierbei verweist Fleig auf Schabert, Ina: *Englische Literaturgeschichte. Eine neue Darstellung des 18. Jahrhunderts,* Bonn 1963, S. 7. Dies ist in Anbetracht der

immer Dramen geschrieben und diese sind auch z.T. zur Aufführung gelangt, aber rezipiert wurden sie nicht. Damit lassen sich die Autorinnen dieser Arbeit in eine europäische Tradition einordnen.

Zu nennen ist zudem die Arbeit von Susanne Kord, die bei ihrem *Blick hinter die Kulissen* feststellt, dass sich die deutschsprachigen Dramatikerinnen mit ihrer hohen Zahl an Dramen im 18. und 19. Jahrhundert, ihren Frauenfiguren ähnlich, in einem Dilemma zwischen ihren Unabhängigkeitsbestrebungen und gegebenen gesellschaftlichen Lebenszwängen befanden.[294]

Da Anke Roeders Ausführungen in *Autorinnen. Herausforderungen ans Theater* zufolge anders als bei Kord der Raum Bühne bis ins 19. Jahrhundert „der schreibenden Frau weiterhin verschlossen blieb"[295] ist es offensichtlich ein Bereich, der es wert ist, durch weibliche Präsenz provoziert und erkundet zu werden: Zehn deutsche Autorinnen seit 1968 trägt Roeder zusammen.[296]

Des Weiteren scheint es nicht weit verbreitet, die Stücke mehrerer TheaterautorInnen in einem Werk zu analysieren, ausschließlich Autorinnen noch weniger, jedenfalls nicht zum Thema Krieg, wenn auch Nemec zu Kroatien konstatiert: Eine „Unterform der weiblichen Handschrift ist die weibliche

---

schwierigen geschichtlichen Umstände und limitierten Rollenformen für Frauen erstaunlich, s. Becker, Gabriele/Brackert, Helmut/Brauner, Sigrid/Tümmler, Angelika: „Zum kulturellen Bild und zur realen Situation der Frau im Mittelalter und der frühen Neuzeit", in: Becker/Bovenschen/Brackert et al. (Hg.), 1977, S. 116: „Es scheint, als sei den Frauen zu Beginn der Neuzeit von der patriarchalischen feudalen Gesellschaftsordnung alles genommen worden, was sie während des Mittelalters zu Zeiten oder immer besaßen." Und: Bovenschen, Silvia: „Die aktuelle Hexe, die historische Hexe und der Hexenmythos. Die Hexe: Subjekt der Naturaneignung und Objekt der Naturbeherrschung", in: Becker/Bovenschen/Brackert et al. (Hg.), 1977, S. 295: „Aus der Heiligen, der Maria wurde säkularisiert die Hausfrau und Mutter (der man die Bewältigung eines großen Tugendkatalogs zur Aufgabe machte), aus der Hexe wurde die Prostituierte und die Aufbegehrende. (Tritt nach Iwan Bloch die Prostituierte die Nachfolge an, so sind es nach Thomas Szasz die Wahnsinnigen und nach Michelet die Intellektuellen.)".

294 Kord, Susanne: *Ein Blick hinter die Kulissen. Deutschsprachige Dramatikerinnen im 18. und 19. Jahrhundert*, Stuttgart 1992, S. 120.

295 Roeder, Anke: *Der andere Blick*, in: Roeder, Anke (Hg.): *Autorinnen. Herausforderungen ans Theater*, Frankfurt am Main 1989, S. 7, 10ff.

296 Roeder, ebd., S. 10ff. Ulrike Marie Meinhof, Gerlind Reinshagen, Ria Endres, Elfriede Müller, Friederike Roth, Ursula Krechel, Elfriede Jelinek, Gisela von Wysocki, Ginka Steinwachs, Gundi Ellert. Aus Österreich sind Sybille Berg und Marlene Streeruwitz zu ergänzen.

Kriegsprosa",[297] „die meist in Form eines Geständnisdiskurses geschrieben" „persönliche traurige Schicksale im Krieg und im Flüchtlingsleben" wie auch „Formen der Verletzung der menschlichen Integrität von Frauen und Verbrechen an Frauen (Morde, Misshandlungen, Vergewaltigungen, Demütigungen)"[298] thematisiert.

Schreiben Frauen ein Theaterstück, ist dies ein größerer Schritt im Vergleich zu Lyrik oder Prosa, denn sie haben in Stücken mehr als eine Stimme und wollen stärker als bei den anderen beiden Gattungen Öffentlichkeit, Aufführung und Kritik; eine Wirkung innerhalb einer Gruppe und einer Gesellschaft.

1987 gab es noch eine Liste von zwölf Theaterfrauen. Andrea Breth wurde zur Regisseurin des Jahres gekürt und hat den Kortner Preis erhalten. Die Zeitschrift *Theater heute* hat Förderung betrieben, indem sieben Regisseurinnen im Jahrbuch 1988 vorgestellt worden sind. Unter den 50 führenden RegisseurInnen insgesamt sind neun Frauen vermerkt.[299] Was Deutschland betrifft, stellt Carlson fest,[300] dass nur sehr wenige Frauen nach Caroline Neuber deren Nachfolge angetreten haben. Frauen spielten offensichtlich lange eine eher marginale Rolle.[301] Carlson untersucht die deutsche Dramaturgie des späten 20. Jahrhunderts unter der Hypothese *Theatre is more beautiful*

....

297 Nemec, Krešimir: *Rückkehr zur Erzählung und zum Erzählen/Die kroatische Prosa vom Verfall Jugoslawiens bis heute*, in: *die horen. Zeitschrift für Literatur, Kunst und Kritik, Fabula rasa oder: Zagreb liegt am Meer. Die kroatische Literatur der letzten 25 Jahre*, 53. Ausgabe, Bremerhaven 2008, S. 62.

298 Nemec, in: *die horen*, 2008, ebd.

299 Vgl. Carlson, Marvin A.: *Theatre is more beautiful than war: German stage directing in the late twentieth century*, Iowa 2009, S. 207, dort die Fn 9, www.goethe.de/kue/the/reg/reg/enindex.htm, Stand: 16.02.2017.

300 Carlson, 2009, S. 76.

301 Carlson 2009, S. 80. Dies findet sich bestätigt bei Costa, Maddy/Dimitrijević, Selma: „Default Male: On Gender and the Rejection of Naturalism in the Work of Greyscale Theatre Company", in: Barnett, David (Hg.): *Contemporary Theatre Review. An international journal: Simon Stephens: British Playwright in Dialogue with Europe*, Vol. 26, Nr. 3, London, August 2016, S. 399–402. Costa befasst sich im Text vor dem gemeinsamen Interview mit Dimitrijevićs Besetzungspraxis, die zwei Frauenrollen mit Männern besetzt, während zwei Frauen neben der Bühne schweigend zusammen puzzeln. Auf S. 400 wird Haydon, Andrew zitiert: „the men did the speaking and meaning, and the women did the physical manifestation", in: *Gods Are Fallen and All Safety Gone* – Almeida, *Postcards from the Gods*, 30 July 2012,

than war[302] vor allem anhand von Stein, Zadek und Peymann sowie Castorf, Thalheimer, Ostermeier und Pucher. Richter, Rimini Protokoll und SheShePop werden ganz kurz unter *freie szene*[303] erwähnt. Neben Marthaler und Anna Viebrock als Bühnenbildnerin findet Andrea Breth Eingang.

Ingeborg Gleichauf geht als Dramatikerinnen des 20. Jahrhunderts und der Gegenwart auf Else Lasker-Schüler, Veza Canetti, Anna Gmeyner, Marieluise Fleißer, Gerlind Reinshagen, Maja Beutler, Elfirede Jelinek, Friederike Roth, Marleene Streeruwitz, Elfriede Müller, Kerstin Specht, Katharina Tanner, Dea Loher, Theresia Walser und Gesine Danckwart ein.[304] Im Sammelband „Radikal weiblich? Theaterautorinnen heute" von Christine Künzel finden sich neben den beiden bei Gleichauf bereits aufgenommenen Theresia Walser und Gesine Danckwart noch Sabine Harbeke, Kathrin Röggla, Rebekka Kricheldorf, Ulrike Syha, Meike Hauck, Tine Rahel Völcker, Gerhild Steinbuch und Nino Haratischwili.[305]

Bezogen auf Stücke von Autoren gibt es, abgesehen davon, dass zu Handke und Richter, Šnajder, Dukovski Bošnjak und weitere Autoren zu ergänzen sind, ein nicht begründetes geschlechtsspezifisches Vorgehen in der Forschung: So z.B. wenn Emsud Sinanović in dem seinem Sohn gewidmeten Werk *Bošnjačka drama*[306] eine Übersicht liefert, die mit *Folkloristisches Theater* beginnt und mit *Bosnisches Theater zur Zeit der österreichisch-ungarischen Okkupation* und *Bosnischem Theater zwischen zwei Weltkriegen* über *Zeitgeschichtliches bosnisches Theater und Drama* übergeht zu *Dunkle Zeit (1991–1994)* und anschließend fünf Theaterstücke von fünf Autoren aufnimmt. Dies geschieht ohne einen einzigen Verweis darauf, dass er ausdrücklich Männer ausgewählt hat, und ohne Hinweis darauf, dass er gerne Autorinnen aufgenommen hätte, es aber

https://www.postcardsgods. blogspot.co.uk/2012/07/gods-are-fallen-and-all-saftey-gone. html, Stand: 03.08.2020.

302 Carlson, 2009. Auf S. xii wird erklärt, dass der Titel von einem Poster der Adenauerzeit stammt, als die neue Generation Ästhetik und Politik verknüpft sehen wollte.

303 Carlson, 2009, S. vii, 198.

304 Gleichauf, Ingeborg: *Was für ein Schauspiel! Deutschsprachige Dramatikerinnen des 20. Jahrhundert und der Gegenwart*, Berlin 2003.

305 Künzel, Christine (Hg.): *Radikal weiblich? Theaterautorinnen heute*, Berlin 2010.

306 Sinanović, Emsud: *Bošnjačka drama* [übers. Bosnisches Drama], Lovran 1996.

gesellschaftsbedingt leider keine gibt oder Ähnliches. Die wenigen Aufsätze zu jugoslawischem Theater und den Entwicklungen in den Nachfolgestaaten bleiben allgemein und lediglich auf jeweils einen Nachfolgestaat beschränkt. Daher soll hier ein Beitrag zur Theatergeschichte mit dem Fokus auf Geschlecht als konstitutives Element geleistet und dem bestehenden Zahlenverhältnis ausgleichend Rechnung getragen werden; zumal es bisher keinen Fokus auf Autorinnen gibt, bei dem zugleich die Zuordnung zu geopolitischen Bereichen Südosteuropas eine Rolle spielt. Bewusst sollen neben Kane mit hier Srbljanović, Marković, Sajko, Semenič,vor allem Autorinnen dieser Nachfolgestaaten, die als Ost-/Südosteuropäerinnen im Missverhältnis zu West-/Mitteleuropa stehen, präsent gemacht werden, damit ihre kulturelle und gesellschaftspolitische Arbeit gesehen und gewürdigt werden kann.[307]

In *Gewalt im Drama und auf der Bühne* gibt es 16 Beiträge, von denen zwei von Autorinnen zu Mrożek und Shakespeare und in zwei Aufsätzen von Autoren Frauen eindeutig mit Gewalt in Verbindung gebracht werden.[308]

Melanie Hong vergleicht Bidermann, Gryphius, Weise, Lohenstein, Fichte, Dorst, Müller und Tabori. Sie listet literarische Textquellen zu Gewalt so auf, dass hier unter Ergänzung von weiteren Erscheinungen nach 2008 darauf verzichtet werden kann.[309] Sie stellt u.a. fest, dass es zwischen den Barockstücken und den Stücken des 20. Jahrhunderts, die sie untersucht, dahingehend eine Übereinstimmung gibt, dass die Gewalt ostentativen Gestus hat, auch wenn sie

....

307   Vgl. Benhabib, Seyla: *Dignity in adversity. Human rights in troubled times*, Cambridge 2011; dies.: *Identities, affiliations, and allegiances*, Cambridge 2008; dies.: *Migrations and mobilities. Citizenship, borders and gender*, New York 2009. Mika, Bascha: *Die Feigheit der Frauen*, München 2011; French, 1993; Hvistendahl, 2013; Pusch, Luise F.: *Die Frau ist nicht der Rede wert*, Frankfurt am Main 1999.

308   Gibinska, Marta: „A barbarous and bloody spectacle. A study of violence in the three parts of Henry VI", in: Diller et al. (Hg.), 1998, S. 31–48; Schmid, Herta: „Gewalt wider Körper, Geist und Seele – zwei Lesarten von Mrożeks ‚Strip-tease'", in: ebd., S. 123–138; Plett, Heinrich F.: „‚Kill that woman!' Liebe, Tod und Dekadenz in Oskar Wildes Salomé", in: ebd., S. 109–122; Ingenschay, Dieter: „Frauenpower unspanisch-postmodern. Zu Konstanze Lauterbachs Inszenierung von Federico García Lorcas La casa de Bernarda Alba am Schauspiel Leipzig", in: ebd., S. 59–72.

309   Vgl. Hong: *Gewalt und Theatralität*, 2008, S. 35ff: „Es handelt sich jedoch meist um das Nebeneinander von Detailanalysen zu einzelnen Stücken oder historischen Epochen, die eher von kurzer Tragweite sind."

von Figuren in reflektierter Art berichtet wird, die als Zuschauende konzipiert sind. Weder ist die Gewalt Handlungsmotor, noch bricht sie unkontrolliert aus. Beim Publikum soll der gestörte und scheiternde Versuch der Kommunikation darin zu entziffern sein.[310]

„Weit weniger erforscht als narrative oder filmische Kriegssatiren sind Versuche theatralisch-dramatischer Kriegskritik."[311] Beim Thema Krieg-Frauen-Theater ist die Menge an Untersuchungen noch übersichtlicher. Mit *Women staging war. Female dramatists and the discourses of war and peace in the United States of America 1913–1947*[312] untersucht Beach eine bestimmte Phase in Amerika. Colleran untersucht gezielt englischsprachige Stücke, die seit 1991 entstanden sind und mit der Kriegspolitik der Bushregierungen zusammenhängen, jedoch Jugoslawien völlig außen vor lässt. Als fünf politische Krisen nennt sie Rumänien, zwei Golf Kriege, den Irakangriff der USA und bin Ladens Video an die USA sowie seinen Tod.[313]

Ferner finden sich in der Forschung Untersuchungen zu jeweils zwei verschiedenen AutorInnen, wie beispielsweise Natalie Blochs Arbeit, in der sie

310 Vgl. Hong: *Gewalt und Theatralität,* 2008, S. 453: „Wie auch in den barocken Dramen ist Gewalt in den untersuchten Stücken des 20. Jahrhunderts ostentativ. Das heißt, sie richtet sich an Zuschauer, soll wahrgenommen werden." Dies entspreche „der neueren soziologischen Forschung, die Gewalthandlungen in der triadischen Relation von Täter, Opfer, Zuschauer analysiert.", Hong, 2008, ebd.

311 Blaschke, Bernd: *Emotionsmodellierung in Kriegsdramen. Elfriede Jelinek und Falk Richter als satirische Medienbeobachter,* in: Fauth, Søren R./Krejberg, Kasper Green/Süselbeck, Jan (Hg.): *Repräsentationen des Krieges. Emotionalisierungsstrategien in der Literatur und in den audiovisuellen Medien vom 18. bis zum 21. Jahrhundert,* Göttingen 2012, S. 259.

312 Beach, Maria Christine: *Women staging war: Female dramatists and the discourses of war and peace in the United States of America 1913–1947,* Austin in Texas 2004.

313 Vgl. Colleran, 2012, S. 15. Krieg beeinflusst die Stücke thematisch und die Stücke entlarven den Krieg, indem sie im Sinne des Dokumentartheaters Informationen transportieren, die in der PR-Aktion von Feindbildung und manipulativer Kriegsmobilisierung untergegangen sind. Rhetorische Behauptungen wie z.B., es ginge um die Befreiung der irakischen Frauen, werden sowohl von den Gegebenheiten her, als auch von dem Aussagen her inhärenter Sexismus und Paternalismus aufgedeckt. Vgl. Colleran, 2012, S. 72ff. Die Stücke stammen von u.a. Harold Pinter, Caryl Churchill, Trevor Griffiths, Judith Thompson, Tony Kushner, Heather Raffo, Peter Sellars, Robert Auletta, David Hare, Richard Norton-Taylor und Frances Ya-Chu Cowhig. Vgl. Colleran, 2012, S. 59ff. Vgl. auch Geisen (Hg.): *Five English Short Plays,* Stuttgart 1999.

Theatertexte von Elfriede Jelinek und Neil La Boute vergleicht.[314] Die gewalttätigen Figuren, wobei Bloch eine Verschiebung von tätlich zu verbal gewalttätig konstatiert, sind durchgängig gewöhnliche Menschen. Weltsicht und Lebensweise machen „*diese* Bürger einer scheinbar intakten Gesellschaft"[315] zu unverantwortlichen MörderInnen, die keine Reue haben, da Gewalt teilweise nicht als solche wahrgenommen wird. Bloch stellt fest: „Wie allerdings Theatertexte mit den kaum fassbaren und überschaubaren Gewaltphänomenen, mit Statistiken und Millionenzahlen umgehen, wie ihnen Dinge zum Thema werden können, deren künstlerische Darstellung zwangsläufig hinter die Wirklichkeit zurücktreten muss, ist bislang allerdings nicht untersucht worden. Auch die Frage, welche spezifischen Darstellungschancen dramatische Strukturen eröffnen und welche Funktionen sie erfüllen, ob Gewalt kritisiert oder affirmiert, ob ihre Strukturen und Ursachen aufgeklärt, ritualisiert oder verklärt werden, wurde noch nicht gestellt".[316] Dies erfolgt daher hier, wobei es darum geht, die vielfache Entfremdung der Frauen von sich selbst durch die Behandlung, die sie in der Gesellschaft erfahren, zu verdeutlichen. Sätze wie „this world is not my world [...] my world is different",[317] wie es bei der personifizierten Weisheit bei Semenič heißt, belegen dies. Auch die Suizide in den Stücken sind ein Beleg dafür. Gerade im Kontext eines Krieges, und eben dieser Kriege, scheint es von zwingender Bedeutung, auf die Stimmen der Frauen zu hören, ihre Figuren und deren Konstellationen zu untersuchen.

3.3.1 Die fünf Autorinnen und ihre Stücke

Die vorliegende Arbeit konzentriert sich auf fünf europäische Schriftstellerinnen der Jahrgänge 1970 bis 1975; eine westeuropäische und vier südosteuropäische Frauen: Srbljanović, 1970, Kane, 1971–1999, Marković, 1974 sowie

....

314 Bloch, Natalie: *Legitimierte Gewalt*, Bielefeld 2011.

315 Bloch, 2011, S. 335: „Das Bizarre liegt genau darin, dass sich *diese* Bürger einer scheinbar intakten Gesellschaft als Mörder entpuppen und damit kein Problem haben, ebenso dass ihre – und damit unsere – Weltmodelle der Gewalt nichts entgegenzusetzen haben, im Gegenteil, in der Auslegung ihrer Sprecher fordern sie sie sogar." Kursive Hervorhebung im Original.

316 Bloch, 2011, S. 14.

317 Semenič, 2011, S. 59f.

Sajko und Semenič, 1975. Sie sind bekannte auslandserfahrene Theaterautorinnen, die jeweils diverse Preise erhalten haben. Ihre Stücke, z.T. Debüts, haben zahlreiche Rückmeldungen bekommen, auch stellenweise skandalträchtiges Aufsehen erregt. Ihre Werke sind international zur Aufführung gekommen und übersetzt worden. Im Unterschied zu den Stücken, die auf die Jugoslawienkriege bezogen werden könnten, ohne dass dies originär intendiert ist, haben die ausgewählten Stücke sieben Komponenten gemeinsam: Verfasst von Autorinnen einer Generation mit einem gewissen Bekanntheitsgrad oder einer Präsenz in der Theaterwelt, die aus dem europäisch-geographischen Lebenskontext kommen, liegen sie in Textform vor, thematisieren sexualisierte häusliche (Nach)(Kriegs)Gewalt thematisieren und haben in irgendeiner Form explosiven Inhalt: Kanes *Blasted*, Srbljanovićs *Belgrader Trilogie*, Markovićs *Pavillons*, Sajkos *Bombenfrau* und Semeničs *whilst/wisdom* handeln entweder von Krieg als zentralem Thema oder sind so angelegt, dass auf der Bühne kriegerische Handlungen und Gewalt abstrakt, verfremdet oder konkret umgesetzt werden. Die Stücke der fünf Autorinnen werden hier in chronologischer Reihenfolge analysiert. Die Auswahl der untersuchten Stücke ist exemplarisch.

Kritiken, Medienpräsenz, abgesehen von den Kritiken, Renommee/Bekanntheitsgrad, Zahl der Aufführungen und Aufführungsorte werden mit einbezogen. Sarah Kane, die westeuropäische Autorin, lebt als einzige nicht mehr. Ihr Gesamtwerk wurde nach ihrem Suizid 1999 unter einem anderen Licht gesehen.

Trotz einer gewissen Publizität aller fünf Autorinnen und der Tatsache, dass zumindest nach Kanes Stück eine recht heftige Diskussion ausgelöst worden ist, können die Jugoslawienkriege nicht wirklich als gesamtgesellschaftlich-europäisch präsent bezeichnet werden, obwohl die südosteuropäischen Autorinnen z.T. in westeuropäischen Städten, wie Paris oder London, ihren Zweitwohnsitz haben und multinational oder auch multiethnisch sind, z.B. serbisch-montenegrinisch-albanisch wie Marković, die in Belgrad lebt und die Situation wie folgt beschreibt:

„Jüngere Künstler aus Serbien befürchten oft, dass sie aufgrund ihrer Herkunft beurteilt werden, weshalb sie versuchen, europäischer zu sein, als die Europäer. Diese Sorge teile ich nicht, ich bin Internationalistin,

© Frank & Timme   Verlag für wissenschaftliche Literatur

so bin ich erzogen worden. [...] Ehrlich gesagt, glaube ich nicht, dass hier irgendjemand ethnisch ‚rein' ist. Es gibt ohnehin keine Unterschiede zwischen den Völkern. Ich will nicht nostalgisch klingen, aber Jugoslawien war für uns immer noch die beste Periode und auch die einzige Lösung für diese Region. Außerdem hat der Vielvölkerstaat ermöglicht, dass diese kleinen Kulturen bewahrt werden konnten und sich entwickelten [...] Die Infrastruktur ist zusammengebrochen, die Wirtschaft ebenfalls, vor allem nach den Bombardierungen. Diese ökonomische Misere ist das Schlimmste. Die Situation in Bosnien und Kroatien ist nicht viel besser [...] dabei sprechen wir noch nicht mal über die Frustration angesichts der ungeklärten territorialen Fragen".[318]

Diese Worte machen das Spezifische und Allgemeine des Themas deutlich. Diese Arbeit untersucht, wie der Krieg in Jugoslawien in Theaterstücken von Autorinnen umgesetzt und wie dieser (post-)jugoslawische Kriegs- und Nachkriegszustand mit den zwischenmenschlichen Verhältnissen darin gezeigt wird.

Wieviel Text haben die Figuren im Geschlechterverhältnis, welche Sprechakte, welche thematischen Inhalte kommen vor? Eventuell vorhandene Metatexte, Arten von Humor, gegebenenfalls der Witzgehalt, der Grad an Gewalt bei den Sprechakten und Handlungen werden untersucht. Ferner wird dokumentiert, welche Themen nicht ausgesprochen werden oder welche Sachverhalte und Handlungen sprachlos machen sowie welche Vorlagen, wie beispielsweise Mythen, Eingang finden und wirken.

In Erweiterung der Fragen, die die zentrale Fragestellung ergänzen, wird untersucht, welchen Status, ob und welche Macht die Figuren haben, ob und in welchem Verhältnis sich Mündigkeit und Manipulation finden. Als Auswahlkriterium dienen folgende Fragen, zu deren Antworten die Stücke Aufschluss geben könnten: Was für Frauencharaktere werden gezeigt? Gibt es mythische, starke, schwache? Werden die Frauenfiguren unter Umständen re-mythifiziert? Kommt Misogynie zum Tragen, die offensichtlich in diesem Krieg mit

....

318   Aus einem Interview mit Milena Marković geführt von B. Schaller, in: *Theater heute* 06/04, o.S.; http://randnotizen.steirischerherbst.at/milena-markovic/, Stand: 03.08.2020.

,ausagiert' worden ist? Inwiefern greifen diese Stücke Verhalten auf, das als Kriegsverbrechen angesehen werden muss?

Der Dreischritt, Stücke aus Europa zu wählen, und zwar Stücke von Autorinnen aus West-/Mitteleuropa und Südosteuropa sowie deren Stücke, die mit Preisen ausgezeichnet worden, aber zugleich relativ unbekannt geblieben sind, lenkt den Blick auf zu Stärkendes: Europa, Frauen und prämierte ,unterspielte' Stücke. Da Jugoslawien sechs Nachfolgestaaten hinterlässt, war es naheliegend, Autorinnen aus mehreren dieser Staaten zu wählen. Die folgenden Theaterstücke wurden ausgewählt, weil europäische Präsenz sowie intertextuelle Bezüge und gesellschaftliche Querverbindungen aufgezeigt werden können. Es sind neben der Engländerin Kane Autorinnen aus Slowenien, Kroatien, Serbien, Serbien/Montenegro, die ein relevantes Stück oder ein Gesamtwerk verfasst haben. Performancekunst, auch im Bereich Straßentheater und performancenaher Demonstration wird hier damit in Verbindung gebracht.[319] Geographisch von Nordwesten nach Südosten betrachtet, ist Semenič Slowenien, Sajko Kroatien, Srbljanović Serbien und Marković Serbien/Montenegro zuzuordnen.[320] Hätte es nach den Kriegen in den 1990ern weiterhin das Jugoslawien in den Grenzen davor gegeben, würden hier vier ,jugoslawische' Autorinnen betrachtet werden – das ist das Paradoxe des Ganzen: Die Nationalitätenfrage spielt im Frieden keine große Rolle, die für für Propagandazwecke auszubeuten wäre,

---

319 Angesichts der Instabilität und aufgebrochenen Strukturen, die mit Krieg einhergehen, erscheint die Frage, inwiefern Straßentheater oder die *Frauen in Schwarz* als Performance bezeichnet werden können, als obsolet und unangemessen. Vgl. Thompson/Hughes/Balfour, 2009, S. 5: „The term ,performance' constructs an overarching category useful for exploring the interactions of performances of war and performances in place of war [...] The dual term ,theatre and performance' additionally emphasizes our interest in theatrical performance that engages theatre artists as well as members of the general public, and in practices that exist inside as well as outside the formal cultural infrastructure and its institutions. Indeed, in times and places of war, clear distinctions between sites, styles, genres and types of practice break down". Vgl. Lukić: *Drama ratne traume* [übers. Das Drama des Kriegstraumas], 2009.

320 Zweimal Serbien zu nennen, bedeutet hier keine Überordnung, sondern es geht um die Stücke für die Arbeitsfrage. Ebenso geht es bei der Bezeichnung Serbokroatisch, statt Kroatoserbisch als Reihenfolge lediglich um die leichtere Aussprache und nicht um eine irgendwie geartete Vorrangstellung der zuerst Genannten, zumal sie linguistisch eine Einheit bilden.

© Frank & Timme   Verlag für wissenschaftliche Literatur

aber in Kriegszeiten reduziert sie die Menschen auf Freund-Feind-Bilder und will in diese hineinzwingen.[321]

Die vier ausgewählten, anerkannten, zum Teil während der Jugoslawienkriege kontrovers diskutierten Autorinnen, Milena Marković, Biljana Srbljanović, Ivana Sajko und Simona Semenič schreiben zur und nach der Kriegszeit Prosa und Dramen in den neuen Nachfolgestaaten Jugoslawiens. Es sind Stücke, die nah am Alltag, Exil- und Kriegs-Alltag, nah an Todesgedanken und -überlegungen sind, nah an Erfahrungen der ZivilistInnen mit Kriegstraumatisierungen, nah an alltäglichen Gewalterfahrungen, aber auch teilweise nah an Stereo-Typen. Die Autorinnen als europäisch zu bezeichnen, bedeutet, sie vom Rand, ohne Begriffe wie z.b. ex-jugoslawisch, (post)jugoslawisch, südosteuropäisch oder westbalkanisch, in einen gesamteuropäischen Blickpunkt zu stellen.[322] Untersucht wird in mindestens einem Drama jeder Autorin, ob und wie sich Krieg in den Dramen zeigt und vor allem auf Handlung und Figuren auswirkt. Auskunft geben die Texte im Vergleich miteinander, durch veröffentlichte Interviews mit den Autorinnen selbst, rezeptionsgeschichtliches Material und Analyse.

3.3.2 Der Forschungsstand zu den hier diskutierten Autorinnen

Beim Betrachten des Forschungsstands ist eines augenfällig: Sekundärliteratur zu Kane ist im Vergleich zu der über südosteuropäische Schriftstellerinnen reichlich vorhanden und inhaltlich nicht spezifisch an Südosteuropa orientiert. Auf der anderen Seite gibt es eine Menge an Werken südosteuropäischer bzw. der Literatur des Westbalkan, gerade auch an Theaterwerken, die kom-

---

321 So wie an der Frage „Wo kommen Sie her?", die von Interesse und Neugier und Anteilnahme zeugt, stets auch die Interpretation zu haften scheint, man sei nicht von hier, sei fremd und gehöre woanders hin und sollte bald dort sein, statt hier zu bleiben.

322 Dieser Begriff Westbalkan ist relativ neu und enthält mit der Konnotation West- eine Aufwertung, die eine bessere Position bei der Frage der Aufnahme in die Europäische Union bedeutet, wobei Balkan oft in der Presse und den Medien abwertend verwendet wird, vgl. Petzer, Tatjana: *Geoästhetische Konstellationen. Kartographische Kunst im Spiegel von Balkanisierung/Libanonisierung*, in: Jakiša/Pflitsch (Hg.): *Jugoslawien – Libanon. Verhandlungen von Zugehörigkeit in den Künsten fragmentierter Kulturen*, Berlin 2012, S. 143f.

plett unbeachtet und noch nicht untersucht sind.[323] „Allein die Namen einiger Menschen in der Theaterarbeit, darunter einige Frauen, sind Leuchttürme in dieser Dunkelheit."[324]

Diese unbeachteten Werke sind für die zentrale Fragestellung „Wie gehen diese Autorinnen mit den Jugoslawienkriegen in ihren Stücken um?" aufschlussreich und sollen hier Beachtung und Bearbeitung finden; gleichermaßen die Texte, die noch nicht inszeniert worden sind.[325] Die Generation der Autorinnen hat mehr als jede andere Generation Lebenszeit und Chancen mit diesen Kriegen verloren. Die Strukturen und Chancen für Frauen, die auf dem Territorium des ehemaligen Jugoslawien zerstört worden sind, werden immer noch mit viel Mühe restituiert. Propaganda[326] und Vergessenwollen sind zwei verschiedene Gefahren auf dem Weg einer anspruchsvollen Theaterarbeit in Zeiten von Krieg, Bombardierung, Belagerung und Nachkriegszeit.

Bestandsaufnahme der jugoslawischen WissenschaftlerInnen und Kulturschaffenden im Theaterbereich sowie die der Nachfolgestaaten bezogen auf die zentrale Fragestellung:

In der bosnischen, kroatischen und serbischen Literaturwissenschaft finden sich einige Aufsätze zu den ausgewählten Autorinnen. Zu Ivana Sajko gibt

---

323 Allerdings gibt es auf der Suche nach west- und mitteleuropäischen Theaterautorinnen neben Coline Serreau, Yasmina Reza, Sybille Berg und Elfriede Jelinek nicht sehr viele präsente Autorinnen, neben den aus England aufgenommenen. Zudem ist die deutschsprachige feministische Literaturwissenschaft sehr von der angloamerikanischen, französischen und italienischen geprägt, vgl. hierzu Rinnert, Andrea: *Körper, Weiblichkeit, Autorschaft. Eine Inspektion feministischer Literaturtheorien*, Königstein i. Taunus 2001. Rinnert greift Virginia Woolf, Simone de Beauvoir, Luce Irigaray, Hélène Cixous, Julia Kristeva und die Italienerinnen der Mailänder Schule auf.

324 Miljanič, Ana: *Das ehemalige Jugoslawien. Auf der Suche nach einer Identität*, in: Uecker, Karin (Hg.): *Frauen im europäischen Theater heute*, Hamburg 1998, S. 105.

325 Einige Stücke von Marković, Semenič, Sajko und Srbljanović sind kaum im breiten europäischen Ausland aufgeführt worden. Ähnlich bei Fleig, 1999, S. 226. Die Autorin benennt – allerdings im Kontext des ausgehenden 18. Jahrhunderts – auch Stücke von Autorinnen, die nicht gedruckt oder nur einmal aufgeführt worden sind. Vgl. Fleig, 1999, S. 289–303.

326 In diesem Zusammenhang ist ein im Verhältnis zu dem Kriegsgeschehen in Kroatien sehr zeitnah entstandenes Beispiel die Mischung aus Zeitungsartikeln und Fotos von Oraić-Tolić, Dubravka (Hg.): *Hrvatsko ratno pismo 1991/92. Croatian War Writing 1991/92. Apeli Iskazi Pjesme. Appeals Viewpoints Poems*, Zagreb 1992.

es vor allem eine Veröffentlichung in Kroatien, eine Magister-Abschlussarbeit. In *die horen*,[327] der 53. Ausgabe dieser Literaturzeitschrift, die sich mit der kroatischen Prosa der vergangenen 25 Jahre befasst, bleibt Sajko beispielsweise komplett ungenannt, obwohl sie mehrere Prosawerke verfasst hat, u.a. *Rio bar*.[328]

Zu Marković, Semenič und Srbljanović existiert bisher keine ganze Abhandlung, sondern punktuelle Erwähnung in Aufsätzen.

Die Dramen aus Südosteuropa an sich haben offensichtlich in Europa bisher relativ wenig Beachtung gefunden,[329] so dass der Autor und Theaterkritiker Lazin bei seiner Untersuchung zu Srbljanovićs Aufführungshistorie zwar von einem Phänomen Srbljanović schreibt,[330] aber dabei eher von Vereinzelung und Einsamkeit, statt von einem triumphalen Alleinstellungsmerkmal aufgrund des Erfolgs, wie sich vermuten ließe.

Neben seiner Publikation sind im Folgenden einige weitere aus Jugoslawien, später Kroatien und Serbien, teilweise lateinischer, teilweise in kyrillischer Schrift veröffentlicht, genannt:

In *Theaterbühne im Zenit*,[331] einer zentralen postjugoslawischen Zeitschrift für Theaterkritiken und Aufführungsbesprechungen, werden von Stamenković keine hier relevanten Inszenierungen von 1956 bis 2005 in kleinen Absätzen

....

327　*die horen. Zeitschrift für Literatur, Kunst und Kritik*, 53. Ausgabe, Bremerhaven 2008.

328　Dies.: *Povijest moje obitelji od 1941 do 1991, i nakon*, 2. Aufl. Zagreb 2009 [übers. Die Geschichte meiner Familie von 1941 bis 1991, und danach. Ist noch nicht auf Deutsch übersetzt]. Dies.: *Rio bar*, Beograd 2011. Dies.: *Ljubavni roman*, Zagreb 2015.

329　Vgl. Karpenstein-Eßbach, 2011, S. 7f.: „Ein erster Blick in das Verzeichnis der interpretierten Literatur kann schnell deutlich machen, daß sich hier auch Autoren finden, deren Namen weitgehend unbekannt sein dürften – Schriftsteller aus anderen Ländern wie Zimbabwe, dem ehemaligen Jugoslawien, dem Irak oder dem Libanon, deren Werke über die Neuen Kriege aber in deutscher Sprache zu lesen sind."

330　Vgl. Lazin, Miloš: *OTKUD USPEH BILJANE SRBLJANOVIĆ?*, in: *Scena&Teatron, 50. GODINA STERIJINOG POZORJA, Scena. Časopis za pozorišnu umetnost*, Broj 1, Godina XLI, Novi Sad 2005, *Teatron. Časopis za pozorišnu umetnost*, Broj 130/131, Godina XXX, S. 33. [übers. Woher der Erfolg von Biljana Srbljanović?], in: [übers. Scena&Teatron. Zeitschriften für Bühnenkunst. 50 Jahre Sterijas Bühne].

331　Stamenković, Vladimir: *Pozorište u zenitu. Odabrane kritike. 1956–2005*, [übers. Bühne im Zenit. Ausgewählte Kritiken 1956–2005], Beograd 2005.

archivarisch aufgelistet.[332] Pervićs Bitef-Retrospektive bespricht in den Kapiteln *Theater und Historie* 1967 bis 1980[333] und *Das ist zum Verrücktwerden* Genets *Balkon* und Jandls *In der Fremde*. Besprechungen zu Stücken von 1980 bis 1993 sind *Bilder verschiedener bzw. verblichener Zeit*[334] genannt – die Todesmetaphorik wird bei beiden Adjektiven allzu deutlich. Der Autor gibt in dem englischen Nachwort an, erhalten und bewahren zu wollen.[335] Allerdings gibt es, obwohl bis 1993 bezeichnet, nicht chronologisch sortiert, keine Besprechungen von 1993 und bei den wenigen Besprechungen von 1990 bis 1992 finden sich keine Besprechungen zu bzw. keine Erwähnung von Stücken von Autorinnen.

Besonders interessant ist der Aspekt, wie die Rezeption von Kane ausfällt, da *Blasted* zwar mit dem Bosnienkrieg verknüpft ist, aber die kroatische Theaterwissenschaft und theatrale Praxis nicht mit Kane: Hinsichtlich der Forschung zu den Autorinnen wird in der vorliegenden Arbeit neben Anthologien und Selbstreflexionen der Autorinnen ein Aufsatz von Sava Andjelković von 2006 aufgegriffen,[336] der neun Stücke von AutorInnen aus Serbien, Kroatien, Bosnien und Herzegowina sowie Montenegro bespricht und auf den Umgang mit Krieg hin untersucht. Andjelković nennt neun AutorInnen aus verschiedenen neuen Nachkriegsstaaten, davon zwei Frauen, eine davon Biljana Srbljanović. Ferner wird Srbljanović in einem Aufsatz von Irène Sadowska-Guillon mit Kane verglichen und positiver dargestellt, weil sie nicht so wie jene „ermüdend düster"

....

332 Darunter finden sich 1992 Dostojewskis *Verbrechen und Strafe*, 1994 Schillers *Maria Stuart* und Shakespeares *Troilus und Cressida*, 1997 Molieres *Misanthrop*.

333 Pervić, Muharem: *Volja za promenom. Bitef 1967–1980*, Beograd 1995 [übers. Wille nach Veränderung, Original in kyrillischer Schrift: Первиħ, Мухарем: Воља за променом. Битеф 1967–1980, Београд 1995].

334 Putnik, Radomir: *Slike minulog vremena – pozorišne kritike 1980–1993.*, Novi Sad 2010, [übers. Bilder verblichener Zeiten. Bühnenkritiken 1980–1993] [Original in serbischem Serbokroatisch und in kyrillischer Schrift: Путник, Радомир: Слике Минулог Времена].

335 Vgl. Putnik, 2010, S. 320f.

336 Andjelković, Sava: „Espaces mimétique, diégétique et géopolitique dans les drames sur les guerres balkaniques des anées 1990", in: *Revue des études slaves, Le théâtre d'aujourd'hui en Bosnie-Herzégovine, Croatie, Serbie et au Monténégro. Nationalisme et autisme*, Paris 2006, LXXVII/1–2, S. 81–97.

sei. Lazin[337] konzentriert sich in seinem Aufsatz ebenfalls auf Srbljanović. Kane findet darin lediglich zwei kurze relativ wertfreie Erwähnungen. Wobei, wenn Lazin schreibt, ein Motor für die Entstehung der neuen Dramen sei das schlechte Gewissen,[338] muss eingeschränkt werden, dass bei Kane von Solidarität mit den direkt vom Krieg Betroffenen und Respekt ihnen gegenüber zu lesen ist.

Der Aufsatz von Muhamed Dželilović[339] widmet sich primär zwei Stücken von muslimischen Autoren und deren ideologischer Färbung und Konzeptualisierung. Ferner gibt es einen Aufsatz von Nataša Govedić, der Sajko und Srbljanović in Beziehung setzt, einen zu Sajkos Dramen von Ana Gospić sowie Artikel von Tanja Miletić-Oručević und anderen in der französischen Zeitschriftenreihe *Revue des études slaves*.[340]

Weitere ausführliche europäische Forschungsarbeiten gibt es in der Form bisher nicht, trotz der durchaus beispielsweise auf Deutsch zahlreich vorliegenden Werke – Gründe dafür gilt es noch zu erforschen.

Nikčević fragt:

„Warum müssen alle unsere kroatischen Kriegskämpfer jemanden vergewaltigen, jemand Unschuldigen töten, stehlen, in diesem Krieg moralisch und menschlich komplette Verfehlungen sein, gebrochene Menschen vor allem Frauen und Kinder, schlagen oder, im besten Falle,

---

337 Lazin, in: *Scena&Teatron*, Novi Sad 2005, S. 25, 28.

338 Lazin, in: *Scena&Teatron*, 2005, S. 26: „Ta grižnja savesti je jedan od motora inspiracije *Nove drame*. Za tvrdnju ne treba puno dokaza: dovoljno je prelistati uzbudljive zapise Grejema Saundersa geneze nastanka tekstova Sare Kejn, opšteprihvaćene radonačelnice *Nove drame11*, pogledati spisak komada francuskih autora direktno inspirisanih zbivanjima na ratištima bivše Jugoslavije" [übers. Dieses schlechte Gewissen ist eines der Motoren der Inspiration des Neuen Dramas. Für die Bestätigung braucht es nicht viele Beweise: Es genügt die aufregenden Schriften von Graham Saunders zur Genese der Texte von Sarah Kane, der allgemein angenommenen Anführerin des Neuen Dramas, durchzublättern, sich die Auflistung der Stücke französischer Autoren anzuschauen, direkt inspiriert vom Kriegsgeschehen im ehemaligen Jugoslawien]. Die Fußnote im zitierten Text ist hier irrelevant.

339 Dželilović, Muhamed: *Srebrenica dans les drames d'après-guerre en Bosnie-Herzégovine*, in: *Revue des études slaves. Le théâtre d'aujourd'hui en Bosnie-Herzégovine, Croatie, Serbie et au Monténégro. Nationalisme et autisme*, Paris 2006, LXXVII/1–2, S. 99–107.

340 Miletić-Oručević, Tanja: *Temps et chronotope dans le théâtre d'aujourd'hui en Bosnie-Herzégovine*, in: *Revue des études slaves*, Paris 2006, S. 125–142.

---

die Frauen mit Frauen gefallener Soldaten betrügen, die wegen eigener Sünden scheitern, oder wegen der Sünden irgendwelcher anderen kroatischen Soldaten, die jene, die bereuen, zerstören? Warum können wir nicht einen kroatischen Soldaten zeigen, der jemanden rettet, etwas Gutes getan hat, der sein Leben für andere geopfert hat, der aus dem Krieg verändert hervorgeht, weil er etwas verstanden hat?"[341]

Genau dies ist der Hintergrund der Frage, was man auf der Bühne zeigt. Vaterlandsliebe bzw. Patriotismus gerät nationalistisch-propagandistisch, wenn diese nur als Helden oder Opfer dargestellt werden. Nur charakterlich schlechte Menschen eigener Volkszugehörigkeit zu zeigen, wäre eindimensional. Hierzu ein Beispiel, das sich auf die Figuren in den vorliegenden Stücken übertragen lässt: Nikčević, mit ihrer Reputation als Literaturwissenschaftlerin und Theaterkritikerin, nimmt sich beispielsweise den Autor Matošić vor, dessen Stück *Frau ohne Körper*[342] sie nicht anschauen will.[343] Nachdem sie es gelesen hat, kritisiert sie an dem Stück nicht das Frauenbild, die Gewalt an der Frauenfigur oder die Geschlechterverhältnisse, sondern dass ein kroatischer Soldat schlecht dargestellt wird.[344] Nikčević identifiziert sich nicht mit der Frauenfi-

....

341 Vgl. Nikčević, 2008, S. 269: „Zašto svi naši hrvatski ratnici moraju nekoga silovati, nevinog ubiti, ukrasti, slomiti se u tom ratu do kraja moralno i psihički, zašto svi naši hrvatski ratnici moraju nakon rata biti potpuni moralni i ljudski propaliteti, slomljeni ljudi koji uglavnom tuku žene i djecu ili, u najboljem slučaju, varaju žene sa ženama palih ratnika, koji stradavaju zbog vlastitih grijeha, ili zbog grijeha nekih drugih hrvatskih ratnika koji ove koji su se pokajali uništavaju? Zašto ne možemo pokazati hrvatskog ratnika koji je nekoga spasio, nešto dobro napravio, koji je svoj život žrtvovao za druge, koji je iz rata izašao promjenjen jer je nešto važno shvatio?"

342 Mate Matošićs Teil der Trilogie *Trilogie des Sterbens* von 2007, nach *Söhne sterben zuerst*, 2005 und *Niemandes Sohn*, 2006. Themen sind Handel mit Überresten Toter im ehemaligen Jugoslawien sowie der nationalistische Sohn eines Kriegsinvaliden, der entdeckt, dass sein Vater eigentlich Serbe ist.

343 Vgl. Nikčević, 2008, S. 272: „Nakon čitanja drame nisam otišla na predstavu" [übers. Nach der Lektüre des Dramas bin ich nicht zur Vorstellung gegangen.]

344 Mit seinen Kameraden vergewaltigt er eine Serbin, deren Ehemann Tschetnik und Kriegsverbrecher war. Der Soldat bietet vor lauter schlechtem Gewissen dieser Frau, die in Kroatien als Prostituierte arbeitet, an, ihn zu heiraten, bevor er sich das Leben nimmt, damit sie von seiner Rente leben kann. Seine korrumpierten und bösen Kameraden versuchen ihn von diesem Plan abzubringen.

gur, sondern hadert in Form von gekränktem Nationalismus mit dem Stück, obwohl in dem Stück die serbische Kriegsseite nicht ausgelassen und nicht als unschuldig dargestellt wird.

Bei Miljanić findet sich in der Anthologie zu *Frauen im europäischen Theater heute*,[345] wie auch in dieser Arbeit, der Hinweis darauf, dass eine Würdigung der herausragenden Frauen und deren Arbeit in Vergessenheit zu geraten droht.[346] Die Unsichtbarkeit teilen diese Frauen mit Minoritätentheatern, beispielsweise lesbischen Theatergruppen. Dazu, dass Jill Davis 1987 in ihrem ersten Band vier von sieben englischen lesbischen Theaterstücken herausgab, schreibt Griffin: „Dies war der Beweis für die Unsichtbarkeit, die auch heute noch existiert".[347] Dieses „heute noch" ist auch für Europa von Großbritanien bis Südosteuropa gültig. Durch die Existenz der Nachfolgestaaten, die kleiner sind als Jugoslawien es war, wird dies noch befördert. Sie müssen sich nach den Kriegen der 1990er konstituieren und neu etablieren. Dies erklärt eventuell einen Rückfall in Prüderie nach den 1970ern und nach der Zeit der Vergewaltigungen in allen nationalen Farben. Wie Jevremović in ihrem Übersichtsartikel zu theatraler und performativer Frauenarbeit in den Kriegs- und Nachkriegsjahren schreibt, habe dies auf der Bühne dazu geführt, dass man bereits beim Wort Sex vor Scham sterbe.[348]

....

345   Miljanić, in: Uecker (Hg.), 1998, S. 105–112.

346   Vgl. Miljanić, in: Uecker (Hg.), 1998, S. 111. Miljanić führt an, dies liege am, S. 105: „Klima des Kriegswahns und der allgemeinen Politisierung der Öffentlichkeit", nur, dass mit Politisierung, bei der noch nie Kunst und Kultur vernachlässigt worden sind, eher Nationalismus gemeint sein muss und die Geschichte zeigt, dass Frauenarbeit auch in Zeiten ohne ‚Kriegswahn' nicht gesehen, geschweige denn gewürdigt worden ist.

347   Griffin, Gabriele: „Großbritannien", in: Uecker, Karin (Hg.): *Frauen im europäischen Theater heute*, Hamburg 1998, S. 77.

348   Jevremović, Zorica: *Strah slobode* [Übers. Die Angst vor der Freiheit], *Scena*, XXXVIII, S. 5–14; www.komunikacija.org.rs/komunikacija/casopisi/scena/XXXVIII_2/d03/show_download?stdlang=gb, Stand: 03.08.2020, S. 8: „SHOPPING&FUCKING je ono što se na srpskom ne govori glasno, javno. Posle svih zverstava, brutalnih silovanja svih nacionalnih boja, stid nas ubi kad su seks i keks u pitanju. Kao i ponegdje u svetu, kako čujem, ovaj naslov se ne prevodi…ako smo po tome deo sveta…" [übers. SHOPPING&FUCKING ist jenes, was auf Serbisch nicht laut ausgesprochen wird, öffentlich. Nach allem Bestialischen, brutalen Vergewaltigungen in allen nationalen Farben, bringt uns die Scham um, wenn Sex und Keks (wortspielerische Redewendung, Anm. LTG) in Frage stehen. Wie mancherorts

Miljanić führt Mira Traljović (1923–1989) an.[349] Ferner sind Mirjana Miočinović, geb. 1935, Vida Ognjenović, geb. 1941, Mira Erceg, geb. 1941 und Borka Pavičević, geb. 1947,[350] Nada Kotoković, geb. 1943, Ljubiša Ristić sowie Jadranka Andelić, geb. 1963, Dijana Milošević, geb. 1961, das DAH Theater,[351] Milena Dragičević-Šešić, Svetlana-Ceca Bojković,[352] Zorica Jevremović und Gonxhe Boshtrakaj, mit ihrem Text *Kosova. Ort eines seltsamen Gegenübers von Spiel und Ernst, Theater und Krieg. Ein Essay*[353] als vorhandene Wissenschaftlerinnen und Autorinnen zu nennen.

In der Veröffentlichung von Botić[354] zur kroatischen Theaterlandschaft gibt es einen Schwerpunkt auf den szenischen Überarbeitungen der kroatischen Prosa ohne Sajko zu erwähnen und mit dem Geschlechterverhältnis von weniger als 35 Frauen zu über 230 Männern.[355]

---

in der Welt, wie ich höre, wird dieser Titel im Serbischen nicht übersetzt … Nun, wenn wir demnach ein Teil dieser Welt sind …].

349 Miljanič, in: Uecker (Hg.), 1998, S. 106. Mira Traljović hat das jugoslawische Theater international salonfähig gemacht und zugleich dem jugoslawischen Publikum Ionesco, Sartre, Eliot, Albee und Vitkijević nahe gebracht.

350 Pavičević, Borka: „Testimony Borka Pavičević", in: Dolečki, Jana/Halibašić, Senad/Hulfeld, Stefan (Hg.): *Theatre in context oft he Yugoslav Wars*, Cham 2018, S. 37–44. Pavičević hat 1994 das Zentrum für kulturelle Dekontamination gegründet, ist bei Theaterprojekten auf dem Kosowo engagiert, war zuletzt in 2015 Berlin Gast bei einer Podiumsdiskussion mit Frljić, Horvath und Buden zu *Ästhetik des Widerstands* von Peter Weiß, www.hebbel-am-ufer.de/programm/archiv/0-9/aesthetik-des-widerstands/, Stand: 16.08.2016 und www.taz.de/!5014755, Stand: 16.08.2106.

351 Vgl. Miljanič, in: Uecker (Hg.), 1998, S. 111. Dah bedeutet soviel wie Atem(hauch). 1991 wurde das DAH Theater gegründet. Und: Radulsecu: Kapitel „DAH Theater Group: Performance as Promoter of Peace and Pepository Memory", 2015, S. 184–199. http://www.dahteatarentar.com/natasha_eng.html, Stand: 03.08.2020.

352 Miljanič, in: Uecker (Hg.), 1998, S. 111.

353 Boshtrakaj, Gonxhe: „Kosova. Ort eines seltsamen Gegenübers von Spiel und Ernst, Theater und Krieg. Ein Essay", in: Beganović, Davor (Hg.): *Krieg sichten. Zur medialen Darstellung der Kriege in Jugoslawien*, Paderborn 2007, S. 229–246.

354 Botić, Matko: *Igranje proze, pisanje kazališta, Scenske prerade hrvatske proze u novijem hrvatskom kazalištu*, Zagreb 2013 [übers. Spielen der Prosa, Schreiben des Theaters. Szenische Überarbeitungen der kroatischen Prosa im neueren kroatischen Theater].

355 Außer den zehn außerkroatischen Schauspielerinnen, Autorinnen und Theaterwissenschaftlerinnen Mike Bal, Charlotte Birch-Pfeiffer, Megan Terry, Isabelle Huppert, Anne Ubersfeld, Virginia Woolf, Charlotte Brönte, Elfriede Jelinek, Erika Fischer-Lichte, Gerda Poschmann werden weniger als 25 kulturschaffende Frauen aufgezählt: Borna Baletić, Ma-

Bei Medenica[356] wird Srbljanović erwähnt und Kinga Mezei, eine Regisseurin, die für ungarisches Theater in der Vojvodina steht; für Weiterführendes wird auf Marija Ančić verwiesen. Im derselben Anthologie finden sich noch Aufsätze zum Kosowo,[357] zu Kroatien[358] und zu Bosnien-Herzegowina.[359] Kroatien wird mit den Dramaturginnen Nataša Rajković, Anica Tomić, Dubravka Vrgoč in Verbindung gebracht. Im Kosowo wird die junge begabte Schauspielerin Adriana Abdullahu im nationalistischen Kontext von Kriminellen getötet.[360]

Die Schriftstellerin Peričić differenziert für die Frage, wer über den Krieg schreiben dürfen sollte, ob jemand in Kroatien, einem Land mit unter fünf Millionen EinwohnerInnen, wohnt oder im Exil, wie Ugrešić und Drakulić, ob jemand ein Jahr danach schreibt und direkt im zweiten Jahr nach dem Krieg publiziert oder aufführt bzw. ein Stück zur Aufführung kommt, oder ob jemand exakt während der Kriege geschrieben hat und 2006 veröffentlicht, wie sie selbst.[361] In

rina Bricko, Branka Brlenić-Vujić, Vera Crevenčanin-Kulenović, Dimitrija Demeter, Nela Eržišnik-Blažević, Marija Grgičević, Tatjana Gromača, Sanja Ivić, Nada Kotoković, Marija Jurić Zagorka, Nada Kotoković, Vesna Krčmar, Marija Kumičić, Julijana Matanović, Mirjana Miočinović, Borka Pavičević, Alma Prica, Mirjana Sretenović, Asja Srnec-Todorović, Đurđa Škavić, Ivana Šojat-Kuči, Zvjezdana Timet, Dubravka Ugrešić, Dubravka Vrgoč, Zora Vuksan-Barlović, Marija Žarak.

356 Medenica, Ivan: *Mit Flügeln und Pickelhaube*, in: Vannayová, Martina/Häusler, Anna (Hg.): *Landvermessungen. Theaterlandschaften in Mittel-, Ost und Südosteuropa*, Berlin 2008, S. 149–157.

357 Neziraj, Jeton: *Eine späte Geschichte des jungen Theaters*, in: Vannayová, Martina/Häusler, Anna (Hg.): *Landvermessungen. Theaterlandschaften in Mittel-, Ost und Südosteuropa*, Berlin 2008. Ders.: „Theatre as Resistance: The Dodona Theatre in Kosovo", in: Dolečki/Halibašić/Hulfeld (Hg.): *Theatre in context oft he Yugoslav Wars*, Cham 2018, S. 87–105.

358 Ivanković, Hrvoje: Zwischen Text und Kontext, in: Vannayová, Martina/Häusler, Anna (Hg.): *Landvermessungen. Theaterlandschaften in Mittel-, Ost und Südosteuropa*, Berlin 2008, S. 63–73.

359 Bašović, Almir: „Theater im Transitbereich oder Dionysos auf Dienstreise", in: Vannayová, Martina/Häusler, Anna (Hg.): *Landvermessungen. Theaterlandschaften in Mittel-, Ost und Südosteuropa*, Berlin 2008, S. 23–28.

360 Neziraj, in: Vannayová/Häusler, 2008, S. 51.

361 *On the Red Horse, Peter and Paul. A Small Book about a Big War. Diary Entries, Articles, Letters 1991–1998*, Zagreb 2006; 2010 auf Englisch. Die Belagerungen von Zadar und Dubrovnik werden erwähnt, die von Sarajewo nicht. Dazu auch: www.croatian.org/crown/articles/10745/1/Author-Helene-Pericic-interviewed-by-Marta-Mestrovic-Deyrup.htm, Stand: 03.08.2020.

einem Stück, wie Peričićs *Izaći na svetljo*[362] gibt es Figuren, die den Krieg nicht direkt miterlebten und kein Verständnis für die anderen Figuren haben, gar vergessen, dass Krieg ist.[363] Das Erinnern an den Krieg erfolgt, indem die persönliche Geschichte zugleich eine Intensivierung der Gefühle erfährt, oder zu einer Abschottung führt;[364] oder aber es wird eine Relativierung und Distanzierung zum Kriegskontext eingenommen.

Der Schauspieler Glogovac antwortet auf die Frage, ob die filmische Technik die Emotionen vielleicht vollkommen verschlungen hat: „Das alles hat seine gute und schlechte Seite. Dieser Überschuss an Produktion stiehlt ein wenig die Seelen. Hier suchen wir ständig, wie wahnsinnig nach dieser Seele." Und er räumt ein „man könnte unserer Generation eine mangelnde Beziehung zu dieser physischen Schauspielerei, gegenüber diesem Üben, dem täglichen, gegenüber der Arbeit an der Diktion, an diesen wie an anderen Profisachen übelnehmen. Ein Ivo Pogorelić hat geübt, ich erinnere mich, acht Stunden täglich. Ich erinnere mich an diese Angabe, die mir völlig irre schien. Weshalb übt er acht Stunden, wenn er so spielt, aber er spielt so, weil er acht Stunden übt. Ich denke, uns fehlt diese schwäbisch-deutsche Arbeitsmoral."[365] Auf die

....

362 Übers. Ins Licht hinaustreten; Ins Licht heraustreten zu übersetzen wäre auch akzeptabel; es ist aber nicht mit der Wortspielerei *Ans Licht kommen* zu übersetzen, da es diese Licht-Metapher so nicht gibt.

363 Vgl. Nikčević, 2008, ebd. Die beiden Figuren Iris und Peter seien verschlossen wie der Rest der Welt für die Tragödie der Anderen, statuiert Nikčević: „Ma koliko ovi opisi poetski ili potresni bili, ostatak svijeta je zatvoren pred tragedijom drugih." [übers. Die Beschreibungen mögen noch so poetisch oder erschütternd sein, der Rest der Welt ist verschlossen gegen- über der Tragödie der Anderen.]

364 Vgl. Nikčević, 2008, S. 220f. Eine Hauptfigur in dem Stück *Ins Licht heraustreten* von Peričić, Ana, hat ihren Sohn verloren und ist emotional irreparabel verschlossen.

365 Glogovac, Nebojša: *Mi smo došli posle sahrane* [übers. Wir sind nach der Beerdigung gekommen], in: Babić, Dragan S.V.: Jugoslovensko dramsko pozorište – samim sobom [übers. Jugoslawische Dramenbühne mit sich allein], Beograd 2009, S. 138–144, S. 140: „Sve to ima svoju dobru i lošu stranu. Taj višak proizvodnje malo krade duše. Ovde, kao, mi tragamo stalno kao sumanuti za tom dušom" „i može se zameriti neka vrsta manjka odnosa naše generacije prema toj fizici glumačkoj, prema tom vežbanju, prema svakodnevnom, prema radu na dikciji, na tim kao nekim profi stvarima. Jedan Ivo Pogorelić je vežbao, sećam se, osam sati dnevno. Sećam se tog podatka koji mi je bio potpuno ludački. Zašto on vežba osam sati, kad onako svira, ali on tako svira jer vežba osam sati. Mislim da nam nedostaje taj švapski rad."

Rückfrage nach dem Grund des Fehlens gibt Glogovac die Einschätzung: „Ich denke, die zehn Jahre bedeuten genug, die 1990er, was meine Generation betrifft", „auf der Straße hast du viel Dramatischeres erlebt, als auf der Bühne" und dort bekam nichts Resonanz: „Milošević hat absolut nicht auf die Bühne reagiert. Du konntest egal was sagen, was noch erfolgloser war, weil du quasi denkst, jetzt hast du ihm wirklich alles ins Gesicht gesagt, aber der Mensch hat kein Gesicht, er existiert nicht, reagiert nicht. So dass ein Mangel an Antwort entstand, obwohl es Publikum im Zuschauerraum gab."[366] Auch die geografische Größe der neuen Länder und die Lage spielen hinein, darf hier ergänzt werden; denn in einem historischen Durchgangsgebiet mit vielen Grenzen lässt sich schwer ein Gefühl der Kontinuität haben oder halten. Nach Glogovac fehlt diese Kontinuität, da es an der Sicherheit fehle und an einer gehobenen Bildungsschicht: „Es gab eine Bürgergesellschaft, es gab Menschen, die sich ans Buch hielten, an die Kunst, an diese Dinge. Dann kamen die Kommunisten und sagten, dass das alles nichts taugt, dass das alles Unsinn ist, dass nur die Menschen sind, die in der Lage sind, den eigenen Vater zu töten, weil er nicht für die Kommunisten ist. Dann sind wir wieder zum nationalen Plan zurückgekehrt, und nun dieser internationale Plan, nun haben wir wieder ein wenig genug von diesem Schlachten, Auspeitschen, auf dem Niveau ich bin Serbe, du bist Kroate, und nun, als ob wir abrechnen müssten. Du weißt wirklich nicht mehr, was du glauben sollst, hast keinen Anhaltspunkt."[367]

So verweisen die Theaterstücke zu den Jugoslawienkriegen auf Probleme in verschiedenen Bereichen: das Verhältnis zwischen ZivilistInnen und Sol-

....

366   Glogovac, in: Babić, 2009, S. 140: „Mislim da dosta znači tih deset godina, devedesete, što se moje generacije tiče.", „na ulici si doživljavao mnogo dramatičnije stvari nego u pozorištu.", „Milošević apsolutno nije reagovao na pozoriše. Mogao si da kažeš bilo šta, što je bilo još poraznije, jer ti kao misliš sad si mu stvarno sve rekao u facu, a čovek nema facu, ne postoji, ne reaguje. Tako da se stvarao manjak odgovora, mada je publike bilo u pozorištima" [Dieses Original ist oben ins Deutsche übers. von LTG]

367   Glogovac, in: Babić, 2009, S. 141: „Postojalo je građansko društvo, postojali su ljudi koji su držali do knjige, do umetnosti, do takvih stvari. Onda su došli komunisti i rekli da to ništa ne valja, da je to sve bez veze, i da su ljudi samo oni koji su u stanju da ubiju rođenog oca zato što nije za komuniste. Onda smo se opet vratili na nacionalni plan, pa opet taj internacionalni plan, opet nam je sad malo dosta tog klanja, šibanja, na nivou ja sam Srbin, ti si Hrvat, pa sad, kao, moramo da se obračunamo. Stvarno više ne znaš u šta da veruješ, nemaš neke uporišne tačke." [Original ist oben ins Deutsche übertragen von LTG]

daten, den Alltag in Kriegsgebieten und zeitgleich anderswo als auch in einem Kriegsgebiet.

Bezogen auf Kroatien schreibt der Literaturwissenschaftler Nemec, der Krieg habe einen deutlichen Einschnitt in der kroatischen Literatur hinterlassen, auf den eine „Gleichgültigkeit, Vermassung und Kommerzialisierung", auch global, folgte, die der Kunst eine marginale Rolle überlässt. Weil auch in Kroatien „die Schriftsteller in erster Linie gelesen werden"[368] wollen, sei die Folge eine Verflachung der Ansprüche. Die Kritik sei „gegenüber allen Erscheinungen höchst tolerant",[369] es mangele an ästhetischen Kriterien und Maßstäben, wobei alle erscheinenden Werke nicht gleich wichtig genommen, sondern die Medien manipuliert und zweitklassige Werke vorgezogen werden. Dies kann mit Einschränkungen auch für die Dramenlandschaft gelten, wie die Theaterregisseurin Tanja Miletić-Oručević im Interview, das sich im Anhang befindet, bestätigt.

Ebenso gibt es in der Theaterlandschaft Serbiens zunächst einen Mangel, eine Lücke, der Krieg hat auch auf dem Gebiet des Theaters Defizite zur Folge. Die serbischen Publikationen zeigen einen archivierenden und teilweise melancholischen Zugang zu Aufführungen und der jugoslawischen Vergangenheit; so Volks *U vremenu prolaznosti* [übers. In der Zeit der Vergänglichkeit] sowie *Povratak u budućnost* [übers. Rückkehr in die Zukunft].[370] Svetlana Momčilović-Ćokićs *Posle aplauza* [übers. Nach dem Applaus],[371]

368   Nemec, Krešimir: *Rückkehr zur Erzählung und zum Erzählen/Die kroatische Prosa vom Verfall Jugoslawiens bis heute*, in: *die horen. Zeitschrift für Literatur, Kunst und Kritik. Fabula rasa oder: Zagreb liegt am Meer. Die kroatische Literatur der letzten 25 Jahre*, 53. Ausgabe, Bremerhaven 2008, S. 55.

369   Nemec, 2008, ebd.

370   Volk, Petar: *U vremenu prolaznosti. Pozorišne kritike*, Beograd 1999 [übers. Im Zeitalter der Vergänglichkeit oder: In Durchgangszeiten. Bühnen-/Theaterkritiken, Original in kyrillischer Schrift: Волк, Петар: У Времену Пролазности]. Und Volk, Petar: *Povratak u budućnost. Rasprava o filmu i nama poslje zajedničke istorije*, Beograd 1994. [übers. Rückkehr in die Zukunft. Verhandlung über den Film und uns, nach der gemeinsamen Geschichte] Hier sind die Titel der Kapitel u.a. überschrieben mit *Tradicija ili zaborav* [übers. Tradition oder Vergessen]; *Odricanje* [übers. *Versagungen*]; *Ravnodušnost* [übers. *Gleichgültigkeit*] und *Iščekivanja* [übers. *Erwartungen*].

371   Momčilović-Ćokić, Svetlana: *Nach dem Applaus*, Beograd 2001.

eine Reminiszenz an 13 SchauspielerInnen, von denen vier Frauen sind,[372] über Stamenkovićs *Bühne im Zenit*, 2005, Pervićs *Volja za promenom* [übers. Wille nach Veränderung][373] und Babićs Anthologie *Jugoslovensko pozorište – samim sobom* [übers. Jugoslawische Dramenbühne – mit sich allein][374] und bis zu Putniks *Slike minulog vremena* [übers. Bilder verblasster – oder: verblichener – Zeit].[375] In den Dramen werden die Kriege der 1990er unterschiedlich deutlich angesprochen. Es gibt eine Verunsicherung bezüglich der nationalen Identität, aber auch ein klaustrophobes Gefühl mit Blick auf den eingeschränkten Raum für Wettbewerbe und Theaterfestivals, bevor es nach 2005 wieder verstärkt zu Kooperationen, Besuchen und Aufführungen in benachbarten und weiter entfernten europäischen Ländern kommt, bis hin zum World Theater Congress 2018 in Belgrad. Daher werden auch von Putnik die Qualitätskriterien in Frage gestellt und die Umbruchphase zwischen Ende, Fortsetzung und Neubeginn verortet. Es soll nach Putnik, dessen Nachname übersetzt Reisender heißt, keine Reise in die Erinnerung mit konserviertem Gedenken oder Erinnertem[376] sein.

372 Was immerhin ein besseres Zahlenverhältnis ist als 16 Schriftstellerinnen von 102 genannten SchriftstellerInnen Serbiens, vgl. Đorđević, Milena/Kilibards, Ana/Vesković, Mladen (Hg.): *Schriftsteller aus Serbien*, Beograd 2014.

373 Pervić, Muharem: *Volja za promenom. Bitef 1967–1980* [übers. Wille nach Veränderung, Original in kyrillischer Schrift], Beograd 1995.

374 Babić, 2009.

375 Putnik, Radomir: *Slike minulog vremena – pozorišne kritike 1980–1993* [übers. Bilder verblichener Zeiten. Bühnenkritiken 1980–1993; Original in kyrillischer Schrift: Путник, Радомир: Слике Минулог Времена], Novi Sad 2010.

376 Sehr aufschlussreich dazu z.B. Pašić, Zorica: „PUTOVANJE U SEĆANJE" [übers. Reise in die Erinnerung], S. 122–127, Simonović, Lazar: „KONDENZOVANO PAMĆENJE" [übers. Kondensiertes Andenken], S. 159, Brešan, Ivo: „ZAŠTO NE BISMO OPET SARAĐIVALI?" [übers. Weshalb sollten wir nicht wieder zusammenarbeiten?] und Lazin, in: *Scena&Teatron*, 2005, S. 25–44. Interessant bei der Sprachverwendung ist, dass es im Serbokroatischen zwei Verben für „erinnern" (sich erinnern, etwas in Erinnerung behalten) gibt, das reflexive „sjećati se" ist wie eine Bewegung nach hinten in die Vergangenheit, während „pamtiti" eher ein Halten des Erinnerten im Hier und Jetzt ist.

3.3.3 Autorinnen, Performerinnen und performende Gruppen aus Südosteuropa: Srbljanović, Marković, Sajko, Semenič in Relation zu Abramović, den *Frauen in Schwarz* und dem *DAH Theater*

Sowohl die Autorinnen der vorliegenden Stücke, wie auch Susan Sontag,[377] Marina Abramović,[378] das *DAH Theater* und andere Performance-Künstlerinnen und Gruppen,[379] wie die politischen Aktivistinnen von *Women in Black/Frauen in Schwarz*, die in Belgrad teilweise gemeinsam mit dem *DAH Theater* auf der Straße in Erscheinung treten,[380] beziehen alle sehr unbequeme Positionen. Andere Autorinnen finden hier insofern Beachtung, als die Reichhaltigkeit deutlich werden soll und ihre Arbeit und Arbeiten interessante Aspekte und Querbeziehungen zu den Stücken beinhalten.[381] Ihre literarische Tätigkeit in

....

377 Amerikanische Soziologin, Journalistin, Schriftstellerin und Publizistin, schrieb Essays und Artikel, hält Vorträge zu den Kriegen, ist aber auch mehrmals in Sarajewo vor Ort, inszeniert dort Becketts *Warten auf Godot. En attendant Godot. Waiting for Godot*, Frankfurt am Main 1971. Dabei wird die Wirkung der fotografischen Bilder für propagandistische Zwecke entlarvt, s. *On Photography*, 1997, S. 10f. Dies.: *Das Leiden anderer betrachten*, 2.Aufl., Frankfurt am Main 2008, S. 12f, und die westliche Verantwortung hervorgehoben, der Anschlag auf das World Trade Center in Relation zu diesen und anderen Kriegen auf der Welt gestellt. In den USA wird sie deswegen sehr angefeindet. Nachdem sie in 2005 an Krebs gestorben ist, wird 2009 in Sarajewo der Platz vor dem Theater nach ihr benannt.

378 Die ehemals jugoslawische, dann montenegrinisch-serbische Performance-Künstlerin tanzt u.a. in Frankfurt am Main auf einem Glasboden unter dem viele auch für das Publikum sichtbare Ratten laufen.

379 *Dah-Theater (DAH Teatar), Frauen in Schwarz.*

380 Letztere inspirieren weitere solidarische Gruppen, die sich mit demselben Namen an vielen anderen Orten auf der Welt versammeln und Aktionen durchführen. Vgl. Knezević, Duca: „Theatre that Matters: How DAH Theatre Came to Be", in: Barnett, Dennis/Barba, Eugenio (Hg.): *DAH Theatre. A Sourcebook*, 2016, S. 3–16, S. 5, auch: Womack, Shawn: „„In/Visible City‘: Transporting Histories and Intersecting Identities in Postwar Serbia", in: Barnett/Barba (Hg.), 2016, S. 81–92, S. 83.

381 Olga Dimitrijević (1984): *Radnici umiru pjevajući*, 2012 [übers. Arbeiter sterben singend], Tanja Radović (1964): *Ledeno doba*, Zagreb 2009 [übers. Eiszeit], Lada Kaštelan (1961): *Dva i dvadeset/Projekcija*, Zagreb 2015 [übers. 22/Projektion], Silvana Dragan (1972): *Snadi se druže*, Zagreb 2014 [übers. Finde dich zurecht Genosse; Anm. L.T.G: Das war eine Art geflügeltes Wort von Tito], Nina Mitrović (1978): *Dramen*, Zagreb 2016, Marina Vujčić (1966): *Umri ženski. Dramen*, Zagreb 2014 [übers. Stirb weiblich, oder: Stirb wie eine Frau], Lydija Scheuermann-Hodak (ca. 1957): *Marijine slike*, 1992/1995 [übers. Marijas Bilder, Ulm 2000], Helena Peričić (ca.1960): *Izigranje ili ratni profiter*, entstanden 1993, veröffentl.

den Jahren der Kriege und zu den Kriegen ist aufgrund verschiedener Generationen, verschiedener Lebensformen und Lebensorte sehr unterschiedlich. Einige Werke, wie z.b. die Ivana Sajkos, sind in weiten Teilen deutscher Theaterlandschaft unrezipiert geblieben, und auch bei der z. B. kroatischen Bevölkerung unbekannt oder gar unpopulär, da sie auf bürgerliche Eigenverantwortung und herausfordernde Themen verweisen, wie häusliche und sexuelle (Nachkriegs)Gewalt, die Opferzahl auf allen Kriegsseiten, Gerechtigkeit, Suche nach Verschwundenen bzw. den Körpern von Ermordeten, Militarismus und Nationalismus.[382]

In einem Zwischenzustand zwischen Gesetz und Gewalt[383] bewegen sich die *Frauen in Schwarz*, da sie mit ihrem Schweige-Konzept die konkret adressierte Rede verweigern. Sie stellen sich damit gegen ihre eigene Machtlosigkeit auf und zeigen dadurch gemeinsam, dass sie dagegen sind, vereinzelt und resignativ verschlossen zu sein. Sie beschließen geschlossen in die Öffentlichkeit zu treten, der Willkür der PassantInnen und der Staatsgewalt ausgesetzt. Kara Reillys Aufsatz über Lavinia und Philomele[384] als Beispiel aus dem Stück *Titus Andronicus or the Rape of Lavinia* (1678, veröffentlicht 1687), zeigt dies bereits früh, im Vergleich zur Entstehungszeit der vorliegenden Arbeiten: Weil La-

---

Zadar 2001 [übers. Ausgespielt oder Kriegsprofiteure]. Die Geburtsjahre nenne ich um die Frage der Generation einschätzen zu können.

382 Was die Verfasserin mit der eigenen Suche nach Ausgaben in Zagreber Buchhandlungen belegen kann.

383 Agamben, Giorgio: *State of Exception*, Chicago 2005, S. 88. vgl.: Doussan, Jenny: *Time, Language, and Visuality in Agamben's Philosophy*, London 2013, S. 176: „The only truly political action, however, is that which severs the nexus between violence and law. And only beginning from the space thus opened will it be possible to pose the question of a possible use of law after the deactivation of the apparatus that, in the state of exception, tied it to life." Nach Giorgio Agamben, dem Sprachphilosophen, ist die wahrhaft politische Aktion demnach die zwischen Gesetz und Gewalt.

384 Vgl. Reilly, Kara: „Lavinia's Rape: Reading the Restoration Actress's Body in Pain in Ravencrofts's ‚Titus‛", in: Allard/Martin (Hg.), 2009, S. 139–150. Vgl. Bail, Ulrike: *Gegen das Schweigen klagen. Eine intertextuelle Studie zu den Klagepsalmen Ps6 und Ps55 und der Erzählung von der Vergewaltigung Tamars*, Gütersloh 1998 und www.ulrike-bail.de/Ulrike_Bail/Veröffentlichungen_files/UlrikeBailGegen das Schweigenklagen.pdf, Stand: 03.08.2020.

vinia nicht sprechen kann,[385] ist ihr Körper mit den Wunden die Botschaft.[386] Primär ist ihre Verstümmelung als eine Nachricht von den Vergewaltigern an ihren Mann, dem sie gehört, verstanden worden, wie die Frauen in Bosnien zu Nachrichtenträgerinnen mit schwangerem Bauch gemacht wurden.[387] Letztlich ist es ein sehr beredter Beweis gegen die Peiniger selbst. Der stille Schmerz und das leise Leid werden zum Lebenssymbol, Lavinias Rest-Körper, vor allem ihr Gesicht, wird bezeugen, auch wenn Zunge und Hände abgeschnitten worden sind, Anklage und Einspruch.[388] Lavinia wird schließlich von ihrem Mann umgebracht, da ihre Anwesenheit eine permanente Erinnerung bedeutet. Dies vermittelt die feindselige Einstellung von PassantInnen gegenüber Anti-Kriegs-Aktivist*innen, die Straßentheater oder einen „Silent-Stand-In"[389] veranstalten. Sie sollen verschwinden, da sie unbequem sind. Diese Feindseligkeit in Kriegszeiten erinnert an Abramovićs Performance in Friedenszeiten, 1974: *Rhythm 0*.[390] Sie legt sich selbst dabei sozusagen aus,[391] ohne sich zu be-

---

385 Vgl. Lehmann, 2013, S. 290: „Tatsächlich ist die Vergewaltigung und Verstümmelung der Lavinia auch Bild einer geraubten, vergewaltigten Sprache".

386 „Lavinia's violated body is a message […] After Lavinia has been brutally raped, her hands cut off, and her tongue chopped out, she must bear her tormentors' taunts", Reilly, in: Allard/Martin (Hg.), 2009, S. 142. Vgl. die Deutung der kleinen Meerjungfrau, die erst als ihres Fischschwanzes und ihrer Stimme Beraubte heiratsfähig ist, in: Drewermann, Eugen: *Und gäbe dir eine Seele… Hans Christan Andersens Kleine Meerjungfrau tiefenpsychologisch gedeutet*, Freiburg/Basel/Wien 1997, S. 83.

387 Vgl. Ugrešić, 1995, S. 176.

388 Vgl. Reilly, in: Allard/Martin (Hg.), 2009, S. 143, 145.

389 In Anlehnung an die Methoden wie Sit-In, Go-In um Mahatma Gandhi, Rosa Parks und Martin Luther King. Eine Art Mahnwache.

390 Performance *Rhythm 0*, Dauer: 6 Std., sie übernimmt während der Performance die volle Verantwortung für sich. Aus Sicherheitsgründen musste die Performance jedoch abgebrochen werden. Vgl., Mary (Hg.): *Marina Abramović. The Artist Is Present*, New York 2010, S. 74–79, mit Fotos zur Performance vor dem Abbruch sowie u.a. die Beschreibung des Verlaufs.

391 In Ansätzen auch vergleichbar mit Body-Art und Künstlerinnen wie Galindo, Regina José: Regina José Galindo, 2011. Sie legt sich unter Plexiglas, daneben ein Baseballschläger und Stangen; Passant*innen sind wortlos aufgefordert sie zu befreien, indem sie auf das Plexiglas schlagen. Dieses Vorgehen sieht für sie bedrohlich aus, ist es eventuell auch, allein für das Trommelfell. Sie stellt sich auch nackt, wortlos vor einen Bagger, der Ackerland zu Bauland umfunktionieren soll oder läuft komplett unbekleidet durch die Straßen von Venedig, nachdem sie sich öffentlich die Haare abgeschnitten hat.

  © Frank & Timme   Verlag für wissenschaftliche Literatur

wegen, weder physisch noch verbal zu reagieren. Die Zuschauenden sind eingeladen, die 72 Gegenstände, die um Abramović herum verteilt liegen, wahlfrei an ihr anzuwenden, sie damit zu verändern. Es befinden sich u.a. Waffen (eine Schusswaffe, ein Messer, eine Patrone), Rosen und Make-up auf dem Tisch. Abramović macht sich in dieser Performance zu dem Objekt, zu dem sonst Frauen bzw. Körper von Opfern gemacht werden. Durch die verfremdete Situation birgt diese Performance eine Reflexion der Zerstörung oder Selbstzerstörung. Der Raum zur Trauer über Geschehenes öffnet sich, das Lassen von Taten, Unterlassen von Handlungen kann erstmals von den Zuschauenden eingeübt werden. Die Lebensbedrohung ist jedoch durchgehend vorhanden, denn statt zu Verantwortung kommt es zu Aggression und Provokation der Performerin, sodass nach sechs Stunden abgebrochen werden muss, weil ein Besucher die Waffe lädt und sie ihr in die Hand legt und diese an ihre Schläfe führt. Offensichtlich wird von manchen Menschen bei dem vorliegenden Körper keine Grenze erkannt. Dieser ausliegende (Frauen)körper wird mit Abwertung (Ersatzobjekt, Feind, Besitz des Feindes etc.), Umwertung (als Allegorie für Werte) und Projektion (sexuelle Bedrohung, vagina dentata, femme fatale etc.) überfrachtet und aufgeladen (sexuell-begehrlich, Sexbombe), kurz mit allem, außer einem ethischen Gefühl für Wert, Würde und Schutz.

Ein Unterschied zu den *Frauen in Schwarz* liegt darin, dass in den Kriegszeiten der 1990er Jahre Waffen nicht ausgelegt werden müssen, sondern zahlreich mitgeführt werden, wovon bis heute die Aufkleber an Banken und Supermärkten zeugen, die das Betreten mit Waffe, neben Eis und Hund, verbieten.

Die *Frauen in Schwarz* stehen buchstäblich zwischen dem Theater der Alltagswelt[392] und einer Inszenierung auf der Bühne für Publikum. Ihr Grad an Intentionalität ist höher, wenn sie noch Plakate und Schilder halten. Es ist keine

....

392 Theater der Alltagswelt geht als Phrase zurück auf die Lektüre von Goffman, Erving: *Wir alle spielen Theater. Die Selbstdarstellung im Alltag*, 9. Aufl., München 2011 (1969). Vgl. Nevitt, 2013, S. vii: „The theatre is everywhere, from entertainment districts to the fringes, from the rituals of government to the ceremony of the courtroom, from the spectacle of the sporting arena to the theatres of war", „over the past fifty years, theatre and performance have been deployed as key metaphors and practices with which to rethink gender, economics, war, language, the fine arts, culture and one's sense of self.".

bloße „Ästhetisierung der Wirklichkeit",[393] sondern theatralisch und archaisch wie bei der schweigenden Tekmessa im Aias oder den trojanischen Frauen, verstärkte politische Energie.

Basuli Deb schreibt hoffnungsvoll „Street theater has also served as a powerful activist weapon against the occupation."[394]

Die Theatralität des *DAH Theaters* war anfangs im Bereich von Straßentheater anzusiedeln.[395] Mittlerweile besteht es seit über 25 Jahren und ist in dieser Kontinuität die einzige professionell-experimentelle Theatergruppe in Serbien. Seit dem Beginn 1991 bestand eine Kooperation mit den *Frauen in Schwarz* im Zusammenhang mit der Frage der Ästhetik und Formation auf dem Gebiet des anti-patriarchalen Widerstandes, der zugleich ein Widerstand gegen Krieg, gegen Kriegsverbrechen sowie Verletzung der Frauen- und der Menschenrechte allgemein war.[396] Dijana Milošević hat inszeniert und über diese Arbeit, die mutig Grenzlinien übertritt, publiziert und die Seite der Frauen in diesen Kriegen dokumentiert, indem Originaltexte, von Überlebenden und Geflohenen zur Verfügung gestellt, die Stücke ausmachen.[397] Schauspielerinnen des *DAH Theaters* öffnen z.B. Salzpackungen und lassen sie über ihre Gliedmaßen oder ihr Gesicht rieseln – das Wissen um den qualvollen Schmerz von Salz, das in die Wunden frisch abgeschnittener Brüste gerieben wird, ist überlebenden Zuschauerinnen präsent, den Zuschauenden mit Empathie auch. Die Abstraktion, die Narration genügen in diesem Fall. An dieser Schnittstelle trifft Theater nicht

....

393   Warstat, Matthias: „Politisches Theater zwischen Theatralität und Performativität", in: Fischer-Lichte, Erika/Czirak, Adam/Jost, Torsten/Richartz, Frank/Tecklenburg, Nina (Hg.): *Die Aufführung. Diskurs – Macht – Analyse*, München 2012, S. 79.

394   Deb, 2015, S. 89.

395   Barnett, Dennis (Hg.): *DAH Theatre: A Sourcebook*, New York/London 2016.

396   Es gibt mehrere Publikationen und zur Vertiefung s. Artikel von Simić, Olivera (Rechtsanwältin für Menschenrechte): „Breathing Sense into Women's Lives Shattered by War: Dah Theatre Belgrade", in: *Law Text Culture*, Vol. 14, *Law's Theatrical Presence*, Article 8, 2010, S. 117–132. And: https://inmotionmagazine.com/dah.html, Stand: 03.08.2020.

397   Vgl. *Crossing the Lines.* Aufführung 2009, in: www.dahteatarcentar.com, Stand: 02.01.2017. Auch: Women in Black (Hg.): *The Women's Side of the War*, Belgrade 2008; Radulescu, 2015; Barnett, Dennis (Hg.): *DAH Theatre: A Sourcebook*, New York/London 2016, bes. S. 184–199: *DAH Theater Group: Performance as Promoter of Peace and Repository of Memory.* Vgl. auch: Laura McLeod: *Gender Politics and Security Discourse. Personal political imaginations and feminism in ‚post-conflict' Serbia*, New York 2016.

nur Krieg, sondern auch Gesetz und Rechtsprechung. Die Schauspielenden, wie die Zuschauenden haben als Zeug*innen, als Überlebende, als vielleicht Feindselige die Chance, Frieden zu finden, wenn die Geschichten Wahres aller Regionen und Teilstaaten Jugoslawiens abdecken.[398]

Die Anti-Kriegs-Straßen-Inszenierungsmethode der *Frauen in Schwarz*, wie auch der Arbeit des *DAH Theaters*, die politische und ästhetische[399] Knochenarbeit im wahrsten Sinne der Abramović-Performance *Balkan baroque* sind, sollten nicht vergessen und mit dieser in solidarischen Kontext gestellt werden.

Vergewaltigung wurde 2001 erstmals vom Internationalen Gericht für Kriegsverbrechen als ein Instrument des Terrors anerkannt.[400] Gerade die Frauenschicksale, der Weg, auf der Bühne in ihre Erfahrungen Leben einzuhauchen, um vielleicht erstmals in einem Nachgespräch vom Erlebten zu erzählen, ist das solidarische Ziel der *DAH Theater*-Kompanie. Die Bühne wird dabei zu einem sicheren Ort dafür, auch wenn Männer im Publikum sind, die ebenfalls alle drei potentiellen Rollen vertreten (Zeugen, Überlebende, Täter), so wie Performances in fahrenden Linien-Bussen mit wissenden, aber auch überraschten Zuschauenden stattfinden.[401]

Stücke aus Kroatien, Slowenien, Serbien bewegen sich, nach einer teilweise neu geschriebenen, patriotisch-nationalistischen Historie der Nachfolgestaaten und einer ausradierten Zukunft[402] der Länder als Vielvölkerstaat, wie in

....

398 Bachmann, Michael: „Objekte der Zeugenschaft: Recht und Versöhnung im Figurentheater", in: Däumer, Michael/Kalisky, Aurélia/Schlie, Heike (Hg.): *Über Zeugen, Szenarien von Zeugenschaft und ihre Akteure*, Paderborn 2017, S. 81: „Theater und Performancekunst werden in diesem Zusammenhang [Bezeugen von Geschehnissen, die auch strafrechtlich relevant sind, Anm. LTG] einerseits als privilegierte Orte der (künstlerischen) Zeugenschaft konzeptualisiert, da in ihnen das Verhältnis von fiktionaler Darstellung und realer Handlung besonders prekär scheint [...] Andererseits stellt sich die Frage, welche ethischen Implikationen es hat, wenn Schauspieler den Platz von Zeugen einnehmen, um an deren Stelle die Zuschauer von der Wahrheit einer Begebenheit zu überzeugen."

399 Vgl. Warstat, Matthias: „Politisches Theater zwischen Theatralität und Performativität", in: Fischer-Lichte et al., München 2012, S. 69–82.

400 Simić, 2010, S. 123.

401 Womack, in: Barnett/Barba (Hg.), 2016, S. 81–92, S. 84.

402 Vgl. Lazin: „OTKUD", in: *Scena&Teatron*, 2005.

einem Niemandsland zwischen diesen Ländern. Wenn das Land, dem man zugehörig ist, vor den eigenen Augen zerfällt, kann die Enge der neuen kleinen Welt als Chance begriffen werden, sich zu öffnen und sich der Welt zu präsentieren. Die Schreibsituation der vier Autorinnen in ihren Aufenthalts- und Herkunftsländern gleicht zunächst einer gespaltenen und angespannten Situation, bei der sie einen Sonderweg beschreiten und schreiben. Die Situation, im neuen ‚eigenen‘ kleinen Land zu kritisieren, ist auch nach zwanzig Jahren Nachkriegszeit näher an Hochverrat, als für Mitteleuropa vorstellbar. Zugleich ist die Chance, in einem solchen neuen kleinen Land Aufmerksamkeit und Anerkennung zu bekommen, viel größer als dies in einem sehr großen Staat der Fall wäre. So sind die Autorinnen mittlerweile bekannter und prämiert, werden aber nur mit Einschränkungen gefeiert.

3.4   Autoren aus Südosteuropa: Šnajder, Dukovski, Frljić, Mihanović, Bošnjak

Um die Qualität und Besonderheit der Autorinnen Kane, Srbljanović, Marković, Sajko, Semenič und einschätzen zu können, werden hier einige Stücke von Autoren vorgestellt: Peter Handke (Dichter, Novelist, Theaterautor, Übersetzer, geboren 1942 in Österreich, Georg-Büchner-Preis 1979, Vilenica International Preis, Nestroy-Preis 2018), Falk Richter (Regisseur und Autor, geboren 1969 in Hamburg), Slobodan Šnajder (Schriftsteller, Publizist, geboren 1948 in Zagreb), Dejan Dukovski (Autor, geboren 1969 in Skoplje), Oliver Frljić (Autor und Theaterregisseur und Intendant, geboren 1976 in Travnik), Dubravko Mihanović (Dramaturg und Dramatiker, geboren 1975 in Zagreb) und Elvis Bošnjak (Schauspieler und Schriftsteller, geboren 1971 in Split). Aus unterschiedlichen Gegenden zwar, stammen sie jedoch größtenteils ebenfalls aus dem aktuellen Kontext der Nachfolgestaaten Jugoslawiens und thematisieren die Kriege der 1990er in jeweils mindestens einem Dramentext. Ein intensiver und ausführlicher Vergleich wäre eine weitere Arbeit. Hier sei sie angedeutet.

   © Frank & Timme   Verlag für wissenschaftliche Literatur

In Deutschland ist Šnajders *Die Schlangenhaut*[403] relativ bekannt geworden. Das Stück ist ausgestattet mit über zehn Rollen, wobei neben der Rolle der Schlange nur zwei Frauenfiguren vorhanden sind. Es beginnt im Himmel und hat als Hauptort Bosnien während des Dreißigjährigen Krieges. Es thematisiert dann im Krankenhauskeller Traumen wie Sprachverlust, Namensverlust und deutliche Hinweise auf drohendes Aussetzen eines ungewollten noch Ungeborenen. In diesem Stück versucht das Ungeborene die mehrfach Vergewaltigte in einer Traumszene zur Geburt zu überreden. Es kommen nur Frauenfiguren vor, die etwas davon erlebt haben und es selbst erzählen, es erzählt bekommen oder als Augenzeuginnen davon berichten, allerdings basiert der Text nicht auf Originaldokumenten. Das Stück endet in Palästina, auf einem Friedhof, der bosnisch-muslimische Grabstelen wie auch orthodoxe und katholische Kreuze zeigt. Eine der Frauen und die Schlange werden von Soldaten erschossen, die Schlange ist wahlweise der Sohn der Frau oder ihr Geliebter. Eine Mythe be-inhaltet die Vorstellung, dass eine Schlange nie wiederkommt, wenn man die Haut, von der sie sich gehäutet hat, verbrennt, aber hier ist beim zweiten Mal die Haut eine Uniform. Besonders belastend ist, neben den Gewaltberichten, dass die zwei Frauenrollen sich nicht einig sind, da die Schwangere ihr Kind nicht will, aber das der anderen erschossen worden ist, und sie nun auf das Neugeborene hofft. Zwischen den zwei Frauen gibt es also eine Konkurrenz um ein von der zukünftigen Zwangsgebärenden ungeliebtes Ungeborenes.

Auch Dukovski und Frljić sind in Mitteleuropa wahrgenommen bzw. in Spielpläne aufgenommen worden. Von Dukovski, der „in der damaligen Teil-republik Mazedonien geboren" „den Bruderkrieg auf dem Balkan"[404] erlebt hat, fanden *Das Pulverfass* und *Leere Stadt* Veröffentlichung und Aufführung. 1996 schreibt er mit *Das Pulverfass* ein Stück mit elf Szenen, die Eskalationen von Alltagssituationen zeigen, und insgesamt 23 Figuren, davon vier Frau-en. Männer verprügeln Männer, die beiden der ersten und letzten Szene sind identisch. Die Männer des Stückes erschlagen sich, begehen Selbstmord aus unerwiderter Liebe, sterben an der Wahrheit und der Erschöpfung, die nach so einem Leben kein Wunder ist. In diesem Reigen an Gewalt gewinnt man

---

403 Slobodan Šnajder: *Die Schlangenhaut*, in: *Theater heute*, Heft 12, 1996, S. 42–52.

404 Dukovski, Dejan: *Das Pulverfass. Leere Stadt. Zwei Stücke*, Frankfurt am Main, 2008, S. 2.

den Eindruck, es könne nicht den Falschen treffen. Ein Apfel, wie auch Mond, See, Musik, Alkohol und Parkbänke sind Symbole; u.a. ist die Parkbank immer der Ort für Verliebte ohne Auto, die bei den Eltern wohnen. Über Argentinien, Australien und Kanada ohne Visum nach Amerika zu gelangen taucht als Sehnsuchtsplan auf. Die Sprache strotzt vor Gewaltausdrücken, Beleidigungen und Drohungen. Allein Sätze wie „Der Balkan ist ein Pulverfass.", „Bildlich gesprochen, der Arsch der Welt" und „Pass auf deinen Arsch auf, damit man ihn nicht für einen Ort der Austragung von Kulturkämpfen hält"[405] verdeutlichen die Situation bezüglich der Kriege. Schiffe, Züge, Busse, Gefängnisse und Kneipen sind neben der Straße die Orte, an denen Kriminelles, aber nicht streng genommen Kriegerisches geschieht. Ob jemand vor dem Krieg flieht oder vor jemandem, den er verprügelt hat, ist unerheblich.

Anders in *Leere Stadt* – hier gibt es nur die Rollen zweier Brüder, die sich als nicht überzeugte Soldaten gegnerischer Truppen begegnen, der eine, Gjore, Georg, in New York gescheitert und bei der Rückreise ins Militär eingezogen – zunächst Gefangener des anderen. Vor der Entscheidungsschlacht verbringen sie eine Nacht in einer leeren Stadt. Die Räume der Stadt, die sie unter Drogeneinfluss besuchen, sind ein Kleidungsgeschäft, eine Bank, ein Casino, ein Theater, ein Bordell, eine Kirche und ein Kiosk. Am Zeitungskiosk wird die beiderseitige propagandistische Berichterstattung stichomythisch ad absurdum geführt. In der vorletzten Szene, während der Bombardierung im Morgengrauen, ziehen sie sich unter der Brücke, unter der sie sich befinden, aus, und kurz bevor die Brücke getroffen wird und einstürzt, gehen sie nackt in den grünen Fluss. Phantastisch endet das Stück damit, dass die Erde sich öffnet und sie von einem grünen Etwas fortgetragen werden.[406]

In dem Beziehungsstück *Lass uns auf diesen Wolken hüpfen*, das Bošnjak 2004 verfasst hat, bleiben viele Dinge ohne Namen und eine Frauenrolle kündigt programmatisch an: „Einmal wird es sich ereignen, dass wir nicht mehr

405 Dukovski, 2008, S. 36.

406 Zu Olivers Frljićs Stücken, die für eine bestimmte Zeit und ein bestimmtes Publikum konzipiert sind und nicht offiziell nachlesbar veröffentlicht werden, wird im neunten Kapitel informiert.

lossprechen werden."[407] Der Beginn einer Beziehung, wie das Ende, drückt sich in Schweigen aus. Das Unglück ist größer, je weniger darüber gesprochen wird. In dem Stück *Otac*, 2000, übersetzt *Vater*, wird der letzte Abend im Gefängnis eines Mörders eines kleinen Mädchens und der sexuellen Gewalt gegenüber der eigenen Tochter Überführten und Verurteilten thematisiert, für dessen Ermordung eine Belohnung im Radio proklamiert wird.[408]

Bei Mihanović finden sich in den Stücken zwischen 1995 und 2012 u.a. in *Žaba* zwei Brüder, von denen der eine versucht den anderen von Fehlern, wie den eigenen, abzuhalten, allerdings mit einem Rasiermesser am Hals, und ein durch einen zufälligen Passanten verhinderter Selbstmord. In *Marjane, Marjane* sind weitere Elemente eine Begegnung im Wald bei Split zwischen einem jungen Paar und einer Frau, die Flüchtling aus Bosnien ist und etwas begräbt. In *Prolazi sve* steht die Biographie einer Frau im Mittelpunkt, bis hin zum Altersheim.[409] Besonders eindrücklich ist in *Bijelo/Weiß* der Traum, den ein Malermeister mit posttraumatischen Störungen erzählt. Dabei geht es um eine von drei Männern übelst malträtierte weiße Kuh, die sogar weint, obwohl Tiere auf Menschenart nicht weinen können. Diese Stücke geben Auskunft über die Traumata der Kriegszeit. Auch die Frauenbilder sind wenig positiv. Nikčević schreibt zu einem anderen Autor namens Borislav Vujčić und dessen Stücken zusammengefasst Folgendes, was sich bei vielen weiteren Stücken anderer Autoren bemerken lässt: Sie schreibt, in deutscher Übersetzung:

„Frauen sind verflucht in der Welt der Dramen von Vujčić [...] sie sind Mittel zur Befriedigung des Männerwunsches [...] Frauen sind verrückt, hinken, sind verloren, schwach, geopfert, Kindsmörderinnen,

....

407   Bošnjak, Elvis: *Hajdemo skakati po tim oblacima* [übers. Lass uns auf diesen Wolken hüpfen], in: *Nosi nas rijeka i druge drame* [übers. Der Fluss trägt uns fort und andere Dramen], Zagreb 2011, S. 167: Sem: „Šuti! Prestani govoriti. Molim te." [übers. „Schweig! Hör auf zu sprechen. Ich bitte dich."] bis hin zu S. 181: „Rita: Jednom će se dogoditi to da više nećemo progovoriti." [übers. „Rita: Einmal wird es geschehen, dass wir nicht mehr lossprechen werden können."].

408   2000 in Split inszeniert, allerdings bildete eine Nachricht aus den Vereinigten Staaten die Grundlage. Vgl. Bošnjak, 2011, S. 9.

409   Vgl. Mihanović, Dubravko: *Bijelo. Žaba. Marjane, Marjane. Prolazi sve*, Zagreb 2014 [übers. Weiß. Frosch. Marjan, Marjan! Alles geht vorbei].

die leiden. Von den eigenen Frauen flieht man oder sie werden in die Berge geschickt, und Liebhaberinnen werden ausgenutzt und gelegentlich ermordet (Anja Do). Frauen sind Huren, und das fällt ihnen nicht schwer. [...] Sie sind Nebenprodukte. Sogar in *Farbe des Ruhms*, wo ihnen der Held nicht erlaubt zu atmen oder zu leben."[410]

Die Welt der Figuren in diesen Stücken von Vujčić und anderen ist insgesamt kein schöner Ort. Für die Männer zwar auch nicht, aber immerhin sind sie wenigstens Anti-Helden. Wenn Frauenfiguren, wie bei Vujčić, erstickt werden, wird die Bedeutung eines *DAH Theaters* umso klarer, denn wenn eine gewürgt wird, bleibt nur der stumme Protest, meist der Freund*innen der Erwürgten, im Nachhinein.

3.5 Autoren aus West- und Mitteleuropa: Richter, Handke

Auf Richter und Handke muss im Kriegskontext der Jugoslawienkriege eingegangen werden, da sie den Blick auf das Kriegsgeschehen und die Berichterstattung in den west- und mitteleuropäischen Medien hatten. Zudem ist die Handke-Diskussion ein Thema für sich, das ich hier nur ganz kurz bezüglich des Forschungsüberblickes thematisieren kann.

Falk Richters *Krieg der Bilder*[411] nennt sich Hörstück und in der Konsequenz gibt es sieben Stimmen statt Rollen, davon zwei Frauen. Die Figuren scheinen „Karrierekrieger"[412] zu sein, die von Krisengebieten profitieren, wie auch

---

410 Vgl. Nikčević, 2008, S. 251, im Original: „Žene su uklete u svijetu Vujčićevih drama" [...] „one su sredstva za taženje muške" [...] „Žene su lude, šepave, izgubljene, slabe, žrtvovane, čedomorke koje pate. Od vlastitih žena se bježi ili ih se šalje u planine, a ljubavnice se iskorištavaju a nekada i ubijaju (Anja Do). Žene su kurve, a to im ne pada teško. [...] One su nuzprodukti. Čak i u *Boji slave* gdje im junak ne dopušta da dišu ili žive."

411 Richter, Falk: *Krieg der Bilder. The World Outside Is Real*, in: Kreuder, Friedemann (Hg.), unt. Mitarb. v. Annika Frank: *Falk Richter. Theater. Texte von und über Falk Richter 2000–2012*, Marburg 2012, S. 333–376.

412 Richter, in: Kreuder (Hg.), 2012, S. 337.

© Frank & Timme   Verlag für wissenschaftliche Literatur

Kriegstreiber und -profiteure.[413] In diesem Stück, das letzte von vier Stücken Richters zum Thema Krieg und Medien, stellt er in Wortfetzen, -reihen und Textzeilen, teilweise ohne Punktuation, sowohl die Frage nach der Definition von Krieg als auch nach der Wirkung der Bilder zu den Kriegen.[414] Die Bilder sind leer, hinter den Bildern, die unaussprechlich, „unglaublich clean"[415] sind, wie Werbung, wird der Krieg unsichtbar.[416] Anders als die Stücke der in dieser Arbeit ausgewählten Autorinnen enthält dieses Stück viele Kriegsgeräusche und thematisiert den Krieg, wie es das Publikum vor Bildschirmen eher nicht wahrnimmt, aber reflektieren sollte, und zeigt, wie die ‚Hintergrundsituation' aussieht, zeigt die „Kriegsmedienarbeiter",[417] wobei vor allem der Rassismus und Zynismus in der Sprache[418] auffällt.

Passagen, übrigens mit unterschiedlicher Groß-/Kleinschreibung und ohne regelgemäße Punktuation, wie „draußen hinterm fenster", „Der hat mir mein Auge rausgeschnitten"[419] erinnern, wie noch zu sehen sein wird, an Kane, andere an die journalistische und die MitVerantwortung der NATO sowie an u.a. Handkes Position, wie „ich nicht ich hab keine Flüchtlingstracks in die Luft gejagt ich nicht".[420] Mit „skopje", „pristina", „abgebrannte orthodoxe kirchen", „dem Jugoslawen"[421] und brockig wie herausgeworfene Stichwörter wie „mas-

....

413 Vgl. Richter, in: Kreuder (Hg.), 2012, S. 339: „Ich frage mich, ob irgendwer überhaupt daran interessiert ist, diese Konflikte zu lösen, oder ob es eben nur Leute gibt, die von diesen Krisen und Konflikten profitieren, weil diese Krisen eben unsere neuen Märkte sind, das System ohne die Kriege gar nicht existieren würde."

414 Vgl. Richter, in: Kreuder (Hg.), 2012, S. 342f.: „thema: nato/thema: humanismus/thema: hightechkriege und das ende des ästhetischen", „publikumsdiskussionen kriegsbilder bilder des krieges".

415 Richter, in: Kreuder (Hg.), 2012, S. 343.

416 Blaschke, in: Fauth/Krejberg/Süselbeck (Hg.), 2012, S. 260: „Die Un-Darstellbarkeit des realen Krieges im Modus mimetischer Repräsentation bildet den Ausgangspunkt der zeitgenössischen Kriegsstücke."

417 Blaschke, ebd., S. 270.

418 Richter, in: Kreuder (Hg.), 2012, S. 352: „Laura: Sag mal, hast du diese erfrorenen Säuglinge irgendwo gesehen? Stefan: Nee aber wenn du n paar ersoffene Neger brauchst".

419 Richter, ebd., S. 342, 345.

420 Richter, ebd., S. 350.

421 Richter, 2012, S. 354–6, 374.

sengräber"[422] wird der Jugoslawienbezug u.a. deutlich. Auch mit Verweisen auf Minen und Minenfelder sowie Hinweisen, wie viel Aufbauhilfe nötig sein wird,[423] ebenso wie „an den häusern überall einschusslöcher" und „massaker-diskussion".[424]

Es bleibt alles im Fluss, denn „unser europa muss weiterfließen", wie der „Datenstrom", „warenstrom", „gedankenstrom" etc.[425] damit nicht Stagnation entsteht.

Richters Stück spricht Gefühle ausschließlich in der Form eines Wiederer-kennens medienbekannter Phrasen an,[426] womit er diese Phrasen vor Augen führt und zur Auseinandersetzung damit herausfordert. Wenn beispielsweise die Journalistin Laura die Figur Tom in mehreren Versionen und daher über-deutlich begründet wegschickt,[427] enthält dies den Verweis auf Thematiken wie Schweigen-Existieren, Trauma-Taten-Wahrheit und Frieden-Finden. Im Kriegskontext sei jedoch letztlich keine Nachricht, falls es überhaupt eine gibt, verifizierbar.[428] Wenn am Ende sieben Mal die Wortgruppe „friedlich", „Frie-den" in Verbindung mit einer globalen Friedenstruppenvision eingesetzt, aber mit einem Bombenteppichgeräusch[429] untermalt ist, zeigt sich, abgesehen von

....

422 Richter, 2012, S. 357. Vgl. auch ebd. S. 367, 374.

423 Vgl. Richter, 2012, S. 371f, 374.

424 Richter, 2012, S. 355, 358.

425 Richter, 2012, S. 351, 359. Flüchtlingsstrom wäre mittlerweile noch aktuell zu ergänzen.

426 Wie beispielsweise Richter, 2012, S. 376: „unsere Chance uns aus unserer Geschichte zu befreien Auschwitz und der ganze Kram das endlich rückgängig zu machen", „dass Deutsche dabei sind", „endlich Verantwortung übernehmen".

427 Richter, in: Kreuder (Hg.), 2012, S. 366: „Laura: Hör mal du gehst jetzt du hast nämlich keinen Text mehr du bist jetzt nämlich weg dich gibt's jetzt nicht mehr verstehst du einfach weg rausgerissen, rausgeschnitten aus allen Zusammenhängen ohne Geschichte ohne alles keine Spuren nichts an dich erinnert sich keiner".

428 Richter, 2012, S. 368: „und dann haben wir uns all die Massengräber zeigen lassen und später erst kapiert, dass die zum Teil gefaket waren, dass die Typen da einfach Leichen aus den Krankenhäusern gezerrt hatten, und ja, die wollten natürlich auch Geld verdienen, die wussten ja genau, warum wir gekommen waren, wir wollten ja diese Bilder", S. 374: „wir konnten das nicht nachprüfen, niemand war anwesend, als diese Taten verübt wurden, die wenigen Überlebenden reden nicht und wenn sie reden, sind sie so traumatisiert, dass es Gräueltaten aus ihnen herausredet".

429 Richter, 2012, S. 376: „mit einer angenehmen Musik, in die sich wie eine dazugehörige Soundfläche ein Bombenteppich legt."

der Kritik an den westlichen Medien, wie stark es sich beim Frieden um eine instabile Utopie handelt.

Da es zu Peter Handke ein breites Quantum an Sekundärliteratur gibt, in der sowohl sein Leben, als auch sein Werk und die Vergabe von Preisen an ihn ausführlich besprochen sind, wird hier nicht die gesamte Debatte abgebildet. Bei dem gesamten, ungemein interessanten literarischen Themenbereich ‚Handke und Jugoslawien', der kontroverse Diskussionen bedeutet, ist vor allem auf die Aufsätze von Brokoff, Gilbertz, Schütte und Schöning sowie die Monographien von Miguoué und Struck zu verweisen.[430]

Zu dem Thema Jugoslawien und Kriege hat Handke Prosa und Theaterstücke verfasst. Zu Beginn, scheint es, wollte er sich nur als Träumer vom neunten Land[431] verabschieden, doch dann gelang es ihm immer schlechter, nicht Position zu beziehen, als die Kernfrage war, ob man zu den Guten oder den Bösen gehöre. Über vier Theaterstücke hin, davon ein Theatertext, der eher zum Vorlesen geeignet ist, versucht Handke redlich, Literat zu sein. Als Trauerredner bei Begräbnissen wird er der westlichen Öffentlichkeit suspekt. Es darf vermutet werden, dass die Begräbnisse von Brankica Bečejac und Ana, der Tochter von Mladić, die mit 23 Jahren 1994 mit einer Waffe ihres

....

430   Brokoff, Jürgen: „„Srebrenica – was für ein klangvolles Wort!' Zur Problematik der poetischen Sprache in Peter Handkes Texten zum Jugoslawien-Krieg", in: Gansel, Carsten/ Kaulen, Heinrich (Hg.): *Kriegsdiskurse in Literatur und Medien nach 1989*, Göttingen 2011, S. 61–88; ders.: *Übergänge. Literarisch-juridische Interferenzen bei Peter Handke und die Medialität von Rechtssprechung und Tribunal*, in: Gephart et al. (Hg.), 2014, S. 157–171; ders.: „„Nichts als Schmerz' oder mediale ‚Leidenspose'? Visuelle und textuelle Darstellung von Kriegsopfern im Bosnienkrieg (Handke, Suljagić, Drakulić)", in: Fauth, Søren R./Krejberg, Kasper Green/Süselbeck, Jan (Hg.): *Repräsentationen des Krieges. Emotionalisierungsstrategien in der Literatur und in den audiovisuellen Medien vom 18. bis zum 21. Jahrhundert*, Göttingen 2012, S. 163–180. Schütte, Andrea: „Peter Handkes Literatur der Fürsprache", in: Gephart et al. (Hg.), 2014, S. 189–213; Schöning, Matthias: „Verbohrte Denkanstöße? Peter Handkes Jugoslawienengagement und die Ethik der Intervention. Ein Ordnungsversuch", in: Beganović, Davor (Hg.): *Krieg sichten. Zur medialen Darstellung der Kriege in Jugoslawien*, Paderborn 2007, S. 307–330; Miguoué: Jean Bertrand: *Peter Handke und das zerfallende Jugoslawien. Ästhetische und diskursive Dimensionen einer Literarisierung der Wirklichkeit*, Innsbruck 2012; Struck, Lothar: *Der mit seinem Jugoslawien. Peter Handke im Spannungsfeld zwischen Literatur, Medien und Politik*, Leipzig 2013. Gilbertz, Fabienne: „Sprachliche Gerechtigkeit für Serbien? Peter Handkes Jugoslawien-Texte im Kontext seiner Sprachkritik", in: Braun et al. (Hg.), 2014, S. 19–36.

431   Handke, Peter: *Abschied des Träumers vom Neunten Land*, Frankfurt am Main 1991.

Vaters Suizid begeht, während dessen sein Sohn anstelle des untergetauchten Vaters in Russland für diesen eine Auszeichnung entgegen- und annimmt, seine Präsenz und Prominenz mindestens ebenso benötigt hätten, wie jenes von Milošević.

In *Zurüstungen für die Unsterblichkeit*,[432] das zwischen Januar und September 1995 entstanden ist, spielt Handke mit Verfremdungen, u.a. durch spanische Vornamen und Ortsbezeichnungen. Äpfel wachsen von unten nach oben – die Welt steht Kopf, „die jetzige Zeit, so wie wir sie erleben, ist nicht mehr unsere Zeit",[433] denn für die Unsterblichkeit bräuchte es ein neues Gesetz und „Mitten im Frieden sind wir im Krieg."[434] Zugleich gibt es „Raumverdränger", die sagen „So viel Niemandsland hier",[435] denn zu der klaustrophobischen Enklave, für die ein König gesucht wird, heißt es „Es muß dem Land sein Ruf aberkannt werden. Es soll sogar keinen Namen mehr haben."[436] Das Land ist eher ein Raum, ohne Sagen, ohne Geschichte, ohne große Männer; nur Verschollene gibt es und Ausgewanderte. Handke bleibt insgesamt in diesem Werk offensichtlich parabelhaft und abstrakt. Zweierlei wird trotzdem deutlich: Der Krieg ruft eine Region ins Bewusstsein, bei der so getan wird, als würde sie gerade neu entdeckt werden und als gebe es noch Optimismus.[437]

....

432 Handke, Peter: *Zurüstungen für die Unsterblichkeit. Ein Königsdrama*, Frankfurt am Main 1997.
433 Handke, 1997, S. 90.
434 Handke, 1997, S. 92.
435 Handke, 1997, S. 95.
436 Handke, 1997, S. 93.
437 Handke, 1997, S. 121: „Doch, eine Art Gesetz muß her, bevor die Liebe aus der Welt verschwindet, und sie schwindet mit einem jeden Tag mehr. Die ganze heutige Welt kommt mir vor als ein verschlepptes, an einen Verschlag gekettetes elternloses Kind. Ein Gesetz zur allgemeinen Besänftigung, wie das kein Stück Natur mehr schaffen kann. Das Gesetz als die erfüllte Selbstlosigkeit! Es muß versucht werden. Probier. […] Das hieße, eine Sprache wiederzufinden, wie die vor dem Bau des Turms von Babel – damals war Gesetz noch gleichbedeutend mit Freude." Das Stück endet mit der prophetischen Ankündigung eines neuen Gesetzes und dem Friedenswunsch für mindestens zwei Generationen. Vgl. Handke, 1997, S. 134.

Handke baut in *Die Fahrt im Einbaum* die Kritik seiner realen Kritiker ein, allerdings nicht stringent, denn es heißt: „Du bist ein Verbrechervolk und wirst am Pranger der zivilisierten Welt stehen bis ans Ende der Zeiten." „Jahrhundertelang mußten die alteingesessenen Völker hier deinen Knoblauchgestank und deine Bärte ertragen. [...] Ständiges Betrunkensein war der Horde Pflicht, und die Frauen auch deine eigenen, nahmst du grundsätzlich mit Gewalt".[438] Entsprechend des Bildes der Serben mit blutunterlaufenen Augen, wilden Bärten und einem Messer zwischen den Zähnen, das in den 1990ern vorherrschte, lässt sich assoziieren, dass diese gemeint seien. Doch weiter heißt es in diesem Monolog: „Den Ersten Weltkrieg brachtest du in Gang mit wieder einem Monarchenmord" „Bastard Jugoslawien Eins", „Missgeburt Jugoslawien Zwei", beide „nicht lebensfähig"; „Im Zweiten Weltkrieg ließest du deine Nachbarvölker wählen zwischen KZ-Tod, Zwangsbekehrung und Zwangspartisanentum, zeigtest dich eifrig im Ausrotten der Juden und Zigeuner", „bombardiertest Dresden, Berlin, Coventry und Linz, während deine Hauptstadt unversehrt die Weiße Stadt blieb."[439] sind wohl der Holocaust, wie auch die Kämpfe im Zusammenhang mit dem Zweiten Weltkrieg, auch mit den Taten der Ustascha und Tschetniks gemeint. Mit der weißen Stadt ist wiederum Nazi-Deutschland und Belgrad in einem: Grad heißt Stadt, bjeli, beo ist die Farbe Weiß. Das ist als Stück auf Deutsch sowohl für ein informiertes als auch für ein uninformiertes Publikum relativ verwirrend, was Absicht sein dürfte. Die Kernaussage ist kaum auszumachen, bis auf den eindeutigen Schluss mit dem vorletzten Wortbeitrag: „Nema problema. Nema Jugoslavije. Kein Problem. Kein Jugoslawien."[440] Diese Aussage ist ambivalent aufzufassen; ein aufgelöstes Jugoslawien als Lösung und mit ironischem Unterton und dem Wissen, dass die Entstehung von Nachfolgestaaten Jugoslawiens keine Problemlosigkeit bedeuten.

Starke Passagen kommen auch in *Spuren der Verirrten* vor, wo sich sowohl „Selbstmordattentäter"[441] als auch, wie in fast allen Theaterstücken zu Jugos-

---

438   Handke: *Die Fahrt im Einbaum oder Das Stück zum Film vom Krieg*, Frankfurt am Main 1999, S. 35.

439   Handke, 1999, S. 35f.

440   Handke, 1999, S. 126.

441   Handke: *Spuren der Verirrten*, Frankfurt am Main 2006, S. 17.

lawien, Äpfel oder Orangen vorfinden.[442] In den *Spuren der Verirrten* wird gefragt „Soll denn der Selbstmordattentäter sich bloß virtuell mit seinen Opfern in die Luft sprengen?",[443] es „bricht aus der Mitte der Menge etwas – jemand – sich Bahn, plötzlich, fast wie bei einer Explosion: eine ähnliche Gewalt ist dort offenbar am Werk",[444] und es kommt auch Medea vor,[445] aber anders als bei Sajko.[446] In diesem Stück, das ein Fließtext mit 30 Abschnitten ist, gibt es unkonkrete anonymisierte Figuren, wenig Figurenhandlung, teilweise keinen Zusammenhang zwischen den Abschnitten. Der Kriegskontext findet sich nur stellenweise, in kurzen Zugängen, eben fragmentarisch wie Spuren:

> „Auftritt eine, allein. Etwa in der Mitte der Szene stürmt ihr eine andere hinterher, schlägt ihr aus Leibeskräften mit der Tasche über den Kopf [...] Der Dritte ist [...] dazugekommen und Zeuge geworden: ‚Es wird bald Krieg hier geben. Schon zu lange ist Frieden in dieser Erdgegend, viel zu lange. Und dieser Frieden ist bloß noch äußerlich. In Wirklichkeit, das heißt, im Innern, existiert er nicht mehr. Der jetzige Frieden ist ohne Essenz. Dieser Frieden ist faul.'"[447]

Handke verankert Schlüsselsätze wie diese in unauffälligen Textflächen. Daher passt die Textstelle „In den Rätseln bleiben! Warum bin ich nicht in den Rätseln geblieben?"[448] sowohl genau auf die Stücke Handkes, die rätselhaft bis schwer aufführbar scheinen, insofern als Inszenierungen, wie die am Burgtheater 1997, abgebrochen werden, und zugleich zu seiner Situation, die mit jeder weiteren

---

442 Bei Sajko, Semenič, Marković und Handke, 2006, S. 19f: „Dieser Frieden ist faul. Ist verfault. Verfault wie ein Lebensmittel, das nur frisch bleiben kann durch tagtäglichen Gebrauch – unverbrauchbar durch den Gebrauch – und allein durch den Gebrauch, den intensiven! Friede, Lebensmittel der Lebensmittel, Brot aller Brote, bist wieder einmal verbraucht. Gebrauchszeit abgelaufen, für immer? Und warum?".

443 Handke, 2006, S. 17.

444 Handke: *Spuren*, 2006, S. 74.

445 Handke: *Spuren*, 2006, S. 55f.

446 Vgl. hier Kapitel 7 zu Sajko.

447 Handke: *Spuren*, 2006, S. 19.

448 Handke, 2006, S. 57.

konkreten politischen Parteinahme anstrengender wurde. Es wäre einfacher für ihn gewesen, rätselhaft zu bleiben als eindeutig parteiisch.

Während Hennig sich mit der Frage oder eher dem Vorwurf der Geschichtslosigkeit an den Autor anhand von Ästhetik „nach Auschwitz"[449] verteidigend befasst, sieht Fuß in ihrer Untersuchung, dass Handke mit manchen seiner Texte seine ästhetischen Vorstellungen auf das Politische überträgt, versucht Serbien vom Generalvorwurf ‚der Aggressor' zu sein, zu rehabilitieren, und zwar, ohne es zu kaschieren, dies alles schließlich, um das Heils- und Sinnbedürfnis in einem Hohlraum verortet zu sehen, in das er mit Stift und Schrift Eingang finden möchte.[450]

Zielführend und abschließend wird hauptsächlich auf zwei aktuelle und sehr differenzierte Arbeiten und einen Aufsatz eingegangen: Miguoué sieht in Handkes Texten, die interdiskursive und intertextuelle Spielräume eröffnen, eine Polyphonie, bei der „oft ein ‚Krieg der Diskurse' stattfindet oder inszeniert wird".[451] In seiner Arbeit kommt er zu dem Schluss, dass der Autor sich als Instanz postuliert und stabilisiert, indem er „mit ästhetischen Mitteln ‚Frieden' in diesem instabilen mythisierten Land" fördern will. Dies tue er vor allem mit der Versprachlichung der Ursachen der Konflikte. Handke habe dabei die Möglichkeit, die Wirklichkeit zu entmythisieren oder aber zu remythisieren. Handke ist für den Autor primär ein westlicher bzw. westeuropäischer Autor, der die Südslawen als Nicht- oder Andereuropäische, als exotisch oder Furcht erregend festschreibt, oder als würden sie jeweils entweder des Schutzes, der Erziehung oder der Bestrafung bedürfen.[452] In dieser Arbeit soll unternommen werden, was Miguoué vermisst: Es sollen die eigenen Stimmen der Südslawen zu Wort kommen und Freiraum gewinnen, „ihre eigene Narration zu entfalten".[453]

....

449   Hennig, Thomas: *Intertextualität als ethische Dimension. Peter Handkes Ästhetik* nach Auschwitz, Würzburg 1996.

450   Vgl. Fuß, Dorothee: Bedürfnis nach Heil. *Zu den ästhetischen Projekten von Peter Handke und Botho Strauß*, Bielefeld 2001, S. 19ff und S. 136f.

451   Vgl. Miguoué, Jean Bertrand: *Peter Handke und das zerfallende Jugoslawien. Ästhetische und diskursive Dimensionen einer Literarisierung der Wirklichkeit*, Innsbruck 2012, S. 265.

452   Vgl. Miguoué, 2012, S. 266.

453   Miguoué, 2012, ebd.

Lothar Struck veröffentlicht seine Arbeit[454] relativ zeitgleich mit Miguoué. Zu Handkes Publikationen und den „Erregungswellen",[455] die dadurch ausgelöst werden, weist er nach, dass sie eine Vielfalt und Tiefe haben, die über den Verdacht der einseitigen Propagandaliteratur weit hinausgehen. Neben Biographischem ergänzt Handke, Struck folgend, in sprach- und medienkritischen Analysen die Mehrheitsmeinung zu den Kriegen um seine Sichtweise. Da Handkes Mutter zur slowenischen Minderheit in Kärnten gehörte, er bereits vor den Kriegen unzählige Male durch Jugoslawien gereist ist[456] und dieses Land auch metaphorisch bereits vor den Kriegen zu einem Gegenstand seines Schreibens geworden ist, hat er eine Art mehrstaatlichen Blick. Struck erscheint er hierbei nicht so westeuropäisch orientiert wie Miguoué.

In Strucks Werk wird die Kombination von Sprache und Krieg bei Handke deutlich: „Gleichzeitig lässt er sich allzu oft zu polemischen und zornigen Invektiven hinreißen (die zum Teil durchaus komisch sind), die den Wert seiner so stupenden Äußerungen leider einschränken und potentielle Gegner allzu leicht munitioniert."[457] Handke selbst spricht 2006 von ‚syntaktischen Fußtritten'.[458] Handkes Blick auf die geschichtliche Entwicklung gibt das Paradoxon wieder, dass Jugoslawien bis zu Titos Tod im Grunde das hatte, was Europa bräuchte: eine sich gegenseitig anerkennende Vielfalt, die bei Meinungsverschiedenheiten nach gemeinsamer Lösung sucht, statt in Nationalismen, Chauvinismen, Stereotype oder Mentalitätsmythen zu verfallen. Die neu formierten Staaten hätten ihre konfliktreich erkämpfte Souveränität, so Miguoué, an NATO oder EU abgegeben.[459]

Beide Autoren lassen die Theaterstücke aus. Ebenso Fabienne Gilbertz, die sich in ihrem Aufsatz *Sprachliche Gerechtigkeit für Serbien? Peter Handkes ‚Ju-*

----

454 Struck, Lothar: Der mit seinem Jugoslawien. *Peter Handke im Spannungsfeld zwischen Literatur, Medien und Politik*, Leipzig 2013.

455 Struck, 2013, S. 8.

456 Vgl. Struck, 2013, S. 10.

457 Struck, 2013, S. 30.

458 Struck, 2013, ebd.

459 Vgl. Miguoué, 2012, S. 282.

goslawien-Texte' im Kontext seiner Sprachpolitik[460] den Reiseberichten sowie der Frage widmet, wer, abgesehen von Sprachkritik, Sprachskepsis, Reflexion des Sprachgebrauchs, wie Sprache inszeniert und missbraucht hat. Denn Handke wirft dies westlichen Medien vor, diese es wiederum ihm und den serbischen Regierungsmedien.[461]

Insofern ist abschließend zur Frage nach Handkes Theaterstücken zu den Jugoslawienkriegen das Zitat aus *Die Fahrt im Einbaum* treffend, wenn der dritte Internationale sagt: „Und das Zufallsgebiet hat auch neubelebt den Krieg in mir. Ich übertrug ihn auf mein eigenes Land und die längst friedlichen Länder unserer Kontinente. Auch als deren Zukunft sah ich einzig Willkür und Krieg. Und deswegen hasse ich das Land hier. Eine atomare Bombe auf die ewige Kriegsgeburtsgrotte Balkan, daß davon nichts als ein Riesenkrater bleibt."[462] Zu einer friedlichen Lösung der Probleme der dort Lebenden sei hier der Blick auf die Autorinnen und die Komik gerichtet.

3.6 Schwerpunkte: Komik, Generationen- und Geschlechterverhältnisse

In den Theaterstücken sind Alltag und Krieg, Sprache und Gewalt verquickt. Insofern wird der Gewaltgehalt der Szenentexte, die Alltag und Ausnahme abbilden, analysiert.

Die Arten und Funktionen von Gewaltdarstellungen werden beachtet, vor allem auf dem Gebiet der Generationen- und Geschlechterverhältnisse: Heute zeugen zahlreiche Begriffe von den verbalen Gewaltverhältnissen, u.a. Wortgefecht, verbaler Schlagabtausch, wortgewandte entwaffnende Schlagfertigkeit,

---

460 Gilbertz, in: Braun et al. (Hg.), 2014, S. 19–36.

461 Ob nun Bilder von toten kroatischen Serben/serbischen Kroaten gezeigt werden, die als kroatische Opfer ausgegeben werden, die von Serben aus Serbien oder Bosnien massakriert worden sind, oder serbische Medien, kosowarische oder bosnische Opfer als eigene deklarieren etc., begibt sich auf politisch heilloses Terrain, auf dem die Täter aller Seiten ihre Spuren ebenso verwischen wollen, wie die Leichen in Massengräbern zum Verschwinden bringen.

462 Handke, 1999, S. 61.

metaphorisches ‚ins-Gesicht-Springen', entrüstete Vorwürfe und Polemik sowie Stichelei.[463] Untersucht wird, ob eskalierende Sprechakte zwischen Geschlechtern oder Generationen bestehen und im Verhältnis zu deeskalierender Sprache[464] potenziert werden und wie.

Das Militär ist von Männlichkeit(sbildern) geprägt,[465] insofern sind auch Kriege mit geschlechtsspezifischer Benennung behaftet, können als „gegendert"[466] bezeichnet werden. Frauen werden meist ohne Waffen und Gegenwehr als Vergewaltigungsopfer dargestellt, der weibliche Körper, der als Besitz, Objekt und nationales Symbol gilt, wird durch sexualisierte Gewalt zur Kriegsbeute.[467] Dazu gehört, dass aktiven Kämpferinnen[468] mit Vorbehalten begeg-

---

463 Stichwort, Schlagwort ebenfalls.

464 Vgl. Gordon, 2005; Rosenberg, Marshall B.: *Gewaltfreie Kommunikation. Eine Sprache des Lebens*, Paderborn 2005; Schachinger, Heidelinde B.: *Konflikt, was nun? Konfliktbearbeitungsmethoden nach Dr. Marshall B. Rosenberg. Ein Methodenvergleich*, Frankfurt am Main 2015; Watzlawick, Paul/Beavin, Janet H./Jackson, Don D.: *Menschliche Kommunikation. Formen, Störungen, Paradoxien*, 13. Aufl. Bern 2017; Hayakawa, Samuel I.: *Sprache im Denken und Handeln. Allgemeinsemantik*, 9. u. erw. Aufl. Darmstadt 1993.

465 Enloe, Cynthia: „‚Alle Männer sind in der Miliz, alle Frauen sind Opfer'. Die Politik von Männlichkeit und Weiblichkeit in nationalistischen Kriegen", in: Fuchs, Brigitte/Habinger, Gabriele (Hg.): *Rassismen & Feminismen. Differenzen, Machtverhältnisse und Solidarität zwischen Frauen*, Wien 1996, S. 92–110.

466 Vgl. Evangelische Akademie Baden/GEP, 2014, S. 29. Auch: van Marwyck, Mareen: *Gewalt und Anmut. Weiblicher Heroismus in der Literatur und Ästhetik um 1800*, Bielefeld 2010, S. 24.

467 In den 1990er Jahren wurden bei den Jugoslawienkriegen „20.000 bis 50.000 Frauen auf unterschiedlichste Weise vergewaltigt, gefoltert, zum Teil verschleppt" (Ev.Akad.Baden/ GEP, 2014, S. 50), zum Teil physisch umgebracht. Aber ob Ruanda, Demokratische Republik Kongo, Syrien, Lybien, Irak, Indonesien, Tschetschenien, Uganda, Guatemala (eines der Länder mit der höchsten Mordrate an Frauen) – die brutalen Vorgehensweisen ähneln sich stark, die Problematik ist verbreitet, wenn auch nicht unvermeidbar, sondern von strategischen Planern und Befehlshabern geplant. Vgl. Ev. Akad. Baden/GEP, 2014, S. 58f. und Beiblatt zur Ausstellung *Mechanismen der Gewalt*, Frankfurter Kunstverein, 19.2.–17.4.2016, S. 2. Galindo spricht hier auch explizit von Feminizid.

468 Wiesinger, Barbara: *Der Krieg der Partisaninnen in Jugoslawien. Bewaffneter Widerstand von Frauen in Jugoslawien (1941–1945)*, in: Latzel, Klaus/Maubach, Franka/Satjukow, Silke (Hg.): *Soldatinnen. Gewalt und Geschlecht im Krieg vom Mittelalter bis heute*, Paderborn/ München/Wien/Zürich 2011, S. 233–256.

net wird,[469] zudem wird mit ihnen von der genderbasierten Gewalt abgelenkt. Insofern Frauen ungenügend auf Kampfhandlungen vorbereitet werden, sind sie in der Nachkriegszeit doppelt bis vierfach traumatisiert und vernachlässigt: Vom Kriegsgeschehen mit seinen Kampf- und Tötungshandlungen, von Vergewaltigungen durch eigene Kameraden, spätere Ablehnung oder gewaltgeladene Behandlung der Ehemänner oder der eigenen Familie, zudem durch die Straffreiheit der Täter.[470] Insofern birgt das Bild der friedlichen Frau die Gefahr, auf ein Opferbild festgelegt zu werden. Kämen Soldatinnen in diesen Stücken vor, böte sich einerseits die Gelegenheit an diese Funktion und diesen Einfluss zu erinnern,[471] allerdings auch an die Militarisierung der Gesellschaft und gegebenenfalls Parteilichkeit für eine Seite des Konfliktes.

Die Entstehungsorte, die Handlungs- und die Spielorte der Stücke sind von Bedeutung. Je nachdem, ob ein Stück im Exil für ein Publikum im Kriegsgebiet geschrieben worden ist oder im Kriegsgebiet für die nicht direkt involvierte Welt oder für beide; ob indirekt oder direkt zum Thema Jugoslawienkriege; je nachdem, wo das Stück spielt, wo sich jeweils die Figuren befinden und je nachdem, ob die Szenerie wechselt.

3.7   Methodisches Vorgehen

Die Dramentexte der fünf Autorinnen Sarah Kane, Biljana Srbljanović, Milena Marković, Ivana Sajko und Simona Semenič werden als Basis ei-

---

469   Apelt, Maja: „Soldatinnen in westlichen Streitkräften und ‚Neuen Kriegen'", in: Latzel/Maubach/Satjukow (Hg.), 2011, S. 482f: „Weibliche Soldaten erscheinen häufiger als in anderen militärischen Bereichen als Störfaktor. Sie werden mit sexuellen Problemen identifiziert, gelten als körperlich schwächer und weniger einsatzfähig. Vor allem aber seien Männer in der Gegenwart von Frauen nicht fähig, sich auf den normalen Dienst zu konzentrieren. Dies disqualifiziere – so die Meinung vieler Soldaten – nicht die Männer, sondern die Frauen"

470   Vgl. Ev. Akad. Baden/GEP, 2014, S. 58f.

471   Vgl. Wiesinger, Barbara N.: *Partisaninnen. Widerstand in Jugoslawien 1941–1995*, Wien/Köln/Weimar 2008, S. 81: „Desanka Stojić begründete den Zustrom von Frauen zur Volksbefreiungsarmee mit deren Emanzipationsbestrebungen, die sie durch Beteiligung am bewaffneten Widerstand durchzusetzen hofften."

ner Inszenierung angesehen und stehen hier im Vordergrund. Sie liegen in gedruckter Form vor, sind originär, bestehen unabhängig von jeder realen Inszenierung und sind offen für den primär hermeneutischen Zugang, auch eine vielfältige Arbeitsweise.[472] Die Bedeutungsebenen, auch feinste Nuancen der Lesarten,[473] wie die Stücke werden erschlossen, beispielsweise mit dem close reading.[474]

Bei der Explikation und hermeneutischen[475] Textanalyse sind die Bühnenfiguren zentral und die Botschaften, die primär text- und werkimmanent sind, aber auch diejenigen, die im soziologischen und psychologischen Kontext in Verbindung mit dem kollektiven (inter)kulturellen Wissen nachgezeichnet werden können.[476] Neben den syntagmatischen, intratextuell- und intertextuell-übergreifenden Bezügen, die sich bei den Autorinnen einer Generation, geboren in den 1970ern, in Europa zu dem Thema Jugoslawienkriege in der Gattung Drama vermuten lassen, spielen auch außertextuelle, rezeptionsgeschichtliche und gender-orientierte Kategorien eine Rolle, Interviews und andere Kommentare werden analysiert, um Gedanken der Autorinnen zu ermitteln, allerdings ohne ihre Absicht zu suchen, sondern um ein möglichst breites Deutungsspektrum zu erschließen.

....

472 Maren-Grisebach, Manon: *Methoden der Literaturwissenschaft*, 9. Aufl., Tübingen 1970, S. 7: „Wenn aber ‚pluralistisch‘ eine Arbeitsweise meint, die bewußt und die Konsequenzen reflektierend eine Verbindung praktiziert, dann wird dies dem Zweck unseres Tuns, eine umfassende Erkenntnis des literarischen Gegenstandes und damit auch unserer eigenen sprachlichen Äußerungen zu erzielen, förderlich sein."

473 Vgl. zu den feinen Nuancen von Theatertext und Aufführung u.a. die Tabelle zu den Codes einzelner Körperteile, auch nach linker und rechter Körperhälfte unterschieden, Fischer-Lichte, 1992, S. 317.

474 Herangezogen wurden folgende Publikationen: Greenham, David: *Close Reading. The Basics*, Oxon/New York 2019; Brummet, Barry: *Techniques of close reading*, Los Angeles/London/Neu Delhi/Singapur/Washington DC 2010; Wolfreys, Julian: *Readings. Acts of Close Reading in Literary Theory*, Edinburgh 2000; Lentricchia, Frank/DuBois, Andrew (Hg.): *Close reading. The reader*, Durham/London 2003.

475 Vgl. Bohnsack, Ralf: *Rekonstruktive Sozialforschung*, 2010, S. 69ff. Vgl. auch: Fischer-Lichte: *The semiotics of theater*, 1992, S. 206–217 zu *The Hermeneutics of the Theatrical Text*.

476 Leskovec, Andrea: *Einführung in die interkulturelle Literaturwissenschaft*, Darmstadt 2011, besonders S. 86ff. Und dies.: *Fremdheit und Literatur. Alternativer hermeneutischer Ansatz für eine interkulturell ausgerichtete Literaturwissenschaft*, Berlin 2009.

Die Untersuchungsergebnisse zu Orten, Zeiten, Handlungen und Figurenverhältnissen werden um weiterführende Überlegungen erweitert: Beobachtungen einzelner Inszenierungen, Auffächerung von Möglichkeiten sowie Inspirationen für Inszenierungen. Dabei soll ein Verständnis der Dramen erarbeitet werden, das ästhetische, strukturelle Elemente und auch soziokulturelle Aspekte beachtet. Ausgegangen wird davon, dass die Lektüre bereits ein eigenes ‚Theater im Kopf' konstruieren kann und der literaturwissenschaftliche Blick, dem theaterwissenschaftlichen nur einen Augenblick, aber diesen doch voraus ist.[477]

Interpretation wird hier als eine ästhetische, aber auch Rogers folgend, asketische Disziplin verstanden,[478] bei der wir maximal hineingezogen werden ins Labyrinth und Wurzelgeflecht[479] des Textes mit seinen Bedeutungsebenen und Zeichen.[480]

Die Sprache und Kommunikation in den Dramentexten, vornehmlich Mono- und Dialogen, Haupt- und Nebentexten,[481] werden hier semiologisch, syntaktisch und soziolinguistisch analysiert. Die Sprechakte und kommunikativen Prozesse werden auch auf der Basis empirischer Sozialforschung unter-

---

477 Vgl. Hong, 2008, S. 25. Hong verzichtet ebenfalls auf Aufführungsanalyse, liest Theaterstücke mehr als literarische Texte, denn als dramatische und konzentriert sich auf die hermeneutische Beschäftigung mit den Werken, leistet eine literaturwissenschaftlichen Beitrag zu einem Dialog, der einer Ergänzung durch die theaterwissenschaftliche Seite bedarf.

478 Vgl. Rogers, William Elford: *Interpreting Interpretation: Textual Hermeneutics as an Ascetic Discipline*, Park/Pennsylvania 1994, S. 93: „Of course, one need not look at textual hermeneutics that way. But one way of describing what goes on in interpreting a text is to say that the interpreter tries, so far as possible, to become totally absorbed in the signs of the text, such that the interpreter purges from consciousness purely private feelings and awareness of the separate ‚I' of the ‚I think'".

479 Jeßing, Benedikt/Köhnen, Ralph: *Einführung in die Neuere deutsche Literaturwissenschaft*, 2. Aufl., Stuttgart/Weimar 2007, S. 312f.

480 Vgl. Weiler, Christel/Richarz, Frank: *Aufführungsanalyse und Theatralanalyse – ein Dialog*, in: Fischer-Lichte et al., München 2012, S. 253f.

481 Vgl. Jeßing, Benedikt: *Dramenanalyse. Eine Einführung*, Berlin 2015, S. 30f.: „Den Haupttext bildet die Figurenrede, alle anderen Bestandteile des dramatischen Textes werden als Nebentext zusammengefasst."

sucht: Es wird im Sinne einer verifizierbaren Methode des Interpretierens[482] erschlossen, herausgearbeitet, in Bezug gesetzt, ausgelegt:[483]

Mit dieser Dramentextanalyse werden die Stücke und ihre Bedeutungsebenen so erläutert und diskutiert, dass die Vielfalt der Möglichkeiten, die dann auf der Theaterbühne umgesetzt werden können, deutlich wird.[484] Wo geboten, soll auch das potentielle oder intendierte politische Verständnis erörtert werden. Die plausiblen Deutungsmöglichkeiten gilt es klar von unwahrscheinlichen Botschaften und Bedeutungen zu unterscheiden. Die Plausibilität, aber auch Intention und Neutralität der Interpretationen wird anhand der oben erwähnten Parameter überprüft, um das erwähnte größtmögliche Verständnis der Texte zu sichern.

Die genannte Textanalyse bezieht sich zunächst auf einen Text, dann den Text im Zusammenhang mit anderen Werken der Autorin zum Thema. Anschließend wird anhand der Texte der anderen Autorinnen und weiterer Autorinnen jugoslawischer Nachfolgestaaten sowie anderer europäischer Länder in dieser Arbeit die Vielfalt gezeigt, Verbindungen und Querbezüge.[485] Daher bedeutet interpretieren hier auch übersetzen, mehr als eine Sprache, insofern es um Text, Kontext, Metatext und um theatrale Zeichen geht. Da sich jedoch zu den oben erwähnten theatralen Zeichen, Mitteln und Effekten bei den vorliegenden Stücken auffallend wenig bis gar keine Hinweise in den Texten finden, eröffnet sich Spielraum für Deutungen, indem die Lesenden die Leerstelle zwischen Text und Verständnis theoretisch unendlich oft neu füllen können.[486] In der jeweiligen Interpretation werden sowohl die Auslassungen gedeutet als

....

482 Auch wenn die Interpretationen unvollständig sein mögen und daher falsifizierbar – vgl. Werle, in: Albrecht et al., 2015, S. 349f.

483 Siever, Holger: *Kommunikation und Verstehen. Der Fall Jenninger als Beispiel einer semiotischen Kommunikationsanalyse*, Frankfurt am Main 2001. Vgl. auch Pfister, Manfred: *Das Drama. Theorie und Analyse*, 11. Aufl., Paderborn 2001, S. 58f.

484 Vgl. Jost, Torsten: „Analyse der Aufführung", in: Fischer-Lichte et al., München 2012, S. 245ff. In diesem Sinne ist das Verschriftlichen ein Reinszenieren und Wiederholen.

485 Dies ließe sich unter Umständen als eine Art Transanalyse, transimmanente bzw. exmanente Untersuchung oder Queranalyse bezeichnen.

486 Vgl. Iser: „Akte des Fingierens. Oder: was ist das Fiktive im fiktionalen Text?", in: Henrich, Dieter/Iser, Wolfgang (Hg.): *Funktionen des Fiktiven*, München 1983. S. 143: „Wenn die Textwelt unter dem Vorzeichen des Als-Ob steht und damit signalisiert, daß sie nun wie

auch potentielle Inhalte der Lücken angesprochen. Bei der Freiheit zahlreicher Bedeutungsmöglichkeiten bedarf es vielfältiger Methoden der Herangehensweise. Bei der Auffächerung von Bedeutungsebenen und Interpretationswelten erfolgt hier der Bezug auf alle Teilgebiete: Sender*in/Autor*in, Empfänger*in/ Lesende und Zuschauende sowie den Dramentext und die gesellschaftlichen Bedingungen seiner Produktion.[487]

Ergänzend sind Inszenierungen Gegenstand der Untersuchung. Wo möglich und fruchtbar, wird auf vergangene oder potentielle Aufführungen eingegangen. Dabei ist vor allem zu deuten, womit sich das Publikum konfrontiert sehen kann: Die diplomatische Rede versagt im Krieg, während Kriegspropaganda, die negative, polarisierende Sprache, sich der Lüge bedient, wie u.a. Ugrešić,[488] Okuka[489] oder Bugarski[490] deutlich schreiben. Die Interaktion gewaltsamer Handlung auf der Bühne ergreift eine Triade aus TäterIn, Opfer und ZuschauerInnen.

„Das sprachliche Verhalten gehört zu den wichtigsten Identitätsmerkmalen" und mit „Aussprache und Akzent, Wort- und Registerwahl, Ausdrucks-

---

eine Welt zu sehen und vorzustellen sei, so besagt dies, daß zur dargestellten Textwelt immer etwas hinzugedacht werden muß, das diese nicht ist."

487 Orientierung bieten dabei u.a. Pany, Doris: *Wirkungsästhetische Modelle. Wolfgang Iser und Roland Barthes im Vergleich*, Erlangen und Jena 2000 folgend Iser: *The range of interpretation*, 2000; Iser: *How to Do Theory*, 2006; Pany, 2000; Rinnert, 2001, Barthes und Literaturtheorien, wie die Kristevas.

488 Vgl. Ugrešić, Dubravka: *Die Kultur der Lüge*, Frankfurt am Main 1995, S. 60ff, 98f, 106ff.

489 Okuka, 1998, S. 120: „Dem Krieg im früheren Jugoslawien ging ein Medienkrieg voraus, der mit dem Gewalt gegen die Sprache die Gewalt in der Praxis, die ethnischen Säuberungen, die Verbrechen und die Leiden der Völker, vorbereitete. Die politische und intellektuelle Elite ging in den Krieg mit einer neuen Sprache. Eine schreckliche Propaganda und Hasstiraden wurden in den Medien der verfeindeten Seiten verbreitet, was dazu führte, dass das Volk zu den Waffen griff und danach drängte, die Angehörigen der anderen ethnischen Gruppen umzubringen.[…] So wurde das Wort zum Schwert […] Im Wort verbarg sich Aggression"; vgl. auch Kacic, Ana: *Croatia's EU accession and domestication of BCMS*, S. 207–210; Rajilić, Simone: *Silovanje jezika! – Vergewaltigung von Sprache! Debatten über Gender und Sprache in der serbischen Presse 2001–2012*, S. 271–294; Barkijević, Ivana: „Die Umsetzung der Europäischen Charta der Regional- oder Minderheitensprachen in Montenegro, Serbien, Slowenien und Kroatien im Bildungsbereich", in: Voß/Dahmen (Hg.), 2014, S. 77–92.

490 Bugarski, Ranko: *Jezik od mira do rata*. [übers. Sprache vom Frieden bis zum Krieg], Beograd 1993, S. 11, 16, 96f, 121.

weise und Stil vermitteln die Sprecher oft aufschlussreiche Informationen über ihre Person: über regionale Herkunft, soziale Stellung, Geschlecht, Bildung oder Alter; solche Merkmale werden insbesondere beim ersten Zusammentreffen registriert."[491] Bei einem solchen Zusammentreffen kann ein Hauptmissverständnis zwischen Menschen verschiedener Geschlechteridentitäten daher rühren, dass Männer ihr Zuhören durch Stille ausdrücken, während für Frauen Stille ein Zeichen für den Kollaps der Kommunikation sein kann.[492] Es wird Frauen die stereotype Eigenschaft zugeschrieben, sie sprächen zuviel, und Männern zu wenig bis gar nicht.[493] Dies bedingt auch, wie sich die Gewaltaktionen und -reaktionen, auch Gewaltrede im weiteren Verlauf auf die Figuren auswirken; besonders im Geschlechterverhältnis. Die Herangehensweise ist geprägt vom soziologischen Zugang und geht mit einer genderorientierten Analyse nach Butler einher.[494] Der herrschende Geschlechterstatus wird in Kriegen verstärkt, indem Frauen mehr Arbeiten übernehmen, der die Kämpfenden nicht nachkommen können, sie aber zugleich vermeintlich ‚beschützt' werden ‚müssen', zu einem schützenswerten Gut desubjektiviert und ent-individualisiert werden sowie zu Beute, Ehre und Opfern degradiert werden. Hierbei ist die Arbeit eine dreigliedrige: Hier werden geschlechtergerecht eventuell vorhandene Stereotype innerhalb der Stücke, aber auch mögliche phallozentri(sti)-sche Deutungsmöglichkeiten untersucht. Es werden eventuelle Stereotype der

491 Berger, D.A., 2008, S. 201.

492 Vgl. Mooney/Evans: *Language, Society & Power*, 2015, S. 122f, 126. Während ein Mann, von sich auf andere schließt und denkt, die Frau hört ihm zu, ist die Konversation für die Frau unter Umständen vorbei.

493 Weitere Stereotype finden sich im Bereich Vergewaltigung, vgl. hierzu exemplarisch Ehrlich, Susan: „Language, Gender, and Sexual Violence", in: Ehrlich et al.: *The Handbook of Language, Gender, and Sexuality*, 2014, S. 467. Diese Zuschreibungen haben einen starken Einfluss auf das Leben von Frauen, vgl. Philips, Susan U.: „The Power of Gender Ideologies In Discourse", in: Ehrlich et al., 2014, S. 312.

494 Athanasiou, Athena/Butler, Judith: *Die Macht des Enteigneten. Das Performative im Politischen*, Zürich 2014, S. 69–82: Sexuelle Enteignungen. Dies.: *Excitable Speech. A Politics of the Performative*, New York/London 1997. Auf Deutsch erschienen unter: *Haß spricht*, Frankfurt am Main 2006. Dies.: *Antigone's Claim. Kinship Between Life & Death*, New York/Chichester 2000. Dies.: *Die Macht der Geschlechternormen und die Grenzen des Menschlichen*, Frankfurt am Main 2009. Dies.: *Das Unbehagen der Geschlechter*, Frankfurt am Main 2014. Dies.: *Before and after gender. Sexual mythologies of everyday life*, Chicago 2016.

Stücke hinterfragt und entlarvt, sowie Gegenmuster und Zukunftsmodelle, die sie gegebenenfalls entwerfen. Dieses gender-orientierte Herangehen erfolgt im Bewusstsein eines patriarchal sozialisierten Auges und einem Blick, der wissen will, ob und wie die Erfahrung von Frauen verschwindet, stumm, ungültig und unsichtbar wird. Als Literatur liegen die Aufsatzsammlungen von Ulrike Vogel, Sabine Hark und Ruth Becker/Beate Kortendiek[495] zugrunde, die Theorien der 1970er Jahre ins Gedächtnis rufen und aufzeigen, inwiefern diese zwar überarbeitet, aber dennoch grundlegend sind.

Insofern Frauenrollen in den Stücken eine machtlose Sprache haben sollten, was zu untersuchen sein wird, lässt sich nicht davon ausgehen, dass dies den absoluten Ist-Zustand wiedergibt oder die zukünftigen Verhältnisse festgeschrieben sind,[496] da ein Machtpotential vorhanden sein könnte, das, Mooney und Evans folgend, bisher übersehen worden sein könnte und womöglich ungenutzt bliebe.[497]

Hierbei gehört die Frauen- und Geschlechterthematik zu einer allgemein politischen Sichtweise, dass sich Geschlechterdifferenzen in Sprache, Geschlechter- und Machtverhältnissen manifestieren.[498] Hierzu leistet diese Arbeit neben anderen einen Beitrag, indem sie auch die Elemente anderer Arten des Umgangs der Figuren miteinander hervorhebt.

Es wird davon ausgegangen, dass beispielsweise Geschlechter differenzierende Sozialisation (ebenso wie andernorts Hautfarbe differenzierende Sozialisation) nicht zwingend und automatisch dazu führt, dass Autorinnen

....

495 Vogel, Ulrike (Hg.): *Meilensteine der Frauen- und Geschlechterforschung. Originaltexte mit Erläuterungen zur Entwicklung in der Bundesrepublik*, Wiesbaden 2007; Hark, Sabine (Hg.): *Dis/Kontinuitäten: Feministische Theorie*, 2., aktual. Auflage, Wiesbaden 2007; Becker, Ruth/ Kortendiek, Beate (Hg.): *Handbuch Frauen- und Geschlechterforschung. Theorie, Methoden, Empirie*, 2. erw. u. aktual. Auflage, Wiesbaden 2008. Sowohl in dieser Literatur als auch in der vorliegenden Arbeit werden die Ergebnisse der Gender Studies als grundlegend angesehen.

496 Vgl. Weigel, Sigrid: *Die Stimme der Medusa. Schreibweisen in der Gegenwartsliteratur von Frauen*, 1989, S. 274. Sie spricht von einem Frauen auferlegten Schweigen.

497 Mooney, Annabelle/Evans, Betsy: *Language, Society & Power. An Introduction*, fourth Edition (first publ. 1999), New York 2015, S. 38.

498 Athanasiou/Butler, 2014, S. 69–82.

eine spezifische Sprache einsetzen, z.B. für die Frauenrollen der Stücke,[499] aber ausgeschlossen wird es per se auch nicht. Johnson schreibt hierzu, die Frage sei, ob zwischen Männern und Frauen eine Differenz oder Dominanz bestehe, und dass feministische Linguistik zunächst eher von der Dominanz- als der Differenztheorie an Untersuchungen herangeht.[500] Dabei wurde bisher eine aggressiv-lebendige Art den Männern zugeschrieben, während Frauenrede als machtloser, aber ethischer konstatiert wurde, weil Frauen eher leiser sprechen, mehr Fragen formulieren als Feststellungen oder direkte Forderungen.[501] Das Schweigen wurde dabei als passiv und schwach eingestuft und festgestellt, dass Männer eher konkurrieren, Frauen eher kooperieren. Als vertiefender Blick auf die Linguistik sei festgestellt, dass De Klerk bezüglich der Geschlechterdifferenz von einer mittlerweile binären Gegensätzlichkeit spricht, wobei sie die Überschneidungen und Ähnlichkeiten aufgrund derselben linguistisch-sprachlichen und rhetorischen Mittel untersucht. Kriegsbezogen ließe sich formulieren, dass Wunden und Verletzungen kein Geschlecht kennen und auf die gleiche Art zugefügt werden: mit Gewalt, mit Waffen oder Worten.

---

499 Vgl. u.a. Johnson, Sally/Meinhof, Ulrike Hanna (Hg.): *Language and Masculinity*, 1997. Auch: Tannen, Deborah: *Women and Men in Conversation. You Just Don't Understand me. The classic book that shows us why we find it difficult to talk to the opposite sex.* London 1990.

500 Vgl. Johnson, Sally: *Theorizing Language and Masculinity: A Feminist Perspective*, in: Johnson/Meinhof (Hg.): *Language and Masculinity*, 1997, S. 9f.

501 Bisher typisch maskuline Ausdrucksweise wurde mit Fluchen, Umgangssprache, Jargon, Schlampigkeit, Ignoranz und verbaler Aggressivität verbunden, nicht mit sachlich-rationaler Fremdwort- und Fachsprache. Vgl. Untersuchungen, Veröffentlichungen und Arbeiten von Christina Thürmer-Rohr, Senta Trömel-Plötz und Luise F. Pusch.

© Frank & Timme   Verlag für wissenschaftliche Literatur

4 Vorstellung sprengt Vorstellungen. Sarah Kane – *Blasted*, 1995

In diesem Kapitel wird das Stück *Blasted/Zerbombt* darauf hin analysiert, wie es auf die Jugoslawienkriege eingeht. Ferner ist Gegenstand der Untersuchung, wie im Stück Gewalt zwischen Männern, zwischen Geschlechtern und eventuell gesellschaftlichen Gruppen, Generationen oder Volksgruppen und Völkern erscheint. Spezifisch bei Kanes Stück wird dabei mit beachtet werden müssen, weshalb es als exzeptionell brutal gilt und ob es wirklich in zwei inkompatible Teilstücke auseinander fällt, einen friedlichen Teil und eine heftige Kriegssituation, wie ein Teil der Forschung postuliert.[502]

Neben neuen Sichtweisen zu Charakteren von Figuren, Abstufungen von Wortbedeutungen oder beim Verständnis von Wortwechseln und neuen Handlungszusammenhängen wird untersucht, inwiefern die Protagonistin Cate als eine starke Figur bezeichnet werden kann. Weiterhin wird erörtert, in welcher Weise die Diskussion um den Erfahrungshorizont der Autorin für einen südost-/westeuropäischen Dialog relevant ist. Zuvor wird auf Kanes Biographie und ihr Gesamtwerk eingegangen. Da sich manche Sekundärliteratur auf das Gesamtwerk bezieht, sind damit spätere Untersuchungsergebnisse nachvollziehbarer.

4.1 Kane – Leben und Werk

Die englische Theaterautorin und -regisseurin Sarah Kane hat von 1971 bis 1999 gelebt. Zwischen 1994 und 1999 schrieb sie fünf Theaterstücke und das Skript zu einem elfminütigen Film. Dazwischen erlebte sie Phasen schwerer Depression. Mit 28 Jahren erhängte sie sich am 20.02.1999 in einem Londoner Krankenhaus mit ihren Schnürsenkeln, nachdem in ihrem Leben sowohl

....

502 Dazu mehr in Kapitel 4.4.

mehrere Versuche, psychisch stabil zu werden, wie auch mehrere Selbstmord-versuche mit Tablettenüberdosis nicht gelungen waren. Hierbei ist bemerkens-wert, dass sie zwar sich und ihre Gemütsverfassung mit ihren Figuren und ihrer Arbeit gekoppelt sah,[503] aber nie mit Begriffen bezeichnete, die einem pur diagnostischen Bereich zuzuordnen sind. Stattdessen betonte sie ihre „voll-kommen realistische Wahrnehmung der Umwelt" in „einer chronisch kranken Gesellschaft".[504] Trotzdem äußerte Kane Sympathie für Personen und Figuren, die nonchalant humorvoll tun, was sie wollen: „I think there are people who can treat you really badly, but if they do it with a sense of humour, then you can forgive them."[505]

Blasted/Zerbombt, 1994, ist ihr erstes und am wenigsten durch Original-material zu Aufführungen dokumentiertes Stück.[506] Blasted heißt gesprengt, aber auch so stark betrunken, dass man sich zersprengt fühlt, im Deutschen würde man eher ‚zerschossen' oder ‚zerstört' sagen. Kane legt den Titel zu-nächst spontan mehr mit der umgangssprachlichen Doppelbedeutung betrun-ken, vom Alkohol zerstört/zerschlagen – statt zersprengt/zerbombt sein aus.[507]

Direkt danach, 1996, folgt das zweite Stück: *Phaedra's Love/Phaidras Liebe*. Es wurde von Kane als Auftragswerk für das Londoner Gate Theater geschrie-ben und von ihr selbst inszeniert. Dabei wird der antike Mythos umgedeutet, indem Hippolytos als gescheiterte Existenz beschrieben wird, dessen einzi-ger Wert die Ehrlichkeit und Offenheit ist. Ansonsten besteht das Leben von

---

503 Saunders, Graham: *About Kane: the Playwright & the Work*, London 2009, S. 104: „in some ways all my characters are me. I write about human beings, and since I am one, the ways in which all human beings operate is feasibly within my understanding."

504 Carr/Crimp/Kane/Ravenhill: *Playspotting*, 1998, S. 12: „Wobei es insgesamt auch um meine eigene Persönlichkeitsspaltung ging, den Umstand, dass ich zu gleichen Teilen Hippolytos und Phaidra bin. Sie sind zwei Facetten ein und derselben Person…"; vgl. Saunders, 2009, S. 87. Kane geht dabei von Roland Barthes' Bezeichnung einer „sozial unverantwortlichen Welt" aus, Saunders, 2009, S. 75.

505 Saunders, 2009, S. 71.

506 Da Kane nur manche Aufführungen ihrer Stücke mochte, aber keine Aufzeichnungen ihrer Stücke wollte, gibt es kaum welche, außer jenen, die privat sind, jenen, die ihr Bruder Simon von der, seines Erachtens, besten Aufführung von *Blasted* in New York 2008 gemacht hat und jenen, die von der Lyric Hammersmith Produktion von 2010 auf Rückfrage eingesehen werden können, aber nicht publiziert werden dürfen.

507 Vgl. Saunders, 2009, S. 40f.

Phaidras lethargischem Stiefsohn, den die Königin grenzen- und hoffnungslos liebt, aus Essen, Fernsehen, Sex und Masturbation. Kane, die bewusst von einer einmaligen Lektüre von Senecas Version des Phaidra-Stoffes ausgeht und angibt, weder Euripides noch Racines Fassung zuvor gelesen zu haben,[508] kehrt die Konvention der klassischen Tragödie, alles im Off passieren zu lassen, um. Hippolytos wird in einer expliziten Gewaltdarstellung in der letzten Szene, ohne sich verteidigen zu wollen,[509] vom aufgebrachten Mob ermordet. Kane zeigt hier Sexualität und Gewalt explizit und beschreibt den Humor im Stück als „eine Art lebensrettenden Galgenhumor".[510]

Im Jahr 1997 wird beim britischen Sender *Channel Four* der elfminütige Kurzfilm *Skin* nach Mitternacht ausgestrahlt.[511] Kane erlebt die Umstände enttäuschend: „that says it all", „I would never work in television", „There is too much censorship. As you cannot say what you want to say, I will not do it."[512] Abgesehen von der inhärenten Zensurmethode beim Fernsehen, präferiert Kane das Theater, weil es lebendig ist, vor allem durch die Kommunikation mit dem Publikum.[513]

Das dritte Stück *Cleansed/Gesäubert*, 1998, zeigt die Insassen einer Institution, die von einem Psychiater, der Folterer ist, kontrolliert werden. Kane lässt offen, ob es sich tatsächlich um eine psychiatrische Klinik evtl. einer Forschungsanstalt oder Hochschule handelt. Jeder Insasse ist in einen anderen verliebt, und der Folterer treibt mit manipulativen Mitteln jeden an die Gren-

....

508 Vgl. Saunders, 2009, S. 21, 67.

509 Nach dem sexuellen Kontakt zwischen Phaedra und Hippolytos verbreitet diese das Gerücht, er habe sie vergewaltigt, und begeht dann Selbstmord.

510 Interview mit Tabert, in: Tabert (Hg.): Carr/Crimp/Kane/Ravenhill: *Playspotting*, 1998, S. 14.

511 Dieser einzige Kurzfilm, den Kane für das Fernsehen produzierte, zeigt einige Tage aus dem Leben eines vegetarischen Skinheads, der mit seinen Kumpanen eine Beerdigung afro-britischer Menschen brutal überfällt, aber dabei ähnlich wie bei einer erotisch-masochistischen körperlichen Begegnung mit seiner schwarzen Nachbarin eher Gewalt erleidet als ausführt. Vgl. Saunders, 2009, S. 26.

512 Saunders, 2009, S. 85.

513 Außerdem ist eine Wiederholung nicht möglich, keine zwei Aufführungen sind identisch. Vgl. Saunders, 2009, ebd. Bei einem weiteren Versuch filmisch, diesmal das Thema Anorexie ausschließlich aus der Sicht der leidenden Frau zu zeigen, wollte sich kein TV-Sender darauf einlassen, lediglich Fragmente der handelnden Figur zu visualisieren.

zen seiner Liebe. Das Stück thematisiert die Frage, was das Höchste sei, das ein Liebender dem anderen ehrlicherweise versprechen kann. Liebe übersteht, was unerträglich scheint: In Experimenten werden Schmerzen bis hin zur Verstümmelung zugefügt, um herauszufinden, welche Macht die Liebe über diese Insassen, anwendbar auf die Menschheit an sich, hat.

Schließlich tragen die Insassen jeweils Gliedmaßen, Haut oder Kleidung des jeweils anderen am Körper – es kommt beiderseits zu einer Aufgabe des Selbst. Der Titel *Gesäubert* und der Inhalt lassen sich im Verhältnis zum vorherigen Skandal als komplett neue Thematik verstehen. Im Hinterkopf zu diesem Stück hatte Kane laut Selbstaussage den Holocaust.[514]

Das vierte Stück *Crave/Gier* bricht das Konzept von Rollen und Identitäten auf.[515] Vier Stimmen sprechen – A, B, C und M – ohne erkennbaren Zusammenhang aneinander adressierte Fragmente. Darunter sind autobiographische Züge zu erkennen. Kanes Sprache enthält sehr dichte Bildhaftigkeit, Poesie und Zitate aus u.a. Werken von Shakespeare, T.S. Eliot, der Bibel, Samuel Beckett. Dadurch wird Sprache als Mittel der Kommunikation aus den bekannten Kontexten herausgenommen und alles, was bleibt, sind scheinbar leere, weil schwer zugängliche und zusammenhanglose Sätze und Bruchstücke einer Kommunikation, evtl. über eine Missbrauchssituation.[516] Alle Stimmen artikulieren ihr jeweils starkes Bedürfnis nach Lösung und Rettung. Dabei bleibt offen, ob diese durch Liebe oder

....

514 Vgl. Interview mit Tabert, in: Tabert (Hg.): Carr/Crimp/Kane/Ravenhill: *Playspotting*, 1998, S. 15. Vgl. auch Saunders, Graham: Love me or kill me. *Sarah Kane and the theatre of extremes*, Manchester 2002, S. 94: „Whereas I hope that *Cleansed* and *Blasted* have resonance beyond what happened in Bosnia or Germany specifically".

515 Für dieses Stück verwendet sie für sich den Alias-Namen Marie Klevendon (sie wuchs in Klevendon Hatch auf, und ist ein Fan von Büchners *Woyzeck*) und erfindet für dieses Pseudonym auch eine Biografie, bei der Marie u.a. in Deutschland aufwächst und mit 16 Jahren nach England zurückkehrt sowie eine Katze namens Grotowski hat. Das Pseudonym bleibt nur kurz ein Rätsel; es scheint schwer für die Presse, die Kritiker*innen und die Öffentlichkeit, ihre Stücke nach dem *Blasted*-Skandal unvoreingenommen zu sehen. Vgl. *Gespräch*, in: Brocher, Corinna/Tabert, Nils (Hg.): *Sarah Kane: Sämtliche Stücke*, Reinbek bei Hamburg, 2010, S. 11.

516 Diese Annahme drängt sich anhand mehrerer Textpassagen auf, hier nur ein Beispiel: Brocher/Tabert (Hg.), 2010, S. 168: „sitzt ein kleines dunkles Mädchen im Beifahrersitz von einem geparkten Auto. Ihr ältlicher Großvater macht sich, die Hose auf, und es platzt aus seiner Unterhose, prall und purpurn."

durch den Tod erfolgen können. Kane z.b. gibt der Figur C in *Crave* Sätze vor, wie: „Ich hasse diese Worte, die mich am Leben halten/ich hasse diese Wörter, die mich nicht sterben lassen".[517] Sie nennt allerdings keine bestimmten Wörter.

4.48 Psychose, das fünfte und letzte Stück, enthält im Titel den Zeitpunkt, an dem Kane während ihrer depressiven Schübe jeden Morgen aufwachte und, von Medikamenten unbeeinflusst, zu klarem Denken fähig war.[518] Gleichzeitig ist dieser Moment derjenige mit dem größten psychotischen Anteil, da sie Stimmen hört, die sie nicht mehr hören will; in der Klarheit liegt auch potentiell Wahn.[519] Das Stück ist gekennzeichnet durch Monologe, Wort- und Zahlenketten und fragmentarische Dialoge ohne fassbare handelnde Personen. Kane arbeitet fundierte Kenntnisse, u.a. aus diagnostischen Fragebögen, ein und beschreibt möglicherweise in den Texten auch ihre eigenen Erfahrungen während der Depression und Klinikaufenthalte.[520] Es sind aber wohl auch Informationen darin eingearbeitet, die mit Erfahrungen von Folter zu tun haben, wie Regisseur Jeremy Weller 2006 ausführt.[521] Dennoch ist *4.48 Psychose* kein ausschließlich autobiographisches Werk. Vielmehr bildet es einen weiteren

....

517 Kane, 2002, S. 194. Vgl. auch S. 182: „Ich habe keine Musik, Gott, ich wünschte, ich hätte Musik, aber alles, was ich habe, sind Worte." Wobei „words" auch mit „Wörter" übersetzt werden könnte, was auf Sprache an sich, statt z.b. Musik hinweisen würde, während „Worte" klingt wie bestimmte, Anm. LTG.

518 Die Festlegung auf den genauen Zeitpunkt 4.48 Uhr mag hier ein künstlerisches Mittel sein, allerdings ist das frühe Wachwerden gegen vier oder fünf Uhr ein bekanntes Phänomen einer medikamentös unbehandelten Depression.

519 Brocher/Tabert (Hg.), 2010, S. 13: „Dieser Moment – die dunkelste Stunde, kurz vor dem Morgengrauen – wurde für sie ein Moment der größten Klarheit, ein Moment, in dem die Verwirrungen der Psychose sich zu verflüchtigen schienen. Das Paradox des Stücks besteht darin, dass der Moment der Klarheit im psychotischen Geist für jene außerhalb der Moment ist, in dem der Wahn am stärksten ist." Auch: Saunders, 2002, S. 115: „These images occupy the dark centre of this final play, including the time of 4.48 in the morning, ‚when sanity visits' (229); yet it is also the moment when the voice, ‚shall not speak again'. (213)." [Die zwei Zitate beziehen sich auf das Stück *4.48 Psychosis*, London 2000, Anm. LTG.]

520 Saunders, 2002, S. 112: „the forms used range from monologues; doctor – patient conversations; the language of medical questionnaires and clinical case histories; material taken from popular ‚self-help' psychology books".

521 Saunders, 2009, S. 122: „but some of the things she [Kane, Anm. LTG] spoke about I've heard many times from young offenders, or people who've been in moments of raw experience such as the young boys who have been tortured in the Serbian prisons."

Schritt in der Konstruktion von Kanes Werken: Vom Bürgerkrieg zum Krieg einer Familie, zu Paaren, einem Individuum und schließlich einem inneren Krieg im Selbst. Kane wollte ganz weg von Figuren hin zu puren Stimmen, weg vom Körper. Dazu ist festzustellen: Ohne körperliche Präsenz ist man gerettet, es kann keine solche Gewalt erfahren werden.

In den Mittelpunkt stellt Kane die Stimme. Dies ist körperliche Auflösung, bei der gleichzeitig doch eine Präsenz dadurch besteht, dass eine Figur nur durch die Stimme da ist; und das in einer Situation, die „normalerweise sprachlos"[522] macht.

1998, im April und im September, werden die Stücke *Cleansed* und *Crave* uraufgeführt. Ihr letztes Stück *4.48 Psychosis* wird 2000 posthum uraufgeführt.

Alle fünf Stücke von Sarah Kane beschäftigen sich mit dem Thema Beziehungen und Liebe unter gewalttätigen Umständen, gegenseitiger Manipulation und Abhängigkeit,[523] an sich diametral entgegengesetzte und unvereinbare Elemente, was tragisch ist, wie De Vos es ausdrückt: „The tragedy is this ritual where opposite principles are harmonized and which asks to be renewed, while it guarantees by its repetition the upholding of a superior cultural order",[524] oder nach der Definition von Rippl und Mayer: „Tragedy is private life ‚raised' to the political level; both spheres are equally essential to it and the ostensibly hierarchic relation between them is, implicitly, constantly called into question."[525]

Die Stücke überschreiten die Grenzen der Tragödie; insofern sie ihre „schlimmst-mögliche Wendung"[526] nehmen, wie Dürrenmatt sagt. Damit ist ein Kern oder Schmerzzentrum der Stücke getroffen, vor allem wenn wir Sands

....

522 Brocher/Tabert (Hg.), 2010, S. 15.

523 Vgl. Saunders, 2009, S. 100.

524 De Vos, Laurens: *Cruelty and Desire in the Modern Theater: Antonin Artaud, Sarah Kane, and Samuel Beckett*, New Jersey, 2011.

525 Harding, Sandra: „Gender, Modernity, Knowledge: Postcolonial Studies", in. Rippl, Daniela/ Mayer, Verena (Hg.): *Gender Feelings*, München 2008, S. 73.

526 Dürrenmatt: *Die Physiker*, Zürich 1988, Punkt 3 im Anhang *21 Punkte zu den Physikern*, S. 91f: „Eine Geschichte ist dann zu Ende gedacht, wenn sie ihre schlimmstmögliche Wendung genommen hat." Vgl. hierzu Dürrenmatt: *Die Wiedertäufer. Eine Komödie in zwei Teilen*, Zürich 1998, S. 127 und Dürrenmatt: *Die Physiker*, Zürich 1998, Punkt 4 im Anhang *21 Punkte zu den Physikern*, S. 91f: „Die schlimmstmögliche Wendung ist nicht voraussehbar. Sie tritt durch Zufall ein."

Worten folgen: „But everything depends on knowing that we have lost and knowing what we have lost."[527]

Als Erkennende dieses Verlustes, als im empathischen Sinne Augen- und Ohrenzeugin der Bilder und Medieninformationen, als Mit-Europäerin ist Kane involviert, obwohl sie bezogen auf den Kriegskontext keine direkt-biographische Kriegserfahrung hat. Insofern Kane die Jugoslawien-Kriege nicht als Quelle ihrer Inspiration mit aufnimmt, lässt sich dies mit Boll als Magritte'sche Verneinung ausmachen,[528] die wie ein Hinweis auf eine Leerstelle funktioniert.

So hat beispielsweise die Rauchpfeife, die auf dem Umschlag der Ausgabe von Caryl Churchills Stück *This is a chair/Das ist ein Stuhl* abgebildet ist, wie auch der Titel des ersten Teils „The war in Bosnia"[529] keinen weiteren Bezug im Stück.

Da sich einerseits die Menschen, die direkt bedroht waren, von Europa verraten und vernachlässigt fühlten, zugleich Kane ein Mangel an Kriegserfahrung vorgeworfen wurde, ohne zunächst den hohen Grad an Sensibilität und Empathiefähigkeit wahrzunehmen, sei an dieser Stelle ein Exkurs zum Thema Schreiblegitimation und Opferbegriff angeführt, der sich an Darko Lukić, einem international bekannten Theaterwissenschaftler und Schriftsteller der Nachfolgestaaten Jugoslawiens, und seinen Arbeiten zur kroatischen Kriegsliteratur und dem Drama des Kriegstraumas[530] orientiert und mindestens für alle hier untersuchten Stücke relevant ist. Ein Exkurs zu Lukićs Opferkategorien und Gewaltvorstellungen im Verhältnis zur Sprache ordnet unterschiedliche

....

527   Sands, Kathleen M.: „Tragedy, Theology, and Feminism in the Time After Time", in: Felski, Rita (Hg.): *Rethinking tragedy*, Baltimore 2008, S. 99.

528   Boll, 2013, S. 54: „As the scenes evade a proper decoding, as one struggles to reconcile the grand themes of the titles with the very private scenes displayed, one realises that this is an inversion of Magritte's discrepancy between caption and display."

529   Churchill, Caryl: *This is a Chair*, London 1999, S. 7.

530   Vgl. Lukić hat in Zagreb studiert und promoviert. Tätig war er in Zagreb, Beograd und Sarajewo, ferner in Tuzla, New York, Kopenhagen, London und Salzburg. Sein Stück *East Side Story* aus dem Jahr 2013 befasst sich mit zwei jugoslawischen Flüchtlingen in London. Vgl. Lukić, Darko: *Hrvatsko ratno pismo*, [übers. Kroatische Kriegsliteratur], in: *KOLO. Časopis Matice hrvatske*, [übers. Der Reigen. Zeitschrift der kroatischen matrix croatica, wörtl. kroatischen Mutterzelle; dies ist eine Kulturorganisation.], Jhrg. VI/Nr. 2/Sommer 1997, S. 344–352.

Betroffene ohne zu werten und relativiert geographische Nähe: Muss man Opfer sein, um eine Berechtigung zu erlangen zu sprechen oder darüber literarisch zu schreiben? Wenn ja, wie stark und auf welche Art muss man traumatisiert sein? Lukić[531] unterscheidet fünf Kategorien:

1. Die Opfer ersten Grades, die den Krieg in Jugoslawien erfahren haben, sind ihm zum Opfer gefallen und gestorben, während des Krieges im jeweiligen Land.

2. Die zweite Kategorie sind die Opfer, die vor Ort gelitten haben, die Überlebende und ZeugInnen eigenen oder ‚fremden' Leids sind; unabhängig vom ‚Stärkegrad des Leids', der Grausamkeit und unabhängig davon, ob sie danach vor Ort geblieben sind oder diesen verlassen haben.

3. Drittens gibt es Kriegsopfer, die im Kontext der Aufregung und Angst über den Krieg an den Kriegsschauplätzen und anderswo gestorben sind, wie beispielsweise die oben erwähnte Autorin Brankica Bečejac.

4. Zur vierten Kategorie sind Menschen zu zählen, die während der Jugoslawienkriege nicht im Land waren, aber dort Familie und FreundInnen haben oder jemanden dort verloren haben, ganz gleich, ob englische/r NATO-SoldatIn oder bosnische/r Verwandte/r.

5. Zur fünften und letzten Kategorie gehören alle Menschen, mit oder ohne jugoslawische Wurzeln, die die Nachrichten im Fernsehen, über Internet und in der Zeitung empathisch und solidarisch verfolgt haben. Manche Menschen können durch Mitschauen traumatisiert sein.

....

531 Lukić, Darko: *Kazalište u svom okruženju. Knjiga 1. Kazališni identiteti. Kazalište u društvenom, gospodarskom i gledateljskom okruženju*, [übers. Theater in seinem Umkreis. Buch 1. Theater-Identitäten. Theater in seinem gesellschaftlichen, herrschaftlichen Umfeld und im Zuschauerkreis], Zagreb 2010. *Kazalište, kultura, tranzicija. Eseji*, Zagreb 2011 [übers. Theater, Kultur, Transition. Essays] Bd. 2: *Kazališna intermedijalnost i interkulturalnost*, Zagreb 2011 [übers. Bd. 2: Intermedialität und Interkulturalität des Theaters]. Vgl. auch: *Drama ratne traume*, Zagreb 2009 [übers. Drama des Kriegstraumas]. Und vgl. auch: *Hrvatsko ratno pismo*, [übers. Kroatische Kriegsliteratur], in: *KOLO. Časopis Matice hrvatske*, [übers. Der Reigen. Zeitschrift der kroatischen matrix croatica, wörtl. kroatischen Mutterzelle; dies ist eine Kulturorganisation.], Jhrg. VI/Nr. 2/Sommer 1997, S. 344–352.

Mittels dieser Kategorien wird die Menge an Kriegsopfern deutlich, mit der die Lücke zwischen den Opfern ‚irgendwo da unten‘ und ‚uns hier in Sicherheit‘ geschlossen werden kann, was Solidarität und Identifikation erhöht. Mit den fünf Opferkategorien lässt sich auch die Frage klären, welche Erfahrung wie erleben und mitfühlen lässt und zur Mitsprache berechtigt.[532] Die Kategorien sind wichtig für die Fragen, ob und wie stark die Frauenfiguren eine Opferrolle in Stücken spielen, welches wie manifestierte Mitspracherecht sie haben, und damit verbunden, welcher Dramaturgie und welcher Ästhetik die Autorinnen folgen.

4.2 Forschungsüberblick

Die Forschung zu Kanes Werk beginnt nach ihrem Tod und erfährt im Vergleich zur journalistischen Rezeption nach dem Debüt eine Neubewertung, für die sich bereits zu ihren Lebzeiten neben ihrer Agentin Mel Kenyon vor allem Alex Sierz und Graham Saunders eingesetzt haben.

Zu Kanes Gesamtwerk gibt es von Stephenson/Langridge und Saunders zwei Monografien und einen Artikel.[533] In dem Werk von Sierz zum *In-yer-face theatre*[534] bekommt Kane, die er dieser Richtung zuordnet, u.a. ein eigenes Ka-

....

532 Thompson/Hughes/Balfour, 2009, folgen Frédérique Lecomte und Melchiade Ngendabandyikwa bei der Unterscheidung von vier Kategorien von kriminell Geächteten: denen, die wirklich unschuldig sind und falsch bezichtigt werden, dann diejenigen, die abstreiten, und welche, die zugeben, aber die Verantwortung abstreiten, weil sie sagen, sie wurden gezwungen, und schließlich diejenigen, die zugeben, sich entschuldigen und um Strafe bitten, letztere existieren aber wohl kaum; vgl. ebd. S. 187: „Melchiade Ngendabandyikwa here notes the effect of the work but also how the ‚not-real‘ nature of the performance permits the telling in ways that would not otherwise be possible.“

533 Stephenson, Heidi/Langridge, Natasha: *Rage and reason. Women playwrights on playwriting*, London 1997, S. 129–135. Saunders, Graham: Love me or kill me. *Sarah Kane and the theatre of extremes*, Manchester 2002/2003. Ders.: Out Vile Jelly: *Sarah Kane's* Blasted *and Shakespeare's* King Lear, Cambridge, Vol. 20, Nr. 1, 02/2004, S. 69–78. Saunders, Graham: *About Kane: the Playwright & and the Work*, London 2009.

534 Dies ist eine Theaterrichtung der 1990er, die auch *New Brutalism* oder *Neo-Jacobeanism* (Wixson, 2005, S. 5) bezeichnet wird und provokativ und konfrontierend sein will. „In-yer-face theatre is the kind of theatre which grabs the audience by the scruff of the neck and shakes it until it gets the message. The sanitized phrase ‚in-your-face‘ is defined by the

pitel.[535] Diese ersten Arbeiten und die umfassende von Saunders von 2009 dokumentieren, nehmen viele Primäraussagen auf, vor allem aus Interviews und Zeitungsartikeln. Wie sich im Folgenden zeigen wird, sind weitere Arbeiten stark von diesen Quellen geprägt, rekapitulieren in ähnlicher Weise oder sind ebenso wie Saunders und mit gleicher Argumentationsweise damit befasst, die vernichtende Erstauffassung der Kritiker*innen von 1995 zu revidieren und Kane zu rehabilitieren, ohne sich wirklich gründlich mit der Analyse ihrer Texte zu befassen.[536]

In Marvin Carlsons Monographie zu Inszenierungen in Deutschland im 20. Jahrhundert erwähnt er auch Kane im Zusammenhang mit Thomas Oster-

....

New Oxford English Dictionary (1998) as something ‚blatantly aggressive or provocative, impossible to ignore or avoid‘. The Collins English Dictionary (1998) adds the adjective ‚confrontational‘. ‚In-your-face‘ originated in American sports journalism during the mid-1970s as an exclamation of derision or contempt, and gradually seeped into more mainstream slang during the late 1980s and 1990s, meaning ‚aggressive, provocative, brash‘. It implies being forced to see something close up, having your personal space invaded. It suggests the crossing of normal boundaries. […] In-yer-face theatre <u>shocks</u> audiences by the extremism of its language and images; unsettles them by its emotional frankness and disturbs them by its acute questioning of moral norms. It not only sums up the <u>zeitgeist</u>, but criticises it as well. Most in-yer-face plays […] are experiential – they want audiences to feel the extreme emotions that are being shown on stage. In-yer-face theatre is <u>experiential</u> theatre.“, www.inyerfacetheatre.com/what.html, Stand: 03.08.2020; Unterstreichungen so auf der Webseite. Was nur bei Griffin, in: Uecker (Hg.), 1998, S. 80, genannt wird, ist, dass *In Your Face* 1994 der Titel einer sehr erfolgreichen Theater-Musik-Show des *Gay Sweatshop* Theatres war, das sich 1975 gegründet hat und zu dem Frauen und Männer gleichwertig gehörten. Es war eine Show, die „sketchmäßig ein homosexuelles Lebensbild“, „zeittypisch“ und „zeitspezifisch“ (S. 80), zeigte. Mehr zur daraus folgenden Bewegung vgl. Sierz, Aleks: *In-Yer-Face Theatre. British Drama Today*, London 2001.

535   Sierz, 2001, S. 90–121.

536   Nevitt enthält keine neuen Informationen oder analytischen Erkenntnisse. Weitere Beiträge und deren jeweils eigene Ergebnisse werden ab Kapitel 4.4 eingebracht: De Vos, Laurens: *Cruelty and desire in the Modern Theater. Antonin Artaud, Sarah Kane and Samuel Beckett*, New Jersey 2011. De Vos, Laurens/Saunders, Graham (Hg.): *Sarah Kane in context*, Manchester 2010. Iball, Helen: *Sarah Kane's Blasted*, London/New York 2008. Boll, 2013. Nevitt, Lucy: *theatre & violence*, London 2013. Soncini, Sara: „A horror as deep only ritual can contain it: The art of dying in the theatre of Sarah Kane“, in: *Other Modernities. Essays*, Nr. 4/10, Milano 2010. Und: Carney, Sean: „The Tragedy of History in Sarah Kane's ‚Blasted‘“, in: *Theatre Survey*, Vol. 46, Nr. 2, 11/2005. Ashton, Elaine: „Feeling the Loss of Feminism: Sarah Kane's Blasted and an Experiential Genealogy of Contemporary Women's Playwriting“, in: *Theatre Journal*, Vol. 62, Nr. 4, 12/2010, S. 575–591.

© Frank & Timme   Verlag für wissenschaftliche Literatur

meier;[537] unter dessen Regie zum Stichwort Kapitalismus- und Medienkritik an der Schaubühne Berlin alle Stücke von Kane inszeniert worden sind und übrigens auch Srbljanovićs *Supermarket*.[538] Neu ist, dass De Vos/Saunders in Zeiten des aufkommenden islamistischen Terrors die Bedeutung eines muslimischen Soldaten in *Blasted* ins Zentrum rücken. Boll verhandelt das Stück im Kontext neuer Kriegsstücke von insgesamt 29 Autor*innen.[539]

Französische Beiträge und Erwähnungen gibt es von Angel-Perez, die Kanes *Blasted* „un parfait exemple de théâtre ‚coup-de-poing'" nennt.[540] Ihre Beschäftigung mit Beckett und Kane legt den Fokus auf das Schreiben nach Auschwitz: „Elle ne parlent pas d'Auschwitz, elles parlent Auschwitz".[541] Angel-Perez widmet sich in *Voyages* Kanes *Cleansed* mit dem Blick auf die Frage nach Sinnkrise bei den Figuren. Zudem findet Kane in einer französischen Aufsatzsammlung von Coulon/March zweimal Eingang; Samuel Cuisinier-Delorme und Éléonore Obis legen ihren Schwerpunkt auf Kanes letztes Stück.[542]

Sylvie Ballestra-Puech behandelt im AutorInnenkollektiv vier Stücke (Shakespeare, Corneille, Strauss, Kane)[543] mit je einem eigenen Kapitel und anschließenden thematischen Kapiteln u.a. zu Gewalt in Verbindung mit Politik, mit Sexualität, Familiengeschichte, Rache, Kannibalismus, Vernunft,

....

537 Carlson, 2009, S. 4, 162, 168.

538 Carlson, 2009, S. 169.

539 Boll, 2013. Bis auf die dortige Erwähnung auf S. 54 im Zusammenhang mit zwei Werken von Caryl Churchill: *This is a chair*, London 1999 und *Far away*, New York 2001, wird das Stück nicht in der Tiefe neu untersucht; auch der Blick auf den Südosten Europas spielt insgesamt eine sehr marginale Rolle.

540 Angel-Perez, Élisabeth: *Howard Barker et le théâtre de la Catastrophe*, Montreuil-sous-Bois 2006, S. 117; auch ebd. S. 11, 112. Vgl. auch Angel-Perez, Élisabeth: *Voyages au bout du possible. Les théâtres du traumatisme de Samuel Beckett à Sarah Kane*, Klincksieck 2006. Außer Kane werden Beckett, Barnes, Bond, Barker, Pinter, Churchill und Crimp aufgenommen.

541 Angel-Perez: *Voyages au bout du possible*, 2006, S. 214, sic: „Elle".

542 Cuisinier-Delorme, Samuel: *Au-delà de la représentation, le discours autour des corps dans Manque de Sarah Kane*, in: Coulon, Claude/March, Florence (Hg.): *Théâtre anglophone. De Shakespeare à Sarah Kane*, Montpellier 2008, S. 133–142. Obis, Éléonore: *Stratégies d'effacement et de déconstruction du corps sur scène dans 4.48 Psychose de Sarah Kane et Atteintes à sa vie de Martin Crimp*, in: Coulon, Claude/March, Florence (Hg.): *Théâtre anglophone. De Shakespeare à Sarah Kane*, Montpellier 2008, S. 143–153.

543 Ballestra-Puech et al., 2010, S. 89–106.

Szenografie und Katharsis. Sie würdigt Kane als Avantgardistin und Teil des europäischen Theaters, dies steht für die anderen Autorinnen, die in dieser Arbeit behandelt werden, europaweit und dauerhaft noch aus.[544]

Bei Sandrine Le Pors wird die Wirkung der Traumata und der personalisierten Gewalt sowohl auf den Schreibprozess bei den AutorInnen als auch auf den Zuschauprozess selbst thematisiert.[545] Schlüsselthemen sind in dieser Sekundärliteratur, die sich nicht mit *Blasted* befasst, neben dem Zusammenhang *Cleansed* und Holocaust, Körperlichkeit und Brutalität sowie inwiefern Katastrophen und Traumata und damit die Stücke an sich überhaupt spielbar sind.

In der Dissertation von Schäfer gibt es ein Kapitel[546] und in einer Anthologie einen Aufsatz zu *Phaedra's Love*.[547]

Zu der kurzen deutschen Studienarbeit von Boßler kommen Aufsätze und Teilkapitel in Anthologien und Monographien hinzu: Zwei Aufsätze von Niedermeier zu Humor und einer von Opel zu Körperlichkeit.[548] In *Sprachkörper*[549] vertieft Opel ihr Thema neben Kane mit Werner Fritzsch und Rainald Goetz.

Stricker untersucht bei Stein, Müller, Schwab und Goetz Strategien nicht-dramatischer Texte und sieht dabei mit Müllers Tod und Kanes *Blasted* in 1995 theatergeschichtlich eine „Zäsur",[550] ohne die Jugoslawienkriege als

544 Vgl. Ballestra-Puech et al., 2010, S. 97: „Kane est reconnue comme un auteur majeur en Europe".

545 Le Pors, Sandrine: *Le théâtré des voix. À l'écoute du personnage et des écritures contemporaines*, Rennes 2011.

546 Schäfer, Tina: *Postmodern Love? Auseinandersetzungen mit der Liebe in der britischen Literatur der 1990er Jahre*, Tübingen 2007.

547 Chiarloni, Anna: „Im Zeichen des Geiers. Zur Ikonographie der Gewalt bei Heiner Müller und Sarah Kane", in: Vietta, Silvio/Uerlings, Herbert (Hg.): *Moderne und Mythos*, München 2006, S. 227–240.

548 Boßler, Claudia: *Sarah Kane's* Blasted/Zerbombt – *eine Analyse*, München 2010. Niedermeier, Cornelia: „Apokalypse gottlos. Zum Werk der Sarah Kane", in: Strigl (Hg.): *Frauen verstehen keinen Spaß*, 2002, S. 205–212. Opel, Anna: „Szenen einer Zerteilung. Zur Wirkungsästhetik von Sarah Kanes Theaterstücken", in: Benthien, Claudia/Wulf, Christoph (Hg.): *Körperteile. Eine kulturelle Anatomie*, Reinbek bei Hamburg 2001, S. 381–402.

549 Opel, Anna: *Sprachkörper. Zur Relation von Sprache und Körper in der zeitgenössischen Dramatik – Werner Fritsch, Rainald Goetz, Sarah Kane*, Bielefeld 2002.

550 Stricker, Achim: *Text-Raum. Strategien nicht-dramatischer Theatertexte. Gertrude Stein, Heiner Müller, Werner Schwab, Reinald Goetz*, Heidelberg 2007, S. 12.

‚europäische Zäsur' zu sehen. Einzelne andere Werke von Kane behandelt der Aufsatz von Chiarloni; Domsch gibt einen kurzen Gesamtüberblick.[551] Hans-Thies Lehmann geht auf Kane auch nur peripher ein. Er bezeichnet Kanes *4.48 Psychose* als eines, das hätte erfunden werden müssen, wenn es nicht bereits existierte, aufgrund der Auflösung von Figuren zu bloßen Stimmen, und geht auf die ästhetische Logik des Postdramatischen Theaters ein, wobei er feststellt, dass das neue deutsche Theater seit den 1990ern von der britischen *In-yer-face*-Bewegung inspiriert ist.[552] Ferner ist Kane mit aufgelistet, wenn Lehmann zur Tragödie ausführt: „Die Bestimmung einer Gattung, die die konzentrierten Werke der Antike ebenso wie die labyrinthischen Dramaturgien Shakespeares, die Abstraktion und klassische Stilisierung Racines oder Schillers, die Georg Büchner ebenso wie (gesetzt vorläufig, es handle sich hier um Tragödien) Henrik Ibsen, Artur Miller, Eugene O'Neill, Heiner Müller, Howard Barkers ‚Theatre of catastrophe', Dea Loher und Sarah Kane umfassen sollte, verdammte sich zu solcher Abstraktheit, daß ein derartiger Gattungsbegriff nichts mehr erschließen, sondern nur noch formal markieren, ja etikettieren, könnte."[553]

....

551 Chiarloni, in: Vietta/Uerlings (Hg.), 2006, S. 227–240. Domsch, Sebastian: *Sarah Kane*, in: *edition text + kritik. Kritisches Lexikon der fremdsprachigen Gegenwartsliteratur (KLfG)*, Stand: 01.03.2011. Auch: munzinger.de/search/klfg/Sarah+Kane/642.html, Stand: 03.08.2020.

552 Lehmann: *Postdramatic theatre*, London/New York 2006/2010, S. ix.

553 Lehmann: *Tragödie und dramatisches Theater*, Berlin 2013, S. 25. Vgl. Angel-Perez, Élisabeth: „Reinventing ‚grand narratives': Baker's challenge to postmodernism", in: Rabey, David Ian/Goldingay, Sarah (Hg.): *Howard Barker's Art of Theatre. Essays on his plays, poetry and production work*, Manchester/New York 2013, S. 39, 45. Angel-Perez konstatiert jeweils einen deutlichen Unterschied zwischen Barker und Kane und sieht darin u.a., dass Barker nicht bis zur Heillosigkeit dekonstruiert wird; S. 39: „(Bond, Berkoff, Kane, Crimp) who compulsively revisit classical texts or myths, Barker does not dismiss the structural concept of grand narrative. Postmodernists attempt to deconstruct grand narratives by focusing on specific local contexts as well as on the diversity of human experience", und mit Methode vorgeht und insofern rekonstruiert, S. 45: „Barker, if a deconstructionist by method, is also a reconstructionist by credo, and most notably a reconstructionist of the one element that tragedy cannot dispense with: the subject.". Zu Barkers *Theater der Katastrophe* kritisiert Lehmann einen Handlexikoneintrag zur Tragödie und führt aus, Lehmann, 2013, S. 63: „Im selben Zug wird einmal mehr das menschliche Leid auf einen ‚metaphysisch begründeten Konflikt' bezogen. Wie aber steht es unter dieser Prämisse mit Beckett, Heiner Müller oder Sarah Kane in der Gegenwart? Entweder fehlt es in diesen Fällen an Konflikt oder es fehlt an Metaphysik, oder es fehlt an beidem."

Lehmann erkennt u.a. bei Kane, wie sie sich der tragischen Konstellation mit der Sprache, mit den Grenzen von politischer Ratio und Selbst-Identität annähert, indem sie diese ins Zentrum rückt und damit auf der Bestimmung ihres Textes als Theatererfahrung, als Darstellung im empathischen Sinne beharrt.[554]

Bloch schreibt. „Ein regelrechter Boom gewaltgeladener Stücke entzündet sich mit der Rezeption des Werkes von Sarah Kane, ihren Gefolgsleuten und Nachahmern, wie Mark Ravenhill, Mark O'Rowe oder in Deutschland Marius von Mayenburg". Als einzigen ehemals jugoslawischen Autor führt sie Dževad Karahasan an,[555] – allerdings nicht im jugoslawischen Kriegskontext der 1990er, sondern in Verbindung mit einer Textstelle zu Troubadurlyrik.[556]

Während Kanes Stücke heftige Kontroversen auslösten und zugleich Preise auf dem Kontinent erhielten,[557] versuchte sie sich gegenüber der Rezeption und Interpretation ihrer Stücke gleichgültig zu geben: „The one thing I don't think is the responsibility of playwrights is telling people what to think about the play afterwards.".[558] Es regte sie aber auf, wenn Menschen ihre Werke auf der Bühne nicht ertrugen, zugleich war ihr irgendeine Reaktion lieber als keine. Kane unterschied kritisch zwischen Publikum und Presse.[559] Vorzeitiges Verlassen von Aufführungen ist allerdings etwas, was sie teilweise selbst praktiziert

---

554   Vgl. Lehmann, 2013, S. 579, 614.

555   Karahasan ist ein u.a. mit dem Leipziger Buchpreis zur Europäischen Verständigung ausgezeichneter vielseitiger Schriftsteller. Neben ihm wären u.a. David Albahari, Miro Gavran, Milovan Danojlić, Miljenko Jergović und Dragan Velikić zu nennen.

556   Bloch, 2011, S. 14. Vgl. ebd. S. 24, 28, 77. Dabei ist das Sprachbild, – das lautmalerische „Boom", das „entzündet" oder „Gefolgsleute" nicht friedlich und zeigt, dass die Welt weit vor und nach Kane gewaltgeladen ist, ebenso das Ignorieren.

557   In Deutschland 1999 und 2000 als beste ausländische Theaterautorin.

558   Saunders, 2002, S. 27. Vgl. Saunders, 2009, S. 106: „I do not have a responsibility as a writer. The only responsibility is towards the truth, however awful the truth might be. I do not feel a responsibility towards the audience or to other women.". Vgl. Saunders, 2009, S. 96: „My only responsibility as a writer is to the truth, however unpleasant that truth may be. I have no responsibility as a woman writer because I don't believe there's such a thing.". Vgl. Saunders, 2009, S. 50: „The other three people walked out, but I didn't care.". Vgl. Saunders, 2009, S. 53: „...but it did mean that when I was watching it and people got up and walked out, there was a part of me that thought, ‚Why'd you come?'...". Vgl.: identisches Zitat bei Saunders, 2002, S. 38.

559   Saunders, 2009, S. 53: „I think it's important not to confuse press with audience."

© Frank & Timme   Verlag für wissenschaftliche Literatur

hat, ohne das Gefühl bzw. die Angst, etwas zu verpassen, während sie, nach eigener Aussage, niemals ein Fußballspiel frühzeitig verlassen hat, weil man nicht wüsste, wann sich da möglicherweise ein Wunder ereignet.[560]

In der vorliegenden Arbeit werden Kanes Selbstaussagen ausgewertet; daher liegt ein Schwerpunkt auf Werken von Saunders von 2009.

4.3 *Blasted* – Inhalt

Ein 45-jähriger Journalist aus Wales namens Ian, ein Klatschreporter für Yorkshire, ist mit einem operativ halb entnommenen Lungenflügel schwer krebskrank. Er trifft sich in Leeds[561] in einem noblen, luxuriösen Hotelzimmer mit der 21jährigen Cate, die bereits mit 17/18 Jahren seine Freundin und Geliebte war. Von der Körperkraft her und intellektuell scheint er ihr sogar todkrank noch überlegen zu sein. Ian ist ein Angeber, rassistisch, homophob, bewaffnet und sexuell derart bedürftig, dass es ihm egal ist, ob Cate mittlerweile einen anderen Freund hat, vor allem, wenn sie mit diesem noch nicht sexuellen Verkehr hatte und dieser in seinen Augen nicht Engländer genug ist. Ian begehrt Cate sexuell, nicht als ernstzunehmende Beziehungspartnerin. Ihre unkontrollierten Ohnmachtsanfälle bemerkt Ian erstmals; ihre dysfunktionale Familiensituation und ihr angespanntes Verhältnis zu ihm sind unangenehm oder außerhalb seiner Interessensgebiete, was daran festgemacht werden kann, wie schnell er das Thema wechselt und alles auf eine abschließende Art kommentiert. Obwohl Cate nichts mehr von Ian wissen will, ihn teilweise sogar abstoßend findet, sieht sie zunächst in ihm einen todkranken Ex-Freund, mit dem sie mitfühlt[562] und für den sie daher unerfahren und gutgläubig zu einer in ihren Augen rein freundschaftlichen Begegnung bereit ist. Ian nötigt Cate

....

560 Saunders, 2002, S. 15: „I frequently walk out of the theatre early without fear of missing anything. But however bad I've felt, I've never left a football match early, because you never know when a miracle might occur".

561 Eine Stadt, die der Regieanweisung nach auch irgendeine andere Stadt sein könnte. Vgl. Kane, 2002, S. 3: *A very expensive hotel room in Leeds – the kind that is so expensive it could be anywhere in the world.*

562 Kane 2002, S. 23: „Ian: Why did you come? Cate: You sounded so unhappy."

jedoch zu sexuellen Handlungen und vergewaltigt sie in der Nacht. Zudem leidet er entweder unter einer Form von Verfolgungswahn, bei der er denkt, dass Menschen, die ihn töten wollen, ihm im Hotel auflauern, oder er macht sich wichtig und spielt sich mit dieser Vorstellung vor Cate auf, oder es ist zudem eine seiner ihn erotisch potenzierenden Phantasien, sich als eine Art James Bond zu imaginieren.[563]

Nachdem Cate im Verlauf der Handlung u.a. Ians Jacke ruiniert, indem sie den Ärmel abreißt, seine Waffe versuchsweise auf ihn richtet und ihn in seinen Penis beißt,[564] verschwindet sie durchs Badezimmerfenster, da Ian das Hotelzimmer abgeschlossen hat und den Schlüssel behält. Daraufhin erfolgt eine Detonation und eine kurze Weile danach klopft es zweimal. Das Klopfen wird wiederholt, nachdem Ian auf seine Frage, wer da sei, keine Antwort erhält. Es tritt ein namenloser, hungriger Soldat als dritte Rolle im Stück auf. Cate ist ihm entronnen, da sie sich ins Bad begeben hatte und dann durchs Badfenster geflohen sein muss. Dieser namenlose Soldat berichtet Ian von den Grausamkeiten des Krieges und dem Verlust seiner Freundin Col. Der Soldat ist dermaßen traumatisiert von dem, was er möglicherweise hat mit ansehen müssen,[565] und von dem, was er selbst getan hat,[566] dass er Ian auszieht, fesselt,

....

563 Vgl. Kane, 2002, S. 29ff. Hier ist sein Kommentar zu Cates Handlung verquickt mit ominösen Angaben zu seinem angeblichen neuen Job als Geheimagent und Auftragsmörder. Hierbei reicht es ihm nicht, er wäre ein Verteidiger seines Landes oder, dass er sich als vaterlandsliebender bewaffneter Geheimagent vorstellt, sondern er fürchtet Rache wegen Dingen, die er getan hat. Er muss also schlimm und böse sein.

564 Kane, 2002, S. 26: „*She rips the arms off at the seams.*" Diese Regieanweisung mit dem Detail des Saumes lässt sogar eher an Penelope, Odysseus Frau, denken, als an jemanden der wütend ist. Kane, 2002, ebd.: „*She takes the gun from his holster and points it at his groin. He backs off rapidly.*" Und: Kane, 2002, S. 31: „*On the word ‚killer' he comes. As soon Cate hears the word she bites his penis as hard as she can.*"

565 Kane, 2002, S. 47: „Col, they buggered her. Cut her throat. Hacked her ears and nose off, nailed them to the front door.", S. 49: „Bastard pulled trigger on Col.".

566 Kane, 2002, S. 43: „SOLDIER: Three of us –" Ian: „Don't tell me." Soldier: „Went to a house just outside town. All gone. Apart from a small boy hiding in a corner. One of the others took him outside. Lay him on the ground and shoot him through the legs. Heard crying in the basement. Went down. Three men and four women. Called the others. They held the men while I fucked the women. Youngest was twelve. Didn't cry, just lay there. Turned her over and – Then she cried. Made her lick me clean. Closed my eyes and thought of – Shot her father in the mouth. Brothers shouted. Hung them from the ceiling by their testicles."

© Frank & Timme   Verlag für wissenschaftliche Literatur

ihm die Augen aussaugt, sie isst, ihn vergewaltigt und ihm seine Pistole in den Anus schiebt.[567] Anschließend erschießt er sich selbst. Auch Ian möchte sterben, aber Cate, durch das Badfenster wieder zurück auf die Bühne gekommen, lässt ihn nicht. Zweimal kommt Cate aus der Welt da draußen zurück und berichtet: „Everyone in town is crying", „Soldiers have taken over", „Most people gave up".[568] Das erste Mal hat sie ein Baby im Arm, ein Mädchen, das ihr dessen Mutter gab und um das sie sich kümmern will. Als das Baby kurze Zeit später an seinen Verletzungen und Hunger stirbt, verlässt Cate das Hotel erneut. In der Zeit, in der sie weg ist, um in der Stadt Essen zu besorgen, isst Ian das tote Baby teilweise und versenkt sich in dem Loch, in dem das Baby zuvor von Cate begraben worden ist. Als Cate das zweite Mal zurückkommt, hat sie Essen und Trinken für sich mitgebracht. Es wird angenommen, dass sie es gegen ihren Körper bzw. Sex eintauschen musste. Nachdem sie sich selbst gestärkt hat, gibt sie fütternd dem, was von dem hilflosen Ian übrig geblieben ist, etwas ab, wofür dieser sich bedankt.

4.4 Hintergründe und Zusammenhänge der *Blasted*-Rezeption

Blasted aus dem Jahre 1994 wird am 12.01.1995 in London am Royal Court Theatre uraufgeführt.[569] Es ist keine Auftragsarbeit, wie das darauf folgende Stück *Phaidras Liebe*,[570] sondern Kanes insofern individuellstes oder ‚unschuldigstes‘ Werk, als es als Frühwerk im Entstehungsprozess freier von anderen Lese- und Inszenierungs- und Anschauungserfahrungen und noch nicht von ihrer Erfahrung mit Kritiker*innen und Publikum beeinflusst ist.

....

567 Kane, 2002, S. 49.

568 Kane, 2002, S. 51.

569 Vgl. Kane, 2002, S. 2.

570 Das Stück gilt als ihr Rückzug auf das Gebiet des Krieges innerhalb der Familie, nachdem seit der Pressenacht von *Blasted* am 12.01.1995 das Stück die schlimmsten Kritiken der Dekade erhielt, gefolgt von einem hysterischen Aufschrei in den Medien, verbalen Attacken der Presseleute gegen Kane und dem Wegfall finanzieller Förderung des Theaters.

Ihre erklärten Vorbilder sind: Kafka, Müller, Strindberg, Ibsen sowie Shakespeare, Pinter, Barker, Bond, Beckett, Camus, T.S. Eliot, Artaud, Keats, W. Owen, Büchner, Brecht und Brenton.[571] Kane nennt keine einzige Autorin als einflussreich auf sie, obwohl sie *Top Girls* von Caryl Churchill und *I Don't Move I Don't Scream My Voice Has Gone* von Franca Rame inszeniert hat.[572] Sie lässt keinen Zweifel daran, dass sie sich nie zu sehr in Vorlagen vertieft hat, sondern ihre Stücke stets „ein eigenständiger Text werden".[573] Andererseits weist Kane mehrmals darauf hin, dass sie u.a. *King Lear*, besonders den Augenverlust und die Dover-Szene, als Vorlage für die späteren Szenen aus *Blasted* präsent hatte.[574]

Aus Vorsicht wird *Blasted* wegen der Gewaltszenen bereits mithilfe der Spielpläne des Theaters als letztes der Saison nach Weihnachten platziert, wenn auf den maximal 60 Sitzen wenig Publikum erwartet werden kann. Allerdings ist der Saal voll mit Journalisten und Kritikern, da an dem zweiten Eröffnungsabend ein anderes Theater Premierenabend hat und diese dort vorgemerkt sind. Außer Kane gibt es noch ca. drei andere Frauen im Publikum, – alles andere sind weiße unversehrte Männer mittleren Alters der Mittelklasse und Journalisten. Kane selbst realisiert bereits während der Aufführung, dass diese sich wohl mit Ian identifizieren werden.[575] Am kommenden Tag sind die Besprechungen – u.a. weil man das Stück nicht zwischen Sozialrealismus oder Surrealismus einordnen kann – extrem persönlicher Natur: „‚Clearly this writer is mentally ill and she should be locked away'.[18] The *Daily Mail* did actually suggest that the money spent on the play should be spent on getting me some therapy".[576] Kane sagt, was enttäuschend ist: „One of the disappointing things about *Blasted* was that no one could come and see it fresh any more because

----

571 Vgl. Carr/Crimp/Kane/Ravenhill: *Playspotting*, 1998, S. 18. Vgl. auch Saunders, 2009, S. 5. Büchner und Brecht nennt sie in beiden Aufzählungen.

572 Vgl. Saunders, 2009, S. 88.

573 Carr/Crimp/Kane/Ravenhill: *Playspotting. Die Londoner Theaterszene der 90er*, Reinbek bei Hamburg 1998, S. 12.

574 Vgl. Saunders, 2009, S. 39–41.

575 Saunders, 2009, S. 52; Sierz, 2001, S. 98.

576 Saunders, 2009, S. 51f. Die Fußnote 18 gehört zum Zitat, auch die kursive Hervorhebung entspricht der Vorlage. Mit „me" ist Kane gemeint.

everyone had read about it"; „when I was watching it and people got up and walked out, there was a part of me that thought, ‚Why'd you come? You're really going to get offended by a man raping another man? You knew it was going to happen'!"[577] Nicht nur gegenüber den Menschen, die vorzeitig aus dem Vorstellungsraum gehen, ist Kane verständnislos. Verärgert und verletzt äußert sie sich über das Vorgehen der Presse: „Getting a bad review doesn't matter [...] I don't care about that, but it does matter when they start phoning my family. But then my Dad's been doing that his entire life – he's a tabloid journalist. He doesn't complain about it, but it bothers me".[578] Häufig wird ihr Vater und sein Beruf thematisiert: „My father is a tabloid journalist".[579] Auffällig ist, dass es diesen Verweis auf den Beruf des Vaters noch fünf Mal gibt.[580]

In der Woche, in der Kanes Stück aufgeführt wird, gibt es als zentrale Themen in den britischen Medien neben dem Krieg in Jugoslawien ein großes Erdbeben in Japan mit Tausenden von Toten und die Vergewaltigung und Ermordung einer 15-Jährigen. Aber es wird, jedenfalls im Feuilleton, mehr über *Blasted* berichtet und geschrieben als über diese Ereignisse, stellt Kane fest: „The representation of violence caused more anger than actual violence. While the corpse of Yugoslavia was rotting on our doorstep, the press chose to get angry, not about the corpse, but about the cultural event that drew attention to it."[581]

---

577 Saunders, 2009, S. 53.

578 Saunders, 2009, S. 86. Aussagen stammen ursprünglich aus einem Interview mit Christopher, 1997.

579 Saunders, 2009, S. 52f.

580 Saunders, 2009, S. 54: „It was people like my father – tabloid hacks – who if they don't know the facts make them up, because that's what their job is".„My father's a tabloid journalist and the type of story Ian narrates I've heard my father do that so many times", „But Ian isn't my father. I do want to stress this!", „I grew up with tabloid journalists so I knew what it was like" Die Aussagen stammen ursprünglich aus einem Interview mit Saunders von 1995.

581 Saunders, 2009, S. 54.

Wie sie ihre Hauptfigur Cate geschützt angelegt hat, so wollte Kane auch sich nicht der Presse preisgeben, sondern tauchte lieber unter,[582] indem sie u.a. für eine Weile nach New York ging.[583]

Das Stück wird zu einem Skandal,[584] zum umstrittensten Stück der 1990er und führt zu einer der heftigsten Theaterdebatten dieser Zeit.[585] Es wird in England nicht Teil eines etablierten Repertoires,[586] sondern verrissen und u.a. als „as ‚naive tosh' and a ‚farrago'"[587] tituliert sowie als „utterly without dramatic merit", und „lazy, tawdry piece of work without an idea in its head beyond an adolescent desire to shock".[588] Zu den Reaktionen der anderen Kritiker*innen heißt es: „the genuine surprise came from the hysterical reactions of his [Phil Gibby, Anm. LTG] fellow critics."[589] Es gilt als ein unmögliches Stück in zweierlei Sinn: Schwer zu spielen sowie nicht akzeptabel von manchem Inhalt her, u.a. Fellatio, Vergewaltigung, Kannibalismus.[590] Zusätzlich gibt es noch den Eklat der analen Vergewaltigung an einem weißen, westlichen, schwerkranken Journalisten. Das Bild des englischen Mannes wird provoziert mit Textzeilen wie: „Never met an Englishman with a gun before, most of them don't know

....

582　Saunders, 2009, S. 52.

583　Saunders, 2009, S. 10 und S. 86: „After Blasted, I moved to New York for six months and then I decided to move back."

584　Saunders, 2002, S. 52. Vgl. Sierz, Aleks: „‚Looks like there's a war on': Sarah Kane's ‚Blasted', political theatre and the Muslim Order", in: De Vos/Saunders (Hg.), 2010, S. 52.

585　Carr/Crimp/Kane/Ravenhill: *Playspotting*, Interview mit Tabert, 1998, S. 7: „Ihr Debütstück *Zerbombt (Blasted)* wurde im Januar 1995 am Londoner Royal Court Theatre uraufgeführt und geriet in England wegen seiner expliziten Darstellung von psychischer und physischer Gewalt zu einem der größten Theaterskandale der letzten dreißig Jahre."

586　Saunders, 2009, S. xxi: „Whereas the widespread popularity of Kane's work in Germany has come via regional productions, in Britain (despite a few notable exceptions) the plays have not become part of an established repertoire."

587　Saunders, 2009, S.xxii. Michael Billington wählt diese Worte in *The Good Fairies Desert the Court's Theatre of the Absurd*, veröffentlicht im *Guardian* am 20. Januar 1995. Vgl. Saunders, 2009.

588　Saunders, 2009, S. 19. Charles Spencer schreibt dies im *Daily Telegraph* am 20. Januar 1995 in seinem Artikel *Awful shock*.

589　Saunders, 2009, S. 19, vgl.: Gibby, Phil: *Here' to a Brave new Theatrical World*, in: *The Stage*, vom 09.02.1995.

590　Hart, Sarah: *Marin Ireland. Theatre of the Impossible*, in: *American Theatre Magazine*, May/June 2009, S. 46.

　　　© Frank & Timme　Verlag für wissenschaftliche Literatur

what a gun is."[591] Vor allem hat eine junge Frau das Stück geschrieben,[592] aber das wird offensichtlich mehr als ‚Schlag ins Gesicht' wahrgenommen, in Anlehnung an den *In-yer-face*-Begriff, denn angemessen gewürdigt zu werden.

Ein letztes Aufsehen erregendes Moment für die Journalist*innen ist, nach der ‚unerwarteten' Kriegsthematik in einem Stück namens *Blasted/Zerbombt* in einem Kriegsjahr wie 1995 in Europa, der frühe Tod der Autorin im Februar 1999 durch Suizid.[593] Nach Kanes Tod spaltet sich die Sichtweise zwischen denen auf, die ihr Werk überhaupt nicht von ihrem Leben und Sterben trennen können, es ausschließlich vor dem Hintergrund etwaiger Diagnosen, anstelle der Zustände in der Gesellschaft und auf der Welt verhandeln, und denen, die dadurch, dass Kane sich selbst das Leben genommen hat, das Stück zu einer Art ‚heiligen Kuh' machen.[594]

Auf der einen Seite gibt es den Vorwurf der Kritik, ihr Stück sei „Zumutung für die Zuschauenden",[595] die Darstellung mitleidlos, eindimensional und kindisch provokativ;[596] auf der anderen Seite gibt es die Begeisterung, wie lobenswert naturalistisch die Darstellung und wie genial das Stück konstruiert sei, dass es die destruktive Beziehung und die Zerstörung der realen Welt zugleich zeige. Das Stück wurde in Großbritannien jahrelang nicht angerührt, hatte aber zugleich zahlreiche europaweite Aufführungen. Insofern schlug nicht nur ihr Stück ein – wie eine Bombe, wie Greig oder Boßler festhalten, sondern auch ihr Tod, der posthum zwar sowohl einige Gedenk-Aufführungen zur Folge hatte, aber auch retrospektiv dazu führte, dass ihre Stücke allzu sehr unter dem Aspekt ihrer Krankheit gedeutet worden sind.[597] Greig schreibt zweimal[598] von den Schatten, die durch den Tod

....

591 Kane, 2002, S. 40.

592 Diese nimmt ihre Arbeit geradezu ‚männlich' wichtig und bleibt sehr ernst und ist nicht unbedingt um äußerlich ‚weibliches' Auftreten bemüht.

593 Am 20.02.99. Im selben Jahr wird das Ende der Jugoslawien-Kriege datiert.

594 Saunders, 2009, S. 2: „as one viewer of the 2002 Glasgow Citizen's production of Blasted observed, the play has now virtually become, ‚a sacred cow you attack at your peril'."

595 Brocher/Tabert (Hg.), 2010, S. 10.

596 Vgl. Brocher/Tabert (Hg.), 2010, S. 14.

597 Greig, David: *Einleitung*, in: Brocher/Tabert (Hg.), 2010, S. 8. Und: Boßler, 2010, S. 3.

598 Greig, in: Brocher/Tabert (Hg.), 2010, S. 11, 15.

Kanes auf ihren Stücken liegen; diese sollten aufgelöst werden, um einem Verständnis Stimme zu geben, das das Stück in einen Zusammenhang mit Werken anderer Autorinnen stellt, die sich mit derselben Thematik befassten und befassen. Ballestra-Puech sieht in Kanes Stück dagegen eine geradezu prophetische Dimension, mit Blick auf den elften September 2001 in New York und den siebten Juli 2005 in London.[599]

Kane selbst sagt: „If a play is good, it breaths its own air and has a life and voice of its own. What you take that voice to be saying is no concern of mine. It is what it is. Take it or leave it."[600] Sie ist nicht dafür zuständig, dem Publikum nach dem Stück zu sagen, was es denken soll; ebenso nicht für die Inszenierungen anderer. In Deutschland wird *Blasted* erstmals 1996 und bis 1998 insgesamt sieben Mal aufgeführt. Kane hat es 1996 in Hamburg selbst gesehen, fand die Regie zum Teil schlecht und von der Sache her extrem schwierig, weil Ian, wie ein Dreißigjähriger, zu jung aussah oder war. Ferner sei ihre Figur Cate stets absolut aufrichtig, aber an der Stelle zur Frage der Lebensform antwortet sie nicht wie im Text mit einem ehrlichen „Nein", sondern schweigt. Schließlich wurde die Gewalt, Kanes Empfindung nach, verherrlicht und zu ausgiebig gezeigt, was ja genau nicht der Fall sein sollte.[601] Das sind wichtige Details für die Deutungsmöglichkeiten und mehr noch für die Inszenierungsfrage der vorliegenden Stücke.

Kane hat *Blasted* zwischen 1992 und 1994 verfasst und ursprünglich mit einer Szene mit einem Mann und einer Frau mit Altersunterschied im Hotel begonnen, wobei der Mann seine Ex-Freundin vergewaltigt. Als Kane in einem britischen Fernsehbericht über die Belagerung von Srebrenica im Fernsehen eine 70-jährige bosnische Frau sieht, die intensiv weint, während sie direkt in die Kamera schaut und verzweifelt um Hilfe bittet, verfestigt sich für Kane ein weiterer Impuls für ihr Stück, der auf den ersten Blick neu erscheint: „And I just

---

599   Vgl. Ballestra-Puech et al., 2010, S. 13: „Après le scandale qui accompagna la création de *Blasted*, la réévaluation de la pièce passa aussi par la dimension prophétique que lui confèrent rétrospectivement l'attentat du 11 septembre 2001 à New York et celui du 7 juillet 2005 à Londres."

600   Saunders, 2009, S. 60.

601   Carr/Crimp/Kane/Ravenhill: *Playspotting*, Interview mit Tabert, 1998, S. 14; auch: Saunders, 2009, S. 58.

sat there crying watching it; and it wasn't even so much a sense of helplessness, as just seeing such extreme pain. And I don't think it was conscious, but I think I started to want to write about that pain. That was probably when I had the idea that I wanted a soldier in it".[602]

Sie will vor allem über das schreiben, was sie bei der Frau so mitgenommen und beeindruckt hat, reflektiert aber ihre eigene Motivation und formuliert einen legitimen Impuls für ihr Schreiben, den Fortgang des Stückes. Sie sieht eine starke Verbindung zwischen zwei Sphären: „*Blasted* raised the question: ,What does a common rape in Leeds have to do with mass rape as a war weapon in Bosnia?' And the answer appeared to be ,Quite a lot'."[603]

Kane streicht eine ursprüngliche Version mit einem konkreten Bezug zu Serbien: „In the two Birmingham drafts of *Blasted* the soldier is very much a product of events taking place in the former Yugoslavia. Here, the soldier is even given a Serbian name, Vladek. To him, Leeds and indeed all of Britain is just another piece of territory."[604] Wie Kane selbst im Interview als Auskunft gibt, hat sie ganz bewusst diese – konkrete Verbindung zu einem tatsächlichen Ereignis,[605] nämlich dem zu der Zeit zentralen sogenannten Bosnien-Krieg[606] wieder herausgenommen: „Ich versuche in meinen Texten immer, konkrete Bezüge zu einem tatsächlichen Ereignis zu vermeiden".[607]

Kane datiert den Fernsehbericht in 1992, mal im März 1993, der genaue Zeitpunkt, den sie meint, ist nicht mehr auszumachen. Die Ungenauigkeit ihrer Datierung der Kriegsereignisse zeigt einerseits keine intensive und spezifische Auseinandersetzung damit, aber auch, dass letztlich die Konkretion für ihr

....

602 Saunders, 2009, S. 50.

603 Saunders, 2009, S. 90

604 Saunders, 2002, S. 53. Vladek kann auch ein tschechischer Name sein, Anm. LTG

605 Dabei enthält Serbian Ian, ist aber eine häufige Endung bei nationalen Zuordnungen im Englischen; ähnlich verweist -ić generell auf slawische Namen.

606 Wie erwähnt, ist es eigentlich ein Bürgerkrieg, der den Namen Bosnien-Krieg trägt, weil es der Hauptkriegsschauplatz zu der Zeit war. Zugleich sind es mehrere Kriege bzw. kriegerische Konflikte mit wechselnden Koalitionen: Kroatische Gruppierungen aus Kroatien und Bosnien, serbische aus Serbien und Bosnien und bosnisch-muslimische, kroatisch-bosnische Koalitionen sowie kurzfristig sogar kroatisch-serbische gegen bosnisch-muslimische.

607 Vgl. Carr/Crimp/Kane/Ravenhill: *Playspotting*, Interview mit Tabert, 1998, S. 15.

Stück irrelevant ist.[608] Vom vorliegenden Text her lässt sich die Nationalität des Soldaten, ebenso wie der Handlungsort des Stückes, auf jeden Ort auf der Welt adaptieren oder ein fiktiver Schauplatz oder jegliche Verortung im Stile des *white room* wählen.

Da die Massenmedien den geeigneten Rahmen für entpolitisierte Aussagen bieten, da sich „die sprachliche Wahrnehmung" „vom geschriebenen Wort auf die plakativere Bild- und Tonebene der Botschaft"[609] verlagert, wäre es theoretisch vorstellbar gewesen, dass sich Kane von diesem Stereotyp des Klageweibs hätte manipulieren lassen. Aber auch wenn die Medien nur „als Kontrollinstanz" bürgerlicher Ideologie „fungieren", wie Brunner schreibt,[610] die kritisches Potential kanalisieren, dämpfen und die Zuschauenden umstrukturieren und deformieren, unser Weltbild prägen sowie die Grenzen zwischen Schein und Sein verwischen, entzieht Kane sich insofern jeglicher Medienmanipulation, als keine einzige Referenz zu Jugoslawien als Kriegsschauplatz oder dieser Figur der alten Frau vorkommt. Die Intensität des TV-Interviews oder der Reportage wirkt auf Kane – aber sie lässt die (Waffen-)Mächtigen Ian und den Soldaten direkt agieren und erzählen, während die Gewalt, die Cate zugefügt wird, nur angedeutet ist. Kane zeigt die Gewalt im Bühnengeschehen bei der szenischen Vermittlung drastisch, aber bei der narrativen in der Hinsicht subtil, als am Ende die Frauenfigur als innerlich stärkste Figur überlebt. Kane zeigt weder ein Opferstereotyp noch eine emotional aufgeladene Televisionssequenz: Kane

----

608 Vermutlich meint sie das Kinder-Massaker von Srebrenica (62 getötete Kinder und 152 Verletzte) im April 1993 oder die Belagerung von Sarajewo (April 1992–Feb. 1996; allein 1.600 Kinder wurden getötet), aber nicht das Massaker bzw. der Massenmord von Srebrenica, das erst im Juli 1995 stattfand und ca. 8.000 Tote bedeutete. Vgl. Saunders, 2009, S. 49: „The day I started writing it was in 1992 when Srebrenica was under siege, and I was getting more and more depressed having been reading about what was happening in Bosnia during the previous two years". Der Beginn des Konfliktes kann allerdings für Bosnien nicht 1990 angesetzt werden, und das Massaker von Srebrenica fand in 1995 statt. Diese Jahresungenauigkeit setzt sich fort bei Schnabel, Stefan: *Hölle – Fegefeuer – Paradies. Notizen zu Sarah Kanes* Zerbombt *in der Regie von Volker Lösch*, in: Hilzinger (Hg.), 2012, S. 85. Er weitet die Kriegssituation auf außereuropäische Länder wie Irak aus, indem er fragt: „Was hat eine Vergewaltigung in einem englischen Hotelzimmer mit dem Krieg in Bosnien, im Irak und anderswo zu tun?"

609 Brunner, Maria E.: *Die Mythenzertrümmerung der Elfriede Jelinek*, Neuried 1997, S. 47.

610 Brunner, 1997, S. 44.

verzichtet auf eine historisch-aktuellen Konkretion, fügt anstelle der alten verzweifelten Frau in ihr Stück einen Soldaten und ein Baby ein. Dabei hat sie auch einen bewussten und analytischen Blick auf Sprache. Damit entmachtet sie den Mechanismus jener Nachrichtenformate, bei denen die weinende Alte eher in ihrem Leid bloßgestellt und ihr Schmerz funktionalisiert wird, statt als stark dargestellt zu werden, da sie zur Hilfe für Frieden aufruft.[611] Es geht Kane bei der Aussage des Stückes eindeutig um etwas Allumfassendes: Sie verweist auf etwas Immerwährendes im Menschlichen. Kane sagt: „So, in *Blasted* I didn't want to mention Bosnia because then you get into an argument with people who were actually there and have experienced it. I've always thought that if you can avoid actual case histories but still write them then that's fine." Und weiter führt sie aus: „As I've said, I haven't, seen it",[612] „why use that to give something a context? Because then you're being cynical; you are using people's pain in order to justify your own work which I don't think is acceptable. Also, I think there's the problem that when you get so specific, something actually stops having resonance beyond the specific."[613] Ihr Stück soll „weit über die Geschehnisse in Bosnien oder Deutschland hinausgehen",[614] auch weit über das singulär-individuelle persönliche Erlebnis, lässt sich ergänzen. Dies stimmt für das Stück an sich allerdings nur halb, denn um dieses Bestreben zu erfüllen, den konkreten jugoslawischen bzw. bosnischen Kriegskontext herauszuhalten,

....

611 Wenn mansich vorstellt, wie oft und lang von den Aktionen von *Frauen in Schwarz* hätte berichtet werden können, oder wie Soldatenmütter am Beginn der Konflikte Frieden zu propagieren versuchten, aber propagandistisch manipuliert worden sind, indem die Mütter ihre Söhne nicht mehr aus Pazifismus zurück haben wollten, sondern als angeblich ethnisch definierte Mütter ihre ethnisch definierten Söhne aus der JVA zurückhaben wollten, um für das jeweilige Vaterland zu kämpfen, vgl. Iveković, Rada/Jovanović, Biljana/Krese, Maruša/Lazić, Radmila: *Briefe von Frauen über Krieg und Nationalismus*, Frankfurt am Main 1993.

612 Saunders, 2009, S. 197.

613 Saunders, 2009, S. 107.

614 Kane im Interview mit Tabert, in: Tabert (Hg.): Carr / Crimp / Kane / Ravenhill: *Playspotting*, Interview mit Tabert, 1998, S. 15: „Genauso wollte ich bei *Gesäubert* nicht sagen: Das Stück handelt von Deutschland und der Ermordung von sechs Millionen Juden. Das war beim Schreiben zwar wesentlich, aber nicht der Inhalt des Stücks, und deshalb habe ich ihn gar nicht erst als Kontext angegeben, da man sonst das Leid anderer als Rechtfertigung der eigenen Arbeit benutzt, was ich unlauter finde und zynisch. Außerdem verliert ein Text an Bedeutung und Dimension, wenn man ihn zu konkret macht und auf eine Ebene begrenzt." Vgl. auch: Saunders, 2009, S. 107.

hätte Kane den Zusammenhang im Interview besser gar nicht genannt, wie auch sonst Impulse zu ihren Stücken.

Was ihr aber gelingt, wie Finburgh feststellt, ist es, dem Krieg mit der gezeigten Gewalt den Reiz und die Verherrlichung zu nehmen, den dieser seit den Golfkriegen zu bekommen schien: „Sarah Kane's first, and at the time highly controversial, play *Blasted* (1995) a now ubiquitous point of reference in British theatrical representations of war, rejects aestheticization of soldiering exemplified in play and productions like *Black Watch* instead presenting a litany of atrocities perpetrated in times of war".[615]

Angesichts des zeitlosen Konzepts von Kane wie auch angesichts ihres Ablebens ist verwunderlich, dass Saunders in *About Kane: the Playwright and the Work*[616] eine dreiseitige Chronologie der Weltgeschichte von 1989 bis 1999 schreibt, die neben Ereignissen wie dem Mauerfall 1989 vor allem Kriege und Konflikte erwähnt; darunter, neben Afghanistan, Somalia, Irak und Tschetschenien, zu Europa den IRA/Irland-Konflikt und die Kriege in Jugoslawien. Einen ähnlichen zeitgeschichtlichen Überblick hat auch Helen Iball in *Sarah Kane's* Blasted festgehalten, und noch mit kulturellen und gesellschaftlichen Ereignissen ergänzt, die für Kane und weiter bis 2001 als bezeichnend ausgemacht werden.[617] Kanes Stück weist auf die Leerstelle und das Ungenannte, einen Krieg in Europa, der näher und mit weiter reichenden Folgen stattfand, als vielen bewusst geworden ist, aber auch auf genau den historischen Kontext hin – beides durch diese eine Auslassung zugleich.[618]

Saunders schreibt: „*Blasted* was unique in its willingness to confront and dramatise aspects of the conflict in Yugoslavia and the atrocities associated with that particular war. It also suggested, primarily through the character of Ian and

....

615 Finburgh, Clare: *Watching War on the Twenty-First Century Stage. Spectacles of Conflict*, London/New York 2017, S. 71.

616 Saunders, 2009.

617 Iball, 2008, S. 91: „This timeline focuses upon political and cultural events from Sarah Kane's formative years through to the Kane Season staged at the Royal Court Theatre in 2001, with emphasis on names and events this book identifies as having particular significance." Die Timeline befindet sich auf S. 91 bis S. 101.

618 Vgl. Ormand, 1996 und Becker, Maria: „Schweigen in der Psychotherapie und Pausen in der Musik", in: *Psyche. Zeitschrift für Psychoanalyse und ihre Anwendungen*, Heft 11: *Szenisches Erinnern – Schweigen – Pause*, o.O. 2013, S. 1001, 1104, 1110ff.

his occupation as a tabloid journalist, our culpability as a nation in allowing the war to continue."[619] Dabei sind der ‚Beziehungstäter‚ die Serientäter und die brutal vergewaltigenden Soldaten verknüpft. Das Theaterstück weist auf eine unangenehme Wahrheit hin: Die Gewalttätigen sind keine Monster, sondern Menschen, genauer Männer. Die Realität, auf die im Stück mit Zeitungsmeldungen über Sexualstrafdelikte und Soldatenerzählungen angespielt wird, ist schockierend und verstörend. Wie gewalttätig ein Durchschnittsmann sein kann, zeigt sich in der Intimität eines Hotelzimmers.

Zugleich lässt sich das Menschliche des Täters an der Figur erkennen: Seine Bedürftigkeit nach Geltung, nach Cates Gesellschaft, seine lachhafte oder erbärmliche Hilflosigkeit, wenn Cate ihn lachend ablehnt. Die Angst vor einem solchen Täter im eigenen Umfeld wird für die Zuschauenden dadurch besiegbar. Er, der Vergewaltiger in Friedenszeiten,[620] ist am Ende der blinde Gedemütigte und bis zur Erniedrigung Misshandelte und Machtlose, der von Cate genährt wird und sich bedankt. Liebe ist dabei die stärkste Kraft, aber Kane wollte auch Hass, Tod, Rache, Selbstmord eingesetzt sehen – griechisches Theater erhalten, dabei nicht zuviel ‚Mauerschau‘ haben, sondern die Dinge und Verhältnisse zeigen, wie sie in extremo sind.[621]

In der erwähnten Anthologie, die De Vos und Saunders 2010 veröffentlichen, sind zwei Aufsätze von Sierz und Rebellato zu Kane und dem muslimischen Kontext von *Blasted* enthalten: „when the Royal Court revived the play on its main stage in April 2001, the set, designed by Hildegard Bechtler, was immensely expensive and Ian's opening line came across as Kane intended: it caused a laugh. […] In fact, in July 2001, soon after this revival, riots broke out in Oldham and Bradford after Muslim youths were provoked by racists of the British National Party. Once again, the reality of the Muslim experience in Britain shadowed Kane's play."[622] Die Zuordnung „An old [Muslim] woman was

....

619   Saunders, 2009, S. 18.

620   Sofern für Frauen und Männer in einem kapitalistisch-imperialistischen Patriarchat davon die Rede sein kann. Vgl. French, 1993; Mika, 2011.

621   Saunders, 2009, S. 68f: „I wanted to keep the classical concerns of Greek theatre – love, hate, death, revenge, suicide – but use a completely contemporary urban poetry."

622   Rätselhaft ist wie bei Sierz, in: De Vos/Saunders (Hg.), 2010, S. 49: „Media images of war had politicised Kane." dazu passt, dass Kane vor *Blasted* u.a. das Stück *Die Vergewaltigung*

looking into the camera, crying"[623] kündigt sich bereits in einem retrospektiven Artikel mit einem Interview mit Sierz 2005 an,[624] erhält aber durch 9/11 einen anderen Schwerpunkt. Kane wird rückwirkend attestiert, früh eine Entwicklung aufzugreifen, die mittlerweile deutlich sei: „Firstly, the play stays in Leeds – what this means is that, when the Soldier knocks on the door, the play, which at first seemed to be happening today, suddenly reveals itself as a projection into the future."[625] Rassismus habe zur Folge, dass provozierte junge Muslime Aufruhr veranstalteten.[626] Die Angabe „muslimisch" macht die Situation nicht exakter, sondern greift ein Kennzeichen auf, das davon ablenkt, dass Vergewaltigung als Mittel der Machtdemonstration in Beziehungen oder Kriegen kein nationales Problem ist.[627] Wenn Sierz weiter schreibt „Secondly, the play, which started in Leeds, suddenly reveals itself as an account of Bosnia",[628] übersieht er die Regieanweisung „could be anywhere in the world",[629] wie auch nirgends die Nationalität, ethnische Zugehörigkeit oder religiöse Zuordnung des Soldaten angegeben oder durch einen Namen oder Hinweis auf einen Akzent in keinster Weise angedeutet ist. Es scheint einfacher, über die religiöse Dichotomie Christen-Muslime zu diskutieren, als über das Verhalten von Menschen bzw. nahezu ausschließlich Männern mit einem Machtbedürfnis gegenüber Frauen, weiteren Unbewaffneten, Pazifist*innen und Wehrlosen. Cate und Ian haben, was ihre religiöse Sozialisation betrifft, keine Unterschiede. Ein serbischer oder schwarzer Soldat hat ebenfalls keine interreligiöse Differenz mit einem anglikanisch-christlichen oder atheistischen Ian. Wäre dem Soldaten der muslimische

---

von Franca Rame rezipiert hat, vgl. Rebellato, Dan: „Sarah Kane before ‚Blasted'. The monologues", in: De Vos/Saunders (Hg.), 2010, S. 31.

623   Sierz, in: De Vos/Saunders (Hg.), 2010, S. 49.

624   Vgl. Saunders, 2009, S. 170: „Sierz, Aleks: ‚The Filth, the Fury and the Shocking Truth'. The Times, 24 October 2005. Retrospective article written in response to the 2005 British revivals of Phaedra's Love and Cleansed; includes interview material from Simon Kane, Anne Tipton and Sean Holmes".

625   Sierz, in: De Vos/Saunders (Hg.), 2010, S. 47.

626   Sierz, in: De Vos/Saunders (Hg.), 2010, S. 48f.

627   Seit den Jugoslawienkriegen ist Vergewaltigung als Kriegsverbrechen anerkannt.

628   Sierz, in: De Vos/Saunders (Hg.), 2010, S. 47.

629   Kane, 2002, S. 3.

Glauben zugeordnet, gäbe es, so hier gefolgert, weniger Aufstand innerhalb eines christlich-englischen Publikums, weil das Muslimische eher übersehen und nicht verbalisiert würde. Es ist anzunehmen, dass diese Rolle, ebenso wie Ian die englischen zuschauenden Kritiker provoziert, die gläubigen Muslime provozieren könnte, die überzeugt sind, dass muslimische Soldaten sich nicht derart benehmen. Für Kane gehört Vergewaltigung durch Soldaten nicht selbstverständlich zu Krieg: „I don't know why we want to believe that it's necessary for rape and violence to exist. But there does seem to be a desire to believe that it's natural. If I seriously thought that people were naturally violent I don't think I could carry on because what are you left with?"[630] Kane äußert sich zudem zur theatralen Gewaltfrage folgendermaßen: „I also think it's important to remember that theatre is not an external force acting on society, it's part of it, a reflection of the way people within the society view the world. Slasher movies don't scare a violent society (though they may well perpetuate it), they're a product of that society. Films, books, theatre, they all represent something which already exists, even if only in someone's head, and through that representation they can change or reinforce what they describe."[631]

Die allerersten Kritiker bzw. die der Premiere, wie auch Boßler, ordnen den ersten Teil des Stückes als „well-made-play";[632] den zweiten als Groteske ein und betonen den Bruch zwischen den Teilen als Element, das unpassend ist, die Figuren sowie Sprachführung irritiert[633] und infolge dessen die Zuschauenden distanziert. Dies ist, wie sich aus dem Folgenden ergeben wird, zu widerlegen: Die Zuschauenden werden nicht um die Figur Cate ärmer gemacht, sondern die Figur, mit der man sich identifizieren kann,

....

630   Saunders, 2002, S. 64.

631   Stephenson/Langridge, 1997, S. 133.

632   Boßler, 2010, S. 3.

633   Vgl. Boßler, 2010, S. 20. Ebenso wie mancher Theaterkritiker und Journalist es schreibt, vgl. Saunders, 2002, S. 10f, 52, 148, hebt folgende hervor: John Gross: *Sunday Telegraph*, 22.01.1995, Michael Billington, in: *Guardian*, 23.01.1995, Jack Tinker, *This Disgusting Feast of Filth*, in: *Daily Mail*, 19.01.1995; Richard Morrison: *Radical Chic Better than FBI Cheat*, in: *The Times*, 21.01.1995; *Theatre's Chance to Stage a Recovery*, in: *The Times*, 29.01.1995. Ferner: Saunders, 2009, S. 2f, 147: Billington, Michael: *The Good Fairies Desert the Court's Theatre of the Absurd*, in: *Guardian*, 20.01.1995, Roger Foss: *What's On*, 25.01.1995, Morris, Tom: *Foul Deeds Fair Play*, in: *Guardian*, 25.01.1995, S. 4.

rettet sich aus einer bedrohlichen Situation. Das Publikum wird vermutlich kaum wollen, dass sie in der Kriegsszenerie verweilt und die Gewalt erlebt, die, wie sich zeigt, berechtigt zu befürchten ist. Wenn die Dialoge, die an eine antike Stichomythie angelehnt sind, zum Ende hin immer knapper und wortkarger werden, muss dies nicht bedeuten, dass sie „zerfallen",[634] denn von Beginn an sind die einzelnen Wortbeiträge keine Selbstgespräche, sondern, wie gezeigt, dialogisch angelegt. Zu den längsten Textpassagen gehören Zeitungsnachrichten,[635] also nicht eigener Text der Figuren. Ebenso hat die kurze Frequenz der letzten Szenen ohne Wechsel der Figuren, Orte, Kostüme, Requisiten etc. daher eine Kontinuität. Fragmente und Momentaufnahmen sind nicht zwingend Brüche, sondern ein Transformationsprozess, der der angespannten Atmosphäre zwischen den Figuren angemessen ist. Die gesamte Situation ist nicht harmonisch, sondern von einer Kriegssituation überschattet und durchsetzt. Die Teile hängen zusammen und zeigen im Stile einer Collage kurz wahlweise menschliches, auch männliches[636] Verhalten. Hinzu kommt, dass in der letzten Szene acht Mal das Licht an- und ausgeht. Dies drückt starke Unruhe aus, auch die eines Blitzgewitters oder Krieges mit Feuersalven, Bombenabwürfen etc. in Verbindung mit der Notwendigkeit zu verdunkeln, aber auch dagegen aufzubegehren und bei voller Beleuchtung die letzten Dinge zu verrichten, die man täte, wenn man den Tod erwartete. Ob man während eines Krieges beschossen oder bombardiert wird, man ist auf jeden Fall auf die Grundbedürfnisse und das Überleben zurückgeworfen und verbringt viel Zeit mit der Frage, ob abends oder nachts Licht brennen darf.

....

634 In der Literatur zu den Jugoslawienkriegen bis hin zu neuesten politologischen Untersuchungen ist auch oft von ‚Zerfall‘ die Rede, vgl. z.B. Krämer, 2009, nicht von Zerwürfnis, Zerschlagung, nicht von kriegerischer Transformation.

635 Vgl. Kane, 2002, S. 12f, 48.

636 Vgl. Kane, 2002, S. 59, Ian sagt elf Mal hintereinander „cunt", während des Masturbierens/ Onanierens, weniger eine Aggression, als eine starke Verengung des Denkens, falls dieses überhaupt vorhanden ist.

© Frank & Timme   Verlag für wissenschaftliche Literatur

Weiter wird Kane von Theaterkritikern[637] vorgehalten, der Soldat komme aus dem Nichts; der Kriegausbruch leite sich nicht aus dem Stück her, was sogar in wissenschaftlichen Arbeiten übernommen wird. Dabei ist der Krieg 1991 sowohl für Menschen in England und besonders für die Bosnier*innen sowie andere Jugoslaw*innen sehr unerwartet real und präsent geworden. Nicht ungewöhnlich für Kriegsausbrüche und Attentate: „the violence that has threatened on the periphery irrupts into the frame. The screen is flooded with fire, a massive explosion, as the power of real life breaks through the crust of a mechanism that has become torpid with repetition."[638] Insofern ist es sehr wahrscheinlich, dass man als ‚kriegssensibler' Mensch mit dem Blick von Ian aus dem Hotelfenster[639] die Fragen „Wird draußen geschossen?" oder „Sind da Heckenschützen?" verbindet und es nicht als eine gelangweilt bedeutungslose Geste auffasst oder mit der kriegsfernen Frage verbindet, wie die Aussicht oder das Wetter wohl beschaffen sei.[640]

So spielt Kane im Kontext der europäischen Rezeption bei Marko Ko-vačević,[641] der eine Vielzahl von Autoren aus der Vorkriegszeit in Kontrast zu jungen Autoren der Nachkriegszeit vorstellt, eine wenig präsente Rolle und

---

637   Der entschiedenste Kritiker von *Blasted* heißt Tinker. Kane benennt übrigens eine absolut böse und sadistische Figur im dritten ihrer fünf Werke auch so.

638   Doussan, 2013, S. 221f. Wie bei dem Kurzfilm *Die Tränen der Mona Lisa* und beim er-wähnten Luis Buñuel-Film, der mit einer Explosion in einer Fußgängerpassage, in der die HauptdarstellerInnen flanieren, jäh endet, beschließt bei fast allen der vorliegenden Stücke eine (Bomben)explosion das Leben. Die Gewalt bricht sich Bahn in das vermeintlich private Leben.

639   Kane, 2002, S. 3 in Kontrast zu Kane, 2002, S. 38.

640   Der ‚plötzliche' Kriegsausbruch im Stück erinnert an Buñuels Film *Dieses obskure Objekt der Begierde (Cet obscur objet du désir, 1977)*, bei dem das permanent streitende Paar un-vermittelt durch einen Bombenterroranschlag stirbt. Der Beziehungskonflikt wird durch einen übergeordneten Konflikt ‚überboten' und ad absurdum geführt. Der Bombenanschlag trifft unerwartet, obwohl permanent im Hintergrund der Filmereignisse vom Terrorismus die Rede ist, weil er nicht als für die eigene Existenz bedrohlich realisiert wird.

641   Kovačević, Marko: *Les auteurs dramatiques, de l'autodidacte au postmoderniste: l'écriture théâtrale contemporaine en Bosnie-Herzégovine*, in: *Revue des études slaves Le théâtre d'au-jourd'hui en Bosnie-Herzégovine, Croatie, Serbie et au Monténégro. Nationalisme et autisme*, Paris 2006, LXXVII/1–2, S. 159–172.

kontroverse Rolle wie auch bei Aufsätzen von Sanja Nikčević,[642] Ljubica Ostojić,[643] Tanja Miletić-Oručević,[644] und Muhamed Dželilović.[645]

Bezüglich der europäischen Rezeption ist interessant, dass die theater- und literaturwissenschaftlichen Autor*innen der Nachfolgestaaten Jugoslawiens, Kroatien und Serbien, wie die englische Presse direkt nach der Uraufführung, Kane auch heftig kritisieren, aber mit anderer Argumentation: Das Stück von Kane, auch das gesamte Werk und das *In-yer-face*-Theatre[646] sowie das *Neue europäische Drama* wurden registriert, ab 2000 teilweise inszeniert und kontrovers besprochen. Während der Kriege kehrte in Kroatien das Theater zurück zu mittelalterlichen frommen Stücken, konnte auf den vier kroatischen Nationaltheatern, also 'Hauptbühnen', die im Sozialismus entstanden sind, die kroatische Historie und das Nationalgefühl pflegen.[647] Frappierend war, wie Nikčević übersetzt formulierte: „Das ist nicht das übliche Vorgehen im Theater – das übliche Vorgehen ist, dass der Autor eines erfolgreichen Dramas sofort eine zweite Gelegenheit bekommt. Das Drama, das negative Kritiken erlebt und noch negativeres Echo vom Publikum wird als Misserfolg angesehen und der Autor erhält üblicherweise nicht sofort eine zweite Gelegenheit auf einer Bühne gleicher Größe. Er muss ein wenig warten, kehrt eine Stufe tiefer zurück

....

642   Nikčević, Sanja: *Što je nama hrvatska drama danas?*, Zagreb 2008 [übers. Was ist uns das kroatische Drama heute? – Im Sinne von: Was bedeutet es uns?]. Dies.: *Nova europska drama ili velika obmana 2. O nametanju dramskog trenda u europskom kazalištu i neobičnoj sudbini teatrološke knjige*, 2. ergänzte und erweiterte Auflage, Zagreb 2009 [übers. Neues europäisches Drama oder große Täuschung 2. Über das Aufzwingen eines Dramentrends im europäischen Theater und das ungewöhnliche Schicksal eines theaterwissenschaftlichen Buches]. Dies.: *Antologija hrvatske ratne drame (1991–1995.)*, Zagreb 2011 [übers. Anthologie des kroatischen Kriegsdramas]. Dies.: *La scène emprisonnée – les échos de la guerre, le cas des Tableaux de' Marija de Lydija Scheuermann Hodak*, in: Revue des études, 2006, S. 109–123.

643   Ostojić, Ljubica: *Pour une anthologie imaginaire du théâtre contemporain en Bosnie-Herzégovine*, in: *Revue des études slaves*, 2006, S. 67–77.

644   Miletić-Oručević, Tanja: *Temps et chronotope*, in: *Revue*, 2006, S. 125–142.

645   Dželilović, Muhamed: *Srebrenica*, in: *Revue*, 2006, S. 99–107.

646   Dieser Begriff bezieht sich auf einen Theaterstil, der sich um 1998 etabliert und in der realen Härte des Lebens Themen wie Vergewaltigung von der Bühne direkt, also unverblümt/ungeschönt ins Gesicht der Zuschauer*innen 'schleudert', s. u.a. Sierz: *In-Yer-Face Theatre*. *British Drama Today*, 2001.

647   Vgl. Nikčević, 2011, S. 11 und 2008, S. 44–75.

auf kleinere Bühnen oder, noch besser, in Workshops, um sein neues Projekt etwas besser zu bearbeiten."[648] Jemand aus einem Kriegsgebiet, wie Nikčević, würde man erwarten, versteht den Eklat um *Blasted* nicht, weil die Gewalt nicht so Aufsehen erregend ist wie für Menschen, denen Krieg fern/er ist. Aber die Hauptkritik an dieser Mode des *new brutalism*, diesem britischen Trend, für den *Blasted* dort steht, ist der Mangel an Ästhetik und fehlender Moral: „Alternative britische Bühnen waren angefüllt mit Dramen voll expliziter und vulgärer Sprache, die einen neuen thematischen Trend erschaffte".[649] Nikčević kritisiert:

„Wer auch immer dieses Stück liest/sieht, wird über Bosnien und seinen schrecklichen Krieg genauso viel wissen wie zuvor. Nicht allein, dass er nichts erfahren wird, sondern er wird kein Mitleid fühlen für die Opfer des Krieges, kein Bedürfnis irgendetwas zu verändern. Wird dieses Bedürfnis nicht haben, weil die Gewalt als immanenter Teil der menschlichen Natur gezeigt wird, dem nicht beizukommen ist. So ist Bosnien einfach schamlos ausgenutzt worden als Marketing Trick, weil alle zu dieser Zeit ungefähr wussten, dass in Bosnien schreckliche Dinge geschehen. Die Bezeichnung Bosnien zu einem Drama über Gewalt sah aus wie eine gute Ausrede für die persönliche Inaktivität oder Unverständnis des Problems."[650]

....

648 Vgl. Nikčević, 2009, S. 53. Die Autorin, im Original: „To nije uobičajen postupak u kazalištu – uobičajen je postupak da autor uspješne drame dobije odmah drugu priliku. Drama koja doživi negativne kritike i još negativniji odjek publike smatra se neuspjehom i autor obično ne dobiva odmah drugu priliku na sceni iste veličine. Mora malo pričekati, vraća se ili stepenicu niže, na manje scene, ili još bolje, u radionice, da svoj novi projekt malo bolje doradi." [Das Wort erfolgreich ist im Original unterstrichen. LTG]

649 Nikčević, 2009, S. 54, im Original: „alternativne britanske scene su bile ispunjene dramama punim eksplicitnog i vulgarnog jezika tvoreći jedan novi tematski trend".

650 Vgl. Nikčević, 2009, S. 84f, im Original: „Tko god taj komad pročita/vidi, znat će o Bosni i njezinom strašnom ratu upravo onoliko koliko je znao i prije. Ne samo da neće ništa saznati nego neće osjetiti nikakvu samilost za žrtve rata, nikakvu potrebu da išta promijeni, da djeluje zbog tog nasilja u Bosni ili u Britaniji. Neće imati tu potrebu jer je nasilje prikazano kao imanentni dio ljudske prirode kojem se ne može ništa učiniti. Pa je tako Bosna jednostavno besramno upotrijebljena kao marketinški trik jer su u to vrijeme svi otprilike znali da se u

Kane wird ausgerechnet posthum das vorgeworfen, was sie nicht wollte: zuviel Aufmerksamkeit und Verengung auf Bosnien.

In Deutschland sei dann geradezu nach solchen Stücken gesucht worden, so Nikčević, aber Intendant und Regisseur Ostermeier hätte bei der Suche nach neuen deutschen Stücken nicht fragen sollen: „Wer ist der deutsche Ravenhill?", sondern: „Wer ist der neue Goethe, Strauss, Müller, Dorst?", insofern sei gezielt nach einer bestimmten Sorte von Stücken für dieses *Neue europäische Drama* namens *In-yer-Face* gesucht worden, nicht repräsentativ für Westeuropa, so Nikčević.[651] Das detaillierte Zeigen von Gewalt auf der Bühne habe deshalb keinen Anstand und Bestand, da diese Welt der Gewalt als die einzig existente gezeigt wird, das Quälen sich steigert, ohne dass es eine lineare Entwicklung der Figuren gibt, die danach dürsten, gequält zu werden, zu ihren Peinigern freiwillig kommen, wie z.B. Cate zu Ian.[652] Dies wird hier als krampfhaft forcierte Strömung ausgemacht, weshalb sich die Rezeption dagegen verwehrt, die Grausamkeit des Krieges als New European Writing zu statuieren.

Auf serbischer Seite berichtet Intendant Nebojša Romčević, dass er *Blasted* (übers. Razneseni/Uništeni) einen Monat nach Kanes Premiere in London bekommen habe[653] und eine Art Brücke zum westeuropäischen Theater bauen wollte. Das Stück schien ihm zunächst für die kleine Bühne geeignet, verbunden mit der Vorstellung, es diene später dem Erringen von Freiheiten auf der großen Bühne. Jedoch fanden sich nach einem langen Sommer des Lesens,

---

Bosni zbivaju strašne stvari. Oznaka Bosne na jednoj drami o nasilju izgledala je kao dobar izgovor za osobnu neaktivnost ili nerazumjevanje problema."

651 Vgl. Nikčević, 2009, S. 75f. „Budući da pitanje nije bilo ‚Tko je novi Goethe, Botho Strauss, Heiner Müller, ili Tankred Dorst?', Ostermeier očito nije tražio novog autentičnog njemačkog pisca pa je primjena britanskog odnosa prema piscu, odnosno sva nabrojena podrška piscu, bila iusmjerena jednom jedinom cilju – da se nađu drame slične britanskom modelu."

652 Vgl. Nikčević, 2009, S. 80, im Original: „U prikazanom svijetu sve žrtve žude za mučenjem. Svi likovi žrtve dobrovoljno dolaze mučitelju Tinkeru u *Očišćenoj*, Kate svom silovatelju u *Raz2nesenima*".

653 Wobei er die Premiere in 1996 statt 1995 ansiedelt, aber er schreibt auch an zwei Stellen von vier Stücken statt fünf. Vgl. Romčević, Nebojša: „Slučaj Sare Kejn" [übers. Der Fall der Sarah Kane], in: *Scena*, S. 75f., in: www.komunikacija.org.rs/komunikacija/casopisi/scena/XXXVIII_2/d17/show_download?stdlang=gb, Stand: 03.08.2020.

Diskutierens, Erprobens keine Schauspieler für die drastische Darstellung auf der Bühne,[654] und noch weniger gebe es ein Publikum, das dies ertrage.[655]

In Diskrepanz zu dieser harschen Kritik wird in einem Theaterflyer des Staatstheaters Darmstadt 2012 die Wirkung von *Blasted* als „frischer Wind aus Großbritannien" und „Frischzellenkur für das in die Jahre gekommene Autorentheater, drastisch, laut und hoffnungslos"[656] bezeichnet, was mit Blick auf die Gewalt und den Kriegszusammenhang als inadäquat eingeschätzt werden kann.

4.5   Struktur

Sarah Kane entfernt sich mit jedem Stück mehr von strukturellen Elementen, von Akten und Szenen, von konkreten Figuren, von zusammenhängenden Dialogen, immer mehr von einer definierten und spielbaren Form. Regieanweisungen, so sie umsetzbar sein sollen, treten an die Grenze des Machbaren – so lautet in *Gesäubert* eine, dass Ratten die abgetrennten Füße eines der

....

654   Wie wohl ein Stück sehr frei nach Kane funktionieren und wirken würde, bei dem der Soldat ins Hotelzimmer kommt, mit Ian Schach spielt, bis Cate zurück ist? Wenn sie danach friedlich zu dritt eine Flasche Sauerkirschsaft leerten, die Cate draußen bei einem Wissensquiz gewonnen hat, und sie dann damit voller glücklicher Kindheitserinnerungen Flaschendrehen spielen? Mehr Dramatik wäre vorhanden, wenn sie zugleich oder eine kommentierende Stimme aus dem Off die Ereignisse aus Kanes *Blasted* diskutieren würden und warum sie diese Rollen nicht spielen.

655   Vgl. Romčević, in: *Scena*, S. 76: „Moja osnovna ideja bila je da [...] napravim neku vrstu mosta prema zapadnoevropskoj drami zato što mi se činilo (a i danas je tako) da Bitef stvara iskrivljenu sliku o dominaciji rediteljskog pozorišta u Evropi." [...] „kod nas u tom trenutku nisu postojali (a verovatno ni danas ne postoje) glumci koji su spremni za tu vrstu drastičnosti na sceni; još manje postoji publika koja će to podneti." [...] „morao sam da priznam nedostatak hrabrosti ili možda ludila." [übers. Meine Grundidee war eine Art Brücke zum westeuropäischen Drama zu bauen, weil mir schien (und heute ist es noch so), dass Bitef ein verzerrtes Bild über das Regietheater in Europa schafft. Bei uns bestanden zu diesem Zeitpunkt (und wahrscheinlich bestehen sie auch heute nicht) Schauspieler, die zu dieser Art Drastik auf der Szene bereit sind; noch weniger besteht ein Publikum, welches diese ertragen würde. Ich musste einen Mangel an Mut oder vielleicht Verrücktheit eingestehen.], in: www.komunikacija.org.rs/komunikacija/casopisi/scena/XXXVIII_2/d17/show_download?stdlang=gb, Stand: 03.08.2020.

656   Flyer Staatstheater Darmstadt, Kleines Haus, Aufführung ab 15.9.2012.

Protagonisten wegtragen.[657] Kane stellt ihren Werken allerdings immer die Bemerkung voran, dass Regieanweisungen denselben Stellenwert wie der gesprochene Text haben sollen. Es geht ihr um den Text, die fragmentierte und gleichzeitig extreme Handlung lässt daran keinen Zweifel. Kane selbst habe sich zuweilen gefragt: „At times I would stop and think, ‚How do you do this‘? And I had to say, ‚I can't think about this – it's not my problem. I've just to write what I want to write‘. When I looked at the finished script, I thought I wouldn't know how to do this. I want someone else to find out“.[658] Es verwundert nicht, wenn Regisseur*innen bei der Inszenierung der Stücke immer wieder an Grenzen der Umsetzung gelangen, es unspielbar und nicht inszenierbar finden. Somit stellt Kane durch die Themen wie auch die Form ihrer Stücke Forderungen, ohne Lösungen bereitzuhalten.[659]

Das Stück *Blasted* ist in fünf Teile gegliedert und alle finden in einem Hotelzimmer in Leeds statt.[660] Drei Schauspielende sind für die vier Rollen vorgesehen. Cate und der Soldat begegnen sich nicht, theoretisch ließen sich beide Rollen sogar von einer Person spielen, wenn der erschossene Leichnam nicht mehr auf der Bühne zu sehen wäre. Eine solche ‚Einsparung‘ wäre aber nach allen Aussagen von Kane nicht wünschenswert. Eine Rückkehr Cates in Militärkleidung wäre theoretisch möglich, aber gegen das ursprüngliche Konzept.

Cate ist von Anfang an moralisch und durchgehend integer bzw. im Recht, politisch korrekt, weder rassistisch noch homophob, noch behindertenfeindlich, wie Ian. Sie beherrscht den Raum, insofern sie nicht zulässt, dass Ian sich erschießt. Die erste Deutungsversion wird mit dem Ende des Stückes bestätigt,

....

657 Brocher/Tabert (Hg.): 2010, S. 148.

658 Saunders, 2009, S. 88f.

659 Wie noch im 6. Kapitel bei Marković und im 8. Kapitel bei Semenič, zu beobachten sein wird oder es bei Elfriede Jelineks zwei Stücken der Fall ist: *Ein Sportstück*, 3. Aufl., Reinbek bei Hamburg (1998) 2008 und *Krankheit oder Moderne Frauen*, Köln 1987.

660 Die Lesart, nach der ab der zweiten Szene oder der Detonation ein Traum oder eine Phantasie von Cate während eines Ohnmachtsanfalls ablaufe, erscheint mit Blick auf den Wunsch mehr des realen Lebens in das Stück zu bringen, von Kane her gedacht, als unwahrscheinlich. Dazu weiter unten mehr.

wenn er essen will und sie ihm etwas abgibt.[661] Mit dieser humanitären Geste wird Cate als konsequente Pazifistin statuiert. Sie will Ian nicht quälen. Die Gewalt an Cate erfolgt grundsätzlich im Off. Kane schont die Zuschauer*innen, die sich identifizieren könnten, wie sie auch die Figur vor Gewalterfahrung auf der Bühne verschont. Im Umkehrschluss bedeutet dies, dass Kane die Handlung bis zur Gewalthandlung formal-strukturell so konzipiert, dass diese Gewalt zwischen erster und zweiter Szene geschieht. Der physisch und psychisch gewaltsame Zwang zu sexuellen Handlungen geschieht im Stück ohne das Publikum als Zeug*innen. Das Publikum ist aufgefordert sich die ausgelassene Handlung zu rekonstruieren, ohne neue visuelle Impulse dazu zu erhalten.

Wenn Ian am Ende und vollends gesunken ist, wirkt dies, als wäre das Stück in ein Stocken geraten und es kann insgesamt kaum noch etwas gesagt werden. Das Stück zeigt in seiner Endpassage Ian als jemand ganz Unglücklichen und wie armselig jemand dann auch die alltäglichen Dinge an ein- und demselben Ort verrichtet (essen, onanieren, ausscheiden). Es ist ein sukzessiver Verfall. Der Lebensort wird immer enger – so wie bei Armut und Kriegsbelagerung, wenn man nicht zur Toilette kann, ohne in Gefahr zu sein von Heckenschützen getroffen zu werden.

Kane zeigt am Ende Teile in recht kurzer Abfolge mit einem Minimum an Sprache, was aber auch manchen Passagen zuvor entspricht.[662] Die Struktur öffnet einen erweiterten Raum. Begleitet wird diese Verlagerung durch Sätze, die teilweise unfertig sind, so dass die Kommunikation aneinander vorbeiläuft. Dies korreliert auf Kriegsebene mit der Sprache,[663] bei der nicht nur Worte (Befehle, Warnungen, Schreie) zu Fetzen werden, sondern auch Häuser und Körper zusammenbrechen und auf Teile reduziert sind. Auf dieser Ebene verfehlen sich nicht nur Gedanken und Botschaften, sondern trifft eine Bombe,

---

661   In Widerspruch zu Soncini, vgl. Soncini, 2010, S. 123f.

662   Z.B. Kane, 2002, S. 23: „IAN: Make me happy. CATE: I can't. IAN: Please. CATE: No. IAN: Why not? CATE: Can't. IAN: Can. CATE: How? IAN: You know. CATE: Don't. IAN: Please. CATE: No." [Der Kontext von „happy" ist sexuell. Anm. LTG]

663   Vgl. Kane, 2002, S. 42: Siebenmal setzt der Soldat mit „She's" an.

wird unvermittelt ein Schuss abgefeuert, der den Soldaten als Selbstmörder in eine weitere Sphäre befördert.

Die Situationen sind so gewalttätig, dass die Figuren selbst versuchen auszusteigen: Cate durchs Fenster, der Soldat durch Selbstmord, Ian mit Alkohol, in seine Innenwelt und in die Fassungslosigkeit. Als er versucht, sich das Erlebte ungläubig mit „Think might be drunk" als nicht wahr zu erklären, entgegnet ihm der Soldat „No. It's real."[664]

Am Ende des Stückes ist insofern ein Neuanfang zu sehen, als Ian aus seinem auf die Gebärmutter anspielenden Platz heraus neu in die Welt treten könnte. Die nährende Cate könnte dann in einer mütterlichen Funktion zu ihm agieren und das Leben könnte neu gespielt werden; ein nächster Versuch, es anders zu spielen. So wie es in Hilde Domins Gedicht *Abel steh auf* zu Beginn lautet: „Abel steh auf/es muß neu gespielt werden/täglich muß es neu gespielt werden" und in einer späteren Verszeile „Abel steh auf/damit es anders anfängt/zwischen uns allen".[665]

4.6   Handlungsorte

Der Ort der Handlung ist ein sehr teures Hotelzimmer in Leeds. Das Hotelzimmer ist, laut Regieanweisung, so teuer, dass es auch überall auf der Welt situiert sein könnte, insofern ist Leeds nur ein Vorschlag der Regieanweisung.[666] Das Bett ist ein großes Doppelbett. Ansonsten wird nebenbei eine Minibar erwähnt, mit einer Ginflasche, und kalt gestelltem Champagner. Es gibt Schränke, und ein großer Blumenstrauß befindet sich im Raum, der wahrscheinlich auf einem Tisch steht, auf dem auch Gläser sind. Der Blumenstrauß ist zunächst Ausdruck dieses üppigen Luxus. Doch wenn zu Beginn der zweiten Szene der Strauß derangiert und der Raum von Pflanzenresten übersät ist,

....

664   Kane, 2002, S. 40. Keine Sekundärliteratur diskutiert die Möglichkeit, dass Ian in ein Schmerzensdelirium verfällt und der Soldat seine Fantasie ist, und nicht ein Albtraum oder Ohnmachtsanfall von Cate.

665   Domin, Hilde: *Abel steh auf. Gedichte, Prosa, Theorie*, Ditzingen 1998, S. 49.

666   Dies hieße unter Umständen, dass Armut lokalisierbar, während ein bestimmter Luxus überall zu finden ist – er ist freier, aber auch austauschbar.

hat dies mehrere metaphorische Bedeutungen: Die Sprengung des Raumes ist vorweggenommen. Als Platzhalter für Cate, die sich vom blühenden Leben zu einer Verletzten entwickelt, nehmen die verstreuten Blüten, Blätter und Blütenblätter viel mehr Raum ein,[667] Cate bleibt während ihrer Abwesenheit dadurch präsent. Angenommen werden kann ferner ein Aschenbecher und Nachttische auf beiden Seiten des Bettes sowie entsprechende Lampen, aber direkt erwähnt sind sie nicht.

Vom Bühnenbild her sind zwei Türen angedacht und vorgesehen: Eine ist die Eingangstür zwischen Hotelflur und Zimmer, wobei der Flur eher im Off ist. Die andere ist die Tür zum Bad, das sich ebenfalls im Off befindet.

Das Hotelzimmer hat ein Fenster, wohl neben der Badtür, aus dem Ian gleich zu Beginn kurz schaut. In der zweiten Szene heißt es in der Regieanweisung: „Cate: *stares out of the window.*", und sie sagt: „Look likes there's a war on.",[668] als ob sie die Realität vor dem Auftreten des Soldaten wahrnimmt. Als dann der Soldat im Zimmer erscheint, kann definitiv angenommen werden, dass draußen Krieg ist. Weiß man zu Beginn, dass es sich um Leeds handelt, kann man sich spätestens ab dem Beginn der dritten Szene, in der das Hotel von einem Mörser getroffen wird, fragen, weshalb Krieg in Leeds ist. Da sich das Hotel, wie erwähnt, überall vermuten lässt, wo Krieg ist, ließe es sich z.B. auch in Sarajewo annehmen.

Das Hotel steht – für manche Kritiker*innen angeblich ‚wie durch Zauberei‘ und plötzlich – inmitten eines Kriegsschauplatzes und stellt somit für die Zuschauenden eine Art ‚terra incognita‘ dar. Wenn – statt Ian – zu Beginn jemand mit direkter Kriegserfahrung aus dem Fenster schaute, assoziierte er/sie anderes bzw. es ginge sofort um die Klärung dessen, ‚was draußen vorgeht‘, ob geschossen wird etc.[669] Mit Ians arrogantem erstem Kommentar zum Ho-

....

667   Zwischen der ersten und der zweiten Szene muss eine Vergewaltigung angenommen werden, die sich zunächst nur im Blumenstrauß und seinem Zustand zu Beginn der zweiten Szene äußert. Vgl. Kane, 2002, S. 24: „The bouquet of flowers is now ripped apart and scattered around the room".

668   Vgl. Kane, 2002, S. 33.

669   Den Zuschauenden mit Kriegserfahrung und Belagerten (wie über drei Jahre das Publikum in Sarajewo) ist der Kriegsschauplatz Jugoslawien mit Heckenschützen und ähnliche Bedrohungen präsent.

telzimmer und den Toiletten seines Lebens wechselt die Stimmung im Raum ins Angespannte, und seine Einstellung am Ende zur Demut hin, da er die Nahrung zu schätzen lernt.

Zunächst hat das Hotelzimmer etwas Einladendes und vor dem „da draußen" Schützendes.[670] Im Stück wird kein TV-Gerät erwähnt, obwohl in einem luxuriösen Hotelzimmer eines zu vermuten wäre. Dadurch ist die Raumsituation klaustrophobisch. Als Cate eingesperrt wird, steigert sich dieses klaustrophobische Gefühl, zu dem Chiarloni schreibt: „Das gilt für alle ihre fünf Stücke: Die Autorin sperrt ihre Figuren in ein Zimmer."[671] Sollte das Zimmer als Käfig zu eng sein, lässt sich aber zu *Blasted* sagen, dass sowohl Cates Fensterflucht als auch die Sprengung des gesamten Zimmers bzw. wohl gesamten Hotels nicht endgültiges Einsperren bedeuten. Heeg bezeichnet das Hotel als „Fluchtburg" und „männliche Feste Europa".[672] Diese Metapher bei Heeg gendert und besetzt den Raum als uneinnehmbare mittelalterliche Wehr, die kriegsbedingt ihre Privatsphäre und ihre höhlige Rückzugsfunktion verliert und als solche eher einen verletzten, aber letzten Schutzraum für alle Figuren darstellt.

Zu Beginn der dritten Szene wird das Hotel von einer einschlagenden Bombe erfasst. Das Ereignis aus dem unbekannten Draußen schlägt ein wie eine Bombe und sie ist eine, aber die Zuschauenden sehen sie nicht, sondern hören sie und hören von ihren Folgen (Mauer- bzw. Fensterschau durch Ian, Botinbericht durch Cate) und sehen diese unter Umständen in Form des zerstörten Hotelzimmers. Die Mauerschau und der Botinbericht machen das Ortlose deutlich. Dies wird nicht nur im Zusammenhang mit dieser Bombe vermittelt, sondern bereits zuvor, als Ian einen Artikel ins Telefon diktiert bzw. vorliest und der Soldat seine vorherigen Erlebnisse erzählt sowie Cate Andeutungen macht, was sie vor dem Aufenthalt im Hotelzimmer und in der Nacht mit Ian erlebt hat. Gewalt geschieht in einem Anderswo. Trotz der Detonation öffnet

....

670 Aufgrund der Übereinkunft, die zwischen den belagernden Truppen und den vor allem westlichen Ländern getroffen worden ist, dass die Journalist*innen, die sich dort einquartiert haben, dort nicht beschossen werden, wird das Hotel nicht bombardiert und bleibt erhalten.

671 Chiarloni, in: Vietta/Uerlings (Hg.), 2006, S. 236.

672 Heeg, Günther: Zerbombt. *Unser Krieg*, in: Hilzinger (Hg.), 2012, S. 93

sich der Raum nicht wirklich, es bleibt bei der Mauerschau, und je offener die Bühne wird, desto ferner ist das Publikum vom Geschehen.

Ein Zuhause ist das Hotelzimmer eindeutig nicht, Cate, Ian und der Soldat sind heimatlos. Cate hat auch bei ihrer Mutter, ihrem behinderten Bruder Andrew und ihrem schwierigen Stiefvater kein sicheres Zuhause, sie ist nicht glücklich über die Heimkehr ihres Vaters. Durch ihre Ohnmachtsanfälle ist sie nicht immer bei sich.[673] Ian fühlt sich in seinem kranken Körper auch nicht wirklich wohl, duscht, mag seinen Geruch nicht. Er ist weder in sich noch in der Welt zuhause, als Sterbender befindet er sich auch in einem Stadium der Transformation und schließt mit dieser Welt ab.

Alle drei Figuren tragen ein Stück weit den Stempel des Verfolgt-Seins; nirgends sind sie sicher oder heimisch, nirgends gibt es Ruhe; auch keine Ablenkung, und das ist das Besondere. Das Zimmer hat kein Fernsehgerät und kein Radio, Ian keinen Laptop, – da es sie 1995 nicht gab, auch existierte kaum ein Handy, schon gar kein Smartphone[674] – das macht das Individuum plastischer, aber seine Isolation intensiver.

Der Soldat erzählt von Kellern und Eingangstüren und einem Hof vor dem Haus, wo sich die Gräuel abspielen. Er nimmt als Soldat unbekanntes Territorium ein, zerstört die Orte, markiert urinierend das Revier.[675] Der Soldat hat kein Interesse zu bewahren, hat eher nicht an besseren Orten gepinkelt, während Ian gleich zu Beginn das Zimmer mit „I've shat in better places than this"[676] abwertet.

Wixson stellt fest, dass Kane mit der narrativen und szenischen Gewalt in *Blasted* westliche Zuschauer*innen mit dem konfrontiert, was bequeme Theatergänger*innen im Westen im Alltag beiseite schieben: u.a. Krieg und seine

---

673 Brocher/Tabert (Hg.), 2010, S. 26, Cate bezeichnet es als „Ich bin nicht weit weg gewesen." [evtl. eine kleine Anspielung auf Churchills *Far away*, New York 2001], und wenn sie nicht mehr zu sich kommt, würde sie dort bleiben, vgl. Brocher/Tabert (Hg.), 2010, S. 26.

674 Führte man es zeitlich im Heute auf, würden unter Umständen Smartphones und Tablet PCs auftauchen.

675 Wixson, 2005, S. 76, „marks his territory".

676 Kane, 2002, S. 3. Vgl. Brocher/Trabert (Hg.), 2010, S. 19: „Ich war schon nobler scheißen als hier."

Auswirkungen, Rassismus, Sexismus, Vergewaltigung, Hunger und Homophobie.[677] Damit macht sie den Zuschauerraum zu einem ungemütlichen Ort. Unwirtlich ist der Ort auf der Bühne am Ende mehr als zuvor, da es laut Regieanweisung erheblich durchregnen soll: „It starts to rain on him, coming through the roof.", „It rains".[678]

Auch die Sprache hat nichts Heimatliches, ist kein Ort, bietet kein Zuhause, es gibt keine Wörter, in denen sich wohnen ließe: Körperlicher Schmerz zerstört die Sprache, die den drei Figuren aus unterschiedlichen Gründen fehlt bzw. schwer fällt. Cate stottert, wenn sie sich aufregt, Englisch ist nicht die Muttersprache des Soldaten und Ian kann seine Gefühle, vor allem Männern gegenüber, z.b. seinem Sohn Matthew, nicht artikulieren.[679] Auch mit dem Baby ist keine sogenannte Babybrabbelsprache möglich.[680] Klare und ausführliche Sätze werden nicht zur Kommunikation eingesetzt, nicht zwischen Cate und Ian, nicht zwischen ihm und dem Soldaten. Die Sätze beginnen und werden abgebrochen.[681] Dadurch

677 Wixson, Christopher: In better places: *Space, Identity, and Alienation in Sarah Kane's Blasted*, in: *Comparative Drama*, Vol. 39.1, 2005, S. 76: „She resists neoclassical discretion in her representation of violence, mandating us to confront what comfortable theatergoers in the West put aside in our day-to-day-lives."

678 Kane, 2002, S. 60f.

679 Kane, 2002, S. 18: „Cate: What about Matthew? Ian : What about Matthew? Cate: Have you told him? Ian: I'll send him an invite for the funeral.", auch ebd. S. 51: „Ian: Will you tell him for me? Cate: He isn't here. Ian: Tell him – Tell him – Cate: No Ian: Don't know what to tell him".

680 Wie Tannen u.a. in ihrem Aufsatz erläutern; vgl. Tannen, Deborah: *Talking the Dog: Framing Pets as Interactional Resources in Family Discourse*, in: Tannen/Kendal/Gordon: Family Talk, 2007, S. 53f. Hierbei sind Babys wie Haustiere in ihrer reduzierten bzw. nonverbalen Kommunikationsfähigkeit gleich gestellt. Beispielsweise kommuniziert ein Kassierer im Supermarkt nicht direkt mit dem Kunden, wenn er, statt diesen zu fragen, ob der Kunde der Vater sei und wo die Mutter sich befinde, das Baby anspricht und nach der ‚Mammi' fragt, wie auch, wenn der Kunde dann als Baby oder in derselben kindlichen Sprache antwortet, ‚Mammi' sei zuhause.

681 *Blasted* ist voll solcher Dialogstellen; um nur zwei Beispiele zu nennen: Cate:„It hurts" Ian: „It'll heal." – beides bezieht sich auf Schmerzen beim Urinieren, Koten, aber auch auf die körperliche Wunde, vgl. Kane, 2002, S. 34; und ebd. S. 44 beginnt Ian: „I've never –/ It's not –" und es bleibt unklar, ob von Umbringen, einer bestimmten folternden Form von Gewalt mit Tötungsfolge oder Vergewaltigung die Rede ist.

bleiben die Figuren voneinander distanziert.[682] Die Körper sind dabei ebenfalls zerstörte Orte, permanent in Unruhe. Am meisten bedroht ist das unschuldigste Wesen, das Baby. Ferner erlebt Cate, ohne dass Zuschauende alles miterleben müssen, am häufigsten Fremdgewalt, geriert für Ian zum Zufluchtsort. Da nicht alles gezeigt wird, was ihr geschieht, ereignet es sich an einem unbekannten verschwiegenen Ort, was, sobald die Zuschauenden das Geschehene erschließen, umso eindringlicher präsent ist.

Die Gewalt im Stück, u.a. zwischen den Figuren und auf der Bühne bei den Spielenden, wirkt sich auf die Rezeption durch die Zuschauenden aus. Der Raum wirkt wie ‚vergiftet'.

Von vielen Inszenierenden, wie Kane weiß, wird zudem die Möglichkeit ins Spiel gebracht, dass die Zuschauenden sich ab einem gewissen Zeitpunkt im Stück in einem Traum oder Albtraum von Cate befinden, eventuell seit der Detonation oder während einem ihrer Ohnmachtsanfälle. Das wäre ein Phantasieort oder ein Jenseits. Wobei Kane den Teil nach der Detonation noch realer inszeniert sehen möchte: „Directors frequently think the second half of Blasted is a metaphor, dream, nightmare – that's the word Cate uses – and that it's somehow more abstract than the first half. In a production that works well, I think the first half should seem incredibly real and the second half even more real."[683]

Abschließend bleibt festzustellen, dass die Frauenfigur zwar die Chance nutzt, den Ort durchs Badfenster zu verlassen, dass sich aber die Zustände drinnen von denen „da draußen" nicht sehr unterscheiden. Zum Bereich Hotelzimmer-Flur müsste Cate sofort und entschieden einen Kampf um den Schlüssel beginnen und sicher sein, dass es an irgendeinem anderen Ort besser bzw. sicherer ist. Dies ist aber, wie sich bald zum Zustand der Welt draußen herausstellt, nicht der Fall. Insofern ist ihr Bleiben weise Welt- und Weitsicht. Ihre inneren Räume während der Ohnmachtsphasen bedeuten eine Vielfalt der Möglichkeiten, eine

....

682　Denn es ist eine Form der indirekten Kommunikation, die zwar zwischen sich und dem Gesagten distanziert, aber zu dem/r Empfangenden Nähe herstellen kann, da es auf eine scherzende Weise die Situation, das eigene Denken und eventuell eine Kritik behutsam ‚verpackt'.

683　Saunders, 2009, S. 91f und Sierz, 2001, S. 106.

Freiheit, denn sie kann, obwohl ihr Körper im Raum ist, zugleich nicht da sein, während Ian vor sich nirgends hinfliehen kann, weder innerlich, noch äußerlich, zudem auch noch im Soldaten ein äquivalentes Gegenbild, ein visuelles und inhaltliches Auf-sich-geworfen-Sein erfährt. Ihre Ohnmachtsphasen vergleicht sie mit einem Orgasmus, bei dem sie sich üblicherweise selbst anfasst,[684] während Ian dies nicht mit sich und für sich gelingt.

4.7   Figurenkonstellationen

Drei Rollen sind im Personenverzeichnis aufgelistet. Es gibt noch ein Baby, das in der Liste der dramatis personae nicht aufgeführt ist, aber mehrere Funktionen erfüllt, wie weiter unten ausgeführt wird. Bei den drei Rollen handelt es sich um eine Frau und zwei Männer: Cate, Ian und einen namenlosen Soldaten.

Cate ist eine Figur, die stärker ist, als sie scheint und rezipiert worden ist. Trotz der Vergewaltigungen bleibt sie physisch in dem Sinne unbeschädigt, dass sie nicht das Kind eines Feindes austragen muss. Psychisch ist sie relativ frei, auch wenn Belastendes geschieht: Sie kann das Baby zwar nicht retten, muss sich aber am Ende des Stückes auch um niemanden kümmern.

Ian ist permanent auf der Bühne präsent, auf ihn wird abschließend eingegangen werden.

Der Soldat, der keiner Nationalität zugeordnet wird, ist von seinen eigenen Taten schwerwiegender traumatisiert als durch das, was seiner Freundin Col geschehen ist, die nach Kanes Konzept keine Bühnenfigur ist. Als alter ego von Ian hat der Soldat keinen Bestand, seine Lebensumstände und seine Verbrechen belasten ihn in den Suizid hinein. Beide Männerfiguren haben Waffen, beide nutzen sie, beide essen gerne nach Ausführung von sexueller Gewalt. Insofern können sie als einander ebenbürtig bezeichnet werden, außer dass der Soldat als solcher im Unterschied zu Ian einem Krieg zuzuordnen ist und daher Tote zu verantworten hat.

....
684   Kane, 2002, S. 23: „Just before I'm wondering what it'll be like, and just after I'm thinking about the next one, but just as it happens it's lovely, I don't think of nothing else."

Cate

Cate, 21, kann bis hin zur Übelkeit bei der Vorstellung keine Tiere essen. Wenn sie unter Druck bzw. Stress gerät, stottert sie, hat Absenzen und lutscht am Daumen.[685] Sie hat einen kleinen Bruder, der zurückgeblieben scheint und Lernschwierigkeiten hat.[686]

Sie ist bemüht um Empathie, so trifft sie Ian, weil sie besorgt ist, denn er klang am Telefon zuvor unglücklich. Sie ist zudem bemüht um eine Ebenbürtigkeit, einen Ausgleich: „Don't like your clothes either",[687] „I don't. I asked. You asked me".[688] Cate hat mit Ians Charakter immer wieder zu kämpfen, da er sie nicht ernst nimmt und ihre Ansichten, Werte und Überzeugungen (z.B. Pazifismus, Alkohol- und Nikotinfreiheit, Freundlichkeit gegenüber Fremden und Behinderten) abwertet, relativiert und sie zu verunsichern sucht. Cate hat moralische Prinzipien, wie zu versuchen, Leben zu retten, einen Glauben, der sie zum Beten und Beerdigen befähigt, und sie ist empathisch: Beispielsweise wenn sie mit einem schreienden Baby auf die Bühne zurückkommt, zu dem Cate erklärt „A woman gave me her baby", während Ian entgegnet: „You come for me, Catie? Punish me or rescue me, makes no difference I love you Cate tell him for me do it for me touch me Cate. CATE: Don't know what to do with it. IAN: I'm cold. CATE: Keeps crying."[689] Ian redet vollständig an Cate und dem Problem mit dem Baby vorbei (sechs Mal kommt „me" in seinem Satz vor) während Cate „I" und damit sich auslässt, wenn sie ihre Sätze elliptisch mit „Don't know" beginnt.[690] Cate ist die Vertreterin guter Sitten, als sie altruistisch handelt, das weibliche Baby begräbt, für die kleine Tote betet und ein Kreuz aufstellt. Sie ist auch die Vertreterin der Moral, denn sie sagt Ian, ‚was man darf' oder nicht.[691]

---

685 Letzteres erinnert u.a. an Lolita, was auch zum Altersunterschied passen würde.

686 Kane, 2002, S. 5: „at a day centre".

687 Kane, 2002, S. 7.

688 Kane, 2002, S. 19.

689 Kane, 2002, S. 51.

690 Kane, 2002, S. 51f.

691 Kane, 2002. Sie sagt beispielsweise, S. 54: „Don't tell me what to do.", „It's wrong to kill yourself.", aber auch, S. 55: „You can't give up.".

Ian ist nur ein ‚Nach-Täter', denn mit ihrer Ohnmacht überlebt Cate bereits ihren Vater: Im Stück wird deutlich genug angedeutet, dass ihre Ohnmachtsanfälle mit der Anwesenheit bzw. Rückkehr des Vaters zu tun haben.[692] Wenn Ian sie angreift und sie schutzlos scheint, bedeuten ihre Anfälle auch ihren Schutz, insofern als sie Geschehnisse nicht bewusst erlebt. Wenn Cate klar sagt, was sie denkt, aber nicht danach handelt, ist sie sich vom Kopf her fern. Sie spürt dagegen genau, warnt sich selbst sogar in der – distanzierten – dritten Person.[693]

Cates Stärke, die ohne Hass ist und die sie Ian gegenüber zeigt, als er schwächer ist, führt vor Augen, dass sie sich an ihm rächen, abreagieren könnte, es aber unterlässt. Sie hat zu Beginn Gedanken an Rache und Strafe, wenn sie ihm die Ärmel seiner Jacke abreißt und seinem Glied eine Bissverletzung zufügt.[694] Sie könnte Ian alles Mögliche antun, baut ihn aber verbal auf, verweist auf Vorbilder, blinde Freunde ihres geistig behinderten Bruders – sie motiviert ihn, versucht es zumindest, ohne ihn dabei zu schonen, nimmt ihn ernst und handelt damit im Gegensatz zu ihm. Zunächst ist sie da. Sie entfernt sich erst durchs Badezimmerfenster, als Ian sie ins Hotelzimmer einschließt. Als der Soldat auftritt, ist Cate auf der Bühne nicht mehr anwesend.[695] Man könnte denken, sie sei deshalb eine schwache Figur, aber dass sie flieht, ist eine starke Komponente.

Cate hat Bewegungsfreiheit gewagt. Da diese Figur sich dem Geschehen entzogen hat, wird Ian zu ihrem Stellvertreter. Cates Abwesenheit ist ihre Rettung vor dem, was im Hotelzimmer geschieht. Ihre Wiederkehr ist Wagnis und Stärke, ihr Kümmern um Ian ist ihre Größe und sie ist die Nährende, die einzige Ernährerin und Sammlerin, der Ians Dank gebührt. Ganz zum Schluss setzt sie sich nicht zu oder neben Ian, sondern in Entfernung zu ihm. In dieser

....

692   Vgl. Kane, 2002, S. 9: „CATE: Did I faint? IAN: That was real? CATE: Happens all the time. IAN: What, fits? CATE: Since Dad came back. IAN: Does it hurt? CATE: I'll grow out of it the doctor says."

693   Kane, 2002, S. 9.

694   Vgl. Kane, 2002, S. 25f und 31. Kane sagt hierzu, Saunders, 2002, S. 165: „She does seem very strong and weak at the same time".

695   Theoretisch könnte sie die Soldatenrolle übernehmen – Ian wäre noch verdutzter, wenn eine Soldatin vor ihm stünde. Das Stück besäße eine ganz neue, wenn auch von Kane sehr wahrscheinlich nicht intendierte Wendung.

Schlussszene isst sie ein Würstchen und trinkt Gin – sie ist fern von der Cate, die sie zu Beginn ist. Dies ist, nach allem, was geschehen ist, sehr nachvollziehbar. Sie bleibt für sich, sie achtet auf sich, isst zuerst, bevor sie etwas abgibt, holt sich zum Wärmen die Decke, ist sich mit ihrem Daumen selbst Trost genug.

Cate wird zwar wegen ihrer Nächstenliebe be- und ausgenutzt, was sie verbalisiert, denn sie nennt Ian einen Lügner, sagt, dass er sie physisch verletzt und damit ihre Grenzen übertreten habe, obwohl sie diese deutlich gemacht hat.[696] Damit zeigt sie Stärke, insofern als sie zwar Absenzen hat, aber genau darum weiß, und auch weiß, weshalb sie diese hat. Sie geht von einem zivilisierten Verhältnis aus, bei dem es nicht zwingend zum Geschlechtsverkehr kommen muss, wo ihr „Ich kann nicht" und ihr „Ich will nicht" respektiert werden müssten. Es mangelt ihr nicht an Klugheit und Überlebensinstinkt, nur wird sie unterschätzt, denn sie ist darum bemüht, ansatzweise ausgleichenden Schmerz zuzufügen, indem sie oral befriedigt und dann zubeißt, aber ohne zu amputieren. Die Figur handelt so, wie man es ihr nicht zutrauen würde. Cate wird nicht, wie man vermuten könnte, am Ende verrückt oder völlig sprachlos, traumatisiert, im Gegenteil, in dieser Krise wird sie stärker.

Im Verlauf des Stückes wird Cate von der zunächst naiven Figur zu einer immer stärkeren Gestalt, die liebevoll im Sinne der Nächstenliebe mit einem Mann mitfühlt, der nicht sympathisch erscheint. Das aber macht ihre Stärke aus, denn seine verletzende und zynische Art trifft auf ihre naive und zugleich abgeklärte Wesensart. Sie verliert über dem, was sie mit Ian erlebt, nicht den Verstand und hat sich bereits entfernt, als der Soldat im Bad nach ihr suchen will. Am Ende des Stückes erlernt sie sexuelle Gewalt, wie es in Kriegszeiten geschehen kann, kommt aber auch an Essen und Trinken, möglicherweise im Austausch für Gefügigkeit. Aber nachdem sie draußen Nahrung besorgt hat, füttert die Frau den Mann, der anstelle des Babys steht, und zwar ganz konkret und bildlich. Ihre letzten Worte sind „Stupid bastard".[697] Auch damit wird Ian auf die Kindebene verwiesen, denn in dem Schimpfwort ist der Hinweis auf die uneheliche Herkunft eines Kindes enthalten. Fakt ist, dass dadurch, dass Cate diese zwei Schimpfworte als letzten Satz im Stück zu Ian sagt, keine Soli-

---

696 Kane, 2002, S. 23f, 31f, 54.
697 Kane, 2002, S. 60.

darität zwischen den beiden besteht, obwohl sie das Essen mit ihm teilt. Es ist der Endpunkt, an dem sie beide eventuell eine Chance hätten, es nochmal zu versuchen und sich sozusagen neu auf Augenhöhe und gewaltfrei zu begegnen, denn am Ende ist sie stärker als jemals zuvor, Überlebende und machtvoll.

Der Soldat

Die dritte Figur, die auf der Bühne erscheint, der Soldat, klopft plötzlich und unerwartet an die Tür des Hotelzimmers. Er ist hungrig, hat ein sexuelles Defizit und ist zugleich von seinen Kriegserlebnissen traumatisiert, d.h. was er gehört, gesehen und selbst getan hat. Seine Freundin Col[698] ist brutal gequält, ermordet und massakriert worden. Der Soldat zählt knapp auf: „Col, they buggered her. Cut her throat. Hacked her ears and nose off, nailed them to the front door".[699] Sieben Mal setzt der Soldat an, einen Satz, der mit „She's" beginnt, auszusprechen, scheitert[700] und beendet auch sonst seine Sätze selten oder spricht syntaktisch unvollständig.[701] Er ist so sprachunfähig, dass er Ian, der ihm zuhört, aber nicht versteht, Gewalt antun möchte. Gegen Ende der dritten Szene teilt der Soldat Ian sarkastisch mit, dass sich sein walisischer Hintern nicht von irgendeinem anderen unterscheide, mit dem er sexuell gewalttätig geworden sei.[702]

Die Gewalt führt der Soldat nur annähernd an Ian so aus, wie Col sie erlebt hat, trotzdem könnten damit seine Gefühle ausgedrückt sein, da sich an den Worten und der Handlung beim Soldaten sowohl eine Gefühlslosigkeit ausmachen als auch die Unfähigkeit erkennen lässt, mit Gefühlen umzugehen, besonders wenn sie mit Col zusammenhängen. Dieser Soldat durchlebt mit einer seinerseits aktiven Vergewaltigung nicht, was seiner Freundin angetan

---

698   Der Name ist abgekürzt. Es könnte ein Spitzname für Colleen oder Collette sein, was aber keine südosteuropäischen Namen sind. Im Englischen steht col für ein tiefes Tal zwischen zwei Bergen bzw. Höhen. Der Frauenschoß ließe sich hierzu assoziieren. Kol heißt im Hebräischen *alles*, zwar mit K geschrieben, aber da Col recht ungewöhnlich ist, ist unter Umständen anzunehmen, dass sie dann für alle Menschen mit dieser Erfahrung steht.

699   Kane, 2002, S. 47.

700   Kane, 2002, S. 42.

701   Z.B. Kane, 2002, S. 42: „I have. Col. Fucking beautiful.", „When was the last time you –?", S. 43: „Didn't you ever –?"

702   Kane, 2002, S. 50: „Can't get tragic about your arse. Don't think your arse is different to any other arse I fucked."

     © Frank & Timme   Verlag für wissenschaftliche Literatur

worden ist, er wird nicht vergewaltigt – das ist ein großer Unterschied.[703] Seinen eigenen Worten nach hat er mit anderen Soldaten zusammen wiederum Menschen der Gegenseite solches bzw. ähnliches Leid, jedenfalls bedeutend mehr Leid zugefügt. Er erzählt von einer brutalen Vergewaltigung und Ermordung einer Frau, einer weiteren Vergewaltigung mit noch zwei Soldaten an vier Frauen, von denen die jüngste zwölf ist, und der gnadenlosen Ermordung dreier Brüder und des Vaters. Wenn er erzählt, wie es ist, jemanden zu fesseln, die Pistole an die Schläfe zu halten, die Erschießung anzukündigen und dann zu warten, bis man letztlich doch schießt, könnte dies ein und dasselbe Ereignis sein, oder aber verschiedene Fälle.[704]

Das Verhalten zeugt von einer unmenschlichen und menschenverachtenden Verfasstheit. Es ist keineswegs eine Brutalität benannt, die als Einzelfall und Ausnahme eines Soldaten gelten kann, der einem ‚fernen' und als ‚nicht zivilisiert' betrachteten ‚Balkan' zugeordnet wird. Als der Soldat im Stück Ians Augen aufisst, entspricht dies nicht Kriegsnachrichten, sondern Kanes Informationen über englische Fußball-Hooligans, von denen einer einem anderen ein Auge aussaugt und es auf den Boden spuckt; zusätzliche Inspiration ist durch ihre Shakespeare-Kenntnis gegeben: die Blendung des Grafen von Gloucester durch den Herzog von Cornwall in *König Lear*.[705] Die Seh- und Riechorgane herauszureißen bzw. abzuschneiden, ist in der Menschheitsgeschichte mit sexuellem Vergehen (Inzest, Ehebruch) verbunden, eine Form der Entmachtung und Kastration.[706] Das ‚Entäugen'[707] taucht als Strafe durch einen Herrscher, in Märchen, Mythen und Theaterstücken auf[708] bis hin zu

....

703 Hier muss Schnabel widersprochen werden, der sagt „Der Soldat muss das, was seiner Freundin angetan wurde, selbst durchleben. Er vergewaltigt Ian", vgl. Schnabel, in: Hilzinger (Hg.), S. 91. Vier Frauen zu vergewaltigen, davon eine Zwölfjährige; sie anderweitig zu erniedrigen etc. ist kein ‚zwingend logisch-folgendes' Verhalten.

704 Kane, 2002, S. 47f.

705 Saunders, 2009, S. 40.

706 Allard/Martin (Hg.), Surrey 2009, S. 86.

707 Eigener Neologismus.

708 Justinian an General Flavius Belisarius, Taben an Aschenputtels Halbschwestern, Seth an Re, Ödipus an sich selbst, Shakespeares King Lear durch Diener seiner Kinder und Kanes Ian durch den Soldaten.

einem Menschen wie dem Soldaten, dessen Macht sich allein auf seine Waffe und die Regellosigkeit der Kriegssituation gründet.

Während der Soldat die Aufgabe in „Proving it happened" und „You should be telling people"[709] als hilfreich sieht und Ian dieses Arbeitsethos gegenüber fordernd vertritt, nimmt Ian, der bereits zuvor kein engagierter Journalist mehr war, ihm diese Illusion eines idealistischen Blickes auf den Journalismus mit respekt- und gnadenlosen Worten: „No one's interested.", „This isn't a story anyone wants to hear.", „Not soldiers screwing each other for a patch of land", „who gives a shit? Why bring you to light?"[710] Dieses Desinteresse am Aufdecken ist als Ignoranz Ians oder des Berufsstandes auch eine Art Gewalt, wie unterlassener Einsatz bzw. unterlassene Hilfeleistung in der realen Krisensituation oder Belagerung. Der Soldat sieht Potential für Hilfe, wenn er sagt: „You can do something for me – ", während Ian sich als machtlos darstellt: „I can't do anything."[711] Er würde auch nicht mitkämpfen.

Offensichtlich hat der Soldat weniger ein Bedürfnis zur Machtdemonstration oder zum Sadismus als zur Reinszenierung, die er im Stück an und mit Ian vornimmt. Der Soldat und Ian begegnen sich von Beginn an nicht ebenbürtig, ihre Ausdrucksweise kann, u.a. weil häufig das F-Wort verwendet wird, als umgangssprachlich bezeichnet werden, und das Verhältnis wird immer fataler: „SOLDIER: Turn over, Ian. IAN: Why? SOLDIER: Going to fuck you. IAN: No. SOLDIER: Kill you then. IAN: Fine. SOLDIER: See. Rather be shot than fucked and shot."[712]

Als Ian „English" mit „I'm Welsh" spezifiziert, entgegnet der Soldat respektlos: „Sound English, fucking accent", und während Ian weiter erklärt: „English and Welsh is the same. British. I'm not an import", überhört der Soldat, der kein Engländer ist, die Import-Provokation und gibt zurück: „What's fucking Welsh, never heard of it.", „Welsh as in Wales?"[713]

....

709   Kane, 2002, S. 47.
710   Kane, 2002, 47f.
711   Kane, 2002, S. 47.
712   Kane, 2002, S. 49.
713   Kane, 2002, S. 41.

    © Frank & Timme   Verlag für wissenschaftliche Literatur

Die Diskrepanz zwischen der Situation und der Sprache des Soldaten zeugt von Entfremdung, Dissoziation und Verzweiflung, denn Freund und Feind, Geliebte, Mörder, Ian und andere Opfer verschwimmen vor dem geistigen Auge: „He ate her eyes. Poor bastard. Poor love. Poor fucking bastard."[714] Der Soldat, der nachempfinden will, was seine Freundin erlitten hat, vermag dies, wie es scheint, nur in jenem Moment, in dem er sich selbst mit seiner Waffe vor dem blinden Ian erschießt. Dieser Augenblick wird von den Regieanweisungen her nicht auf der Bühne ausgeführt: „*Blackout. The sound of autumn rain.* Scene Four *The same. The* Soldier *lies close to* Ian, *the revolver in his hand. He has blown his own brain out.*"[715]

Ian

Ian ist ein 45jähriger englischer bzw. walisischer Journalist, ein Kettenraucher und Alkoholiker, der Leeds hasst. Er leidet an Leberzirrhose und Lungenkrebs, ist todkrank. Als ein einfacher Lokalreporter für Yorkshire hat er dennoch die (Wahn)Vorstellung, er sei Auftragskiller oder Geheimagent für sein Land. Jedenfalls erzählt er Cate, seiner ehemaligen Geliebten, jetzt eher Freundin, als er sie nach längerer Zeit wieder trifft, er sei ein Killer, der vom Feind beobachtet werde. Damit erklärt er ihr, weshalb er eine ganze Weile verschwunden war, eine Waffe trägt und verfolgt wird. Seine Frau hat ihn wegen einer Frau verlassen, Cate sieht ihm zu lesbisch aus – seine Einstellung ist homophob[716] – dies scheint ein schwer begehbares Feld, ein tabuisiertes Problem für ihn zu sein. Ian benimmt sich unerzogen, pubertär, er re-inszeniert erlebte Realität, stellt Cate nach, will sie benutzen. Vor ihr betritt er das Hotelzimmer und erobert sich auf diese Weise den Raum: Während er sich einen Drink eingießt und trinkt, blickt er aus dem Fenster und beginnt mit seinem Sprechen im Stück.

Zu seiner geschiedenen, mittlerweile lesbisch lebenden Frau Stella und seinem 24jährigen Sohn Matthew hat er keinen Kontakt. Trotz letaler Diagnose konsumiert er weiterhin Zigaretten und Gin in kürzester Zeit in hohen

---

714 Kane, 2002, S. 50.

715 Vgl. Kane, 2002, S. 50.

716 Lesbisch ist für ihn ein Schimpfwort und alles, was ihm an Frauen nicht sexy erscheint, ordnet er als lesbisch ein.

Dosen: „inhales deeply on his cigarette and swallows the last of gin".[717] Ians Äußerungen sind u.a. behindertenfeindlich und rassistisch[718] und die Wortwahl menschenverachtend und aggressiv. Ohne Augen ist Ian metaphorisch und real blind, in seiner Macht beschnitten, ersatzweise kastriert und kein Beobachter des Geschehens mehr: „And given also that Ian was a tabloid journalist it was a kind of castration, because obviously if you're a reporter your eyes are actually your main organ. So I thought rather than have him castrated, which felt melodramatic, I could go for a more kind of metaphorical castration."[719] Sein blinder Hass, mit dem er gegen andere Menschen flucht, konfrontiert ihn in persona, als er selbst blind ist, mit dem Schmerz der Entwürdigung. In Ian als ‚Todesträger' ist nichts Vitales und Konstruktives. In seinem Liebesbedürfnis wird er allerdings wieder klein und verletzlich gezeigt: Er zieht sich erfolglos vor Cate aus; als sie ihn auslacht, ist seine Nacktheit ihm peinlich; er zieht sich wieder an.[720] Offensichtlich muss er sich mit der Waffe potenzieren und leitet aus Sexualität Besitzansprüche ab.[721]

Ian und Cate treten sich anfangs offensichtlich nicht auf Augenhöhe gegenüber, denn Ian scheint überlegen. Die Figur ist älter, Mann und erzählt viel mehr von sexuellen und auch emotionalen Beziehungen als Cate, wie die Beschreibung der jeweiligen Lebens-, Arbeits- und Beziehungserfahrungen zeigt. Cate wird zunächst bescheiden dargestellt, gutmütig und fein, z.B. wenn sie im Unterschied zu Ian nicht „stinks", sondern „smells" als Wort bevorzugt.[722]

Als Ian merkt, dass Cate kämpferisch die Jackenärmel zerrissen hat, ist sie nicht mehr vor Ort. Dies zeigt an, dass Ian demoniert wird, während Cate sich transformiert. Außerdem ist sie mitfühlend und nachgiebig: Sie erweist Ian den Gefallen, sich mit ihm zu treffen, weil er sich am Telefon unglücklich angehört

---

717 Kane, 2002, S. 12.

718 Er verfügt über einen synonym-reichen Schimpfwortschatz, verwendet viele abschätzige Bezeichnungen für Ausländer oder Engländer mit Migrationshintergrund: wogs, Pakis, coon, conker, nigger, black meat, Sooty after something (in dt. Übers. Bimbo der Buschmann), whodat etc.

719 Saunders, 2009, S. 40.

720 Kane, 2002, S. 8.

721 Kane, 2002, S. 16: „Slept with me before. You're more mine than his."

722 Kane, 2002, S. 11: „They make your clothes smell."

hat und um das Treffen bat, und am Ende ist ohnehin, da er sich in einem Loch, einer Bodenöffnung befindet, allein visuell offensichtlich, dass Ian am Tiefpunkt ist.[723] Nur der Kopf schaut heraus, wie bei einem Geburtsvorgang. Diese Verbindung ist durch Kane insofern bewusst hergestellt, als sie im Schlussteil auf Geburt, Tod und Auferstehung oder Wiedergeburt kommen wollte.[724]

Dem Soldaten ist Ian unterlegen und ausgeliefert, er regrediert immer mehr, wird wieder zum Baby, da in dem Loch zuvor das Baby war. Ian regrediert geradezu zurück in die Gebärmutter seiner Mutter,[725] womit Kane wahrscheinlich, ohne es zu wissen, ein südosteuropäisches Fluchwort verbildlicht.

„Cunt" ist ein Wort, das Cate zunächst zu Ian morgens um sechs Uhr sagt; als mitleidlosen Kommentar zu seinem Krebsleiden, nach der Gewaltnacht: „Cate wakes and watches Ian. Ian drops to his knees, puts the glass down carefully, and gives in to the pain. It looks very much as if he is dying. *Ian is a crumpled heap on the floor. He looks up and sees Cate watching him.* CATE: Cunt."[726] Dies ist zunächst ein sexistischer Wortgebrauch, der sich hier offensichtlich auf beide Geschlechter beziehen lässt.

Aber als Ian „Cunt" bei der Selbstbefriedigung in Szene fünf elfmal wiederholt,[727] könnte eine Lesart sein, dass die Frau auf ihr Geschlechtsteil reduziert wird. Wenn wir die Machtverschiebung beachten, die Cate als Figur erfährt, wäre auch eine andere Lesart möglich: „The Cunt" ist ein Wort, das Ian auf

....

723 Aber auch, wie Roeder, 1989, S. 146, in anderem Kontext zusammenstellt: „Mutterschoß, Erde, Loch, Tod und Leben gleichzeitig".

724 Saunders, 2009, S. 55, 60.

725 Dieses imperative Zurück in die Gebärmutter seiner Mutter (u pićku materinu) ist ein häufig verwendetes floskelartiges Schimpfwort („Marš u pićku materinu", mit dem Imperativ „Marsch" ist heftiger, ansonsten bestehen noch Variationen mit „Odi u" – „Geh in" oder persönlicher „Odi mi u" – „Geh mir in"), das in der spezifischen Botschaft und dem Grad an Verletzung stets kontextabhängig ist. Es besteht je nach situativem Kontext eine große Bandbreite von freundschaftlichem Frotzeln bis hin zu drastischer Beleidigung und Provokation, die alle in dieser einen Floskel enthalten sind. Lukić, Zlatko: *Bosanska sehara. Poslovice, izreke i fraze Bosne i Hercegovine*, Sarajevo 2005 [übers. Bosnische Schatztruhe. Weisheiten, Aussprüche und Phrasen Bosniens und Herzegowinas]. Es gibt kein deutsches Äquivalent, außer vielleicht „Geh dahin, wo der Pfeffer wächst". Im Griechischen jedoch besteht z.B. die exakte Entsprechung.

726 Vgl. Kane, 2002, S. 25.

727 Kane, 2002, S. 59.

Gott anwendet – das weibliche Geschlechtsteil als Gottheit.[728] Hinzu kommt, dass Cate, die Frau, stellvertretend durch ihr Geschlechtsteil, angerufen, angebetet, verehrt wird.[729] Ohne diese Anrufung, geradezu Beschwörung gelingt die Selbstbefriedigung nicht, wie es scheint. Außerdem zeigt Ian damit, dass er beginnt, den Tod des Babys zu bereuen. In Cates Anwesenheit dankt er ihr, denn sie rettet sein Leben, was auf eine große Macht hinweist. Ian befindet sich in einer Starre, er ist wie festgeklemmt, zwischen zwei Öffnungen: Biblisch gesprochen kehrt er zur Mutter Erde zurück, und die zweite, obere Öffnung, umfasst Himmel und Gott.

Es sind zwei Arten von Regen vorhanden, jener zwischen den Szenen und ein spezieller auf Ian – daher ist anzunehmen: Ian liefert mit seinem Onanieren einen Teil der Fruchtbarkeit. Der Regen setzt als Frühlingsregen nach der ersten Szene ein, als Sommerregen nach der zweiten, als Winterregen nach der vierten.[730] Es gibt keinen Hinweis, wie die jeweils unterschiedliche Jahreszeit beim Regen dargestellt werden soll. Mehrere Jahreszeiten sind jedoch wie auch der männliche Teil des Sexualaktes als Fruchtbarkeit im Jahreszyklus zu verstehen.[731]

Am Ende des Stückes regnet es zweimal auf Ian, da er sich direkt unter einem Loch in der von der Explosion beschädigten Zimmerdecke befindet: Nach seinem Tod und nachdem Cate ihm von Gin, Wurst und Brot abgegeben hat.[732]

Regen erfüllt ferner hier die Funktion, eine existentielle Situation zu symbolisieren, bei der das Individuum ungeschützt der Naturgewalt ausgesetzt ist, seine menschliche Ohnmacht deutlich wird und seine Not von schuldhaftem Verhalten reingewaschen zu werden. Aber der Regen wäscht Ian nicht rein, für

728   Kane, 2002, S. 57.

729   Saunders, 2009, S. 56f: Kane sagt: „When Ian's masturbating and repeating the words ‚Cunt, cunt, cunt, cunt' (59), it was really interesting because Pip Donaghy [the actor who played Ian] was looking up and it looked like he was praying, and I thought that's really interesting – it sets off all kinds of resonances about that thing of God being a cunt".

730   Kane, 2002, S. 24, 39, 57.

731   In vormonotheistischer Zeit war der Regen heilig und fruchtbar, z.B. als ‚hieros gamos' bei Hera und Zeus sowie bei der Regengöttin Anahita in Altpersien.

732   Kane, 2002, 60f.

© Frank & Timme   Verlag für wissenschaftliche Literatur

ihn gibt es keine Erlösung, wie bei Bill Violas Performance *The crossing*, 1996,[733] bei der ein Mann abwechselnd in Feuer und Regen steht bzw. sich gehend darin bewegt. Wechselweise befindet Ian sich äußerlich im Regen und innerlich eher im ‚purgatorischen Höllenfeuer'.[734] Als Kane gefragt wird, ob Ian, wenn er nach der Bewusstlosigkeit zum Schluss erwacht, erlöst oder bestraft werde, antwortet sie, dass er zwar auch etwas Christus Ähnliches habe, aber natürlich bestraft werde. Es sei für ihn die Hölle, dass sich an seiner Situation nichts verändert habe, hinzu kommt diese völlige Abhängigkeit von Cate.[735] Seine Hölle ist, da es keine juristische Strafe gibt, sein Verhältnis zwischen Verstand und Gefühl – dass er sich mit all seinen Erfahrungen, Taten und Gedanken aushalten muss.[736]

Die Figur Ian wird in ihrer Männlichkeit und Humanität sukzessive in ihrer Machtwirkung zerlegt, indem Feigheit und Erbärmlichkeit desto mehr zu Tage treten je mehr er körperlich und sprachlich begrenzt und auf Handlungen aus dem Bereich der Grundbedürfnisse reduziert wird. Sein Bewegungsspielraum ist geschrumpft, der Sehsinn geht ihm am Ende verloren, er ist hilflos, auf sich geworfen, wie in sich eingesperrt. Cate ist nun Herrin über Leben und Tod: Sie nimmt die Kugeln heraus, als er sie um die Waffe bittet, um sich zu erschießen. Sie zwingt ihn zum Leben. Eine chiastische Entwicklung, weil er vom Tod und vom Sterbenwollen durch haltloses Rauchen und Trinken und die Krebsdiagnose ins Leben hinein gezwungen wird, sich dem Leben jedoch noch geschwächter aussetzt. Am Ende wird Ian zum Sehbehinderten – ein zweiter Teiresias wird er aber nicht, seine Blindheit wird keine Stärke.

....

733   Young, Allison: *Transzendenz und Befreiung*, in: https://www.khanacademy.org/humanities/ap-art-history/global-contemporary/a/viola-the-crossing und https://www.billviola.com, jeweils Stand: 11.01.2018.

734   Diese Verbindung ist neologistisch, da Purgatorium das Fegefeuer ist, das die Hölle verhindert. Vgl. Soncini, 2010, S. 123.

735   Saunders, 2009, S. 55: Kane sagt: „he dies, and he finds that the thing he's ridiculed – life after death – really does exist. And that life is worse than where he was before. It really is hell".

736   Mangan, Michael: „Places of punishment: surveillance, reason and desire in the plays of Howard Barker", in: Rabey/Goldingay (Hg.), 2013, S. 83: „In the iconic representations of Hell, emotions themselves become the source of guilt and damnation, opposed to the rational law that is God". Einen Gott gibt es bei *Blasted* aber nicht.

Er ist am Ende gerettet und dankbar dafür, dass Cate ihm Nahrung reicht, nur entkommt er der Situation nicht und ist der Konfrontation mit Cate endlos ausgesetzt. Ians „Thank you"[737] ist ein Minimum an verbalem Dank. An sich lapidar, ist dies aber angesichts des Figurencharakters eine Verbesserung.

Zwar hat er das erste und das letzte Wort in dem Stück, auch wenn sich seine Präsenz und Position verändern. Sein letztes Wort „Thank you"[738] bezeugt seine Dependenz und eine Höflichkeit, die ihm zuvor nicht möglich war und am Ende in seiner Position möglich ist. Er steht nicht vor einem Abgrund, sondern steckt wie zwischen Geburt und Tod mittendrin fest – ein starkes Bild für ein Leben in einer individuellen Krise und kriegerischen Gesellschaft.

Das Baby

Es gibt im Grunde, neben Cate, Ian und dem Soldaten noch eine vierte Figur, die nicht aufgelistet wird und bisher in der Sekundärliteratur nicht als Figur gesehen bzw. erwähnt wird. Es ist das Baby, das Cate bei ihrer Rückkehr von draußen mitbringt. Dieses Baby ist weiblichen Geschlechts, ist elternlos, schreit vor Hunger, und am Ende der vierten Szene stirbt es, weil es keine Milch, keine Nahrung bekommt. Ian bringt der Hunger in eine Lage, in der diese Figur offensichtlich gar keine Skrupel mehr hat. Diese namenlose „sie"[739] wird von Cate unter einer Hoteldiele beerdigt und von Ian wieder ausgegraben. Das Baby anzuessen, es zurück in das Bodenloch zu legen, sich darüber zu stellen, indem er sich in das Bodenloch bzw. das Grab des Babys legt und sich anschließend ebenfalls darin bis auf den Kopf sozusagen begräbt, bedeutet wortwörtlich, dass er am Ende des Stückes die Grabstelle des Babys einnimmt. Diese unschuldige Seele, Ians letzter eigener unschuldiger Seelenanteil, so hier die Theorie, muss offensichtlich stückweise ver-/getilgt werden. Das Baby, die kommende ‚Gene-Ration', ist zu jung, um artikulierte Sprache zu haben und hat als totes Wesen keine Stimme mehr, somit „keine intellektuellen Waffen",[740] um sich zu wehren.

....

737   Kane, 2002, S. 61.

738   Kane, 2002, ebd.

739   Ab dem ersten Satz der fünften Szene: „CATE: I don't know her name.", „I was supposed to look after her.", Kane, 2002, S. 57f.

740   Miller, 1983, S. 30.

Es gibt eine chiastische Entwicklung im Verhältnis von Ian und dem Baby. Ian will sterben, aber es gelingt ihm nicht. Das Baby will nicht sterben, aber seinen Tod kann Cate nicht verhindern, während sie verhindert, dass Ian sich umbringen kann.

Das Baby wird zwar nicht als Figur aufgeführt, da keine Person diese Rolle spielen muss. Dennoch erfüllt es eine ganz wichtige Funktion und ist ein menschliches Wesen. Das Baby lebt zunächst und schreit, es kann sich zwar nicht artikulieren, aber es hat eine Stimme und ein Geschlecht. Es teilt das Schicksal mit vielen Babys und anderen Menschen auf der Welt: Es verhungert, weil es kriegsbedingt die Mutter verliert und von ihr getrennt wird. Dieses Baby ist aber nicht nur ein Kriegswaisenbaby, sondern es wird zur Nahrung für Ian. Das ist kannibalisch-archaisch und verdreht zugleich. Statt dass ein Mensch sein Leben für das Baby opfert, um es zu retten, konkurriert Ian damit und überlagert es.

4.8   Kriegerische Gewalt

In diesem Stück gibt es Gewalt in vier Formen bei mindestens zwanzig einzelnen Vorkommnissen, die hier nur exemplarisch genannt werden: Erstens gibt es verbale Gewalt. Ian äußert Cate gegenüber Beleidigungen wie „You are stupid", „You're fucking thick".[741] Ihre Arbeitslosigkeit wertet er mit den Worten ab „screwing the taxpayer" und beleidigt sie mit Begriffen wie „a Joey" und „nigger-lover".[742] Er macht Cates Sprachfehler nach, indem er seinen Satz auch stottert, „What's the m- m- matter?" Nicht zu antworten und „Fucking Jesus"[743] zu fluchen sind dabei die harmloseren verbalen Verhaltensweisen dieser Figur. Auch unterhalten sich die beiden Figuren über Gewalt und ihr Verhältnis dazu. Dabei vertreten sie diametral entgegengesetzte Ansichten:[744] Cate erfragt sein

---

741   Kane, 2002, S. 8, 28.

742   Kane, 2002, S. 8; 5.

743   Kane, 2002, S. 15.

744   Kane, 2002, S. 21. Ians Figur äußert Sichtweisen wie „Hitler was wrong about the Jews/who have they hurt/the queers he should have gone for/scum them and the wogs and fucking football fans/send a bomber over Elland Road/finish them off".

Tötungspotenzial: „Would you bomb me?", „Could you shoot me?" und „Have you ever shot one?"[745]

Zweitens wird die aktive Gewalterfahrung des Soldaten vermittelt, seine Taten an ‚Feinden' beiderlei Geschlechts und das Schicksal seiner Freundin Col. Dies sind erzählte Gewaltgeschichten, teils aus realem Krieg, teils Kriminelles aus der ‚friedlichen' Alltagswelt. Dabei erzählt der Soldat nicht, inwiefern er als Augen- und/oder Ohrenzeuge dabei war, oder es ‚nur' erzählt bekommen hat, ob er den/die Soldaten oder Täter vielleicht kannte. Er schildert Beobachtungen menschlichen Verhaltens aufgrund von verzweifelter Flucht, u.a. wie Menschen versuchen, ihre Babys zu retten und sich vor Hunger gegenseitig essen.[746] Auf der Bühne werden sie auch am Baby und an Ian vollzogen.

Hinzu kommt in Zeitungungsartikeln berichtete physische Gewalt durch Fremde an Frauen. Einer ist von Ian selbst verfasst, er diktiert ihn am Telefon: Die 19-jährige Touristin Samantha Scrace ist das siebte Opfer eines Serienkillers. Den zweiten Zeitungsartikel liest Ian dem Soldaten als Beispiel dafür vor, was die Welt, statt des Krieges, interessiert: Zwei minderjährige Prostituierte[747] werden Opfer eines sadistischen Unbekannten – diese Gewalt, scheint es, geschieht tagtäglich ‚überall' auf der Welt. Die Zeitungsmeldung enthält keine ungünstige Färbung im Sinne Hayakawas.[748]

Die dritte Gewaltform ist die präsente physische Gewalt, die eine harmlose Bandbreite von Auslachen bis raumgreifende Körperhaltung und besitzergreifendem Verhalten hat. Aber die Grenzen sind fließend: Es kommt zu Sachbeschädigung, – z.B. wenn die Ärmel der Lederjacke abgerissen werden oder der Soldat auf das Bett uriniert. Es kommt zu Körperverletzungen,

---

745 Kane, 2002, S. 20, 22.

746 Kane, 2002, S. 50.

747 Die Alterszuordnung, 13Jährige, und der Status, Prostituierte, wird im Stück nicht weiter problematisiert.

748 Hayakawa, 1993, S. 48 (oben) [zugleich S. 70 (unten), da es eine doppelte Seitenangabe gibt]: „Das Auswählen von günstigen oder ungünstigen Einzelheiten kann als F ä r b e n (slanting) bezeichnet werden. Beim Färben werden keine ausgesprochenen Urteile gefällt; der Unterschied zur Berichterstattung liegt darin, daß absichtlich gewisse Urteile zwingend nahegelegt werden."

z.B. in Form von Schlägen, in Geschlechtsteile beißen, Vergewaltigen oder Ophthalmophagie. Eine tätliche Auseinandersetzung ist es, wenn Cate sich mit Ian reaktiv prügelt und in sein Glied verbeißt, bis er sie mit einem Schlag zum Loslassen bringt.[749] Schließlich werden von allen drei Figuren Schusswaffen gehalten. Während Ian eine Waffe bei sich trägt wie der Soldat, beide sie an Kopf und Schläfe halten, der Soldat sie auch bei sich einsetzt, benutzt Cate die von Ian, indem sie sie auf Ians Geschlechtsteile richtet.[750]

Im Stück gibt es eine Form der Vergewaltigung durch Ian an Cate: „He puts the gun to her head, lies between her legs, and simulates sex. As he comes, Cate sits bolt upright with a shout. Ian moves away, unsure what to do, pointing the gun at her from behind. She laughs hysterically, as before, but doesn't stop. She laughs and laughs and laughs until she isn't laughing any more, she's crying her heart out. She collapses again and lies still."[751] Seine Feigheit und moralische Verkommenheit wird darin deutlich, dass er sich ihr so nähert, während sie eine ihrer Absencen hat. Zwar entkleidet er sie nicht, führt aber die Bewegungen aus und hält ihr seine Waffe an die Schläfe und riskiert dabei in der Erregung abzudrücken. Ihre Ohmacht bewahrt sie davor, Ians Phantasien und Bewegungen bewusst wahrzunehmen. Ihr Wesen spürt aber den Übergriff, wie die Hysterie im Lachen und Weinen nahe legt, denn auch wenn ‚simuliert‘ genannt, bleibt es eine Vergewaltigung, die Vorwegnahme kriegerischen Verhaltens bedeutet.

Zwischen der ersten und der zweiten Szene, im Off, erfolgt dann die physisch weitergehende Vergewaltigung durch Ian an Cate, was dem Publikum anhand der zerrupften Blumen,[752] des Blutes auf Kleidung und Laken

....

749   Kane, 2002, S. 31: „A beat, then she goes for him, slapping him around the head hard and fast. He wrestles her onto the bed, her still kicking, punching and biting.", Regieanweisung: „she bites his penis as hard as she can. Ian's cry of pleasure turns into a scream of pain. He tries to pull away but Cate holds on with her teeth. He hits her and she lets go." Dies ist eine Handlung, zu der Kane übrigens ausführt, dass sie sie als Spannungserhöhung einsetzt und die Zuschauenden irritieren will. Vgl. Saunders, 2002, S. 164.

750   Kane, 2002, S. 26: „She takes the gun from his holster and points it at his groin."

751   Kane, 2002, S. 27.

752   Kane, 2002, S. 24.

sowie des Gesprächs und der Handlungen danach vermittelt wird. Im Gespräch zwischen Ian und Cate wird klar, dass Ian Cate in ihr Geschlechtsteil gebissen hat, sie nur unter Schmerzen urinieren kann, und zwar Blut, und nicht koten. Das sind körperliche Folgen der Vergewaltigung, die innere Verletzungen und starke Schmerzen bedeuten. Statt Reue oder Mitgefühl zu zeigen, schließt Ian das Hotelzimmer ab, damit Cate da bleibt. Seine Reaktion hat mehr mit Besitzen-Wollen zu tun, insofern ist die Liebe, die dem Stück oft bescheinigt wird,[753] auf Cates Seite. Cate wird ihrer Freiheit beraubt, bevor es ihr gelingt, aus dem Badfenster zu fliehen, das sich ebenso wie das Badezimmer im Off befindet.

Es tickt zwar keine Bombe in diesem Stück, aber die Krebsdiagnose impliziert, dass Ians Lebenszeit abläuft, und die ungewissen Ereignisse draußen erhöhen eine Atmosphäre, die von einem latenten Zeitdruck und drohendem Kriegsgeschehen geprägt ist.

Der Soldat bedroht Ian mit der Waffe; diese dient ihm auch als Mittel der Vergewaltigung. Da die anale Penetration auf der Bühne performt wird und mit zweierlei Mitteln erfolgt, ist sie extrem potenziert. Dagegen mutet der Verlust der Augen fast wie Schonung an. Der Soldat verleibt sich zwar Ians Augen ein, will aber selbst nichts mehr sehen und hören und tötet sich. Diesen Weg möchte auch Ian gehen, aber er hat keine Bewegungsfreiheit mehr dazu.

Strukturelle Gewalt, die vierte Form dieses Gewaltkonglomerats in *Blasted*, findet sich neben dem Unterschied Mann-Frau und Bewaffnete-Unbewaffnete auch im Status:[754] Cate ist arm, Ian vergleichsweise reich, sein Beruf steht für Prestige. Hinzu kommen Alltag und Krieg. Die Verknüpfung zwischen Beziehungskrieg und Bürgerkrieg[755] ist nicht so weit hergeholt, wie die Presse Kane vorwirft.

....

753   Vgl. Gritzner, Karoline: *Adorno and Modern Theatre. The Drama of the Damaged Self in Bond, Rudkin, Barker and Kane*, Berlin 2016, S. 1153: „This negative utopian desire finds painfully emotional expressions in her [Kane's, LTG] theatrical language of violence and love".

754   Galtung, Johan: „Gewalt, Frieden und Friedensforschung", in: Senghaas, Dieter (Hg.): *Kritische Friedensforschung*, Frankfurt am Main 1971, S. 66.

755   Vgl. u.a. Meier, 1999; ders., 2001; Iveković, Rada et al., 1993.

       © Frank & Timme   Verlag für wissenschaftliche Literatur

Zu dem Baby, das als Kriegsfolge an einer Verletzung und zugleich an Hunger stirbt, lässt sich als Gewaltelement die Ermordung der leiblichen Mutter annehmen. Das Essen des Babys durch Ian ist Gewalt an einem toten Körper.[756]

Cate lässt sich im Tausch für Nahrung vergewaltigen, oder wird vergewaltigt und stiehlt anschließend Nahrung. Dies erfolgt im Off, da der Soldat, als er sie nicht im Bad findet, eine solche ‚Warnung' formuliert und Cates Beine entlang Blut rinnt, als sie später wieder auf der Bühne erscheint: „SOLDIER: Gone. Taking a risk. Lot of bastard soldiers out there",[757] „IAN: Where are you going? CATE: I'm hungry. IAN: Cate, it's dangerous. There's no food. CATE: Can get some off a soldier. IAN: How? CATE: *(Doesn't answer.)* IAN: Don't do that",[758] Regieanweisung: *„There is blood seeping from between her legs."*[759]

Zuletzt ereignet sich als Gewalt der Tod an Ian, aber auch nach seinem Tod ist er wieder da, wo er zuvor war. Dem Text nach stirbt er zunächst, es beginnt zu regnen, er wird wieder wach und dann erscheint Cate mit Nahrung. Sie ist in der Situation ruhiger, freier und befreiter als Ian. Sein Lungenkrebs scheint völlig vergessen angesichts der viel größeren Bedrohung durch den Krieg und entlarvt seine selbstzerstörerische angebliche Todessehnsucht durch sein exzessives Rauchen und Trinken zu Beginn des Stückes als eine Selbstzerstörung, die er vor allem sich selbst als Attitüde vormacht und mit der er sich inszeniert und missachtet.

Die Gewalt in *Blasted* wird keiner Nation oder Mentalität zugeordnet. Ian als Waliser zeichnet sich nicht als solcher aus. Hier werden Krieg und Männer, vor allem im Kriegskontext, unberechenbar gewalttätig gezeigt, Kane muss diese Erfahrung nicht direkt erlebt haben, und sie nutzt sie nicht aus: „It definitely

....

756 Wenn man bedenkt, wie Virginia Woolf in *The Experience of a Pater-familias*, der Nachfolgeerzählung zu *A Cockney's Farming Experience* die Behandlung eines Babys beschreibt, als sie noch keine elf ist, erscheint die Behandlung des Babys in *Blasted* geradezu nichtig. Vgl. DeSalvo, 1990, S. 179–191. Hier wird *The Experiences of a Pater-familias* von Woolf verhandelt, in dem Vater eifersüchtig auf das Baby ist und sich absolut nicht darum kümmert: „Virginia vermittelt hier auch, daß ein Mann, der Vater wird, sich zum Kind zurückentwickelt und von seiner Frau verlangt, dass sie ihn gleichfalls bemuttere".

757 Kane, 2002, S. 38.

758 Kane, 2002, S. 58.

759 Kane, 2002, S. 60.

had a strong impact on me, but the play is not about that, so why use that to give something a context? Because then you're being cynical; you are using people's pain in order to justify your own work which I don't think is acceptable. Also, I think there's the problem that when you get so specific, something actually stops having resonance beyond the specific."[760]

Kane beschäftigt sich lange mit der Frage, weshalb Vergewaltigung zu Krieg gehören sollte: „I was working with some actors on a workshop about *Blasted*. Someone said, ‚There's nothing unusual about the fact there were rape camps in Bosnia. That's what war is about.'"[761]

Es gibt Stücke mit ‚Beziehungskrieg', und Stücke mit Kleinkrieg in zwischenmenschlichen Beziehungen,[762] die verbunden sind mit Krieg zwischen Gruppen, wie Ethnien, Völkern eines oder mehrerer Länder.[763] Der Bezie-

---

760 Saunders, 2009, S. 107.

761 Saunders, 2009, S. 64. Es degradiert Frauen, Frauen der Feindesseite und dadurch die feindlichen Männer.

762 Z..B. *Wer hat Angst vor Virginia Woolf?*, *Der Gott des Gemetzels*, *Closer/Hautnah* oder *Wir lieben und wissen von nichts*.

763 *Krieg im dritten Stock* ist das einzige Stück, das, allerdings ohne Beziehungskonflikt innerhalb der Ehe, den Krieg ins Private, ins Schlafzimmer des Paares Blaha holt, mit Detonationen im Treppenhaus und Vergewaltigungsauftrag im Ehebett. Kohout konzipiert damit ein Stück, das die Idee der ‚Stellvertreterkriege' verfremdet. Zwei Männer bzw. Ehepaare sollen stellvertretend für ihre Länder gegeneinander Krieg führen. Daher erhält Blaha mitten in der Nacht unerwartet und offensichtlich völlig unter Kontrolle des Staates einen Einberufungsbefehl (alle Behördenvertreter haben Schlüssel; vom Briefträger, über den Amtsarzt bis hin zum beratenden General). Er soll sich in seinem Schlafzimmer einfinden, allerdings in Kriegskleidung und mit Helm. Auch die Waffen werden ihm ins Schlafzimmer geliefert und ihm wird mitgeteilt, der Feind sei bereits im Zug unterwegs zu ihm. Die anfänglich für einen Irrtum und einen absurden Scherz gehaltene Situation wird immer bedrohlicher, bis Blaha, von allen Besuchern und seiner Frau verunsichert, zur Waffe greift und sich verteidigt. Schließlich stirbt sein Gegner, während dieser Blahas Schlafzimmer erobert und dessen Frau vergewaltigen soll, an einem Herzinfarkt. Die jeweils gegnerischen Generäle verabschieden sich einvernehmlich, sie haben lediglich ihren Teil der Pflichten und Konventionen erfüllt. Niemand war innerlich oder inhaltlich beteiligt, dieser Krieg im Schlafzimmer des dritten Stockes des Hauses in der Langen Gasse 13 enthielt keine Gründe oder Interessen der Gegner, die Ost und West zuzuordnen sind. Das Ganze wirkt wie ein Spiel – dies ist bei *Blasted* anders. Die Detonation schlägt auch ins Hotelzimmer ein, man weiß evtl. nicht mehr, wo man ist. Aber es ist kein Spiel, das wird im Text klar, auch wenn es kein nachvollziehbares Interesse an den Kriegshandlungen gibt. Es wird keine Eroberung eines Territoriums erwähnt, keine Gewinn maximierenden Quellen oder Ressourcen stehen

---

hungskonflikt ist bei Kane deutlich mit der Komponente eines (Bürger-)Kriegs verknüpft.[764] Dazu zitiert Iball Kane: „one is the seed and the other is the tree. I do think that the seeds of full-scale war can always be found in peace-time civilisation".[765]

Aus diesem Bild von Samen und Baum resultiert, dass Kanes *Blasted* ein ganzer Wald ist. Dem Vorwurf, ihr Stück sei unerwartet verstörend und übertrieben in seiner Art und Deutlichkeit, Gewalt und Sex zu verbinden und darzustellen, kann allein mit dem Titel entgegnet werden, der darauf hinweist, dass es kein ruhiges Beziehungsstück ist.

Das Stück enthält von Anfang an, personifiziert durch Ian mit seiner Ausdrucksweise, seinem Bewaffnet-Sein wie auch durch die Mordnachricht an der Touristin und in seinem Umgang mit Cate eine manifeste Gewalt. Die Zuschauenden sind also nicht völlig unvorbereitet, wenn die tatsächliche Kriegsgewalt eintritt. Und die berstende Detonation kann fast alltäglich sein, vielleicht nicht in Leeds, aber z.B. wenn Syrien der Handlungs- und Spielort wäre. Dadurch dass Kane die Detonation und den Soldaten als ‚Kriegsgeschehen' auf die Bühne bringt, holt sie die Gewalt aus Zeitung und TV heraus.[766] Krieg, nicht nur in Syrien und der Ukraine, nicht nur zwischen Ost und West, nicht nur um Ressourcen, nicht nur zwischen Un-

----

zur Disposition (kein Öl, kein Gold, kein Uran etc.) und es kommen keine ideologischen Komponenten zur Sprache.

764 Vgl. Karpenstein-Eßbach, 2011, S. 67: „Die kämpfenden Verbände treffen als formierte Kollektivkörper aufeinander, in einem, wie Clausewitz formulierte, ‚erweiterten Zweikampf', mit jeweils konzentrierter Zerstörungsgewalt, an deren Ende Sieg, Niederlage oder Rückzug steht."

765 Kane zit. nach Iball, 2008, S. 9; vgl. Saunders, 2002, S. 39; vgl. Sierz, Aleks: „„Like there's a war on': Sarah Kane's ‚Blasted', political theatre and the Muslim Other", in: De Vos/Saunders (Hg.), 2010, S. 49; vgl. Rebellato, Dan: „Sarah Kane: An Appreciation", in: *New Theatre Quarterly*, Vol. 15, Nr. 3, 1999, S. 280–281.

766 Nevitt, 2013, S. x: „A blowjob, rape, murder and evisceration for all to see. Just as she had shown the violence of an imploding Bosnia land in a Leeds hotel room.", wobei immer wieder richtig gestellt werden muss, die Zuordnung ist an keiner Stelle des Stückes oder der Regieanweisungen auszumachen.

terdrückern und Minderheiten, und der *Krieg gegen die Frauen*[767] ist überall inhärent.[768]

Kane verknüpft Alltag und Krieg, beschreibt Gewalt und Schmerz.[769] Sie spielt damit, dass sich silence auf violence reimt.[770] Das dargestellte Geschehen steht für sie nicht zusammenhanglos nebeneinander. Sie findet keinen Widerspruch mehr zwischen dem älteren englischen Mann, der eine jüngere englische Frau vergewaltigt, und den Menschen in Jugoslawien, die sich ebenfalls kennen und lieben und sich trotzdem das alles antun können, was im Fernsehen gezeigt oder an- und ausgesprochen wird: „Slowly it occured to me that the play I was writing was about this. It was about violence, about rape, and it was about these things happening between people who know each other and ostensibly love each other".[771]

Ziehen wir das Zitat zu Kane zu Rate „Kane was haunted by the image of a Bosnian woman (which means in the context also former Yugoslav and Muslim) hanging in a forest, the actual word ‚Muslim' doesn't occur at all in the play. After 9/11 and after 7/7, this absence is much more noticeable than ever it was before",[772] wird Bosnien im Nachhinein wie zu einem Ersatz-Codewort

---

767 Vgl. French, 1993, S. 7–18ff., macht deutlich, dass sie keinen Mann als Individuum kritisiert, vgl. French, 1993, S. 14, sondern einige bzw. eine bestimmte Gruppe Männer, die sich als „große" Männer, S. 7, ausgeben und ein patriarchalisches System bilden, das „Männer-als-Gesamtheit erfunden", S. 14, haben.

768 Der Verkauf echter Kriegsvergewaltigungsvideos ist nicht fern von legal konstruierten und frei käuflichen Videospielen, in denen eine Frau auf offener Straße vergewaltigt wird, wie in der isländischen Dokumentation *InnSaei*, 2016 zu sehen.

769 Sie hat Vergewaltigung an sich als Beziehungsthema präsent – s. ihr eigener unveröffentlichter Text *Comic Monologue*, verfasst vor *Blasted*, nach Saunders, 2009, S. 156, und als persönlichen Racheakt an politischen Gegnern – s. Thematisierung von Franca Rames Monolog zur erlittenen Vergewaltigung nach gezielter Entführung durch Faschisten im eigenen Land, Saunders, 2009, S. 88. Und: Fo, Dario/Rame, Franca, 1990, S. 61–64.

770 Programmheft zu *Zerbombt*, Nr. 22, Schauspiel Stuttgart, Spielzeit 2013/14, ohne Autor*innenangabe.

771 Saunders, 2009, S. 50.

772 Saunders, 2009, S. 131, S. 64. Die Information „hanging in a forest" ist neu, weicht von der weinenden Frau ab, wird nicht weiter erklärt. Unter Umständen spricht die Ungenauigkeit für die Relevanz.

© Frank & Timme   Verlag für wissenschaftliche Literatur

für muslimisch, wie es auch bei Tschetschenien oder Irak sein könnte, wie Sierz ausführt: „Iraq, of course, is widely percieved by many Muslims as an anti-Muslim war."[773] Die ungenaue Bezeichnung sichert Universalität: „In the text itself, and in Kane's recorded interviews about the play, there's a gap – a silence – an absence of the dreaded word ‚Muslim'".[774] Diese Fokussierung ist, bezogen auf Kane, als inkorrekt zu verwerfen, mit der Akribie, mit der sie vorgeht, würde sie auch thematisieren, dass der Soldat Schweinefleisch isst.

Keine Arbeit zu Kanes Werk thematisiert die Bezüge zwischen *Blasted/Zerbombt* und *Crave/Gier*, dabei drängen diese sich geradezu auf: Es wird von einem Wiedersehen nach langer Zeit gesprochen, nachdem jemand versucht hat, jemanden zu finden.[775] Es wird ein Hotelzimmer aufgesucht, wie es bei Cate und Ian der Fall ist. Jemand will weg.[776] Eine Stimme spricht andere Sprachen, u.a. Serbokroatisch.[777] Enthalten ist auch das Tabu der Vergewaltigung und sexualisierten Gewalt,[778] das so viele Frauen und noch mehr Männer nicht ansprechen – eine Ausübung von Macht über den Körper eines anderen Menschen.[779] So wie Kane in *Blasted* (Gewalt)Situationen darstellt, sie damit beschreibt, szenisch erzählt, ohne zu urteilen, stellt sie in *Crave* noch deutlicher die Wirkung eines Satzes heraus, indem sie ihn isoliert. Gesprächsstille und Vereinzelung kennzeichnen die Handlung, die damit zur jeweils eigenen Einschätzung verfügbar ist.

....

773 Saunders, 2009, S. 132.

774 Saunders, 2009, S. 131f, S. 133: „this ‚Muslim Other' is invisible but present".

775 Brocher/Tabert (Hg.), 2010, S. 167: „Ich hab dich gesucht. Überall in der Stadt.", „Und jetzt hab ich dich gefunden."

776 Brocher/Tabert (Hg.), 2010, S. 175: „C: Ich will nicht bleiben."

777 Brocher/Tabert (Hg.), 2010, S. 177, 189, 210.

778 Brocher/Tabert (Hg.), 2010, S. 170: „Wenn du tot bist, wirst du besser riechen als jetzt.", S. 171: „B: Lass uns einfach ins Bett gehen. C: „nein nein nein nein nein nein nein nein nein.", „Zieh deine Handschuhe nicht aus, bis du die letzte Stadt verlässt.", S. 174: „Hast du schon mal jemanden vergewaltigt?", S. 177: „Nicht mich zu fesseln.", S. 185: „Dieser Missbrauch hat lange genug gedauert."

779 Hier ist die Abkoppelung von Sex und physischer Gewalt bzw. körperlich-gewalttätiger Machtdemonstration zu unterscheiden. Hierzu s. Diamond, Irene/Quinby, Lee (Hg.): *Feminism & Foucault. Reflections on Resistance*, Boston 1988, bes. S. 167ff.

Kanes Stück löst aus den beschriebenen Gründen Gefühle aus, ohne dass sie forciert, welche. Die Situationen sprechen für sich. Das lässt Raum zum Spüren und Reflektieren. Dazu passen die letzten Wortwechsel zwischen Cate und Ian, als sie ihn beschimpft und eine Phase langen Schweigens folgt. In dieser Phase sagt Cate einiges nicht, was mit dieser Beschimpfung zusammenhängt. Diese Lücke, Auslassung, Sprechgrenze gibt es bei Kane auch, als sie z.b. der Figur C in *Crave* interessanterweise Sätze vorgibt wie „Ich hasse diese Worte, die mich am Leben halten/ich hasse diese Wörter, die mich nicht sterben lassen".[780] Kane benennt diese aber nicht, während *4.48 Psychose* mit „Sieh mich verschwinden/sieh mich/verschwinden/sieh mich/ sieh mich/sieh",[781] „Wem ich nie begegnete, das bin ich, sie mit dem Gesicht eingenäht in dem Saum meines Bewusstseins" und dem Satz „Bitte öffnet den Vorhang"[782] endet.

Es sind Imperative, Appelle, Ausdrücke von Dauer und Unendlichkeit,[783] anerkennende Bewunderung, positive Bewertung, Lob, Bitte und Wunsch. Auch in diesem allerletzten Satz ist z.B. der Wunsch enthalten, sich selbst mehr zu begegnen, es ist ein Ausdruck des Wissens um die Selbstentfremdung und Dissoziation. Der Griff vom Ich zur dritten Person Singular steht für Selbstdistanz, für eine Art Eigenfremdheit. Das Sprachmaterial wird immer reduzierter. Allein deswegen ist *Blasted*, so die These hier, ein Stück, bei dem der ‚erste' und angeblich ‚heile' Teil durch das ‚Eindringen' des Krieges nicht in völlig voneinander abgetrennte Teile getrennt werden kann.[784] Vielmehr alternieren emotionale und körperliche Gewalt.

....

780   Kane, 2002, S. 182: „Ich habe keine Musik, Gott, ich wünschte, ich hätte Musik, aber alles, was ich habe, sind Worte.", Kane, 2002, S. 194, „Ich hasse diese Worte, die mich am Leben halten/Ich hasse diese Worte, die mich nicht sterben lassen". Wobei „words" auch mit „Wörter" übersetzt werden könnte, was auf Sprache an sich, statt z.B. Musik hinweisen würde, während „Worte" klingt wie bestimmte.

781   Kane, 2010, S. 250.

782   Kane, 2010, S. 252. So wie am Ende von *Blasted* ein Wiederbeginn möglich ist.

783   Kane, 2010, ebd.: „Meine letzte Unterwerfung"

784   Saunders, 2009, S. 19f; Sierz, 2001, S. 98. Nur Iball, 2008, S. 5, spricht etwas abgeschwächter von einem Sprung („leap") und einem kühnen Stück („audacious").

Zwischen Kanes *Blasted*, und dem Bosnienkrieg, den Kane präsent hat, steht Beckett, den Kane als Vorbild anführt,[785] mit dessen Stück *Waiting for Godot*, der mit *Blasted* bezüglich der Zeitlosigkeit, aber auch bezüglich Sarajewo in Zusammenhang gesetzt werden kann: *Waiting for Godot* ist während der über dreijährigen Belagerung in Sarajewo mit den dort ansässigen Schauspieler*innen von Sontag mitinszeniert worden, weil es ohne Konkretion auf die Warte- und Aussichtslosigkeit der Situation passt. Sprache und Bewegung sind am Ende von Kane wie bei Beckett einsilbig, minimal und voneinander abgekoppelt,[786] dies scheint sehr passend für solche Kriegssituationen zu sein.[787]

Bei Kane wird die Gewalt „so realistisch wie möglich"[788] gezeigt und folgt damit einer inneren Logik; klare Bilder werden entworfen, auch wenn am Ende die Schauspieler*innen selbst „völlig traumatisiert"[789] sind, oder jemand aus dem Publikum geht, was zum Teil der Gesamterfahrung wird. Kane will sogar, dass etwas in Wechselwirkung mit dem Publikum passiert, und sei es, dass jemand weggeht. Genau genommen ist das Geschehen auf der Bühne auch intensiver als im Fernsehen, wenn auch im Vergleich hierzu keine ‚echten' Handlungen vollzogen werden.[790]

Kane war es nicht bewusst, dass *Blasted* so schockierend wahrgenommen werden kann. Sie vergleicht es für sich mit einem Treppensturz, der einem die

....

785 Saunders, 2009, S. 39f, 46: „I think my influences are quite obvious. Yes, Beckett, of course, but not particularly consciously, because I'm practically unconscious when I write, and I think once you're consciously influenced your voice becomes inauthentic. But I was steeped in Beckett so it's not surprising that *Blasted* ends with an image of a man with his head poking out of the floor with the rain pouring through the ceiling onto his head". Vgl. auch: Saunders, 2002, S. 55.

786 Vgl. Kane, 2002, S. 59f. Bis auf eine Ausnahme bestehen die letzten Dialoge aus ein bis zwei und höchstens fünf Wörtern.

787 Vgl. Puchner, Martin: *Theaterfeinde. Die anti-theatralischen Dramatiker der Moderne*, Freiburg i.Br./Berlin 2006, S. 267: „Bewegung bleibt hier auf eine einzige Geste beschränkt, die auch noch vom Dramentext abgetrennt dem Stück vorangestellt ist." Beckett ging es in Godot diesbezüglich um Isolation und Wiederholbarkeit einer Geste hilflosen Mitleids.

788 Carr/Crimp/Kane/Ravenhill, 1998, S. 16.

789 Carr/Crimp/Kane/Ravenhill, S. 16; Saunders, 2009, S. 102.

790 Sierz, 2001, S. 97, 106.

eigene Fragilität bewusst macht, aber keine moralische Entrüstung auslöst. Für sie kommt der Schock von der Presse her, nicht vom Publikum.[791]

Das Stück handelt von Hoffnung und Liebe – es feiert nicht die Gewalt, wie Kane es bei der ersten deutschen Inszenierung in Hamburg erlebt hat;[792] damit kann Kanes Absicht bestätigt werden.[793] Ein solches Stück mit gewalttätigen Szenen ist ein Stück über Gewalt, nicht ein gewalttätiges Stück – so auch Kanes Sichtweise zu ihrer ,Verteidigung'.[794] Die Traumatisierung, die Soldaten erfahren, die im Krieg Gewalt ausüben und auch erleiden, wird anhand des Soldaten verbal und als Bühnengeschehen aufgenommen. Gewalt, die der Soldat an Ian ausübt, ist zum einen eine Art ,Nachtun' der aktiv und passiv erlebten Gewalt. Zum anderen ist es ein Ausdruck für die Gedanken, Erinnerungen und Gefühle, die er Ian offensichtlich nicht anders vermitteln kann als mit heftigster Gewalt. Mehr als die anderen beiden Figuren scheint der Soldat mit Trauer und Verlust zu kämpfen zu haben.

Sierz ordnet wegen dieser extremen Darstellung von Sex und Gewalt Kane mit anderen Autor*innen dem New British Drama und dem britischen In-Yer-Face-Theater zu. Kane habe das Publikum auf Stücke wie *Shopping and fucking* von Ravenhill vorbereitet.[795] Auch sei das Stück in der Nähe der *Sex Wars*[796]-Stücke anzusiedeln, was aufgrund der ausgelassenen Gewalthandlun-

....

791 Saunders, 2009, S. 53. Auch wenn drei Personen die Vorschau verlassen haben, zwei Personen die erste Aufführung; manche haben sich die Augen zugehalten, manche mussten kichern, vgl. Saunders, 2009, S. 19, 51.

792 Vgl. Saunders, 2009, S. 66.

793 Saunders, 2009, S. 105: „My plays certainly exist within a theatrical tradition, though many people would not agree with that. [...] On the whole they are about love and about survival and about hope".

794 Saunders, 2009, S. 82: „I think the obsession with content that the critics have means that any play which contains scenes of violence will be seen as a violent play rather than a play about violence, because they don't know how to talk about it – and that's exacerbated by the fact that theatre is a live art."

795 Saunders, 2009, S. 19. Wobei Ravenhill wegen der schlechten Kritiken *Blasted* nicht angeschaut hat. Vgl. Sierz, 2001, S. 124.

796 Sierz, 2001, S. 178. Er verhandelt vier Stücke von Männern unter dieser Überschrift, bezieht kulturell-gesellschaftspolitische britische Ereignisse mit ein (ohne die Jugoslawienkriege zu erwähnen) und stellt fest: „Although Girl Power, ladettes and postfeminism symbolized new roles for women, their relationships with men were as problematic as ever.", ebd. Die

gen im Stück und da keine Regieanweisung zu expliziter Darstellung verpflichtet, nicht bestätigt werden kann. Hierzu führt auch Kenyon aus: „oddly her perspective on violence comes from a writer with a very robust style which is almost masculine, but at the same time I think possibly only a woman could have written with that passionate understanding and abhorrence of violence – and that comes from a very female perspective".[797] Wenn wir davon ausgehen, dass sich auch ein Mann vorstellen kann, wie es ist, vergewaltigt zu werden, und auch wie es für eine Frau ist, vergewaltigt zu werden, dann ist doppelte Genderzuordnung eines sogenannten männlich-robusten Schreibens aus der weiblichen Perspektive überflüssig. Jedoch ließe sich die Authentizität in Anbetracht der globalen Statistiken eher mit einer feministisch-gewaltgeprägt-reflektierten Schreibweise beschreiben, die ausklammert, welche sexuelle Orientierung oder Lebensform die Autorin pflegt.

Kane, die eine vorbildhafte Position einnimmt, hält die drastische Deutlichkeit von Formen der Gewalt auf der Bühne für wichtig: „If you're saying you can't represent something, you are saying you can't talk about it, you're denying its existence, and that's an extraordinarily ignorant thing to do".[798] Traumatisierte, die über etwas (noch) nicht sprechen können, sind, ist ergänzend zu erwähnen, nicht ignorant, sondern bilden eine Ausnahme.

Es geht ums stellvertretend Exemplare und Kane nicht um unreifes Schockieren,[799] sondern um Lebenskrisen: „The play was about a crisis of living. How do we continue to live when life becomes so painful, so unbearable? Blasted really is a hopeful play, because the characters do continue to scrape a life out of ruins."[800] Offen bleibt, wie man nach einem menschlichen Zusammenbruch weiterleben kann, wenn das Leben und die Nähe miteinander eigentlich unerträglich geworden sind.

....

Sex-Krieg-Metapher ist, wie er auf S. 179 feststellt, bei den vier Stücken einmal in einen Kriegkontext mit Nordirland und einmal mit El Salvador gestellt.

797 Saunders, 2009, 140. Ehemalige Agentin von Kane, Mel Kenyon beim Sarah Kane Symposium am 11.11.2006.

798 Saunders, 2009, S. 48.

799 Saunders, 2009, S. 3, 19.

800 Saunders, 2009, S. 61.

4.9 Lachen bei komischer Nähe – Nahrung für Mit- oder Verlachen?

Nahrung, Nähe und Komik; dies sind drei Kernbereiche in Kanes Stück, die in der Sekundärliteratur nicht erschöpfend erfasst werden. Die einzige Sekundärliteratur, die sich, dem Anthologietitel nach, mit dem Humor bei Kane hätte befassen sollen, leistet dies nicht.[801]

Auf den allerersten Blick scheinen die erwähnten drei Kernbereiche nicht zusammenzuhängen, aber in diesem Stück sind es drei Schlüsselbereiche, mit denen Distanz ausgelotet wird. Außerdem sind sowohl Nahrung und Nähe als auch Humor heilsam. Je ferner z.b. der Kriegsort, desto realer und aufdringlicher soll, nach Kane, die Darstellung sein;[802] bis hin zum ‚Zu-nah'. Zu viel Nähe oder ungesunde, weil übergriffige Versionen davon sind in unterschiedlichen Kategorien zu erkennen: Im Sarkasmus und Zynismus bis hin zu Verletzung und Mord. Ian lacht Cate oft aus, weil er ihre Aussagen und Einstellungen naiv bis dumm findet. Er will seine sexuellen Bedürfnisse ausleben, ohne zu zahlen; er trinkt und isst Fleisch, während dies bei Cate als Vegetarierin allein des Geruches wegen bereits Übelkeit hervorruft.[803]

Cate stellt zum Raum haptisch-sensuell Nähe her, indem sie alles anfasst. Wir erfahren im Stück, dass sie auch sich befriedigend sexuell anfassen kann,[804] während Ian sich nicht mal riechen kann, seinen Körper als kaputt und stinkend empfindet, von Zuneigung für sich selbst weit entfernt ist.

Wenn Cate an ihrem Daumen nuckelt, was sie in Momenten macht, wenn sie unter Druck gerät und sich beruhigen will,[805] bedeutet dies eine Nähe zu sich sowie Sehnsucht nach Trost, Sicherheit und einem Genährtwerden, wie wir es als Kind brauchen. Statt dieses Defizit mit Rauchen zu kompensieren,

....

801 Niedermeier, in: Strigl (Hg.), 2002, S. 205–212. Niedermeier gibt die Werke zusammengefasst wieder, stellt das bisherige Fehlen einer wirklich gelungenen Inszenierung fest und macht weder Komik noch Humor aus.

802 Sierz, 2001, S. 106.

803 Kane, 2002, S. 35.

804 Kane, 2002, S. 22.

805 Kane, 2002, S. 4, 14, 61.

© Frank & Timme   Verlag für wissenschaftliche Literatur

wie Ian, wählt sie ein weniger destruktives Verhalten, mit dem sie unreif wirkt und sich zum Verlachtwerden hin komisch macht. Davon ausgehend, birgt bereits die Eingangssituation Potential für Lachen beim Publikum: wenn Cate über den Luxus des Hotelzimmers staunt, je nachdem wie ihr Umgang damit inszeniert wird.[806] Lachen könnte bei den Zuschauenden auch aufkommen, wenn sie sich von der kindlichen Art gerührt wiedererkennen oder mitfreuen können.

Lachen ist als intendierte Reaktion eine Übersprungshandlung oder ein Auslachen der scheiternden Figur in ihrer Lage: Besonders deutlich wird das, als Ian seine Hose herunterlässt und auch als er sich unerwartet komplett entblößt. Die Figur wird doppelt ausgelacht, wenn Cate, ob des lächerlichen Anblicks oder evtl. auch als Zeichen einer Überforderung oder beidem, lachen muss. Während Ian sich wieder anzuziehen versucht, damit scheitert und sich ins Bad zurückzieht, dürfte das Lachen beim Publikum angekommen sein. So ist es auch, wenn Cate Ian die Jackenärmel abreißt. Das Publikum hat einen Wissensvorsprung, denn als Ian in seiner Jacke steckt und Cate fassungslos anschaut, kann das vorinformierte Publikum aufgrund des komischen Effekts auflachen. Das Lachen des Publikums ist dabei nicht auf Ians Seite, so auch wenn an der Tür dagegen geklopft wird, unerwartet der Soldat erscheint und Ian ab dem Moment der Eingeschüchterte und Machtlose ist.

Die Gefahr als Zuschauende/r besteht, mit Ian über Cate zu lachen, wenn sie stottert und so manche Aussage macht, die zeigt, wie gutgläubig sie ist. Das Lachen würde in solchen Fällen die Zuschauenden zu Kompliz*innen machen.

Komik dagegen entsteht auch unfreiwillig. Das ist in diesem Stück ein herausfordernder, vielfältiger, aber subtiler Bereich. Cate stellt immer wieder, neben widersprechenden Unterbrechungen und Gegenfragen, mit ihren Aussagen und ihrem Lachen eine Distanz zur manipulativen Aufdringlichkeit von Ian her: „Throughout the play, Cate tries to retain her personal freedom and spiritual independence by either dismissing Ian's manipulative statements with laughter, evasive comments and questions or by disrupting the smooth pro-

---

806   Z.B. ein kindliches Staunen, kindliches auf- und ab Hopsen auf dem Bett etc.

cedure of love rituals."[807] Lachen erfolgt bei den Figuren in seiner extremsten Form als hysterisches und unkontrolliertes Lach-Weinen von Cate, anstelle von mitfühlendem Trauer-Weinen, z.b. zwischen zwei Ohnmachtsanfällen[808] oder als das Baby tot ist: „Bursts out laughing, unnaturally, hysterically, uncontrollably. She laughs and laughs and laughs and laughs and laughs. Blackout".[809]

Die dramatische Funktion des Lachens besteht darin, dass die Figuren entweder lachen, weil es zu spät ist, um zu weinen, oder sich aus dem drohenden Eingesperrtsein, aus dem Festgefügten befreien können.

Cates Stottern zeugt von einem Gewalterlebnis vor der Kriegsmanifestation im Stück.[810] Cate gelingt es, Schreckliches erträglicher zu machen: *„She picks up Ian's jacket and smells it. She rips the arms off at the seams"*;[811] auch wenn ein abgerissener Ärmel, das dürfte auch Cate klar sein, keine äquivalente Lösung für das Erlittene ist.

Die Zuschauenden müssen höchstwahrscheinlich bei Ians Verblüffung und Ärger lachen und verlieren dadurch zunächst Distanz, die im Sinne einer rhythmisch gelungenen Einwirkung auf die Zuschauenden wieder hergestellt ist, wenn Ian Cate wegen ihres Stotterns auslacht und über der Bewusstlosen Sex performt.

....

807 Brusberg-Kiermeier, Stefani: „Cruelty, violence and rituals in Sarah Kane's plays", in: De Vos, Laurens/Saunders, Graham (Hg.): *Sarah Kane in context*, Manchester 2010, S. 82. Vgl. Kane, 2002, S. 8: *„Stares. Then bursts out laughing.", „Laughs even more.",* S. 14: *„She pushes him away.",* S. 24: „I don't love you."

808 Kane, 2002, S. 27: „She laughs hysterically, as before, but doesn't stop. She laughs and laughs and laughs until she isn't laughing any more, she's crying her heart out. She collapses again and lies still." Hier ist der Kontext ein anderer als auf S. 191, daher erneutes Zitat.

809 Kane, 2002, S. 57.

810 Vgl. Gilbertz, in: Braun et al. (Hg.), 2014, S. 27.

811 Vgl. Kane, 2002, S. 25f. Vgl. Drmić, Ivana/Grauert, Grischka: „„Meine Sache ist es, zu verstehen". Interview mit Dževad Karahasan", in: Braun et al. (Hg.), 2014, S. 186f: „Meine Frau ging in das Zimmer, um uns etwas zu Essen zu holen, kam zurück und fragte: ‚Was hältst du von Faulkner?' Und ich sagte: ‚Eigentlich nichts. Einiges kann man lesen.' Darauf sie: ‚Also, wenn man einiges lesen kann, so musst du mir einen Neuen schenken.' Und sie zeigte mir das Buch von Faulkner, das von einem Granatsplitter wie mit einer Schere durchschnitten worden war. Das Traurige, das Schreckliche mit etwas Humor zu kombinieren, das ist sehr typisch für Sarajevo."

Das Stück spielt mit situativen Doppelbedeutungen, die Komik erzeugen, z.b. wenn der Soldat eintritt, auf Ians Hand blickt und fragt, was dies sei, was dieser in der Hand halte. Ian, der ein Stück Schinken in der Hand hält, antwortet „Schwein". Abgesehen davon, dass der Soldat, der es sich hungrig in den Mund stopft, offensichtlich gerade weder gläubiger Jude noch Moslem, noch Vegetarier oder Veganer ist, könnte Ian natürlich mit „Schwein" auch provozierend den Soldaten meinen, den er, kurz bevor die Tür aufgeht und sie sich sehen, ohnehin als „fucking nigger"[812] bezeichnet. Ein wortsemantischer Beleg hierfür wäre die Tatsache, dass im englischen Text nicht „pork" oder „ham" steht, sondern die Figur Ian „pig" sagt, während es in der Regieanweisung „still holding a rasher of bacon"[813] heißt. Ian spricht die Essmanieren des Soldaten nicht an, dies sichert womöglich sein Überleben. Der Soldat sagt umgekehrt zu Ian: „Learn some manners, Ian"; die Komik entsteht hier wieder aus dem Kontrast zwischen Situation und Aussage, wie Kane zum Stück ausführt: „It's probably a life saving humour."[814]

Die Szene, in der der Soldat auftritt bzw. sich Ian und der Soldat begegnen, enthält die meiste Komik.[815] Auch wenn das Stück keine Komödie ist, passt Dürrenmatts Diktum „Uns kommt nur noch die Komödie bei".[816] Ian

....

812   Kane, 2002, S. 36.

813   Kane, 2002, ebd.

814   Saunders, 2009, S. 72.

815   Kane, 2002, S. 35f.

816   Dürrenmatt, Friedrich: *Theaterprobleme*, 1955, S. 37f: „Die Tragödie setzt Schuld, Not, Maß, Übersicht, Verantwortung voraus. In der Wüstenei unseres Jahrhunderts, in diesem Kehraus der weißen Rasse, gibt es keine Schuldigen und auch keine Verantwortlichen mehr. Alle können nichts dafür und haben es nicht gewollt. Es geht wirklich ohne jeden. Alles wird mitgerissen und bleibt in irgendeinem Rechen hängen. Wir sind zu kollektiv schuldig, zu kollektiv gebettet in die Sünden unserer Väter und Vorväter. Wir sind nur noch Kindeskinder. Das ist unser Pech, nicht unsere Schuld: Schuld gibt es nur noch als persönliche Leistung, als Tat. Uns kommt nur noch die Komödie bei. Unsere Welt hat ebenso zur Groteske geführt wie zur Atombombe, wie ja die apokalyptischen Bilder des Hieronymus Bosch auch grotesk sind. Doch das Groteske ist nur ein sinnlicher Ausdruck, ein sinnliches Paradox, die Gestalt nämlich einer Ungestalt, das Gesicht einer gesichtslosen Welt, und genau so wie unser Denken ohne den Begriff des Paradoxen nicht mehr auszukommen scheint, so auch die Kunst, unsere Welt, die nur noch ist, weil die Atombombe existiert: aus Furcht vor ihr. Doch ist das Tragische immer noch möglich, auch wenn die reine Tragödie nicht mehr möglich ist. Wir können das Tragische aus der Komödie heraus erzielen, hervorbringen

hat eine Waffe, lässt aber – nicht mutig – Cate die Tür öffnen. Dabei vergisst er sogar, dass er abgeschlossen und den Schlüssel hat. Zunächst findet sich vor der Tür nur ein Frühstücks-Tablett – ein retardierendes Moment, da die Zuschauenden sich statt solch gewalttätiger Privatheit mehr nach Öffnung der Situation, nach einer neuen Person, nach Veränderung und Öffentlichkeit sehnen. Beim Gegenklopfen an der Tür wird Ian zum Clown bzw. macht sich über die Bediensteten des Hotels lustig, von denen er einen hinter der Tür annimmt: Wie ein Spaßvogel klopft er zweimal zurück, woraufhin erneut zweimalig geklopft wird. Darauf folgende dreimalige, dann einmalige und schließlich zweimalige Klopfzeichen werden von Ian echoartig beantwortet. Dies mutet an wie eine Art archaische Erstkommunikation zwischen Steinzeitmenschen oder Gefangenen. Ian ist vom Klopfkontakt so zuversichtlich und eben kein professioneller Killer: Er legt seine Waffe zurück in den Schulterhalter und als er dann die Tür mit den Worten: „Speak the Queen's English fucking nigger",[817] öffnet und der Soldat mit Uniform, Helm und Bewaffnung ihm gegenüber steht, kann das Publikum über die unerwartete Situation und Ian über eine verdutzte Figur lachen. Ist der Schauspieler sogar erkennbar ein Afroamerikaner, würde dies den Effekt verstärken. Als Ian anschließend versucht, die Tür zu schließen, aber keine Chance hat, geht die Situationskomik in Ernst über.

Der Soldat erzählt eigene grausame Taten, mehr als er von Col erzählt.[818] Wenn Ian ironisch-einsilbig auf die Gräueltaten mit „Charming"[819] antwortet,

---

als einen schrecklichen Moment, als einen sich öffnenden Abgrund, so sind ja schon viele Tragödien Shakespeares Komödien, aus denen heraus das Tragische aufsteigt.", vgl. auch Neumann/Schröder/Karnick: *Dürrenmatt. Frisch. Weiß. Drei Entwürfe zum Drama der Gegenwart*, 1969, S. 41.

817 Kane, 2002, S. 36: Wörtl.: „Sprich das Englisch der Queen, du verfickter Nigger"; in dt.-publizierter Fassung, Brocher/Tabert (Hg.), 2010, S. 36: „Drück dich in klarem Englisch aus, Scheißnigger". In der vorliegenden Arbeit wird auch die deutsche Übersetzung angegeben, um die Frage, wie Beleidigungen und Schimpfwörter übersetzt werden, nicht offen zu lassen.

818 Alle erzählten Erlebnisse des Soldaten enthalten keine Hinweise auf sogenannte serbisch-bosnische oder serbisch-serbische ‚rape-camps', die angeblich Kanes Schreiben beeinflusst haben.

819 Kane, 2002, S. 43.

© Frank & Timme   Verlag für wissenschaftliche Literatur

verschafft die Ironie den Zuschauenden, den Ohrenzeug*innen und Leser*innen, etwas Entspannung. Der letzte Moment des Stückes, in dem ein Auflachen voller Mitleid und Genugtuung erfolgen kann, ist in der fünften Szene Ians Versuch sich zu erschießen. Er weiß nicht, dass die Pistole leer ist. Sein „Fuck"[820] als Reaktion und der Wissensvorsprung der Zuschauenden birgt eine, wie an manchen Stellen des Stückes, intendierte Chance zu lachen.

Lachen hat als eine Reaktion der Lesenden auf den Text Potential mit mehreren Funktionen: Das Publikum ist durch die komischen Elemente entlastet und involviert, wenn es lacht; (Selbst)Erkenntnis ist kontingent. Zu einem Stück, das mit zunehmend ‚polemotesken'[821] Zuständen in Schach hält, gewinnt das Publikum eine Nähe und eine Distanz zugleich.[822]

4.10   Kane – Fazit

Kane ist die einzige verstorbene von den fünf Autorinnen. Zur Einordnung ihrer Stücke in eine Theatertradition werden daher hier auch ihre Selbstaussagen aufgenommen: „My plays certainly exist within a theatrical tradition, though not many people would agree with that. I'm at the extreme end of the theatrical tradition."[823] Es ist ein Teil der Tradition mit Dynamik und Bewegung.[824]

....

820   Kane, 2002, S. 56.

821   Polemotesk als Neologismus, Mischung aus Kriegszustand und Groteske. Der Kriegszustand erscheint grotesk, ist leider Realität. Die Welt zerfällt wirklich. Vgl. hierzu Kayser, Wilhelm: *Das Groteske in Malerei und Dichtung*, 1960.

822   Vgl. Grätzel, Stephan: „Theatralität als anthropologische Kategorie", in: Balme, Christopher/ Fischer-Lichte, Erika: *Theater als Paradigma der Moderne?. Positionen zwischen historischer Avantgarde und Medienzeitalter*, Tübingen 2003, S. 41: „Es geht hier um die Spezifizierung der Schau, eben dieser Schau, die das Spiel des Alltags beobachtet. Dafür ist es notwendig, die Ereignisse von außen zu betrachten, und diese Notwendigkeit garantiert die Schau. Auf der Bühne wird eine Geschichte gespielt wird, die nicht die unsere ist, in die wir nicht verstrickt sind, die aber doch mit der eigenen Situation zu tun hat". [Das „wird" ist im Original doppelt.]

823   Saunders, 2002, S. 26.

824   Vgl. Thompson/Hughes/Balfour, 2009, S. 120: „‚Tradition' is not a fixed activity to be learnt and archived but a dynamic, fluid structure that is historically contingent and responsive to different encounters over time."

Hinter den hier angesprochenen Themen in Kanes Werk und Leben können nen bestimmte Kernbereiche ausgemacht werden: Einerseits Wahrheit und Ehrlichkeit bis hin zur Naivität im Verhältnis zur Lüge und zum Zynismus, andererseits Bewusstsein und Verstand in Relation zum (Frauen/Männer)Körper. Die Figuren ringen um geistige, körperliche und emotionale Einheit oder zeugen von der Unmöglichkeit davon. Zwischen Selbstverlust und gleichzeitig dem Bestreben, sich selbst zu finden, laufen viele Entwicklungs- und Handlungsprozesse im Gewaltbereich ab. Auf ihrer Suche nach Wahrheit ließe sich Kanes extreme Art als ,to-the-core'-Theater bezeichnen. Ihr ist wichtig, die Selbstverletzung als Mittel zu zeigen, das – außer im Moment des Selbstmordes – hilfreich ist, um Selbstentfremdung aufzuheben.[825]

Das als skandalös verschriene Stück *Blasted* sieht die Autorin als friedliches Stück an, was sie idealistisch begründet: „people can change".[826] Schwierig ist es allerdings, vor lauter Gewalt den Menschen hinter der Tat zu sehen, die Seele und die Entwicklung hinter so viel Zerstörtem. Um Kanes Aussage „If people can still love after that, then love is the most powerful thing" zu empfinden, muss man unter Umständen durch die Gewalt in dem Stück, jenes „after that",[827] durch und Ians Dank am Ende viel Bedeutung zumessen.

Die drastische, laute und hoffnungslose Darstellung der Gewalt will als kulturelles Ereignis auf das reale Kriegsgeschehen aufmerksam machen und erntet mehr Wut als die aktuelle Gewalt.[828] Es geht global um das Thema Vergewaltigung, ob in Leeds, Srebrenica, durch die Zeitungsmeldung, die Ian am Telefon

825 Saunders, 2009, S. 72: „I guess on a different level this is also why people slash their skin. I just met someone who has taken God knows how many overdoses and has attempted suicide in almost every imaginable way. She has a huge scar around here [points to her wrists]. But actually, she's more connected with herself than most people I know. I think in that moment when she slashes herself, when she takes an overdose, suddenly she's connected and then wants to live."

826 Saunders, 2009, S. 82. Vgl. Saunders, 2009, S. 61 „I use the word ,peaceful' because I don' think *Blasted* is a moral play.", S. 100: „It's quite a peaceful play."

827 Saunders, 2009, S. 74.

828 Carr/Crimp/Kane/Ravenhill: *Playspotting*, Interview mit Tabert, 1998, S. 7: „Ihr Debütstück Zerbombt (Blasted) wurde im Januar 1995 am Londoner Royal Court Theatre uraufgeführt und geriet in England wegen seiner expliziten Darstellung von psychischer und physischer Gewalt zu einem der größten Theaterskandale der letzten dreißig Jahre." Vgl. Saunders, 2009, S. 54: „The representation of violence caused more anger than actual violence."

diktiert, Krieg – der brutale Mord an einer jungen Touristin in Neuseeland/ Aotearoa, ist ‚echt'. Kane lässt immer wieder in den Interviews deutlich werden, dass sie beide Geschichten – die, die Ian diktiert und die, die er vorliest – aus der Zeitung *The Sun* hat: „They're not fictional at all. I just changed the names and the places and I added a couple of details and took a couple of things out – just because I wanted to make them slightly different, but I did want them to be the real thing."[829] Es geht um mehr als einen konkreten, angeblich un-übersichtlichen Krieg, der vage ‚irgendwo da unten' verortet werden kann. Es ist ein kriegerischer ‚Überallort', an dem die gewalttätige Auseinandersetzung jederzeit beginnen kann. Die Welt mit ihren sehr eingeschränkten moralischen Koordinaten ist eine verkommene. Es gibt keinen Krieg in der Ferne und ein Wir-hier, dem dies nicht passieren kann: „There is an attitude that certain things could not happen here. Yet there's the same amount of abuse and cor-ruption in Essex as anywhere else, and that's what I want to blow open. Just because there hasn't been a civil war in England for a long time doesn't mean that what is happening in Bosnia doesn't affect us".[830]

Carney konstatiert, da die konkrete Handlung und generelle Bedeutung beieinander liegen, eine Ästhetisierung der Gewalt,[831] während Kane, dem Ver-ständnis der Kritiker*innen in den jugoslawischen Nachfolgestaaten nach, wie bereits erwähnt, eine Ästhetisierung verweigert, weshalb eine Aufführung als nicht fruchtbar erachtet wird. Damit kann hier festgestellt werden: Dieses Stück enthielte mit einem konkreten Bezug zu Bosnien, Kroatien oder Serbien immer noch das Potential, das es in London ohne einen konkreten Bezug entfesselt

....

829   Carr/Crimp/Kane/Ravenhill: *Playspotting*, 1998, S. 54. Vgl. auch Saunders, 2009, S. 90f, besonders S. 92.

830   Vgl. Kane in einem Interview in: Saunders, 2009, S. 62. Es finden sich ferner Formulierun-gen in *Blasted* wie „Leeds or elsewhere in the World", Saunders, 2009, S. 17, und „the corps of Yugoslavia rotting on our doorstep", S. 54, – das macht die Hierarchie klar. So auch die Gewichtung bei den Nachrichten: „Another rape. Child murdered. War somewhere. Few thousand jobs gone. But none of this matters 'cause it's a royal birthday", Saunders, 2009, S. 23. Dieses Ferne wird auch für Feindbildungen verwendet, wie bei Colleran, 2012, u.a. S. 57ff, deutlich wird: so wie in Bushs Rede sowohl die Iraker*innen in Barbaren und Op-fer aufgeteilt werden, aber das ganze Gebiet nach den Gesetzen des Dschungels („law of the jungle", S. 58) handelt, im Unterschied zu den zivilisierten USA mit ihren westlichen Werten.

831   Carney, in: *Theatre Survey*, Vol. 46, Nr. 2, 11/2005, S. 276.

hat, als sich die Gruppe der Zuschauenden offensichtlich mit Ian identifiziert hat, dieses Bild aber weit von sich weisen musste.[832] In den Nachfolgestaaten würden sich Nationalist*innen, von welcher Seite auch immer, distanzieren, wenn sie sich in Ian oder dem Soldaten durch eine Inszenierung zugeordnet fühlen würden. Ein Soldat in serbischer Uniform ist ein anderes Zeichen als ein asiatischer Soldat, ein Soldat mit nicht-‚weißer‘ Hautfarbe oder ein Soldat in bosnisch-muslimischer Uniform. Auf dem Gebiet der jugoslawischen Nachfolgestaaten droht der Verfremdungs-Effekt leicht zu einem Verfeindungs-Effekt zu geraten. Wenn stattdessen bei einer Inszenierung vor Kroat*innen in Kroatien die Figur des Ian oder des Soldaten eindeutig zu einem Kroaten hin adaptiert würde, wären diese empört und fühlten sich provoziert, was aus den Umständen bei Inszenierungen von Frljić beispielsweise zu folgern ist, der stets gerne mit Stücken provoziert.[833]

Insofern als Männer in dem Stück die Gewalt vollziehen, die als exhibitionistisch wahrgenommen wird, sie aber auch scheitern und zur Lernfähigkeit gezwungen werden können, zeigt Kane alle Figuren in ihrer maximalen menschlichen Ambivalenz; dies rückt diese Autorin in die Nähe der Dramatiker, die auch ihre Vorbilder[834] sind.

....

832 Saunders, 2009, S. 140: „Kenyon: Part of the reason I love *Blasted* and part of the reason why (mainly) male critics (with one or two notable and very fine exceptions) hated the play was the emotional honesty with which Sarah had written the the work".

833 Vgl. Texte von Literatur- und Theaterktitikerin Vedrana Rudan, unter: www.rudan.info/aleksandra-zec, Stand: 03.08.2020.

834 In diese Reihe wird sie auch von Lehmann mit de Sade, Hölderlin, Kleist, Artaud, Aischylos, Racine und Müller gestellt, vgl. Lehmann, 2013, S. 104: „Die Geschichte der Tragödie ist seitdem von Versuchen skandiert, die Überschreitung jenseits des Dramas zu artikulieren – als lyrisches Theater, als Quasi-Ritual seit Artaud, als ‚learning-play‘, als Tanz und Körperperformance, in wenigen aber signifikanten Texten der Gegenwart, in denen das Tragische und das Performative zusammentreten (Müller, Kane)." Seiner Ansicht ist der Bogen zu weit gespannt, vgl. ebd. S. 150: „Noch neueste Untersuchungen legen unverdrossen immer wieder die gleichen, vielfach variierten Bestimmungen auf, verfolgen die *literarische* Gattung Tragödie durch die Epochen, ohne die Frage aufzuwerfen, ob überhaupt eine Erkenntnis ‚der‘ Tragödie zu gewinnen ist, wenn man Aischylos und Sarah Kane, Racine und Heiner Müller unter das Joch eines dies alles umfassenden Gattungskonzepts preßt." Er listet sie zusätzlich mit Schleef und Beckett, vgl. ebd. S. 168, und neben Beckett und Müller mit Bausch, Stuart und Jelinek mit auf, vgl. ebd. S. 564.

Gespräche mit Männern, von denen sie berichtet, bringt sie in die Figuren der Stücke mit ein. Kane macht aber deutlich, dass sie nicht jeden Mann für einen potentiellen Vergewaltiger hält, so wie sie nicht jeden Menschen für einen potentiellen Mörder hält. Die Rituale der Macht und Kontrolle, von Geschlecht und Status sind bei *Blasted* erheblich.[835] Soncini sieht im schreibenden Beruf von Ian eine Machtdemonstration, der, ihren Worten nach, seinen Stift über Samantha, die ermordete junge Frau, über die er den Bericht ins Telefon diktiert, schwingt, wie seinen Penis über Cate.[836]

Laut Carney ist der Kopf, der von Ian am Ende übrig bleibt, ein Metonym für das gesamte Stück. Allerdings bedeutet dies erneut eine Reduzierung auf einen Körperteil, der weder der Frauenfigur noch den Männerfiguren gerecht würde.[837]

Gewalt wird daher durch die Transformation am Schluss zur Metapher dafür, wie manche Männer meinen, Liebe zu zeigen.[838] Dabei hat Liebe in Zeiten von Grausamkeit nur eine Chance, wenn sie so konsequent und gnädig gegen die Gewalt arbeitet, wie es an Cate zu sehen ist, wenn sie Ians Selbstmord verhindert, ihn füttert. Sie ist keine Geschlagene, die nicht anders kann, als zu helfen. Am Ende des Stückes bis hin zu einer angedeuteten Auferstehung wird klar, dass dieser Ian ein anderer ist, und unter den Gegebenheiten von ihm aus gesehen keine Gefahr oder Gewalt ausgeht oder ausgehen wird. Daher kann sie ihn füttern. Darin liegen eine Hoffnung, die menschlich ist,[839] und die Hoffnung auf einen friedlichen Ausgang. Hier liegt auch die Stärke der Frauenfigur, die Kane in diesem Stück geformt hat. Unter der rohen Oberfläche

835   Vgl. Brusberg-Kiermeier, in: De Vos/Saunders (Hg.), 2010, S. 81.

836   Soncini, 2010, S. 128.

837   Carney, in: *Theatre Survey*, 2005, S. 277.

838   Kane, 2002, S. 27: „Scene two: CATE: Want to go home now. IAN: It's not even seven. There won't be a train. CATE: I'll wait at the station. IAN: It's raining. CATE: It's not. IAN: Want you to stay here. Till after breakfast at least. CATE: No. IAN: Cate. After breakfast. CATE: No. IAN: (Locks the door and pockets the key.) I love you."

839   De Vos, 2011, S. 116f.

des Stückes mit rüder Sprache und heftiger Gewalt ist das zu finden, was uns ausmacht: Humor, Menschlichkeit und die Frage nach Freiheit und Macht.[840] Kane wollte statt mit „angry young women"[841] eher mit ‚angry young men' in Verbindung gebracht werden,[842] Sie, deren Vorbilder in fast jeder Arbeit geradezu mantraartig wiederholt werden, nennt viel seltener, wenn überhaupt weibliche Vorbilder.[843] Zwar stellte sich Kane nicht in eine Tradition mit Dramatikerinnen ab 1956, aber zu Themen wie der globalen Gesellschaft und gegenseitiger Verantwortung und Identität angesichts zerfallender Kolonien,[844] fällt ihr Stück feministisch aus, eventuell stärker als von ihr beabsichtigt, und lässt sich vermutlich mit Geschlechterpolitik in Verbindung bringen.[845] Kane beginnt nicht mit einer Mann-Mann-Beziehung, in der es um Vergewaltigung geht, sie zeigt nicht ein ideales friedlich-glücklich-liebevolles heterosexuelles Paar, das durch die Kriegssituation und den Soldaten erst zur Brutalität gelangt.

....

840 Vgl. Hart, Sarah: „Marin Ireland. Theatre of the Impossible", in: *American Theatre Magazine*, 2009, S. 46.

841 Vgl. Saunders, 2009, S. 7.

842 Die bewusste Zuordnung feministische Frau hätte eine Karriere-Sackgasse sein können; ‚feministisch' wird immer noch eher als Schimpfwort geführt.

843 Caryl Churchill, Timberlake Wertenbaker, Grace Dayley, Liz Lochhead oder Alson Lyssa beispielsweise. Vgl. Wixson, Christopher: In better places: *Space, Identity, and Alienation in Sarah Kane's* Blasted, in: *Comparative Drama*, Vol. 39.1, 2005, S. 7. Vgl. Wandor, Michelene (Hg.): *Plays by Women*, Vol. 1–4. London 1983.

844 Wixson, 2005, S. 7.

845 Vgl. Saunders, 2009, S. 106: „I have no responsibility as a woman writer. I don't believe there's such a thing. When people talk about me as a writer, that's what I am, not on the basis of my age, class, sexuality or race. I don't want to be a representative of any biological or social group of which I happen to be a member. I am what I am. Not what other people want me to be (Langridge and Stephenson)". Vgl. Stephenson/Langridge, 1997, S. 135f: „My only responsibility as a writer is to the truth, however unpleasant that truth may be." [Anschließend folgt das Zitat, das Saunders aufgreift]. Vgl. auch ein Interview mit É. Angel-Perez und V. Khamphommala am 2.2.2009, veröffentlicht in *Imagination and a Voice: On Writing Tragedy, Resisting Political Dogmatism and Avoiding Success*, in: *Ètudes Anglaises* 63/10–4, 2010, S. 467: „The catastrophic moment, in history or in personal life, liberates another ego that exists within the ego. We all have a public ego, but within, there is another voice, perhaps even several other voices, speaking at the same time. When a crisis emerges in the world, this other character can appear, more beautiful, or perhaps more dreadful.". Vgl. auch dieses Zitat bei Rabey, David Ian: „Introduction: the ultimate matter of style", in: Rabey/Goldingay (Hg.), 2013, S. 7.

Bewusst zeigt sie Männer, die aus ihrem Männlichkeitsbild heraus sich und andere verletzen und darunter leiden, sowie Figuren, die sich masochistisch-aufopferungsvoll um die Männer in dieser Krise kümmern, meist Frauenfiguren, ohne dass es eine Handlungsalternative zu geben scheint.[846]

Wenn Boßler über die Autorin selbst schreibt, Kane habe – so die stereotypen Vorurteile – „immer wie ein Mann ausgesehen",[847] bleibt offen, was damit genau gemeint ist. Kane sah nackt auf der Bühne[848] bestimmt nicht aus wie ein Mann. Zu vermuten ist, dass ihre Kurzhaarfrisur und der Verzicht auf Make-up und feminine Kleidung diesen Eindruck hinterlassen haben. Die Bezeichnung lesbisch bleibt aber bezogen auf ihre Person stets ungenannt, offene Homophobie in den Kritiken ihr gegenüber undiskutiert. Es wird auch nicht angesprochen, ob eventuell auf Auslöser ihrer Affinität und ihres Einfühlungsvermögens für Gewaltthemen auf (Kindheits)erlebnisse geschlossen werden kann. Stellenweise scheint bei Verweisen auf ihren evangelikalen ‚Hintergrund' eine zwanghafte Situation angedeutet.[849]

Festgehalten werden kann, dass die Figur Cate burschikos entworfen ist, als eine anhand von Kleidung und Kurzhaarschnitt lesbisch aussehende Frau beschrieben, die dies aber nicht ist.

In der Forschung ist ferner Cates familiäre Vorgeschichte und belastende aktuelle Situation in der Familie, die darin besteht, dass sie nicht bei ihrer Mutter ausziehen kann, da der Vater abwesend ist und sie sich um den behinderten Bruder mitkümmert,[850] ein offensichtlich komplett tabuisiertes Thema. Die Andeutungen sexueller Gewalt durch den Vater sind im Stück vorhanden. Wenn Kane Cate sagen lässt, ihre Ohnmachtsanfälle bzw. Absencen habe sie,

....

846   Saunders, 2002, S. 30ff.

847   Boßler, 2010, S. 4, unter Bezug auf Iball, 2008.

848   Saunders, 2009, S. 66.

849   Vgl. Twomey, 2007, u.a. auch *Gier* viele Sätze enthält, die mit Vergewaltigung und sexuellem Missbrauch zu tun haben, könnte ein ähnlich übergriffig-gewaltvoller evangelikaler Hintergrund vermutet werden wie bei *Oranges are not the only fruit* von Jeanette Winterson. Dies kann aber hier nicht weiter verfolgt werden; das wäre ein sehr einseitiger autobiographischer Zugang, der bereits bei Kafka zu einer Verengung und Simplifizierung geführt hat, die nicht sinnvoll ist.

850   Kane, 2002, S. 6: „I couldn't leave Mum."

seit ihr Vater zurück ist,[851] und ergänzt, der Arzt habe gesagt, diese würden aufhören, wenn sie älter werde, hat Kane damit Hinweise im Stück gegeben. Anhaltspunkte, die sowohl vermuten lassen können, dass Cates Vater ihr gegenüber sexuell übergriffig gewesen sein könnte, als auch, dass Cate im Anschluss an diese Erfahrung an einen älteren Mann gerät, der sie vergewaltigt – Ian.

Dies zu beachten, verweist auf Größe und Integrität der Figur. Da die meisten Rezensionen dies ausblenden, lassen sie damit eine weitere Komponente des Alltagskrieges weg und schreiben eine Aufteilung des Stückes in Alltag- und Kriegssituation fest. Aber, wenn wir den Hinweisen folgen, sind Missbrauch und Vergewaltigung von Menschen wie Cate, von Touristinnen, z.B. in Neuseeland und von 13-Jährigen in Sheffield sowie eine Waffe zu tragen und jemanden im Hotelzimmer einzusperren ein Ausnahmezustand, der zum Alltag gehört.[852]

Ian äußert nicht explizit Frauenhass oder Hass auf lesbische Frauen, aber er spricht von Schwulen, Behinderten und Ausländern so abschätzig, dass vermutet werden darf, dass er Lesben gegenüber ebenfalls nicht wohlgesinnt ist. Ian findet, Cate sieht lesbisch aus, er spricht ihr die Veranlagung zu, rät ihr von Kindern im Leben ab und hatte mit ihr bereits ein Verhältnis, bevor sie volljährig war.[853] Seine Motivation für genau diese Beziehung bleibt offen, außer dass sie offenkundig bequem für ihn ist.

Wenn Ian vergewaltigt, ist es unerheblich, wie viel Frauen-, Lesbenhass oder Selbsthass in ihm steckt. Als er vergewaltigt wird, wird darauf angespielt, dass Ian so riecht wie Col. Ian wird also nicht aufgrund von Männerhass, sondern als Ersatz für die Frau vergewaltigt. Er ist nicht gemeint. Die Tat ist eine nachahmend-erinnernde. Eventuell ist sie zudem als fantasierte Rache-

---

851 Kane, 2002, S. 10: „Since Dad came back."

852 Benedek, Wolfgang: „The Human Security Approach to Terrorism and Organized Crime in Post-Conflict Situations", in: Benedek, Wolfgang/Daase, Christopher/Dimitrijević, Vojin/ van Dyne (Hg.): *Transnational Terrorism, Organized Crime and Peace-Building. Human Security in the Western Balkans*, Basingstoke/New York 2010, S. 13: „Security in peoples' daily lives is a major factor for sustainable peacebuilding. The security of the human person and the security of the state are thus related."

853 Kane, 2002, S. 13: „Cate: We always used to go to yours. Ian: That was years ago. You've grown up."

handlung an den Männern, die Col massakriert haben, eine Projektion. Das verzweifelte Vermissen der toten Geliebten äußert sich beim Soldaten darin, dass er sprachlich defizitär ist statt eloquent. Lehren wie eine pazifistische Einstellung oder ethische Hemmung artikuliert er nicht. Das verächtliche Negativbild, das der Soldat von einem westlichen Journalisten hat, hilft ihm, sich nach der Gewalt, die er Ian antut, nicht schlecht oder schuldig zu äußern.[854] Dem Soldaten scheint ziemlich egal zu sein, wen er vergewaltigt, er zeigt nicht einmal sadistisch involvierte Gefühle.[855]

Am Schluss ist Ian ganz gefangen, er entkommt Cate nicht – dies ist seine Hölle;[856] oder gar die Hölle für jeden Täter. Auch für alle Belagerten. Dort bleiben zu müssen, wo man ist, ohne Chance auf einen Neuanfang, das ist die ohnmächtige Gewaltsituation, in der Humanität nur entstehen kann, wenn Figuren gut und stark sind. Nun sind die patriarchalen ‚Heldenfiguren' Ian und Soldat primär auf Selbstzerstörung hin angelegt, Cate dagegen hat genug Menschenliebe übrig, um sich zu kümmern.[857] Dadurch tauchen Fragen auf, wie es weitergehen oder noch mal anders gespielt werden könnte; ob Ians Dank am Ende nachhaltig ist.[858] Insofern ist das Ende bei Kane offen, denn in der Isolation und Machtlosigkeit ist der Mann der Frau ausgeliefert, diese nutzt die Situation aber nicht aus, wie er zuvor während ihrer Absencen.

....

854 Kane, 2002, S. 50: „Always covering your own arse." ist der letzte Satz des Soldaten an Ian. Als Antwort auf Ians Frage: „Are you going to kill me?" eine Antwort, die empathielos Egoismus vorwirft.

855 Wie es im Umkehrschluss letztlich unerheblich ist, welche Nationalität, Religion, Hautfarbe etc. das vergewaltigende Individuum hat.

856 Saunders, 2009, Kane sagt, S. 55: „However, I went for the technical run later on in the day. And when I watched the blood being washed away by the rain I saw how Christ-like the image is – which isn't to say that Ian isn't punished: he is of course, he dies, and he finds that the thing he's ridiculed – life death – really does exist. And that life is worse than where he was before. It really is hell."

857 Parker, Christian: „Ruthless Compassion: A Case for Simon Stephens", in: Barnett (Hg.), 2016, S. 395: „Kane leaves us shreds of hope in many of her plays".

858 Wie es wohl weitergeht, wenn er wieder zu Kräften kommt, nachdem sie ihn nährt? Wird er – wieder – statt zu kooperieren und konstruktiv zu sein, Rivalität suchen? Oder ist die Botschaft – Friede ist nur, wenn Männer in den Babyzustand versetzt und darin gehalten werden? Sind sie nur dann nicht bedrohlich?

Tabert schreibt hierzu, das Stück sei eine „Phantasmagorie des Friedens", bei der die „Brüchigkeit" der „Fassaden der Zivilisation" gezeigt würden.[859]

Kane ist überzeugt, dass Menschen sich ändern können und dass Theater als Ort des Experimentierens der Ort sein kann, an dem extreme Gewalt als Fiktion vorgeführt wird, und deshalb nicht und nicht mehr außerhalb des Theaters ausagiert werden muss.[860] Dadurch, dass Kanes Fünf-Werke-Kanon mit der Auflösung der letzten Stimme, des letzten Körpers, dem Verschwinden an sich endet und sie selbst als Person mit ihrem Tod verschwunden ist, bleibt zu schauen, wie viel wir von uns in unserem Saum eingenäht haben,[861] und zu fragen, wie es den Frauen und Männern geht, die in ‚unaufgelösten' Situationen und Problemen leben: in Südosteuropa.

---

859 Tabert, Nils: „‚Lebende Tote, tote Lebende'. Zur Entstehungsgeschichte und Entwicklung der Stücke von Sarah Kane", in: Hilzinger (Hg.), 2012, S. 80.

860 Saunders, 2009, S. 82: „For me the function of the theatre is to allow experimentation through art in a way that we are not able to experiment effectively in real life. If we experiment in the theatre, such as an act of extreme violence, than maybe we can repulse it as such, to prevent the act of extreme violence out on the street. I believe that people can change and that it is possible for us as a species to change our future", S. 84: „If we can experience something through art, then we might be able to change our future, because experience engraves lessons on our heart through suffering, whereas speculation leaves us untouched". Vgl. Stephenson/Langridge, 1997, S. 133: „I've seen one piece of theatre that changed my life […] It changed my life because it changed me […] If theatre can change lives, then by implication it can change society, since we're all part of it.".

861 Vgl. Kane, 2010, S. 252, Metapher vor dem Schlusssatz von *Psychosis 4.48*: „Wem ich nie begegnete, das bin ich, sie mit dem Gesicht/eingenäht in den Saum meines Bewusstseins". Vgl. Rosenkranz, 2014, S. 337.

© Frank & Timme   Verlag für wissenschaftliche Literatur

5 Neues Jahr, neues Leben, neue Todesart. Biljana Srbljanovićs *Belgrader Trilogie*, 1996 und *Familiengeschichten. Belgrad*, 1999

Wenn es stimmt, dass man als DramenautorIn europäische Berühmtheit durch ein Netz aus Bühnen im deutschen Sprachraum und französische Festivals gewinnt,[862] dann ist dies Biljana Srbljanović, geboren 1970 in Stockholm oder Belgrad,[863] gelungen. In nur zwei Jahren, von 1998 bis 2000, hatte sie Aufführungen in Deutschland, vor allem Bonn, Österreich und den USA, neben Aufführungen in Serbien. Der Erfolg ist im eigenen Land jedoch teilweise nicht positiv aufgenommen worden. *Familiengeschichten*, während der Kriegsverbrechen in Bosnien 1995 verfasst, war 1999 zeitweise in Belgrad verboten, denn es zeigt die Tristesse des Aushaltens mit häuslicher Gewalt und Drogenabhängigkeit sowie kriegsbedingte Traumata und Gewaltmuster, vor allem der Kinder, und spielt auf ein Neo-Tschetnik-Bild an, das als unreif gezeichnet wird. Fünfmal bekommt Srbljanović aber den serbischen Sterija Preis, ferner u.a. 1999 den Ernst-Toller-Preis für Engagement in Kunst und Politik, 2003 den Freedom Prize, 2007 den Europäischen Theaterpreis.

In *Scena&Teatron*[864] finden sich zwei tabellarische Übersichten, eine, bei der neun Stücke bestimmten Jahren, Ländern und Namen von Theatern zugeordnet sind, sowie eine, bei der die Stücke und Länder mit der Anzahl der

---

862   Dies sagt, dem Theaterkritiker Lazin zufolge, der Theatertheoretiker Borislav Mihajlović-Mihiz. Vgl. Lazin: „OTKUD", in: *Scena&Teatron*, 2005, S. 25.

863   Mehrere Quellen widersprechen sich diesbezüglich. Angeblich ließ sie dies offiziell sogar in den Papieren ändern. Für die Essenz dieser Arbeit ist es nur insofern relevant, als daran die Wichtigkeit bezüglich der „Woher komme ich"-Frage deutlich wird.

864   *Scena&Teatron, 50. GODINA STERIJINOG POZORJA, Scena. Časopis za pozorišnu umetnost*, Broj 1, Godina XLI, Novi Sad 2005, *Teatron. Časopis za pozorišnu umetnost*, Broj 130/131, Godina XXX, S. 36–44, [Übers. heißen die Titel jeweils: 50 Jahre Sterijas Bühne. Zeitschrift für Bühnenkunst.].

Aufführungen kombiniert sind. Ergebnis: Insgesamt 119 Aufführungen bis 2005, davon 31 Inszenierungen von *Belgrader Trilogie*,[865] 63 von *Familienge-schichten. Belgrad*. Die restlichen 25 sind Aufführungen verschiedener anderer Stücke.[866] *Die Heuschrecken, Das Leben ist kein Fahrrad*,[867] *God save Ameri-ca*,[868] *Barbelo, Von Hunden und Kindern*,[869] *Supermarket. Soap opera*[870] und

....

865   Im Folgenden in den Fußnoten mit *BT* abgekürzt.

866   *Scena&Teatron*, 2005, S. 44.

867   Im Original lautet der Titel mit dem Einverständnis der Autorin allerdings genau umge-kehrt *Der Tod ist kein Fahrrad (so dass man ihn stehlen kann)*. Das Stück hat acht Figuren, fünf davon Frauenfiguren und einige namenlose Musiker. Bei dem Stück geht es um eine ca. 40jährige Tochter, ihren 80jährigen Vater und seinen Krankenhausaufenthalt und Tod, eine Mutter (Politikerin)-Sohn-Beziehung und eine junge Frau mit ihrem Nachhilfelehrer sind zwischengeschaltet. Der Titel ist ein Zitat aus dem Stück. Der Vater sagt, er habe keine Lust weiterzuleben, wisse aber nicht, wie man sterbe. Ein anderer Patient entgegnet ihm, Srbljanović: *Der Tod ist kein Fahrrad (so dass man ihn stehlen kann)/Das Leben ist kein Fahrrad*, Berlin 2011, S. 53: „Der Tod ist kein Fahrrad, so dass sie es dir stehlen können, dass du nicht fahren gelernt hast und von ihm fällst. Oder dass dir einer zum Geschenk macht. Der Tod tut dir nichts. Das passiert im Nu."

868   Im Original lautet der Titel *Amerika, der zweite Teil*, 2003. Es spielt in New York nach 9/11, ein Thema, mit dem sich auch Sajko befasst. Es gibt neun Rollen, davon maximal sechs männliche und zwei Frauenstimmen auf dem Anrufbeantworter. Themen sind ein Herzin-farkt, eine Trennung, eine Schwangerschaft, Kokain und menschlich-moralische Abgründe aufgrund von Armut und Illegalität. Es ist kein Anklang an Südosteuropa vorhanden, die Namen lauten Daniel, Karl, Muffy und Irene.

869   Das Stück ist ihren Freundinnen gewidmet, 2008, S. 2: „denen, die sich das Leben genom-men haben, und den anderen". In dem Stück spielen neben den drei weiblichen Hauptrollen und vier Männerrollen u.a. Hunde eine Nebenrolle, mindestens sechs und eine Hundefrau. „Die Autorin verlangt, dass man bei der Inszenierung mit den Tieren human umgeht. Bei den Menschen besteht sie nicht darauf. Sie erwartet auch nicht, dass die Regieanweisungen respektiert werden. Das Stück spielt im heutigen Serbien, das sich im Übergang zur Markt-wirtschaft befindet. Bei mir, in einem Loch. Und drum herum." Diese Regieanweisung und Ortsangabe verdeutlichen Stimmung und Einstellung des Stückes und der Autorin recht gut.

870   2001, sechs Rollen, vier Männerrollen. Das Stück spielt in deutschen Schulräumen. Der Schuldirektor sagt zum Journalisten: „...ich bin in dieses Land vor 13 Jahren immigriert. In all diesen Jahren – wie oft haben Sie über mich geschrieben? Mindestens zwanzig Mal. Jedes Jahr am Tag, wie der Mauer gefallen ist, zweimal, als türkische Häuser angezündet wurden, einmal wegen Algerien, dann wegen des Krieges im ehemaligen Jugoslawien. Ei-gentlich immer dann, wenn Sie die Geschichte eines Emigranten gebraucht haben.", S. 12. Das Stück – zehn Jahre nach dem Mauerfall – verbindet Aufsatztradition („Ein Tag, an den man sich erinnert", 45 Minuten Zeit), Hymnesingen mit selbst erfundener Aktenexis-tenz von Dissidenten, verschwundene Tischtennisbälle und die Frage „Brauchen wir noch

© Frank & Timme   Verlag für wissenschaftliche Literatur

Der Sturz[871] sowie *Dieses Grab ist mir zu klein,*[872] das von Gavrilo Princip, dem Attentäter von Sarajewo 1914, handelt, sind viele weitere Stücke von ihr, auf die im Rahmen dieser Arbeit nicht näher eingegangen werden kann. Für *Belgrader Trilogie* erhält sie 1998 in Novi Sad den Preis für das beste neue Stück, für *Der Sturz* 1999 den Ernst-Toller-Preis, 2006 für *Die Heuschrecken* den Preis für das beste ausländische Stück. In „Kritiken in Zeiten des Vergessens"[873] werden Kritiken bewahrt; so geht Peter Volk auf spezielle Schauspielerleistungen und Bühnenbilder ein und verwirft *Familiengeschichten* von Srbljanović als einen unverbindlichen Text, unerträglich lang sowie inhaltsleer,[874] ihren Erfolg als unverständlich.

Srbljanović schreibt auch Prosa.[875] Mehrere Jahre lang schrieb sie regelmäßig Kolumnen und wendete sich gegen biographisches Schönreden u.a.

....

Schulen für Ausländer?" angesichts des grenzenlosen Europa?, die der Journalist verfolgt. Die Beschimpfungsvariationen „Arschloch, westliches", „Arschloch, östliches", „Arschloch, arabisches" zeigen die Unwichtigkeit von geographisch-nationalen Zuordnungen, auch angesichts kleptomanisch-nationaler Züge (der Schulleiter über sein Stehlen: „>Geld spielt keine Rolle. Und die Sachen auch nicht. Sie waren einfach da und ich habe sie genommen... Das ist eine Gewohnheit. Eine Gewohnheit aus dem früheren Leben. In Moskau habe ich einmal einen Aufzugknopf abmontiert. In Warschau eine Türschwelle. In Belgrad – einen Flugradar.< Kollege Mayer: >Na, das ist aber ein großes Ding...< Schulleiter: >Er war nicht in Betrieb.< […] Ich habe ihn immer noch. Man weiß ja nie, ob er wieder gebraucht wird.<"

871 Dieses Stück aus dem Jahr 2000 persifliert eine Hochzeit. Die Feier, traditionell auf drei Tage angesetzt, soll verkürzt werden mit dem lakonischen Hinweis, wer habe sonst so viel Zeit. Auch weitere ‚Elemente' einer solchen Feier, wie „Flasche von Mund zu Mund", „Zerreißen des Hemdes", „Geldscheine zustecken", Aberglaube, Endzeittangotanzen etc. werden als Versatzstücke in eine lächerliche Verfremdung geführt. Frauen werden ohnmächtig, wie bei Kane, allerdings beim Tanzen, eine unsichtbare Schlange macht zunächst Angst, dann wird eine tote Schlange nach dem Orgasmus aus dem Körper gezogen, was stark an die in Kapitel 3 erwähnten Kriegspraktiken in Osttimor erinnert, vgl. S. 25, 31, 32. Ähnlichkeiten bestehen auch zu Šnajders *Schlangenhaut*.

872 Berlin 2013.

873 Dies ist die Kapitelüberschrift: *Kritika u vremenu zaborava* [übers. Kritik in der Zeit des Vergessens; Orig. in kyrill. Schrift]. Vgl. Volk, 1999, S. 7, 28f.

874 Vgl. Volk, 1999, S. 30f.

875 Dies.: *Eine wahre Geschichte*, in: Swartz, Richard (Hg.): *Der andere nebenan. Eine Anthologie aus dem Südosten Europas*, Frankfurt am Main 2007, S. 205–220. Die traurige Geschichte von dem durch die Augen geruchsbegabten Misanthropen Vladimir, der einem muslimisch bosnischen Paar aus seinem Land, Bosnien wahrscheinlich, vor dem September 2011 im Flugzeug von München nach New York beim Gepäck und beim Ausfüllen von Papieren

von Kusturica,[876] aber auch gegen eine allgemeine schmerzhafte Amnesie.[877] Ihre Kritik brachte ihr ein eineinhalbjähriges Aufführungsverbot während des Milošević-Regimes ein. Sie äußert bei einem Interview in 2009, sie biete keine Lösungen an, sie stelle in und mit ihren Stücken lediglich Fragen, von denen sie hofft, dass über sie nach dem Stück nachgedacht wird. So wie sie von Kunst, von einem künstlerischen Satz, einer Idee beeinflusst worden ist, will sie dieser, wie sie sagt, blöden Idee folgen, dass man wirken kann.[878] Sie hat in den ersten Kriegstagen ihr Studium begonnen, was für sie keine bewusste Entscheidung mit ihrer Arbeit politisch zu sein bedeutet, sondern dass ihr Reifeprozess mit den politischen Ereignissen untrennbar zusammengehört. Bei ihrer ersten Demonstration stirbt ein Freund eines gewaltsamen Todes in den Tumulten mit der Polizei. Viele Freunde verlassen das Land: „Das erste Mal, als ich auf die Demonstrationen herausging, ist mein Freund umgekommen. Meine Freunde haben sich verstreut aus diesem Land."[879] Flughäfen, Hotelhallen, Zug- und Busbahnhöfe sind die Orte, an denen sie einen Teil ihres Studiums verbringt, um Menschen zu treffen, und viele Menschen verschiedener Generationen gehen sieht. Schreiben, was sie schmerzt, und über ihr Umfeld, ist ihr Ziel. „Auf keine Weise konnte ich ertragen, dass von der Straße, auf die manchmal Panzer heraustreten und manchmal tote Kinder fallen, und es viele Hungri-

---

hilft, einen Goldohrring geschenkt bekommt und als dieser ihm fälschlicherweise in den Nasenflügel statt ins Ohrläppchen gepierct wird, von allem verwirrt und ratlos, mit Nasenbluten auf die Straße tritt und von einem Linienbus überfahren wird und stirbt.

876 Dieser habe mit manchen filmischen Darstellungen Stereotype verfestigt und mit Interview-Aussagen Milošević verteidigt, so die Vorwürfe.

877 Sie wird 2000 von Kusturica wegen Rufmordes verklagt, weil sie schreibt, er sei von Milošević finanziert worden, als er *Underground* gedreht habe. Vgl. *Kusturica vs. Srbljanović*, in: *Phantom of Freedom*, 2004, S. 219. Mit schlechter anwaltlicher Unterstützung hat sie 2003 den Prozess verloren, musste eine Geldstrafe zahlen und hat diese Schmach mit einer Abkehr von der serbischen Medienwelt gekontert.

878 Vgl. Srbljanović, Biljana: *Moj jezik je moj identitet* [übers. Meine Sprache ist meine Identität], Babić: *Jugoslovensko dramsko pozorište – samim sobom*, Beograd 2009 [übers. Jugoslawische Dramenbühne – mit sich allein], Interview vom Februar 2008, S. 149–152.

879 Obige Übersetzung stammt von LTG. Srbljanović: „Moj jezik je moj identitet" [übers. Meine Sprache ist meine Identität], in: Babić: *Jugoslovensko dramsko pozorište – samim sobom*, 2009 [übers. Jugoslawische Dramenbühne – mit sich allein], S. 150: „Prvi put kada sam izašla na demonstracije, moj drug je poginuo. Moji drugovi su se raselili iz ove zemlje."

ge gibt, Arme, verlassene Menschen, sich irgendwelche Welpen wälzen, die nichts haben, wie wir nichts haben, dass wir daraus in einen feinen, geheizten Bühnenraum eintreten, in dem wir mit schöner Sprache, korrekter Diktion, in schönen Kostümen große Wahrheiten aus dem 17. Jahrhundert sprechen."[880] Beckett, Brecht, Sartre, Camus sind ihre Schriftsteller, neben Boba Selenić, Ljuba Simović und Aca Popović, der Bibel und Proust. Sie kandidierte u.a. 2008 für das Amt der Bürgermeisterin von Belgrad, kennzeichnet ihre Generation, zu der auch Marković und die anderen Autorinnen gehören, als eine „sehr autodestruktive Generation, für die es kein Morgen gibt. Hier, wenn ich auf die Straße hinaustrete und sterbe, jetzt, heute, nach diesem unserem Interview, werden die Menschen Ha! sagen, aber niemand wird ernsthaft erstaunt sein. Hier ist das Morgen immer eine Verblüffung, und auch das, was morgen existiert, überrascht mich nicht."[881]

Zudem ist aus einem Interview mit der Schauspielerin Manić zu ergänzen, dass auch Familie ein Begriff ist, der insofern zerfällt, als die Theaterwelt keine Familie mehr ist, aber auch die Blutsverwandtschaft die Werte, die hinter dem Wort erwartet werden können, nicht mehr voll erfüllt: „Familie gibt es nicht mehr, weder bei uns, und nicht bei den älteren Kollegen, weil wir schlicht alle in einer Zeit leben, die grauenvoll schnell ist und anderen Medien zugewendet.", „in der Stadt und auf der Theaterbühne existiert die Familie nicht mehr als Institution".[882]

....

880 Obige Übersetzung stammt von LTG. Srbljanović, in: Babić, 2009, S. 150: „Nikako nisam mogla da podnesem da se s ulice, na koju ponekad izađu tenkovi i ponekad padaju mrtva deca, i ima puno gladnih, sirotih, napuštenih ljudi, valjaju neki kučići okolo koji nemaju ništa, kao što ni mi nemamo ništa, da iz toga uđemo u neku finu, zagrejanu pozorišnu dvoranu u kojoj mi se lepim jezikom, pravilnom dikcijom, u lepim kostima govore velike istine iz XVII. veka."

881 Obige Übersetzung stammt von LTG. Srbljanović, in: Babić, 2009, S. 151: „Milena i ja smo ista generacija. To je generacija jako autodestruktivna, za koju ne postoji sutra. Ovde, ako izađem na ulicu i umrem, sada, danas, nakon ovog našeg intervjua, ljudi će da kažu a!, ali niko neće suštinski biti zapanjen. Ovde je sutra uvek zapanjenost, a i to što postoji sutra me ne iznenađuje."

882 Vgl. Mančić, Anita: *Porodica više ne postoji*, in: Babić: *Jugoslovensko dramsko pozorište – samim sobom* [übers. Jugoslawische Dramenbühne – mit sich allein], 2009, S. 135: „porodice više nema, ni kod nas, a ni kod ovih starijih kolega, jer prosto svi živimo u vremenu koje je

Wenn Srbljanović sagt: „Wir leben in einem widerwärtigen Land, wo meine Kunst diese Widerwärtigkeit begleitet,"[883] wird klar, dass sie einen Blick auf die Gegebenheiten hat, der nicht einen Schwerpunkt auf zukünftige positive Utopien legt.[884]

Ihre Position lässt sich als eine zwischen Serbien und dem Westen verorten, zwischen Regimekritik und Serbienbild im Ausland, denn sobald sie ‚ihr' Land kritisiert, wird sie dort übel beschimpft,[885] zugleich wehrt sie sich dagegen, bloß als vorzeigbare Gegnerin von Milošević eingeordnet zu werden,[886] statt als das, was sie ist: Dramatikerin. Von den Bombardements auf Belgrad 1999 ist sie persönlich, aber auch von ihrer Arbeit her, betroffen, da ihre amerikanische Agentur, die Fakultät, an der sie lehrt, und die Theater geschlossen worden sind.

Als Nichte von Radovan Karadžić, von dem sie sich deutlich distanziert hat,[887] sind bei ihr der Zerfall von Familie und die Kriegspolitik sehr nah beieinander. Aber je mehr Stücke man von ihr liest, umso deutlicher wird, dass sie eine Sichtweise von unten, von den Menschen her hat, die finanziell schlecht gestellt sind, ganz gleich, ob sie ohne Ausbildung sind oder Rentner*innen oder Angestellte. Außerdem findet sich in ihren Stücken immer wieder Staa-

---

užasno brzo i okrenuto drugim medijima.", „u gradu i u pozorištu porodica više ne postoji kao institucija".

883 Srbljanović, in: Babić, 2009, S. 152: „živimo u odvratnoj zemlji, gde moja umetnost prati tu odvratnost."

884 Srbljanović: *Der Sturz,* Berlin 2000, S. 78: „die Bildung ist eine fremdländische Unart und der Frieden ein widernatürlicher Zustand, in den man nur aus Versehen gerät!", lässt sie eine Figur düster formulieren.

885 U.a. „Italienerhure" und „deutsches Schwein", vgl. Eintrag *Srbljanović, Biljana* in Munzinger Online/Personen – Internationales Biographisches Archiv, http://www.munzinger.deproxy. ub.uni-frankfurt.de/document/00000024064, Stand: 03.08.2020.

886 Vgl. SZ, 25.06.1999, vgl. Eintrag *Srbljanović, Biljana* in Munzinger Online/Personen – Internationales Biographisches Archiv, http://www.munzinger.deproxy.ub.uni-frankfurt.de/ document/00000024064, Stand: 03.08.2020.

887 Poet, Kriegsverbrecher, serbischer Bosnier, der sich als bosnischer Serbe oder nur als Serbe bezeichnen würde.

tenkritik, sei es an Serbien,[888] an anderen Staaten Europas oder an den USA.[889] Dabei werden auch antisemitische und Verschwörungstheorie affine Denkarten entlarvt.[890]

5.1 Belgrader Trilogie, 1996

Biljana Srbljanovićs *Belgrader Trilogie* ist ihre Abschlussarbeit, die sie 1996 fertigstellt, und ihr erstes Theaterstück. Ein soziales Drama, realistisch und konventionell, mit vier verschiedenen Einzelwelten, das 1997 in Belgrad uraufgeführt worden ist.

5.1.1 Belgrader Trilogie – Inhalt

Belgrader Trilogie hat vier Spielorte mit vier Geschichten, aber stets drei Berührungspunkte: Belgrad, eine Silvesternacht und eine Frau namens Ana Simović, die ihren vor dem Militär fliehenden Freund mangels Kommunikation letztlich an sein Exil in Prag verliert, Geographie studiert, einen Job beim Fernsehen bekommt, erfolgreich ihre Freundin Mara bei der Green Card-Lotterie anmeldet, von einem Geschäftsmann schwanger wird und diesen heiratet.

Das erste Bild spielt im tschechischen Exil. Zwei Brüder, Mića und Kića Jović, befinden sich in Prag. Kića, der Ältere, ist desertiert und Mića erst gar nicht ins Militär gekommen, als er für den Krieg eingezogen werden sollte. In der fremden Stadt wird die mittlerweile zweijährige Einsamkeit der Brüder, verstärkt durch mangelnde Sprachkenntnis, deutlich: Mića, der gefühlvoll-treu

---

888   Srbljanović: *Der Sturz*, 2000, S. 77: „Schweinefleisch, Lammfleisch, Ziegenfleisch, Käse und Kajmak, Gepökeltes und notfalls auch Schaffleisch sind das Unglück dieses verfressenen Volkes!" und ebd., S. 84: „Auf diesem Blut, auf diesen Kadavern wird ein eleganter Supermarkt entstehen."

889   Vgl. Srbljanović: *Der Sturz*, 2000, S. 74: „Europa, die Wiege der menschlichen Sünde, hat Unglück über dieses Haus gebracht! Wasserleitung, Wasserleitung, Wasserleitung! Kanalisation, Kanalisation, Kanalisation! Das sind Werte, die uns das toll gewordene Europa beschert hat. Aber was soll ein anständiger Mensch damit? Wozu braucht er einen Wasserhahn, wenn er von innen rein ist!"

890   Vgl. Srbljanović: *Der Sturz*, 2000, S. 75: „Was ist die Wissenschaft?" „Ich bin mir nicht sicher…" „Ein Haufen Lügen und jüdischer Unterstellungen."

Naive der zwei Brüder, fabuliert sich ein Gespräch mit einem Landsmann zusammen, um zu verdrängen, dass ihn der tschechische Händler beim Kauf von Tannenzweigen zur Zimmerdekoration betrogen hat, und um seinem Bruder den Geldverlust nicht gestehen zu müssen. Beide Brüder haben kein Geld für Digitaluhren, können aber keine Uhren mit Zeigern lesen. Die Zeigeruhren werden in ihrem Wert als Statussymbol reduziert und in Frage gestellt.

Die Erfahrung, dass eine solche Flüchtlingssituation u.a. von Händlern ausgenutzt wird, vergrößert die Einsamkeit und das Misstrauen gegenüber Außenkontakten in der Fremde. Dazu kommt, dass Mića seine große Liebe Ana aus dem gemeinsamen Viertel Zvezdara in Belgrad vermisst. Die Telefonate mit der eigenen Mutter sind herzzerreißend-traurig angelegt, wobei nur die auf der Bühne befindlichen Figuren zu hören sind. Die finanzielle Situation und das emotionale Bedürfnis zu telefonieren stehen sich entgegen. Kića nimmt seinem Bruder das mobile Telefon weg und behält es bei sich. Immer wieder versucht Mića, es in die Hand zu bekommen. Am Telefon dann zeigt die Figur eine große Naivität, Innigkeit und Herzlichkeit, auch Aufgeregtheit; daraus resultiert eine übertriebene Höflichkeit, die das Rare und Zerrissene deutlich macht, ebenso wie die enorme Bedeutung der Mutter, deren Synonym die ganze Stadt ist: „Mach leiser, das ist Belgrad. *In den Hörer.* Hallo... Mama...du bist es! Ciao, Mama, ich bins, Mića Jović...Nein, ich weiß, daß du weißt... Aber egal, wie gehts dir, Mama? Uns geht's gut, auch Kića. Ich hör auf ihn, Mama, immer... wir haben Geld, keine Sorge, wie ist es dort? Soso? ... Hat ... *Unterbricht plötzlich, dreht Kića den Rücken zu, leiser.* Mama, hat Ana angerufen? *Wiederholt etwas lauter.* Ich sage, hat Ana angerufen? *Kića sieht ihn vorwurfsvoll an, und auch die Mutter versteht ihn nicht richtig. Er ruft.* Hat Ana angerufen, Ana?! ... ich schrei doch nicht, aber du verstehst mich nicht. Nein, sie ist mir nicht wichtiger, ich frage nur...".[891]

Mića musste Ana kriegsbedingt verlassen, konnte sie seitdem nicht sprechen und hat keine innere Ruhe. Er kann nicht ohne Kontrolle durch seinen Bruder telefonieren. Zwischen der Aufmerksamkeit gegenüber der Mutter, die

....

891 Srbljanović: *BT*, 1999, S. 15f.

anderes berichtet oder selbst im Zentrum des Interesses stehen möchte,[892] und Mićas Kommunikationsbedürfnis mit Ana gibt es Missverständnisse – eine technisch schlechte Verbindung kommt erschwerend hinzu. Die Telefonate, die ihm lebenswichtig zu sein scheinen, sind aufgrund der finanziellen Situation eher selten und sehr kurz. Die Brüder befinden sich im Zwist um die Telefonnutzung und die finanzielle Autonomie von Mića. Sie haben nicht bloß Schulden und abweichende Interessen, sondern der ältere schreibt dem jüngeren Bruder das Vorgehen vor und unterstreicht die Ernsthaftigkeit seiner Überzeugung mit physischer Gewalt, indem er ihn würgt: „Kića: Paß auf, Kleiner, hier gibt's nicht mehr meins-deins. Alles ist unseres. Alles gemeinsam! Wenn wir auf die Füße kommen, wenn wir alle Schulden abbezahlt haben, kannst du anrufen, wen du willst, und die Kohle ausgeben, wofür du willst. Aber bis dahin: gemeinsame Kasse, gemeinsamer Verdienst, gemeinsame Schulden! Nichts getrennt, kapiert?"[893]

Mića reflektiert die sozialistisch anmutenden Worte seines Bruders, sobald er sich vom Würgen hustend-röchelnd erholt hat, schimpfend mit den Worten: „Aber Scheiße, das ist Karl Marx. Diktatur des Proletariats."[894] Das ist systemkritische Theorie statt persönlicher Wut und Komik für das Publikum. Systemkritik wird auch deutlich, wenn es Kića um Statusobjekte geht: eine bestimmte Uhr, ein Citroën 2CV, mehr als nur ein Chronometer und irgendein fahrbarer Untersatz: „Kića: Ich kann nicht nur fürs Telefon arbeiten. Was wir an Rechnungen bezahlt haben, dafür hätten wir ne Ente kaufen können! Mića: Laß dich doch in deiner Ente begraben."[895] Hierbei hat der Bruderzwist eine gesamtjugoslawische Komponente, sowohl Brüderlichkeit und Einheit, die zwei Hauptwerte im Jugoslawien Titos, als auch die finanzielle Situation der zerstrittenen Teilstaaten sind enthalten, wenn im Stück darauf angespielt wird, indem es heißt: „Und mir kommst du auf die Gefühlvolle, Brüderlichkeit und Einigkeit und so…".[896]

....

892 Wie auch Tante Nada, Anas Mutter, die Mića Details ihres Arztbesuches schildert bis er sie unterbricht und nach Ana fragt, vgl. Srbljanović: BT, 1999, S. 27.

893 Srbljanović: BT, 1999, S. 17f.

894 Srbljanović: BT, 1999, S. 18.

895 Srbljanović: BT, 1999, S. 22.

896 Srbljanović: BT, 1999, S. 11.

Zugleich sind die Telefonate des desertierten älteren Bruders Kića mit der Mutter völlig verlogen, um ihre Gesundheit zu schonen und sie mit positiven Meldungen, was den beruflichen Erfolg in der Fremde betrifft, zu beruhigen und zu erfreuen. Die Brüder haben keine feste Stelle, keinen gut bezahlten Job in einer Außenhandelsfirma und Freunde, mit denen sie feiern, sondern müssen in der Silvesternacht noch arbeiten, indem sie einen choreographierten Auftritt in Tanzkleidung in irgendeinem Etablissement absolvieren. Mića will gar nicht lügen, und über diesen Mambo-Tanzauftritt wird auch kaum gesprochen, denn er widerspricht einem heteronormativen Männerbild: „Kića: Keine Arbeit ist erniedrigend. Mića: Doch diese. *Mića und Kića sind fertig angezogen. Sie wirken sehr komisch: gerüschte, aufgeknöpfte Hemden, Goldketten, Schuhe mit hohen Absätzen*".[897] Kićas Freundin hat den Kontakt zu ihm direkt nach seiner Einberufung abgebrochen. Er, der aus dem Militär geflohen ist und dann seinen Bruder mitgenommen hat, lässt Mića nun nicht mit dessen Freundin telefonieren, sondern versucht ihn stattdessen zu anderen Frauenkontakten zu animieren. Kića lädt Alena und eine Freundin zu ihnen in ihr Ein-Zimmer-Apartment ein.

Alena, von Mića fasziniert, hat Verständnis dafür, dass er sich nicht auf die Sprache, ihr Erlernen, und andere Frauen als Ana einlassen kann. Sie fühlt seinen Liebeskummer und gibt ihm ihr Handy, um Ana anzurufen. Er erreicht Anas Mutter Nada, die viel über ihre Krankheiten erzählt, statt ihn zu Wort kommen zu lassen.[898] Mića erfährt von Anas Schwangerschaft und Hochzeit, ist erschüttert, bricht kurz weinend zusammen, um sich recht bald aber zusammenzureißen und zu versuchen, den Tanzauftritt zu meistern und das Leben in Prag.

Die zweite Geschichte in *Belgrader Trilogie* handelt von zwei aus Belgrad ausgewanderten Paaren, eines mit Baby, Sanja und Miloš, das andere mit älterem Kind, das aber gar keine Rolle spielt: Kaća und Dule. Sie versuchen in Sydney Fuß zu fassen. Die Themen sind Leistungsdruck und Alkoholismus bei Miloš, Impotenz aufgrund von Existenzangst bei Dule sowie Untreue, Lügen und

---

897   Srbljanović: *BT*, 1999, S. 13.
898   Srbljanović: *BT*, 1999, S. 27.

Betrug, weil Miloš und Kaća heimlich eine triebmotivierte Affäre haben. Diese relativ gefühlskalte Affäre zwischen Miloš und Kaća stellt sich am Ende als ein für Dule offenes Geheimnis heraus. Für die ahnungslose oder alles überspielende Sanja wird aber auch am Schluss so getan, als sei nichts vorgefallen, als hätte Dule keinen emotionalen Ausbruch gehabt, bei dem er weint und sich selbst erniedrigend Peinlichstes vor dem besten Freund und, da in einer kleinen Wohnung sehr laut, indirekt vor allen anspricht.

Die HandlungsträgerInnen in der dritten Szene sind drei junge, vom Leben überforderte Menschen in Los Angeles auf einer Silvester-Geburtstags-Party. Die Waffengewalt Amerikas in Verbindung mit serbisch-orthodoxem Stolz der zweiten Generation, repräsentiert durch Dača, trifft auf die Sinnkrise der seit den Jugoslawienkriegen Ausgereisten und USA-Neuankömmlinge, Mara, Pianistin, und Jovan, Schauspieler. Mara und Jovan begegnen sich zufällig in einem ruhigen Moment in einem ruhigen Zimmer auf dieser mit Turbofolk als Musik lauten Party und finden, wie sich in ihrem Gespräch herausstellt, in einander jeweils den/die potentielle Traumpartner/in fürs Leben; jedenfalls scheint alles möglich. Mara hat, dank Ana, eine Green Card gewonnen, Jovan kam als Tourist, blieb länger und schlägt sich mit Jobs, u.a. als Umzugshelfer, durch. Sie mögen sich auf Anhieb und rauchen ein Graspfeifchen zusammen, was sie albern macht. Ein anderer junger Mann, Dača, beendet die Begegnung jäh mit seiner Schusswaffe. Er hat etwas gegen die Weichheit von Jovan, fühlt sich von den beiden ausgelacht und in seinem Ego gekränkt.

Schließlich kämpft Dača mit Jovan, begrapscht, tritt und schlägt Mara, nötigt sie dazu, ihn zu küssen. Er demonstriert Gewalt, indem er die Waffe an Jovans Schläfe hält, und verbreitet intensiv Angst, indem er mit Vergewaltigung droht. Jovan und Mara versuchen wechselweise erfolglos Deeskalation und Gegenwehr, werden in Todesangst versetzt, Jovan uriniert vor Todesangst.[899] Als Dača die mit scharfer Munition geladene Waffe auf dem Tisch ablegt, löst sich ein Schuss. Jovan wird erschossen; er stirbt, nachdem er dem Krieg entkommen ist, auf einer Party, kurz nachdem er in Mara die potentielle Liebe seines Lebens getroffen hat.

....

899   Vgl. Srbljanović: *BT*, 1999, S. 72.

Mit der nächsten und vierten Szene endet das Stück. Es ist ein ganz kurzes ‚Nachspiel' in Belgrad: Die in den drei Szenen zuvor jeweils einmal erwähnte Ana, eine Hochschwangere, und ihre Lebensumstände sowie ihre seelische Verfassung um Mitternacht werden kurz beleuchtet. Ana befindet sich auf der Bühne in einem lichtlosen Zimmer, vermutlich der Küche oder dem zukünftigen Kinderzimmer, da Wohnzimmer und Balkon, falls vorhanden, aufgrund der Feier belegt sein dürften. Das Licht fehlt, wie wir bereits in der ersten Szene erfahren, in Belgrad oder in dem Viertel wegen einer Stromsperre, die bedingt durch den arbeitsfreien Feiertag nicht behoben wird.[900] Das macht die ausweglose Trostlosigkeit deutlich. Ana sitzt lautlos an einem Tisch, während Männerstimmen aus dem Off zu hören sind, die erfolglos nach ihr rufen, sich wundern, wo sie bleibt, aber sie nicht suchen, sondern sie zählen von zehn bis eins herunter, um sich anschließend gegenseitig ein gutes und glückliches Neues Jahr zu wünschen. Währenddessen sitzt Ana immer noch in der Dunkelheit, schließt ihre Augen und lässt, während das alte Jahr ausgezählt wird, den Kopf langsam auf die Tischplatte sinken.

5.1.2 Struktur, Zeiten und Orte

Srbljanovićs *Belgrader Trilogie* hat vier Teile, die auf drei Kontinenten spielen. Belgrad ist der Rahmen, ein roter Faden und zugleich ein kurzer Schlusspunkt. Die Trilogie gehört, daher die possessive Formulierung, zu Belgrad. Die Stadt kommt überall mit hin, auch wenn einige Figuren aus dem Umland oder gar Kroatien kommen. Die Szenen spielen in einer nicht näher konkretisierten Nachkriegs-Neujahrsnacht an vier verschiedenen Orten: Prag, Sydney, Los Angeles, Belgrad; Europa, Nordamerika, Australien. Diese vier Orte sind das jeweilige Zuhause, Wohnungen von zwei Brüdern, von einem Ehepaar mit Kleinkind, von Amerikaner*innen mit jugoslawischer Abstammung, von Ana, die mit Figuren aus den anderen Szenen jeweils in Verbindung steht: ihrer großen Liebe Mića, ihrer Nachbarin Kaća und ihrer Freundin Mara. Verbunden sind die Orte auch mit Momenten der Geselligkeit vor Neujahr, auch wenn das Brüderpaar noch arbeiten bzw. auftreten muss, die beiden Paare eine Art

---

900 Vgl. Srbljanović: *BT*, 1999, S. 16: „Stromsperre? Wieso Stromsperre? ... Warum wird das nicht in Ordnung gebracht? Ah ja, Silvester, arbeitsfrei. Na logo."

 © Frank & Timme   Verlag für wissenschaftliche Literatur

emigrierte Zweckfreundschaft haben und Jovan und Mara Daća besser erst gar nicht begegnet wären.

Alle drei Exilorte könnten andere ähnliche Städte auf der Welt sein, bis auf die Tatsache, dass Prag in Osteuropa liegt, geografisch weniger entfernt, meteorologisch kälter und im Vergleich zu Sydney oder Los Angeles unter Umständen weniger exotisch und mondän ist. Alle drei Orte sind dadurch verbunden, dass die ProtagonistInnen aus Serbien, aus Belgrad kommen oder dort leben. In den Szenen, wie sich im folgenden Kapitel zeigen wird, sind Zivilisation, Gutgläubigkeit, Einsamkeit und Moral keine Frage des Ortes. Es gibt keine Garantie für ‚westliche' Werte oder eine besondere Kultur im ‚Westen‚, wie es mit dem minimal anderen Bühnenbild vermittelt wird.[901] Die zwei Paare in Sydney könnten auch in Aotearoa/Neuseeland sein, oder Kanada, denn es werden private Wohnräume verwendet, die den Fokus auf das Innere der Figuren legen. Das Bühnenbild, das aus ein und demselben Zimmer mit minimalen Veränderungen besteht, untermalt neben der Strukturgleichheit mit Blick auf Armut und Exil die Beliebigkeit des Ortes für das Stück, aber auch für die ExilantInnen. Wenige Requisiten auf der Bühne wechseln, z.B.: „Eine Wohnung, die sich nicht sehr von der ersten unterscheidet. Etwas aufgeräumter, oder besser auf andere Weise unaufgeräumt. Spielzeug, Fläschchen und andere Attribute, die auf ein Baby im Haus hinweisen. Ein geschmückter Tannenbaum, der Tisch für vier Personen für das Silvesterabendessen festlich gedeckt."[902] oder „Dieselbe Wohnung, angereichert durch eine Palme im Kübel."[903] Die Babysachen können bis zur letzten Szene in Belgrad bleiben, denn stets spielt ein unsichtbares bzw. bevorstehendes Baby im Hintergrund eine Rolle.

Die Angst vor Versagen und das Leiden am Verlust bleiben auch im Raum, sind nicht individuell, haben nichts Spezifisches, sondern sind Beispiel für viele Schicksale: „Ich heirate sie also, verkaufe den Wartburg, die Schallplatten

....

901 Dieselbe Pflanze gehört z.B. stets zum Bühnebild. Und die Figur Mara sagt es indirekt, Srbljanović: *BT*, 1999, S. 63: „Nachts nicht schlafen, weil ich die Chance, die ich in Belgrad nie gehabt hätte, ausgeschlagen habe. Weil ich zu feig war, einfach zu sehen, wie man lebt, wo es besser ist. Wo es besser sein müßte…". – „müßte" heißt also ‚sollte', aber nicht ‚ist'.

902 Srbljanović: *BT*, 1999, S. 30.

903 Srbljanović: *BT*, 1999, S. 51.

und die Boxen, und ab dafür. Kaum saßen wir im Flugzeug, starb die Oma. Mama sagt, aus lauter Kummer."[904] Seit kurzem vor Ort, leben die Figuren im Zwischenzustand, nicht hier glücklich und nicht dort; und dazu kommt noch ein ahnend-wissendes Unbehagen, nicht oder nie wieder daheim zu sein, weil es das ‚dort' auch gar nicht mehr gibt.

Die Zeit ist an Neujahr verortet, dies ist eine Zwischenzeit, an der Schwelle zu etwas Neuem. Der äußere Countdown und der innere Zeitdruck, sich einzu-finden, eine Sprache zu lernen, anzukommen, Geld zu verdienen, stehen sich gegenüber. Allerdings haben das Brüderpaar wie auch Jovan und Mara aus der dritten Szene keine Uhren, die Uhr von Miloš ist stehen geblieben, alle wissen nicht genau, wie viel Uhr es ist: Krieg und Exil bedeuten Lebenszeit zu verlieren, die man schwer wieder einholen kann.

In der ersten Szene schließt sich mit dem Schlusssatz der Kreis, wenn Kića erneut sagt, er werde Digitaluhren besorgen, sobald die Brüder wieder Geld haben. Es scheint, als wären die innere Ratlosigkeit und die Gereiztheit stärker, je klarer der äußere Zeitrahmen gesetzt ist: „Sanja: Besser. Du würdest für mehr Geld auch sonntags arbeiten. Kaća: Genau. Miloš: Das haben sie mir nicht angeboten. Sanja: Lüg nicht. Du hast bloß keine Lust zu arbeiten. Mi-loš: Wie meinst du das? Ich keine Lust zu arbeiten? Seit einem Jahr arbeite ich jeden Tag ohne Pause. Sanja: Du hattest Urlaub. Miloš: Eine Woche. Meinst du, das ist genug? Sanja: Dann gründe doch eine Gewerkschaft, verklag die Kapitalisten, bloß geh mir nicht auf die Nerven."[905] Was die Köpfe in den Sze-nen jeweils brauchen, ist Zeit zum Begreifen, in welcher Situation man sich

904 Srbljanović: *BT*, 1999, S. 48.
905 Srbljanović: *BT*, 1999, S. 39. Und weiter auf S. 46: „Dule: Sag mal, hast du je gedacht, daß es so enden wird? Bis gestern warst du der größte Hurenbock in der Stadt, ein Soziologe mit Zukunft und intellektueller Anmache. Er flucht nicht, er trinkt nicht, er ist nicht von gestern, auf so was sind die Weiber abgefahren... Miloš: Ach laß, Dule, die Zeiten sind vorbei... Dule: Das mein ich doch. Hast du gedacht, dass es so schnell geht? Daß du binnen eines Jahres Ehemann, Vater, Ernährer der Familie, Angestellter eines angesehenen Reisebüros in Sydney sein wirst? Miloš: Das mit dem Reisebüro ist mir wirklich nicht eingefallen... Dule: ...dass du dich über jeden freien Sonntag freuen wirst, was am Anfang zwar selten war, aber das ist auch besser, denn wenn du non Stopp arbeitest, hast du keine Zeit, Kohle auszugeben... Miloš: Dafür hat Sanja viel freie Zeit. Dule: Ja, aber die hatte sie auch in Belgrad. Nur konntest du ihr dort nichts bieten."

befindet, dass nun ein anderes Leben stattfindet als gedacht, dass das Leben vorbeigeht, dass man stirbt. Begreifen ist bei den Figuren in den Stücken „mühsam",[906] eine zähe Zeitlupe, egal, ob es ein träges Tempo ist, wenn der Kopf in Zeitlupe auf die Tischplatte sinkt, oder das Tempo eines Todes, der innerhalb von Sekunden eintritt.

Die Autorin ordnet die Verhältnisse von der nahen Liebesgeschichte wie Prag zu den fernen FreundInnen zurück zur Heimat, damit fließen die Struktur, die Zeit und die Orte zusammen. Zentripetale und -fugale Kräfte scheinen auch innerhalb der Szenen im Wechsel zu wirken, die Brüder sind sich zwischendrin fern, der eine dem anderen gegenüber aggressiv, am Ende sind sie konform. Die Paare in Sydney sind vom Weinen des Babys wie umrahmt, aber auch gefangen. Die wie auf einem anderen Planeten lebende Mutter Sanja hält die drei anderen Figuren zusammen, da sie von der sexuellen Beziehung zwischen Kaća und Miloš nichts zu ahnen scheint. Jovan und Mara sind am Ende so fern wie zu Beginn und Ana ohnehin auf einem einsamen Posten.

Ganz gleich wie weit in die geographische Ferne die Lebenswege ausholen und große Flugentfernungen zwischen Los Angeles, Belgrad und Sydney haben, auch in der Ferne holen die Charaktere sich ein, wenn die Paare in Sydney oder Mara, Jovan und Dača sich begegnen und sie sich ihre Erlebnisse der Vergangenheit erzählen und die Bahnen ihrer Leben beeinflussen.[907]

Die Figuren und Dialoge kreisen um die Fragen, woher und wohin, um voranzukommen. Das Stück endet mit der kurzen Belgrad-Szene, genau dort, wo die anderen Szenen nicht spielen. Im Raum bleibt unter anderem die Frage,

....

906 Srbljanović: *BT*, 1999, S. 73.

907 Srbljanović: *BT*, 1999, S. 59: Regieanweisung: „*Jovan ist erregt, wie jedes Mal, wenn er diese Geschichte erzählt.*" Die Geschichte ist die seiner letzten Vorstellung eines Stückes des jugoslawischen Klassikers Držić, die er historisch authentisch bzw. traditionell korrekt mit seiner Kompanie mit Männern in allen Rollen vor einer serbischen Schulklasse hält und die zum Desaster wird: Nationalismus vermischt sich mit Homophobie und mangelnder Bildung und wird weder gesetzlich noch pädagogisch aufgearbeitet; S. 60: Jovan zitiert die Lehrkraft: „Ihr mußtet nicht gerade was aus der kroatischen Literatur nehmen. Die Kinder sind reizbar, sie hassen die Kroaten, das müßt ihr verstehen.", und er kommentiert aus der Retrospektive: „Ey, das sagt mir eine Lehrerin vom Gymnasium. Ich soll begreifen, daß die Minderjährigen mich lynchen wollen, Nationalismus ist nicht verboten."

warum Belgrad so kurz kommt, obwohl es zu jener Zeit eine Menge Geflüchtete und Fremde aus dem Umkreis gibt, und was passierte, wenn es zu Rückreisen der Figuren käme oder gar einer definitiven Rückkehr.

5.1.3 Figurenkonstellationen und Kriegs(gewalt)

Die Figur Ana, die alle Szenen verbindet, ist vor allem eine Projektionsfläche für die Sichtweisen verschiedener Figuren, da sie erst in der letzten, noch dazu kurzen Szene, selbst vorkommt, aber keinen Text hat. Ihre Handlungen, die retrospektiv erwähnt werden, initiieren zwar indirekt die Begegnungen zwischen bestimmten Figuren mit, aber Ana ist ohne ihr Zutun beispielsweise für Mića erst seine Traumfrau und dann seine Enttäuschung. Mittlerweile wohnt sie in Belgrad, studiert Geographie, moderiert die Charts im Fernsehen und ist schwanger. Dies wird durch Mara vermittelt, die jedoch den Kontakt zu Ana abgebrochen hat und von ihrer Mutter informiert wird.[908] Kaća, ihre ehemalige Belgrader Nachbarin und Bekannte in Sydney, hat eine feindselig-konkurrente Einstellung zu Ana. Ana ist für Kaća jemand mit Sprach- und Sehfehler, den sie kleinreden und abwerten muss, sowohl von der physischen Größe als auch der fachlichen Kompetenz bis hin zu moralischer Diffamierung.[909] Da Kaća diplomierte Journalistin ist, gerät Ana in Kaćas Vorstellung als Karrieristin zur Konkurrenz, statt dass Kaća Ana solidarisch als erfolgreiche Frau feiert, die einen prestigevollen Job als Fernsehsprecherin hat.[910]

Hochschwanger sitzt Ana in der letzten kurzen Szene in einem ganz schwach beleuchteten Raum einer Wohnung. Zwar ist sie im Herkunftsland,

....

908 Srbljanović: *BT*, 1999, S. 62: „Wir reden nicht miteinander, weil ich nicht will. Ich will sie nicht mehr sehen! Wer ist sie denn, wer gibt ihr das Recht, über mein Leben zu bestimmen! Mit welchem Recht hat sie mich dieser Versuchung ausgesetzt? Ich hab die Papiere, okay, das ist gut, aber das war nicht mein Plan."

909 Srbljanović: *BT*, 1999, S. 41: „Die Kleine?! Die lispelt doch und hat einen Silberblick. [...] Die Kleine. Die hat doch keinen Abschluß! [...] Diese Kleine, dieses verdammte Biest! Siehst du, wie sie das geschafft hat". S. 42: „Aber diese Kleine wackelt ein bisschen mit dem Hintern, und rums: ins Fernsehen!"

910 Srbljanović: *BT*, 1999, S. 41: „Dule: Sie hat Geographie studiert. Kaća: Geographie studiert sie! Und ich als diplomierte Journalistin soll vielleicht anfangen, Karten zu zeichnen? Dule: Reg dich doch nicht auf. [...] Mama sagt, die ganze Nachbarschaft ist stolz. Kaća: [...] Meinen Job hat sie sich angeeignet, verstehst du? Meinen!!! Dule: Moment mal, Kaća, wieso deinen? Was hat das denn mit dir zu tun? Du hast nie beim Fernsehen gearbeitet..."

in der Hauptstadt Belgrad geblieben, aber an diesem Neujahr offensichtlich nicht fröhlicher Verfassung. Seelisch scheint sie wie abgestorben zu sein: „*Ana Simović, eine hochschwangere junge Frau, sitzt allein am Tisch. Nach langer Pause eine Stimme aus dem Off.* MÄNNERSTIMME *off* Ana, wo bist du? Wo versteckt sich diese Frau? Ana! Es ist gleich Mitternacht! *Ana reagiert nicht.* STIMMEN *off.* Zehn, neun, acht, sieben, sechs, fünf, vier, drei, zwei, eins... EIN GLÜCKLICHES NEUES JAHR!!! *Ana schließt die Augen und läßt den Kopf sinken.*"[911]

Es wird in minimalistischer Art und Weise deutlich, dass sie durch die Situation mit sich und ihren drei neuen Lebenskoordinaten Schwangerschaft, Ehe mit dem Vater des Kindes, fester und angesehener Stelle, nicht glücklich und in Frieden ist, obwohl es bei ihr im Vergleich zu den anderen Figuren naheliegend wäre.

Zutiefst entfremdet, voller Heimlichkeiten einander doch ausgeliefert[912] und einsam sind alle Figuren der vier verschiedenen Szenen – bereits durch die Situation der Migration, der fremden Sprache, des Status, der ausgenutzt werden kann und wird. Alle Figuren stehen unter Erfolgsdruck: Die Männer in Sydney vor den Ehefrauen, alle vor den Müttern, die in der Heimat geblieben sind. Manche nehmen Mittel zur Erleichterung bzw. Entspannung: Jovan Gras, Dule Alkohol, Kaća Schmerztabletten. Der Versuch, Gefühle und Beziehungen intakt zu halten, zu bewahren oder wieder zu finden, verbindet die Figuren und gelingt nicht. Die Kommunikation ist erschwert, belastet und geprägt vom Leben im Zwischenzustand. Die Stresssituation legt die Schwächen der unterschiedlichen Charaktere frei, die wiederum sehr verschieden mit der Situation als Ausgewanderte umgehen und mit der Identitätskrise, die durch die Exilexistenz ausgelöst wird. Sie kommen alle in dem jeweils neuen, unvertrauten Land relativ schlecht zurecht. Brüder wie auch Eheleute sind voneinander entfremdet, und zwar nicht, wie vielleicht naheliegend, konkret durch unterschiedliche Positionen zum Krieg, sondern die Stresssituation, in der sie die Achtung voreinander verloren haben: „KAĆA: Bitte halte dich etwas zurück. [Gemeint ist Dules Alkoholkonsum, Anm. LTG] Wir müssen noch

....

911   Vgl. Srbljanović: *BT*, 1999, S. 73.
912   Vgl. Srbljanović: *BT*, 1999, S. 9f: Vor Mića werden Informationen über Ana verheimlicht.

mindestens fünf Stunden hier sitzen. DULE: Dich hat keiner gezwungen, herzukommen… KAĆA: Ach nein, und wer hatte die Idee, Silvester mit ihnen zu feiern? DULE: Ich dachte, es würde dir Spaß machen. Wir sind schließlich mit ihnen befreundet… KAĆA: Weil wir hier sind. In Belgrad hätte ich keinen Fuß in ihr Haus gesetzt. Bauernpack…"[913] Auch wenn Kaća nach außen hin Erfolg hat, ist ihr Verhältnis zu den ihr früher nahen Menschen blockiert, sind sie ihr nicht mehr gut genug – aus ihrer Exilsituation muss eine Erfolgsgeschichte werden.

Der Druck erschöpft und macht impotent; so heißt es zwischen den Ehemännern und besten Freunden: „DULE: Ich bin zweiunddreißig, ich hab eine Frau, einen Freund, den Status eines Emigranten in einem reichen Land, bloß er steht mir nicht mehr…".[914] Die Eheleute haben sich sexuell voneinander entfernt.[915]

Wir sehen, wie die Figuren sich selbst und einander etwas vorspielen. Dule feiert seinen angeblichen beruflichen Erfolg, obwohl er sogar weiß, dass seine Frau ihn mit seinem besten Freund aufgrund seiner Impotenz betrügt: „Und darum kannst du sie ruhig ficken, besser du als ein anderer, besser ein Freund, wenn ich nicht kann!"[916]

Kića macht sich beispielsweise vor, dass seine Freundin, als er eingezogen worden ist, um ihn geweint hat, und zwischen ihnen eine starke Liebe war und sie geheiratet hätten, dabei wollte seine Mutter das nicht, und die Freundin hat sich betrunken und ihn nach der Vereidigung verlassen.[917] Sachlich konstatiert er dazu: „Liebe auf Distanz ist absolut unmöglich."[918] Kića versucht zudem, seine Mühe hervorzuheben und für gute Laune zu sorgen, indem er den Frauenbesuch und den Tanzjob verbal aufwertet: „Ich biete dir ein Leben auf der

....

913 Vgl. Srbljanović: *BT*, 1999, S. 40f.
914 Srbljanović: *BT*, 1999, S. 49.
915 Vgl. Srbljanović: *BT*, 1999, S. 49ff.
916 Srbljanović: *BT*, 1999, S. 50.
917 Vgl. Srbljanović: *BT*, 1999, S. 20f.
918 Srbljanović: *BT*, 1999, S. 21.

Bühne, Showbusiness in internationalem Maßstab, eine Zukunft, von der man nur träumen kann – Kohle, Weiber, wenig Arbeit".[919]

Den Figuren liegt emotional an den Neuigkeiten von ehemaligen Familien- und Nachbarschaftskontakten viel, denn sie hören nur zu oder haben nichts anderes mit ihren Müttern zu besprechen. Die neuesten Entwicklungen aus den Herkunftsorten werden über das Telefon von Müttern vermittelt. Die Brüder in Prag telefonieren mit ihrer Mutter und mit der Mutter von Ana. Dule in Sydney spricht mit seiner Mutter, ebenso wie Mara in LA.

Das tonlose Weinen Mićas ist bewegend, weil die Regieanweisung ihn als „gebrochen"[920] bezeichnet. In dieser schmerzvollen Stille wird seine ganze Situation offensichtlich: Er erträgt diese Flüchtlingssituation schlecht, in der er mit seinem dominanten, ihm körperlich überlegenen und gewalttätigen Bruder in einem Zimmer lebt, seine Sprache vermisst, eine andere lernen muss, was ihm schwer fällt, und er muss die Hoffnung, mit Ana wieder zusammenzukommen, seinen emotionalen ‚Stütz'punkt, aufgeben.

Kurz vor diesem Schmerzhöhepunkt entlädt sich sein gesamter Druck anhand der Sprachlernthematik: Die hilflose Kommunikationssituation mit Alena, bei der Kića „Svetr leží na stole. Der Pullover ist auf dem Tisch"[921] sagen kann, aber nicht zu fragen gelernt hat, was jemand trinken möchte. Sein emotionaler Ausbruch äußert sich darin, dass er auf den Tisch springt und Sätze aus dem tschechischen Sprachlehrbuch brüllt: „Je Jana prodavačka? Je Petr dobrý student? Je Helena v Praze? Je svetr na stole?", „Jana ist Verkäuferin, Petr ist ein guter Student, Helena ist auf dem Tisch! Mám rad češtinu, mám rád manzela, mám rád tramvaj."[922] Dies steigert er damit, dass er über die Möbel springt, während er „Chodí mi se, chodí mi se, chodí mi se, chodí, ne chodí, chodí, ne chodí, chodi!!!" und „Víš? Vím? Víte? Víme! Víme? Víte! Víš? Vím!

....

919   Srbljanović: *BT*, 1999, S. 14.

920   Srbljanović: *BT*, 1999, S. 28.

921   Srbljanović: *BT*, 1999, S. 25.

922   Srbljanović: *BT*, 1999, S. 25f. Ab „Mám" usw. übers. „Ich mag die tschechische Sprache, ich mag meinen Ehemann, ich mag die Straßenbahn."

Dozadu, dopředu, nahořu, nadolu, doprostřed, doleva, doprava…stojí, sedí, leží"[923] immer lauter brüllt.

Es wird deutlich, wie alltagsuntauglich diese Sätze sind und wie das Konjugieren von Verben wie ‚gefallen' und ‚wissen' und Aufsagen der Lokaladverbien ihn nicht so tröstet wie ein tschechisches Kinderlied, dessen Titel wir nicht erfahren, das Kića sich nach seinem Ausbruch erschöpft selbst vorsingt. Zur Erinnerung: Kića musste seine Lebensliebe Ana zu Hause verlassen und verliert sie u.a., weil sein Bruder sie nicht von ihm grüßen, ihn nicht telefonieren lässt und von Mädchen berichtet, mit denen sie angeblich oder wirklich ausgehen. Sein Bruder will ihn vermeintlich schützen, weil er fürchtet, dass Mića sich umbringt, wenn er meint, was er sagt und ankündigt: „Mića *eiskalt und fest entschlossen* Denn wenn sie mich betrügt, bin ich ein toter Mann. Ich bring mich um, Kića."[924]

Kića sagt zweimal, aber nur ansatzweise, dass er nicht gewusst habe, wie er es seinem Bruder sagen sollte, versucht ihn zu umarmen, nachdem dieser es erfahren hat.[925] Aber Kića wird auch gewalttätig, er ohrfeigt und würgt Mića.[926] Kića und Mića leben beide zusammen auf kleinstem Raum, haben einen verhassten Job, teils ist Kića neidisch auf Mićas Liebesgeschichte, während er seine eigene beschönigt, das sind Umstände und Charaktereigenschaften, die die Gewalt befördern. Kića versucht ein Männerbild aufrecht zu erhalten, das nach Bestätigung sucht, da sein Desertieren im patriarchal-nationalistischen Kontext nicht als ehrenvoll betrachtet wird. So fügt Kića seinem Bruder Schmerz zu, hat aber auch Angst, dass dieser sich etwas antut.[927] Das Verhältnis

....

923 Srbljanović: *BT*, 1999, S. 25. Übers.: es gefällt mir, es gefällt mir, es gefällt mir, gefällt, gefällt nicht, gefällt nicht, gefällt!!!; Weißt Du? Weiß ich? Wissen Sie? Wir wissen! Wissen wir? Ihr wisst! Weißt Du? Weiß ich? Nach vorne, nach hinten, nach oben, nach unten, in der Mitte, nach links, nach rechts…er/sie/es steht, sitzt, liegt [oder in imperativer Form: Steh, Sitz, Lieg]

924 Srbljanović: *BT*, 1999, S. 21.

925 Srbljanović: *BT*, 1999, S. 27f.

926 Srbljanović: *BT*, 1999, S. 12: „*Kića versetzt ihm plötzlich eine Ohrfeige*", 17f.: „*Kića packt Mića wütend am Hals, würgt ihn*", S. 18: „*Kića hält ihn noch ein paar Augenblicke fest, lässt dann locker. Mića hustet.*"

927 Vgl. Srbljanović: *BT*, 1999, 27: „sagen Sie, ist Ana da? … Nein … Sie ist schon weg … Seit wann?.. Letzte Woche, aha … *Seine Überraschung kommt spät.* … Wie meinen Sie das

ist ambivalent. Die Tante, mit der Mića telefoniert, heißt Nada, was Hoffnung heißt, aber er hat keine mehr. Die Wahrheit bringt Mića innerlich um und bricht ihn. Das Handy ist das Mordinstrument bzw. ersatzweise sozusagen Hiobs-Botenbericht. Aber die Nachricht macht ihn auch freier für eine neue Begegnung in Prag wie Alena. Mića wechselt in eine Männerrolle, bei der er Alena mit einem Klaps auf den Po zum Kaffeekochen in die Küche schickt. Die Zahl Zwei, mit der Mića den Kaffee in Auftrag gibt, lässt unausgesprochen, ob für sich und den Bruder oder für sich und Alena, aber es ist naheliegend, dass es um die Brüder geht, die nun doch aufgrund der weggebrochenen Kontakte zum ehemaligen Zuhause in der Fremde zusammenrücken.[928]

Die Paare in Sydney sind um die Außenwirkung bemüht, bis Dule gesteht,[929] wie die Exilsituation und die Lebensangst ihn bis aufs Innerste ängstigen, während seine Frau nicht verhindern kann, dass er sich so vor dem Freund und Geliebten entblößt.[930] In der Ankunftsnacht hat er sich eingekotet, seitdem funktioniert Sexualität zwischen dem Paar nicht mehr. Die beiden Eheleute sprechen nicht darüber, denn sonst hätte die Frau ihm sagen können, dass sie nicht mehr wirklich zu einem Orgasmus fähig ist. Dies wird klar, weil ihre sexuelle Beziehung zu Sanjas Mann Miloš, die auf der Bühne performt wird, für sie ebenfalls nicht befriedigend ist. Sie fragt zwar Miloš, wie es beim Akt sei, und dieser sagt ejakulierend, es sei wunderbar. „Kaća" jedoch „streift

---

letzte Woche? … Nein, Kića hat mir nichts gesagt" […] „ein Geschäftsmann, verstehe" […] „es ist passiert, verstehe … ja, ja, ja … ein Baby, sehr schön … ja, ja .. eine wunderbare Hochzeit […] tut mir wirklich leid, dass ich nicht kommen konnte … nein, ich bin nicht böse, keine Spur … ich bin nicht enttäuscht *Ihm laufen die Tränen* … jung, ja, das ist was anderes … wäre ich nicht weggegangen … aber ich mußte … *Kann die Tränen nicht mehr zurückhalten.*" Später heißt es in der Regieanweisung, Srbljanović: *BT*, 1999, S. 28: „*Mića schweigt. Gebrochen.*" Und „*Die Spuren der vergangenen Ereignisse bleiben für immer in ihm. Sein Lächeln wird krampfhaft, seine Entschlossenheit überstreng.*"

928 Srbljanović: *BT*, 1999, S. 29: „Mića: Nach dem Kaffee gehen wir los. Es wird gut heute Abend, das hab ich im Gefühl. Kića: Wenn ja, kauf ich uns Digitaluhren … Ich schwörs!"

929 Vgl. Srbljanović: *BT*, 1999, S. 49: „Dule: Weißt du warum? Weil ich in der Nacht, in dem dreckigen Hotel, während meine Frau vom langen Flug, vom Jetlag betäubt, friedlich neben mir schlief, weil ich mich da beschissen habe, Miloš, weil ich mich vor Angst beschissen habe. Angst vor dem, was mich erwartet. Vor dem Leben in der Ferne. Vor dem Leben mit meiner Frau. Vor dem Leben, Miloš."

930 Srbljanović: *BT*, 1999, S. 49: „Kaća *schreit*: Sei still, halt den Mund, du Idiot!", S. 50: „Kaća *schreit, versucht ihm den Mund zuzuhalten*: Sei endlich still, du dreckiger Lügner! Sofort!"

den Rock herab" und bemerkt lakonisch: „Ich hab nichts bemerkt!"[931] Der Erfolgsdruck ist nicht intrinsisch, sondern allerseits erzwungen, sehr von außen aufoktroyiert durch das Aufnahmeland und indem Kontakt zur Herkunftsfamilie gehalten wird, wobei über den Telefonkontakt Neuigkeiten, Gerüchte und (Miss)Erfolgsmeldungen kursieren.

Selbst gelingende Lebensbereiche scheinen nicht wirklich glücklich zu machen. In den ersten drei Szenen wird deutlich, dass die Entfernung zu den Herkunftsbezügen Quelle von unguten, – unglücklichen und unzufriedenen –, Gefühlen ist. In allen vier Szenen wird der familär-gesellschaftliche Erfolgsdruck, ein gelingendes Berufsleben und materielle Güter zu erreichen, deutlich, den die Menschen spüren, an den sie sich anpassen, aber damit nicht inneren Frieden miteinander finden.

Der Krieg wohnt in den Figuren, in ihren Körpern mit physischen Symptomen der Angst, wie in einem Angstkörper, aber auch wie eine zweite Haut oder ein Schatten, aus dem ihre weiteren Handlungen hervortreten und Gefühle resultieren. Eindrücklich ist bei der Figur des Dule und seiner Frau zu sehen: Angst, Frigidität und Impotenz sind eng beieinander: Wenn erstens Miloš sagt: „… wenn es in diesem Land etwas in rauen Mengen gibt, dann sind es pain killers. Der Kapitalismus hat keine Zeit für Zahnschmerzen, Kopfschmerzen, Magenschmerzen. Du gehst runter zum Drugstore und kaufst, was du brauchst",[932] zweitens Kaća auf die nicht gestellte Frage, wie der Sex für sie war, antwortet: „Ich hab nichts bemerkt!",[933] drittens als ihr die Frage dann tatsächlich gestellt wird, zurückfragend abwehrt: „Was geht's dich an?"[934] und Dule die Ur-Situation zu seiner Impotenz erzählt: „Ich bin zweiunddreißig, ich hab Frau, einen Freund, den Status eines Emigranten in einem reichen Land, bloß er steht mir nicht mehr … […] Er steht mir nicht mehr, Brüderchen, vor lauter Angst kann ich nicht mehr ficken! Ich hab mich in dieser ersten Nacht beschissen, und seitdem nichts!"[935]

....

931   Vgl. Srbljanović: *BT*, 1999, S. 44.
932   Srbljanović: *BT*, 1999, S. 37.
933   Srbljanović: *BT*, 1999, S. 44.
934   Srbljanović: *BT*, 1999, S. 45.
935   Srbljanović: *BT*, 1999, S. 49f.

Die bedrohten Selbstbilder und der vermeintliche Erwartungsdruck der Gesellschaft sind omnipräsent. Dieses Stück enthält eine pazifistische Position aufgrund der Text- und Handlungsstellen, die zeigen, wie sinnlos Gewalt ist. Ungewollt und unerwartet kann der Tod eintreten, wenn jemand, und zwar ganz gleich, wo auf der Welt, wie Daća, eine Waffe und die masochistisch-megalomane Einstellung hat, sich produzieren und seine Erscheinung mit der Bedrohlichkeit einer Waffe potenzieren zu müssen. Außerdem zeigt sich die Kriegsgewalt in den seelischen Zuständen der Exilant*innen, auch in Prag und in Sydney.

Der Theaterkritiker Lazin sieht in seinem Aufsatz eine Parallele zwischen Kanes *Blasted* und Srbljanovićs Los Angeles-Szene aufgrund der Anordnung der drei Personen, zwei Männer, eine Frau und eine Waffe, mit dem Unterschied, dass es bei Kane ein Abstieg in die Hölle sei und bei Srbljanović Alltag.[936] Dies aber ist seine Setzung. Denn im Grunde ist die Botschaft identisch, nur aus zwei verschiedenen Richtungen kommend: Mit einer Waffe ist überall und jederzeit Krieg. Es gibt keine Garantie für Frieden, der Krieg kann jederzeit eintreten. Wer einen Konflikt in sich hat und mit sich nicht im Reinen, in Frieden ist, wird den erlebten Krieg oder den, vor dem wir fliehen, stets mit- und weitertragen, so ist hier zu schließen.

Wenn Kića seinen Bruder ohrfeigt, was er mehrmals tut, und einmal sogar an die Kehle greift, sind das Zeichen seiner aggressiven Dominanz, aber auch seiner nervlichen Belastung in der Flüchtlingssituation. Er hat als der Ältere und Klügere[937] das Gefühl, für sie beide verantwortlich zu sein:[938] Als Deserteur hat Kića seinen etwas gutgläubigen Bruder *vor* dem Einzug in die Armee nach Prag in die Sicherheit mitgenommen.[939] Das Verhältnis zu seinem Bruder Mića ist ambivalent: Er schont, schützt, aber manipuliert auch seinen Bruder; er versucht, Informationen von der möglicherweise untreuen Ana zu

936 Vgl. Lazin, in: *Scena&Teatron*, 2005, S. 27.

937 Srbljanović: *BT*, 1999, S. 14: „*Kića mustert ihn wie einen Dummkopf, was Mića vermutlich auch ist.*"

938 Srbljanović: *BT*, 1999, S. 12: „Kića: Und wer hat Mama versprochen, sich um dich zu kümmern, damit du nicht in die Scheiße gerätst und von einer Frau übers Ohr gehauen wirst, wer? Mića: Du, Kića. Kića: Ich, Mića. Wer ist also für dich verantwortlich? Wer?"

939 Vgl. Srbljanović: *BT*, 1999, S. 20: „Mića: Nein. Ich bin weggelaufen. Deshalb bin ich hier."

unterbinden, damit Mića nicht todtraurig wird. Allerdings trägt er auch dazu bei, dass diese Beziehung zerstört wird, denn Mića ist isoliert; er konnte seiner großen Liebe nichts über Motivation und Dauer seines Weggangs mitteilen.

Kića, dessen Liebesgeschichte lieblos unglücklicher ist,[940] hat, weil er sich in dieses Verhältnis ungefragt involviert, unbewältigte, mit dem Bruder unbesprochene, unterdrückte Schuldgefühle, was sich darin manifestiert, dass er nur stammeln kann und versucht, die Situation mit Versprechungen zu Materiellem wiedergutzumachen: „Kića: Mića, ich wusste nicht, wie ichs dir beibringen sollte. Mama hats mir erzählt... *Mića schweigt. Alena immer geschäftiger in der Küche.* Kića: Mića...*Mića weint. Gebrochen.* Kića: Ich wusste nicht, wie ich... *Versucht, den Bruder zu umarmen.* Mića: *reißt sich los, wischt die Tränen ab, bitteres Lächeln* Laß mich, Arschloch! Kića: Ich dachte... Mića: Was? Kića: Ich dachte...", „Kića: Ich kauf uns Digitaluhren ... Ich schwörs!".[941] Zwar will Kića nicht angelogen werden, dies gilt aber nicht für ihn und seine Kommunikation mit dem Bruder zu und über Ana. Dabei wird deutlich, dass er zweierlei Maß hat und unberechenbar ist, denn zwar greift er an die Kehle und bringt ihn fast zum Ersticken, aber er hat auch Angst, dass der Bruder sich aus Liebeskummer etwas antut. Diese Brüderlichkeit, eine ‚brüderliche Symbiose‘, die bei den Brüdern, aber auch bei Dule und Miloš als unfreiwillige Verbrüderung vorhanden ist, äußert sich neben der politischen Anspielung auf das Credo und Motto Jugoslawiens ‚Brüderlichkeit und Einheit‘ auch auf der Ebene der Frauenbeziehungen. Wenn Mića zu Kića sagt „Wir sind doch Brüder, bedien dich ruhig!",[942] oder wenn Dule Miloš nachträglich die Sex-Affäre mit seiner Frau ‚erlaubt‘[943] oder wenn Daća in der L.A.-Szene sagt „Jetzt wird Daća ihn ein bißchen reinstecken, und du, Brüderchen, wirst bloß zugucken. Ist das klar?",[944] dann ist der jugoslawische Wert der Brüderlichkeit verlogen und in einen patriarchal-konkurrenten Sexismus verfallen.

....

940   Vgl. Srbljanović: *BT*, 1999, S. 20f.
941   Srbljanović: *BT*, 1999, S. 28f.
942   Srbljanović: *BT*, 1999, S. 22.
943   Srbljanović: *BT*, 1999, S. 50.
944   Srbljanović: *BT*, 1999, S. 71.

Dača wird als jemand eingeführt, der bestimmte Markenkleidung trägt, als „Dieselträger",[945] der aufgrund von Autoritätsmangel oder Selbstentfremdung öfter in der dritten Person von sich spricht und emotional von einer Frau frustriert worden zu sein scheint oder zumindest ein negatives Frauenbild hat.[946] Mit einem vulgären Gegenüber, das nicht so sensibel ist wie Jovan und keine Fremdwörter verwendet,[947] was allerdings Komik erzeugt, könnte Dača besser umgehen, wie er zu verstehen gibt. „Auf Jovan reagiert er allergisch",[948] so die Regieanweisung. Dača verwendet so viele homophob-anal-orientierte Beschimpfungen, dass aus solch intensiver Ablehnung geschlossen werden kann, dass ihm Jovan durchaus gefällt, Dača dies aber heftig verdrängt und verleugnet.

Dača befindet sich in seiner geistigen Vorstellungswelt offensichtlich nur halb im Westen[949] und ist in der friedlichen, zivilisierten Welt der USA mit seiner Waffe in permanenter Verteidigungsbereitschaft. Aber was er verteidigt, ist sein leicht kränkbares Ego, sein Männlichkeitsbild, ein Macho-Image und eventuell dahinter ein kleines Glied[950] oder eine Impotenz. Da Jovan und Mara ein wenig Kannabis konsumiert haben, werden sie aus nichtigen Gründen etwas albern und können den kicherigen Anfall schlecht kontrollieren. Menschen wie sie treffen jedoch auf jemanden wie Dača, der grundsätzlich verständnis- und humorlos ist, sogar entrüstet, über das Angebot ‚mitzukiffen'.

---

945 Srbljanović: *BT*, 1999, S. 64: Regiebeschreibung: *„Ein Dieselträger par exellance. Seidenjacke, Seidenhemd, zehn Zentimeter zu lange Bundfaltenhosen. Kurzgeschorenes Haar."*

946 Srbljanović: *BT*, 1999, ebd.: Sein erster Wortbeitrag zu jemandem im Off ist: „Du Miststück hast dich mit dem Baby abgesetzt, weil du dich jetzt von andern ficken läßt!". Er fragt und spricht in der dritten Person, S. 64f: „Will sich hier einer mit Dača anlegen?", „Will hier einer Dača verarschen?"; S. 66: „Dača ist kein Säugling."; S. 70: „Dich mit Dača anlegen, was?", S. 70f: „Als ob Dača nicht weiß, was Bücher sind, als wär er nicht belesen, du Blödmann?"

947 Srbljanović: *BT*, 1999, S. 69: „DAĆA: Ich frage, was ‚rekapitulieren' heißt. Ich meine, wenn du die Kleine bumsen willst, dann sag mir, ‚hör zu Brüderchen, hau ab, ich möchte ficken…'"

948 Srbljanović: *BT*, 1999, S. 67.

949 Srbljanović: *BT*, 1999, S. 70: „Ich bin nicht wie diese amerikanischen Scheißer. Ich weiß, wer ich bin und woher ich stamme. Jeden Sommer besuch ich dort meine Großeltern, treff mich mit Leuten. Damit meine Wurzeln nicht verdorren und ich vergesse, wessen Saat ich bin!"

950 Seine Pistole ist riesig, vgl. *BT*, 1999, S. 69 und bei seiner Vergewaltigungsphantasie kündigt er den anderen beiden deren Jubel und Bewunderung an; vgl. ebd., S. 71.

Er kann nicht mitlachen und wird immer aggressiver.[951] Letztlich zeigt sich, dass er wegen seiner geringen Lebenserfahrung als 18-Jähriger mit mangelnder Bildung ein sehr geringes Selbstwertgefühl hat. Seine Situation ist eine mit ‚Migrationshintergrund' im ‚melting pot' USA, die ihm unter Umständen einen Erfolgsdruck bereitet. Seine national-serbische Seite ist zugleich Verstärkung des Zustandes und Leistungsdruckes und andererseits eine Alternative, mit der er die Defizite kompensieren und ausgleichen kann.[952] Diese Figur lässt sich auf viele Charaktere von zahlreichen Kulturen und Gesellschaften übertragen, Erkenntnisse zu der Frage, wie Gewalt und Eskalation entstehen, sind daraus ableitbar. Wie bedrohlich seine Waffe ist, wird ihm erst voll und ganz bewusst, als es zu spät ist und Jovan tot. Das Geschehen und seine Verbindung dazu scheinen ihm so unvorstellbar, dass er die Verantwortung weit von sich weist: Der Tod von Jovan am Ende der Szene ist für Daňa nicht mit seiner geladenen Waffe verbunden, sondern mit einem dummen und unglücklichen Zufall, und einem Schock.[953]

Die Kriegsgewalt äußert sich im Grunde trotz des Krieges gegenüber Menschen im eigenen Umfeld.

5.1.4 *Belgrader Trilogie* – Fazit

Wenn es ein Kennzeichen von Literatur über den Krieg gibt, dann ist es die erläuterte Anordnung der Körper: Mića verliert Ana aus den Augen, nähert sich Alena aus einer Zwangsgemeinschaft heraus an, um nicht einsam zu sein. Deutlich wird, dass der Zustand des unerfüllten Wartens, in den der Krieg die Figuren bringt, wenn Mića und Kića eingezogen werden sollen und fliehen

....

951 Dies verwundert, denn sein Alkoholkonsum gehört in den Bereich Drogen und gehört, auch wenn es nicht thematisiert wird, zu einem Männerbild mit enormem Alkoholkonsum.

952 Die zweite Generation von Migrierten findet es beispielsweise nicht sehr witzig über Stereotype zu lachen, da dies mit dem Verlust des erkämpften Respekts einhergehen kann – das wird hier in der Los Angeles als auch in der Sydney-Szene anschaulich: Es gibt ein anderes Lachen bei der ‚Gast(arbeit)geber'-Kultur als bei der ‚Gastarbeitnehmer'-Kultur und den darauf folgenden Generationen.

953 Srbljanović: *BT*, 1999, S. 72f: „*Die Patrone trifft Jovans Stirn. Er reißt die Augen auf, als hätte er nicht begriffen, was geschehen ist. Dann kippt er lautlos um.* MARA: Du hast ihn umgebracht …", S. 73: „*Daňa, auch überrascht. Er sieht lange die Pistole an*" und sagt dann zu Mara und wohl auch zu sich selbst: „Stell dir vor, sie ist von selber losgegangen."

oder Ana verlassen wird, für den des Erlebens und Berührens eingetauscht wird als Zeichen des Überlebenswillens.

Mit dem Kopf auf den Tisch zu sinken, statt mit der geballten Faust darauf zu schlagen – Ana ist mit den Männerstimmen allein – unterstreicht die Mühe, die der Ausblick auf die Zukunft macht, und die Kraftlosigkeit, die er bewirkt. Insofern sind diese vier ‚Neujahrsfeiern' in Kriegszeiten ambivalent. Neben der Hoffnung, dass das neue Jahr Frieden bringen möge, stellen Raketen, Knaller, Kracher und Böller, mit denen das Stück schließen könnte, wegen ihrer kriegs-ähnlichen Geräusche das komplette Gegenteil dar.

Wenn Zwanzigjährige zu unerfahren und ungebildet sind, um die Zeiger einer Uhr zu lesen, dies aber mit einer unspezifischen Wut auf die Hersteller oder das Exilland überspielen, ist dies amüsant und traurig zugleich, vor allem da man sich als Lese/Publikum unter Umständen fragt, ob sie bis dahin wirklich nie mit Uhrzeigern zu tun hatten. Komik ist in diesem Stück meist eine ent-sagende, resignative Komik, bei der sich die Figuren voneinander entfernen und in sich zurückziehen: Mića von Ana, Mića von Kića, die Brüder von der Mutter Anas, aber auch der eigenen.[954]

Die Szenen zeigen, wie schnell die Menschen sich umstellen können: Mića schaltet wie auf Knopfdruck am Schluss der ersten Szene auf einen Kontakt mit Alena um und nimmt eine dem Bruder ebenbürtig machoistisch-resolute Haltung ein, was sich daran zeigt, dass er Alena mit einem Potätscheln in die Küche zum Kaffeekochen schickt. Die beiden Paare in Sydney versuchen zum Ende der Szene hin ebenfalls umgehend so zu tun, als wäre nichts von den Offenbarungen Dules gesagt worden.

In den Szenen wird deutlich, dass Kommunikation einiges klärt: Alena ermöglicht Mića mit ihrem Handy, von Anas weiterem Lebensverlauf zu er-fahren, Dule verschafft sich Luft durch sein Angst-Impotenz-Geständnis.

Zudem sind die Geschlechterverhältnisse wie vertauscht, wenn Alena Technik und Geld hat, wenn Dules Frau Kaća ihn anschreit und ihm den Mund verbieten will, weil sie nicht möchte, dass er den Zustand, alkoholisiert

....
954   Srbljanović: *FB*, 1997, S. 12, 20f., 27.

und außer sich, anvertraut. Allerdings ist in der dritten und in der letzten Szene die Kommunikation reduziert, was am Konsum von gerauchtem Gras bei Mara und Jovan, Alkohol und mangelnder Intelligenz bei Dača und am Rückzug Anas in die Küche, liegt. An diesen beiden Szenen wird jedoch auch deutlich, was rechtzeitige Kommunikation hätte leisten können – eine Aussprache zwischen Ana und Mića beispielsweise. Auch hätten Jovan und Mara Dača schneller und eindrücklicher erklären können, dass sie nicht über ihn lachen, sondern es witzig ist, wenn seine Art, sich in der dritten Person zu nennen, konsequent weitergeführt wird. Man stelle sich vor, Dača wäre sprachlich versierter, dann wäre der Ich-Aufbau durch die Waffe nicht nötig gewesen. Diese Szene, in der einer der drei jungen Menschen stirbt, ist sprachlich und emotional die härteste des Stückes, was erstens an der Lautstärke liegt, wenn Dača schreit und brüllt; zweitens an seiner vulgär-gewalttätigen Wortwahl, u.a. den Schimpfwörtern, Abwertungen der Frau mit übler Bezeichnung ihres Geschlechtsteils als pars pro toto, Drohungen und geäußerten Gewaltbildern.[955] Drittens ist nicht bloß Dačas Sprache für Jovan und Mara ein Schock, sondern die physische Brutalität, die unerwartete und heftige, entwürdigende und schmerzhafte Gewalt: „Tritt mit dem Fuß nach Mara", „packt sie bei den Haaren".[956]

An dem fatalen Gang der Kommunikation wird deutlich, dass diesem Menschen bzw. solchen Menschen nicht entspannt begegnet werden und die Situation sehr schnell eskalieren kann.

In der *Belgrad Trilogie* ist Turbo-Folk, und zwar im dritten Teil, die einzige Musik, die gespielt wird bzw. zu hören ist. Dies ist eine Musik, die bezeichnet, dass es eine primitive, serbisch-nationale ZuhörerInnenschaft gibt. Man hört einen aggressiv-hämmernden Rhythmus, der von schnell gespielten und zum Hüpfen animierenden Tönen begleitet wird, aber letztlich kein musikalischer Genuss-Impuls ist, sondern unruhig macht. Die Handlung ist auch insofern

....

955   Vgl. Srbljanović: *BT*, 1999, S. 69f: „Halts Maul, Fotze", S. 70: „Du bist jetzt still, Fotze, sonst…", S. 71: „Ey, du bekiffte Schwuchtel, jetzt werde ich deine Fotze ficken!"
956   Srbljanović: *BT*, 1999, S. 70f.

    © Frank & Timme   Verlag für wissenschaftliche Literatur

,turbo' als in den kurzen Szenen alles enthalten ist; sie sind einzeln vollständig.[957]

Das Schicksal in der Fremde ist als Thema für ein Publikum in Belgrad ebenso ansprechend, wie es dies in Sydney oder in L.A. wäre. Auch Scheitern ist Menschen an sich vertraut, intensiviert in dieser Anhäufung und Verknüpfung mit der Kriegssituation. Angesichts der Todesangst oder des Daseins in einem Exil, das zudem noch banal und sinnlos erscheint, sind die Figuren stärker von sich, anderen und der Gesellschaft entfremdet und von einer tiefgreifenden Vereinsamung geprägt.

5.2 Familiengeschichten. Belgrad, 1999

Srbljanovićs *Familiengeschichten. Belgrad* folgt der Uraufführung *Belgrader Trilogie* von 1997 direkt 1998 und ist thematisch, inhaltlich und strukturell ähnlich. Durch diese Grundkonstellation fungiert das Stück mit der Morbidität wie ein Epilog zur Trilogie. Es geht ausschließlich um Variationen gewaltsamer Todesarten.

Von den vier Rollen sind zwei weiblich: Milena und Neždža, sie sind jeweils elf Jahre alt. Andrija ist zehn und Vojin zwölf Jahre alt. Auf einem heruntergekommenen „Kinderspielplatz in einer Vorstadtsiedlung von Belgrad"[958] steht ein abgestellter Wohnwagen.

Die erwachsenen Schauspielenden spielen Kinder, die Erwachsene spielen und Familiensituationen nachstellen.[959] Eine Familienanordnung mit Vater, Mutter und Sohn wird in Szene I, Szene III, Szene V, VI, VIII, X und XI in sieben Varianten durchgespielt.

---

957   Vgl. Volk, Petar: *U vremenu prolaznosti*, [übers. Im Zeitalter der Vergänglichkeit, oder: In Durchgangszeiten], Beograd 1999, S. 75f.

958   Srbljanović: *FB*, 1999, S. 77.

959   Vergleichbar mit Semeničs *5jungs.de*, siehe Kapitel 8.7, nur das Alter wechselt hier je nach Szene und es sind nicht ausschließlich Schauspielerinnen vorgesehen.

Zudem gibt es Szenen mit Andrija und einem hundeähnlichen, traumatisierten Mädchenwesen, das auch in den anderen Szenen vorkommt, als dumm bezeichnet und teilweise sehr brutal behandelt wird – Nadežda.

Die Sequenzen II, IV, VI und IX sind eine Art Intermezzi. Das erste Intermezzo hat die Identität des Hundewesens zum Thema, das zweite zeigt den sadistisch-emotionslosen Sohn, der mit der Blutlache seines Vaters aus der Szene zuvor spielt und danach langsam eine Schokolade aufisst, ohne sie mit Nadežda zu teilen oder auf ihre Schutzbedürftigkeit vor dem Regen einzugehen, bis ihn seine Mutter „aus der Ferne, von der Höhe des Hochhauses"[960] ruft und er nach Hause geht. Der Regen ist als Frühlingsregen bezeichnet,[961] der die Blutlache wegspült und dem Nadežda ausgesetzt ist.[962]

Im Intermezzo VI ist der Sohn zehneinhalb und das sonst stumme Mädchen Nadežda, das sich wie ein Hund verhält, ist elf. Sie und Andrija singen erst zwei Lieder, während er die Umrisse der vorher umgekommenen Eltern nachzeichnet. Sie haben ein beobachtendes Interesse aneinander. Eine spielerische Abfolge von verstohlenen Blicken, Machtgebaren bei Andrija und koketten Bewegungen bei Nadežda führen dazu, dass sie sich nach weiteren Liedern, Volksliedern, fragen und ein Kinderlied von einem serbisch-nationalistisch-aggressiven Lied abgelöst wird, bis kurz darauf klar wird, dass Andrija den weiteren Text nicht kennt. Daraufhin singt er ein „Vorkriegslied".[963] Wir erfahren, dass Andrija das Lied von bosnischen Verwandten gelernt hat, die während des Krieges geflohen sind und sich nun in Kanada befinden, wobei ein Waisenkind aus Bosnien nun im Waisenhaus in der Zvećanska-Straße wohnt.[964] Nadežda ist von diesem Ort oder der Elternlosigkeit des Waisenkindes betrof-

....

960   Srbljanović: *FB*, 1999, S. 113.

961   Dieses Wegspülen hat etwas Verwischendes, das Platz für die nächste Gewalt macht. Vgl. Kane, 2002, S. 24. „*the sound of spring rain*", zur Gewalt zwischen Szene 1 und 2.

962   Sie wird teilweise schlechter behandelt als ein Hund, was an Woolfs Botschaft mit *Flush* erinnert. Vgl. DeSalvo, 1990, S. 341: „Erzählt wird die Geschichte aus der Perspektive von Flush. Mit Hilfe dieses Kunstgriffs kann Virginia Woolf auf witzige Weise deutlich machen, daß ein junger Rüde mehr Freiheit und Erfahrungsmöglichkeiten hat und besser behandelt wird als ein junge Frau aus besseren Kreisen."

963   Srbljanović: *FB*, 1999, S. 131.

964   Srbljanović: *FB*, 1999, ebd.

     © Frank & Timme   Verlag für wissenschaftliche Literatur

fen, als eines zieht sie sich zurück und schließt sich ein. Andrija kann damit nicht friedlich umgehen, es macht ihn aggressiv, er beschimpft sie laut. Als er anschließend unter einer Decke das Tschetnik-Lied ohne den ihm unbekannten Text summt und onaniert, kommt Nadežda zu ihm unter die Decke und ein Koitus der Kinder findet unter lauten Schreien und Seufzern statt, indem sie sich unter der Decke eng umklammern und über die Bühne rollen. Nachdem Andrija nach ihrem Namen gefragt und diesen erfahren hat, steht er plötzlich auf, hüpft um sie herum und von der Bühne, während er zweimal nach der Melodie des Tschetnik-Liedes laut die selbstgewählte Zeile brüllt: „Gefickt, gefickt hab ich Nadeždaaaa!!!“.[965] In der Szene wird die Diskrepanz vorgeführt, die zwischen Kinderliedern und Spiel einerseits, dem Erwachsenwerden und brutalen gesellschaftlich-patriarchal-nationalistischen Rollenbildern andererseits besteht. Deutlich werden die kampfbelastete Sexualität und der isolierte Umgang der beiden Kinder miteinander danach. Die bosnischen Lieder und die nationalistischen Tschetnik-Lieder, deren Text den Kindern nicht bekannt ist, aber die Melodie, werden dadurch ad absurdum geführt und stellen sich als inhaltsleer heraus, insofern als klar wird, wie schnell und ‚kinder-leicht‘ sie mit neuem, widerlichem Inhalt gefüllt werden können. Dem Publikum könnte der fehlende Text bekannt sein, das Lied ist mit dem Verhalten der Kinder, besonders von Andrija, verknüpft; allein durch die Melodie sind vergangene Zeiten sowie aktueller Nationalismus, Chauvinismus und Sexismus präsent.

Beim neunten Zwischenstück geht es, wie bei einigen der vorliegenden Stücke, um das Dilemma ‚Abschied oder Liebesbeziehung‘ zwischen Andrija und Nadežda.

Sie wird als Wesen zum Ende des Stückes hin immer mehr zum Mädchen und zur Tochter der Familie; vor allem aufgrund der Gefühle zu Andrija. Sie stottert zwar, aber spricht immer mehr, statt zu winseln, und kommt in die dreiköpfige Familie als handelnde Figur am Ende wieder hinein. Zwar wird ihre Veränderung von Hund zu Mensch von Tics und Stottern begleitet, aber es ist ihr möglich, das Ereignis um den Bomben-/Handgranatenabwurf, das die Tics und das Stottern verursacht haben, zu benennen und zu imitieren.

....

965 Srbljanović: *FB*, 1999, S. 133.

Ob dieses hundeähnliche Kind seine Tics ‚schon immer' hat, ob es von den anderen Kindern innerhalb seiner Hunderolle misshandelt wird oder ob es Erlebnisse anderer nachspielt, bleibt offen.

Ausnahmslos alle der sieben Varianten bzw. Szenen, die die Schauspieler*innen als Kinder spielen, enden mit dem Tod. Die erste ist die Ermordung der Eltern durch den nach zwei Ohrfeigen und abgelehntem Turnschuhwunsch frustrierten Sohn, die dadurch erfolgt, dass er den Wohnwagen mit Benzin übergießt und anzündet, während sie darin schlafen.[966]

In der zweiten Version (Szene III) ist die Mutter keine Hausfrau, sondern Schriftstellerin,[967] der Vater nicht gewalttätig und der 40-jährige Sohn[968] lernt Englischvokabeln.[969] Seine Eltern leben ihm Egoismus vor und behandeln das Hundewesen schlecht; Andrija wird vernachlässigt. Die Eltern werden von ihm mit einer Pistole erschossen.

In der dritten Variante (Szene V) ist der Sohn eine Tochter. Während der Rationierung von Lebensmitteln erstickt der Vater an heimlich gegessenen Nüssen, an denen er sich im Gespräch vor Aufregung verschluckt. Die Mutter bekommt, als sie erschöpft und selbstmitleidig neben dem Verstorbenen auf dem Boden liegt, einen tödlichen Tritt ihres Sprosses auf die Kehle. Kurz bevor der Sohn ihr in die Kehle tritt, sagt sie: „Wer wird mich, Armselige, jetzt liebkosen. Wessen Hand wird mich schlagen. Wessen Strümpfe werde ich stopfen. Wessen Befehlen werde ich gehorchen. Wessen Scheiße werde ich wegwischen, Ich arme traurige Witwe."[970] Diese parallel angelegten Sätze sind Anspielungen auf ihr Leben und ihre Eheerfahrungen zuvor. Hierbei könnte man denken, diese laufen vor ihrem geistigen Auge ab, bevor sie stirbt, stattdessen ist die

---

966 Inhaltliche Bezüge zu Bonds *The Children* gibt es in Ansätzen, aber ob er, wie bei Kane, ein Vorbild war, ist offen. Vgl. Bond, Edward: „The Children. A play to be acted by young people and two adults", in: Bond, Edward: *The Children Have I None*, London 2000, S. 1–54.

967 Srbljanović spielt mit Originalzitaten von Miloševićs Frau an, vgl. Srbljanović: *FB*, 1999, S. 108: „Es ist offensichtlich, daß sie die bekannten Tagebücher der Ehefrau von Präsident Milošević paraphrasiert".

968 Srbljanović: *FB*, 1999, S. 109: „Vojin: Wieso zu klein Milena? Im Oktober wird er vierzig. Milena: Ein Sohn bleibt für seine Mutter immer ein Kind. Jahre sind da ohne Bedeutung."

969 Srbljanović: *FB*, 1999, S. 106, u.a. war, grave, cancer, tumor, victims, rats, economic embargo.

970 Srbljanović: *FB*, 1999, S. 126. Das I von Ich ist da einmal groß abgedruckt.

Selbstbejammerung als zusätzliche Tötungsmotivation angeordnet und ironisiert den Topos der Klage, vor allem, da der Text mit einem hohen Ton
vorgetragen wird. Dies ist eine spezifische Anti-Tragik, die in ihrem innersten
Kern die Tragödie potenziert. Denn würde sie nicht genau so klagen, würde
sie vielleicht überleben.

In Szene VII nehmen alle vier Figuren Beruhigungstabletten und die drei
Familienmitglieder erzählen sich kriegsgeprägte Träume. Der Tod kommt
diesmal ganz unerwartet und skurril über die Eltern, weil sie aufgrund einer
symbiotischen Panikattacke dahinscheiden, nachdem sie der scherzhaften
Aussage des Sohnes absoluten Glauben geschenkt haben, der freie Verkauf
von Beruhigungsmitteln werde demnächst verboten. Zynisch gerät hier die
todbringende Situation.

In der VIII. Szene wird dem Sohn unterstellt, er nehme Drogen und sei mit
seiner Demonstrationsbereitschaft und -teilnahme ein Verräter, vom Westen
hypnotisiert. Die Grenzen seiner Würde und Freiheit werden stark überschrit-
ten, indem gewaltsam seine Pupillen, seine Arme auf Nadelstiche kontrolliert
werden und er anschließend seine Hose herunterlassen und seinen Mund öffnen soll, damit auch seine Beine und sein Zahnfleisch der Kontrolle unterzogen
werden können. Andrija wird vom Vater mit einem Stab unter Brüllen von
Beschimpfungen und einer Morddrohung brutal verprügelt. Die Eltern teilen
zudem unempathisch mit, dass das Hundewesen Nadežda gestohlen worden
ist, ohne dass sie sich darum weiter gekümmert hätten. Andrija erdrosselt die
Eltern anschließend mit der übrig gebliebenen Kette des Hundewesens, während die Eltern Nachrichten schauen und diese kommentieren.

Die Eltern in Szene X sterben zusammen ohne äußeren Grund oder Anlass;
eventuell liegt es an ihren gebrochenen Herzen, da der Sohn fortgeht.

In Szene XI endet das Stück damit, dass eine unsichtbare kleine Bombe
oder Handgranate von Nadežda gezündet und „losgelassen"[971] wird. In dieser
letzten Szene beginnt Nadežda trotz der Tics und ihres Sprachfehlers lispelnd
und stotternd zu sprechen, wird sicherer und spricht plötzlich am Stück, wie
ein Kind, das alles täte, damit die Eltern oder auch die Spielkameraden wieder
leben:

....

971   Srbljanović: *FB*, 1999, S. 163.

„Mama, wach bitte auf, Papa, Papilein, verzeih mir bitte, ich wollte es nicht, ich hab es wirklich nicht gewollt, ich werde nie mehr… mich mit ungewaschenen Händen an den Tisch setzen, Eselsohren in Bücher machen, Zeitungen durcheinanderbringen, Parolen rufen, Geld verlangen, heulen, wenn ich mir weh getan habe, Löcher in die Strümpfe reißen, mich verlieben, die Suppe ausspucken, Geld aus dem Portemonnaie klauen, meine Knie wundschürfen, Marmelade naschen, in der Schule abschreiben, über Politik reden, mich ekeln, wenn Papa rülpst, mein Erbteil fordern, um Hilfe bitten, eine eigene Wohnung haben wollen, meine Zukunft planen, mir ein eigenes Leben wünschen, eine eigene Meinung haben, den Fortschritt, das Glück und den Frieden suchen, erwachsen werden, heiraten und Kinder kriegen…!"[972]

Diese Versprechen, die sie unter Tränen brüllt, umfassen Verhalten, das allgemein anerkannt abzuerziehen ist, wie Beträge aus der elterlichen Geldbörse zu stehlen oder sich die Hände vor dem Essen nicht zu waschen. Auch Verhalten, das pädagogisch nicht von vorneherein zu verurteilen, sondern zu diskutieren ist, wie Zeitungen durcheinanderzubringen, Eselsohren in Bücher zu machen, kommt vor. Wenn sie verspricht, keine Parolen zu rufen und nicht über Politik zu reden, reicht dies eher an die Menschenrechte heran, die einer/m zustehen, als dass man versprechen sollte, dies nicht zu wollen/zu tun.[973] Auch Ekel vor einem rülpsenden Vater sowie der Wunsch, die Zukunft zu planen, sich ein eigenes Leben zu wünschen, eine eigene Meinung zu haben sowie Fortschritt, Glück und Frieden zu suchen, Kinder zu bekommen, sind mehr als berechtigt. Diese Selbstverständlichkeiten werden in einem Atemzug mit moralisch wichtigen Normen aufgelistet, wie nicht Geld zu entwenden. Dies liefert ein komisches Moment, das eine zu strenge Erziehung ad absurdum führt. Es enthält aber auch ein resignatives Moment der jungen (Nach)kriegsgeneration, ihrer Zukunftslosigkeit und ihrer Position den Eltern gegenüber.

....

972   Srbljanović: *FB*, 1999, S. 162.
973   Parallelen siehe: Sajko: *Europa*, 2008, S. 91. Dazu mehr im siebenten Kapitel.

Nadežda lässt eine imaginierte Handgranate oder Bombe rollen, die aber in der Ferne hörbar detoniert.[974] Eine zweite Leseweise wäre, dass sie traumatisiert etwas nachmacht oder wiederholt, was kriegsbedingt irgendwann zuvor geschehen ist. In ca. vier- bis siebenjährigem Alter könnte es auch sein, dass das Kind nur denkt, es habe den Tod der Eltern mitverschuldet, ohne den Sprengstoff selbst aktiviert zu haben. Dies ist inszenatorisch interpretierbar.

Das Spiel ist Spiel im Spiel, indem die erwachsenen Schauspieler demonstrativ Kinder spielen, die wiederum Erwachsene spielen. Es ist eine Verdoppelung der Konflikte, die diese noch schwerer wiegen lässt: Bei den Kinderrollen verdeutlicht es die Machtlosigkeit, die sie solche Situationen nachspielen lässt und teils zuvor erleben lässt. Zudem ist das geschlechtsspezifische Verhalten, die Konstruktion von Genderrollen, durchgängig so ausgearbeitet, dass gravierendes Gestörtsein sichtbar wird. Statt Freiräume für Identifikation zu eröffnen, bricht gängige Gewalt aus. Es beginnt mit Worten der Mutter, wie: „setz dich an den Tisch, ehe Papa wütend wird!!!", „Ist das der Dank dafür, dass Papa dich ernährt?!"; „Hör jetzt auf zu flennen wie eine Oma...", „wie eine Tante",[975] solche frauenfeindlichen Vergleiche und männerfeindlichen Sprüche setzen dies fort. Ferner Zuschreibungen wie: „Weil Mama ein Weib ist, und weil sie schwächer ist", „Hunde sind besser als Männer. Sie sind treu und schweigen."[976]

In diesem Kinderspiel werden die Rollenstereotype und gesellschaftlichen Geschlechterkonstruktionen perpetuiert, immer wieder neu formiert.[977] Durch die Wiederholung im Kinderspiel aber und dadurch, dass die Kinder ihre Rollen insofern reflektieren und dekonstruieren, dass sie sie nicht mehr spielen

....

974 Srbljanović: *FB*, 1999, S. 93: „*Nadežda macht eine Handbewegung, als werfe sie eine Bombe. Man meint, die Bombe rollen zu sehen. [...] In der Ferne hört man eine starke Explosion.*"

975 Srbljanović: *FB*, 1999, S. 80, 84.

976 Srbljanović, 1999, S. 86, 93.

977 Vgl. Srbljanović: *FB*, 1999, S. 95f: „Milena (spielt die Mutter): Es ist normal, dass Papa die Mama schlägt. Vojin (spielt den Vater): Und es ist normal, daß beide ihre Kinder prügeln. Andrija (spielt den Sohn): Ich pfeife darauf, was normal ist, ich spiele nicht mehr mit. Milena: Komm, Andrija, sei kein Spielverderber! Sonst lasse ich den Hund auf dich los!"

wollen, weil sie ihnen zu eintönig und unattraktiv sind, werden diese entlarvt und entmachtet.[978]

Zudem ist der Generationenunterschied, der durch den Altersunterschied zwischen Erwachsenen und Kindern an sich vorhanden ist, groß und verfremdet, je nachdem in welchem Alter die Schauspielenden sind, die die Kinder spielen. Dabei ist es kein Zeichen von Regression, wenn Kinder oder Erwachsene spielen wollen, aber es wirkt durchaus regressiv, je nachdem, was sie spielen und wie auffällig und kindisch sie sich dabei verhalten.[979]

Die Varianten belegen den Wunsch nach einer neuen Chance, die Suche nach einer bessern Version, führen aber auch die Reife und traurige Kriegs- oder gewaltvolle Alltagserfahrung vor Augen, die alle möglichen und unmöglichen Konstellationen und Entwicklungen kennt.

Das Stück zeigt, wie verkehrt und entfremdet die Welt der Erwachsenen ist. Denn letztlich wird keine Gewalt zwischen Kindern gezeigt, sondern das, was die vermeintlichen Kinder aus der Welt der Erwachsenen an Bildern und Vorbildern mitbekommen. Der Text birgt damit das Potential, das Publikum zu überraschen, stellt deren Selbstbild in Frage. Alternative und heilsame Verhaltensweisen innerhalb der gespielten Familien oder zwischen den Kindern tauchen in diesem Stück nicht auf. Offensichtlich soll nichts vorgemacht werden, in dem doppelten Sinne, dass man weder utopische Verhältnisse zeigen will, noch sie programmatisch vorschreiben kann. Dieses ‚Familie-Spielen‘ wird jedenfalls im Stück nicht als heilsam gezeigt, auch wenn das Zeigen ein erster Schritt in Richtung Aufarbeitung sein kann.

....

978 Srbljanović: *FB*, 1999, S. 95: „Gut, vergiß den Hund. Spielen wir weiter. Wo waren wir stehengeblieben?' ‚Da, wo dich deine eigene Mutter verkauft…' ‚Ach ja, und der eigene Vater verpfiff…' ‚Ich mache nicht mehr mit!' ‚Warum das?' ‚Ich mag nicht. Ich bin es leid, immer das Kind zu spielen und ständig Prügel zu bekommen!!!' ‚Ich kriege sie doch auch.' ‚Das ist etwas anderes. Du bist ein Weib. Das ist normal.'".

979 Srbljanović: *BT*, 1999, S. 72, Regieanweisung: „*Dača betrachtet fröhlich die Pistole wie ein Kind sein Spielzeug.*" Vgl. Srbljanović: *FB*, 1999, S. 91, Regieanweisung: „*Andrija und Vojin beginnen sich zu prügeln, so wie das Kinder eben tun.*"

5.3   Srbljanović – Fazit

Die Stücke von Srbljanović zeigen gewaltvolle Familiengeschichten zuhause und im Exil. Sie zeigen das Unglück der Menschen, deren Verfehlungen in ihrer Grenzüberschreitung gegenüber anderen Menschen deutlich werden. Es sind die Flüchtlinge, die Menschen in den kleinen Räumen, in Wartesälen und Fluren von Krankenhäusern, auf der Straße, in fremden Wohnzimmern und Zweizimmerwohnungen, die Srbljanović als Figuren wählt – auf die eine oder andere Weise sind die Räume Orte des Exils. In diesem Bereich sind allerdings alle Optionen offen: Durch den Krieg und die Flucht davor verlieren sich große Lieben, Selbstbilder von EmigrantInnen sind bis zur Impotenz oder Frigidität angegriffen, Ehen, Lebens- und Arbeitskonzepte sind vielleicht nach außen hin erfolgreich,[980] aber aus der Innenperspektive zerrüttet. Es sind Kleinfamilien, die in ihrer Dysfunktionalität, nicht weit vom bürgerlichen Trauerspiel,[981] die gesellschaftlichen Normen in Frage stellen. Familie stellt eine gewalttätige Einheit dar. Srbljanović zeigt wie auch Marković Probleme häuslicher Gewalt der Nachkriegszeit zwischen Charakteren, hier im Exil, die kein festes Zuhause haben, sich deplatziert fühlen. Die menschlichen Beziehungen gelingen nicht, weder zu den Menschen, mit denen die Figuren direkt zu tun haben, noch weniger zu denen aus dem Herkunftsland und -ort. Kaća bringt dies auf den Punkt, wenn sie als im Exil arbeitslose Journalistin der Mehrheit des serbischen Volkes die Schuld an ihrer persönlichen Exil-Frustration zuspricht: „Sie sind schuld. Sie sind schuld, dass ich hier sitze und nicht zu Hause bin, wo ich Freunde habe und wo ich die Arbeit mache, für die ich ausgebildet bin und vom selbstverdienten Geld anständig leben kann! Dein Vater und deine Mutter und Millionen andere, die in den Pausen zwischen Schnapsbrennen

----

980   Srbljanović: *BT*, 1999, S. 46: „Entschuldige. Bei dir ist es was anderes. Du hast Frau und Kind, alles vorschriftsmäßig."

981   Hassel, Ursula: *Familie als Drama. Studien zu einer Thematik im bürgerlichen Trauerspiel, Wiener Volkstheater und kritischen Volksstück*, Bielefeld 2002, S. 248: „Bereits Lessing thematisiert in seinen bürgerlichen Trauerspielen die Spannung zwischen dem Versuch der Familienmitglieder, die in der bürgerlichen Familie vertretenen Werte auf den öffentlichen Bereich zu übertragen, ihrer Unfähigkeit zur Auseinandersetzung mit der als ‚feindlich' empfundenen Gegenwelt und dem Wunsch, sich im privatisierten Familienleben ganz vom gesellschaftlichen Bereich abzuschotten."

und Schweineschlachten für diese Verbrecher, für diese Diebe und Kriminellen gestimmt haben! Ihretwegen konnte ich nicht in meinem Land und meiner Stadt bleiben, wegen dieser Primitivlinge aus der Provinz, die mir ihre Macht aufgezwungen und über mein Leben und Schicksal bestimmt haben!"[982] Das Verlassen des Landes, dem ein Hauch von Verrat und Im-Stich-Lassen anhaftet, ist frei gewählt und unfreiwillig zugleich, da es aus einer Zwangslage heraus resultiert. Und auch wenn es ‚besser‘ ist, weil sicherer und abgesicherter, woanders zu leben, als in einem destruktiven gesellschaftlichen Gefüge zu bleiben, entkommt man dem Zerstörerischen nicht, denn, wie Schütte formuliert: „Die Feindeszone weitet sich ständig aus" und „Wirklicher Feind kann nur der sein, der auch Freund sein kann, und das heißt: der aus den Reihen der eigenen Familie kommt."[983]

Menschen versuchen sich aus Liebe zu manipulieren, zu schonen, glücklich zu machen – und leben mit allem an der Trennlinie zur Sinnkrise.

So instabil wie Lebenssituationen sind, werden die Frauenfiguren nicht gezeichnet. Sie sind finanziell freier und überblicken die Lage wie Alena, Mara und Ana. Sie machen sich nichts vor, wie Kaća, nehmen sich, im Rahmen dessen, was möglich ist, was sie wollen, so Alena, Kaća, Ana und Mala. Manche machen Karriere, so wie Ana, auch wenn sie am Ende erschöpft resignieren, oder sie setzen, wie Sanja, ihre Vision von Familienleben um.

In *Belgrader Trilogie* gibt es nur einen Toten, Jovan, der aufgrund eines halben Unfalles stirbt, wie viele Menschen in den USA und anderswo: Privater Waffenbesitz erweist sich als todbringend. Zudem hat der junge Mann, der in *Belgrader Trilogie* in der Szene in Los Angeles immer aggressiver wird, jugoslawisch-serbische Wurzeln, ist aber U.S.-Bürger. Sein Waffengebrauch sagt unter Umständen zwar viel über Amerikas Probleme mit Schusswaffen, zeugt aber auch von der Gefahr des im Ausland gezüchteten chauvinistischen Nationalismus, egal welcher Couleur, insofern als es den Krieg in Jugoslawien aufnimmt. Die homophoben, anti-intellektuellen Turbo-Folk-Fans in Belgrad spiegeln sich in bewaffneten enthemmt-gewalttätigen Menschen mit machoistischem Geltungsdrang anderswo.

....

982　Srbljanović: *BT*, 1999, S. 42f.

983　Schütte, in: Gephart/Brokoff/Schütte/Suntrup (Hg.), 2014, S. 208.

Wenn beim Theaterkritiker und -wissenschaftler Lazin beispielsweise zu lesen ist, eine Inszenierung in Bonn lasse bei Srbljanović *Belgrader Trilogie* den Mord an Jovan weg, indem ein Spiel mit einer leeren Waffe eingesetzt worden ist,[984] stellt sich die Frage nach Grund und Wirkung. Dadurch, dass die Gewalt weggelassen ist, wird die Wirkung entschärft, die Situation verharmlost. Dies weicht zwar vom Text und der Botschaft ab, führt aber eine friedlichere Version ein. Allerdings bringt es auch davon ab, zu verstehen, dass ein solch aufgeladener machoistischer Nationalismus ein strukturelles Problem ist. Man ist vor den fanatischen Bewaffneten nirgends sicher, ganz gleich auf welchem Kontinent, und schon gar nicht in einem Land, das eben privaten Waffenbesitz immer noch als persönliche Freiheit verteidigt. Die ethnische Zugehörigkeit, der Grad an Integration und das Verhältnis von Mehr- und Minderheiten, das eigene und gesellschaftliche Verständnis der Geschlechterrollen spielen mit hinein.

Jovans Tod, ein solches Geschehen unter jungen Menschen in Friedenszeiten, als ein erschütterndes Ereignis gezeigt, bricht unerwartet in den Alltag hinein, unter Umständen schockierender, weil wahrscheinlicher als eine Granate in einem Hotelzimmer. Indem das Geschehen mit dem Tod und der Abwehr des Verantwortlichen endet, kann eine melancholisch-resignierte Stimmung nachvollziehbar sein. Die narrative Kontinuität in Form von Handlungssträngen und Szenen-Komposition bei Srbljanović Stücken lassen an den Leben der Menschen insofern intensiv und auf eine ganz persönliche Weise nah teilhaben, als die Figuren Eigennamen haben und psychologisch konzipiert sind und in den kurzen Szenen viel vom Leben der Figuren offenbar wird, samt ihren Schwächen und wunden Punkten. Mit diesen erweisen sie sich weder als böse noch als Einzelfall. Man kann sie bedauernswert finden, sich aber nicht über sie stellen. Denn es wird durch den Kriegskontext deutlich, dass das Persönliche und das Intime nicht singulär-intrafamiliäre Probleme sind, sondern umfassend und allgemein gültig.

....

984   Lazin, in: *Scena&Teatron*, 2005, S. 27.

6   Explosive Familienprobleme. Milena Markovićs *Die Pavillons oder Wohin gehe ich, woher komme ich, und was gibt's zum Abendessen*, 2001

Milena, Europa, Planet Erde, Milchstraße, Universum wäre vermutlich die passende Antwort auf die Frage nach der Herkunft, nicht nur für diese Autorin, sondern für viele Menschen, besonders aus dieser Region. Marković hält nichts von Mentalitätsdiskussionen und Nationalitäten, nennt sich nicht Europäerin oder Weltbürgerin, sondern versteht sich dezidiert als Internationalistin.[985] Als solche führt sie aus, wenn sie nach Abstammung gefragt wird, oder wie wichtig ihr kulturelle Identität ist: „Ehrlich gesagt, glaube ich nicht, dass hier irgend jemand ethnisch ,rein' ist."[986] „Hier" ist nicht näher spezifiziert. Aufgrund des Kontextes dürfte es zunächst um Zemun, Belgrad und Serbien, aber letztlich um den Kontinent Europa und den ganzen Erdball gehen.

Marković ist von der Definition bei ihrer Geburt 1974 her Jugoslawin, wie es auch Sajko, Srbljanović und Semenič sind. Dem Pass nach dürfte sie Serbin sein. Ihrer ,Abstammung' nach ist sie Serbin, Montenegrinerin und hat sogar „albanisches Blut".[987] Beruflich schreibt sie, neben preisgekrönten Theaterstücken, Lyrik, Drehbücher, Film- und Fernsehkritiken und lehrt szenisches Schreiben an der Universität in Belgrad.

Im Interview mit Babić unterscheidet Marković zwischen Künstlern, die für sie stets Randgruppe sind, und den Elefantenpfaden anderer Berufe und sagt: „Ich erlebe Künstler als absolute Marginalien, im Grunde, wahre Künst-

....

985   Schaller, Branka: Ich weiß nicht, was Freiheit ist. *Ein Gespräch mit der Belgrader Autorin Milena Markovic über die Generation der heute 30-Jährigen und über ihr zweites Stück >Schienen< (>Tracks<), diesen Monat auf der Biennale in Wiesbaden zu sehen.* Siehe auch: http://randnotizen.steirischerherbst.at/milena-markovic/, Stand: 03.08.2020 [Auch in: *Theater heute 06/04*].

986   Ebd., Interview durchgeführt von Branka Schaller.

987   Schaller, ebd.

ler. Im Verhältnis zum Elefantenpfad, auf dem sich viele andere Professionen bewegen. Ich bin, im Grunde, aufgewachsen, und wahrscheinlich meine ganze Generation und viele Generationen davor, ich weiß nicht, wie es sich mit den Generationen danach verhält, unter großem Einfluss sogenannter angelsächsischer Untergrundkultur, bei der ständig irgendwelche Künstlergruppierungen erwähnt wurden, die im entsprechenden Moment entsprechende Sichtweisen auf Freiheit, Kunst und Benehmen propagiert haben."[988] Mit ungefähr dreizehn Jahren nahm der Bruder sie mit ins Theater, es war eine Zeit voller Erwartungen. Aber jede Zeit sei der anderen letztlich gleich:

„Menschen sind mehr oder weniger gleich, aber die Bedürfnisse sind andere und sehr oft sind die Erfahrungen völlig andere […] Ich denke, dass jede Zeit gleich ist; wenn Sie sich mit dem Kern beschäftigen, ist jede Zeit gleich. Es gibt den Menschen, es bestehen seine Bedürfnisse, bestehen seine Wünsche, Möglichkeiten, und es bestehen seine Beziehungen, die er zur Welt herstellt. Das ist das, womit sich ernsthafte Schriftsteller befassen."[989]

Lieber lese sie ein 200 Jahre altes Buch, als in einem Meer an Informationen, die problematisch sind, nach Antworten auf die Frage, was es an Neuem gebe, zu suchen.[990] Die Information habe ihren Wert verloren, wie die Künste. Mar-

....

988 Marković, Milena: *Svako vreme je isto* [übers. Jede Zeit ist gleich], in: Babić, 2009, S. 166–171: „A ja umjetnike doživljavam potpunim marginalcima, u suštini, prave umetnike. U odnosu na stazu slonova, gde se kreću nekakve druge profesije." „Ja sam rasla, u suštini, a verovatno i čitava moja generacija i mnoge generacije pre toga, ne znam kako je sa generacijama posle, pod velikim uticajem takozvane anglosaksonske podzemne kulture, gde su se stalno pominjale nekakve grupacije umetnika koje su u određenom momentu propagirale odeđeni vid slobode, i umetnosti, i ponašanja.", dt. Übers. oben LTG.

989 Vgl. Marković, in: Babić, 2009, S. 167: „Ja mislim da je svako vreme isto; kad se bavite suštinom, svako je vreme isto. Postoji čovek, postoje njegove potrebe, postoje njegove želje, mogućnosti, i postoje odnosi koje on uspostavlja svetom. To je ono čime se bave ozbiljni pisci.", S. 169: „ljudi su manje-više isti, ali potrebe su drugačije i vrlo često su iskustva potpuno drugačija". Dt. Übers. Oben LTG. Marković nimmt inhaltlich eine Korrektur vor, weshalb die Passagen sich leicht zu widersprechen scheinen.

990 Vgl. Marković, in: Babić, 2009, S. 167.

ković hätte lieber früher im Berlin zwischen den Weltkriegen, in den USA der 1970er oder in St. Petersburg von 1916 gelebt.[991] Sie sagt:

„Die Zeit, in der ich lebe, im weiteren Sinne, ist eine Zeit, in der das System des Wertes verändert ist. Kunst ist nicht mehr wichtig, Musik, die mich sehr geprägt hat, ist nicht mehr wichtig. Es ist schrecklich, da überall eine aggressive, verschwenderische Variante des kapitalistischen Systems herrscht, in der im Prinzip vom Menschen erwartet wird, dass er möglichst maximal produziert, und minimal genießt. […] Ich bin nun mehr Beobachterin der Zeit, als dass ich teilnehme, weil ich auch älter bin und reifer und verwirklichter als vor zehn Jahren.“[992]

Das tiefe Bedürfnis sich auszudrücken und jede Person im Publikum direkt anzusprechen, ist das Ziel, das sie einhält. Aber die Wirklichkeit ist wie die Zeit eine sehr relative Kategorie für Marković:

„Das, was für alle gleich ist und, wenn Sie sich mit Schriftstellerei beschäftigen oder Malerei oder etwas anderem Bedeutsamen, dann geht es darum, dass Sie etwas finden, was das Kernproblem einer Person ist, über die Sie schreiben, was die wesenhafte Charakteristik ist. Ich habe vorhin mit einem jungen Regisseur gesprochen, Nešković, der bald *Schienen* machen wird, und habe ihm gesagt, dass für die Figur, die Gadni/Widerlicher heißt, wichtiger ist, dass ihn Mutter und Vater nicht geliebt haben, als die Frage, ob er Nationalist ist. Im Sinne des Dramatischen, ist es, neben anderem, das, was man in der Schule lernt, das sind schlicht Stufen dessen, was der wahrste Grund der Person ist, mit der Sie erzählen. Meine schreckliche Wirklichkeit in den entspre-

991 Vgl. Marković, in: Babić, 2009, ebd.

992 Vgl. Marković, in: Babić, 2009, ebd.: „Vreme u kojem ja živim, u širem smislu, jeste vreme u kome je sistem vrednosti promjenjen. Umetnost više nije bitna, muzika, koja je mene jako odredila, više nije bitna. Užasno je jer svuda vlada jedna varijanta agresivnog, potrošačkog, kapitalističkog sistema, u kome se u principu od čoveka očekuje da što više proizvede, a da što manje uživa.“ Ferner: „Ja sam sada više posmatrač vremena nego što sam učesnik, zato što sam i starija i zrelija i ostvarenija nego pre deset godina.“

chenden Jahren kann für jemanden, der in dieser Zeit in Südafrika gelebt hat, völlig lachhaft sein. Aber ich weiß nicht, ob ich von diesen, und tatsächlich würde ich gerne, – aber, dass mich jemand in Südafrika lesen wird, wird dann sein, wenn ich in das Universale des Menschseins als solches eingegangen bin. Natürlich, stets gibt es Zeitgeist, stets bestehen Zeiten, die sich unterscheiden. Es gibt nicht mehr viele Ideologien, es gibt keine großen Illusionen mehr, die Welt ist ein sehr billiger Ort geworden, in jedem Sinne. Das, was die Linie der Unterteilung ist, wo Sie Ehrfurcht vor einem Gemälde oder vor einer schauspielerischen Darbietung erkennen oder spüren, ist die sogenannte Authentizität."[993]

Dieses Zitat spricht für sich ebenso wie: „Sprache ist eine lebendige Sache, eine Sprache bestimmt jede Persönlichkeit, Sprache bestimmt jede Situation und bestimmt noch eine Sache, und das sind das Fühlen oder die Emotion, die im entsprechenden Moment auftaucht; so dass es eine sehr wichtige Sache ist."[994]

Damit werden bei Marković hier die Lebendigkeit deutlich und entschiedene Sichtweisen, die eine bestimmte Energie ausmachen. Ferner stellt sie in Interviews mehrmals in Frage, ob sie älter werden wird, und betont, dass wir nie wissen, ob wir in fünf oder zehn Jahren noch leben. Dieses provisorische Gefühl kommt auch in den Stücken zum Ausdruck. Zu schreiben und im

---

993 Vgl. Marković, in: Babić, 2009, S. 169: „Ono što je isto za sve i, kada se bavite pisanjem ili slikarstvom ili bilo čim bitnim, to je da nađete šta je suštinski problem osobe o kojoj pišete, šta je suštinska karakteristika. Ja sam malopre pričala sa jednim mladim redateljem, Nešković, koji će uskoro da radi *Šine*, pa sam mu rekla da je za lik koji se zove Gadni bitnije što njega nisu voleli tata i mama nego da li je on nacionalista. U dramskom smislu, to je, između ostalog, ono što se uči u školi, to su prosto stepeni, šta je suština osobe sa kojom pričate. Moja strašna stvarnost u određenim godinama može biti potpuno smešna nekom ko je u to vreme živeo u Južnoj Africi. Ali ja neznam da li ću biti od tih, zaista bih volela, ali to što će neko mene da čita iz Južne Afrike jeste da li sam ja ušla u univerzalije čoveka kao takvog. Naravno, uvek postoji *Zeit Geist*, uvek postoje vremena koja se razlikuju. Ne postoje više velike ideologije, ne postoje više ni velike zablude, svet je postao vrlo jeftino mesto u svakom smislu. Ono što je linija razdvajanja, gde prepoznate ili osetite strahopoštovanje pred nekom slikom, ili pred nekom glumačkom igrom, to je takozvana autentičnost.", dt. Übers. oben LTG.

994 Vgl. Marković, in: Babić, 2009, S. 169: „Jezik je živa stvar, jezik određuje svaku ličnost, jezik određuje svaku situaciju i određuje još jednu stvar, a to je osećanje ili emocija, koja se u određenom trenutku javlja. Tako da je to jako bitna stvar.", dt. Übers. oben LTG.

Schaffensprozess zu sein, sind solch starke Bedürfnisse, dass die Frage nach der eigenen Identität keine verunsichernde Rolle spielt: „Das ist etwas, was mich und meine Identität ausmacht. Du kannst nicht Schriftsteller sein ohne eine bestimmte Identität. Dieses Niveau der sogenannten Volkssprache ist im Moment die Frage meiner Identität als Schriftstellerin."[995] In dem Zusammenhang stellt sie klar, dass ihre Vorbilder und Lehrmeister amerikanische, russische und französische sind.

Die Pavillons oder Wohin gehe ich, woher komme ich, und was gibt's zum Abendessen ist ihr erstes Stück, ihre Diplomarbeit. *Gott hat uns angeschaut oder Schienen*, im Original *Šine* bzw. *Pruge*[996] ist das zweite. Beide entstehen in London 2001 und 2002,[997] *Das Puppenschiff*[998] und *Der Wald glüht*[999] folgen. International gefeierte Aufführungen u.a. in London, Wien, Zürich belegen neben dem Jugoslawischen Theaterpreis für Dramatiker 2003, der Unterstützung vom Royal Court Theatre in London und dem bedeutenden serbischen *Borislav Mihajlović Mihiz-Preis* für *Puppenschiff*[1000] ihren Erfolg. Um den Terror des Erfolgs zu vermeiden, hat sich z.B. der Regisseur Stojanović dafür ausgesprochen, alles von Marković aufzuführen, ein Stück nach dem anderen.[1001] Dies ist, wie hier festgestellt werden kann, eine gute Lektion für mehr Solidarität statt Wettbewerb auf der Bühne.

....

995   Vgl. Marković, in: Babić, 2009, S. 170: „To je nešto što čini mene, i moj identitet. Ne možeš biti pisac bez određenog identiteta. Taj nivo takozvanog narodskog jezika je pitanje mog identiteta trenutno kao pisca.", deutsche Übersetzung oben LTG.

996   Pruga ist im Serbokroatischen die Schiene, aber auch der Streifen als Textilmuster. Krieg und Streifen, Krieg und Zugschienen, Todesstreifen – Assoziationen zu Gefangenschaft sind möglich. Auch: Nachdem sie 1995 zerstört worden ist, wird die Zugverbindung zwischen Kroatien und Serbien 2016 erst wieder repariert und aufgenommen. Das Stück heißt im Original *Bog nas pogledao ili Šine*, übersetzt: *Gott hat uns angeschaut oder Schienen*.

997   Vgl. Janušević, Bojana: *UKRŠTENI POGLEDI BALKANSKIH PISACA*, in: *Scena&Teatron*, Novi Sad 2005, S. 45, [übers. Sich streifende Blicke der balkanischen Schriftsteller].

998   Marković: *Das Puppenschiff*, 2002, weiter unten mehr dazu.

999   Marković: *Der Wald glüht*, 2008; im henschel Verlag steht „leuchtet", im Interview „glüht"; es ließe sich aber auch mit „glänzt" oder „schimmert glänzend" übersetzen.

1000 Vgl. Babić, 2009, S. 182.

1001 Vgl. Stojanović, Gorčin: *Gajiti, negovati, održavati ukus* [übers. Hegen, pflegen, Geschmack erhalten], in: Babić, 2009, S. 127–130, S. 130.

Den Vielvölkerstaat sieht Marković als einzige Lösung für die Region und die Antworten auf die drei Fragen ihres ersten Stückes – Woher komme, wohin gehe ich und was gibt es zum Abendessen? – als ein Muss für eine Entwicklung der Zivilisation.[1002] Alle diese Fragen verdeutlichen, dass die Auseinandersetzung mit der Herkunft eine andere Frage ist, wenn sie an sich selbst gestellt wird und wenn Menschen von sich aus erzählen, als wenn jemand anders so fragt. Zumal „Woher komme ich?" auch mit „Aus der Küche." beantwortet werden kann. Denn erkundigt sich jemand anderer auf diese Weise, gibt er zugleich zu verstehen, dass man nicht „von hier" ist und nur temporär geduldet wird. Das ist ebenso ein Unterschied, wie es ein merkwürdiges Monopolgefühl bezüglich der Deutschkenntnisse von Menschen gibt, wenn jemand fragt „Sie können aber gut Deutsch, wo haben Sie das denn gelernt?", z.B. allein weil vom Vor- oder Nachnamen auf die Nationalität geschlossen worden ist.[1003] Diese staunende Feststellung, die selten als Kompliment taugt, desintegriert und zeigt, dass jemand auch nach über 40 Jahren konsequentem Wohnort schnell ein Gefühl von temporärem Aufenthalt bekommen kann.[1004]

Ein Heimatgefühl kann Geborgenheit geben. Die Figuren Markovićs sind von einer Suche danach geprägt, die scheitert und Dislokation zur Folge hat. Kultur, Tradition, Sitten und Bräuche sind identitätsstiftend, aber Herkunftsbewusstsein, Selbstbewusstsein und Patriotismus stiften nicht automatisch zu Nationalismus oder gar zu einer Gewalt zwischen Personen differierender politischer Positionen an, wie sie Marković erlebt hat und in ihren Figuren

....

1002 Interview durchgeführt von Schaller, http://randnotizen.steirischerherbst.at/milena-markovic/, Stand: 03.08.2020. [Auch in: *Theater heute*, 06/04].

1003 Zwischen einem neugierig-offenen „Where do you come from?" und einem abschätzigen „Wo kommen Sie her?" im Stile von „Na, wo kommen Sie denn her?" liegen Welten, wie die Frankfurter Regisseurin Niloofar Beyzaie in manchen ihrer Stücke aufgreift und deutlich macht.

1004 Vgl. Terkessidis, Mark: *Interkultur*, Frankfurt am Main, 2010, S. 79: „Wenn schon die Personen mit Migrationshintergrund, die in Deutschland geboren wurden, fortgesetzt zu anderen gemacht werden, welche Perspektive bietet sich dann für ‚Quereinsteiger' oder Neuankömmlinge?"; S. 81: „Das äußert sich in nur scheinbar neugierigen Fragen wie ‚Woher kommst du' – erwartet wird eben die Nennung eines fremden Landes. Auch der Name ist ein stetiger Anlass zum ‚Fremdeln' – der Name gilt, selbst wenn er aus vier Buchstaben besteht als ‚zu kompliziert' und wird ziemlich konsequent falsch ausgesprochen oder geschrieben."

ausdrückt. In dem vorliegenden Stück von Marković wird die Makrostruktur der Gesellschaft anhand der Essenskultur und der häuslichen Gewalt im Mikrokosmos einiger weniger Pavillons[1005] deutlich, zudem die Sinnkrisen und die Kriminalität, die mit diesen Kriegen einhergegangen sind. Bei den Figuren wird offenkundig, dass die Verhältnisse zwischen den Geschlechtern tief zerrüttet sind, und Frauen misshandelt und unterdrückt werden. Sie setzen ihre Freiheit nach den ‚akuten' Kriegsjahren sehr rigide, ohne Rücksicht auf Verluste, auch ihres eigenen Lebens, um. Es scheint noch kein kooperativer Weg zwischen den Figuren, vor allem zwischen Geschlechtern und Generationen möglich zu sein.

6.1 *Die Pavillons* – Inhalt

In diesem Stück werden drei Wohneinheiten vorgestellt. Diese drei Pavillons, den Regieanweisungen nach *Boxen*, bewohnen je zwei Geschwisterpaare und eine Kleinfamilie. Darin spielen sich jeweils drei familiäre Geschichten bzw. Dramen ab. Ein Pavillon wird von dem Ehepaar Lepa und Knez und deren 16-jähriger Tochter Ćera bewohnt.

In der zweiten Einheit befinden sich zwei kleinkriminelle Brüder, Macan und Džiga. Sie werden zuerst unerwartet von Džigas Ex-Freundin Mala, übersetzt Kleine, und später von Ćopa[1006] aufgesucht, ihrem Dealer, der zugleich Malas letzter Ex-Freund ist. Dieser ist aus der Jugendzeit mit den Brüdern Džiga und Macan vertraut, zugleich aktuell ihr Drogenlieferant und ein, wenn auch selbsternannter, Drogenboss. Seinem Verständnis nach ist Mala seine aktuelle Freundin. Mit zwei Bodyguards und Mala will Ćopa sich für eine Weile absetzen bzw. er muss wegen eines Drogen/Clan-Krieges untertauchen. Mala

....

1005 Pavillons sind Zelte, tendenziell klein, frei stehend. Dort wird etwas festlich ausgestellt. Zelte bieten relativen Regen- und Sichtschutz, die Privatsphäre ist minimal. Wenn nicht Camping-Assoziationen auftauchen, haben Zelte etwas von einer Flüchtlingssituation und Unbehaustheit; kaum noch taugen sie für eine nomadische Idylle.

1006 Übersetzt heißt Ćopa soviel wie der Hinkende oder Hinkebein. Laut Personenregister ist sein Spitzname King.

möchte keinesfalls mitkommen und erhofft sich Schutz von ihrer früheren großen Jugendliebe, Džiga, einem der beiden Brüder.

Ćopa sieht, dass er Mala weder damit erpressen kann mitzukommen, indem er Džiga verheimlicht, was alles geschehen ist, während dieser in ‚Knast und Krieg' war, noch damit, dass er Džiga alles erzählt. Dafür bringt er schließlich drei Bodyguards, die vor der Tür stehen, ins Spiel.

In der dritten Wohneinheit wohnt eine alte Dame, Dobrila, die unerwartet Besuch von ihrer Schwester bekommt. Diese lässt sich im Wohnzimmer nieder und teilt ihrer Schwester auf Rückfrage nach dem vielen Gepäck mit, dass sie sofort bei ihr einziehe. Kurze Zeit später, während die beiden Schwestern noch in Klärungs- und Verhandlungsgesprächen sind, werden sie von zwei Einbrechern überfallen.

Die Figuren wohnen alle ‚unter einem Dach' des gesamten Komplexes. Vier Elemente verbinden die Stücke: Macan, Baja, die Essensgerüche und der Ausgang des Stückes. Macan, übersetzt Katerchen, ein Gigolo und der Liebhaber der Tochter, ist zugleich einer der Brüder aus der anderen Wohnung. Der von Ćopa erschossene Baja ist höchstwahrscheinlich identisch mit dem Baja, der Sohn einer der Omas ist. Verbindend sind ferner die Gerüche des Essens, das gekocht wird,[1007] und der sehr finale Schluss des Stückes, eine Gasexplosion.

Im ersten Pavillon befindet sich der verheiratete alte Mann namens Knez, was sich mit Fürst[1008] übersetzen lässt. Seine Frau, Lepa, die übersetzt „Schöne" heißt, behandelt er sehr schlecht, verletzt sie verbal und schlägt sie. Als er die Tochter mit Macan, dem Nachbarn, auf der Terrasse bei sexuellen Handlungen erwischt, schlägt allerdings dieser jüngere Mann Knez nieder. Als Knez anschließend wieder in der Küche mit Frau und Tochter seine Waffe reinigt und dann erstmals die Hand gegen seine, wie sich herausstellt, schwangere Tochter erheben will, schlägt Lepa, nach unzähligen Demütigungen gegen sie selbst, nun ebenfalls erstmals ihren Mann bzw. erschlägt ihn womöglich unmittelbar.

....

1007   Marković, 2001, S. 9: „Mala: Was stinkt denn da so? Džiga: Es stinkt nach Sauerkraut. Mala: Das stinkt, das ganze Haus stinkt."

1008   1878 bezeichnete man so den Municipalitäts-Vorsteher. Vgl. Gesellschaft f. Österreichische Heereskunde: *Militaria Austriaca 1993/Folge 12: Pulverfass Balkan. Bosnien-Herzegowina*; Teil 2, Wien 1993, S. 13.

Jedenfalls tritt er danach nicht mehr auf, ist und bleibt so nachhaltig fern, dass er längerfristig im Krankenhaus oder Gefängnis, oder tot sein könnte. Offensichtlich ist seine Rückkehr nicht zu befürchten. Ob er wiederkommen könnte, ist dementsprechend nicht mehr Thema.

Im zweiten Pavillon der älteren Dame Dobrila, was mit dem Wortstamm gut und Fee[1009] zusammenhängt, will ihre Schwester Ljudmila, namentlich ‚die den Menschen liebe‘, gerade unangekündigt mit allem, was sie noch besitzt, zu ihr ziehen, weil sie kein Zuhause mehr hat. Der Ehemann ist in die Berge geflohen.[1010] Die Söhne haben keinen Platz mehr für ihre Mutter. Oma Ljudmila hat nach Selbstaussage kein Geld und keine Zähne mehr. Ihre Schwester Dobrila ist Witwe und hat sich nicht um einen ihrer Neffen Baja gekümmert, der während seines Studiums bei seiner Tante wohnen sollte, sondern hat ihn hinausgeworfen, weil er kriminell geworden ist.[1011] Die Söhne und Ehemänner werden verbal von den Schwestern in sehr schlechtem Licht gesehen, sie sind nicht relevant für die Handlung.[1012] Als die beiden Schwestern von zwei Dieben überfallen werden, gehen sie damit erst einmal souverän und mit einer Portion Komik um, indem sie ruhig und in einem sehr höflichen Tonfall sprechen, als seien die Einbrecher Bekannte: „Ich weiß nicht, ich habe gedacht, das wäre bei diesem Vorgang so üblich", dies sagt Dobrila bezüglich der Frage, wie sie von sich aus darauf komme, dass sie gefesselt werden würden, obwohl keiner der Räuber dies geäußert hatte.[1013] Im Verlauf des Dramas wird die Entwicklung jedoch gewaltvoll: Einer der Räuber, der sich von Menschen bedrängt fühlt oder von denen er findet, dass

....

1009 „Dobra" heißt Gute und „vila" Fee, dies wird als Portemanteau-Wort zu Dobrila. Die Bezeichnung kommt interessanter Weise erneut vor: Mala aus dem anderen Pavillon wird in anderem Kontext direkt als „gute Fee" bezeichnet, vgl. Marković, 2001, S. 33.

1010 Dies ist wörtlich gemeint. Es kann darauf hinweisen, dass der Mann sich umgebracht hat, denn die Berge und die Wälder sind seit den Kriegen für Traumatisierte bevorzugtes Selbstmordgebiet. Im Deutschen sagt man, neben „sich aus dem Staub machen" lediglich „über alle Berge sein", beides sind metaphorische Aussagen.

1011 Wir erfahren nur, dass die Polizei eines Abends kam und nach ihm suchte.

1012 Z.B. Marković, 2001, S. 15: „Und Dein Arschloch von einem Mann!"

1013 Marković, 2001, S. 17.

sie zuviel sprechen, erschlägt ohne Ankündigung sowohl beide alten Frauen als auch seinen Komplizen.

Mala, die die erwähnten zwei Brüder in der dritten Box aufsucht, ist mit einer gewalttätigen Mutter aufgewachsen, erinnert Džiga. Als sie mit ihrer großen Jugendliebe Džiga zusammen war, hatten die beiden LSD ausprobiert und wussten nicht, dass Mala bereits im ersten Monat schwanger war. Wie sich bei einer medizinischen Untersuchung im vierten Monat herausstellt, ist das Kind geschädigt. Mala treibt ab, Džiga wird zum Militär eingezogen, verbringt drei Jahre im Krieg und nimmt eine Gefängnisstrafe für Ćopa auf sich. In dieser Zeit wird Mala zuerst die Geliebte dieses Ćopa und dann flieht sie in der Hoffnung auf Arbeit mit dessen Heroinbestand und Baja nach Prag. Dort wird sie jedoch von Baja in Heroinabhängigkeit gehalten und zur Prostitution gezwungen. Als sie in Prag von einem bekannten verhassten Freier namens Dule vergewaltigt wird, wehrt sie sich, verletzt ihn krankenhausreif mit einem Aschenbecher am Kopf und flieht erneut mit hundert Heroinpäckchen in der Tasche. Das alles erzählt Ćopa den Brüdern vor Mala retrospektiv, halb bewundernd, halb um Macht über Mala zu gewinnen. Zunächst hofft er, sie kommt mit ihm mit, damit er es nicht erzählt, danach erzählt er es aber, um sie von Džiga fernzu-halten, ihr zukünftiges Leben unmöglich zu machen.[1014]

Auf ihrer Flucht kommt Mala zu den beiden Brüdern, da sie weiß, dass Džiga wieder da ist. Die Informationen fließen und bilden ein Kontinuum in der Welt der Geflohenen und Narkomanen. Die vergangenen Erlebnisse, der Ist-Zustand und die Perspektivlosigkeit scheinen nur so erträglich: Alle Figuren dieser Box sind drogenabhängig. Es wird Gras geraucht und He-roinnadeln gesetzt. Der Drogenboss Ćopa zieht selbst auch „Knaller"[1015] und erzählt, dass er sich mit Anglern aus Zemun angelegt habe,[1016] die zum dorti-gen Mafia-/Drogen-Clan gehören. Innerhalb der mehrtägigen eskalierenden Auseinandersetzung hat Ćopa sich nicht nur geprügelt, sondern zusätzlich

1014 Marković, 2001, S. 30–33.

1015 Marković, 2001, S. 26. Das sind fünf Gramm Heroin oder Kokain in Form von Päckchen oder Briefchen, wie die, mit denen Mala als gestohlenem Startkapital aufbricht.

1016 Marković, 2001, S. 30.

Baja erschossen, der aus Prag angereist ist, um Mala wieder einzufangen. Ćopa droht polizeiliche Festsetzung, aber mehr noch werden sich der Zemuner Angler-Clan und Bajas Anhänger an ihm rächen wollen. Dabei ist er wirklich kein ‚King', wie sein Spitzname nahelegen soll: Zwar hat er drei Bodyguards dabei, doch Mala mitzunehmen, gelingt ihm nicht, weil und obwohl er ihr sogar mit Vergewaltigung durch seinen Bodyguard Kepa droht. Der Druck zu bestehen ist groß, die Nachkriegskriminalität massiv. Mala hat nichts zu verlieren, wenig bis keine Aussicht auf Freiheit und Unabhängigkeit oder eine respektvolle Beziehung – ihre Optionen sind nolens volens mit Ćopa und seinen Männern in Angst- und Gewaltsituationen zu überleben, eine Weile drogenabhängig in dem nun leider zerrütteten Verhältnis mit Džiga zu verharren, der Drogentod ist wahrscheinlicher als irgendein Entzugsprogramm. Insofern bleiben ihr perspektivisch Beschaffungsprostitution und -kriminalität, die sie offensichtlich nicht mehr will. Sie ist verzweifelt konsequent. Die beiden Männer Ćopa und Džiga konkurrieren so stark, auch um Mala, dass es nicht mehr um sie als Mensch und Person geht. Ćopa will triumphieren und provoziert: „Mir…? Ich hab Kies in der Tasche, einen Paß, und jetzt, Bruder, hau ich ab mit der Prinzessin. DžIGA: Kaum. ĆOPA: Denn du, Bruder, stellst nicht einmal die Kohle für ihre neuen Zähne auf. *Džiga schlägt ihn nieder.*"[1017] Mala setzt sich zuerst einen Heroinschuss und schießt sich bald danach mit Ćopas Pistole eine Kugel in den Mund.

Die Schlussszenen der jeweiligen Boxen sind ein Ausklang. Der Dieb doziert vor allem über Reue im Leben, Gesundheit, Selbstvergessenheit: „Mir tut nichts leid. Davon wird mir schlecht. Ich will gut essen, ich schau drauf, dass ich mich schön ausschlaf, weil das gut für den Organismus ist. Manchmal schau ich mir einen guten Film an, aber ich erinnere mich nie an den Titel. Auch an die Geschichten kann ich mich nie erinnern. Ich weiß auch nicht, wie ich heiße. Das ist auch nicht wichtig."[1018] Sowie Loslassen bzw. Irrelevanz von Familie und die Vergänglichkeit: „Irgendwo hab ich auch eine Frau. Und Kinder hab ich auch. Die sind ihre eigenen Herren. Der Mensch soll sich nicht

---

1017 Marković, 2001, S. 33.
1018 Marković, 2001, S. 39.

an Dinge binden", „Heute bist du da, morgen nicht",[1019] so die letzten Sätze des im Selbstgespräch monologisierenden Diebes. Zwischen Erinnerung und Zukunftsperspektiven changieren auch die anderen beiden Boxendialoge. Tochter und Mutter aus der ersten Box sind bereits gewiss, dass das Baby ein Sohn sein wird und überlegen, ob der leibliche Vater sofort informiert oder später einmal aufgesucht werden soll, wenn er „alt und alleine"[1020] ist.

Die Brüder und Ćopa erinnern sich an die Gewaltgeschichte der früheren Mitschülerin Jolly, der mit 16 Jahren nach einer mehrtägigen Mehrfachvergewaltigung und Foltersituation zwar die Flucht gelingt, aber danach auch der Sprung in den Tod von einer Brücke auf den Asphalt einer Verkehrsstraße darunter.

Džiga, der drogen- und traumabedingt keine Kurzzeiterinnerung mehr hat, will Mala, die sich gerade erschossen hat, nach einem Ticket fragen, das ein Erinnerungsstück an ein lange vergangenes Spiel gegen Bari ist.[1021] Macan weint schließlich, weniger um Jolly oder Mala, als um seinen geliebten Bruder, der die Ursache nicht begriffen hat: „Warum weinst du, dieses Match haben wir gewonnen."[1022] Ein ultimativer Ausdruck von Verzweiflung sind die traurigen Lieder am Ende: Ćera singt zuletzt ein altes Kinderlied und die Brüder singen eine Fußball-Strophe ihres Vereins: „EIN PARTIZAN-FAN HATS SCHWER/ SITZT EWIG VORM FERNSEHER/UND SIEHT DEN CHAMPION ROTER STERN/DIREKT NACH LONDON ZIEHN. DAS SO FERN/ALEZ, ALEZ"[1023] Eine Gasexplosion beendet das Stück.

1019 Marković, 2001, ebd.

1020 Marković, 2001, ebd.

1021 Marković, 2001, S. 41.

1022 Marković, 2001, ebd.

1023 Marković, 2001, ebd. Im Stück im Original als Fußendnote, S. 42: „TEŠKO JE BITI NAVI-JAČ PARTIZANA/KAD STALNO SEDIŠ KRAJ MALOG EKRANA/I GLEDAŠ ZVEZDU SVETSKOG ŠAMPIONA/KAKO IDE PRAVO DO LONDONA/ALE ALE".

  © Frank & Timme   Verlag für wissenschaftliche Literatur

6.2   Struktur

Das Stück besteht aus vier Teilen,[1024] die wiederum verschiedene kleinere Einheiten haben. Es gibt keine Akt- und Szenenbezeichnungen. Die Begebenheiten in den kleinen Räumen werden verschachtelt gezeigt, dazu passt die Bezeichnung *Boxen* im Sinne von Schachtel doppelt.

Die ersten drei Teile des Stückes sind nach ortstypischen bzw. traditionellen Gerichten benannt, der erste heißt *gibanica*,[1025] der zweite *sarma*,[1026] der dritte *Lammbraten*[1027] – es sind allgemein sehr beliebte, nicht ganz einfach-alltägliche Gerichte, die Lepa ihrem Mann macht. Der vierte Teil ist eine *Versammlung*,[1028] aber die bis dahin Überlebenden bleiben auf der Bühne in ihren Räumen, die am Schluss alle gleichzeitig beleuchtet werden. Diese Struktur entspricht ein wenig dem Zubereiten von Gerichten, die am Ende auf dem Tisch ein Gesamtkunstwerk darstellen, oder in einer bestimmten Reihenfolge serviert werden und am Ende, bei der *Versammlung*, isst man, was von allem als Rest übrig ist.

Der erste Teil besteht aus fünf Aufblenden in die drei Wohnbereiche. Nachdem alle drei Einzelboxen, Ein-Kind-Familie, Oma-Wohnzimmer mit Gast-Schwester und Brüder-WG eingeführt sind, kommen die beiden letzten Pavillons erneut vor.

Der *Sarma*-Teil hat sieben Einzelszenen, Teilstücke oder Aufblenden, die ebenso ineinander gerollt bzw. verschachtelt sind wie das Gericht und das Leben in den Boxen sowie auf der Terrasse zeigen. Erneut beginnt die Abfolge mit dem Familienzimmer. Dann sind mit Auf- und Abblende die WG und die Terrasse, dann das Familienzimmer, das Oma-Wohnzimmer und die Terrasse dran; dieser Teil schließt mit dem Oma-Wohnzimmer. Dieser Wechsel innerhalb der *Sarma*-Unterteilung zeigt zum Teil Gleichzeitiges, teils Zeitversetz-

---

1024   Beginnend mit Marković, 2001, S. 3: „*ERSTER TEIL: GIBANICA*"

1025   Zunächst ausgerollter Teig, auf den nur Käse gestreut wird, der wie zerknittert und im Ofen gebacken wird; mit Fleisch wird er auch *pita* genannt. Hierbei mag es aber auch andere Sichtweisen geben und lokale Variationen. Wichtig ist, dass der Teig leicht bleibt, wie eine Seele, dehnbar wie eine Faszie ist, nicht durch zuviel Kneten und Anfassen verhärtet.

1026   Es ist eine Art Sauerkrautblattroulade gefüllt mit Hackfleisch, Reis und Paprikagewürz.

1027   Marković, 2001, S. 21.

1028   Marković, 2001, S. 26.

tes.[1029] Die Teile bilden die sieben Zutaten für Sarma ab: Sauerkrautblatt, Reis, Hackfleisch, Paprika, Salz, Pfeffer, Ei, ohne dass die Teile so betitelt wären. Die Füllung ist vermischt, auch wenn Hackfleisch von Reis bis zum Schluss unterschieden werden kann, wie auch die verschiedenen Handlungen in den jeweiligen Boxen.

In *Lammbraten* gibt es eine einzige Szene in der Familienwohnung – wie ein ganzes Stück Fleisch, während zuvor die verschiedenen Teile ineinander verwickelt waren. Es ist auch, gemäß der britischen Frage „Where's the beef?", das Herzstück des Dramas, da hier die unheile Familie ihren Schlusspunkt findet. Der Mann schlägt seine Ehefrau ständig. Als er aber erstmals die Tochter schlägt, wehrt sich die Frau schließlich, wenn es um die Tochter geht, und schlägt den Ehemann nieder.

Der vierte und letzte Teil, *Die Versammlung*, besteht aus zwölf Einzelszenen.[1030] Die erste Szene ist recht lang und wird von einem kurzen Monolog des Diebs, u.a. über Fotos, in der Nachbarwohnung unterbrochen: „Was hat man von Fotos. Man betrachtet sie, als würde man sich erinnern."[1031] Die zweite kurze Szene besteht aus einer Tochter-Mutter-Unterhaltung, in der beide in ihren je vier Wortbeiträgen erstens besprechen, was sie mit den vielen Essensresten machen, zweitens wie der Appetit des Vaters im Verhältnis zum eigenen Hunger war, und drittens über die Pflicht, dass die Tochter wegen der Schwangerschaft ausreichend Nahrung zu sich nehmen muss. Strukturell gibt es in Verbindung mit dem Inhalt einen deutlichen Wechsel bezüglich der Illumination der Räume: Nach der zweiten Szene in der Brüder-WG sind in diesem vierten Teil alle drei Räume gleichzeitig beleuchtet. Dies wirkt wie das Ende einer Feier und erweckt den Eindruck der Transparenz.

....

1029 Der Überfall und das Treffen von Macan, Ćera auf der Terrasse könnten theoretisch zeitgleich geschehen.

1030 Die Assoziationen zu Jahresmonaten, zu Aposteln und Abendmahl sind eher auszuschließen, aber neben dem Versammeln von allen, die übrig geblieben sind, klingen die zwölf Geschworenen an, da die Figuren indirekt über sich selbst das „schuldig" oder „unschuldig" abgeben.

1031 Marković, 2001, S. 31.

Die Figuren sind paarig im Handlungskontext konstruiert: Da sind Knez und Lepa, die zwei Brüder, die zwei Omas, die zwei Diebe, Macan und Ćera, Macan und sein Antagonist Knez, Džiga und sein Antagonist Ćopa, Mala und ihre Liebe Džiga und sie und ihr ehemaliger Zuhälter und Zwangsgeliebter Ćopa. Sobald die Dyade durch eine weitere Figur erweitert wird, erhöht sich nicht die Chance zu friedlichem Umgang, sondern die Handlung gerät in Konflikte, sei es, dass sich der Vater mit dem heimlichen Geliebten, das Paar miteinander wegen des Schicksals der schwangeren Tochter, die Diebe mit den Omis und die Männer um die Frau und die Drogen in gewaltlastige Auseinandersetzung begeben. Es gibt keine Integrationsfigur.

Neben Džiga und Ćopa, mit deren Kenntnissen sich die Vorgeschichte rekonstruieren lässt, kennt Macan die Informationen aus der Vorvergangenheit und Vergangenheit stets am besten. Er erzählt das Ende der Geschichte von Jolly genauer oder Ćopas Konflikt mit den Anglern. Macan ist insofern Begünstigter, da er seinen Bruder am Ende für sich allein behält. Die mit unliebsamen Einzelheiten angereicherten Geschichten hinterlassen ein schales Gefühl, stoßen bezüglich der Atmosphäre zwischen den Figuren den Zuschauenden unangenehm auf wie ein früher geschlucktes Un- oder Halbverdautes, das erneut durchgekaut wird. Als werdender Vater übernimmt Macan keine Verantwortung, so wie Džiga nicht zu Mala steht. Sie sind weder Helden noch Gentlemen. Die einzigen Identifikationsfiguren sind die drei Frauenfiguren Lepa, Mala und Ćera, dadurch begrenzt, dass sie als handlungsgenerierende Kräfte jeweils Knez, sich selbst und allen den Tod bringen.

Zum Titel

Strukturell gibt der Titel von Markovićs Stück durch die drei Fragen eine Dreiteilung vor. Die Fragen im Titel tauchen als solche im Stück nicht auf, aber die Szenen in den verschiedenen Pavillons sind gekennzeichnet von Bewegung, einem Kommen und Gehen, Verlassen, Untertauchenmüssen, Fliehenwollen und Todesfällen, dem Verlassen dieser Welt. Die Formulierung „woher ich komme" ist eben nicht die selbstreflexive Frage „Woher komme ich?", sondern jene Umformulierung, die auf indirekte Rede verweist und vom Subtext her sowohl einen Nerv in der europäischen Migrationsdiskussion trifft[1032] wie auch den schmerzhaften Prozess der nach-jugoslawischen Kriegs- und Nachkriegszeit kennzeichnet.

Nur was es zum Essen gibt, erfahren die Lesenden/Zuschauenden ausführlich, und wie qualitativ gut es ist, oder wie es von manchen Figuren bewertet wird. Die Frage nach dem Inhalt des Abendessens ist sowohl aus neugierigem Interesse, Lebensfreude oder Hunger vorstellbar.

Der Titel des *Pavillons*-Stückes erinnert stark an eine Stelle im Talmud: „Sei dir dessen bewusst, woher du gekommen bist und wohin du gehst und wem gegenüber du einst Rechenschaft ablegen wirst. Woher kommst du? Aus einem stinkenden Tropfen, und wohin gehst du? An den Ort des Staubes, der Würmer und Käfer, und vor wem sollst du einst Rechenschaft ablegen? Vor dem König der Könige, dem Heiligen, gelobt sei er!"[1033] Der Bedeutungszusammenhang zum Stück ist zweifach: Dem Leben ist die Einzigartigkeit eines jeden Moments kontingent. Das Leben ist ein Geschenk, man geht nicht so unachtsam und gewaltvoll mit ihm um wie die Figuren, aber es hält sie nichts von Mord und erweitertem Suizid und Suizid ab, weder irgendeine Form von Glauben oder Gewissen.

Somit kommt der Titel wie eine beiläufige Anspielung vor. Er ist kein exponierter, sondern eher wenig intensiver Bezug zum Handlungsverlauf. Es wird nicht mehr an Gott geglaubt, Nahrung als etwas greifbar Existentielles hat Vorrang und ersetzt als Schlüsselmotiv den Gottesglauben.

Der Titel des Stückes von Marković ist doppeldeutig, denn die Wohin- und Woher-Fragen beziehen sich sowohl auf die physisch-natürliche Abstammung, wie im Talmud angesprochen, aber auch auf die Herkunftsfrage und eine Entwicklungsfrage, die sich Menschen mit unterschiedlich intensiver Migrations-

....

1032 Saunders, 2009, S. 93, Kane erklärt hierzu, wie sie Subtext erklärt: „I gave the following example that if you were from Poland I can say to you, ,Where are you from? And what would you answer?' And she said, ,Poland'. I said, ,Right, if I was writing this as a scene, what I'd have is me asking where you were from and you asking if I was racist'. That is what subtext is. It's when nobody answers the question."

1033 Der Abschnitt steht am Anfang des dritten Kapitels aus den Sprüchen der Väter. Rabbi Akavja ben Mahalat, der Sohn Mahalalelovs wird zitiert. In: www.laschoresch.org/talmud-und-mischna-auszuege/pirke-awot-iii/Sprueche-der-vaeter-drittes-kapitel.html, Stand: 03.08.2020.

erfahrung entsprechend unterschiedlich intensiv stellen und zuweilen gestellt bekommen. In Verbindung mit einem Pavillon, der per se provisorisch ist und beim Feiern als Überdachung und Regen- oder Sonnenschutz verwendet wird, gibt es zusätzlich mittlerweile deutlich die Konnotation Asyl bzw. Zufluchtsort.

6.3 Handlungsorte

Das gesamte Stück spielt sich auf einer Terrasse und in drei Wohnungen in den zwei obersten Geschossen eines mehrgeschossigen Hauses ohne Dach und ohne Strom[1034] ab. Bezeichnend ist bereits, dass ein Haus ohne Dach im Serbokroatischen eine Metapher für etwas Verrücktes ist oder für jemanden, der ‚nicht ganz dicht' ist, auch für eine zerfallende traditionelle Familie, lose Enden, Chaos.[1035]

Der Bühnenraum ist vielfältig transitorisch, indem es drei temporär aufgestellte Räume gibt: Ein Raum befindet sich ganz oben mit Terrasse, die anderen beiden Zimmer sind darunter. Es sind zwei Wohnzimmer und eine Küche.

Die auf der gemeinsamen Dachterrasse aufgehängte Menge an Wäsche[1036] deutet, ebenso wie das Provisorische des Begriffs *Pavillon*, auf eine Flüchtlingsunterkunft oder ein armes Wohnviertel der Unterschicht hin. Dazu passt der Mangel an Strom. Es gibt keinen richtigen privaten Rückzugsort, sich zu schützen oder zu isolieren, die Geräusche und Gerüche verteilen sich im gesamten Raum.[1037]

Innen- und Außenraum sind eng miteinander verzahnt, dies wird daran deutlich, dass sich die Figuren nicht zurückziehen und distanzieren können und die Enge zum Teil dazu beiträgt, dass es Gewalt gibt, wie z.B. zwischen Macan und Knez.

1034 Marković, 2001, S. 41: „Es gibt keinen Strom".

1035 Unter Umständen auch eine zusammengewürfelte patchwork-Familie wie z.B. bei einem Zirkus.

1036 Ohne Platz zum Trocknen in den Zimmern und ohne Trockenkeller oder Ähnliches.

1037 Z.B. der Geruch von Sauerkraut, Marković, 2001, S. 9.

Da die Dachterrasse zu dem Gebäude gehört, besteht im Grunde nur ein Spielort. Es gibt keine Bewegung, keinen Weg hinaus ins ferne Freie. Der Ort ist kein sicheres, heimelig-gemütliches Zuhause, sondern ärmlich und temporär, zudem vielfältig von innen und außen bedroht.

Im Teil *Versammlung* bedeutet diese Betitelung, dass alle drei Pavillons gleichzeitig beleuchtet sind, aber nicht, dass sich die Figuren der verschiedenen Boxen miteinander in einem neuen Raum treffen. In der Regieanweisung heißt es nur, dass „alle sitzen",[1038] Mutter und Tochter am Tisch, die zwei Brüder und der Drogenboss in Fauteuils, aber „der Dieb steht am Tisch und steppt".[1039] Als eine steppende Bewegung findet diese an Ort und Stelle statt, auch sie dehnt sich nicht im Raum aus. Am Ende wird der Raum allerdings entgrenzt bzw. aufgelöst, nämlich durch die alles zerstörende Gasexplosion.

Sowohl die berichtete Auseinandersetzung mit dem offensichtlich eher kriminellen Zemuner Anglermilieu als auch die Stimmung als Fußballfans von Roter Stern haben starken Bezug zu Belgrad. Zemun ist das Viertel Belgrads, aus dem diese Gruppe von Anglern kommt, mit denen sich Ćopa so gewalt(tät)ig anlegt, dass er untertauchen muss. Roter Stern Belgrad ist *der* Fußballclub Belgrads. Bereits das „Fußballstadion ist das Schlachtfeld."[1040] Die Fußballfans sind extrem gewaltbereit. Der Ort ist also zunächst nicht beliebig und austauschbar, wie z.B. Leeds bei Kane. Er könnte insofern komplett auf eine andere Stadt ‚transponiert' und einen anderen Kontext bezogen, adaptiert werden, als die Komponenten mafiöses Stadtviertel und großer Fußballfanclub ubiquitär sind.

6.4 Figurenkonstellationen

Die Verteilung – fünf Frauenrollen von elf Figuren – in *Die Pavillons* lässt, was das Geschlechterverhältnis betrifft, ein ausgewogenes Stück vermuten. Die bloße numerische Verteilung reicht hier jedoch bei Weitem nicht als Beleg

---

1038 Marković, 2001, S. 38.
1039 Marković, 2001, ebd.
1040 Schütte, in: Fauth et al., 2012, S. 275.

für eine solche Vermutung aus. Die Frauenrollen haben durchgehend auffällig weniger Text als die Männerrollen, kürzere Wortbeiträge und weniger. Als Beispiel hat Mala 36 Wortbeiträge im vierten Teil, bis sie sich erschießt. Es kommen noch acht Wortbeiträge innerhalb des Mutter-Tochter-Gespräches hinzu (jeweils vier Lepa, vier Ćera), also insgesamt 44. In demselben Teil haben die vier Männerrollen 154 Wortbeiträge, das sind quantitativ ca. zwei Drittel mehr, das kann als nicht ausgeglichen bezeichnet werden.

Alle Rollen bestehen aus widersprüchlichen und teils gebrochenen Figuren, gescheiterten Existenzen, was an den gesellschaftlichen Verhältnissen festgemacht wird: Die Männerrollen sind Süchtige, ein Drogenboss mit Kumpeln, Feinden und naive und gewalttätige Bodyguards. Die Frauenrollen sind Mütter, verhinderte Mütter, Großmütter, Prostituierte, ein minderjähriges Opfer von Gewalt, ehemalige zerstörte bzw. verlorene Lieben und auch Abhängige von Suchtstoffen. Sie werden jedoch in emotionaler und ökonomischer Hinsicht so dargestellt, dass sie immer unabhängiger werden: Dobrila lebt als Rentnerin alleine und kann ihre Schwester notgedrungen aufnehmen; Lepa macht sich offensichtlich keinerlei existenzielle Sorgen, Mala schädigt Männer finanziell, indem sie ihnen etwas stiehlt oder sich ihnen entzieht.

Während die sprechenden Namen Fürst, Schöne, Töchterchen, Katerchen, Kleine, Gutfee, Menschenliebe geradezu märchenhaft klingen, verhält sich die Handlung konträr dazu, was Ironie erzeugt. Der alte Mann und seine Frau haben eine euphemistisch ausgedrückt sehr unausgeglichene Kommunikation. Lepa wird auf die Bühne befohlen. Sie beginnt einen Satz und wird unterbrochen. Dann stellt sie die auf ihren Mann und seine Interessen bezogene Frage „Willst du jetzt essen?" und hat bis zum Ende der Szene jeweils zweimal nur ein Wort, einmal „Hier…" und einmal „Danke".[1041] Es ist anzunehmen, dass sie dieses letzte Wort des Dankes ironisch ausspricht, kurz bevor ihr sie beleidigender, beschimpfender und übel fluchender Mann wieder Schläge auf ihr Gesäß gibt, womit auch die körperlichen Grenzen und Besitzverhältnisse bzw. Übergriffigkeiten zugeordnet wären.

....

1041 Marković, 2001, S. 3.

Der Mann kritisiert das Aussehen seiner Frau, die ihm zu beleibt ist, und er erniedrigt und beleidigt sie mit üblen Worten wie „Krüppel",[1042] der nicht kochen kann, und „Dickwanst".[1043] Zwar verwendet er einmal die Bezeichnung „Königin",[1044] ein anderes Mal mit einer gewissen Rührung den Diminutiv „Lepica" oder „Püppchen",[1045] auch gegenüber der Tochter achtet er nicht seine Frau, wenn er „Deine fette Mutter"[1046] sagt.

Grundsätzlich bemängelt Knez die Qualität der Gerichte mit äußerst abwertenden und demütigenden Kommentaren zu den einzelnen Speisen, die Lepa ihm zubereitet: „Dein Sarma schmeckt, als hättest du die Krautblätter am Arsch aufgelegt."[1047] Auch droht er ihr in durchgehend ordinärer und ganz deutlich gewaltvoller Sprache.[1048] Stoisch erträgt Lepa dies alles, ohne sein Niveau anzunehmen. Sichtbar wird die Kraft, die hinter der Haltung dieser Figur steht.

Allein in den ersten zwei Szenen wird überdeutlich klar, dass die Frau für den Mann in der patriarchalen Konstruktion als Hausvater und Tyrann nur als Opfer seiner Gewalt attraktiv ist. Die floskelhaften Fluch-Phrasen, die Marković nicht scheut, werden ebenso wie die Bezeichnungen für die Gerichte in der deutschen Fassung nicht übersetzt. Als häufig floskelhafte Appositionen, die in der Originalsprache gelassen werden, sind sie Zuschauenden/-hörenden entweder sprachlich fremd und daher erträglich, zugleich in ihrer Massivität für kulturvertraute Personen authentisch, wenn auch vielleicht von einer Autorin und aus dem Mund einer Frauenfigur ungewohnt häufig und heftig.[1049] Eine

....

1042 Marković, 2001, S. 8.

1043 Marković, 2001, S. 3, 7.

1044 Marković, 2001, S. 3.

1045 Marković, 2001, S. 8.

1046 Marković, 2001, S. 22f; S. 24f: „fette Sau", „Fette", „deine Dicke".

1047 Marković, 2001, S. 7.

1048 Marković, 2001, S. 23: „halts Maul, oder ich schlag dir sämtliche Zähne aus dem Schädel!"

1049 Wörtlich lauten sie einmal, Marković, 2001, S. 4: „mamu mu jebem"; übersetzt: „Seine Mama ficke ich ihm"; dann „ich ficke deine Mutter in die Fotze" als längere Formulierung; dann einmal die Kurzfassung davon: „in die Fotze", und, wie erwähnt, über n e u n Mal: „Bei meiner Mutter, wie werde ich ihn dir aufschlagen/aufbumsen/draufdonnern". Marković, 2001, S. 3, 8, 23 jeweils zweimal, und S. 25; ferner jeweils einmal auf S. 14, 21 und 22: z.B. „majke ti ga nabijem" [wörtlich übersetzt: bei meiner Mutter, was ich ihn dir draufdonnere].

Spezifizierung, welche Körperöffnungen für die sexuelle Gewalt verwendet werden würden, deutet an, welche alternativen Orte für das Eindringen möglich sind, aber ausgelassen werden. Das Fragmentarische der Flüche deutet weniger auf die Scham beim Aussprechen hin als darauf, dass allen Beteiligten die volle Länge bekannt ist und es lediglich der Anspielung bedarf.

Mit den Fluchfüllseln, die vor allem Diskontinuitätsmarker sind, indem sie jede inhaltliche Aussage heftig unterbrechen, wird die permanent potenzielle und potenzierte Gewalt signalisiert, vor dem geistigen Auge phantasiert. Menschenverachtend in der Sprachverwendung wird hier deutlich, dass die Vorstellungen, die man ausspricht, präsenter sind, die Hemmschwelle sie umzusetzen verringert wird. Es auf Dauer nicht komisch ist eine solch gewaltvolle Sprachverwendung zu haben, da sie das Bewusstsein prägt.

Komik kommt dabei lediglich dadurch zustande, dass es eine ungewohnte Kombination der Sprachen gibt, auf die serbokroatische Formulierung direkt eine deutschsprachige Fortsetzung folgt,[1050] ungeachtet des gruseligen Inhalts. Traurig ist allerdings, dass die Figuren offensichtlich dermaßen zerrüttete Verhältnisse haben und eine Spracharmut, die ihnen alle weiteren Alternativen, wie beispielsweise gewaltfreie Kommunikation, versagt.

Lepa wird durch die Beschimpfungen immerhin wahrgenommen und nicht wie ein Möbelstück zum Inventar gehörend übersehen und angeschwiegen.[1051]

Alle diese Flüche sind in allen kulturellen Kontexten als sehr und unerträglich heftig zu verstehen und charakterisieren das Verhältnis des Ehepaares als instabil, hierarchisch und zerrüttet. Marković sagt: „Flüche sind in unserer

---

Ebd., S. 3: „Mamu ti jebem u pićku.", übersetzt: „Ich vögele/ficke deine Mutter in die Möse/ Fotze". Dieser Schimpfsatz kann und wird auch in nur abgekürzter hinweisender Form verwendet: „u pićku", s. Marković, 2001, S. 8: Das Floskelhafte „Majku mu" wird zweimal verwendet; übersetzt „ihm die Mutter".

1050 Z.B. Marković, 2001, ebd.: „jebo bi mu kevu mit dem Schraubenzieher". [übers. Ich würde ihn seine Mutter ficken, mit dem …] Wenn jemand seine Frau anschaute, würde Knez diesen mit diesem kalten, harten, phallischen Stück Werkzeug, das etwas öffnen oder schließen kann, vergewaltigen.

1051 Butler, 1997, S. 13: „One is not simply fixed by the name that one is called. In being called injurious names, one is derogated and demeaned. But the name holds out another possibility for social existence, initiated into a temporal life of language that exceeds the prior purposes that animate that call. Thus the injurious address may appear to fix or paralyze the one it hails, but it may also produce an unexpected and enabling response."

Kultur eine völlig artifizielle Sache, die im sogenannten Volksausdruck tief verwurzelt ist, der sehr wichtig ist."[1052] Gerade in Verbindung mit dieser Aussage ist das geschlechterbezogene Missverhältnis der Menge von Fluchworten hier vielsagend. Die Frauenfiguren fluchen kaum,[1053] sie haben eine Intensität der Gefühle, mit der sie eine überraschende neue Wesensart anders ausdrücken können.

In den Szenen in der Wohngemeinschaft mit den beiden Brüdern sind die Floskeln und Phrasen der Schimpfwörter mutterzentriert und drohen sexuelle Gewalt an, die ehrverletzend sein soll. Ebenso intensiviert die Verwendung von Serbokroatisch und Deutsch in der deutschen Übersetzung, wie bereits erwähnt, die Wirkung. Dadurch ist die Sprache einer der Orte, an dem deutlich wird, dass es eine Entfremdung gibt, eine fremde Komponente in der deutschen Fassung. Die Figur Knez ist es, bei der diese ‚Sprachfremde' auszumachen ist. Zwei Sprachen spricht die Figur dadurch, dass die Flüche im Serbokroatischen beibehalten werden, was von der Autorin nicht als Migrationskontext intendiert ist, sondern als neue Nuance durch die Adaption hinzukommt. Den anderen Figuren gegenüber ist er durch die gewaltsame Sprache ein Feind.

Das Wort Mutter als Fluchfläche ist nicht zwingend und logisch an die Qualität der Eltern- und Erziehungsrolle der eigenen Mutter geknüpft, die als Vergleichsmaßstab funktionalisiert wird. Die Mutter von Knez hat ihn, als er klein war, heftig geschlagen und getrunken, wie er sich unreflektiert anerkennend erinnert,[1054] denn sie wird von ihm, u.a. mit ihren unerreichbaren Kochkünsten idealisiert: „erinnerst du dich an Zorka-Omi?", „Meine Ćera ist ganz die Zorka-Oma". Da diese einem Arbeitsunfall zum Opfer gefallen

....

1052 Marković, in: Babić, 2009, S. 170.

1053 Vgl. Marković, 2001, S. 34.

1054 Vgl. Marković, 2001, S. 21f: „Nichts ist das, gar nichts dagegen wie meine Zorka, meine Mutter selig, dreinhauen konnte…", „Die Zorka hat eine schwere Hand gehabt, Lepa… Von in der Früh bis zu Mittag in der Fabrik an der Maschine, Lepa, und ab Mittag hat sie in Betrieben geputzt… Und ihre Hand war wie eine Maschine, mein liebes Mütterlein, wenn die zuhaut, da verlassen dich alle guten Geister", „Und so kommt sie nach Haus, meine Zorka, und vorm Tor fängt sie die Vermieterin ab, wir haben damals in Untermiete gewohnt, in der Vorstadt, und die Vermieterin sagt zu meiner Mutter, ich hätt das Fenster eingeschlagen und ich hätt dies, ich hätt das… Die Zorka hat mich verdroschen, bis ich ohnmächtig war, mein liebes Mütterlein".

ist, kann das hier als bedrohlich für die Tochter verstanden werden.[1055] Lepa scheint dieses Loblied auf ihre Schwiegermutter wie auch das Bedrohliche zu kennen, sie antwortet mit mehrmaligem „Ja" und „Das weiß ich alles", um die Thematik zu einem Abschluss zu bringen.

Neben der eigenen Mutter wird auch die Tochter von Knez aufgewertet als „das einzig Schöne"[1056] in seinem Leben, während Lepa ihm zu dick geworden sei und sich seine Schläge zu sehr zu Herzen nehme. Sein „Töchterchen"[1057] wird durch dieses Diminutiv verniedlicht, verkleinert und verliert an Stärke. Der Name der Tochter Ćera ist an sich bereits eine Abkürzung für Kćerka, was Tochter heißt. Insofern bleibt sie tendenziell namenlos und übergeordnet verallgemeinerbar, wie die Schöne/Mutter, zusätzlich aber auch verhaftet in der Tochterrolle, wie sich im Stück zeigen wird. Zwar ist sie angeblich „das einzig Schöne in seinem Leben",[1058] aber Ćera ist für ihn ein Kind, solange sie nicht eigenes Geld verdient. Er hat die Besitzrechte an ihr, ihnen beiden, und die Mutter hat für alle zu kochen.

Der Frau wird vom Mann unterstellt, ihm qualitativ besonders miserables Essen zu servieren.[1059] Das Essen, das angeblich wie zum Wegwerfen aussieht, wird abwertend als „zusammengemanscht",[1060] beschrieben. Ein einziges Gebiet hat Lepa, Einkaufen und Kochen, auf dem sie in seinen Augen versagt. Die Küche ist der einzige Ort, an den er sie am Ende der Szene hinbefiehlt.[1061]

Zudem wird sie, ihr Aussehen betreffend, zwar als früher „wow"[1062] beschrieben, aber passivisch. Denn sie werde „wie eine Prinzessin behandelt", „wurde aufgedonnert, angezogen, auf hohe Absätze gestellt wie ein Püppchen"

1055 Marković, 2001, S. 22: „Ich hab sie nicht einmal anständig begraben können. Sie ist unter die Maschine gerutscht, die hat sie an den Haaren erwischt und hat sie zu Schrott zermahlen."

1056 Marković, 2001, S. 8.

1057 Marković, 2001, ebd.

1058 Marković, 2001, S. 8.

1059 Marković, 2001, S. 3: „Rotzgibanica" „mit Abwaschwasser", S. 21: „Das ist Haarbraten"

1060 Marković, 2001, S.ebd.

1061 Marković, 2001, S. 9: „Marsch, in die Küche!"

1062 Marković, 2001, S. 8.

– erhöht wie ein Denkmal. Hier ist wieder ein Diminutiv verwendet, während Puppe an sich bereits impliziert, dass es sich um ein bewegungslos ausgeliefertes Spielzeug handelt. Dementsprechend hat die Frau keine Handlungsvision oder -alternative als zu „vergessen",[1063] sich zu bemühen, es ihm recht zu machen, während sie ihm zu weich, zu verletzbar ist und weint, was verboten ist: „Nicht heulen", „Werd ich laut, scheißt du dich an", „kleb ich dir eine, löst du dich auf".[1064]

Sexualität ist, wenn nicht Triebabfuhr, so Gewalt und Strafe. Die Gewalt ist für Knez eine Form der Erziehung und Kultivierung bzw. das Schlagen die Strafe für Unkultur, Ungepflegtheit, Gewichtszunahme und vermeintlich schlechtes Essen. Knez, der „Fürst" droht nicht nur mit Gewalt, „ich schlag dich bewusstlos, bei meiner Mutter, ich tret dich",[1065] er führt sie auch direkt und ohne Umschweife aus.[1066] Trotzdem bekocht sie ihn, auch wenn sie sich eventuell wirklich keine Mühe mehr gibt. Die Nähe von Bekochen und Gewalt ist kaum zu trennen.

Sport sieht Knez auch als Kultur an und hätte gerne seine Frau mit der Figur, die sie hatte, als er sie kennen gelernt hat. Wenn sie wahrheitsgemäß sagt, dass ihr in den vergangenen Jahren nicht nach Kultur zumute war, sondern nach Vergessen, wird er gewalttätig: „*Knez gibt Lepa eine schnelle und kräftige Ohrfeige, sie stürzt zu Boden, dann tritt er sie mit dem Fuß*"[1067] und verweist sie von der Bühne in die Küche. Auch der Befehl „Sing"[1068] macht dieses deutlich: Knez befiehlt etwas, was freiwillig und Ausdruck von Lebensfreude oder Trost sein sollte.[1069] Knez will die sonst ausgegrenzte Stimme der Frau hören

....

1063 Marković, 2001, S. 9.

1064 Marković, 2001, S. 8.

1065 Marković, 2001, ebd.

1066 Marković, 2001, S. 9, s. Text der Regieanweisung.

1067 Vgl. Marković, 2001, S. 9, Regieanweisung.

1068 Marković, 2001, S. 24f. Dreimalige Aufforderung.

1069 Das ist verknüpft mit der Herstellung von Ordnung und matriarchaler Heilkraft.Vgl. Rinnert, 2001, S. 79: „damit Rhythmus, Musikalität und Klang der Sprache eine heilende Wirkung durch eine liebende Anerkennung des anderen entfalten können". Vgl. Dux, Günter: *Die Spur der Macht im Verhältnis der Geschlechter. Über den Ursprung der Ungleichheit zwischen Frau und Mann*, Frankfurt am Main 1997, S. 109f: „Der Sinn ist allemal, etwas, das schlecht geht im Leben der Gruppe, wieder zu richten.", „Die Wiederherstellung der

und überlässt ihr die Wahl des Liedes. Sie nimmt diese Macht an, ihr Liedtext lautet übersetzt: „Nimm alles, was dir das Leben bietet, heute bist du Blume, morgen verwelkte Rose."[1070] Dies stellt den Zeitdruck für Lepa, für die Frauen allgemein, dar, aber auch einen Appell: Diese Liedzeile ruft Frauen auf, da ihr einziges Pfand, die Schönheit, vergänglich sei, alles andere, was das Leben an Möglichkeiten bereithält, als Chance zu ergreifen.

Knez, der ‚Fürst', ist allerdings, wenn seine Frau spricht, nicht kritikfähig, kann die Wahrheit nicht hören. Jeglicher Wortbeitrag seiner Frau wird von ihm als Angriff aufgefasst, der einen physischen Rückschlag rechtfertigt, falls Knez überhaupt eine Rechtfertigung für das Schlagen braucht.

Sprechen an sich hat für Knez etwas Bedrohliches, bezogen auf die Tochter will er nichts falsch machen: „Ich habe gestern so eine dämliche amerikanische Serie gesehen, wo der Hauptwitz darin besteht, daß Eltern sich mit den Kindern unterhalten. Ich hab geglaubt, es ist besser, dass ich nicht mit Ćera rede, ich hab sie nur gestreichelt und behütet".[1071] Ein Grad von Missbrauch an Ćera durch Knez ist bei diesen Worten von Knez und Lepas Reaktion eine Erklärung, denn Lepa scheinen seine Worte Übelkeit zu verursachen. Oder sie leidet unter den Folgen der Essensqualität oder seiner Schläge. Ohne Regieanweisung aus dem Text lässt sich das nicht genau festmachen. Auf Lepas Übelkeit hin, sagt Knez: „Lepa, nicht neben den Aschenbecher, hast du gehört! Putz das jetzt weg…"[1072]

Ein drittes Verb, schweigen, ist für Knez, wenn es ihn betrifft, offensichtlich Gift, denn einerseits verbietet er ihr den Mund: „Du hast gar nichts zu sagen, du hältst am besten den Mund, Fette, und kümmerst dich um deine Küchenangelegenheiten",[1073] andererseits sagt er: „Du schweigst und schweigst und

---

guten Ordnung geschieht auf die einfachste Weise, die man sich denken kann, das macht sie so bezwingend: Der Gesang des *molimo* soll den Wald wecken." Hier wird von einem kongolesischen Ritus der patriarchalen Gruppe der *BaMbuti* gesprochen. Auf Serbokroatisch heißt ‚molimo' ‚wir bitten/beten'.

1070 Marković, 2001, S. 25: „Uzmi sve što ti život pruža, danas si cvjet, sutra uvenula ruža."

1071 Marković, 2001, S. 23.

1072 Marković, 2001, ebd.

1073 Marković, 2001, S. 14.

vergiftest mich langsam…"[1074] – ihr Schweigen ist ihre Macht, sie entzieht sich ihm in der Kommunikation. Es greift ihn an, denn, wenn sie schweigt, kann er ihr nicht mehr den Mund verbieten. Gibt sie ihm keine Widerworte, ist er verunsichert, und er hat keinen Grund oder Anlass sie zu schlagen, während sie sich unangreifbar macht.

Das Stück zeigt, dass nur ein Schlag der Frau, ein einziger Befreiungsschlag nötig ist, um die ersehnte Veränderung herbeizuführen.[1075] Die Figur der Lepa selbst stellt in der dritten Szene nach dem Schlag fest, wie einfach alles sei – ohne zu konkretisieren, ob sie damit meint, jemanden umzubringen, oder sich zu wehren, oder bloß ohne den (Ehe-)Mann auszukommen.[1076] Ohne Mann geht es jedenfalls plötzlich so gut, dass Lepa überzeugt ist, dass die Tochter den Vater des Kindes auch gar nicht mehr braucht, sondern überlegt werden kann, wann sie dem Vater des Kindes seinen Sohn überhaupt vorstellt. Am besten erst, wenn er ein alter Mann ist, bleibt ihre letztgültige Einstellung, was Ćera nicht ernst nehmen kann: „LEPA: Du wirst zu ihm gehen, wenn er alt und alleine ist, und den Sohn an der Hand zu ihm führen und sagen. ĆERA: Mama, du siehst zu viele Fernsehserien."[1077]

Die Mutterfigur Lepa, die ihren Mann abschafft, als die Tochter in Gefahr ist, konnte die Schwangerschaft zuvor nicht verhindern. Nach ihrer Befreiungstat ist sie insofern eine emanzipierte Mutter, als sie die väterliche Leerstelle besetzt und überzeugt ist, dass die Mutter-Tochter-Dyade vollkommen ausreicht,[1078] um das Kind großzuziehen und ein erfülltes Leben zu haben. Die Mutter verdrängt den Kindsvater und formuliert in der ersten Person Plural: „Was brauchen wir ihn? Du hast mich, und wenn du deine Schule fertig hast

....

1074 Marković, 2001, S. 3.

1075 Die Umschlaggestaltung zu *Heuschrecken* von Srbljanović, *Der Wald leuchtet* von Marković und *Orangehaut* von Pelević, Berlin 2011, zeigt eine Frau im Bikini oder Unterwäsche und mit Absatzschuhen, die mit einem Baseballschläger einen Mann mit Buch und Krawatte, dessen Kopf und Oberkörper kugelrund rollen, zuvor getroffen zu haben scheint.

1076 Vgl. Marković, 2001, S. 26, Regieanweisung: „Sie schlägt ihn auf den Kopf, er stürzt.", S. 39: „Alles ist so einfach. Nur hab ich nicht gewußt, daß alles so einfach sein kann".

1077 Marković, 2001, S. 39.

1078 Marković, 2001, S. 38: „Was brauchen wir ihn? Du hast mich".

und dein eigener Herr bist, wirst du schon jemanden finden."[1079] Ein potenzieller Freund oder Mann rückt an zeitlich und hierarchisch spätere Stelle. Konfliktträchtig ist dabei allerdings, dass sie durch die Rolle der Kümmernden die Tochter unterdrückt: „ich werd das Kind hüten. Das will ich. Immer schon wollt ich eine junge Oma sein. Das ist echt schön. Das ist das Beste / jetzt, solang ich noch Kraft hab und arbeiten kann und dir helfen kann, das ist echt schön"[1080] – es geht nicht um den zukünftigen Studienerfolg der Tochter oder deren Mutterschaft. Diese Mutterfigur übernimmt als neu Alleinerziehende nicht Eigenschaften des Vaters, sondern das Mütterliche nimmt breiten Platz ein. Innerhalb der patriarchalen Gesellschaft stellt dies widerständiges Verhalten dar, denn obwohl der Vater rätselhaft bis unkommentiert verschwindet, wird die Mutter-Tochter-Beziehung zu weiblicher Komplizenschaft, bis die Tochter auch diese aufkündigt.[1081]

Wenn diese Figuren repräsentativ bzw. verallgemeinerbar sind, scheinen Mütter, eventuell Eltern, ihre Kinder zu besitzen, möglicherweise sogar umfassender als Männer meinen, Frauen besitzen zu müssen. Es gibt den Anspruch, dass die Tochter zwar ihr „eigener Herr"[1082] werden, aber zugleich mit den Eltern zusammenbleiben soll, während der Freund der Fremde bleibt und kaum eine Chance hat, zu einem Teil des intrafamiliären Gefüges zu werden. Lepa als Mutter bricht nicht aus der Mutterrolle aus.[1083]

Das Selbst der Tochter kann sich erneut nicht einfach zeigen und weiterentwickeln, zu weinen wird ihr von der Mutter geradezu verboten, allerdings zu schreien eingeräumt.[1084] Das Selbst verbirgt sich im Schweigen, ebenso wie die Frau in der Mutter hinter vielen Worten verschüttet ist.

....

1079 Marković, 2001, S. 39.

1080 Marković, 2001, S. 38.

1081 Vgl. Dreysse, Miriam: *Mutterschaft und Familie. Inszenierung in Theater und Performance*, Bielefeld 2015, S. 191.

1082 Marković, 2001, S. 38.

1083 Statt von sich in der ersten Person zu sprechen, formuliert sie aufnötigend, denn sie sagt, ihre Tochter müsse etwas wegen des Babys essen, Marković, 2001, S. 33: „Die Mama wird dir gleich was richten".

1084 Marković, 2001, S. 38: „Du sollst nicht weinen", „Du sollst niemals weinen. Brüll, schrei, aber weine nie."

Der jüngere Bruder von Macan wird als latent gewalttätig dargestellt, jedenfalls schreckt er verbal vor einem Mord an einer Oma im Haus, wahrscheinlich Dobrila, nicht zurück.[1085] Er erzählt, wie der von ihnen erwartete Ćopa von einem gewissen Varga[1086] verprügelt wurde, weil beide sich über ein Angelverbot an der Save in die Quere gekommen sind. Als es an der Tür klingelt, fürchtet er, es sei die Polizei, und ist erleichtert, als Mala erscheint, die vor vier Jahren Ćopa mit Hilfe von Kepa und Baja mit dem Ziel Prag unvermittelt verlassen hat. Macan hat nicht Malas Vertrauen, denn sie deutet ihm an, er solle spazieren gehen, während er im Gegenzug bei ihr eine Gewichtsabnahme konstatiert. Wenn sie vor Džiga steht und feststellt, dass sie inzwischen fast gleich groß sind, sagt dies etwas über Malas mittlerweile auch gewachsene innere Größe aus.[1087] Sie weiß, wie stark sie körperlich-erotisch auf Džiga wirkt.[1088] Mit einem Gespräch über die Vergangenheit versucht Mala anzuknüpfen, aber Džiga hätte gerne, dass sie geht, bevor Ćopa kommt. Er ist nicht mehr ihr Held von früher, er arbeitet für Ćopa, der in seiner Nachfolge neuer Drogenboss ist. Die beiden Männer haben sozusagen die Rollen getauscht.

Macan, der hinterhältig-heimlich auf der Dachterrasse seit einiger Zeit Ćera, die 16jährige Tochter seiner Nachbarn Knez und Lepa, trifft, kann als ‚dauergeil‘ bezeichnet werden: Als sie von der Schule kommt, möchte Macan gleich dort mit ihr Sex haben. Weil es nicht erlaubt war, haben sie noch nie ein Bett für den Sex zur Verfügung gehabt, das gefällt Ćera nicht, Macan ist es egal bis aufregend; fordernd fragt er: „Na, wozu bist du dann hergekommen?"[1089] Er ist nicht fähig sich vorzustellen, dass Ćera nicht wegen des Sexes gekom-

---

1085 Marković, 2001, S. 4: „MACAN: Scheiße, Bruder, wenns hier ganz eng wird, leg ich die Omi um… DŽIGA: Scheiße, Bruder, nicht das Omilein… Die ist okay… Bringt uns Kuchen…"

1086 Vrag heißt Teufel, evtl. ist Varga ein Anagramm aus vraga. Der Dativ do vraga heißt zum Teufel.

1087 Marković, 2001, S. 10: „MALA: Um wieviel kleiner du geworden bist… Du warst um einen Kopf größer als ich. Vielleicht eine Spur weniger… Schau jetzt, unsere Schulterhöhe ist fast gleich."

1088 Marković, 2001, ebd.: „MALA: Er steht dir. DŽIGA: Gleich wird er schrumpfen. MALA: Schau, er tuts nicht. DŽIGA: Mit Willenskraft und Konzentration bring ich ihn runter. MALA: Warum?"

1089 Marković, 2001, S. 12.

men ist: Obwohl Ćera ihn sechsmal zumindest mit Sätzen,[1090] eventuell dabei auch physisch unterstützt, abzuwehren versucht, drängt er sie deutlich und verdoppelt den Druck, indem er sein Glied personifiziert; zugleich zieht er sich damit aus der Verantwortung. Sein Bedürfnis steht für ihn im Mittelpunkt.[1091] Macan wird als Figur gezeigt, die sexfixiert und promisk, dabei nicht mutig bis richtig feige und nicht an einer ernsthaft-verbindlichen offiziellen Beziehung interessiert ist. Nachdem Ćeras Vater die beiden auf dem Dach findet, sprechen die beiden Männer nicht, sondern Macan schlägt Knez bewusstlos. Damit ist ihr Verhältnis, bevor es begonnen hat, ruiniert. Dabei gesteht Ćera Macan danach, dass sie wohl im vierten Monat schwanger ist. Die eskalierte Situation zwischen den Männern bekommt die Tochter bei der Begegnung mit dem Vater zwei Szenen später zu spüren. Beim Vater ist sie so sehr im Ansehen gefallen, dass er sie schlagen will. Letztlich ist aber er der Prügelknabe, da er von seiner Frau erschlagen wird.[1092]

Ćopas erster Auftritt im Stück ist: „Ich weiß, wie man Jägerschnitzel macht."[1093] Damit mischt Ćopa sich direkt in das ablaufende Gespräch zwischen den Brüdern und Mala. Dabei wird die Anrede ‚Bruder' neben dem Verwandtschaftshinweis auch als Zeichen der Verbrüderung eingesetzt, unabhängig davon, ob der restliche Wortbeitrag gerade provoziert oder tatsächlich Nähe und Gemeinsamkeit herstellen soll.[1094] Hierbei wird die Wertigkeit von Essen und Kochkenntnis als Qualität und Kompetenz deutlich. Jägerschnitzel ist von der Bedeutung her etwas doppeldeutig, denn es entspricht dem Deutschen „aus jemandem Hackfleisch machen".

....

1090 Marković, 2001, S. 13: „Sei mir nicht bös.", zweimalig „Ich kann nicht.", später „Hör auf.", „Nicht hier, bitte" und „Ich will nicht!"

1091 Marković, 2001, S. 13f: „Mach kein Theater.", „Ich bin nicht bös, er aber schon.", „Er ist bös, weil er zwei Tage lang sein Mädchen nicht gesehen hat", „Na gut, Herzchen, weißtu, daß ich überschnapp, wenn ich nicht jeden Tag eine ficke?" und „Komm, nur ein bisschen."

1092 Marković, 2001, S .25f: *Er schlägt Ćera.* LEPA: Nein! *Sie schlägt ihn auf den Kopf, er stürzt.*

1093 Marković, 2001, S. 26.

1094 Marković, 2001, ebd.: „ĆOPA: Servus, Bruder! DŽIGA: Servus, Bruder, was gibt's?" Vgl. Marković, 2001, S. 28: „MACAN: Du bist ein Dichter, Scheiße! ĆOPA: Und du, Bruder, ein Kinderficker!".

Bei Oma Dobrila und ihrer Schwester Ljudmila gibt es Krapfen aus Germteig zu essen. Dies ist eine Art Langoš oder Butzen.[1095] Diese Krapfen geben viel Energie, gerade für Menschen, die sich nicht täglich Fleisch leisten können. Es ist kein Nachtisch oder ein alltägliches Essen, sondern eher etwas, womit Kinder und Enkel verwöhnt werden. Wenn später der tote Dieb danach einen Krapfen im Mund hat, kann dies dafür stehen, dass ihm der Mund gestopft worden ist, wie man Kinder und Frauen mit Süßigkeiten abzuspeisen bzw. ihnen den Mund zu stopfen pflegte. Es ist ein Bild, das auf Schlaraffenland hinweist, wenn jemand mit vollem Mund daliegt und so aussieht, als hätte er sich überessen und hätte Nahrung im Überfluss. Da dies nicht geschehen ist und die Diebe wohl eher aus Not einbrechen, konterkariert dieses Gegenbild die Situation des hungrig gewesenen Toten.

Der mörderische Dieb bleibt namenlos, im Gegensatz zu dessen Kumpanen, der Schiki heißt.[1096] Dadurch ist er nicht unwichtig, sondern verallgemeinerbar. Der eine steht für alle, die auf der Täterseite relativ früh sterben, der andere philosophiert, monologisiert und gibt Weisheiten von sich, die man ihm aufgrund seiner ‚Tätigkeit‘ nicht zutrauen würde. „Lopov“, übersetzt Dieb, ist ein gängiges, in der Alltagssprache oft verwendetes Schimpfwort für PolitikerInnen in Kroatien, Serbien sowie Bosnien-Herzegowina. Da einige PolitikerInnen, darunter ein ehemaliger Ministerpräsident, neben der Korruptionsproblematik wegen Steuerhinterziehung im Gefängnis einsitzen, ist zu vermuten, dass Marković darauf anspielt.[1097]

....

1095 Uštipci heißt das Hefeteiggericht, was soviel wie Gekniffene heißt. Diese Bezeichnung kommt daher, dass man ein Stück aus der Teigmasse heraus‚kneift‘, um es ins heiße Öl zu geben. Es ist ein sehr fettes Essen, das nicht gezuckert wird, wie die Krapfen, die auch unter der Bezeichnung Berliner zu Karneval gegessen werden.

1096 Marković, 2001, S. 18, 31.

1097 Gemeint sind nicht nur Pseudo-Präsidenten, wie der selbsterklärte kroatische Serbe Milan Babić, der sich zum Präsidenten der Krajina erklärte und sich nach der Verurteilung in Den Haag zu 13 Jahren Gefängnis das Leben nahm, sondern demokratisch gewählte PolitikerInnen, u.a. der ehemalige Präsident Kroatiens, deren kriminelles Verhalten u.a. Mappes-Niediek, Norbert in: *Kroatien. Ein Länderporträt*, 3. aktual. u. erw. Aufl., Berlin 2011, bes. S. 98ff verhandelt.

Der überlebende Dieb spricht nach den Morden im Präsens, als habe er nicht die Konsequenz realisiert, dass durch den Mord die Oma nicht mehr agieren kann, also den Staub wisch-e, Fotos hat-te. Er stellt sich nicht nur durch den Mord, sondern auch nach ihrem Tod über sie und bewertet ihre Putzfähigkeiten und die Menge an Fotos, wobei er, wie erwähnt, über den Zweck von Fotos und das Abgebildete sinniert. Er wird damit als ein philosophierender, vergeistigter Täter postuliert, was ihn vielschichtiger, uneinschätzbarer, damit unheimlicher macht. Man kann die Figur dadurch nicht als primitiv abtun.

Der Komplize Schiki, den er ebenfalls erschlagen hat, weil er ihm zuviel sprach, war sein guter Freund und sein Trauzeuge, mit dem er sich gelegentlich Sex-Videoaufnahmen von dessen diversen Geliebten angeschaut hatte.

Doppelt stellt er sich auch über ihn: Tatsächlich, indem er über ihm stehend den Leichnam mit dem Krapfen im Mund betrachtet, und metaphorisch, indem er überlegt, ob er ihn auf Video aufnehmen soll, ebenso wie dieser zu Lebzeiten seine Geliebten beim Akt gefilmt hatte. Beim Essen, beim Sterben, beim Sex gefilmt werden sind hier Macht und Machtmissbrauchsmomente.[1098]

Im vierten und letzten Abschnitt des Stückes, *Die Versammlung*, stellt der Dieb fest, dass er nicht weiß, wie er selbst heißt. Dies sei unwichtig, ebenso, dass er irgendwo eine Frau und Kinder habe. Wie kurz er bei diesen Aussagen mit beiden Beinen am oder auf dem Boden der Tatsachen und Verantwortungen steht, zeigt sich darin, dass er dabei auf dem Tisch steppt. Durch den Stepptanz erklärt sich seine Lebenseinstellung: Im Leben ist das Ideal, mit beiden Beinen fest auf dem Boden zu stehen; er kann das nur ganz kurz, als sei der Boden zu heiß. Das Steppen drückt eine innere Unruhe aus; der Dieb bleibt anonym und ist nicht wirklich angekoppelt an die Gesellschaft, was ihn aber umso mehr zu seinen grundlegenden Ansichten[1099] zu befähigen scheint.

Was den abschließenden Teil *Die Versammlung* betrifft, findet zunächst ein aufgrund des narkomanen Zustands der Figuren nicht ganz stringentes

1098 Dies erinnert im Kriegskontext der 1990er an die Problematik mitgefilmter Vergewaltigungen, die in deutschen Videoverleihclubs unter der Ladentheke zu haben waren.

1099 Z. B. Marković, 2001, S. 39: „Das Leben ist kurz, und jeder sollte sich um Kultur und um Hygiene bemühen."

Gespräch über Malas Kochkompetenz und Jägerschnitzel statt. Dadurch, dass viel gelacht wird und gemeinsam Drogen konsumiert werden, gewitzelt und gefoppt wird, sind die Verhältnisse scheinbar harmonisch. Aber als der Drogenlieferant Ćopa auftaucht, ist die Situation noch angespannter als zuvor. Das Verhältnis der beiden zentralen Männerfiguren ist auf allen Ebenen von Konkurrenz und Machtkampf geprägt. Ćopa hat die Position im Drogengeschäft eingenommen, die Džiga hatte, bevor ihn Gefängnis, Krieg und Drogen abhängig gemacht und zerstört haben. Die Zustände dieser Parallelwelt sind hierarchisch, anarchisch und archaisch-patriarchal: Mackerhaft positioniert Ćopa sich als Alphatier in der Stadt, indem er sich mit anderen Männern beim Angeln anlegt. Das Angeln ist eine ursprünglich friedliche Freizeitdomäne, die eskaliert wie aggressives Fußballfansein. Tendenziell mit dem Image von langweilig und etwas für ärmere Schichten behaftet, ist Angeln weniger Sport oder Hobby als ein Konfliktherd, der über Schlägereien hinausgeht. Er führt zum Bandenkrieg verschiedener Clans. Ćopa fürchtet Rache, sieht sich gezwungen, sich in Sicherheit zu bringen. Zwischen Ćopa und Džiga, die um Mala konkurrieren, kann die Situation jederzeit kippen.

6.5   Kriegs(gewalt)

Der Inhalt des Stückes wirkt umso gewaltgeladener, als es bereits im Titel lapidar auf ein existentielles ‚am Rande sein‘ hinweist. Das Wort Gericht erlangt hier in dem Kontext von Familie, Liebe und Gewalt eine doppelte Bedeutung, im kulinarischen und im juristischen Bereich, wobei die Gewalt sich im Bereich der Kriminalität und Selbstjustiz abspielt.

Gewalt findet direkt mit Waffen statt, als Mord, dann als Gewalt in der Ehe, als häusliche Gewalt, über Handgreiflichkeiten bzw. Schlägereien, und sehr direkt verbal, mit der gesamten Klaviatur eskalierender Sprechakte. Die Wortwahl ist bei den Männern insgesamt dermaßen frauenverachtend und gewalttätig, dass von einer kriegerischen Stimmung gesprochen werden kann, bei der das Drohen und Bedroht-Werden, Beleidigungen und Vergewaltigungsszenarien omnipräsent sind. Direktes Sprechen über die Kriegszeit ist aber selten, im Grunde gibt es nur zwei Textstellen. Džigas Wortbeitrag macht die Situation während des Krieges, sein Verdrängen und seine Bewertung zugleich deutlich, wenn er sagt: „Ist mir egal, daß ich drei Jahre lang in Häuser und Kühe geballert hab, während du hier die Geschäfte geführt hast, egal…".[1100] Auf Nutztiere und Gebäude zu schießen macht die Zerstörungswut deutlich und die Sinnlosigkeit des Unterfangens. Zugleich unterschlägt es die Existenz von ermordeten Menschen.

Als Mala die Pistole hält, drückt sie ihr Unverständnis über die Fähigkeit zu töten aus. Für sich streitet sie ab, dazu imstande zu sein, erschießt sich jedoch kurz darauf unter Drogeneinfluss selbst.[1101] Wenn Ćopa sie zuvor bezüglich ihrer Taten mit einer „echten Partisanin"[1102] vergleicht, ist dies anerkennend, zeigt die Präsenz des Zweiten Weltkrieges sowie die durchgängige Kriegssituation einer zwangsweise Prostituierten und Suchtmittelabhängigen in einem patriarchalen Drogenbandenkontext.

Malas letzter Satz, während sie sich in den Mund schießt, ist „Ich komme",[1103] während sie ihre Jugendliebe zuvor mit dem Schimpfwort Nutte[1104] bezeichnet. Zweifellos nimmt sie sich durch den verbalen Sexismus, den das Wort Nutte darstellt, die sexuelle Note von „Ich komme" sowie die raumgreifende männliche Todesart auf der Bühne und nicht im Off, den Raum, der sonst Männern vorbehalten ist. Mala eignet sich in Markovićs *Pavillons* männliches Verhalten an, wählt eine ‚männliche' Suizidart, bei der sie sich eines männlich-phallischen Accessoires bedient, der Waffe. Sie hat, wie eine Frau in der griechischen Tragödie, die Freiheit, ihre Todesart zu wählen, sie stirbt

1100 Marković, 2001, S. 30.

1101 Marković, 2001, S. 37: „Ich würd nie auf einen Menschen schießen. Ich versteh nicht, wie ihr das konntet."

1102 Marković, 2001, S. 33: „befreit sich Mala und tritt ihn mit dem Absatz in die bewußte Stelle, drischt ihm den Aschenbecher auf den Schädel und haut ab… Baja dreht völlig durch… Dule Arsch ist immer noch im Spital, und Mala ist es, wie einer echten Partisanin, gelungen, mit hundert Briefchen von dort abzuhauen und bei dir auf der Bude aufzukreuzen als gute Fee."

1103 Marković, 2001, S. 38.

1104 Marković, 2001, S. 35: „Du bist die ärgere Nutte."

einen „Tod der Männer".[1105] Zugleich zerstören die Männer, die sie ausbeuten, letztlich ihr Leben, und die Waffe steht metonymisch für die Männer.[1106]

Ferner gerät der erzählte Konflikt zwischen Ćopa und dem Angler zu einer immer weiter eskalierenden kriegerischen Hintergrundgeschichte. Wenn Ćopa die gesamte „Zemuner Kutterflotte"[1107] in die Luft jagt, geht die Kriegszeit in den aktuellen Drogen- und Geltungskrieg über.

Die zweite Narration über die Umstände, die zu Jollys Tod führten, ist weniger an die Handlung des Stückes geknüpft, dafür aber umso näher an das, was Frauen in Kriegen, sei es beispielsweise im Zweiten Weltkrieg oder in den Jugoslawienkriegen der 1990er erlebten, nämlich Gruppenvergewaltigung in Verbindung mit sadistischer Folter, z.B. dem Ausdrücken von Zigaretten auf dem Körper.[1108]

Viele Tode sind Frauen in der realen Geschichte bereits gestorben (Verbrennungen, Verfolgungen, Prüfungen von als ,Hexen' Diffamierte, Beginen etc.). Die Frauenfiguren hier eignen sich die Tötungsmittel an, sowohl Phallus-Symbol Waffe, den Herd als die Bombe, die mit ihrer Detonation ein dunkles Riesenloch hinterlässt, insofern brutaler als Kastration ist, da der gesamte Kopf oder gar Körper zerstört wird.

Grundsätzlich ist die Situation der Frauen in dem Stück zwar keinem gerade herrschenden Krieg geschuldet, aber umso mehr der Nachkriegssituation wie auch dem durchgängig bestehenden patriarchalen System. Es kann bei den sozial prekären Verhältnissen, Aussichten und Chancen tatsächlich von einem

....

1105 Loraux, 1992, S. 14: „Während der Mann in der griechischen Tragödie keine Wahl hat in der Art, angemessen zu Tode zu kommen, wird der Frau die ,tragische Freiheit' konzediert, nicht unbedingt zum Strick, sondern auch zum männlichen Schwert zu greifen: Die Regeln des Dramas lassen es zu, daß Frauen sich gleichsam den Tod der Männer ,stehlen' können."

1106 Bei der Begegnung zwischen ihrem ehemals Geliebten und großen Liebe, der aber der Erzfeind und ehemaliger Handlanger des aktuellen Gangsterbosses bzw. Drogendealers ist, sieht sie weder eine Perspektive auf der einen noch auf der anderen Seite und auch keinen Weg zu einem unabhängigen Leben nach der Zeit in Exil und Prostitution.

1107 Marković, 2001, S. 30, auch S. 26: „die halbe Zemuner Flotte".

1108 Nur dass solche Vorfälle in ,Friedenszeiten', ganz gleich ob in Indien, Serbien oder den USA oder wo auch immer auf der Welt, denen in Kriegszeiten sehr ähneln. Höchstens ist die ,Systematik' intensiver und evtl. vordergründig an eine Nationalität, Volks- oder Religionszugehörigkeit geknüpft. Mehr zum *Krieg gegen die Frauen* im gleichnamigen Werk von French, 1993, und bei Hvistendahl, 2013.

Krieg gegen die Frauen gesprochen werden, da sie systematisch physisch und verbal abgewertet, bedroht, maßlos verletzt und umgebracht werden.

Milena Markovićs Stück endet mit einer Explosion, die eher kein Unfall sein kann, sondern einen erweiterten Selbstmord bedeutet. Die Tochter will unbedingt mit Streichhölzern und Gas hantieren, obwohl sie eventuell keine Erfahrung damit hat. Das erwähnte Lied „Daj mi mama šibicu i malo benzina..."[1109] das Ćera anstimmt, mit dem Appell an die Mutter, Benzin und Streichhölzer zu erhalten, das ursprünglich von Armut zeugt, ist zu einer Fußball-Liedzeile und Drohung an Kriegsfeinde geworden. Es ist ein bekanntes und unter jugoslawischen Intellektuellen unbeliebtes, weil unangenehm hetzendes, von Fußballfans in Jugoslawien, wie auch den nachfolgenden Staaten, verwendetes Liedgut, das ausdrückt, dass das lyrische Ich eine Schule, später wahlweise das Viertel Grbavica in Sarajewo, aber auch mal Serbien oder wahlweise den Kosowo anzuzünden gedenkt. Die Zeile kündigt Ćeras Tat insofern an, als es mit chemischen Kenntnissen und mit dem Kriegs- und Gewaltkontext im Kopf schwerfällt, bei Streichholz und Benzin an Kochen zu denken, statt an Brand legen oder Explosion initiieren. Es erinnert Überlebende und Wissende an das Potenzial der gruppendynamischen Gewaltentwicklung in Verbindung mit solchen Liedern.

Diese Tochterfigur, die, wie Lepa, gar nicht im Bereich der Überzeichnung, Groteske oder Farce anzusiedeln ist, bewegt sich auf einen selbstständigen Entschluss zu: „Ich glaube, ich werde nie mehr essen."[1110] Dieser reift insofern in ihr, als sie nicht mehr ‚Spielball' der Verhältnisse oder Vorstellungen anderer sein will. Sie beginnt die letzten Sätze im Stück mit der ersten Person Singular und äußert Sätze wie „Ich mach ihn", „Ich muss auch was lernen", „Ich will das tun",[1111] und weiß, welches Leben sie auf jeden Fall nicht führen will. Sie distanziert sich damit und mit dem abwertenden Zusatz „Scheiß" bezogen auf

....

1109 Marković, 2001, S. 41: Deutsche Übers. LTG: „Gib mir, Mama, ein Streichholz und ein wenig Benzin".

1110 Marković, 2001, S. 40.

1111 Marković, 2001, S. 41.

einen angebotenen Tee und Gesprächsinhalt der Mutter von ihrer Kinderrolle und auch von der Tat der Mutter; der anzunehmende Tod ihres Vaters allein ist für sie keine dauerhaft hilfreiche Befreiung.[1112]

Anders als bei Jelineks *Krankheit oder Moderne Frauen*,[1113] das mit einer ungewollten Explosion einer Bombe bei einem NATO-Manöver endet, und Sajkos *Frau Bombe* mit der willentlichen Explosion einer Attentäterin, zeigt Marković reaktive Frauenfiguren in deprimierenden und ausweglosen Verhältnissen. Ihre gewaltsamen Taten sind direkte Reaktion auf erlebte Gewalt: Notwehr, Konsequenzen. Da die Taten nicht angekündigt werden, sind sie nicht Teil emotionaler Erpressung. Es sind Befreiungsversuche, die in Destruktion und Tod enden. Konstruktiv sind sie als reaktive Gewalt höchstens, insofern als die Explosion definitiv aus der Situation befreit.

6.6 ÜberZeichnung – ÜberFülle – ÜberMut

Bei Markovićs *Pavillons* wirkt die Handlung beim Lesen wie Lackmus-Papier für Empathiefähigkeit. Die Gewalt schlägt wie in die Magengrube, ob man sich mit der gerade geschlagenen Figur identifiziert oder nicht. Auch die Schläge, die Ausgleichseffekte sind, drehen letztlich an der Gewaltspirale.

Mittels der Themen Essen und Sexualität kommen Nähe und Körperlichkeit zustande – aber von allem zuviel. Das Werk wird im Untertitel als „abendfüllendes Stück" bezeichnet, was darauf verweist, dass das Publikum satt werden dürfte. Zudem weist Marković mit einem Humor bis hin zu Übermut der Figuren auf die ÜberFülle und ‚Füllung' hin, die in der Essens-Thematik enthalten sind. Bei der unter Umständen besonders südosteuropäischen Gabe sich stundenlang über Essen unterhalten zu können, steckt neben einer Lebensfreude etwas Verbindendes, aber auch etwas Vermeidendes. Im Woher und Wohin münden Rat- und Grenzenlosigkeit in eine Gewalt, bei der die Überfülle an Gefühlen sich unkontrolliert Bahn bricht. Die Figuren haben

....

1112 Marković, 2001, S. 40: „Ich glaube, ich werde nie mehr etwas essen.", S. 41: „Ich scheiß auf Tee!", „Red keinen Scheiß!"

1113 Jelinek, Elfriede: *Krankheit oder Moderne Frauen*, Köln 1987.

sich nicht unter Kontrolle. Drogen, Gewaltgeschichten und schwere Schicksale, bei denen sich die Figuren jeweils nichts leichter machen. Man ist als ZuschauerIn ab(end)gefüllt mit Gewalt. Da das Bühnenbild teilweise „im Stil der Zeichentrickfilme Jack Jones und Tex Avorys gezeichnet"[1114] sein soll, besteht sowohl auf der humoristischen als auch auf der gewalttätigen Ebene ein Verweis auf die Comic- bzw. Zeichentrickfilmkultur und Slapstick. Dies ist eine Art visueller Überzeichnung, die eine ernsthafte Handlung wie verpackt, kaschiert und zugleich konterkariert. Die Micky-Mausierung von Bühnenbild und Kostümen steht im Kontrast zur Grausamkeit, verniedlicht diese nicht. Die Gewalt in Comics ist brutal, aber folgenlos, vor allem ohne nachhaltiges Schmerzbewusstsein, z.b. wenn Jerry Tom mit einem Hammer auf die Pfote schlägt, diese kurz überrot pulsiert und in der direkt folgenden Verfolgungsszene wieder völlig in Ordnung ist. So ist es, als merkten Macan, Džiga und Ćopa nichts vom Tod von Mala, vielleicht auch, weil sie unter starkem Drogeneinfluss stehen. Stattdessen erzählen sie sich in ihrem Rauschzustand noch die heftige Geschichte der ehemaligen Mitschülerin und Nachbarin Jolly, die in eine Lagerhalle entführt und dort von Dutzenden von Männern vergewaltigt und gequält wird, bevor sie fliehen kann und sich von einer Brücke stürzt, um diesem Zustand ein Ende zu setzen.

Alle Gewaltgeschichten scheinen beeindruckend überzeichnet und anekdotenhaft unterhaltsam, wie beispielsweise die von dem Verbot des Fischens, der anschließenden Prügelei mit dem Angler Varga bis hin zur Sprengung der Kutter. Es geht um Machtkämpfe gepaart mit purer und umfassend gründlicher Zerstörungswut. Dabei sind die erzählten Gewaltepisoden und zu spielenden gewalttätigen Momente insgesamt in diesem Stück gravierend und eskalierend.

Im Unterschied dazu ist die Gewalt in den Comics, nach deren Art das Bühnenbild und die Räume gestaltet werden sollen, harmlos und lustig, eindeutig übertrieben und unrealistisch.

Eine zweite visuelle Zeichenebene neben dem Bühnenbild sind die Kostüme: „Die Kostüme sollten aus einer Mischung aus Narrenhemden, Sporttrikots

....

1114 Marković, 2001, S. 2: Regieanweisung. Tex Avery und Chuck Jones sind die beiden Zeichner, die Figuren wie Duffy Duck, Bugs Bunny oder den Roadrunner, um nur die drei berühmtesten zu nennen, geschaffen haben.

und Häftlingskleidung bestehen."[1115] Der geistige Horizont der zwei Brüder, die am Ende ihr Fußballfanlied singen und damit allegorisch für die homosoziale Gemeinschaftsbildung in Gesellschaften stehen, ist mit der Kleidung und Raumgestaltung unterstrichen. In der Box der Brüder ist zudem eine mit *Delije* überschriebene comic-gezeichnete Fußball-Club-Fahne vorhanden, die für Zuschauende mit Kriegserfahrung die Verbindung von Fußball und Gewalt konnotiert, denn nach serbischen Polizeiquellen ist der Fanclub von Roter Stern mit Geldwäsche sowie Waffen- und Drogenhandel beschäftigt und ultranationalistisch, homo- und xenophob.[1116] Die Fans von *Roter Stern Belgrad* werden als Delije bezeichnet bzw. bezeichnen sich selbst auch so. Es heißt soviel wie Helden oder Mordskerle und ist im Kriegskontext doppeldeutig.[1117]

....

1115 Marković, 2001, S. 2. Manche T-Shirts von Fußballteams sind vertikal-gestreift, z.B. in den Farben schwarz-weiß und tragen z.B. Werbung für eine Biersorte.

1116 Vgl. u.a. http://footballuprising.blogsport.eu/201507/15/zurueck-an-der-front-fankultur-im-ehemaligen-jugoslawien/, Stand: 03.8.2020: „Am 13.Mai 1990 war in Zagreb die Partie zwischen Dinamo Zagreb und Roter Stern Belgrad angesetzt. Die Fans vom Roten Stern wurden im Jahr zuvor von Željko ‚Arkan' Ražnatović unter dem Namen ‚Delije' (Die Tapferen) vereint und reisten in großer Zahl nach Zagreb. Infolge von schweren Ausschreitungen in der Stadt und anschließend im Stadion konnte das Spiel nie angepfiffen werden." Der zweite Fanclub heißt *Grobari*, was soviel bedeutet wie Totengräber oder Bestatter; er unterscheidet sich bezüglich der Vorwürfe und des Images kaum von *Delije*. Vgl. auch Schütte, in: Fauth et al. (Hg.), 2012, S. 275: Gewalthandlungen im Verbindung mit bestimmten Fußballspielen sind „nicht nur Vorbote der Kriege, sondern" werden „mit ihnen in eins gesetzt." Schütte befasst sich primär mit Saša Stanišićs *Wie der Soldat das Grammophon repariert*.

1117 Zur Verbindung zwischen Krieg und Sport u. a. Jelinek: *Ein Sportstück*, 2008, S. 99: „Der Sport ist nicht mehr Trugbild des Krieges, sondern der Krieg Trugbild des Sports." Seit den Ausschreitungen vor den Jugoslawienkriegen, aber auch nach den letzten Gewaltausbrüchen im Zusammenhang mit der EM in Frankreich wird deutlich, wie die Gewalt nicht mit Scham, sondern mit kämpferischem Heldentum verknüpft ist. Roter Stern Belgrad-Fans, aber auch die anderer Vereine, sind für die Kriegspropaganda und die Rekrutierung früh empfänglich gewesen, wie Fernsehberichte und Nachrichten von Ausschreitungen nach Spielen in den 1990ern berichtet hatten. Damals wie heute sind Hooligans eine gewaltbereite, alkoholisierte, nationalistische, homophobe, aber männerbündelnde Gruppe. Roter Stern Belgrad war zu jener Zeit ‚innerlich' zerrissen, wie manche Musikgruppe und viele familiäre und freundschaftliche Kontakte. Vgl. Köster, Philipp: *Pate vom Roten Stern. Hooligan und Kriegsverbrecher: Der Serbe Željko Ražnatović alias ‚Arkan der Tiger' und seine Bande*, in: 11 Freunde, Heft #191 10/2017, S. 78–83; https://www.11freunde.de/heft/heft/-191-102017, Stand: 24.02.2018. Auch unter: Ders.: *Die Blutspur des Tigers*, in: 11 Freunde, Heft 191–102017, in: https://www.11freunde.de/artikel/wie-die-hooligans-von-

Die Anweisungen für das comicartige Bühnenbild mit den Trikots unterstreicht auf der Darstellungsebene, dass es sich um etwas ‚Verspieltes' und nicht ‚Ernstes' handelt. Zugleich ist auf der Handlungsebene im Zusammenhang mit den Comics aufgezeigt, dass die Erwachsenen Trost in der Erinnerung an die Kindheit suchen ohne Aussicht etwas anderes zu finden als Gewalt in der Sprache und den Handlungssträngen; so bei Knez, Mala und Džiga sowie der Geschichte von Jolly. Die Dynamik beim Interagieren ist unreif. Die comicartig-verfremdete Gewalt in Zeichentrickfilmen lässt sich empathielos unterhaltsam auffassen.[1118] Die Bühne bei Marković zeugt daher von einer Realitätsferne dieses Fan-Geistes, die eine Folgenlosigkeit vorgaukelt, die mit der in den erwähnten Comics vergleichbar ist. Die Endgültigkeit des Gewalttätigen wird entkräftet und vergessen, ebenso wie die Verantwortung für die Gewalt. Dies ist eine Form der Flucht in andere Welten, da die Umstände und realen Lebensverhältnisse im Grunde für alle Machtlosen und Armen unerträglich sind. Die Handlung wirkt stellenweise grotesk, und es ist im Text keine Handlungsalternative angedeutet. Letztlich ist das Geschehen und die Sprachverwendung allerdings so nah am Wahrscheinlichen und so ernst angelegt, dass nicht grundlegend von grotesk oder surreal gesprochen werden kann.[1119] Der Begriff Farce, definiert als Karikatur bzw. Überzeichnung eines

---

roter-stern-belgrad-zu-moerden-wurden, Stand: 07.01.2019. Nun: https://11freunde.de/artikel/die-blutspur-des-tigers/531061, Stand: 03.08.2020.

1118 Übernatürliche Helden oder auch Tom & Jerry, Sylvester & Tweedy usw. zeigen Gewalt, die über Schmerz lachen lässt, da es statt angemessenen Reaktionen Überzeichnungen sind und die Verletzungen nicht dauerhaft.

1119 Anders ist dies bei Markovićs, *Das Puppenschiff*, 2003, einer grotesken Collage von Märchen (Schneewittchen und die sieben Zwerge), phantastischen Geschichten (Alice im Wunderland) und Mythen (Herz, statt Leber, fressender Adler), nur dass es thematisch um sexuelle Übergriffe geht, väterlich-inzestuös, geschwisterlich-inzestuös. Ob im Loch von Alice, in der Höhle der Zwerge, bei den drei Bären und Goldlöckchen mit ihrem krankem Nachwuchs sowie bei Frosch und Däumelinchen, dem Jäger und der Prinzessin mit Joint und Alkohol sowie Hänsel und Gretel, die sich streiten, küssen, einen Ort für Sex suchen und ihn bei der betrunkenen Hexe, die Malerin und Voyeurin ist, finden; er herrscht eine melancholische Verluststimmung vor. Hier spielt Gewalt weniger eine Rolle, als dass sowohl die Welt, als auch die Märchen von ihrem originären Ablauf bis zur Unkenntlichkeit von sich entfremdet und verschachtelt sind.

Geschehens, trifft, meines Erachtens, eher darauf zu,[1120] auch deshalb, weil Farce karikiert und kommentiert. Über dem Stück schwebt mit wissendem Blick auf die frustrierenden wirtschaftlichen Verhältnisse in Serbien mit provisorischen Behausungen von Armen- und Flüchtlingsvierteln, Strom- und Gasmangel eine klaustrophobisch unausweichliche Brutalität, die im Bereich des Möglichen anzusiedeln ist.[1121]

Am wenigsten Komik enthalten die Ehepaar-Szenen. Auf den Hinweis von Vater Knez, das Gericht ziehe sich „wie Kaugummi", bedankt sich Lepa mit einem einzigen „Danke".[1122] Dies kann als paradoxe Lakonie bezeichnet werden, bei der man nicht weiß, ob das Danken nicht doch ernst gemeint sein könnte.[1123]

In der Box der alten Damen hingegen ist die Komik am intensivsten, und zwar in der Überfallszene, besonders wegen Ljudmilas Wortwahl.[1124] Die Wortwahl des Alltags wird auffällig, weil eine alte Oma unerwartet umgangssprachlich und vulgär spricht. Aber worüber gelacht werden kann, kontrastiert mit der Wirkung der Gewalt. Die Morde an den alten Damen und dem Komplizen werden dadurch weder absurder noch intensiver. Beides steht nebeneinander und die Komik stirbt mit den Figuren, denen sie aber charakteristisch eigen ist. Der maskierte Dieb müsse hässlich sein, sonst trüge er keine Maske, vermutet

....

1120   Vgl. Walters, Scott: „‚The Dumbwaiter' (Harold Pinter). When Farce Turns into Something Else: Harold Pinter's ‚The Dumb Waiter'", in: Bloom, Harold (Hg.): *Dark Humor*, New York 2010, S. 119. Eine Farce hat neben comicartigen Reaktionen etwas Unwirkliches und Brutalität in Verbindung mit Objektivität.

1121   Belegbar durch unzählige Berichte von Einbrüchen, Morden, Totschlägen und Gewalttaten – gerade in der Nachkriegszeit der Jugoslawienkriege. Siehe eine Reihe von Vorträgen im Rahmen des Wiesbadener *Go East*-Filmfestivals 2016, die u.a. feststellen, dass sich der bisher feststehende Begriff des *Russischen Roulettes* abwandelt in *Serbisches Roulette* und das Leben der Einzelnen eine stetige Abwertung erlebt. Vgl. https://www.filmfestival-goeast. de/download/documents/goEast_Program_2016_web.pdf , Stand : 03.08.2020.

1122   Marković, 2001, S. 3.

1123   Anders als beim „Danke" von Ian an Cate in *Blasted* von Kane.

1124   Vgl. Marković, 2001, S. 6: Wenn eine alte Dame zuvor recht höflich spricht, dann aber über ihren weggegangenen Mann sagt „Du kannst ihn am Arsch lecken", können wir sowohl über die unerwartete, überraschend das Alter kontrastierende Wortwahl lachen und im Anschluss über die Art wie ihre Schwester zusammenzuckt und „Huch!" sagt.

Ljudmila.[1125] Damit ist ein Klassiker der frauenfeindlichen Witze aufgegriffen und umgemünzt worden.[1126] Als der Räuber der sprachgewandten und trotz der Einbrecher entspannten Oma imperativisch den Mund verbietet,[1127] lästert Dobrila über ihre Schwester, es sei schon in der Kinderzeit schwer zu bewerkstelligen gewesen, sie zum Schweigen zu bringen. Dies ist ein ansonsten ebenfalls als frauenfeindlich aufzufassender Witz. Hier sagt es aber die Schwester und nicht ein Ehemann oder irgendein Mann. Damit ist die Komik zwischen Personen angesiedelt, die sich gut kennen und liebevoll frotzeln. Ansonsten wird hier vom Dieb Frauen allgemein Geschwätzigkeit unterstellt, obwohl es höchstens die Charaktereigenschaft einer bestimmten Person ist. Dieses individuelle Charakteristikum, das sie mit dem zweiten Räuber sogar gemeinsam hat, macht sie zu einer schrägen, ungewöhnlichen und insofern ‚coolen' Figur für ein jugendliches Publikum, ein Publikum, das kriegsbedingt, wie die Autorinnen, für die Älteren und Eltern sonst weniger Verständnis hat. Die Figur des Diebes hat allerdings insgesamt kein Interesse an den anderen Menschen; statt mit ihnen zu streiten, tötet er sie.[1128]

Der Wohnungsüberfall wird nicht als solcher benannt, stattdessen werden positive Umschreibungen verwendet, die den Vorgang des Überfalls harmlos erscheinen lassen: „bei so einem Vorgang", „bei der Arbeit" und „aus beruflichen Gründen".[1129] Diese offensichtlichen Euphemismen erzeugen Komik. Wie auch, dass die Schwestern die Räuber angstfrei mit „Kinder", „Kind" und „mein Sohn" ansprechen.[1130] Da die Omas von sich aus an das Gefesselt-Werden denken und es thematisieren, zeigen sie mehr Erfahrung und Fantasie als die Diebe, die das angeblich gar nicht im Sinn, aber alles dafür dabei und parat haben. Den beiden alten Damen gelingt es sogar wie in einer Comic-Situation

....

1125 Marković, 2001, S. 16: „Mein Sohn, du mußt sehr ja hässlich sein, daß du eine Maske trägst".

1126 Der Comic, Sketch und Witz besteht darin, dass ein Ehemann nachts seine Ehefrau aus dem gemeinsamen Ehebett zu den Einbrechern im Haus schickt, die die beiden hören, damit sie sie erschrecke und diese weglaufen. Dabei wird die Ehefrau indirekt als hässlich diffamiert.

1127 Marković, 2001, S. 17: „Schweig!".

1128 Vgl. Tannen, Deborah: *Women and Men in Conversation*, London 1990, S. 160: „only those who are intimately involved with each other argue".

1129 Marković, 2001, S. 18.

1130 Vgl. Marković, 2001, S. 17.

die Räuber gegeneinander aufzubringen. Der Eine schlägt den Anderen nieder, dann die eine Oma, anschließend die andere, danach wacht sein Kumpan wieder auf und wird bald darauf endgültig von ihm erschlagen.

Diese Teile des Stückes enthalten neben dem erwähnten Wortwitz eine Art Rollentausch bzw. Statustausch, denn die Omas sind furchtlos. Ferner sind die Gespräche teilweise amüsant und unterhaltsam.[1131] Der komische Effekt wird dadurch verstärkt, dass sie konträr zur beängstigenden Situation mit maskierten Einbrechern entspannte und situationsferne Gesprächsthemen haben, wie u.a. gesundheutliche Probleme: „LJUDMILA: Geht's ihm gut? ZWEITER: Nein. DOBRILA: Ist er etwa, Gott behüte, tot? ZWEITER: Ist er, Gott behüte, nicht. LJUDMILA: Warum hast du ihn niedergeschlagen? ZWEITER: Ich wollte Sie was fragen. DOBRILA: Frag, mein Sohn. ZWEITER: Was tun sie gegen Ihr Rheuma? [...] ich hatte geglaubt, ich hätt eine Erdbeerallergie... Ich hab aufgehört Erdbeeren zu essen, aber es wurde schlimmer und schlimmer."[1132] Vertrautes Duzen, Verwenden von Vornamen und unerwartete Ehrlichkeit – die kontingente Komik vereinnahmt emotional, intensiviert so den Wechsel von slap-stick-artiger Komik zu brutalem Ernst. Diese Doppelbödigkeit im Text bricht mit ein, wie später die Boxen.

Als Ćopa Selbstkritik übt, der erste Blödsinn seines Lebens sei gewesen, dass er geboren wurde, sagt Macan lakonisch: „Wär nicht nötig gewesen [...] Keiner davon".[1133] Damit stimmt er dem unbeliebten Besucher zu, dieser sei besser nicht geboren worden. Die verbalen Schlagabtausche sind subtil und nachhaltig, gehen unter die Gürtellinie. Die zwischenmenschlichen Beziehungen sind zerrüttet. Das umgangssprachliche „Red keinen Scheiß",[1134] das viermal vorkommt, ist eines der offensichtlichsten Beispiele dafür.

....

1131 Vgl. Marković, 2001, ebd. Eine der alten Damen erwartet gefesselt zu werden, während die Räuber das nicht als Idee präsent hatten. Ein Räuber kündigt an: „Gleich reg ich mich furchtbar auf.", statt direkt zu brüllen.

1132 Marković, 2001, S. 18.

1133 Marković, 2001, S. 27.

1134 Marković, 2001, S. 20 Auch ebd.: „Du redest einen Scheiß." Die Formulierung findet sich im Stück bei Knez und Lepa, S. 24, sowie bei Džigi und Ćopa, S. 39 und Lepa und Ćera, S. 41.

6.7   Marković – Fazit

Es kann bei *Die Pavillons* von einem kulinarischen Kulturkompass gesprochen werden. Herkunft und Menü helfen bei einer Ortsbestimmung, die nicht an ein Ziel führt. Bei *Pavillons* stecken das Gewaltpotential und die Gewalt im Provisorium. Die Wohnsituationen sind nicht von Dauer, die Figurenkonstellationen auch nicht. Die Konstante des Stückes ist nicht interpersonales Vertrauen, sondern Gewalt.

Die Küche als *der* Familienraum bzw. ersatzweise das eine Wohnzimmer und Essen als *das* Familienthema sind die zwei Beilagen zur Gewalt. Beide erfüllen gemeinhin die Funktion Wärme, Vertrautheit und Nähe herzustellen. Aber die Handlungen sind zu nah, zu gewalttätig, um erträglich zu sein, das Miteinander ist letztlich zu kalt. Diese Gesellschaft ist geprägt von Misstrauen. Neben der physischen Gewalt ist die Gewalt in der Sprache, vor allem bei Knez, eindringlich. Er schlägt, bedrängt, befiehlt, beleidigt, beschimpft, droht, ignoriert, ironisiert und unterbricht. Schweigen innerhalb unvollendeter drohender Sätze und Manipulieren gehören auch zu seinem Repertoire. Gefühle vermag er nicht auszudrücken, es gibt auch keinen Versuch einer anderen Figur, bei der diese exzessiven Impulse[1135] positiv über das Maß der Sprache hinausweisen bzw. es überschreiten würden. Die verbale Gewalt ist so häufig, dass sie nicht als etwas Natürliches wirkt, sodass man sich daran gewöhnen könnte.

Das Stück ist als eine Parabel über die Gewalt speziell an Frauen zu verstehen, die unüblich darauf reagieren. Die Gewalt der Frauenfiguren hat den Anschein fatalistisch und sinnentleert zu sein, dabei ist sie primär Gegengewalt. Durch sie zeigt sich ein neuer Weg auf, wenn auch ein endgültiger und kurzer. Statt zu reden, statt weiter zu schweigen und die Gewalt zu erleiden, wird diese aufgegriffen. Die Frauenfiguren erfahren eine Aufwertung, auch wenn im gewalttätigen Handeln das Befreiende stockt und die Zustände nicht benannt und nicht verändert, sondern wie ein gordischer Knoten ohne Ankündigung gelöst werden. Weder unterhält man sich über die möglichen Reaktionen, noch

---

1135 Agamben, Giorgio: *Die Macht des Denkens. Gesammelte Essays*, Frankfurt am Main, 2013, S. 93ff.

wird laut darüber nachgedacht. Gesprochen wird über Essen und dass der Herd angehen soll. Dann fliegt alles in die Luft. Das Unausgesprochene und nicht Benannte führt also zum Explodieren. In diesem Stück ist offensichtlich ohne Herd kein Widerstand mehr nötig, aber auch möglich. Auch Frauen sind von Ausgebranntsein, Amoklauf, Selbstmordattentat und erweitertem Suizid nicht ‚frei‘, bloß weil sie Frauen sind, die ‚so etwas‘ nicht tun. Das Unbenannte – die unbefriedigend unfreie Situation für Frauen – bleibt bestehen, auch wenn wir sie nach der Gasexplosion nicht mehr sehen.

Das Stück enthält keine gewaltfreie Kommunikation; es zeigt keinen Ausweg. Zwar hat das Stück eine hohe Kommunikativität, da es das Versagen der Elterngeneration anspricht,[1136] wobei mit intertextuellen Anspielungen auf Comicfiguren, komödiantische Figuren, den Fußballfan-Kriegskontext etc. stellenweise die Komik die totale Trostlosigkeit verhindert. Die Werte wie Tugend, Treue und häusliches Glück, zuvor bereits als Fassade entlarvend gezeigt, werden mit gesprengt. Die Tragödie ist erst zu Ende, wenn sie die schlimmstmögliche Wendung genommen hat.[1137] Die Explosion in *Die Pavillons* ist ein sehr endgültiger Schluss. In seiner Aussichtslosigkeit erinnert das Stück an die Nachkriegszustände, die in den Folgestaaten Jugoslawiens, aber nicht nur dort, bestehen. Das Stück ist wie eine Parabel gegen jenes Vergessen geschrieben, dass die Zustände während und direkt nach dem Krieg so waren und zum Teil bis heute noch so sind.

1136 Marković, 2001, S. 34: „Wie sie noch auf zwei Flaschen Weinbrand täglich war.“, S. 37: „die Ohrfeigen von meiner Alten, scheiße, wie sie mich geschlagen hat, die Finger voller Ringe“. Dies Mala über ihre Mutter. Ferner: „Ćopa: Meine Mutter hat herumgehurt, Vater hab ich keinen“, Marković, 2001, S. 28.

1137 Dürrenmatt: *Die Wiedertäufer*, 1998, S. 127f.: „Die schlimmstmögliche Wendung, die eine Geschichte nehmen kann, ist die Wendung in die Komödie“. Vgl. auch Dürrenmatt, 1955, S. 37: „Uns kommt nur noch die Komödie bei.“

7 ‚Sexbomb, sexbomb, sexbomb'?[1138] Ivana Sajkos *Žena bomba/ Bombenfrau*, 2003

Die Autorin, Dramatikerin und Regisseurin Ivana Sajko ist 1975 in Zagreb, Kroatien, Jugoslawien geboren. Sie hat nach dem Studium der Dramaturgie und Philosophie sowohl die Zeitschrift *Frakcije*[1139] mit herausgegeben, als auch ihre eigene Theatergruppe *BAD co.*[1140] gegründet und bis 2005 geprägt und begleitet. Viermal erhielt sie den großen kroatischen Marin Držić-Preis für Dramaturgie, u.a. für *Orange in den Wolken* 1998 und für *Rippen/Wände* 2000.[1141] Für die Radioproduktion von *Bombenfrau* und *Europa* erhielt Sajko den Preis des Kroatischen Theaters. Ihre Stücke wurden in mehrere Sprachen übersetzt und u.a. neben Zagreb in Sarajewo, Mostar, Bern, Graz, Braunschweig, Tübingen, Frankfurt am Main und Darmstadt aufgeführt. 2013 war sie Stadtschreiberin von Graz. Im Interview mit ihrer Übersetzerin Alida Bremer für den Sender WDR3[1142] sagt sie, Theater sei sehr wichtig, um bestimmte Dinge zu begreifen. Es habe die „Rolle des Korrigierenden, indem es uns lehrt, dass, was eine Gestalt, eine literarische Gestalt ist, nicht eben eine Gestalt ist", „sondern, dass die Gestalt ein Text ist".[1143] Mit der „Dramaturgie des Tanzes" vergleicht Sajko

....

1138 In Anspielung an den Song, den Tom Jones singt.

1139 *Frakcija – Internationales Magazin für Zeitgenössische Darstellende Künste.*

1140 Abkürzung für Bad Company, die sowohl auf angeblich moralisch-schlechte Gesellschaft anspielt, wie Eltern sie für ihre Kinder fürchten, aber auch auf angeblich schlechte Qualität der Gruppe, was die eventuell schlechten Kritiken vorweg nimmt.

1141 Auch 2002 für *Misa za predizbornu šutnju, mrtvaca iza zida i kopita u grlu* [Messe für Schweigen vor den Wahlen, Toten hinter der Mauer und Küken im Schlund] und 2011 für *Krajolik s padom* [übers. Landschaft/Landstrich mit Fall/Sturz] in: *Nagrada Marin Držić. Hrvatska drama 2011*, Zagreb 2012 [übers. in: Preis Marin Držić. Kroatisches Drama 2011, Zagreb 2012].

1142 Vgl. Interview mit Alida Bremer; www.matthes-seitz-berlin.de/autor/ivana-sajko.html, Stand: 03.08.2020.

1143 Interview mit Bremer, ebd.

ihre Arbeit: „Ich wollte in der Arbeit mit meinen Texten genau das erreichen, was man in der Tanzkunst und in der Choreographie erreicht, dass in diesen Zusammenhängen, die da entstehen, und die dann später auf einer Bühne vor allen geschehen, dass die auch im Text spürbar und sichtbar sind, wie ich als diejenige, die den Text entstehen läßt, darin präsent bin. Es war mir auch wichtig, dadurch denjenigen, der meinen Text liest, zu berühren, und zwar im Sinne einer körperlichen Berührung, so wie es beim Tanz geschieht."[1144] Zu Krieg sagt Sajko, die sich als politisch definiert, in diesem von Bremer geführten und übersetzten Interview: „Es ist nicht möglich, eine Position zu finden, aus der man über das Thema Krieg sprechen kann."[1145] Deshalb ist Sajkos Roman *Rio bar* beispielsweise, wie sie ausführt, „aus vier verschiedenen möglichen Positionen geschrieben".[1146] Schütte schreibt zum Roman *Rio bar*, er sei „als Abfolge von Monologen zu verstehen. Die Lektüre zeigt, dass auch klassische Theaterdialoge vorkommen. Ein Kapitel besteht dagegen nur aus einem kurzen Witz. Zwischen den Kapiteln stehen kursiv gedruckte und zusammenhanglos erscheinende Einzelsätze. Die Formen des Sprechens, die der Text für sich wählt, irritieren durch ihre scheinbare Willkürlichkeit."[1147] Die Verwirrung zwischen den Genres und den Textstrukturen korreliert mit den Zuständen des Kriegsausbruches und der Schwierigkeit eine abschließende Position einzunehmen, die Sajko anspricht.

Ursprünglich schrieb Sajko Prosa und ist zurzeit wieder zur Prosa zurückgekehrt. In der nahen Nachkriegszeit der Jugoslawienkriege schreibt sie Privates und Politisches auf. Mehrere Stücke entstehen. Die unten angegebenen fünf weiteren Stücke aus dem Werk von Sajko werden hier vorgestellt, weil sie für die *Bombenfrau* und die Trilogie insgesamt aufschlussreich sind und eine sehr interessante, das Verständnis fördernde Ergänzung darstellen. Es wird deutlich, wie die Auseinandersetzung mit Tod, Verlust, Einsamkeit und Wut

----

1144 Interview mit Bremer; www.mattes-seitz-berlin.de/autor/ivana-sajko.html, Stand: 03.08.2020.

1145 Interview mit Bremer; ebd.

1146 Interview mit Bremer; ebd.

1147 Schütte, Andrea: „Nach-/Krieg in Körper und Textkörper. Ivana Sajkos Roman ‚Rio Bar'", in: Mohi-von Känel, Sarah/Steier, Christoph (Hg.): *Nachkriegskörper. Prekäre Korporealitäten in der deutschsprachigen Literatur des 20. Jahrhunderts*, Würzburg 2013, S. 86.

sich von Duodramen zu Monodramen in historischem Kontext wieder hin zu einem *wir* bzw. Wir-Dramen entwickeln. Zu dieser Entwicklung sagt Sajko: „Während alles andere Konstellationen sind, die eine fiktive Welt erschaffen, wird in Monologen ein Sich-direkt-Wenden an das Publikum geschaffen, also, nur die Monologe zeigen, dass wir uns in einer fiktiven Welt befinden, in dieser Zuwendung an das Publikum, während alles andere, diese fiktive Welt und die Gestalten, die sich in dieser fiktiven Welt bewegen, etwas vortäuschen."[1148]

Diese Stücke von Sajko werden hier in einen gemeinsamen Kontext mit *Bombenfrau* gestellt, weil ein Stück *Rippen/Wände* in *Bombenfrau* explizit erwähnt wird, *Bombenfrau* in eine Trilogie[1149] als Mittelstück eingebettet ist und die Stücke *Orange in den Wolken,*[1150] *4 trockene Füße*[1151] sowie die drei Stücke aus der *Trilogie des Ungehorsams*[1152] thematisch-intertextuelle Bezüge haben, die weiter unten herausgearbeitet werden.

Während Kane beeinflusst von Bildern des Jugoslawienkrieges ein Stück schreibt, in dem sie eine private Zweierbeziehung mit brutalem Krieg verknüpft, zeigt sich nun bei Sajko und ihrer *Bombenfrau* eine Art Umkehrung. Ein national nicht definierter geplanter Anschlag wird mit Ereignissen aus Westeuropa und der ganzen Welt verknüpft.

7.1   *Bombenfrau* – Mittelstück einer Trilogie

Žena bomba/Bombenfrau. Monolog für eine Bombenfrau, einen namenlosen Politiker, seine Leibwächter und seine Geliebte, Gott und einen Chor der Engel, einen Wurm, die Mona Lisa von Leonardo da Vinci, zwanzig meiner Freunde, meine Mutter und mich ist das Mittelstück der postdramatischen Monolog-Trilogie

....

1148   Interview mit Bremer; www.mattes-seitz-berlin.de/autor/ivana-sajko.html, Stand: 03.08.2020.

1149   Sajko: *Archetyp: Medea. Bombenfrau. Europa. Trilogie,* Frankfurt am Main 2008.

1150   Sajko: *Orange in den Wolken,* Frankfurt am Main, 2001.

1151   Sajko: *4 trockene Füße,* Frankfurt am Main 2001.

1152   Sajko: *Trilogie des Ungehorsams,* Frankfurt am Main, 2012.

zum Thema Gewalt[1153] und Frauenleben, zwischen *Archetyp: Medea. Monolog für eine Frau, die manchmal spricht* und *Europa. Monolog für Mutter Europa und ihre Kinder.* Daher wird hier auch auf diese beiden Werke eingegangen, die von ihren Titeln her einerseits auf die Antike verweisen, andererseits alle drei Stücke bezogen auf Frauenmacht das Archaische mit der Moderne verbinden.

Das erste Stück *Archetyp: Medea* ist ein kurzer Monolog[1154] und beginnt mit dem Satz: „Es fällt mir schwer, als Frau zu sprechen".[1155] Dies ist bedeutsam, wenn man sich erinnert, wie Frauen in der Menschheitsgeschichte das laute Denken verboten worden ist.[1156]

Ähnlich dem Diktum „Ich bin nicht Stiller"[1157] sagt die Monologstimme und Protagonistin in *Archetyp: Medea*: „Ich will nicht Medea sein".[1158] Einige Zeilen weiter: „Vielleicht bin ich gar nicht, vielleicht bin ich nur eine/andere als die, die ich hätte werden sollen?/Vielleicht habe ich das Gesicht einer Schuldigen, in

....

1153 Vgl. Legatt, Alexander: *Shakespeare's tragedies. Violation and identity*, Cambridge 2005; Stehlik, Eva: *Thematisierung und Ästhetisierung von Gewalt im spanischen Gegenwartstheater*, Hildesheim 2011; Schulz, Georg-Michael: *Tugend, Gewalt und Tod: Das Trauerspiel der Aufklärung und die Dramaturgie des Pathetischen und Erhabenen*, Tübingen 1988; Recke, Matthias: *Gewalt und Leid. Das Bild des Krieges bei den Athenern im 6. und 5. Jh. v. Chr.*, Istanbul 2002; Seidensticker, Bernd: *Gewalt und Ästhetik. Zur Gewalt und ihrer Darstellung in der griechischen Klassik*, Berlin 2006; Seulen, Sila: *Words as Swords. Verbal violence as a construction of authority in Renaissance and contemporary English drama*, Stuttgart 2009. Darin untersucht Seulen Stücke von Pinter, Shaw, Nelson, Marlowe und Shakespeare; Chien, Chieh: *Gewaltproblematik bei Elfriede Jelinek: erläutert anhand des Romans Lust*, Berlin 2005; Rupp, Susanne (Hg.): *Staging violence and terror*, Weimar 2007 – darin entsprechend der Shakespeare-Gesellschaft, die mit herausgibt, stehen Shakespeares Werke im Mittelpunkt; Sin, Tong-do: *Die Verkehrtheit der Mittel. Lust und Unlust an der Gewalt in Schillers Ästhetik und späten Dramen*, Würzburg 2012; Darragi, Rafik: *La societé de violence dans le théâtre élisabeéthian*, Paris 2012.

1154 Sajko: *Archetyp: Medea*, 2008, S. 9–17.

1155 Sajko: *Archetyp: Medea*, Frankfurt am Main 2008, S. 9.

1156 Marguerite Porete (ca.1250–1.6.1310, verbrannt) und Olympe de Gouges (1748–3.11.1793, enthauptet) seien als zwei Beispiele erwähnt. https://antjeschrupp.com/2010/05/19/liebe-ohne-objekt-eine-erinnerung-an-margarete-porete/, www.margueriteporette.org und www.olympedegouges.eu, jeweils Stand: 03.08.20.

1157 Frisch, Max: *Stiller*, Frankfurt am Main 2013: „Ich bin nicht Stiller.", S. 9. Das ist der erste Satz des Romans.

1158 Sajko: *Archetyp: Medea*, 2008, S. 10.

dem ich/mich nicht erkenne?"[1159] Hier scheint ein gespaltenes Bewusstsein den eher kommentierenden als informierenden nicht-aktionalen Monolog zu halten. Erinnerungsverlust,[1160] Spurlosigkeit und Spürlosigkeit[1161] sind kennzeichnend für solche Unsichtbarkeit, die Frauen oft zugeschrieben wird. Es scheint eine Art Existenztaubheit zu sein, wie Traumatisierte sie haben können. Die Frau hat leere Hände[1162] ohne Waffen, aber sie trägt die Kampfmittel in sich: „Ich trage die Waffe in mir, ich habe Pistole und Messer,/Gift und Bombe verschluckt,/es klappert in mir, wenn ich laufe,/und jeden Moment kann ich explodieren."[1163]

Sie beschäftigt sich, bereits vor der *Bombenfrau*, mit den möglichen Waffen einzeln, denkt ausschließlich an die geliebte Person und möchte geliebt werden, bzw. fragt danach. Hausarbeit in Form von Hausbau[1164] und Warten sind ihre Tätigkeiten. Sie altert unsichtbar und soll, sogar vom Publikum verlassen, in die Namenlosigkeit und das Vergessen entlassen werden. Insofern als die *Bombenfrau* kein solches nichtssagend „kurzes und stilles Frauenleben"[1165] will, führt der *Archetyp: Medea* auf sie zu.

Europa, die als Stück auf die *Bombenfrau* folgt, ist eine vielfältige Figur; erst einmal ist sie eine zu 70% katholische, allein erziehende Mutter mit ungefähr 450 Millionen Kindern.[1166] In der serbokroatischen Fassung wird sie im Titel direkt mit Brechts *Mutter Courage* in Verbindung gebracht.[1167] Sie ist auch ein Kulturdenkmal, als solches alles überblickend erhöht und zudem die personifizierte

....

1159 Sajko: *Archetyp: Medea*, 2008, S. 13.

1160 Sajko: *Archetyp: Medea*, 2008, ebd.

1161 Sajko: *Archetyp: Medea*, 2008, S. 15.

1162 Sajko: *Archetyp: Medea*, 2008, S. 14.

1163 Sajko: *Archetyp: Medea*, 2008, S. 15.

1164 Sajko: *Archetyp: Medea*, 2008, S. 16: „Ich habe ein Haus gebaut und mir dabei die Hände verletzt,/ich habe Steine geschleppt,/ich habe Steine zu Ziegeln gemacht und Ziegel zu Wänden./Ich habe ein Haus gebaut, weil du einmal gesagt hast, dass/du gerne darin übernachten würdest./Ich habe gewartet…"

1165 Sajko: *Bombenfrau*, S. 55.

1166 Sajko: *Archetyp: Medea*, 2008, S. 59.

1167 Die gesamte Trilogie von Sajko trägt dort den Titel *Žena bomba*, Zagreb 2004, und verweist im Titel auf Mutter Courage: S. 67: *Europa (Monolog za majku Courage i njezinu djecu)* [übers. Europa (Monolog für Mutter Courage und ihre Kinder)], während es in der deut-

Erinnerung der Entwicklungs- und Kampfgeschichte:[1168] Sie reitet auf einem weißen Stier, dem sie die Zunge abgebissen und den sie damit gezähmt hat.[1169] Im weiteren Verlauf des dramatischen Textes spricht die Figur einerseits wie eine reuige Kriegskomplizin, andererseits wie eine Politikerin, die sich schützend für ihr Staatsvolk, ihre Kinder einsetzt und sich sowohl von einer zu großen Menge an Menschen, als auch vor den alt gewordenen, aber unermüdlichen Kriegstreibern schützen und abgrenzen muss. Dazu gehört ein Oberst, ein Kriegsgewinnler, den Europa zunächst für tot hält, an den sie sich dann aber doch vergibt, weil sie Wünsche hat und er sie mit Versprechungen gewinnend belügt.[1170] Später kritisiert sie sich dafür: „Ich habe dich geliebt, Oberst, wie eine dumme Gans. Ich habe dich schrecklich, eklig und lange geliebt. Aber ich habe die Kraft gefunden, dich aus meinen Gedanken, aus meinem Bauch, aus meiner Erinnerung, aus meinen naiven Plänen herauszureißen".[1171]

Zunächst ist Europa liebevoll zu dem Scheusal,[1172] pflegt seine Kriegsverletzungen, aber sein nicht siegreicher Krieg ruiniert sie, wie der Krieg an sich den Menschen zerstört.[1173] Er verlässt sie mehrmals, zieht einmal auf dem Stier in den Krieg. Dieser bringt ihn zerfetzt und von Foltermalen gezeichnet zurück. Als Vater ist er nicht vorhanden und als Mann nicht mehr

....

schen Fassung lautet, Frankfurt am Main 2008, S. 57: *Europa. Monolog für Mutter Europa und ihre Kinder.*

1168 Ein Motiv der Versteinerung bzw. Steinmotiv – eine Stärke in der Massivität des Materials, aber auch mit der Erwartung des Stumm-Seins, das das Kulturdenkmal enttäuscht und aufbricht. Ähnlich hierzu vgl. Brunner, 2010, S. 635: „Das Versteinerungsmotiv wird zur tragischen kulturgeschichtlichen Projektionsform des Weiblichen, aber auch der Kinder." Vgl. Karge, 2010, insofern als die Frauen als Denkmäler buchstäblich zu Stein werden.

1169 Vgl. Sajko: *Europa*, 2008, S63f. Ein ebenso gutes Zeichen, insofern das Schreckenerregende harmlos/er gemacht wird, wie die Veränderung des Stieres zum Kalb und dann zur Kuh bei Woolfs *A Cockney's Farming Experience.* Das Gefährliche wird verharmlost und entmachtet; vgl. DeSalvo, 1990, S. 176f.

1170 Sajko: *Europa*, 2008, S. 72: „Ich wollte alles Mögliche. […] Aber du hast mich belogen, Oberst."; ebd. S. 73: „In einer Geheimtasche deiner Uniform steckte ein Foto von mir und das Zettelchen mit der Wunschliste."

1171 Sajko: *Europa*, 2008, S. 99.

1172 Sajko: *Europa*, 2008, S. 82: „Ich küsste dich". Küsste wird sogar sechs Mal wiederholt und dreimal auf dieser Seite wieder aufgegriffen.

1173 Sajko: *Europa*, 2008, S. 75.

zu gebrauchen: Er kann verletzungsbedingt keine Sexualität haben und auch keine Kinder zeugen,[1174] daher widmet er sich immer wieder der Kriegsführung. In Europas Augen hat er auf ganzer Linie versagt, da er als Kämpfer weder Frieden noch Freiheit gebracht hat. Sie verrät ihn nach seinen Lügen, insofern sie nicht zu ihm steht und sich von ihm trennt.[1175] Sie will ihn auch nicht wiederhaben, sondern will, dass ihr Herr Oberst, ein Soldat, ein Scheißkerl,[1176] wie auch jeder andere Führer fernbleibt:[1177] Für die Zukunft zieht sie generelle Schlüsse in puncto Aufenthaltsberechtigung. Eine Art Deklaration äußert sie, die berechtigte Forderungen aufflackern lässt und Grund- und Menschenrechte aufgreift, aber auch sich selbst karikiert; im Text steht in Großbuchstaben:

> „Jeder erhält das Recht zu leben,/zu denken und zu reden/jeder soll frei heiraten/und zum eigenen Gott beten […] wir garantieren Sicherheit/ und unabhängiges Gericht/die Gesundheit jedes einzelnen/hat für uns Gewicht […] alles bauen wir behindertengerecht/unsere Absichten sind edel und echt/uns verbindet ein Traum wie ein festes Band:/Der freie Einzelne im freien Land";

dies ist vermischt mit Zeilen, die nicht mehr glaubhaft erscheinen, sondern übertreiben oder ironische Vergleiche enthalten:

....

1174 Sajko: *Europa*, 2008, S. 84.

1175 Sajko: *Europa*, 2008, S. 89: „ICH – DIE GROSSE VERTILGERIN VON GOLD UND SCHO-KOLADENWAFFELN – HABE NUR EINEN KLEINEN PREIS ZAHLEN MÜSSEN: MEIN HERZ IST GEBROCHEN. ICH HABE DICH VERRATEN. ICH SCHÄME MICH. […] ICH WÜRDE DICH NOCH HUNDERTMAL VERRATEN, WEIL ICH ANGST HABE […] ABER ICH HABE ALLES GESAGT, WAS ICH WUSSTE UND AUCH DAS, WAS ICH NICHT WUSSTE. ALL DAS; WAS SIE VERLANGTEN".

1176 Sajko: *Europa*, 2008, u.a. S. 68: „MAMA: Du Scheißkerl, du hast dir aber Zeit gelassen. Dachtest du, dass ich anders anfangen würde? Das tue ich nicht – ich habe kein Talent für Begrüßungsreden. Du hast verloren. Pech gehabt. SCHEISSKERL." , S. 72: „KINDER: MAMA HAT DICH SCHEIßKERL GENANNT"; S. 99: „Ich möchte hysterisch sein: Du Scheißkerl!!! Du stinkst!!! Geh mir aus den Augen!!!!".

1177 Sajko: *Europa*, 2008, S. 100: „WIR BRAUCHEN KEINE NEUEN FÜHRER".

„jedem, dem das Herz und die Nieren versagen/transplantieren wir
Organe an allen Tagen [...] ein Gehirn tauschen wir aus wie einen Hut",

und Sarkasmen, die von konservativer Scheinheiligkeit und unpassenden Reimen zeugen und den Inhalt konterkarieren:

„wem es bei uns nicht gefällt/dem steht der Weg offen in die restliche
Welt/wenn er zurück möchte, wird das nicht gehn/weil auf unserem
Haus Alarmanlagen stehn/wenn unerwünschte Füße/auf die Schwelle
treten/geht die Sirene los, [...] wir hassen Gewalt, sie ist echt nicht fein/
Wir greifen nicht an – doch Abwehr muss sein".[1178]

Der Kernsatz, allerdings nicht mehr in Großbuchstaben, lautet: „Die Wahrheiten ändern sich mit den Interessen."[1179]

Was auf der minimalen Handlungsebene folgt, ist, dass der Oberst erneut
in den Krieg umkehrt, statt zu Hause zu bleiben, was destruktiv ist und weitere
Zerstörung bedeutet. Die Figur Europa schützt sich und erwartet mit Gasmaske diesen nächsten Angriff dieses mittlerweile alten Mannes, der nicht
an ihrer Seite steht. Europa hat „nur überlebt",[1180] wie sie sagt.[1181] Sie hat sich
in eigener Retrospektive nie beklagt.[1182] In ihren letzten Wortbeiträgen im
Stück formuliert sie neben Vorwürfen, Beschimpfungen, Selbstvorwürfen und
Rechtfertigungen Befehle, während zugleich der befreiende Aspekt mit „Du
kannst mir nichts mehr"[1183] deutlich wird. Europas optimistisch-aktive, aller-

<hr>

1178 Sajko: *Europa*, 2008, S. 90f. Von „Jeder" an bis „muss sein".

1179 Sajko: *Europa*, 2008, S. 91.

1180 Vgl. Sajko: *Europa*, 2008, S. 92: „ich habe nur überlebt"; S. 98. „Ich musste überleben".

1181 Das Thema Gewalt zwischen den Geschlechtern ist ein aktuelles Problem, wie als nur ein
      Beispiel ein Artikel zum Tag gegen Gewalt gegen Frauen belegt: www.index.hr/vijesti/
      clanak/obiljezava-se-nacionalni-dan-borbe-protiv-nasilja-nad-zenama-stiti-se-pocinitel-
      je-a-ne-zrtve/638246.aspx/ vom: 22.09.2012, [übers. Nachrichten. Artikel. Ausgerufen wird
      der nationale Tag des Kampfes gegen Gewalt gegen Frauen. Geschützt werden die Täter
      und nicht die Opfer] Stand: 03.08.2020.

1182 Vgl. Sajko: *Europa*, 2008, S. 98: „Du dachtest, dass mir der Abschied leicht fallen würde,
      weil ich mich nie beklagte, weil ich jung war, stark und noch alle Zähne hatte."

1183 Vgl. Sajko: *Europa*, 2008, S. 92.

dings konsumorientierte Zukunftsvision lautet: „Wir werden aufhören Kriege zu führen und anfangen einzukaufen!"[1184]

Der Oberst trägt mit seinen Kriegen zum Leid außerhalb bei und bringt Europa immer wieder neuen Krieg, wie sie ihm vorwirft.[1185] Die Flüchtlinge seiner Kriege sind ihre weiteren Kinder,[1186] die sich um sie scharen, aber es sind viele. Europa will sich schützen, will überleben, und schließt ihre Grenzen.[1187]

Die Kinder sind eine Art Chor, dessen Text immer in Großbuchstaben gedruckt ist, was mehr auf Schreien als Sprechen verweist. Dieser Kinderchor hat aber nicht, wie sonst in der Antike der Chor, das letzte Wort, den kommentierenden Gesang beim Exodos-Tanz und ist kein hilfreicher, „helfender" oder „wissender Zeuge",[1188] sondern zählt Bedingungen für die Aufnahme in die EU auf und verfällt in sich abgrenzende, politisch rechte Parolen und Zitate aus der Geschichte (Marie Antoinette); im Text steht in Großbuchstaben:

„Es ist ihre Schuld, wenn sie/unsere Regeln nicht akzeptieren/man muss sich bemühen,/unser Ziel ist es, nur die Besten zu holen/wer barfuß und arm ist,/der bleibt uns gestohlen/wer kein Brot hat, der soll Kuchen essen/die neuen Mitglieder/werden daran gemessen,/ob ihre Finanzen stimmen".[1189]

Der Monolog endet mit der Ankündigung eines sauberen und namenlosen Todes aller Unerwünschten vor den Toren: „Dein Tod wird hygienisch und

....

1184 Vgl. Sajko: *Europa*, 2008, S. 90.

1185 Vgl. Karpenstein-Eßbach, Christa: *Orte der Grausamkeit. Die Neuen Kriege in der Literatur*, München 2011, S. 127: „In Sajkos Stück erklären die Monologe Europas und ihrer Kinder den Krieg in mehrfacher Hinsicht: als Kriegsgeschichte Europas; als Kriegserklärung, die von einer Seite dem Gegner erteilt wird, als Unterschied zwischen den alten und ‚Neuen' Kriegen; schließlich erklären sie einem Theaterpublikum den Krieg, das Teil eben des Europa ist, dessen Figur ihm auf der Bühne gegenübersteht."

1186 Sajko: *Europa*, 2008, S. 95: „Dein letzter Krieg gebar Kinder, nicht ich".

1187 Vgl. Sajko: *Europa*, 2008, S. 103.

1188 Vgl. Konzept von Miller, Alice: *Evas Erwachen. Über Auflösung emotionaler Blindheit*, Frankfurt am Main 2004, S. 8f.

1189 Sajko: *Europa*, 2008, S. 101f.

anonym über die Bühne gehen" und kämpferisch-pessimistisch mit dem Auf-
ruf „KINDER LEGT DIE GASMASKEN AN!".[1190]

Beide parabelhaften Stücke führen vor Augen, wie individuelle Handlungen auf gesamtgesellschaftlich relevante Ebenen einwirken. Darin eingebettet
ist das Stück *Bombenfrau*, 2003, das im Original *Žena bomba*, wörtlich *Frau
Bombe* heißt. Die Schreibweisen mit Bindestrich oder mit Gedankenstrich, die
es mancherorts auch gibt, werden nirgends inhaltlich thematisiert. Mit *Frau
Bombe* exakt übersetzt, stellt es diese zwei Komponenten, Frau und Bombe,
auf eine Ebene. Als Kompositum ist es leicht und kurz auszusprechen und,
wie bei Wörtern wie Bombenstimmung, bombenfest, bombastisch etc., nah
am alltäglichen Sprachgebrauch im Deutschen. Aufgrund von sprachlicher
Vereinfachung und Leserlichkeit, und dem wird hier im Weiteren gefolgt, wird
der Titel mit *Bombenfrau* übersetzt, was aber diese zwei Eigenschaften zu einer
verschmelzen und wie ein sexistisches Kompliment klingen lässt, ähnlich der
Sexbombe. Dabei weist der Ausdruck *Žena – bomba*, wie z.B. die Formulierung
spomenik ženi-borcu,[1191] übersetzt Denkmal Frau-Kämpferin, stark die Relation
an und dass es sich um einen Inbegriff handelt, „steinern wie die Sphinx",[1192]
halb Mensch, halb Maschine, eine Institution, die einstürzen, zerschellen kann,
deren Reste dann verstreut „auf dem Bürgersteig"[1193] liegen, und betont, dass es
eine weibliche Bombe ist, im Kontrast zu den anderen Bomben, die demnach
männlich sein müssen.

7.1.1   *Bombenfrau* – Inhalt und erste Ebenen
des Textverständnisses

Der volle Titel des Stückes ist sehr ausführlich: *Bombenfrau. Monolog für eine
Bombenfrau, einen namenlosen Politiker, seine Leibwächter und seine Geliebte,*

....

1190   Sajko: *Europa*, 2008, S. 104.

1191   Karge, Heike: *Steinerne Erinnerungen – versteinerte Erinnerung? Kriegsgedenken in Jugosla-
       wien (1947–1970)*, Wiesbaden 2010, S. 114: „die Kämpferin (žena-borac, ‚als Zeichen der
       Anerkennung den Frauen Jugoslawiens für ihre Massenbeteiligung an und ihren Helden-
       mut, gezeigt im Volksbefreiungskrieg', geplant in Bosanski Petrovac". Vgl. auch Wiesinger,
       2011, S. 254.

1192   Vgl. Sajko: *Bombenfrau*, 2008, S. 55: „halb Tier und halb Frau".

1193   Sajko: *Bombenfrau*, 2008, S. 38.

Gott und einen Chor der Engel, einen Wurm, die Mona Lisa von Leonardo da
Vinci, zwanzig meiner Freunde, meine Mutter und mich. Doch im Text selbst
wird behauptet: „Die Handlung ist einfach: Beim Empfang eines wichtigen,
nicht näher genannten Politikers wird sich die Selbstmörder-Frau in die Luft
sprengen. Der Explosionsradius ihrer Bombe wird achtzehn Meter betra-
gen".[1194] Neben dieser Hauptfigur Bombenfrau gibt es sieben Einzelfiguren:
Politiker, Geliebte, Wurm, Gott, Mona Lisa, Mutter, mich, und drei Gruppen:
Der Chor der Engel, zwanzig Freunde und die Leibwächter des Politikers. Sie
alle sind nicht wirklich eigenständig sprechende Figuren und Gruppen, sondern es werden vor allem phantasierte oder erinnerte Begebenheiten mit ihnen
erzählt, teilweise wird an ihrer Stelle gesprochen, wie noch bei Mona Lisa zu
sehen sein wird, denn in diesem Monodrama kommen mehrere Stimmen einer
Hauptfigur zu Wort und haben unterschiedliche Adressat*innen bezüglich
ihrer Wortbeiträge. Daher wird hier der Inhalt mit einer ersten Ebene des
Textverständnisses in Verbindung gebracht. Dies macht den Text des Stückes
nachvollziehbarer. Zu den pluralistischen Deutungsebenen, die dabei ausgemacht werden können, werden Zitate stellenweise erneut eingebracht, da sie
weitere Deutungswege aufzeigen.

Es gibt zunächst diese Titel- und Hauptfigur Bombenfrau, die einfach Bombenfrau heißt, ohne dass noch ein bürgerlicher Name eingeführt ist, womit sie aus
den gesellschaftlichen Zusammenhängen herausfällt. Diese Figur befindet sich
als Selbstmordattentäterin in „einem unbekannten Hotel in einer unbekannten
Stadt"[1195] in einem Zimmer mit TV-Gerät und verfolgt eine Live-Sendung,
die die Ankunft eines Politikers überträgt. Aber es kann nicht ausgeschlossen
werden, dass sie sich mit ihrer Bombe in seine Nähe bewegt, in seiner Nähe
befindet und explodieren wird. Zuvor ist sie grundsätzlich mit sich allein;
höchstens ist sie schwanger oder hat kürzlich abgetrieben, da sie unfreiwillig
schwanger geworden war: „sie wurde mir eingeführt/angeschlossen, angenagelt, aufgeklebt, reingedrückt".[1196]

....

1194 Sajko: *Bombenfrau*, 2008, S. 23.
1195 Sajko: *Bombenfrau*, 2008, S. 46.
1196 Sajko: *Bombenfrau*, 2008, S. 43.

Die Bombenfrau ist einem matroschkaartigen Alleinsein ausgesetzt, wonach auch der Begriff Monolog klingt, denn die weiteren Figuren begegnen sich nicht in einer aktuellen Handlung.

Die zweite Stimme ist die eines/r Autors/in, die sich, teils mit Elementen des Selbstgesprächs zu ihrer Schreib-Situation im Krieg äußert, z.b. überlegt „Vielleicht sollte ich mich auf das Schreiben von Postkarten stürzen", mit der Anrede „*Liebster*" formuliert und mit „*Ich bin allein. Du fehlst mir. Ich.*" beendet.[1197] Hier wird, auch mit Verweis auf das Interview im Anhang mit Miletić-Oručević, von einer Frau ausgegangen.

Vom Titel und der ersten Textseite her, ist beim „mich" am Titelende zudem von einer Frauenfigur auszugehen, die nachweislich stark an die Autorin Sajko angelehnt ist. Sie äußert sich als Stimme innerhalb des berichtenden Monologes zu dem Thema Selbstmordattentat und zu den Rückmeldungen zu ihrer 12,36-Minuten-Frage „Was würdest du tun, wenn du noch zwölf Minuten und sechsunddreißig Sekunden hättest?".[1198] Die Bombenfrau bezieht sie als ihre Figur mit ein: „Manchmal erschrecken mich meine eigenen Sätze. Ich stelle mir Menschen vor, die meinen Text lesen, der noch ungeschrieben ist. Ich möchte keine Heldin erschaffen. Ich bin verkrampft, aber sie spricht: tick-tack tick-tack/tick-tack tick-tack".[1199] In diesem tickenden Geräusch, durch das eine Explosion, ein Lebensgefühl und Zeitdruck ausgedrückt sind, ist metaleptisch die gesamte Bedrohung enthalten, auch die, die vom Text als Explosiv ausgeht. Von dieser Autorin-Figur namens Sajko wird der Bombenanschlag beschrieben, berichtet und reflektiert sowie in einen Attentats-Kontext eingeordnet, indem u.a. der Blick auf historische Fälle[1200] gerichtet wird.[1201]

....

1197 Sajko: *Bombenfrau*, 2008, S. 22.

1198 Sajko: *Bombenfrau*, 2008, S. 28.

1199 Sajko: *Bombenfrau*, 2008, S. 23.

1200 Vgl. Sajko: *Bombenfrau*, 2008, S. 40f. 01.06.2001, Saeed Hotary, Disco Delphin, Tel Aviv, 21 Tote, darunter der 22-jährige Attentäter. Hisham Hamed, Herbst 1994. 1968/1971 RAF. Vgl. auch S. 46: 21.04.91 Thenmuli Rajaratnan an Rajiv Ghandi mit 18 Toten. 07.02.1998 eine unbekannte Frau, bei Feierlichkeit, Colombo, Hauptstadt von Sri Lanka, zehn Tote. 29.März 2002, 18-jährige Ayat al Ahras Vorort von Jerusalem im Supermarkt, zwanzig Tote.

1201 Um die Differenz zur realen Autorin Sajko hervorzuheben, wird die Figur im Folgenden Autorin oder Autorin-Figur genannt.

  © Frank & Timme   Verlag für wissenschaftliche Literatur

Auch bei den Textpassagen, die den Unterschied zwischen Attentätern und der Anzahl der Frauen darunter thematisieren, lässt sich eine Sprecherin annehmen, da im Text die Formulierung „andere Frauen"[1202] verwendet wird.

Die Mutter und die „zwanzig meiner Freunde"[1203] der Autorin-Figur bzw. jene, die auf ihrer Mailing-Liste stehen, wobei darunter wahrscheinlich auch ein paar Freundinnen sind, haben nur insofern eine Stimme, als ihre Antworten zur Frage, was jemand mit 12,36 Minuten Restlebenszeit anfinge, wiedergegeben werden.

Der Text enthält vor allem zwei Zwiesprachen: eine zwischen der Autorin-Figur und ihrer Figur namens Bombenfrau, die Attentäterin ist, die Waffe, die Bombe, ferner dieser Attentäterin-Figur, die in wiederum ihrem Monolog-Teil mit ihrem Explosiv, der Dreierlei sein kann: eine Bombe oder ein explosiver Text, den sie u.a. als einen Wurm wahrnimmt, der spricht und sich durch sie hinauswindet. Es heißt „meine Bombe ist ein nervöser Wurm",[1204] in seiner Fortsetzung die brüllende „Stimme des Zweifels", „ein innerer Feind",[1205] oder ein ungeliebtes bald zu gebärendes Mädchen, dem eine heimliche Geburt bevorsteht: „ich muss sie nur herauspressen/ohne Wehen, wie andere Frauen sie haben/ohne einen legitimen Vater, der mir Mut macht und meine/Hand hält/ohne einen besonnenen Arzt, der behauptet, dass alles unter/Kontrolle ist/ohne Geburtsleiden/ohne einen Muckser/ich muss sie nur herauslassen",[1206] oder eine schwere Geburt eines Jungen: „aus meinen Eingeweiden taucht die Bombe auf/die Geburt hat begonnen/er wehrt sich".[1207]

Bei den Textpassagen des Monologs der Autorin-Figur finden sich Selbstgespräche, Gespräche mit einer inneren Stimme sowie eine Dialogankündigung, wie an eine imaginäre Freundin, der etwas vorgelesen wird, um ihre Meinung zu erfahren:

....

1202   Sajko: *Bombenfrau*, 2008, S. 44.

1203   Wie im Titel formuliert: *„zwanzig meiner Freunde, meine Mutter und mich"*.

1204   Sajko: *Bombenfrau*, 2008, S. 50: Dort weiter: „er kriecht langsam meine Wirbelsäule hoch/ er bewegt sich Richtung Kopf/er windet sich um meinen Hals und unter das Haar/er tritt in mein Ohr/der Wurm fragt mich:/,Wie lange noch?'"

1205   Sajko: *Bombenfrau*, 2008, S. 53.

1206   Sajko: *Bombenfrau*, 2008, S. 44.

1207   Sajko: *Bombenfrau*, 2008, S. 56.

„Heute höre ich ihre Stimme nicht. Das Herumwühlen in alten Zeitungsartikeln, Forschungsberichten, Interviews, Zeugenaussagen hat sie anscheinend zum Schweigen gebracht. Sie fühlt sich abgeschrieben. Abgedrängt. Fest davon überzeugt, dass ich sie nicht liebe. Stimmt nicht. Aber zurzeit habe ich nicht die Kraft, ihr Handeln zu rechtfertigen. Ich habe auch keine Argumente. Ich hab keine Lust, sie zu beschützen. Wir sind nicht gleich, aber uns gefährlich nah: Sie betritt meinen Kopf und ich den ihren. Sie ist die Bombe, die ich nicht zünden werde. Ich lese ihr den Brief vor, den ich von einem Freund bekommen habe".[1208]

Es könnte ein Austausch zwischen der Person und ihrer personifizierten Vernunft als „Stimme", oder Kommentare der Autorin-Figur zu ihrem Dialog mit der Figur sein, die sie im Sinn hat, die in ihrem Inneren, ihrem Kopf ist. An machen Stellen könnte auch die Figur der Attentäterin eine Form von Selbstgespräch führen: „Du kannst dich immer noch umbringen, dachte ich".[1209] Oder wiederum ihr personifizierter Verstand regt sich: „Zum letzten Mal unterhält sie sich mit ihrem Verstand. Der Verstand verliert. ,Flüchte lieber, solange es noch geht.' [...] ,Alle sehen dich komisch an.'/Wer?!/,Sieh dich um.'/Ich will nicht. Ich darf keine Aufmerksamkeit erregen./,Du bist sowieso schon aufgefallen.'"[1210] Es ist ein innerer Dialog, entweder zwischen ihr und der personifizierten Bombe, oder ihrem gesamten Spreng-Körper, zwischen der Bombenfrau und der Bombe an ihr.

Ferner spricht die Attentäterin in der Anredeform der zweiten Person Singular über den wichtigen, aber nicht näher bezeichneten Politiker und ehemaligen Geliebten, und zu ihm, in Form eines erdachten Gespräches: „wir haben uns im Museum getroffen/du hast ein Wochenende in Paris verbracht/natürlich hast du den Louvre besucht/deine Leibwächter und deine verwöhnte Geliebte/ waren dabei".[1211] Sie spielt im Geiste auch einen Kontakt mit dessen neuer Ge-

....

1208 Sajko: *Bombenfrau*, 2008, S. 35.
1209 Sajko: *Bombenfrau*, 2008, S. 47.
1210 Sajko: *Bombenfrau*, 2008, S. 50.
1211 Sajko: *Bombenfrau*, 2008, S. 24f.

liebter durch. Ihre Motivation für die Tat lässt sich durch diese Konstellation im Politischen wie auch im Privaten annehmen.

Zu Wort kommen neben dem Wurm noch Gott[1212] und Mona Lisa, deren Identität sich in das Gemälde und einen Aliasnamen der Attentäterin auffächert: „Mona Lisa ist tot/der Name, der unter ihrem Portrait steht, ist nicht ihr Name", „Mein Name ist Mona Lisa".[1213]

Der meiste Sprechtext bleibt bei der potentiellen Attentäterin oder/und Schwangeren, die sich mit der beabsichtigten Tat oder Geburt und den Folgen auseinandersetzt:, „Ich werde gebären, wie meine Mutter, die sich vor diesem Ereignis fürchtete [...] meine Mutterschaft wird von kurzer Dauer sein/ ich werde die abscheuliche Grimasse meines Kindes nicht/sehen/sein MA-MAAAAAA wird sich im Wehklagen anderer/verlieren".[1214] Mit „Wehklagen anderer" können theoretisch die Verletzten beim Attentat gemeint sein, oder aber weitere Gebärende, gefangen, die danach zu ihrer Herkunftsfamilie gebracht werden.

7.1.2 Struktur

Der formale Aufbau des Stückes erscheint wie der Inhalt zunächst einfach. Die Lesezeit entspricht ungefähr der Dauer der Zeit von 12,36 Minuten.[1215]

Formal ist der Text in acht Unterpunkte oder Abschnitte mit Ordnungszahlen eingeteilt. Die Sprache ist einerseits sachlich und beschreibend. Aufgrund zahlreicher Parataxen und Anaphern wirkt sie ein wenig monoton und emotionslos, wie eine Litanei. Andererseits sind einige Passagen des Textes in Majuskeln abgedruckt und es werden Ausrufezeichen verwendet.

Es verbinden sich verschachtelt die Welten der Schreibenden mit der beschriebenen Welt. Die Texte bzw. die Welten treffen aufeinander, können sich gegenseitig nicht mehr entrinnen. Es kann von einer Verzahnung gesprochen

---

1212 Sajko: *Bombenfrau*, 2008, S. 45: „Meinst du, dass ich es leicht habe? Ich bin Gott."

1213 Sajko: *Bombenfrau*, 2008, S. 25.

1214 Sajko: *Bombenfrau*, 2008, S. 42f.

1215 Über die Aufführungsdauer lässt sich schwer etwas sagen, da dies je nach Inszenierung stark differieren kann.

werden, wenn die AutorIn-Figur ihre Umwelt, ihre Texte reflektiert, und danach jeweils die Bombenfrau zu Wort kommt.

Sajko gelingt dies vom ersten Abschnitt an, indem sie den Text der Autorin-Figur und der Bombenfrau optisch differenziert. Der Text des Autorin-Ich findet sich als Fließtext abgedruckt. Während die Bombe spricht, ist der Text in freien Versen verfasst. Es ist ein Text mit Enjambements und teilweise ist, wie beim barocken oder dadaistischen Bildgedicht, mal optisch die Form einer Sanduhr umgesetzt,[1216] mal die einer Spiegelung,[1217] mal gewölbt wie die Form u.a. einer Vase oder eines schwangeren oder eines fettleibigen Bauches.[1218]

Zentriert wie in Gedichtform sind diese Passagen geschrieben, in verschiedene Handlungs- und Gedankenstränge angeordnet und wechseln sich mit dem Fließtext ab. Die Sprechtextebene ist möglicherweise eine einzige, bei der eine Stimme als Figur AutorIn-Ich spricht und die Bombenfrau und viele andere Ebenen in sich sprechen lässt oder imaginiert, was diese sagen würden.

Ein wichtiger Faktor des Monologes, der von ungefähr 12,36 Minuten bis zu ca. einer Stunde dauern kann, ist die Zeit. Eine Art Leidensvakuum entsteht, denn die Zeit ist in diesem Monodrama weder linear noch zyklisch.[1219] Es ist eine komprimierte Zeit, eine gedehnte, eine konkrete: 12,36 Minuten. Diese Zeit ist die zwischen Todeswissen und Eintritt desselben.

Der folgende Abschnitt widmet sich der Frage, was in dieser Zeit theoretisch alles ablaufen kann, wenn dies die finale Zeit vor dem Tod ist.

Zuerst neun, dann sechs, dann vier, dann noch eine Antwort – wie auch vom Titel her insgesamt von zwanzig ihrer Freunde und Bekannten ausgegangen werden kann.

....

1216 Sajko: *Bombenfrau*, 2008, S. 37, 55.

1217 Sajko: *Bombenfrau*, 2008, S. 44.

1218 Sajko: *Bombenfrau*, 2008, S. 33.

1219 Anders als in dem linearen Monodrama *Marijas Bilder* von Scheuermann-Hodak.

Der dritte Abschnitt hebt die Präsenz der Exekutive, z.b. Militärpolizei, Zivilpolizei, Spezialeinheiten, LKW mit Soldaten und weiteren anwesenden Organen des Staatsapparates, wie Diplomatie und Leibwächter, hervor, wie auch die Masse der begeisterten Menschen. In kurzen sachlichen Sätzen wird eine seltsame Begebenheit erzählt, die sogar im Fernsehen mit übertragen wird: Die Wagenkolonne überfährt einen verirrten Hund, so dass dessen Hundekörper, nachdem er von den Rädern der Wagentrupps überrollt worden ist, komplett verschwindet.[1220] Sechsmal kommt direkt das Wort Masse/Massentrubel vor[1221] und einmal indirekt die Formulierung „namenlos und zahlenmäßig überlegen".[1222] In Verbindung mit diesem Hundeunfall hat die Formation der Autos, bei der die FahrerInnen offensichtlich nicht bemerken, dass sie einen Hund überfahren, oder dies ignorieren, etwas Unempfindliches bis Gnadenloses; die Menschenmasse, die nichts merkt, etwas Gruseliges.

Was am Tod des Hundes schockiert, ist neben seinem spurlosen Verschwinden und dass seine Zugehörigkeit offen bleibt, die demonstrierte Irrelevanz dieses Lebens, während das Limousinen-Defilee sowie die Werbung ungebremst fortfahren. Sollte der Hund für eine Göttlichkeit stehen (god/dog) oder für die Unterschicht (underdog) wird an ihm deutlich, wie mit diesen potentiellen Deutungsbereichen von den ankommenden Mächtigen umgegangen wird.[1223] Das geplante Attentat richtet sich also gegen ignorante Mächtige, die abgeschottet sind und nicht bemerken, wenn ihre Limousinen Leben kosten.

....

1220 Sajko: *Bombenfrau*, 2008, S. 31: „Im großen Massentrubel stürzt ein Hund auf die Straße. Die erste Limousine hält nicht an. Der Hund blickt verwirrt. Das Fernsehen überträgt die überschwänglichen Fähnchen und die im Rausch aufgerissenen Kiefer. Die Räder überrollen das Tier. Dann das zweite Fahrzeug, das dritte. Der Hundekörper verteilt sich auf der Straße wie Rührei. Nachdem die ganze Kolonne über ihn gefahren ist, ist nichts mehr von ihm zu sehen. Es ist nichts passiert. Ein Wunder."

1221 Sajko: *Bombenfrau*, 2008, S. 31ff.

1222 Sajko: *Bombenfrau*, 2008, S. 32.

1223 Angel-Perez: *Howard Barker*, 2006, S. 118: Hund ist ein vieldeutiges Motiv. Angel-Perez nennt für die vielfältige Verwendung des Tieres z.B. Barkers Stück *The Power of the Dog* (1984) und Filmtitel wie *Dogville*, *Straw Dogs*, *Reservoir Dogs*, *Yellow Dogs*, *Top Dogs/Underdogs*. In der Literatur findet sich u.a. bei Mirivilis und Dürrenmatt stets eine machtvoll, rätselhafte Komponente. Die erwähnten schlafenden Hunde für das Bild ungeklärter politischer Probleme sowie Srbljanovićs Verwendung, s. Kapitel 5, sind in diesem Zusammenhang zu sehen.

Da die Live-Übertragung von Werbung unterbrochen wird, ist an der Textstelle eine Traumsequenz der Bombenfrau zwischengeschaltet.[1224]

Der Wert eines Lebewesens wird auch in der folgenden Traumsequenz relativiert. Es wird ein Traum erzählt, bei dem die Protagonistin ohne Zeit- und Altersgefühl auf einer Insel lebt.[1225] Diese Insel, auf der „Herden von Schweinen. Tausende"[1226] grasen, wird von Dutzenden von Soldaten unbefugt betreten. Es handelt sich eher um einen Albtraum, bei dem diese unzähligen Soldaten die Insel mit Kriegserklärung einnehmen, was wie eine Massenvergewaltigung beschrieben wird: „Der Landgang fängt an: der Erste, der Zweite, der Dritte, der Tausendste…namenlos und zahlenmäßig überlegen."[1227] Der Traum enthält Lücken: „Nirgendwo kann ich Geschlagene und Besiegte sehen, nur Schweine", wobei sich die Formulierung wie eine Beschimpfung verstehen lässt.[1228] Bei dem Szenario geht es zwar um einen Sieg und eine Feier auf einer Insel, und bestimmte Gepflogenheiten, wie beispielsweise das Fleisch-am-Spieß-Rösten, können eher südosteuropäischen Kulturen zugeordnet werden, enthalten ist dabei jedoch vor allem etwas Endzeitliches von verbrannter Erde im Zuge eines Krieges, insofern als am Ende die Tiere verkohlt, verbrannt, „zu Staub zerfallen".[1229]

Zurück in der Erwartung der Wagenkolonne mit dem Politiker, wird das Gefühl der Masse durch pars pro toto-Bilder unterstützt, wie die „Mauer aus Schutzhelmen und kugelsicheren Westen" oder „Hunderte von Fähnchen".[1230] Die Bombenfrau ist nicht wie der Hund auf der Straße allein mit ihrem Er-

---

1224 Sajko: *Bombenfrau*, 2008, S. 32f.

1225 Eine Assoziation mit Kirke aus der Odyssee von Homer ist naheliegend, auch weil die Krieger um Odysseus für Jahre als Schweine verzaubert leben.

1226 Sajko: *Bombenfrau*, 2008, S. 33.

1227 Sajko: *Bombenfrau*, 2008, S. 32.

1228 Sajko: Bombenfrau, 2008, S. 33: „Eine Lücke im Traum, und dann die nächste Sequenz."

1229 Sajko: *Bombenfrau*, 2008, ebd.

1230 Sajko, 2008, S. 33.

leben, denn aus „keiner hört mich" wird ein generelles „NIEMAND HÖRT IRGENDETWAS".[1231]

Der vierte Abschnitt thematisiert den Bereich Attentat: Die Ich-Figur bezeichnet sich als Bombenfrau, Moulinex, Wecker[1232] – sie ist ein Frau-Maschine-Hybrid, eine Maschinen-Chimäre, ein Misch- oder Doppelwesen aus den Elementen, die für eine Bombe benötigt werden.

Im fünften Abschnitt erfolgt die Sichtweise wieder aus der menschlich-frauenorientierten und mütterlichen Perspektive. Die Unausweichlichkeit des Gebärvorgangs und weshalb Frauen für Selbstmordattentate beliebte Rekrutinnen sind, wird erläutert: „Frauen sind aufgrund von drei entscheidenden Umständen die begehrtesten Rekruten für Selbstmordattentate: erstens – weibliche Personen sind weniger verdächtig, zweitens – in vielen konservativen Gesellschaften gibt es eine ausgeprägte Zurückhaltung bei der Leibesvisitation von Frauen, und drittens – eine Frau kann die Sprengstoffvorrichtung unter ihrer Kleidung tragen und dabei vorgeben, schwanger zu sein."[1233]

Die Figur Gottes, die angesprochen wird, hat hingegen Kopfschmerzen und reagiert mit einem sehr unwirschen Monolog darauf, dass er/sie/es unvermittelt angefragt wird. Beleidigend statt dialogisch werden keine offenen Rückfragen gestellt, sondern im Befehlston appelliert. Auf die vorwurfsvoll-verzweifelte Frage: „OH GOTT WARUM!!!!!?????" antwortet die Gottesfigur: „Schrei nicht, du blöde Ziege! Du hast mir das Hirn mit deinem hysterischen Geplapper herausgeblasen. Mach, was du willst, aber halt die Klappe. Schalte diesen verfluchten Denkapparat ab! […] ich weiß wirklich nicht, warum du an meiner Tür klingelst. Ich werde dir ganz sicher nicht aufmachen. […] Auf deine Fragen habe ich keine Antworten. An deinen Problemen habe ich kein Interesse. Ich will mit dem, was du machst, nichts zu tun haben."[1234] Für Gott sind die Menschen ‚gestorben'.

....

1231 Sajko, 2008, S. 34.

1232 Sajko: *Bombenfrau*, 2008, S. 36.

1233 Sajko: *Bombenfrau*, 2008, S. 42.

1234 Sajko: *Bombenfrau*, 2008, S. 44f.

Die Abschnitte vier bis acht vermischen, in Indien lokalisiert, weiterhin die persönliche und die politische Ebene, ohne dass diese sich wirklich berühren.

Mit den Abschnitten sechs bis acht verlagert sich das Szenario des Attentats vom Hotelzimmer, in dem sich die Attentäterin befindet, zur Straße hin: Sie frühstückt und verfolgt im Fernsehen den Beginn der Ankunft des anonymen Politikers,[1235] der in die Nähe des Attentats an Rajiv Gandhi gebracht wird, indem auf das Attentat auf den indischen Politiker im sechsten und achten Kapitel eingegangen wird.[1236]

Neben der Gesellschaftskritik, der Kritik an Phrasen im Fernsehen,[1237] arbeitet sich die Bombenfrau an der Person des Politikers ab. Das Kritisieren bleibt unpersönlich, obwohl manche Sätze nach Körperkontakt und intimem Kennen klingen: „Ich warte auf dich./Sei pünktlich./Ich bin seit Wochen hinter dir her/ich kenne alle deine Gewohnheiten und Geheimnisse. […] Hast du von uns geträumt?/War es schön?"[1238]

Indem die Stimme im achten und letzten Abschnitt von den Fotos zum Attentat an Rajiv Gandhi,[1239] dann zu sich insgesamt und zu einzelnen Körperteilen wie dem eigenen Kopf und zum Zielobjekt ihres Anschlags oder einem Geburtsmoment hin und her springt, wird eine Ratlosigkeit und Verzweiflung deutlich, die vor Identität und Verortetsein ein großes Fragezeichen, eine unabgeschlossene Offenheit enthält.[1240]

1235 Sajko: *Bombenfrau*, 2008, S. 46: „Sie stand um viertel nach sechs auf. In einem unbekannten Hotel in einer unbekannten Stadt. Sie sah durch das Fenster.", „Um genau sieben Uhr ging sie nach unten in den Frühstücksraum. Halb leer. Es riecht nach frischen Brötchen, Kaffee und Kirschmarmelade." Und ebd., S. 50: „Eine Straße. Die Ungeduld wächst."

1236 Sajko: *Bombenfrau*, 2008, S. 46, 54f.

1237 Sajko: *Bombenfrau*, 2008, S. 49: „Sie wird eine Weile in die Kamera starren und dann jenen dummen, abgenutzten Satz flüstern: ‚Man kann nichts mehr tun.'"

1238 Sajko: *Bombenfrau*, 2008, S. 24.

1239 Sajko: *Bombenfrau*, 2008, S. 54.

1240 Vgl. Sajko: *Bombenfrau*, 2008, S. 56.

© Frank & Timme   Verlag für wissenschaftliche Literatur

Als Kopfgeburt der Autorin-Figur im Stück gibt es keinen festen Ort mit Grund und Boden. Orte wie Hotel, Straße, Museum sind Austragungsorte des Konfliktes und der Frauenkörper in Form der Gebärmutter.[1241]

Die Ortlosigkeit und Unbehaustheit, das Hervorbringen ist ein Raumwechsel und ein transformatorischer Zustand – vielleicht auch die Geburt Europas, wie der dritte Teil der Trilogie heißt, denn eingebettet in die Mitte der Trilogie und mit dem antiken griechischen Mythenkontext spielt das Stück in Europa, jedoch ist der Louvre dafür der einzige Hinweis, und dort finden sich Exponate aus der ganzen Welt. Das museale Bild ist zugleich ein Konglomerat an Ungereimtem und passt zur globalen Vernetzung und Komplexität.

7.1.3 Figurenkonstellationen

Die Figur in diesem Monodrama nimmt mehrere Identitäten an. Die Stimme ist mal Bombenfrau, mal eine Mona Lisa – als Sinnbild für eine rätselhafte und geheimnisvolle Frau. Mit dieser Identifizierung mit einer berühmten gemalten Person gibt es eine Fallhöhe, und die Bombenfrau fällt buchstäblich auf den Bürgersteig.[1242] Beide Figurenanteile sprechen nicht so direkt zusammen wie die Autorin-Figur mit der Bombenfrau.

Die Autorin hat zu ihrer Hauptfigur bzw. die Autorin-Figur zu ihrer Bombenfrau ein intensives, aber ambivalentes Verhältnis, bei dem die Identität nicht verschwimmt. Es ist eine Liebe ohne Gefühle. Es ist eine gegenseitige Abhängigkeit ohne direkten Austausch miteinander. Die Bombenfrau lebt von der Autorin und die Autorin lebt von der Figur. Die Autorin-Figur führt aus: „sie ist der Sohn, den ich nie empfangen habe/und der Liebhaber, den ich nie haben wollte/wir lieben uns/ohne Gefühle/kalt/ohne Orgasmus/wir werden nicht über das Vorspiel hinauskommen/sie wurde mir eingeführt/angeschlossen, angenagelt, aufgeklebt, reingedrückt".[1243]

In der logischen Konsequenz wird die Autorin zu einer sprachlosen Figur, sie schweigt, damit ihre Figur Text hat. Die nicht immer schweigende Autorin

....

1241   Sajko: *Bombenfrau*, 2008, S. 42ff, S. 49: „ich werde lava-ähnliches Blut speien", S. 56: „die Geburt hat begonnen".

1242   Sajko: *Bombenfrau*, 2008, S. 38.

1243   Sajko: *Bombenfrau*, 2008, S. 43.

wird für die Bombenfrau, die sie geschaffen hat, zu einem Gegenüber, das durch den Schreibprozess mit hervorgebracht wird. Die Autorin schafft sich so selbst als Figur und die Figur Bombenfrau. Diese Figur Bombenfrau spricht *im Gegensatz* zu ihr, nicht *für* sie. Die Bombenfrau sagt allerdings: „ich bin stumm/nur die Bombe spricht".[1244]

Es führt die drohende Explosion, die Bombe, die grammatikalisch auf beide passt, ein fiktives Gespräch mit der Zielfigur des geplanten Attentats. Bereits dadurch, dem Diktum von Karpenstein-Eßbach folgend,[1245] greift sie an, konfrontiert, aber glaubt und wartet auch. Sie verschmilzt zu einer Mischung aus Mensch und Maschine: „ich bin die Moulinex!/ein geniales Patent eines genialen Erfinders/ich bin der automatische Wecker", aber auch „zwei Kilo Eisennägel".[1246] Sexy ist sie, aber auch letal in einer konsum-rebellischen Form als Kombination aus „Prada-Meinhof", denn sie hat einen „todbringenden Schlüpfer" und einen „explosiven BH", „acht Kilo Sprengstoff" und alles, was sonst für eine Bombe gebraucht wird. Als „bombige Überraschung"[1247] bringt sie den Tod und ist dadurch ein personifiziertes Paradoxon – ein schwangerer Tod, ein Oxymoron: „aus meinen Eingeweiden taucht die Bombe auf/die Geburt beginnt".[1248] Sie ist deutlich in ihrer weiblichen Rollenidentität verhaftet, sie verzichtet auf eine Verkleidung als Mann.

Die Frau, traditionell eher als Opfer festgesetzt, mutiert zur Killerin.[1249] Ihre Rolle beinhaltet den Verweis auf ungesühnte Taten und einen hohen Grad an Asympathie für das Zielobjekt in der Gesellschaft. Dieses Zielobjekt bleibt gesichtslos, namenlos, unkonkret, denn erstens hat er keine Chance, denn die Bombenfrau hat keine Zweifel, und zweitens ist er jeder Gewaltherrscher in der

---

1244 Sajko: *Bombenfrau*, 2008, S. 23.

1245 Karpenstein-Eßbach, 2011, S. 127: „Monologe erhalten ihr besonderes Gewicht dadurch, daß sie nichts als Sprache und ihre Dynamik öffentlich aufführen."

1246 Sajko: *Bombenfrau*, 2008, S. 36f.

1247 Sajko: *Bombenfrau*, 2008, S. 47.

1248 Sajko, *Bombenfrau*, 2008, S. 56.

1249 Ähnlich bei Jelinek: *Ein Sportstück*, S117: „Ich habe da nun diese Opferbombe erfunden, übrigens die einzige Waffe, die je von einer Frau erfunden wurde, und löse damit weiter jede Menge Spott aus, weil ich diese Bombe nicht und nicht in ein vernünftiges Ziel lenken kann."

Geschichte, von einem antiken Tyrannen, der Verkoster hält, um nicht vergiftet zu werden, bis zum modernen Politiker mit dem berühmten roten Knopf. Er müsste sich an die ihn Bedrohende erinnern aufgrund der gemeinsamen Körperlichkeit, doch er flirtet selbstverliebt und körperorientiert mit beliebigen Frauen ohne individuelle Priorität oder zwischenmenschlichen Bezug.[1250]

Das im Louvre ausgestellte Gemälde der Mona Lisa wird im Text unterschieden von der historischen bereits verstorbenen Frau: „Mona Lisa ist tot",[1251] und unterschieden von einer maskenhaften Figur, die symbolisch das Zielobjekt verachtet: „Mein Name ist Mona Lisa/mein Lächeln zeigt meine Zähne nicht/mein Name ist nicht der meine/mein Lächeln ist Verachtung".[1252] Ihre Anonymität und Allerfrauenmaske Mona Lisa ist ihr Identitätsverlust und zugleich ihr Schutz, insofern als wir keinen anderen Namen der Figur erfahren.[1253] Diese Namenlosigkeit besteht an der Leerstelle, an der der konkrete Name der Attentäterin oder so mancher Name einer historischen Attentäterin stehen könnte; beispielsweise Sophia Petrovskaya aus St. Petersburg, die man mit 27 als die allererste politische Aktivistin, als Terroristin bezeichnet.[1254]

7.1.4 Weitere Deutungsebenen des Textgeflechts

Der Monolog ist vielschichtig interpretierbar, da er dialogisch angelegt ist. So ist bereits der Inhalt mehrdimensional. Es gibt keine Angabe im Stück, die eine Frauenstimme und/oder eine Schauspielerin in einer Frauenrolle vorschreibt,

1250 Sajko: *Bombenfrau*, 2008, S. 24: „Du müsstest dich an mich erinnern, denn ich habe: Lippen/ Hals Brüste Brustwarzen gesunde Zähne eine rote Zunge/Bauch Hintern Beine Hüften.../ so wie andere Frauen auch, die ihren Blick senken, wenn du/ihnen zuzwinkerst."

1251 Sajko, *Bombenfrau*, 2008, S. 25.

1252 Sajko: *Bombenfrau*, 2008, ebd.

1253 Sajko: *Bombenfrau*, 2008, S. 48: „NENNT MICH MONA LISA/alles andere ist ein Geheimnis". S. 51: „Wie heißt du?'/Mona Lisa./,Scheiße! Du lügst schon wieder.'".

1254 Wegen der Mithilfe bei versuchtem Bombenattentat auf den Zaren Alexander II. eine der ersten Terrorristinnen der Menschheitsgeschichte, neben Selma Schvapka, die 1900 ein Beil nach Wilhelm II warf, aber nicht traf. Weitere folgen: 1914 Henriette Coillaux und 1918 Fanny Kaplan. Wobei aber mit u.a. Indira Gandhi 1984, Anna Lindh und Aqila al-Haschimi 2003, Benazir Bhutto 2007, Anna Politkovskaja 2006, Anastassja Bubarova und Natalja Estemirova 2009, 2012, Zara Shahid Hussain 2013, Anja Niedringhaus 2014, Henriette Reker 2015 und Joe Cox 2016 auch zahlreiche Politiker*innen und politisch engagierte Frauen Attentaten zum Opfer fielen.

aber der Titel impliziert dies und diverse Inhalte legen eine Frauenstimme und eine Schauspielerin sehr nahe.[1255]

Die Stimme/n der Hauptfigur könnte/n unter Umständen selbstreferentiell einen fiktiven Dialog mit ihrem personifizierten Kinderwunsch führen, der wie ein innerer Wecker Druck macht: „tick-tack tick-tack/In meinem Körper schlägt die Uhr regelmäßig".[1256]

Vom Text her könnte die Stimme dieser Hauptfigur stellenweise eventuell zu ihrem ungeborenen Kind sprechen, das sie als Wurm bezeichnet.[1257] Sowohl die Bombe hat stellenweise metaphorischen Charakter als auch die Schwangerschaft, sie könnten theoretisch sogar in Eins zusammenfallen.

Dabei wird eine Parallelität zwischen der Autorin und der Figur der Attentäterin hergestellt, wenn die Autorin schreibt „Der Text tickt in mir wie die Bombe in ihr. Er macht mich einsam und entfernt mich von anderen Menschen."[1258] Diese Isolation der Figur führt zu Selbstansprache. Die Autorin-Figur spricht aber nicht nur mit sich selbst und schildert, wie sie den ersten Entwurf einer Szene dem Mülleimer weiht und warum, sondern sie befragt – wie zur Aufhebung der Isoliertheit – ihre Freund*innen per Web, was sie in ihren letzten 12,36 Minuten täten und listet deren Antworten auf.

Diese Antworten enthalten die gesamte Bandbreite vorstellbarer Tätigkeiten: Ganz-wie-immer-Sein, ruhig und im Alltag bleiben, auf die Uhr schauen, im Sessel sitzen und mitzählen, ganz bewusst nichts tun, meditieren und bewusst wahrnehmen sowie exzessiv genießen: „in die Sonne legen und die Augen schließen…", „in den Lotussitz setzen…", „an einen einsamen Ort zurückziehen…".[1259] Achtsames Atmen und bewusstes Verabschieden ist vorstellbar, ebenso exzessives Trinken, sexuelle Selbstbefriedigung oder Suizid.[1260]

....

1255 Ohne Angabe zu eventuellem Grad einer Behinderung von Brille bis Rollstuhl, zu sichtbarem Zeichen einer Religionszugehörigkeit, ohne Angabe der Hautfarbe etc.

1256 Sajko: *Bombenfrau*, 2008, S. 26.

1257 Sajko: *Bombenfrau*, 2008, S. 43f. Dazu mehr hier weiter unten.

1258 Sajko: *Bombenfrau*, 2008, S. 27.

1259 Sajko: *Bombenfrau*, 2008, S. 29f.

1260 Sajko: *Bombenfrau*, 2008, S. 30: „bis zum Abwinken besaufen…", „ausziehen und masturbieren und mir jemanden vorstellen, mit dem ich schon immer Liebe machen wollte…",

In der Ansammlung klingt die Antwort „Ich würde versuchen, die Welt zu retten…",[1261] die nur einmal fällt, wie eine unmögliche Herausforderung, während die sinnlichste aller Antworten, an seinem Kind zu riechen, als Abschied, etwas Meditatives und als etwas Angenehmes, Rührendes und Selbstreferentielles mehrere Ebenen erfüllt.

Die Antwort „Ich würde mir in die Hose machen. Ich würde darüber nachdenken, wie der Schöpfer reagieren wird, wenn ich so vollgeschissen vor ihn trete. Spielt es eine Rolle, ob es Allah, Jahve oder Jesus ist?"[1262] nimmt eine körperliche Angstreaktion an, verbindet diese aber mit einer rhetorisch-suggestiven Frage danach, welche Relevanz die Religionsdifferenzierung hat und zeugt indirekt von interreligiöser Akzeptanz.

Die reale Autorin Ivana Sajko setzt als Autorin-Figur jemanden mit Parallelen zu ihr ein.

Die poetologische Reflexion einer Figur, die den Namen der realen Autorin trägt und zugleich Autorin des Textes und Handelnde innerhalb des Erzählten ist, stellt insofern eine „Fallgrube des Dramas"[1263] dar: Durch den Namen Sajko kommt es leicht zur Annahme einer Autorin, die mit Ivana Sajko identisch ist, was nicht absolut zwingend ist.

Diese Autorin-Figur spricht sich selbst im Stück mit Sajko, dem Nachnamen der Autorin, an: „Die erste Version, die ich mir ausgedacht habe, landet im Papierkorb: unglaubwürdige Sätze, nicht-existenten Menschen in den Mund gelegt. Ich sage: ‚Sajko, das geht in die falsche Richtung.'"[1264] Damit verweist sie auf die reale Autorin und gibt an, dass die weitere Aufführung ihres Stückes

....

„kaputt lachen über die sechsunddreißig Sekunden", „sofort erschießen, denn warum warten und Zeit verlieren …"

1261 Sajko: *Bombenfrau*, 2008, ebd.

1262 Sajko: *Bombenfrau*, 2008, S. 29.

1263 In Anlehnung an Hayakawa: *Sprache im Denken und Handeln*, 1993, S. 45: „FALLGRUBEN DES DRAMAS Naivität hinsichtlich des symbolbildenden Prozesses erstreckt sich auch auf andere Symbole als Worte. Beim Drama (auf der Bühne, im Kino, beim Fernsehen) gibt es unter den Zuschauern fast immer Leute, die sich niemals ganz klar machen, daß ein Stück aus fiktiven symbolischen Darstellungen besteht."

1264 Vgl. Sajko: *Bombenfrau*, 2008, ebd.

Rippen/Wände unterbunden worden ist, „weil zwischen dem Text und dem drohenden Krieg im Nahen Osten unerwünschte Verbindungen auftauchen, ich zitiere: ‚Der individuelle Widerstand gegen eine überlegene Macht.‘"[1265] Ivana Sajko durchbricht als Autorin damit, da sie wirklich ein Stück mit diesem Titel verfasst hat, die von ihr geschaffene fiktionale Welt, die zuvor von der Kriegsrealität wie ‚überfallen‘ worden ist. Nach einem postkartenschönen Aufenthalt am Lago di Como „fängt der Krieg tatsächlich an. […] Ich ziehe die Vorhänge zu."[1266] An dieser Stelle scheint sie einen gewissen Widerstand gegen dieses Sie-Selbst-Sein zu haben, müde vom Ich-Sein und der Welt.

Die Autorin-Figur benennt mit „Ungeachtet meiner Entscheidungen, Metaphern und vorläufigen Niederlagen"[1267] die sprachliche Machtlosigkeit und irreale Wirkung der Kriegsbilder auf ihre Wohnzimmerwelt:

„Kolonnen von Zivilisten und Soldaten[1268] schleppen sich von einer Zimmerecke in die andere. Sie hinterlassen verschmierte Wände, einen vollgepissten Teppich, leere Gulaschkonserven und alte Menschen, die vor Erschöpfung zugrunde gegangen sind. Ihre röchelnden Atemzüge bringen Federn und Granatsplitter auf dem durchpflügten Boden zum Tanzen."[1269] Sie ist transparent, dünnhäutig und wie in Einzelteile zerlegt:

„Über meinen Arbeitstisch fliegen Flugzeuge, sie scannen meine Manuskripte, meinen Schädel, meine Rippen, meinen Rücken und die Knochen meiner Gliedmaßen, sie registrieren meine Körperlagen, die Beschaffenheit der Flüssigkeit in meiner Tasse und das verbrannte Elend der Kriegslandschaft."[1270]

Bildreich, anschaulich und metaphorisch wird die Wirkung der visuellen Medienimpulse und akustischen Nachrichteninformationen auf die Textproduktion festgehalten: „In meinem Zimmer regnet es sauren Regen, Engel und

....

1265 Sajko: *Bombenfrau*, 2008, S. 21.
1266 Sajko: *Bombenfrau*, 2008, S. 22.
1267 Sajko: *Bombenfrau*, 2008, ebd.
1268 Zivilistinnen vermutlich ebenfalls, evtl. auch Soldatinnen; aber sie sind wohl mitgemeint.
1269 Sajko: *Bombenfrau*, 2008, S. 22.
1270 Sajko: *Bombenfrau*, 2008, ebd.

Granaten. Rot geschminkte Jungen ohne Genitalien liegen verstreut herum wie Keramikscherben".[1271]

Offen bleibt, ob und wie sich, weniger der Schädel und die Rippen, sondern z.B. die Manuskripte nach dem Scannen verändern.

Die Metapher „rot geschminkt" verweist auf Blut, das eventuell aus dem Mund von Erschossenen geflossen ist oder bei Personen zu sehen ist, bei denen die Kehle durchgeschnitten wurde, im Kontrast zu den wohl verbluteten bzw. blutleeren Toten. Ferner hat die Jugend eigentlich rote Wangen, aber hier sind die Jungen nicht mehr lebendig, sondern entmachtet, da ihres Geschlechts beraubt. Ohne Geschlecht und mit geschminktem Mund sind sie Transvestiten oder Eunuchen fast ähnlicher als Toten. Das Zerfetzte der Gliedmaßen wird als Scherbenhaufen bzw. verstreut herumliegende Keramikscherben bezeichnet und damit in den häuslichen bekannten Rahmen gebracht. Aus der Dislokation der einzelnen Körperteile ergeben sich drei Dinge: Im Verstreuten sind die Destruktivität und Sinnlosigkeit enthalten, wird auf die Perspektivlosigkeit der arbeitslosen Jugend und mit der Betonung auf Keramik statt Glas unter Umständen auf die Demokratie mit dem Ostrakismos in ihren Ursprüngen angespielt. Der Mensch ist ‚in Unordnung' und wird verdinglicht: „In meinem Kopf explodierte eine Nuklearwolke, und dann legte sich der Explosionsstaub langsam, ganz langsam, begleitet von beinahe unhörbarem Hüsteln, und es zeigte sich die Silhouette der mit Blumen und Parolen geschmückten Stadt",[1272] schreibt die Autorin-Figur. Die Wolke ist eine zündende Idee und wie die Auswirkung einer Atombombe – es gibt kein ‚zurück'.

Das Sterben fokussiert sich auf beiden Ebenen: eines Attentats und einer Umfrage: Nachdem der Krieg im Kopf und überall in der Umwelt erlebbar ist und alles Bisherige sprengt, entwickelt sich, in zentriertem Textlauf abgesetzt, der Monolog der Attentäterin. Diese verweist darauf, dass sie einen Politiker im Visier hat, den sie mit Du anspricht und von dem „man sagt, dass du im Besitz des schwellenden roten/Knopfs bist/und dass du mit diesem die Welt sprengen wirst/man sagt es – vielleicht ist es auch gelogen,/aber in jeder Lüge steckt auch

....

1271 Sajko: *Bombenfrau*, 2008, ebd.

1272 Sajko: *Bombenfrau*, 2008, ebd.

ein Stück Wahrheit, und mir/bleibt nichts anderes übrig, als es zu glauben".[1273] Sie hatte eine Weile und hat aktuell keinen Kontakt zu ihm, verlässt sich auf Gerüchte über seine Macht.

Sajko, die als realer Mensch die Bombardierung der Stadt Zagreb erlebt hat, lässt die Autorin-Figur eine zentrale Frage bezüglich der letzten Lebensminuten stellen, was ihre letzten Taten vor einem zeitlich so bewussten Tode wären, was sie unternehmen und vollbringen wollen würden, die ihr selbst zu beantworten schwer fällt: „Ich kann keine Antworten auf die Frage niederschreiben, die manche bedrückt, andere belustigt, dem einen schrecklich ist, dem anderen unglaubwürdig".[1274] Die Kriegssituation schottet ab, wie auch eine Pandemie Einzelne abgetrennt halten kann. Die Einsamkeit wird mit Hilfe von Technik – Computer, Web, Adressen aus der Mailing-Liste – überbrückt und die Schreib-Frageidee erreicht weitere Kreise: „In einer Woche entsteht so auf meinem Tisch ein geheimes Archiv über jene Todesarten, die sich meine Freunde, meine Bekannten, meine Mutter vorgestellt haben…".[1275]

Diese Frage weiterzugeben wirkt wie Versuch, ein Gemeinschaftsgefühl herzustellen, und wie eine Gesprächsebene, während die Kriegssituation gerade dies bedroht und unterbindet, weil jede und jeder woanders in einer Wohnung, in einem Bunker sitzt, auf der Flucht ist und man sich sehr schlecht erreicht.

Der Text beschäftigt sich neben dieser Lebensendwelt-Frage, mit dem im Louvre ausgestellten Originalgemälde der Mona Lisa, Gedanken zur historischen Figur dahinter und einer allegorischen Mona Lisa. Einmal fungiert diese vielschichtige Mona Lisa als Alter Ego der Figur, die den Namen der Autorin trägt, einmal als Konkurrenz zu dieser im Kampf um denselben Mann, wie eine vom Thron gestoßene Gottheit.[1276] Sajko wählt mit Mona Lisa eine Figur, die nicht

---

1273 Sajko: *Bombenfrau*, 2008, S. 24.

1274 Sajko: *Bombenfrau*, 2008, S. 28.

1275 Sajko: *Bombenfrau*, 2008, ebd.

1276 Sajko: *Bombenfrau*, 2008, S. 25: Zwischen vier Zeilen, die den Weg zum Gemälde durch die Ausstellungssäle anweisen, wird das Erleben einer Frau und ihres Begleiters dazu gestellt, die Stöckelschuhe schmerzen sie, er ist enttäuscht, u.a. von der Größe des Bildes, sie dagegen

nur als Rätsel für jede Frau steht, sondern dieses verunsichernde und tiefgründig-süffisan(f)te Lächeln hat.[1277] Die Größe und Bedeutung des Namens kann für die Trägerin selbst zu groß werden.[1278]

Thematisch steht der Umgang mit dem Wissen über den bald bevorstehenden Tod, der gewaltsam sein wird, oder die Geburt, die schmerzhaft sein wird, im Mittelpunkt. Der Umgang mit der Gefahr, der Unausweichlichkeit des Sterbens bei einem Selbstmordattentat und die des Geburtsvorganges sind zentral.[1279] Das Attentat als terroristischer Akt wird in seiner eruptiven Kraft parallel zu einer Geburt angelegt. Damit ist die Nähe zu ethnisch-zerstörenden Vergewaltigungen als assoziativ-wahrscheinlicher Gefühlshintergrund beim informiert-sensiblen Publikum angelegt.

Einer offiziellen Definition des selbstmörderischen Terrorismus folgen statistische Daten: „Zeitungsartikel, Forschungsberichte und Beiträge von internationalen Zentren zur Bekämpfung des Terrorismus";[1280] ebenso das erwähnte Material aus privaten Umfragen im Freundeskreis, Definitionen von Selbstmordattentaten, die Statistik der Zugehörigkeit der SelbstmordattentäterInnen bis zu dem Jahr 2000, von denen ein Drittel Frauen waren,[1281] wobei der Beginn der Zählung unerwähnt bleibt. Alle diese Fakten zeugen von einer Suche nach Sinn und Zusammenhang.

---

hat nichts erwartet. Beobachtet werden sie von der Bombenfrau, die sich mit Mona Lisa, dem Innbild identifiziert: „Mona Lisa ist tot.", „Mein Name ist Mona Lisa."

1277   Frauenlachen ist für die westliche Kunst faszinierend, u.a. für Leonardo da Vinci. Vgl. Isaak, Jo Anna: *Feminism and contemporary art. The revolutionary power of women's laughter*, London/New York 1996, S. 11.

1278   Loraux, 1995, S. 197: „Helen und ‚Helen': the inadequacy of the self, the name that overpowers the being it represents, the indecision between subject and object."

1279   Sajko: *Bombenfrau*, 2008, zweimal auf S. 26: „Es gibt keinen Ausweg!". Dreimal auf S. 39, einmal auf S. 51. Dann auf S. 53: „Richtig. Aus meinem Gehirn / GIBT ES KEINEN AUSWEG." […] „Es gibt keinen Ausweg, du Verräter-Wurm."

1280   Sajko: *Bombenfrau*, 2008, S. 20. Vgl. S. 35: „in alten Zeitungsartikeln, Forschungsberichten, Interviews, Zeugenaussagen".

1281   Vgl. Sajko: *Bombenfrau*, 2008, S. 21.

Die statistischen Informationen,[1282] die Erwähnung verschiedener früherer Attentate sowie die Kommentare von Befürwortern und Experten[1283] stehen, ebenso wie zahlreiche Textstellen, für einen politischen Kontext.[1284] Darunter ist besonders eine Textpassage hervorzuheben, die der Chor der Engel spricht, bevor er einen Anschlag auf eine vergottete Mona Lisa ausführt, die ihren Sonnenwagen fährt, und diese aus dem Himmel auf den Bürgersteig stürzen lässt.[1285] Dem „Ich" folgt 25 Mal ein gewerkschaftlich-gesellschaftliches „Wir", das in stilistisch parallel, sowohl positiv als auch negativ formulierten Sätzen Selbstbeschreibungen enthält und politisch-programmatische Forderungen wie man sie im Kontext einer Wahlrede oder eines Regimewechsels stellt:

„Wir bemühen uns, die Umwelt durch unsere bescheidene Existenz nicht zu belasten. Wir arbeiten von neun Uhr morgens bis vier Uhr nachmittags [...] Am Wochenende treiben wir Sport und gehen ins Kino [...] wir nehmen keine Drogen. [...] Wir wollen freie Wahlen, zwei Kammern, Minister, stellvertretende Minister und einen Ministerpräsidenten, der Fahrrad fährt! [...] NIEDER MIT DEM ROYALISTISCHEN MONOTHEISMUS!"[1286]

Die geforderten Werte wie u.a. Bescheidenheit, Gesundheit, Freiheit, Gerechtigkeit, Gleichheit, Wahrheit, Pressefreiheit Umweltschutz und Demokratie, stehen im Spannungsverhältnis zu einem Attentat, das einerseits die Beachtung und die Berechtigung der Werte betonen will, aber gleichzeitig zum Verkauf von Gemüse, das gentechnisch verändert worden ist, und zum Systemwechsel

---

1282 Sajko: *Bombenfrau*, 2008, S. 21: „271 Selbstmordmissionen in 14 vierzehn Ländern der Welt: LT-TE = 168, Hisbollah = 52, Hamas = 22, PKK = 15, PIJ = 8, Al-Kaida = 2, EIJ, IG, BKI und GIA je eine. Ein Drittel der Selbstmörder waren Frauen."

1283 Sajko: *Bombenfrau*, 2008, S. 21, 40f, 47.

1284 Sajko: *Bombenfrau*, 2008, z.B. S. 32: „Militärpolizei/Spezialeinheiten der Polizei", „die gepanzerte Kolonne taucht am Ende der Straße auf" und „die Live-Übertragung wird von Werbung unterbrochen", S. 34: „Euphorie des Volkes", S. 55: „ich dränge mich durch die Menschenmenge und ihre/Fähnchen".

1285 Vgl. Sajko: *Bombenfrau*, 2008, S. 37.

1286 Sajko: *Bombenfrau*, 2008, S. 37f.

  © Frank & Timme   Verlag für wissenschaftliche Literatur

aufruft, andererseits aber Lebensumstände beschreibt, die global gesehen mit nur sieben Stunden Arbeit pro Tag, Kulturveranstaltungen und sportlichen Betätigungen am Wochenende relativ angenehm erscheinen, zumal sie nicht mit Drogenkonsum einhergehen.

Explosionsartig und eruptiv entlädt sich in dieser Passage, wie später im Gottes-Monolog, offensichtlich Frustration, die sich aus einem Leben mit konsequenter Werteeinhaltung angesammelt hat. Raum und Luft verschafft sie sich in Form von Teilstimmen, teils Gegenstimmen, die in diesem Monodrama innerhalb einer Stimme zu Wort kommen.

Mit dem dramatischen Monolog *Bombenfrau* wird das Phänomen des individuellen politischen Terrorismus verarbeitet. Mit keinem Wort wird Religiosität, oder gar einer Religion zugeordneter Fanatismus erwähnt.[1287] Im Visier ist ein hoher Politiker, zugleich möglicherweise ein Liebhaber. Die Existenz einer Geliebten des Politikers enthält ein persönliches Element. Es gibt keine konkreten Angaben zu einer politischen Situation oder einem konkreten Politiker oder seiner Geliebten. So lassen sich Politiker aus verschiedenen Regionen Europas, oder sogar von woanders, vermuten. Das Zielobjekt wird beobachtet und geduzt, als wäre der Anschlag zu einem Teil eine Beziehungstat. Da das Stück mit der appellativen Frage nach dem Aufenthaltsort des Wurmes, jedoch ohne Fragezeichen, endet,[1288] ist dies eine wie an sich selbst gerichtete Frage, oder eine, die keine Antwort mehr erwartet. Es kann auch sein, dass die Explosion nur schwach war, die Attentäterin zu sich gekommen ist und benommen nach der Bombe oder dem Zielobjekt fragt. Die Bezeichnung Wurm, die nicht im Diminutiv steht, weist tendenziell auf etwas Hässliches hin. Der Wurm-Satz lässt mit Blick auf folgende Passage:

„GLAUBST DU, DASS MAN DIR NACHTRAUERN WIRD?/BIST DU BEREIT?/Ich springe auf ihn zu/ich sehe seine Augen/er ist nicht

....

1287 Auch wenn der „Wurm" mit der paradiesischen Schlange verknüpft sein könnte, oder im Markus-Evangelium, jeweils in 10,44, in 10,46 und in 10,48 dreimal steht. „wo ihr Wurm nicht stirbt und ihr Feuer nicht verlöscht".

1288 Sajko: *Bombenfrau*, 2008, S. 56.

überrascht/er erwartet mich/ich halte ihn mit meinen Armen fest/
ich umarme ihn ich umarme ihn/aus meinen Eingeweiden taucht die
Bombe auf/die Geburt hat begonnen/er wehrt sich/ich flüstere/verzeih
mir/verzeih mir/aber es gibt keinen Ausweg/beide fallen wir auf den
Asphalt/er schlägt mit dem Kopf auf den Boden/er beruhigt sich/wir
bleiben so liegen/ich habe mein Gesicht unter sein Kinn vergraben/er
riecht gut/meine Lippen liegen an seinem Hals/ich küsse ihn/ich habe
Angst/WURM, WO BIST DU WURM …",[1289]

noch weitere Anspielungen auf ein Baby erkennen: Entweder die Schwangerschaft ist phantasiert worden und ein Neugeborenes, das als Wurm bezeichnet
werden könnte, ist nicht da, – oder es ist nach einer Abtreibung nicht mehr
da, – oder die Figur will das Neugeborene nach der Geburt sehen, – oder sie
fällt mit dem Baby so, dass es stirbt.

Wenn wir das serbokroatische Wort für Wurm „crv" heranziehen, ist die
Farbe Rot mit „crveno" vor Augen, das zu Blut (übrigens „krv" im Serbokroatischen) bei Geburt oder Attentat passt. Nicht ganz von der Hand zu weisen
ist ein Verständnis, das von Wurm als Metapher für den Menschen an sich und
für dessen ‚ewigen Tod' steht, da die Würmer biologisch nach den Menschen
sterben.[1290]

Eine weitere zentrale Metapher ist der Wurm,[1291] der als Ohrwurm dialogisch versucht gegen ein Attentat bzw. für einen Abbruch des Attentats zu
plädieren:

....

1289 Sajko: *Bombenfrau*, 2008, S. 56.

1290 Vgl. Bail, Ulrike/Crüsemann, Frank/Crüsemann, Marlene/Domay, Erhard/Ebach, Jürgen/
Janssen, Claudia/Köhler, Hanne/Kuhlmann, Helga/Leutzsch, Martin/Schottroff, Luise (Hg):
Bibel in gerechter Sprache, Gütersloh 2006, S. 1999, S. 1275, Hiob 25,6: „der Mensch, die
Made - / das Menschenkind, der Wurm!'" und S. 1909, Mk 9,47: „wo ihr nagender Wurm
nicht stirbt und das Feuer nie erlischt." nach S. 767, Jesaja 66,24: „denn die Maden in ihren
Leichen werden nicht sterben". Dies ist ein Bild von auf dem Schlachtfeld verwesenden
Leichen. Vgl. hierzu Emcke, Caroline: *Von den Kriegen. Briefe an Freunde, Kosovo I (Juli
1999)*, 4. Aufl. Frankfurt am Main 2016, S. 21: „Und dann war dieses Geräusch, ganz leise,
zunächst unbemerkt, und dann so penetrant in seiner Widerwärtigkeit, dass kein noch
so wirksames Tabu, keine tief sitzende Scham seine Wahrnehmung hätte unterdrücken
können: Eine Vielzahl von Parasiten fraß sich ungestört durch den Rest eines Menschen."

1291 Sajko: *Bombenfrau*, 2008, S. 50.

© Frank & Timme   Verlag für wissenschaftliche Literatur

„er tritt ein in mein Ohr",[1292] „Meine Bombe ist ein Wurm in Panik/
er hat sich in meine Ohrmuschel gezwängt und zittert jetzt/vor Angst/
das Zittern überträgt sich auf [...] ER HAT MEIN TROMMELFELL
ZERRISSEN!/Ein plötzliches Geräusch im rechten Ohr/Du verfluchter
Mistwurm!".[1293]

Damit begehrt er – im Falle einer schwangeren Attentäterin, gegen seinen Tod
auf, der mit der Detonation geschehen würde. Unter Umständen ist auch ein
Wehren eines Kind-Wurmes gegen eine Abtreibung möglich.

Auf jeden Fall ist mit dem Wurm ein letzter Rest an Überlebenswillen
personifiziert, wenn er brüllt,[1294] befiehlt, wurmt und warnt,[1295] um Befreiung
bittet und sich deutlich gegen „die Durchführung des Projektes"[1296] ausspricht.

Vorstellbar ist auch, dass die Frau das Neugeborene nach der Geburt weg-
geben hat und nun vermisst und nach dem Aufenthaltsort fragt, oder sie als
Attentäterin die Bombe sucht, weil diese vielleicht nicht detoniert ist und
noch detonieren soll. Dabei wäre der Wurm die Zündschnur, und es hieße
unverrätselt: „Wo bist du Zünder, damit ich gleich an dir ziehen kann?", denn
die Wörter Detonation oder Explosion oder Sprengung kommen im achten
Abschnitt nicht vor.

Der Wurm hat, kurz zusammengefasst, drei Bedeutungsmöglichkeiten:
1. Abwertung des gesamten Menschen oder Mannes, da Wurm „Prototyp

---

1292 Sajko: *Bombenfrau*, 2008, S. 50.

1293 Sajko: *Bombenfrau*, 2008, S. 52.

1294 Sajko: *Bombenfrau*, 2008, S. 53: „Der Wurm brüllt: ‚Dein Gehirn ist gewaschen, abge-
schrubbt, ausgekratzt! Dein Gehirn ist voller Geheimcodes und abgetrennt von der Strom-
zufuhr! Nur Parolen und ein Haufen Sprengstoff! Hast du es je von innen gesehen? Es sieht
erschreckend aus: stumpf, grau, weder Luft noch irgendein Lebenszeichen darin!"

1295 Sajko: *Bombenfrau*, 2008, S. 53: „„Schließ deinen Gehirnwäsche-Generator an! Mach den
Fernseher an! Stell ihn lauter! Zapp dich durch die Programme! Kleb die Pupille zurück auf
den Augapfel! Durchtrenn die Drähte! DU HAST NUR NOCH FÜNF MINUTEN!!! [...]
Lüfte das Hirn. Öffne alle Fenster! Fang an zu funktionieren! Lass mich raus. ICH WILL
NICHT IN DIE LUFT FLIEGEN!!!!!"".

1296 Sajko: *Bombenfrau*, 2008, S. 53.

und Modell für wimmelnde Tiere ist";[1297] 2. eine Bezeichnung für das Ungeborene und 3. – wenn man Sajkos Prosa hinzuzieht[1298] – die Bezeichnung für das männliche Glied, wobei als pars pro toto wieder die erste Bedeutung herangezogen werden kann.

Die Themenvielfalt und Sachlage sind komplex, die innere Handlung hat verschiedene Ebenen, die sich als schwer greifbar herausstellen, weil sie ineinander verwoben sind, was mit den formalen Aspekten korrespondiert.

7.1.5 Gewalt(tät)ige KörperNähe, physische Gewalt – KriegsMacht

Sajkos Stück benennt das Freiheitsfenster des Krieges: Wenn es keinen Ausweg gibt, kann man sich noch umbringen.[1299] In diesem Stück wird deutlich, dass die Bereitschaft zur Gewalt sich aus zwei Quellen bzw. Verfassungen speist: Gewalterlebnisse und Verzweiflung bis hin zur Ausweglosigkeit. Bei den Frauen, die zu Selbstmordattentäterinnen werden, ist, meist nach einer Gewalterfahrung, stets ein gesellschaftlicher oder familiärer Druck vorhanden, sich mit diesem erweiterten Suizid von einer vermeintlichen Schuld, Gewalt erfahren zu haben oder Schande, zu befreien bzw. die Ehre der Familie wieder herzustellen.[1300] Im Text selbst als „Mantra" bezeichnet finden sich die zwei Sätze

....

1297 Douglas, Mary: „Die Greuel des dritten Buchs Mose (1966)", in: Kashiwagi-Wetzel, Kikuko/ Meyer, Anne-Rose (Hg.): *Theorien des Essens*, Berlin 2017, S. 205: „So wie der Fisch dem Meer zugehört, gehört der Wurm zum Bereich des Grabes, zu Tod und Chaos."

1298 Sajko: *Liebesroman*, Zagreb 2005, S. 36: „i on je osjetio led oko srca, led oko kraljeznice, stisnuo mu se crv medu nogama, najednom se spustila temperatura" [übers.: „und er hat das Eis ums Herz gefühlt, um die Wirbelsäule herum, sein Wurm zwischen den Beinen hat sich zusammengezogen, auf einmal sank die Temperatur"] Kontext: Die Protagonistin sagt zu dem Protagonisten bezüglich der Frage, ob sie wegen seiner unkontrollierten Ejakulation beim Beischlaf schwanger wird, dass sein wird, was sein wird. Ihm wird aufgrund dieses Satzes eiskalt, ihm ist, als beginne es zu schneien und die Erzählstimme stellt fest, dass mit diesem einen Satz der Sommer beendet ist.

1299 Sajko: *Bombenfrau*, 2008, S. 47: „Du kannst dich immer noch umbringen, dachte ich".

1300 Sajko, ebd S. 42: „Die Rekrutierung von Frauen in die Selbstmordeinheiten erfolgt oft unter Zwang bzw. durch die Androhung gesellschaftlicher Stigmatisierung. Frauen, deren gesellschaftlicher Status auf irgendeine Art problematisch ist, die zum Beispiel verführt oder vergewaltigt worden sind oder die unter den Verdacht geraten, promiskuitive oder einfach außereheliche Verhältnisse zu pflegen, werden zur selbstmörderischen Gewalt als

„Man kann nichts mehr tun" und „Es gibt keinen Ausweg".[1301] Das Mantra der Ausweglosigkeit, ob real oder eingeredet bis eingetrichtert und eingeimpft, zeigt sich als an das Geschlecht und die Gewalt geknüpft: Es taucht dreimal auf Seite 39 sowie auf den Seiten 43, 46, 49 und 53 auf. Nicht nur ein Arzt benennt, es gäbe keine Möglichkeit, das Gebären zu vermeiden. Die Aussage trifft zudem auf die innere Stimme der Bombenfrau zu, die erkennt, dass sie den Anschlag ausführen wird; die Textstellen handeln von der Selbsterkenntnis, der Selbstberuhigung, schließlich von der Entschlossenheit zur Tat, die in diesem Satz enthalten sind. Es wird aber auch eine Alternative zur Durchführung des Attentates durchdacht bzw. durchgesprochen: der Verzicht.[1302] Die Möglichkeit einer Nicht-Detonation, die Idee aufzugeben, wird nicht weitergeführt. Stattdessen beginnt eine Art Kampf mit dem Bombenwurm, der nach der Feststellung der Fatalität wie ein aufkommendes schlechtes Gewissen zu wurmen beginnt: „meine Bombe ist ein nervöser Wurm".[1303]

Die Vielfalt der Bedeutungsebenen wirft Fragen auf: Ticken in Frauen emotionale Zeitbomben, die entschärft werden müssten,[1304] oder wird die Geburt an sich, oder im Besonderen die eines ungewollten Kindes, mit einer Sprengung des Eigenlebens in Beziehung gesetzt?[1305] Es gibt zwar das Phänomen der Selbstmordattentäterinnen, die sich mit dem Sprengsatz töten, aber woher kommt der Wille zur Sprengung? Über die Motivationen ist kaum etwas bekannt. Schütte schreibt hierzu:

....

Akt der gesellschaftlichen Rehabilitierung und zur Rückgewinnung der familiären Ehre gezwungen."

1301 Sajko, ebd., S. 46: „Das Mantra ‚Es gibt keinen Ausweg' brachte sie vielleicht zur Ruhe."

1302 Sajko, ebd., S. 51: „Willst du aufgeben?'/Es gibt keinen Ausweg./,Du wiederholst das ständig.'/Das stimmt./,Und was, wenn es einen Ausweg gäbe?'/Es gibt keinen./,Willst du, dass es einen gibt?'/Jetzt ist es zu spät./,Vielleicht geht sie gar nicht in die Luft?'/Sie wird./,Und wenn nicht?'/Ich würde überleben./,Und alle anderen.'/Logisch./,Würdest du das wollen?'/…".

1303 Sajko: *Bombenfrau*, 2008, S. 50.

1304 Vgl. bzw. Formulierung angelehnt an Miller, 2004, S. 72.

1305 Vgl. Sajko: *Bombenfrau*, 2008, S. 43: „Meine Mutterschaft wird von kurzer Dauer sein/ich werde die abscheuliche Grimasse meines Kindes nicht/sehen". Es ist unwahrscheinlich, dass sich eine glückliche Schwangere zu einem Selbstmordattentat für bereit erklärt. Sie ist entweder nicht schwanger, oder ungewollt, falls wir dieser Vorstellung und These von einer Verknüpfung der beiden Zustände (Attentäterin/Schwangere) folgen.

„Krieg ist deshalb so erbarmungslos, weil er auf den menschlichen Körper zielt: ihn zerstört, auslöscht, umgestaltet oder allererst, mit seinen Insignien versehen, gebiert.[2] Selbst dann, wenn Krieg offiziell beendet ist, hinterlässt er nicht nur Spuren im Körper, sondern gerade in Nachkriegszeiten wird der Krieg noch einmal im Medium des Körpers ausgetragen. Krieg und Nachkrieg werden dann, wenn der Schauplatz des Krieges sich in den Tiefen des Körpers befindet, ununterscheidbar. Er ist unempfänglich für Friedensverhandlungen und offizielle Markierungen von zeitlichen und räumlichen Grenzen."[1306]

Die Hauptfigur kündigt den natürlichen Instinkt des Selbsterhaltungstriebes auf.[1307]

Der Soziologe Sofsky bescheinigt einem Attentäter „kalte Courage", schonungslose „Grausamkeit", „Haß", „Selbstlosigkeit", „Zerstörungswut", „Todesverachtung", „Inbrunst des Glaubens und das blinde Gottvertrauen".[1308] Dies bezieht sich tatsächlich eher auf Gehirne, die leer gewaschen und manipuliert werden, statt auf diese Täterin, die in einen interpersonalen Pseudo-Dialog mit dem Opfer tritt, und zweimal „verzeih mir"[1309] flüstert, das Opfer umarmt und dann, wieder distanziert, „Er riecht gut"[1310] feststellt. Mit einem leeren Kopf, oder einem übervollen, einer Bombe am Körper, evtl. im Bauch, haben wir es mit Bildern von Behältnissen zu tun, die nach Freud der Weiblichkeit zugeordnet werden. Insofern scheint das Attentat an sich feminin zu sein: „er füllt meine Gebärmutter aus/ich werde gebären",[1311] ohne dass dies den Männern, die diesen Weg wählen, bewusst scheint. Die Tat der Frau zeugt von einer Wut

---

1306   Schütte, in: Mohi-von Känel/Steier (Hg.), 2013, S. 85: Fn2: „Dass dies nicht nur metaphorisch zu verstehen ist, zeigen diejenigen Kinder, die durch Vergewaltigungen ihrer Mütter durch den Kriegsfeind gezeugt werden." Die Fußnote befindet sich so im Originaltext.

1307   Vgl. Sofsky, 2002, S. 180.

1308   Sofsky, 2002, ebd.

1309   Sajko: *Bombenfrau*, 2008, S. 56.

1310   Sajko: *Bombenfrau*, 2008, ebd.

1311   Sajko: *Bombenfrau*, 2008, S. 42:

   © Frank & Timme   Verlag für wissenschaftliche Literatur

nach erlebtem Leid; sie ist Zeugin und Zeugende, auch wenn sie eine Bombe gebiert; ihr Zeugen, ihre Absicht, ihre Bombe lässt eine Wunde aufbrechen.[1312]

Die *Frau Bombe*/*Žena bomba*, um an diese Titelvariante zu erinnern, ist, wie erwähnt und belegt, eventuell als werdende Mutter zu verstehen, die aber das Kind nicht möchte und auch den Erzeuger aus dem Weg räumen will.[1313] Dies schafft ein Leben, das das Leben der Frau vom Kümmern und Ablösen zur Zerstörung hin verändert.

Die Bedrohlichkeit der Mutterschaft für das eigene Leben ist eine biologische Tatsache und ethische Größe für das Kollektiv, zumal es eine Folge der strategischen Deutung des Frauenkörpers als (Kriegs)beute ist. Wenn die ‚somatisierte Frau'[1314] als Kriegsbeute schwanger gemacht werden kann, bedroht dies das Kollektiv. Ein Stück wie *Frau Bombe* gibt die Macht der Bedrohlichkeit an die Frau zurück, hauptsächlich durch die Sprache.[1315] Sajko arbeitet mit Vergleichen, Wiederholungen und Anaphern. Sprache ist ein präzises Werkzeug, „Gewalt ist uneindeutig"[1316] und steckt im Herausbrechen von Etwas. Die Sprache hat eruptiven Charakter, wenn wir mit etwas herausplatzen – wie die Bombenfrau, oder platzen könnten, weil wir etwas nicht sagen. Ausrasten,

....

1312 In Anlehnung an Bühler-Dietrich: *Auf dem Weg zum Theater*, Würzburg 2003, S. 149: „Aufgerissen durch[-] schmerzt, zeugt, er-zeugt und be-zeugt diese Sprache, die sich nicht semantisch festlegen lässt; ein Zeugen, das gar eine Wunde im ‚Blutstrom' aufbrechen lässt." Hier wird *Simson fällt durch Jahrtausende* von Nelly Sachs untersucht.

1313 Gäbe es nicht den Bindestrich zwischen Frau und Bombe, ließe sich sogar bei Bombe an einen Nachnamen denken. Granate und Sexbombe sind üblichere sexistisch-bellizistische Bezeichnungen für Frauen, wenn die Bilder und Vergleiche für ihre erotische Wirkung nicht im Bereich des Essbaren liegen, z.B. (Sahne)Schnitte.

1314 Zum Körper reduziert bzw. als Frau als pars pro toto für eine Nation oder Ethnie oder religiöse Gruppe eingesetzt.

1315 Nach Mohi-von Känel, Sarah/Steier, Christoph: *Interesse am Nachkriegskörper*, in: Mohi-von Känel/Steier (Hg.), 2013, S. 15, können „Körper einerseits durch Krieg vernichtet und andererseits durch eine halluzinatorisch gesteigerte Wahrnehmung unzähliger Details fragmentiert werden", es „bleibt an oder in ihnen etwas widerständiges bestehen.", „Schattenhaft bleibt nicht selten zudem, was sich wann an welchem Körper als Folge des Krieges gezeigt haben wird."

1316 Riekenberg, Michael: *Einführende Ansichten der Gewaltsoziologie Georges Batailles*, in: Riekenberg, Michael (Hg.): *Zur Gewaltsoziologie von Georges Bataille*, 2012, S. 9.

austicken[1317] statt sich zu erklären ist wie Amok sonst als ein Verhalten von Männern konnotiert. Das Mitteilen ist Selbstberührung,[1318] die beruhigt: „Sie spürte einen starken Druck im Darm und rannte auf die Toilette. Nervosität kann man nicht herausscheißen. Dann nahm sie eine Beruhigungstablette. Sie ging zurück zum Fenster und wartete auf die Wirkung. Das Mantra ‚Es gibt keinen Ausweg' brachte sie vielleicht zur Ruhe."[1319] Oder auch: „ich singe Sweet Jane vor mich hin keiner hört mich/NIEMAND HÖRT IRGENDETWAS/".[1320] Es kompensiert auch fehlende Nähe zum Politiker: „Ich springe auf ihn zu/ ich sehe seine Augen/er ist nicht überrascht/er erwartet mich/ich halte ihn mit meinen Armen fest/ich umarme ihn ich umarme ihn".[1321] Bald nachdem das zweimalige, also dringende Umarmen phantasiert wird oder möglich ist, hört der Text auf. Das Schreiben und Sprechen zuvor ist existentiell nötig, wie der Atem,[1322] der dann aber mit der Nähe ausgeht. Wenn *Sweet Jane* als Code für Heroin verstanden wird, wie beim Lied von *The Velvet Underground* 1971 der Fall, ist die Figur auch als benommen und betäubt zu denken, halluzinierend, um sich für die Tat durch Drogeneinfluss die Angst zu nehmen; allerdings muss nicht jeder Fan dieses Liedes gleich drogensüchtig sein.

Eine Frau ist bei dieser körperlichen Gewaltform eines Attentats jedenfalls nicht mehr oder weniger von sich entfremdet als ein Mann. Sie ist bereits eine Bombe oder hat sie an und in sich. Die Attentäterin zugleich schwanger zu denken, verdoppelt die Brisanz des Stückes, in Relation zu einer Schwangeren,

....

1317 Im wahrsten Sinne des „Tick-tack tick-tack" des Zeitzünders oder der biologisch-inneren Uhr einer Frau, deren Fertilität mit den Wechseljahren zu enden droht.

1318 Rinnert, 2001, S. 66: „Wie für den Mann, hat auch für die Frau die Sprache die Funktion der Selbstberührung, allerdings würde sie bei der Frau statt eines fest umgrenzten Selbst eine sich unendlich verändernde, fließende, offene Form hervorbringen."

1319 Sajko: *Bombenfrau*, 2008, S. 46. Das ‚Ausweg-Mantra' findet sich auch auf S. 51 und 53.

1320 Sajko, 2008, S. 34. Auch S. 53: „>Sweet Jane, sweet, sweet Jane…<".

1321 Sajko, 2008, S. 56.

1322 Vgl. Rinnert, 2001, S. 73: Hélène Cixous: *Die unendliche Zirkulation des Begehrens*, Berlin 1977, S. 8, wird hier zitiert: „‚Schreiben ist für mich der Atem, das Atmen, eine ebenso dringende Notwendigkeit wie das Bedürfnis aufzustehen, zu berühren, zu essen, zu umarmen und auszuscheiden. Wenn ich nicht schreibe, ist es, als wäre ich tot'".

© Frank & Timme   Verlag für wissenschaftliche Literatur

die die Geburt als ein Attentat phantasiert oder nicht schwangeren Person, die ein Attentat als Geburt phantasiert.

Die Mutterschaft ist eine zweifache. Irigaray schreibt hierzu, dass „Frauen immer Mütter sind",[1323] in dem Sinne, dass sie Kunst hervorbringen und sich von dem Produkt lösen. Die Attentäterin wird im Textkorpus zum Kriegskörper.[1324] Sie kann wenige Leben auf einmal hervorbringen (eins bis ca. sechs), töten kann sie als Bombenfrau ganz viele gleichzeitig. Die Bombenfrau ist angespannt. Die Entfremdung von ihrem Körper drückt sich darin aus, dass sie explodiert, statt zu erklären. Sie wartet, bis das Zielobjekt an ihr vorbeikommt, nicht umgekehrt. Dies ist eine machtvolle Warteposition, auch der Raum arbeitet ihr zu, das „Defilee" kommt an ihr vorbei, vor der Diplomatie, den Leibwächtern und dem Politiker kommen wie ein endloser Wurm eines Staatsapparates: „Verkehrspolizei/Polizei in festlichen Uniformen/Polizei auf Motorrädern/Militärpolizei/Spezialeinheiten der Polizei/Zivilpolizei/Polizei, die nicht aussieht wie Polizei/die aber überall ist/schnüffelt und lauscht".[1325] Die Körperlichkeit und der Text enden in der unmittelbar angekündigten Explosion, die zugleich der Widerstand ist.[1326]

7.1.6 *Bombenfrau* – Fazit

Wiederholte Gewalt an Frauen von der Antike bis heute könnte eine Frau zum Explodieren bringen. Sajko lässt offen, ob die Figur mit einem Baby, einer Bombe, beidem oder einer Kopfgeburt schwanger geht.

Die Wörter des Titels ließen sich im Englischen, *woman* und *bomb*, als Portmanteau-Wort[1327] verbinden und mit womb die direkte Verbindung zu zwei Bedeutungsebenen freilegen: Die Frau ist im patriarchalisch-ökonomischen Kontext als Sexbombe auf ihren ausbeutbaren, symbolisch-bewertbaren Kör-

....

1323 Irigaray, 1989, S. 41.

1324 Ähnlich bei Jelinek: *Ein Sportstück*, S. 98: „Das liegt mir wie eine Tellermine im Magen".

1325 Sajko, 2008, S. 31 f.

1326 Vgl. Mohi-von Känel/Steier: *Interesse am Nachkriegskörper*, in: Mohi-von Känel/Steier (Hg.), 2013, S. 15: „Auflösung und Widerstand" spielen „stets ineinander und zeigen sich dabei stets durch ein Drittes, die Sprache, verbunden."

1327 Äquivalent beispielsweise zu smoke und fog, das zu smog wird oder breakfast und lunch zu brunch. Linguistisch heißt es auch Blending oder Kontamination.

per, ihre Gebärmutter reduziert und aufgrund von jahrelanger gewaltgeprägter Unterdrückung, indem sie illegal ungerecht trätiert und malträtiert wird, ein tickendes Explosiv.

Auf den Steinwurf gegen die Ehebrecherin im Neuen Testament[1328] spielt der Text ebenso an wie auf die Scheiterhaufen im Mittelalter[1329] und die Stilisierung einer angeblich mysteriösen Frau, die Mona Lisa genannt wird, zur Schönheits-Ikone, wenn nicht zur Gottheit.[1330] Von den Autorinnen setzt nur Sajko Gott ein, in *Orange in den Wolken* als DJ, und bei *Bombenfrau*. Dort verweigert die Figur Gottes sich, es ist evident: Gott spricht selten. Die vom Himmel fallende Mona Lisa hüllt sich in machtvolles Schweigen. Die Bombenfrau führt daher Selbstgespräche wie zu ihrem Spiegelbild, dabei geht sie aus sich selbst heraus. Durch die Explosion tut sie es auch; sie verstreut sich, wie Blütenblätter im Hotelzimmer bei Kane.

Hysterie, Schizophrenie und Gebärmutter, Sünde und Schuld sowie Asche, Sand und Staub werden in dem Monolog aufgegriffen. Es sind zum Teil Ur-Elemente, archaisch-religiöse Symbole oder historisch zentrale Begriffe der Geschichte.[1331]

Bereits seit biblischer Zeit gibt es eine Abwertung von Kriegern mit dem Vergleich „wie eine gebärende Frau",[1332] mit der wohl Feigheit und Verzagtheit kritisiert werden. Auf der anderen Seite existiert ein Maß für eine Anerkennung

---

1328 Sajko: *Archetyp: Medea*, 2008, S. 9: „wer wird den Stein werfen? Wer?". Vgl. Bail et al. (Hg): *Bibel in gerechter Sprache*, Gütersloh 2006, S. 1999, Joh 8,7: „‚Welche unter euch ohne Unrecht sind, mögen als erste einen Stein auf sie werfen.'"

1329 Sajko: *Archetyp: Medea*, 2008, S. 9: „dann würde ich mich ins Feuer werfen./Doch wer wird den Scheiterhaufen für diesen großen/Körper auftürmen".

1330 Sajko: *Bombenfrau*, 2008, S. 37: „Die heilige Mona Lisa steigt in die Wolken auf/um sie herum wallt ein himmlischer, blauer Schleier/sie faltet die Hände und klimpert unschuldig in/die Sonnenstrahlen/der Sonnenwagen hebt sie empor/(deus ex machina, oder?)".

1331 Z.B. alttestamentarisch, vgl. Bail et al. (Hg.): *Bibel in gerechter Sprache*, Gütersloh 2006, S. 35: „Erde bist du und zur Erde gehst du zurück" (1. Mose 3,19) [Erde kann auch mit Staub übersetzt werden]; auch der Vergleich, ebd. S. 61: „zahlreich wie die Sterne am Himmel und wie der Sand am Ufer des Meeres" (1. Mose 22,16) und ebd. S. 98: „wie Sand am Meer", das heißt: „in so großer Menge, bis man mit dem Zählen aufhörte – dafür gab es keine Zahl" (1.Mose 41,49).

1332 Bergmann, Claudia D.: „>We Have Seen the Enemy, and He Is Only a ‚She'<: The Portrayal of Warriors as Women", in: Kelle/Ames (Hg.): *Writing and reading war*, 2008, S. 141.

der Schmerztoleranz, die so stark ist „wie bei einer Gebärenden".[1333] Eine solche Phrase auf dem Gebiet des literarischen Schreibens im Serbokroatischen wird von Jevremović problematisiert. Sie schreibt mit geschlechtergerechtem Blick auf die patriarchal besetzte Sprache: Es werde Autorinnen lobend zugesprochen ein ‚männlich-festes' Schreiben zu zeigen.[1334] Bei Sajko z.B. ließe sich aber durchaus von einem starken Schreiben mit starken Frauenfiguren sprechen. Denn Sajkos Rückgriff auf Medea und Europa setzt ihre Frauenfiguren in einen antik-historischen Kontext, bei dem sich durch eine Art Re-Mythisierung die alte Kraft zur Sprache wieder finden lässt. C. Ene Onea spricht von Ent-, De- und Remythisierung und von einer „Umdeutung", „die sowohl Variation als auch Korrektur sein kann, je nach dem Blickwinkel, aus dem die Texte betrachtet werden."[1335] Die Taten der Männer werden nicht in einen historischen Heldenkontext gesetzt. Die männliche Macht hat sich selbst in all den Kriegen zerschlissen und durch ihre Gewalttaten als lebensunfähig erwiesen, sie ist der Kommunikation und Partnerschaft unfähig.

Keine Spuren hinterlassen,[1336] ein Geheimnis retten, sich als private Person bewahren, nicht auffallen, unsichtbar bleiben, trotz der alles sprengenden Wirkung überleben, scheint in diesem Monolog das oberste Ziel; nicht greifbar zu sein als eine Art Allerweltsfrau: „NENNT MICH MONA LISA/alles andere ist ein Geheimnis/alle anderen Fakten werden in die Luft gehen:/Namen, Daten, Geheimpläne und Verabredungen,/alle kindlichen Träumereien darüber, wie ich dereinst mit/vierzig eine vorbildliche Dame sein werde/eine weise Greisin mit siebzig/ und eine bescheidene Tote, die kaum vernehmbar in den/Himmel aufsteigt".[1337]

Wenn sie einen falschen Namen nennt, ist dies ein Schutz, aber auch eine Provokation – die Bandbreite der möglichen Bezüge erstreckt sich bezogen auf den jugoslawischen Kriegskontext von dem Umgang mit Frauen

....

1333 Bergmann, in: Kelle/Ames, 2008, S. 141f.

1334 Jevremović, Zorica: *Strah slobode* [übers. Die Angst vor der Freiheit], XXXVIII, S. 5–14, besonders S. 6: muški-čvrsto pismo.; www.komunikacija.org.rs/komunikacija/casopisi/scena/XXXVIII_2/d03/show_download?stdlang=gb, Stand: 03.08.2020.

1335 Vgl. Onea, Cătălina Ene: *Medea der Gegenwart. Formen und Funktionen des Medea-Mythos in literarischen Texten nach 1945 in intertextueller Perspektive*, Berlin 2017, S. 357.

1336 Sajko: *Bombenfrau*, 2008, S. 52.

1337 Sajko: *Bombenfrau*, 2008, S. 48.

als Kriegsgefangene bis hin zu ihrem Wagnis unter Preisgabe ihrer Identität vor Kriegsverbrecher-Innen-Tribunalen auszusagen: Die Attentäterin kann in der Trilogie leicht mit den Jugoslawienkriegen verbunden werden, nachdem es zu Zwangsschwangerschaften kam, die Familien und Lebenspläne und die soziale Gemeinschaft gesprengt haben. Zudem wäre ein Anschlag eine nicht ganz abwegige Reaktion einer der Frauen, die solches erfahren haben, gerade mit Blick darauf, dass viele der Täter den Frauen frei begegnen, reich sind und als unbescholten gelten, obwohl sie in diesen Kriegen sadistische Seiten ausgelebt haben. Drittens ist im Zuge der Islamisierung Bosniens und anhand von Textstellen im Stück zu AttentäterInnen[1338] eine solche Tat einer fanatischen Frau im Bereich des Möglichen.

Allerdings ist die Atten-Tat der Bombenfrau nicht heroisch, nationalistisch oder fundamental-religiös aufgeladen. Es ist kein anarchistischer Befreiungsschlag und auch keine Politik mit anderen Mitteln. Auch wenn diese Form der Gewalt einerseits mit dem auslösenden Moment des Ersten Weltkrieges im südosteuropäischen Kontext und der Verantwortung der Politiker in den 1990ern für die Kriege deutlich im gesellschaftlichen Diskurs präsent ist. Es findet sich kein Plädoyer, das diese Gewalt als gerechtfertigt ansähe.

Es ist eher eine Verbindungstat: Sie meint den Politiker persönlich, und so nah kommt die Frau dem Politiker wohl zuvor nicht, obwohl sie ihn im Museum mit der Geliebten beobachtet. Da die erlebte Gewalt im leeren Raum als Selbstgespräch zum Publikum hin verhallt, ist die Gewalt das, was auf das erzwungene Schweigen einsetzt. Den Dialog führt die Bombenfrau fiktiv und ersatzweise mit sich selbst. Es könnte von einem szenischen Essay gesprochen werden. Ihr Anschlag wird im sechsten Teil des Monologes in Anlehnung an drei Anschläge von Frauen mit einem theatralen Szenario verglichen. Der Ort als Bühne, sie als Protagonistin, die Bevölkerung, die dem Politiker Spalier steht als Zuschauende, Beifall Klatschende, auch ihr, die sich nach vorne spielt. Der Anschlag als Theatervorstellung,[1339] ohne, jedenfalls qualitativ guten In-

....

1338 Sajko: *Bombenfrau*, 2008, S. 41ff.

1339 Sajko: *Bombenfrau*, 2008, S. 47: „Das Szenario ist geschrieben/die Vorstellung hat begonnen/ das Publikum klatscht/ich habe Lampenfieber,/aber es gibt keinen Ausweg/nur Richtung Bühne/".

halt,[1340] aber mit einer großen medialen Wirkung und großem Presseecho.[1341] Dies vor allem, indem dieses Bild vom Anschlag als theatrales Ereignis mit der Störwirkung einer Schulklasse in einem Theatergebäude bei einer Aufführung in Beziehung gesetzt wird.[1342]

Die Hauptfigur ist eine Attentäterin, eine Terroristin, womöglich eine Schwangere. Ein Kind in ihr, das sich als ihr nicht zugehörig anfühlt, – dies definiert den Bereich Terrorismus neu, da Frauen damit nicht aufgrund ihres Geschlechts ausschließlich auf eine Opferrolle festgelegt sind.

Die Jugoslawienkriege haben zwar innerhalb von Europa stattgefunden und können nicht aus dieser Position heraus, aber der Satz aus *Nine Parts of Desire*, einem Stück zu Frauen im Irak passt sehr gut zu *Bombenfrau*, zu dieser Figur und der individuellen wie auch gesamtpolitischen Situation der Jugoslawienkriege: „You have our war inside of you like a burden, like an orphan".[1343] Wenn das Zielobjekt zu sprengen, bedeutet, Tito als Vaterfigur endgültig abzuschaffen,[1344] sind die Nachfolgestaaten Jugoslawiens Europas vernachlässigte

....

1340   Sajko: *Bombenfrau*, 2008, ebd.: „ich bin eine bombige Überraschung/ICH BIN AUSSER MIR, aber ich denke nicht darüber nach/ich habe keine Rede und kein Gedicht vorbereitet,/ nicht einmal einen Witz/alles, was ich mir ausdenken kann, ist ein Sketch namens/Panik/ ein dummer Sketch/er wird keinem gefallen/".

1341   Sajko: *Bombenfrau*, 2008, ebd.: „morgen werde ich in fetten Buchstaben auf die Titelseiten/ geklatscht:/DAS MILITANTE EPITAPH DER STAATLICHEN FEIER…/SCHWARZER FREITAG IN…/MASSAKER VERSTÄRKT SPANNUNGEN…/PARANOIA VOR DEN SELBSTMÖRDERISCHEN/MONSTERN…/HEXENREIGEN REISST UNSCHULDIGE OPFER MIT/SICH…/"

1342   Sajko: *Bombenfrau*, 2008, S. 47–48: „Waren Sie je im Theater und haben plötzlich begriffen, dass/eine Schulklasse ins Parkett kommt? […] dann schlägt jemand im Dunkeln eine aufgeblasene/Plastiktüte kaputt. Sie springen auf, die Hauptdarstellerin/stolpert und knickt mit dem Fußgelenk um, der Inspizient/hilft ihr, die Bühne zu verlassen, die Statisten können sich/nicht mehr konzentrieren und starren hasserfüllt das/Publikum an, in den letzten Reihen lacht sich die ganze Klasse schlapp"

1343   Colleran, 2012, S. 83.

1344   Wie der Zug, der mit seinem Leichnam 1980 durch das ganze Land fuhr, während die Menschen am Rand im Spalier standen, die letzte Ehre erwiesen und geweint haben, zeigt große Parallelen zu der Beisetzung der letzten Königin der Maori auf, die für alle wie eine große Mutter war und deren Leichnam auf einem Schiff Flüsse entlang durch das Land gefahren worden ist, während die Trauernden auf den Hügel und Ufers entlang der Strecke standen.

Waisenkinder. Sajko stellt mit ihren Figuren besonders die Frauen aus dem ehemaligen Jugoslawien in den europäischen Kontext.

7.2 Bezüge zu *Bombenfrau* in vier weiteren Stücken von Sajko

Vier Stücke haben starke Bezüge zu der vorliegenden Trilogie und auch den vorliegenden Stücken weiterer Autorinnen: *Orange in den Wolken, 4 trockene Füße, Rippen/Wände, Rose is a rose is a rose is a rose. Partitur.*

Die Schnittpunkte sind Zweierbeziehungen zwischen Diesseits, Jenseits und Dazwischen; Welten, die untergehen, in Gewaltszenarien versinken und Wartezustände, erstarrte Zustände sowie Enttäuschungen.

7.2.1 *Orange in den Wolken*, 1998/2001

1998 verfasst und publiziert, erscheint das Stück 2001 als Dramentext auf Deutsch. Zwei Engel, ein Halbtoter und seine ihm folgende Liebste sowie deren Mutter und ein DJ sind die Figuren. Eine der kleinsten Orangen ist es, die gegessen werden könnte, aber nicht mal sie wird es. Sie wächst an einem Orangenbaum, der sich in den Wolken befindet. Ein noch nicht vergessender und nicht vergessener Toter namens Oscar wird von einem Engel-Soldaten in diesem Zwischenreich bewacht. Oscar wird noch von jemandem geliebt, ist unfreiwillig eines gewaltsamen Todes gestorben und hängt am Leben. Oscars Engel hängt mit ihm fest und ist darüber nicht erfreut. Oscar wurde im Hof des Wohnhauses begraben. Mehr erfahren wir nicht, während Shilla wohl verhungert ist oder sich umgebracht hat, um mit dem Geliebten vereint zu sein. Dieser erinnert sich jedoch nicht, will und muss vergessen, um endgültig zu sterben. Shilla ist umsonst am falschen Ort zur falschen Zeit.

Shillas Mutter sucht nach ihrer Tochter, aber sie verpassen sich zunächst. Sie befürchtet u.a., dass diese sich einen Sonnenbrand holt. Die Tochter reist ebenfalls mit einem Engel an, der ihren schweren Koffer schleppt. Dabei wird ein Frauenbild transportiert, bei dem die Frau den Mann das Gepäck tragen lässt und er sich darüber beschwert, dass sie soviel mitgenommen hat. Zugleich ist die Idee, dass Tote Gepäck mitnehmen, grotesk.

Es gibt sechs Figuren: Zwei Frauen, Shilla und ihre Mutter, zwei Engel sowie zwei Männer, Oscar und einen DJ-Soundmaker. Letzterer sollte grundsätzlich göttlich sein, wie den Regieanweisungen zu entnehmen ist:

> „Hoch oben dröhnen Lautsprecher. Und noch weiter oben befindet sich eine Art Öffnung: schmieriges Glas, ein Fenster, Gott-weiß-was, wenn wir an Gott glauben könnten. Aber sagen wir, es sei eine DJ-Kabine, und er legt gerade eine neue Platte auf. Es klingt schrecklich. Der Tonarm hüpft immer wieder. Es knackt und schabt."[1345]

Die Figur wird in den Regieanweisungen als „diabolisch"[1346] gezeigt.

Der Titel gibt als Ort *in den Wolken* vor, einen Ort, der sich mit Himmel, Jenseits, einer (Traum)Phantasie assoziieren lässt. Der Ort, der in den Regieanweisungen beschrieben wird, weicht von einer himmlischen Vorstellung völlig ab: „Ein unbestimmter Platz vor Morgengrauen. Vielleicht eine Disco, ein abgelegenes Wirtshaus mit Live-Musik, vielleicht ein Warteraum".[1347] Dieser Zwischenbereich ist vielleicht eine Art Fegefeuer, „wenn wir an eines glauben könnten",[1348] wie Sajko schreibt. Der Konjunktiv macht deutlich: Wir können also nicht, aber das Wir ist nicht näher bezeichnet. Der Ort ist unsicher, der Glaube fehlt – ein vages Gefühl von Zwischenzustand und Misstrauen ist die Einstellung zu diesem Ort. Dazu passt die Angabe, dass der DJ „was auch immer" ins Mikrophon spricht, jedenfalls das Ziel ist, „deutlich zu machen, wie mühsam und langsam die Zeit vergeht",[1349] wie die Stimme der Regieanweisung mitteilt.

Dunkelheit, eine orange Lampe in einer Ecke, dröhnende Musik – sonst nichts, kein angenehm anmutender Ort. Oben in einer Kabine ist eine Art

....

1345 Sajko: *Orange in den Wolken*, 2001, S. 5.

1346 Sajko: *Orange in den Wolken*, 2001, S. 25: „seine Stimme dröhnt diabolisch aus den Lautsprechern.", ebd. S. 37: „schlägt auf den Wahnsinnigen ein, der ihr an der Gurgel hängt".

1347 Vgl. Sajko: *Orange*, 2001, S. 5. Der Ort ist ähnlich absurd wie bei Srbljanovićs *Das ist kein Fahrrad* oder Markovićs *Der Wald leuchtet*.

1348 Sajko: *Orange*, 2001, S. 5. Wie bei Kanes *Blasted* der ‚Endort' eine Art Jenseits mit Auferweckungspotenzial ist.

1349 Sajko: *Orange*, 2001, S. 5.

DJ-Gott, der hinter einer verschmierten Scheibe schlechte Platten schlecht auflegt. Eine verschmierte Scheibe spricht für einen unsauberen Ort, einen Ort, an dem nicht genug Liebe besteht, sondern das Interieur vernachlässigt wird, die Lage undurchsichtig ist.[1350]

Der brutal-verdorbene DJ hinter der verschmierten Scheibe ist nicht gut zu erkennen, hinter der Scheibe auch nicht zu greifen, zumal er sich oberhalb der Bühne, offensichtlich in einer höheren Himmelssphäre, befindet.

Die Musik ist laut. Aber wenn Oscar zu Beginn fünf Mal „Was gibt's?" fragt, ohne dass der ihn bewachende Engel ihm etwas Anderes antwortet als „Kommt drauf an. Was willst du wissen?" und Oscar dann „Na, … was Neues"[1351] entgegnet, deutet dies auf Kommunikationsprobleme hin, denn sie sind beide nicht taub.

Während sich Oscar und sein Engel duzen, siezen sich der zweite Engel und Shilla. Dieser zweite Engel ist ungern an diesem Ort, den er als Fegefeuer für seine Flügel bezeichnet.[1352] Shilla nimmt ihren Engel nicht ernst. Sie spricht frei von Höflichkeitsnormen und Angst, ihr Ansehen zu verlieren: „Shilla: Lassen Sie diesen Lehrer-Scheiß. Ich bin erwachsen. Wir sind weder in der Schule, noch im Paradies, wo wir uns mit verbotenen Früchten verführen könnten."[1353]

Das langsame Verlesen von irgendetwas, das aus dem Nirgendwo-Off zu hören ist, sowie die schrecklich-schlechte Musik sind bereits zu Beginn der Anfang des Quälenden, dem man sich als Publikum nur durch Gehen entziehen könnte. Durch die Musik wird der Raum dramatisiert, die Gewalt durch die Musik auf akustischer Ebene realisiert.[1354]

....

1350 Sajko: *Orange*, 2001, S. 6: „1. Engel: Alles geschieht zu weit weg. Das Universum kann man von hier nicht sehen."

1351 Sajko: *Orange*, 2001, S. 5.

1352 Sajko: *Orange*, 2001, S. 15.

1353 Sajko: *Orange*, 2001, S. 17.

1354 Die Regieanweisungen, Sajko: *Orange*, 2001, S. 42: „*Die Musik dröhnt immer noch.*", lassen Turbo-Folk vermuten, der recht aggressiv ist und mit exzessiver Expression assoziiert und inszeniert wird. Das Frauenbild ist dabei meist lasziv, ungezügelt und extrem extrovertiert bis pornographisch.

Warten und Langeweile sind vorherrschend, es gibt in der Zeitung, die Oscar liest, vermeintliche Neuigkeiten, die nicht neu und in der Ferne lokalisiert sind, was zudem die eher negative Einstellung zu diesem Medium unterstreicht.[1355] *Orange in Wolken* – das klingt wie etwas Eingelegtes. Würde der DJ dem „Publikum das Rezept für einen Orangenkuchen"[1356] diktieren, wie es die Autorin in der ersten Regieanweisung vorschlägt, hätte das Stück noch stärkeren Bezug zu Nahrung als es schon hat, allerdings im Fehlen derselben.

Neben Erinnerungen und einem Rest Neugier, was er verpasst haben könnte, hängt Oscar vor allem am Essen. Er hat Hungeranfälle und Lust auf Chips und Leberwurst – wie auch Shilla Heißhunger auf Orangen hat. Der Hunger sowie die Erinnerung an Nahrungsmittel und Gerichte halten Oscar mehr am Leben als seine Liebesgefühle zu Shilla. Er ist nicht mehr stark verliebt, sondern nur noch ein verblassendes Bisschen. Müde ist Oscar vor allem, diese tote, für andere Menschen unsichtbare Menschenseele. Er darf nicht zurück zu den Lebenden ‚abdriften', indem er von Essen schwärmt und sich zu sehr erinnert, denn sonst wird sein Engel nicht von ihm erlöst. Der würde gerne wieder frei sein, Oscar im Himmel abliefern und ohne seinen Menschen abfliegen. Daher versteht er gar keinen Spaß, wenn Oscar am Leben hängt oder ein Abdriften spielt: „1. ENGEL: Hey! Hier wird nicht abgedriftet! Willst du, dass wir hier verschimmeln? Ich kündige. Ich flieg ohne dich! Oscar: Ich habe nur Spaß gemacht."[1357]

Die Mutter, die nach ihrer Tochter sucht, trägt Schwarz. Dies ist eine traditionelle Farbe für alte Frauen und Witwen in Südeuropa, aber eine Anspielung auf die *Frauen in Schwarz* ist zudem nicht ganz auszuschließen, zumal sie auch mit Verweis auf ihre Venen und Schmerzen sagt „Ich kann kaum noch stehen".[1358]

....

1355 Die langsam und mühsam vergehende Zeit legt bereits hier den Bezug zu Becketts *Waiting for Godot* nahe.

1356 Sajko: *Orange*, 2001, S. 5: „Der DJ spricht ins Mikrofon: vielleicht kündigt er die Vorstellung an, vielleicht liest er die Besetzungsliste vor, vielleicht bedankt er sich bei den Sponsoren oder er diktiert einem Publikum das Rezept für einen Orangenkuchen…was auch immer." Die Vorschläge sind in der Summe absurd.

1357 Sajko: *Orange*, 2001, S. 13.

1358 Sajko: *Orange*, 2001, S. 11.

Das Stück enthält zahlreiche komische Momente, obwohl es darin um end-gültigen Abschied geht: Der eine Engel hat einen Revolver, der andere Engel ein Maschinengewehr, das die Mutter versiert als Kalashnikov erkennt.[1359] Oscar und sein Engel strapazieren sich nervlich gegenseitig, während Shilla mit ihrem Engel ruppig umgeht. Es handelt sich erneut um comic-artige Anordnungen, wenn bewaffnete Engel auf eine sympathisch respektlose Art, – mit logischen Argumenten –, entheiligt bzw. vermenschlicht werden, trauerfeierliche Momente aufgrund von Streit zwischen VertreterInnen der Sphären dem Ernst die Schwere nehmen.

Die Weite des Universums steht den im Halbtoten Gefangenen in diesem Stück diametral entgegen. Gefangensein, Stagnation und Klaustrophobie, lassen an die Belagerung von Sarajewo denken.[1360] Die Langeweile und der Hunger sind in beiden Situationen existent, während das Warten auf irgendetwas und die Langeweile der Eingeschlossenen mit Schlaf überbrückt werden.[1361]

Shilla hat Hunger, sie ist auf der Suche nach Essen, besonders nach Orangen. Aber Essen ist in diesem Zwischenreich verboten. Als ihr Engel ihr das Essen verbieten will, erinnert er an das Paradies aus der Genesis.[1362] Sie darf die Frucht vom Baum, die sie sieht, nicht essen. Moderne trifft hier auf Mythos. Der Dialog gerät aber vor allem amüsant, da Shilla fünf Synonyme für Essen verwendet, um dem Engel ihren Hunger bzw. ihre feste Essensabsicht zu erklären: „SHILLA: Ja, essen. Seien Sie nicht so überrascht. Essen, mampfen, kauen, beißen, knabbern, schlucken… Na los, lassen Sie mich vorbei.",[1363] rebellisch und mit Logik bewusst gegen das Verbot wettert: „Erzählen Sie mir nicht so einen Mist! Was soll das sein? Ein Gesetz gegen den Genuss von Zitrusfrüchten!?"[1364]

....

1359 Sajko: *Orange*, 2001, S. 10.

1360 Sajko: *Orange*, 2001, S. 22: „OSCAR: Er meint, es erinnert mich an die Gräber.", S. 23: „SHIL-LA: Ist das dein Baum? OSCAR: Ja, der aus dem Hof. Dort haben sie mich begraben. [...] OSCAR: Du erinnerst dich, hm? SHILLA: An alles."

1361 Sajko: *Orange*, 2001, S. 21. Wie bei Sartre: *Das Spiel ist aus*, Hamburg 1968, findet hier gibt es hier auch eine Reinkarnationsidee, vgl. Sajko: *Orange*, 2001, S. 19.

1362 Sajko: *Orange*, 2001, S. 17.

1363 Sajko: *Orange*, 2001, S. 16.

1364 Sajko: *Orange*, 2001, S. 17.

Komisch ist auch, wenn sie sich nach dem Biograd der Orange erkundigt: „Ist sie gespritzt?" Sie kennt die Gesetze des Raumes und dieser Zwischen-Daseinsform nicht, zudem kann sie sich sehr gut darüber hinwegsetzen: „Was? [...] Und? [...] Wieso? Haben Sie das etwa nicht bedacht? [...] Ist das Ihr Ernst? [...] Sie haben es mir gesagt... Was soll's, ... ja, Sie haben es mir gesagt, und ich habe nicht zugehört. Scheiße! Und was jetzt? Was jetzt?"[1365]

Zwar wird relativiert: „Ich hätte auch eine Kokospalme, eine Buche oder einen Bonsai finden können. Ich weiß nicht, einen Kleiderständer, vielleicht eine Zimmerpalme, aber sehen Sie, hier! Ich habe meine Orangen gefunden ..."[1366] Die Orangen sind letztlich ein Symbol, statt sonst Äpfeln stehen sie hier für Sonne, Licht, Energie und Farbe im Dunkeln, die Natur und den Lebenssaft. Ohne Orangen gibt es keinen Frieden, da es mit Hunger keinen Frieden gibt. Sie sind ein Zeichen, es bald geschafft zu haben, am Ziel zu sein, das darin besteht, sich getroffen und verabschiedet zu haben. Sie sind für Oscar „etwas völlig Schmerzloses",[1367] für Shilla sind sie der verkörperte verstorbene Oscar – daher kann sie sie doch nicht essen: „Du hast dich mit Humus vermischt und ich erkannte, dass das eigentlich du warst, dieser Baum und diese Orangen. Ein Schock! Ich konnte sie nicht mehr essen."[1368] Unter Umständen sind sie auch eine Verquickung mit dem gewaltsamen Tod von Oscar, der mit den Jugoslawienkriegen assoziiert werden kann.

Die Zeit dehnt sich im Nichts. Sie macht alle Ereignisse bedeutungslos: „Zuerst kam die Leere. Eine schreckliche, ständige Leere in diesem Zeitloch, bis alles allmählich anders wurde",[1369] hat aber nicht genug Macht, alle Menschen vergessen zu machen: „Ich hatte Angst, dass die Wurzeln deine Knochen auseinandertreffen, dass sie dein Herz durchbohren und dich ersticken. Immer

---

1365 Sajko: *Orange*, 2001, S. 18.

1366 Vgl. Sajko: *Orange*, 2001, S. 16. Äpfel, Orangen – das Obst steht für das befreite Leben, und sei es im Jenseits, wo man immer essen können will, was man möchte, im Universum bzw. Kosmos oder der Ewigkeit.

1367 Sajko: *Orange*, 2001, S. 22.

1368 Sajko: *Orange*, 2001, S. 24. Diese Vorstellung eines bewohnten Orangenbaumes findet sich bereits bei Gioconda Bellis Roman *Bewohnte Frau*, Orig. 1988, dt. 1991.

1369 Sajko: *Orange*, 2001, S. 23.

wieder fand ich Haare von dir zwischen den Zweigen. Ich dachte, das sei der Beweis. Nachts wurde es noch intensiver – das Gefühl, dass du mich beobachtest, hinter dem Baumstumpf versteckt."[1370] Shillas Phantasie zu Oscars Verwesungsprozess unter der Erde ist zwiegespalten. Einerseits ist sie verbunden mit rührenden und versöhnlichen Vorstellungen, etwas später sind die inneren Bilder unheimlich. Im Dialog mit dem zweiten Engel eröffnet sich für Shilla noch die Option einer Reinkarnation: „SHILLA: Ich geh zurück! ZWEITER ENGEL: Was? Sie werden doch nicht… Reinkarnation? SHILLA: Nennen Sie es, wie Sie wollen. Ich gehe nach Hause. Ich habe sogar eine Wahl. Es gibt unzählige seelenlose Kreaturen, die auf Erden herumwandern. Ich schleich mich in eine von ihnen hinein und habe wieder ein Rückgrat. Das Aussehen ist mir egal, alles, was ich brauche, ist ein guter Magen, der Säure verträgt." Komik entsteht hier beispielsweise durch die Doppelbedeutung von Rückgrat, oder die idealisierende Aussicht mit der Shilla sogar eine Rückkehr als Kanarienvogel ihrer Mutter in Erwägung zieht: „SHILLA: Niemals. Ich gehe einfach. Jetzt. Wenn es jetzt halb vier ist, dann ist noch niemand zu Hause. Nur der Kanarienvogel ist daheim. Ich werde schon reinpassen. Ich werde sogar Flügel bekommen, ha! Ich werde durch die Gitterstäbe des Käfigs schlüpfen, in den Hof flattern und an meiner Orange picken. ZWEITER ENGEL: Möchten Sie ein Kanarienvogel sein? SHILLA: Alles ist besser als das hier. Hmm, Mama wird mich mit Körnern vollstopfen… makrobiotisch, großartig… Ich werde zwitschern und den ganzen Tag an meiner Sepiaschale knabbern."[1371]

Die halbtote Shilla steht zwischen dem halb gestorbenen Oscar, der sagt „Du kannst mich gerne auslöschen!"[1372] und ihrer lebenden Mutter: „Ach, Kind, ich vermisse dich so sehr…sag mal, wie ist es hier, hm?"[1373] Menschen, die nicht gehen können, bis sie vollends vergessen sind und aufgehört haben zu essen, sind die Figuren, denen der erste Engel erklärt: „Du kannst deine verlorene Welt nicht mitnehmen. Wozu brauchst du sie? Ihr würdet für immer im Kreis herumlaufen und an Erinnerungen leiden. Sicher, ihr wärt zusam-

----

1370 Sajko: *Orange*, 2001, S. 25f.
1371 Sajko: *Orange*, 2001, S. 44.
1372 Sajko: *Orange*, 2001, S. 41.
1373 Sajko: *Orange*, 2001, S. 37.

men, aber von euren Engeln verlassen und ohne jede Möglichkeit, je zum Universum zu gehören. Horror."[1374] Am Ende des Stückes, als der DJ das letzte Abschiedswort hat, ist die Situation wie statisch, erstarrt und wird ernüchternd ehrlich und banal: „Hier endet die Nacht- und Frühschicht Ihres DJ's. Ich hoffe, es war groovy, denn es wird hell draußen und Ihr müder Entertainer glaubt, es ist Zeit, zu schließen und dann zu träumen. Die Musik ist aus. Wir wollen unsere Köpfe und Füße ausruhen bis zur nächsten Session. Das Club-Management sagt auf Wiedersehen mit dem Hinweis: Wir haften nicht für verlorene Gegenstände. Kommen Sie wieder…".[1375] Diese purgatorische DJ-Nacht mit Frühschicht könnte in einen Moment mit Saallicht und Putzkolonne münden. Es wäre eine Entzauberung wie beim *Wizard of Oz*, wenn Dorothys Hund Toto den Vorhang wegreißt, hinter dem ein Mann an Knöpfen, Hebeln und einem Mikrophon sitzt und Zauberer spielt.

So ist dieses Stück eines über Sterben und den Umgang mit der Trauer, bei dem diese Themen melan-komisch verarbeitet werden, bei dem überdeutlich ist, wie die Frauenfiguren Tochter und Mutter auch in diesen Sphären kämpfen müssen, aber auch können, so dass sich in diesem Stück große Stärke bei beiden Frauenfiguren zeigt. Die um Shilla besorgte Mutter ringt mit dem Gott-DJ um das Mikrophon, also die Macht. Das ist ein passendes Bild für den Status von Eltern sowohl nach biblischem Verständnis als auch im südeuropäischen Raum zu Beginn der Jugoslawienkriege.[1376]

....

1374 Sajko: *Orange*, 2001, S. 33.

1375 Sajko: *Orange*, 2001, S. 47.

1376 Gerade mit Blick auf die Erfahrungen in Kroatien und Serbien 1991, wo Eltern, besonders Mütter aufgebrochen sind, ihre Kinder aus pazifistischen und anti-nationalistischen Gründen zurückzuholen, die dann aber für nationalistisch-propagandistische Zwecke benutzt worden sind. Vgl. Lóránd, Zsófia: *Feminist Criticism of the* New Democracies *in the First Half of the 1990s in Serbia and Croatia*, in: Kopecek, Michal (Hg.): *Thinking through Transition. Liberal Democracy, Authoritarian Pasts, and Intellectual History in East Central Europe after 1989*, New York 2015, S. 436. Vgl. auch: Iveković/Jovanović/Krese/Lazić: *Briefe*, 1993. Und vgl.: Hockenos, Paul: „Friedenskarawane durch ein zerrissenes Land", Reportage in der *taz* vom 19.07.1991, in: Schmid (Hg): *Jugoslawien-Journal*, o.J., S. 79: „Band nach Band tritt auf, bis schließlich eine Frau ans Mikrophon geht, um über den Frieden zu reden. Sie hat noch keine drei Zeilen eines Gedichtes vorgelesen, als einige junge Männer ihr das Mikrophon aus der Hand reißen. ‚Hau ab!', schreit einer, der drei Finger seiner Hand zum serbischen Gruß geformt hat, ‚langweil' uns nicht mit deinem Friedensgesäusel, du

Bezogen auf Gesundheit und Essen ist die Rolle der Mutter ein Familien-klassiker: Es geht ihr für die Tochter darum, sich nicht zu verkühlen, nicht zu erkälten, satt zu sein, das neue Rezept auszuprobieren, ein Päckchen zu-geschickt zu bekommen. Sie schlägt sich mit dem DJ und verprügelt ihn. Sie reizt am Mikrophon die Engel so sehr, dass sie ins Leben zurückgeschossen wird, da sie nicht gestorben ist, sondern, wie ein Orpheus seine Geliebte, ihre Tochter sucht. Sie kommt dabei entsprechend ohne begleitenden Engel, um nach ihrer Tochter zu schauen.

Shilla ist sprachlich dem Engel überlegen, trotzdem hilft ihr das nicht in ihrer Situation, insofern als der Geliebte eine Enttäuschung ist. Außerdem wird sie als „Mädchen"[1377] bezeichnet und das Lob, das sie erfährt, ist bereits an sich zweifelhaft, bezeichnet man sie doch als „perfekte Tote",[1378] was mit Blick auf das Kriegsgeschehen in den Jugoslawienkriegen fast zynisch anmutet. Als wenn gesagt würde, nur eine tote Frau ist eine perfekte Frau oder nur eine unauffindbare Tote ist eine perfekte Tote. Perfekt ist sie, insofern, als sie ver-schwunden ist und sich auf ihren Geliebten im purgatorischen Zustand oder Jenseits suchend konzentriert, und nicht auf der Welt geblieben ist, um dort an ihn und die Sinnlosigkeit der Kriegsverluste zu erinnern. Sie benennt aber alle als Lügner und weiß, dass sie unterschätzt wird.[1379] Da sie entschieden hat, nach ihrem Geliebten zu suchen, zeugt das von ihrem resoluten Eingriff ins Geschehen, auch wenn diese Entscheidung bereits vor ihrem Auftritt erfolgt ist.

---

kroatische Nutte.' Die anderen jungen Leute schauen der Szene zu, niemand greift ein. Die Musik fängt wieder an zu spielen." Ebenso berichtet Drakulić: „Die Männer übernahmen sofort die Mikrophone", Interview in der taz vom 31.8.1991, geführt von Ulrike Helwerth, in: Schmid (Hg): *Jugoslawien – Journal*, o.J., S. 79, dass die kroatische Regierung von der ‚Mütterbewegung' begeistert ist, denn die Regierung fordert, wie die Bosnien-Herzegowinas und Makedoniens „auch die Entlassung der Jungs aus der Bundesarmee [...] Die meisten Frauen sind sich der politischen Manipulation aber gar nicht bewusst, weil ihnen ein eigener Hintergrund fehlt." [...] Helwerth fragt: „Können Sie diese Manipulation beschreiben?" Drakulić: „Bei der Kundgebung in Zagreb zum Beispiel wurden die Mikrophone sofort von Männern übernommen. Der Bürgermeister, Vertreter vom Schriftstellerverband sprachen, und was sie sagten, hatte wenig mit Frieden zu tun."

1377   Sajko: *Orange*, 2001, S. 34, 46.

1378   Sajko: *Orange*, 2001, S. 35.

1379   Sajko: *Orange*, 2001, S. 28: „Lüg mich nicht an!", S. 42: „Alles Betrüger ... [...] alles, was sie tun, ist lügen, als sei ich blöd ...".

        © Frank & Timme   Verlag für wissenschaftliche Literatur

Selbstbewusst und selbstständig ist sie zusätzlich, da sie von ihrer verzehrenden Liebe erlöst werden will, indem sie endlich eine Orange isst, die sie im Leben nicht essen konnte, da sie permanent in dieser Frucht ihren Geliebten gesehen hat. Ferner hat sie einen Hunger, von dem sie erlöst werden will, aber wenn sie nicht satt wird, sondern enttäuscht, hat sie doch die Stärke sich von dem Engel zu emanzipieren und zu gehen. Zwar verlässt sie den Engel, kehrt aber wieder und rückt nicht von ihrem Hunger ab. Dieses Insistieren hält die letzte Szene im Freeze an. Wenn Shilla nicht bekommt, was sie braucht, um ihr Ziel zu erreichen, gibt es keine Bewegung, wie die Regieanweisung deutlich macht: „Und sie bleiben so eine lange, lange Zeit und vielleicht juckt etwas, vielleicht tut ihnen manchmal der Rücken weh, vielleicht hat einer sogar irgendeinen Krampf, aber keiner bewegt sich."[1380] Sie harrt aus, beharrt auf ihrer Position, ist eine beharrliche Frauenfigur in einem Spannungsmoment, wie auch die *Bombenfrau*.

Ein weiteres Stück Sajkos ist nah an der Bildsprache von Bewegung und Starre, ist von der Handlung und dem Handlungsort her in einem ‚Irgendwo Dazwischen': *4 trockene Füße*.

7.2.2   *4 trockene Füße*, 2001

In *4 trockene Füße*[1381] ist das Laufen im Kreis die Hauptbewegung. Es knüpft an das an, was in *Orange in den Wolken* ein Mal angesprochen wird, dass man die verlorene Welt nicht mitnehmen kann, weil man dann ewig im Kreis laufen würde.[1382] Im Stück *Orange in den Wolken* ist es das Warten bis zur Erstarrung. Hier geht es um das Rennen, aus dem es kein Entrinnen zu geben scheint.

Sajko verwendet hier, wie bereits in *Bombenfrau* und ihren anderen Werken, einen ausrufenden oder fragenden Kommentar als Regieanweisung: „Vielleicht ist das Spiel gar nicht lustig?"[1383]

....

1380   Sajko: *Orange*, 2001, S. 47.

1381   Stopalo, wörtlich Sohle; da es aber für Fuß nur ‚noga' gibt und dies Bein heißt, ist Fuß etwas mehr Haut als Fußsohlen.

1382   Sajko: *Orange*, 2001, S. 33.

1383   Sajko: *4 trockene Füße*, 2001, S. 8.

Die zwei Figuren des Stückes laufen durchgehend hintereinander im Kreis. Sie verfolgen sich teilweise, sammeln Punkte mit Bildern von Tieren und Menschen in laufenden Situationen, überlegen sich immer wieder neue Regeln.[1384] Bariton und Tenor heißen sie, dabei hat das Stück nichts mit einer Oper gemeinsam. In diesem Rennspiel, das sie spielen, das sie spielen, damit etwas geschieht,[1385] geben sie sich selbst Punkte, sobald sie abwechselnd Situationen nennen, in denen gerannt, geflogen, geschwommen wird. Kriterien für das Ende des Spiels sind Ermüdung, Schweigen oder hundert dieser Punkte, die mit vielfältigsten Situationen gesammelt werden können, von Ameisen auf Herdplatten bis hin zu verwilderten Hunderudeln und Witwen auf der Flucht: „Wie lange dauert dieses Spiel? Bis zur Ermüdung? Bis zum Schweigen? Bis hundert?", fragt die Stimme in der Regieanweisung.[1386]

Das Stück ist in elf Szenen gegliedert, bei denen die zwei Figuren sich zunächst im Kreis drehen. Dann wird die Flucht vor einer Flut zu einem Aufstieg in eine Höhe. Die zweite von den elf Szenen hat Flut, Versinken, Untergang als Thema, worauf Fliegen in der dritten folgt; mit ausgestreckten Armen, aber auch nur im Kreis.

Flut, Wetter, Klima, Warten, Badewannenaufenthalte und die Suizidrate sind in der vierten zentral. In der fünften Szene wird wieder geschwommen, worauf in der sechsten Ertrinken folgt und die siebte Szene mit einem Chor der Kinder anschließt, was sehr an das bereits erwähnte Stück *Europa* von der Autorin erinnert, nur dass sie hier „Regenopfer"[1387] werden.

Der Regen, wie auch der Zusammenhang der Bilder, ist apokalyptisch beziehungsweise erinnert an das Alte Testament, die Sintflut und Noah. Dies wird

....

1384 Sajko: *4 trockene Füße*, 2001, S. 7.

1385 Sajko: *4 trockene Füße*, 2001, S. 22f: „Was bewegt sich überhaupt? […] Es ist irgendwie immer noch zu leise".

1386 Sajko: *4 trockene Füße*, 2001, S. 7.

1387 Sajko: *4 trockene Füße*, 2001, S. 25: „Gott gedenkt nicht, denn es gibt keine Wolken, die den Bogen gebären könnten. Gott hört nicht, denn bis zum Himmel gelangen nur die Stimmen der Gerechten. Gott hört weder feuchtes Schluchzen noch Reue, weder Gebet noch Flüche, und auch die Versprechen der Menschen nicht, denn um der Menschen willen hat er ja die Erde verflucht. Er schlägt alles, was da lebt, wie er es schon einmal getan hat".

© Frank & Timme Verlag für wissenschaftliche Literatur

in der zehnten Szene deutlich, als Bariton und Tenor in die Rollen „Prophet"
und „Die Gläubigen" wechseln. Wobei diese in der elften abschließenden Szene
als Traum des Tenors gedeutet werden können. Die zwei zu Beginn Rennen-
den verlassen schließlich das Schiff, auf dem sie sich, seit der sechsten Szene,
befinden und tauchen schließlich zu der unter ihnen liegenden Stadt unter. Ob
Keller oder Meeresboden, sie tauchen ab in eine Art Tod, da das Stück mit der
Regieanweisung schließt, dass die letzte Luftblase an der Oberfläche zerplatzt.
In diesem Stück steht den Protagonisten das Wasser bis zum Hals und weiter
zu schwimmen ist ab einem bestimmten Punkt keine Option mehr. Oben ist
unten, unten ist das, was wir auf dem Erdboden kennen. Ein Gott ist, wie der
Prophet verlautbart, schlecht auf die Menschen und für niemanden zu sprechen,[1388] wie bei *Bombenfrau*. Geradezu böse, ist ihm eine Welt lieber, die Kopf
steht, ohne Menschen, wie in einem „toten Aquarium".[1389]

Dem Stück sind Zeilen von Brecht von 1939 vorgesetzt, die eine Kriegssituation des Zweiten Weltkrieges ausdrücken.[1390] Krieg ist rennen, rennen müssen,
auch wenn „Äxte vom Himmel fallen",[1391] durch Schlamm waten, sich gestraft
fühlen, auf der Flucht oder in einer Stadt, die klimatisch katastrophalen Stark-
oder Dauerregen erlebt. Die serbokroatische Redewendung ‚auch wenn Äxte
vom Himmel fallen' drückt aus, dass etwas auf jeden Fall erfolgen bzw. erledigt
werden wird, völlig unabhängig von eventuell widrigen Umständen. Sie zeugt

----

1388   Sajko: *4 trockene Füße*, 2001, S. 31.

1389   Vgl. Sajko: *4 trockene Füße*, 2001, ebd.

1390   Hecht, Werner/Knopf, Jan/Mittenzwei, Werner/Mittenzwei-Dorf, Klaus (Hg.): *Bertolt
       Brecht. Große kommentierte Berliner und Frankfurter Ausgabe. Schriften 4; Bertolt Brecht,
       Gesamtausgabe*, Bd. 24, Frankfurt am Main 1991, 2. Absatz des Vorwortes aus dem veröf-
       fentlichten Typusskript von 1938, S. 236 : „Inmitten der schnell wachsenden Finsternis über
       einer fiebernden Welt, umgeben von blutigen Taten und nicht weniger blutigen Gedanken,
       der zunehmenden Barbarei, die unhemmbar in den vielleicht größten und furchtbarsten
       Krieg aller Zeiten zu führen scheint, ist es schwer, eine Haltung einzunehmen, die sich für
       Leute an der Schwelle einer neuen und glücklichen Zeit schicken mag. Deutet nicht alles
       darauf hin, dass es Nacht wird, und nichts, dass eine neue Zeit beginnt? Soll man also nicht
       eine Haltung einnehmen, die sich für Leute schickt, die der Nacht entgegengehen?"

1391   Vgl. Sajko: *4 trockene Füße*, 2001, S. 17. Auch wenn Äxte vom Himmel fallen [übersetzt: i
       da padaju sjekire sa neba].

von einer gewalttätigen Vorstellung, die höhere göttliche Mächte anwenden könnten.

Die Autorin lässt verschiedene existenzielle Ereignisse von Kriegssituation bruchstückhaft verfremdend, angedeutet und reduziert ineinander fließen. Der Text ist durchdrungen von Szenarien der Blockade und Starre,[1392] der traumatischen Lähmung.[1393]

Wenn BARITON enttäuscht sagt: „Wenn es wenigstens donnern oder blitzen würde, egal was… was ist das für ein Ende? Ich habe einen großen Krieg erwartet. Eine Explosion. Ich war darauf vorbereitet. So ist es dumm… zu leise.",[1394] hat er den Wunsch danach, dass die Kriegsszenarien wiederkommen. Die Warterei ist derart unspektakulär, dass sie ermüdet und die Figuren möchten lieber schneller untergehen, mit Pauken und Trompeten, einer Explosion, damit auch die Erinnerungen an heile Momente[1395] und der Wunsch wiederzukommen aufhören.

....

1392 Sajko: *4 trockene Füße*, 2001, S. 15: „BARITON: Ich könnte monatelang die Wand anstarren"

1393 Sajko: *4 trockene Füße*, 2001, S. 16: „BARITON: Ah! Es ist nass, betäubend nass! Wie in einem verschlossenen Badezimmer. Dampf rinnt am Spiegel herunter, du liegst in der Badewanne, nackt, verschrumpelt und breiig. Du kannst nicht aufstehen… TENOR: Du treibst… BARITON: Aber stell dir vor… die Nägel haben sich schon von deinen Fingern gelöst. An den Fußsohlen pellt sich deine Haut. Du bist aufgedunsen wie ein riesiger wässriger Pudding. Und weißt du, was die größte Ironie ist? Du fühlst dich immer noch dreckig. Müll wird aus dem Untergrund empor geschwemmt: ausgeflocktes Seifenwasser, Schweiß verdünnt mit Lauge, gebrauchte Watte, Klumpen aus Haaren, Ausgespieenes… du weichst dich in modrigem Wasser ein. TENOR: Wir baden zusammen. BARITON: Oder ich bin allein. Schmutzig. Klebrig. Ich stinke. Als wäre ich wirklich mein Leben lang durch die Kanalisation getrieben, bis dieser Regen mich an die Oberfläche gespült hat, so dass ich nun weiter zwischen den Fäkalien treibe, mit dem Gefühl, dass es gar nichts Neues ist. Habe ich nicht eh und je in der Scheiße gesteckt? TENOR: Ich weiß nicht. BARITON: Habe ich nicht."

1394 Sajko: *4 trockene Füße*, 2001, S. 16f.

1395 Sajko: *4 trockene Füße*, 2001, S. 26: „BARITON: Ich würde gerne an einer großen Straße entlang laufen. Barfuß. Auf Steinchen treten. Mit glühenden Fußsohlen. Durst haben. Einen Sonnenstich bekommen. Mit trockenen Lippen schnalzen. Den Speichel auf der Zunge spüren. Ich könnte kilometerlang so laufen. Auf dem aufgeplatzten Asphalt, aus dem die Macchia hervorsprießt. Und mir laufen die Eidechsen über den Weg. Und ringsherum ist nichts. Nur der weite Blick über die Ebene. Riesige Felder mit trockenem Gras. Bis zum Horizont. So weit man sieht. Solange man die Zikaden hört. Ich fände es schön, wenn dieser Turm ein Panzerkreuzer wäre, so riesig, dass ich Jahre brauchen würde, bis ich es laufend erkundet hätte. Und wenn ich ans Ende gelangt wäre, hätte ich vergessen, was am Anfang war. Dann würde es mir nicht schwer fallen, auf dem Wasser zu treiben. Es würde mich nicht

7.2.3 Rippen/Wände, 2002

Rippen/Wände ist als deutsche Ausgabe 2002 erschienen.[1396] Drei Figuren hat das Stück, den Gefangenen „Gulliver Sohn",[1397] den Schützen, der ihn bewacht, und eine Person am Fenster, die in den Regieanweisungen zu Wort kommt. Diese wartet vergeblich auf jemanden, eventuell die Figur Gulliver Sohn, oder auf einen Mann, einen namenlosen Geliebten, zu dem sie überlegt: „Die Straße wirst du wohl finden, ich habe dir alles erklärt, es ist ganz einfach, du warst doch schon einmal hier. Ich werde die Vorhänge öffnen, damit du das Licht siehst. Du wirst die Lampe mit den kleinen Glaskügelchen erkennen, die im Wind klingeln. […] Vielleicht kaufst du noch Blumen oder Wein".[1398] Wenn im Text steht „Ich werde einen anderen Lippenstift benutzen […] ich fühle mich beinahe wie eine Witwe, klein, düster, schweigsam",[1399] ist von einer Frau auszugehen. Der Erwartete kommt nicht, und letztlich harrt die Wartende einerseits wie ewig aus,[1400] sie überdauert alles – ein Denkmal, wie bereits Sajkos *Europa*. Andererseits wartet sie nicht ewig, sondern wird zur gefühllosen Statue, zur Karyatide.[1401]

Die Rollen zwischen dem Gefangenen und dem ihn Bewachenden wechseln, insofern als der Schütze ebenfalls gefangen in der Situation ist und sich nicht als jemand mit Waffe sicher fühlen sollte, worauf ihn Gulliver Sohn hin-

---

stören, der allereinfachste Seemann zu sein. Schmutzig. Oder Maschinist. Oder Heizer. Der Handlanger vom Heizer. Wenn ich nur wüsste, dass ein erfahrener Kapitän mich führt. Und dass unser Ziel das Festland ist."

1396 Sajko: *Rebro kao zeleni zidovi*, 2000 [übers. Rippe wie grüne Wände].

1397 Sajko: *Rippen/Wände*, 2000, S. 4. Gullivers Sohn wird in der Übersetzung nicht in den Genitiv passend dekliniert, lautet Gulliver Sohn.

1398 Sajko: *Rippen/Wände*, 2000, S. 5.

1399 Sajko: *Rippen/Wände*, 2000, ebd.

1400 Sajko: *Rippen/Wände*, 2000, ebd.: „Es scheint, als wären Jahre vergangen seit damals, als ich noch dachte, dass du mich vielleicht weckst. Vielleicht war ich treu und geduldig, aber nur, weil ich vom Warten steif geworden bin."

1401 Sajko: *Rippen/Wände*, 2000, S. 27: „Weißt du, dass ich zur Statue geworden bin, zur Karyatiade aus Stein, die wurmstichige Fenster trägt. […] Vielleicht hast du mich wirklich geliebt, aber ich spüre es nicht mehr."

weist.[1402] Wie bei *4 trockene Füße* ist der Kreis auch hier vorhanden,[1403] spielt nur keine zentrale Rolle bezogen auf Bewegungen der Figuren auf der Bühne.[1404] Wichtig ist hier das rückwärts Gewandte und die Starre: „Man kann nicht nach vorne sehen, nur nach hinten, immer nur hinten, hinten, hinten… Wie soll ich denn so über den nächsten Tag nachdenken? Für was soll ich mich entscheiden, wenn nicht für die Flucht?"[1405] Woher und wohin fliehen, ist hier die Frage, wie bei Markovićs *Pavillons*.

Ein Tunnel zur Flucht[1406] beinhaltet, zumal von einer Autorin aus Jugoslawien in den Kriegen der 1990er, einen starken Bezug zum über drei Jahre belagerten Sarajewo,[1407] aus dem man teilweise ausschließlich, falls überhaupt über einen Schmugglertunnel entkommen konnte.[1408] Ebenso findet sich *Balkan baroque* darin, mit „lass mich ein blanker Knochen sein, damit es ganz unwichtig ist, ob ich jemals gestunken habe, jämmerlich war oder gefangen in deinem Keller".[1409] Mit den drei Überschneidungen des unterirdischen Ortes,

----

1402 Sajko: *Rippen/Wände*, 2000, S. 9: „SCHÜTZE: Ich bin in Sicherheit. GULLIVER SOHN: Nein, das bist du nicht. SCHÜTZE: Doch, ich bin in Sicherheit, weil ich hier zu Hause bin. Ich sehe alles, ich weiß auch das, was du mir nicht erzählst, und wenn ich wirklich etwas verpasse, dann habe ich meine Waffe."

1403 Sajko: *Rippen/Wände*, 2000, S. 10: „ein bisschen nach links, ein bisschen nach rechts, ein paar Schritte, nicht zu viel, dann wieder zurück, und mit der Zeit begreife ich, dass du mich im Kreis herum führst. Immer auf demselben Weg. […] Und nicht hinab, immer in diesem böswilligen Kreis herum, eingespannt wie Vieh, gegen meinen Willen."; ebd. S. 27: „Ich rannte ununterbrochen im Kreis und prallte ständig gegen den breiten Brustkorb einer Wache", sagt jeweils Gulliver Sohn über Gewaltmomente und Flucht- und Ausweichversuche.

1404 Bei *Bombenfrau* wäre ein Kreis in Form eines Tatortes, innerhalb dessen die Bombenfrau retrospektiv ihren Text spricht, ebenfalls denkbar.

1405 Sajko: *Rippen/Wände*, 2000, S. 10.

1406 Sajko: *Rippen/Wände*, 2000, S. 11: „GULLIVER SOHN: Ich werde einen Tunnel graben, ich werde fliehen. SCHÜTZE: Weißt du, wie tief du graben müsstest, um mir zu entkommen? So ein Tunnel müsste die Erde in zwei teilen, damit es sich für dich überhaupt lohnt, den Spaten in die Hand zu nehmen."

1407 1.425 Tage, vom 05.04.1992 bis zum 29.02.1996.

1408 Flucht-/Schmuggeltunnel sind aber auch im Kontext des Palästina/Israel-Konfliktes bekannt, ebenso wie auch zu Zeiten der DDR Fluchttunnel sowie Kanalisation als Fluchtwege versucht worden sind.

1409 Sajko: *Rippen/Wände*, 2000, S. 13. Die Knochen, die Abramović in Venedig schrubbt, stinken nach dem zweiten Tag bereits intensiv.

des Gestanks und des Gegenstandes Knochen wird hier der Bezug zu den Kriegssituationen und der Performance angenommen.

Die beiden Figuren sind im Machtkampf: Der Schütze befiehlt zu essen, die andere Figur verweigert. Gulliver Sohn verspricht, er werde nicht im Affekt handeln, sich nicht mit Benzin übergießen, sich anzünden und für Freiheit brüllen.[1410]

„Wie Deserteure", „wie Kinder" will Gulliver Sohn sein, bei der Flucht mit dabei, wie ein Riese „Steine auf dem Weg verbrennen" und „Mauern und Bunker dem Erdboden" gleich machen, wenn keine Grenzen mehr existieren.[1411]

Gulliver Sohn spricht sehr selbstbewusst achtmal „Ich möchte…", dreimal „Ich wünsche mir…", dazu noch je einmal „Ich will…", „Ich atme…" und „Ich weiß…".[1412] Trotzdem endet dieses Stück über einen undefinierten Ort, an dem faktisch keine andere Handlung erfolgt als das Warten und das Verweigern von Essen, mit den bedeutsamen vier Sätzen, die fatal und tragisch klingen: „SCHÜTZE: Ich werde dich töten.", „GULLIVER SOHN: Ich weiß.", „SCHÜTZE: Wir hätten eine Familie sein können." und „GULLIVER SOHN: Hätten wir."[1413] Gerade anhand dieser Textstelle wird, der hier vorliegenden These nach, deutlich, dass Anzeichen und Impulse, für mehrere Lesarten und Figurenkonstellationen gesetzt werden, die es im Kontext der jugoslawischen Bürgerkriegssituation gibt: Der Gefangene, Ehemann, Liebhaber oder Sohn der wartenden Frau, scheint ein Deserteur zu sein, den sie zwar vermisst, aber auch zunächst verurteilt, wie es alle anderen tun.[1414] Das Stück kann insofern als absichtsvoll

---

1410   Das sind Versprechen der Art, wie die von der Figur Nadežda am Ende von Srbljanovićs *Familiengeschichten Belgrad*; zugleich Markovićs *Pavillons* mit dem Hinweis auf die Streichhölzer und dem Lied zu ein wenig Benzin.

1411   Sajko: *Rippen/Wände*, 2000, S. 24.

1412   Sajko: *Rippen/Wände*, 2000, S. 5f.

1413   Sajko: *Rippen/Wände*, 2000, S. 28.

1414   Sajko: *Rippen/Wände*, 2000, S. 5: „Ich sage mich von dir los, obwohl es zu spät ist, weil meine ganze Liebe dich nicht von deiner verdammten Seele erlösen konnte. Ich klage dich an wie alle anderen – wohl wissend, dass das Urteil noch nicht vollzogen ist. Irgendwo – wahrscheinlich unter der Erde, über die ich nicht nachdenken will – atmest du noch und schreist ins Leere. Und du bist nicht allein, denn ich kann deutlich die metallene rechte Hand des SCHÜTZE sehen und sein Gesicht, aus dem der Speichel des ersten Monologs tropft."

hybrid genannt werden, als man es nicht genau auf eine konkrete Situation in einem der Jugoslawienkriege beziehen kann: Gulliver Sohn könnte ein kroatisch-serbischer oder bosnisch-muslimischer Mensch sein, in einer Stadt wie Wukowar[1415] oder Sarajewo leben.[1416] Das Stück bleibt mit seiner abstrakten Anordnung, wer wen warum gefangen hält und am Ende die Bewacher/Gefangener-Situation gewaltvoll aufzulösen beabsichtigt, frei von nationalen Zuschreibungen, was es vor allem vor schwelenden politischen Dilemmata in Südosteuropa frei sein lässt.

7.2.4   *Rose is a rose is a rose is a rose. Partitur,* 2007

Rose is a rose is a rose is a rose. Partitur, 2007, ist Teil der *Trilogie des Ungehorsams*[1417] mit zwei weiteren Einaktern: *Szenen mit Apfel,* 2009, und *Das sind nicht wir, das ist nur Glas,* 2011. Auch in diesen Stücken sind der Krieg und die Gewalt noch nicht vorbei. Das erste Stück wird hier genauer betrachtet, da es nah und näher an der Kriegsthematik ist als das dritte, in dem vor allem viel Gewalt zwischen den Generationen, in den Eltern-Kind-Beziehungen, verbalisiert und dargestellt ist.

Das Stück *Rose is a rose is a rose is a rose. Partitur* von Ivana Sajko ist strukturell ein narrativer, nach Pfister nicht-aktionaler informierender Monolog.[1418] Es gibt keine Szenen, sondern einzelne relativ kurze, teils elliptische, oft im Parallelismus formulierte Aussage- und Fragesätze.[1419] Die Wirkung kann dementsprechend als stakkatoartig bezeichnet werden. Als Partitur wird der

---

1415   Eventuell ist diese Schreibweise ungewohnt, jedoch unterbricht es die Sehgewohnheit und führt die in der Literatur wechselnde v/w-Schreibweise mit einer Schreibweise konsequent durch.

1416   Sajko: *Rippen/Wände,* 2000, S. 24: „SCHÜTZE: Und die Stadt, die dich vergessen hat. GULLIVER SOHN: Die Stadt, der alles egal ist. […] Ich bezweifle, dass diese Stadt anders ausgesehen hätte, wenn du auch an diesem ewigen Krieg teilgenommen hättest. […] dass die Stadt Ruine und unzugänglich bleibt, damit wir keine Verlierer sind".

1417   Titel nach Verlag der Autoren, Frankfurt am Main, 2008. Während bei der Publikation im selben Verlag 2012 das Stück mit *A Rose is a Rose is a Rose is a Rose* betitelt ist.

1418   Pfister, Manfred: *Das Drama. Theorie und Analyse,* 11. Aufl., Paderborn 2001, S. 190ff.

1419   Beispielsweise Sajko: *A rose,* 2008, S. 7: „Kurzum. Sie tanzten. Und tanzten. Und tanzten. Sie warteten auf ein Wunder. Es passierte Scheiße.", S. 8: „Ich und du. Er und sie. Manchmal wir. Manchmal sie. Aber immer dieselben. Auf der Bühne. Auf der Tanzfläche."

Text von der Autorin bezeichnet, die auf der Bühne diesen Text von einer Band begleitet sehen möchte, wie die Wörter Partitur im Text sowie Kooperationen mit Musikern bei eigenen Aufführungen nahe legen.[1420]

Die erste Nennung ist das Original, die zweite eine Wiederholung. Die dritte Wiederholung lässt sich als Eigenname verstehen und die vierte zeigt den Wechsel an von Wiederholung zum Thema.[1421]

Sajko wählt als Reihenfolge zum Verständnis der Rose das Liebesmotiv, die autopoetische Schlussfolgerung, dann die Wiederholung und schließlich Gertrude Stein. „**Rose is a rose is a rose is a rose** ist Gertrude Stein. Natürlich. Es handelt sich nicht um eine Hommage an die Autorin, sondern einfach um die Tauglichkeit des Titels. Vielleicht auch um die Tatsache, dass ich in letzter Zeit oft an die berühmte Anekdote denken musste, in der sie bei einem Vortrag auf die Frage: Why don't you write the way you speak?, mit der Gegenfrage antwortete: Why don't you read the way I write? Ich will nur sagen, dass es freche Gründe für Poesie gibt. Ich habe in mir nach einer Sprache gesucht, die Panik mit anderen Mitteln zum Ausdruck bringen kann. Durch Verdrehungen. Durch Beschleunigung. Mit Spucke."[1422]

Das Stück enthält so viele Versionen von Vergewaltigung, dass mir hier eine Abwandlung von Gertrude Steins berühmtestem Zitat passend zu sein scheint, von „A rose is a rose is a rose is a rose" zu „A rape is a rape is a rape is a rape is a rape"; mit einer Wiederholung mehr, da sich Vergewaltigung auf Männer und Frauen, auf Krieg und Alltag, auf psychisch und physisch, auf Fremde oder

---

1420 https://www.youtube.com/watch?v=qr0X1LqYzY, The Thursday Scene, Stand: 03.08.2020, https://www.youtube.com/watch?v=vb8xE3RV6DY, Ivana Sajko_intervju040310-She.hr, Stand: 03.08.2020 und: https://www.youtube.de/watch?v=5yaY-Qk9nls, Dancing marathon, Stand: 03.08.2020.

1421 Vgl. Duda, Sebastian: *A Revolving Door of Language. Repetition in American Experimental Writing*, Heidelberg 2011, S. 241: „In the further course of the text, the repetitions of the original clauses begin to function as themes. [...] The reader is rewarded for his/her patience when s/he meets the same clause for the third time. Here the repetition takes on a new function, i.e. that of a theme. This new function changes the effect of the repetition from irritation to orientation."

1422 Sajko: *A rose*, 2008, S. 8.

Bekannte, auf systematisch, kollektiv oder singulär bezieht.[1423] Mit der rose-rape-Ironie wird Liebe und sexuelle Gewalt ins Verhältnis gesetzt. Wenn Sajko dieses Stein-Zitat verwendet, um, wie sie sagt, „Panik mit anderen Mitteln"[1424] auszudrücken, lässt sie offen, mit welchen es sonst geschähe.

Permanente Gewalt, ständig, unentwegt in Wiederholung stumpft ab, dagegen steht die Rose, als Motiv der Liebe, die sich durch das Wiederholen intensiviert.[1425] Die Rose, wie auch die Vergewaltigung, ist also nicht in der Wiederholung die Rose, sondern mehr; Rose = A und Rose ≠ A.[1426] Dies ist die paradoxe Wahrheit der Kopie. Jede Wiederholung ist eine Potenzierung in der Vermehrung und potentielle Lüge, weil oder falls sie so tut, als sei sie das Original, während sie es nicht sein kann; wie man nicht zweimal in denselben Fluss steigen kann.[1427] Bei der Vergewaltigung ist es eine Gewaltäußerung, eine Straftat, ein Verbrechen, ein systematisches Kriegsverbrechen.

Im Grunde verlieben sich in diesem Stück zwei Personen, die namenlos bleiben. Sajko lässt eine Stimme davon erzählen, nicht chronologisch. Regieanweisungen und Kommentare sowie die Stimmen der zwei Figuren sind

....

1423 „A rose is a rose is a rose is a rose." ist ein Gertrude Stein-Zitat (u.a. eine Gedichtzeile aus *Sacred Emily*, in: Stein, Gertrude: *Geography and Plays*, Boston 1922/Wisconsin 1993, S. 187 („Rose is a rose is a rose."), dann in ihrem Kinderbuch *The world goes round*, 1939 veröffentlicht, aber auch erwähnt in *Was ist englische Literatur. Vorlesungen*, Zürich 1935/1985 zu finden, das Sajko in ihrem Stück *A Rose is a Rose is a Rose is a Rose* aufnimmt, ohne weiteren Bezug zu Steins Theorie von Bedeutung und Wiederholung einzugehen; die beiden anderen Einschübe rekurrieren auf Titel von Sajko und die Grundmotivation für Frauen gewalttätig zu werden, wenn sie nicht gebrochen sind und resignieren mussten – Stichwort bei Semenič später wird sein „and then love, hope and faith stop counting", then even I stop counting", „but then, then you simply stop counting", in: *whilst/wisdom*, S. 48.

1424 Sajko: *A rose*, 2008, S. 8.

1425 Vgl. Stein, Gertrude: *Geography and plays*, (1967) 2004, S. 105, 152.

1426 Lobsien, Eckhard: *Wörtlichkeit und Wiederholung. Phänomenologie poetischer Sprache*, München 1995, S. 77: „Die Wiederholung setzt und streicht in einem Vollzug die Identität von A und A°, was wiederum nichts anderes heißt, als daß sich die Wiederholung, indem sie sich ereignet, selber ironisch aufhebt. Die Wiederholung behauptet zugleich: A° = A und A° ≠ A, eine Behauptung, die nur unter der Voraussetzung eines ironischen oder allegorischen Sprechens hinnehmbar ist." Vgl. Duda, 2011, S. 18f.

1427 Vgl. Stemich Huber, Martina: *Heraklit. Der Werdegang der Weisen*, Amsterdam/Philadelphia 1996. Heraklit (544–483 v.u.Z.), Fragmente, B12: „Man kann nicht zweimal in denselben Fluss steigen, denn andere Wasser strömen nach. Auch die Seelen steigen gleichsam aus den Wassern empor." Der Ausspruch wird auch Lao-tse zugeschrieben.

hauptsächlich alle im Haupttext.[1428] Zuerst erfahren wir von einer gewalttätigen Beziehung. So lässt sich das zweimalige „Sie liebten sich, als würden sie sich prügeln."[1429] deuten. Dann berichtet die Stimme von einer Nacht, in der die beiden miteinander schlafen,[1430] und dann von einem Treffen in der Disco am Tag zuvor, einem Tag unter der Woche: „Ich und du. Er und sie. Manchmal wir. Manchmal sie. Aber immer dieselben. Auf der Bühne. Auf der Tanzfläche. Auf der Straße. Auf der zehnten Etage eines Hochhauses."[1431] Die Verfremdung vom Biographischen wird ebenfalls ausgesprochen: „So muss ich anfangen. Als widerfahre das jemandem anderen".[1432]

Zwei Aspekte, zwei Seiten, zwei Blickrichtungen und zwei Versionen haben dann auch die Ereignisse um den Busbrand, der sich in Verbindung mit Tumulten ereignet:[1433] „Die Einen werden sagen, dass ein Molotov-Cocktail durch das offene Busfenster flog. Die Anderen werden behaupten, dass der Benzinschlauch undicht war, so dass die Explosion durch einen Funken herbeigerufen werden konnte."[1434] Die zwei Menschen sind auch dort, aber nicht in das Tatgeschehen aktiv involviert. Sajkos Paarfigur philosophiert hierzu mit Verweis auf Badious *Was ist Liebe?*, dass es nur zwei Positionen der Erfahrung gibt, und zwar völlig voneinander abgespalten.[1435] Diese Trennlinie geht auch durch Paare: „Es gibt dich, und es gibt mich. Es gibt Spaltung, und es gibt Be-

....

1428 Sajko: *A rose*, 2008, S. 6: „Er nickte ihr zu. Sie sah ihn nicht. (Sie tat so.) Sie ging weiter."

1429 Sajko: *A rose*, 2008, S. 5. Einmal in durchgängigen Großbuchstaben. Später wie oben zitiert.

1430 Sajko: *A rose*, 2008, S. 6: „Zuerst löschte jemand das Licht. Dann zogen sie sich aus. Machten sich in der Dunkelheit breit. Nach einer Weile sammelten sie sich wieder. Sie ordneten sich zu zwei Häuflein. Jeder auf seiner Seite."

1431 Sajko: *A rose*, 2008, S. 5. Und ebd. S. 6: „Es hatte am Abend zuvor begonnen. Eine Bar. Eine Disco. Unwichtig. Sie begegneten sich am Eingang. Er nickte ihr zu."

1432 Sajko: *A rose*, 2008, S. 5.

1433 Sajko: *A rose*, 2008, S. 23: „Denn Liebe klingt wie ein Klischee. Und sie dauert nur einen Moment lang. So wie der Tumult von Mittwoch auf Donnerstag. Und sie haben ihn gesehen. Den Tumult."

1434 Sajko: *A rose*, 2008, S. 16.

1435 Sajko: *A rose*, 2008, S. 12: „(Einige Axiome frei nach dem Text von Alain Badiou: Was ist Liebe?, erschienen in Conditions, Editions du Seuil, 1992) Es gibt zwei Positionen der Erfahrung: Zwei Positionen in absoluter Disjunktion. Vom Lateinischen disjungere: auflösen, auftrennen, auseinander gehen. Es gibt keine dritte Position. (So Alain Badiou.)"

gegnung. Die Begegnung kann die Spaltung nicht aufheben. Die Begegnung bestätigt sie." und „Die Disjunktion ist die Wahrheit der Liebessituation", sagt eine der Paarfiguren.[1436]

Wir Menschen, so hier die Interpretation, füllen diese Disjunktionen,[1437] die Leere zwischen uns, den Spalt beim Gespaltensein, der aus dem geographisch-äußeren Abstand wie aus dem Inneren entsteht – mit Liebe. Wenn die Trennung der zwei verschiedenen Körper ins Stocken gerät, wie ein Flussbett vertrocknet, wie eine alte Mauer bröckelt und die Risse größer werden, wird das Warten mit Gewalt gefüllt:[1438] Zwischenmenschliche Gewalt im Text, ausgeübt an Einzelteilen des Körpers, wie z.B. Zunge, Haare, Trommelfell, Hals, Haut, Knochen[1439] und Köpfe, Brüste, Nieren, Bäuche, Knie,[1440] mutet wie ein Ausbruch von Gewalt bei bürgerkriegsähnlichen Unruhen an,[1441] aber erinnert zudem an das Danach, wenn versucht wird die Leichenteile aus Massengräbern zusammenzufügen.[1442]

1436   Sajko: *A rose*, 2008, S. 13.

1437   Sajkos Text bezieht sich auf einen Essay von Badiou, Alain: *Rhapsodie für das Theater. Kurze philosophische Abhandlung*, Wien 2015. Vgl.: Jakiša, Miranda: „Ivana Sajko – Theater der Disjunktion(en): ‚Rose is a rose is a rose' und ‚Prizori s jabukom'", https://www.slawistik./hu-berlin.de/de/member/mjakisa/disjunktionen, Stand: 03.08.2020 und in: Jakiša/ Pflitsch (Hg.), 2012, S. 275–295.

1438   Sajko: *A rose*, 2008, S. 23.

1439   Sajko: *A rose*, 2008, S. 5: „Ich habe ihre Zunge aufgegessen. Ich habe ihm die Augen ausgekratzt. Ich habe ihr die Haare ausgerissen. Ich habe ihm sein Trommelfell durchstochen. Ich habe ihr den Hals umgedreht. Ich habe ihm die Haut abgezogen. Ich habe ihr alle Knochen gebrochen."

1440   Sajko: *A rose*, 2008, S. 10: „Und die Musik war der letzte Müll. Sie schlug auf ihre Köpfe ein. Sie schlug auf ihre Brüste ein. Sie schlug auf ihre Nieren ein. Sie schlug auf ihre Bäuche ein. Sie schlug auf ihre Knie ein."

1441   Siehe Soldatenbericht in *Blasted*, Kane, 2002, S. 43; „Hung them from the ceiling by their testicles", ebd. S. 47: „Hacked her ears and nose off, nailed them to the front door"; s. Sajko: *A rose*, 2008, S. 16: „Ich habe ihre Zunge aufgegessen."; s. Kriegsberichte unzähliger Kriege, inklusive der Jugoslawienkriege der 1990er, s. Begriff *In-Your-Face*, der nur einen Körperteil herausgreift etc.

1442   Koff, Clea: *The bone woman. Among the dead in Rwanda, Bosnia, Croatia and Kosovo*, London 2004.

Die Wiederholung in diesem Textstück trägt den Widerspruch in sich, denn die Mentalität des Egal-Seins verliert am Ende, trotz zigfacher Wiederholung gegen „UND ES IST DOCH NICHT EGAL".[1443] Es ist nicht egal, was wo und mit wem geschieht.

Bei einer Demonstration brennt ein Bus ab – das ist das Ereignis, das immer wieder in diesem Stück erwähnt wird und auf das angespielt wird. Es ist in einer Stadt im ehemaligen Jugoslawien passiert. Mittels der Passagen mit dem Wort Gesindel, das bis zu dreimal auftaucht, und dem Verweis auf die fehlende Motivation und Sinnlosigkeit, die viermal hintereinander ausgesprochen werden, sind in diesem Stück die Menschen, die bei diesen Straßentumulten zwischen Polizei, Nationalgarde und friedlichen DemonstrantInnen ihre Kinder verloren haben, verbunden mit jenen, die nicht erwägen, dass es sich bei den Demonstrierenden womöglich um eigene Kinder handeln könnte, die ihre und gute Gründe haben könnten, sondern nur „Banden, Hooligans, Gesindel, Müll und Diebe"[1444]sehen.

Die Vergangenheit, da sie sich ereignet hat, bleibt dieselbe, kann sich, da vergangen, nicht verändern. Sajko verschränkt dieses Element mit Texten zu einem Dauertanzmarathon. Was Menschen sich für Geld antun, am Beispiel eines Tanzpaares, das 5.152 Stunden und 48 Minuten in 1930/1931 durchtanzt, um 2000 Dollar zu erhalten, wird in Bezug gesetzt zu den körperlichen Torturen, die sich Demonstrierende und Polizei, Armee auf der Gegenseite, antun.

Der Brand von Rom zur Zeit Neros, die Erinnerung an den Dreißigjährigen Krieg aufgrund von Rembrandts Bild *Nachtwache* und die biblisch-apokalyptische Offenbarung (8,7–13) kommen als gewalttätige Endzeit-Ereignisse hinzu.[1445] Eingebettet in diese historischen Kontexte, wird das Geschehen als bedeutend eingeordnet. Ruft aber auch indirekt zur Solidarität mit Demons-

....

1443   Sajko: *A rose*, 2008, S. 9, 18f.

1444   Sajko: *A rose*, 2008, S. 24. Sajko: *Trilogie des Ungehorsams*, 2012, S. 41: „Banden, Hooligans und Gesindel zerstörten öffentliches Eigentum. Ohne jeden Grund. Ohne jeden Grund. Ohne jeden Grund. Ohne jeden Grund.", S. 42: „Banden, Hooligans und Gesindel. Allesamt. Sowohl sie wie auch ihre Kinder."

1445   Sajko: *A rose*, in: Sajko, 2012, S. 32ff.

trierenden auf:[1446] Die Menschen im Bus, einige Kinder sind tot. Die hintereinander folgende zehnmalige Wiederholung des Satzes „Sie werden nicht aufwachen"[1447] macht das deutlich.

Das Ereignis bleibt im Stück ohne konkrete Angabe von Datum und Ort unspezifiziert und unlokalisiert. Es ereignet sich in der Nacht von einem Mittwoch auf einen Donnerstag. Weder als ortsgebundener Skandal, noch als Gewaltereignis oder Tragödie wird es in Sprache gefasst, sondern mit fünf konkreten Beispielen auf der Welt: Seattle 1999, Genua 2001, Brüssel 2002, Clichy-sans-Bois 2005, Budapest 2006[1448] in einen globalen Kontext gestellt. Bei diesen Orten wird klar, es handelt sich um politische Demonstrationen, bei denen die Polizei gegen die systemkritischen, teilweise gewalttätigen Demonstrant*innen sehr heftig vorging. Mehr als ein solidarisierendes Element sorgt die vorgesehene Schweigeminute auch ironiefrei für eine sonst nicht erfolgte Würdigung und Trauermöglichkeit.[1449] Diese Schweigeminute wird jedoch ebenso kritisiert wie das ominöse „ETWAS", das in der Berichterstattung Verantwortliche nicht benennt, sondern mit diesem vagen „etwas" operiert: „Etwas hat den Kindern das Fluchen beigebracht und ihnen Waffen verkauft."[1450] Den Unruhen wird, ganz unpersönlich und personifiziert, die Verantwortung zugeschrieben. Dabei wird offen gelassen, ob Presse oder Beteiligte oder KritikerInnen dies tun.[1451] Das Aussprechen[1452] verliert, denn

....

1446 Sajko: *A rose*, in: Sajko, 2012, S. 40: „Jedes Kind auf der Straße hat einen Stein in der Hand. Und jedes Kind hat einen Stein geworfen. So wurde es im Fernsehen behauptet. […] Die Menschen sahen, wie Container, Autos und Kinderhände brennen."

1447 Sajko: *A rose*, 2008, S. 16.

1448 Sajko: *A rose*, 2008, S. 21 ff [2012, S. 36 f.] Dreitägiges Chaos nach Demonstration von Antiglobalisierungsgegner*innen. Siehe Film *Battle in Seattle* von Stuart Townsend mit Charlize Theron, 2007. In Clichy Unruhen nach dem Tod von zwei Teenager, die vor der Polizei flohen. Ferner geht es um Proteste zwischen dem 17. September und dem 23. Oktober gegen die postkommunistische ungarische Regierung, die sich in gewaltvolle Unruhen ausweiteten. Aktuell ließe sich ein Vergleich mit Hong Kong oder Belarus diskutieren.

1449 Sajko: *A rose*, 2008, S. 17: „*** WIR MÖCHTEN NUN UM EINE SCHWEIGEMINUTE BITTEN. Eine Minute. ***".

1450 Sajko: *A rose*, 2008, S. 17.

1451 Sajko: *A rose*, 2008, S. 26: „An allem ist der Tumult schuld. An allem. […] Dieses Miststück von einem Tumult."

1452 Sajko: *A rose*, 2008, ebd.: „Und es wird ihnen besser gehen, wenn sie es aussprechen."

am Ende des Stückes wird das Leben, die Sexualität, wie auch die Trauer, das Weinen in ein Schweigen[1453] auf ein „später"[1454] verschoben.

7.3   Sajko – Fazit

‚A rape is a rape is a rape is a rape is a rape' bis die Bombenfrau explodiert – fasst die Thematik in Sajkos dramatischem Werk zusammen. Sajko befasst sich mit totalitär-machtmissbrauchenden VertreterInnen struktureller Gewalt und individueller und kollektiver Gegengewalt, wie sie z.B. als Attentat von der Bombenfrau ausgeht und in Verbindung mit Demonstrationen eskalieren kann sowie mit der Diskrepanz zwischen Grauenvollem und Rosenduft. In ihren Stücken kommt eine Brutalität zum Ausdruck, die durch Gleichzeitigkeit potenziert ist: Wenn sich schreckliche Ereignisse, kriegerische Gewalt in Zeiten ereignen, in denen die Schönheit der Natur in krassem Gegensatz dazu steht.[1455]

Sajko zeigt, wenn sie bei *Szenen mit Apfel* auf Biblisches, Genesis 2–5 und das verlorene Paradies, und bei ihrer ersten Trilogie auf Mythisches, Medea, Europa und den Stier, anspielt, das Archaische der Gewalt, aber auch das Zeitlose daran, indem sie Modernes mit *A rose is a rose is a rose is a rose*, dem Satz bzw. dem Zitat von Gertrude Stein in einem ihrer Dramentitel aufgreift.[1456]

Die Stücke handeln von Taten an einer bestimmten Person als Botschaft an die Gruppe, für die die angegriffene Person steht, z.B. Attentate wie bei der Bombenfrau, und die das Potential für Konsequenzen mit sich bringen, wie

....

1453   Sajko: *A rose*, 2008, S. 27: „Und kein Wort mehr darüber. Und sie sagten einander kein Wort."

1454   Sajko: *A rose*, 2008, ebd.: „Ihre Geschlechtsteile verstauten sie in den Taschen. Für später. Dann werden sie auch weinen. Später."

1455   Für Gertrude Stein sind mit „rose" der Name einer Person, die Idee einer Rose an sich, eine konkrete Rose oder das Wort als Nomen und die Farbe mit enthalten.

1456   Stein, Gertrude: *Look at me now and here I am. Writing and lectures 1911–1945*, (1967) 2004, S. 136.

Strafe, Rache etc.; schließlich ist es eine Wiederholung, die an die Quantität der Täter*innen erinnert sowie ein Ausdruck des Traumas nach erlittener oder ausgeübter Gewalt; mit *Bombenfrau* wird z.b. nach den gemeinsamen Schnittpunkten im Wesen der AttentäterInnen gesucht.[1457]

Sajko stellt sich in eine Tradition, in einen sozio-kulturellen Zusammenhang, der europäisch und transnational, also transeuropäisch ist. Die Protagonistin ist keine Heldin, das Zielobjekt kein Opfer. Die Bombenfrau ist zwar Mutter, aber der Konflikt ist kein intrafamiliärer. Als Terroristin attackiert sie, ebenso wie z.b. Antigone, den Staat.[1458] Es geht ihr um familiäre Werte als Werte der Gesellschaft. Es geht ihr nicht um die Verteidigung häuslich-weiblicher Regeln.[1459] Wie eine Mutter, die ihr Kind für einen Krieg opfert, opfert sie ihren (bomben?)schwangeren Bauch. Der Unterschied liegt in der individuellen Singularität der Tat. 2011 knüpfte Sajko mit *Landstrich mit einem Sturz*[1460] an *Bombenfrau* an, indem sie als Figur eine Frau vor dem Gebären wählt, die jedoch zu den ökonomischen, bürokratischen und politischen Gegebenheiten, die absurd und korrumpiert und schwer besiegbar sind, monologisiert und die Frage nach der Zukunft des Kindes einerseits düster zeichnet, andererseits offen lässt.

Sajkos Kunstfiguren, traumatisierte Menschen, kommen aus einer Ohnmacht und Gleichgültigkeit durch Aggression heraus, die als Rache, aber auch

....

1457 Vgl. Sajko: *Bombenfrau*, 2008, S. 40f, 54.

1458 Vgl. Butler, 2000, S. 79: „Consider that Antigone is trying to grieve, to grieve openly, publicly, under conditions in which grief is explicitly prohibited by an edict, an edict that assumes the criminality of grieving Polyneices and names as criminal anyone who would call the authority of that edict into question. She is one for whom open grieving is itself a crime. But is she guilty only because of the words that are upon her, words that come from elsewhere, or has she also sought to destroy and repudiate the very bonds of kinship that she now claims entitlement to grieve? She is grieving her brother, but part of what remains unspoken in that grief is the grief she has for her father and, indeed, her other brother. Her mother remains almost fully unspeakable".

1459 Vgl. Butler, 2000, S. 36.

1460 Vgl. Sajko: „Krajolik s padom", in: *Nagrada Marin Držić. Hrvatska drama 2011, Ivana Sajko. Damir Šodan*, Zagreb 2012, S. 8 [übers. Landstrich/Landschaft mit einem Fall/Sturz, in: Preis Marin Držić. Kroatisches Drama 2011]

als Konsequenz verstanden werden kann, die erzählt werden will und soll.[1461]
Die übergeordnete Einstellung ließe sich fassen mit: Es könnte schlimmer sein,
die Zukunft bleibt ungewiss.

1461 Thompson/Hughes/Balfour, 2009, S. 33: „it is argued that a person must transform this
traumatic memory into narrative memory so that the past can be confronted and contained.
This is connected directly to theatre and performance".

8 Machtspiele zwischen Herrschaft und Weisheit. Simona Semeničs *whilst i almost ask for more or a parable of the ruler and the wisdom*, 2011

Simona Semenič, geboren 1975, hat Dramaturgie in Ljubljana, der Hauptstadt Sloweniens, studiert. Dreimal hat sie den nationalen Grum-Preis für das beste slowenische Stück gewonnen, u.a. 2009 für *5jungs.de*.[1462] Beim jährlichen slowenischen Borštnik Theater Festival werden ihre Stücke regelmäßig aufgeführt und prämiert.[1463] Für *the feast* hat sie drei Preise in 2012 bekommen, den Šeljgo Award (Best Show) at 42nd Week of Slovenian Drama Festival, den Association of Slovenian Theatre Critics and Theatrologists Award for Best Theatre Show und den Audience Award at 42nd Week of Slovenian Drama. Ihre Werke sind in mehrere Sprachen, aber bis auf nun

---

1462 Der Titel soll vom Konzept her an jedes Land, in dem das Stück aufgeführt wird, angepasst werden: *5fantkov.si* in Slowenien, *5jungs.de* in Deutschland, *5jungs.at* (Österreich), ferner *5boys.uk*, *5boys.nz*, *5ragazzi.it*, *5dečkiju.bih*, *5dečka.hr*, *5dečaka.sr*, *5agori.gr* etc. Um es allgemein zu fassen, ließe sich eventuell entweder 5boys.si oder 5boys.net einsetzen. Semenič verwendet konsequent Kleinschreibung in ihren Stücken. Dies wird hier durchgehend beibehalten. Die Stücke von Semenič liegen auf Serbokroatisch und Englisch vor. LTG hat deutsche Fassungen überprüft, für *whilst/wisdom* auch eine deutsche Fassung angefertigt. Die Zitate erfolgen hier auf Englisch, weitere Nuancen bei der Bedeutung aus der deutschen Fassung werden hier von LTG eingebracht.

1463 Die Prämierung ihrer Stücke erhielt viel Aufmerksamkeit in Slowenien, allerdings nur etwas europäische Aufmerksamkeit als Maribor 2012 europäische Kulturhauptstadt war, wie Mark Brown, der schottische zweimalige Besucher des Festivals, in seinem Artikel hervorhebt, ohne Semenič namentlich zu erwähnen. Brown kritisiert aber die Kluft zwischen guten Inszenierungen im Vergleich zu schlechten Beiträgen slowenischen Theaters. Er geht u.a. auf ein Stück ein, bei dem der Autor und Performer von Hamlet-Maschine die Titelinspiration leiht, von Sarah Kane die Idee kurzer Szenen und entwürdigende und schlecht improvisierte Handlungen vollzieht, um eine Zuschauerin unvorbereitet auf die Bühne zu zerren, sie hin-, sich auf sie zu legen sowie zu ihr und dem Publikum davon zu sprechen, wie er plant, sie zu vergewaltigen, oder Spielkarten ans Publikum auszuteilen und danach zu erklären, er habe darauf onaniert und ejakuliert, vgl. Brown, 2013, S. 133.

eines nicht ins Deutsche übersetzt und in Europa sowie den USA publiziert worden. An mehreren Produktionen war sie als Co-Autorin, Performerin, Dramaturgin und Produzentin beteiligt. Engagiert und aktiv ist sie im Bereich der Dramaturgie und Inszenierung mit dem Projekt *Preglej*,[1464] wie auch der Frauenförderung, mit *mesto žensk*,[1465] denn in Slowenien waren, Semeničs Übersetzerin Urška Brodar zufolge, als die Staatsunabhängigkeit proklamiert worden ist, alle DramatikerInnen Männer.[1466]

Stücke von Semenič vor und nach *whilst/wisdom*:

Semenič zeigt ein Jahr vor *whilst/wisdom* in ihrem Stück *the feast or the story of a savoury corpse or how roman abramovič, the character janša, julia kristeva, age 24, simona semenič and the initials z.i. found themselves in a tiny cloud of tobacco smoke*[1467] die finanzielle Schieflage zwischen den Geschlechtern und den mehr oder weniger skrupellosen subtil-brutalen Nutznieß von Frauenmorden, nach Frauenhandel und häuslicher Gewalt. Hier nun mehr über dieses Stück und kurz drei weitere, um *whilst/wisdom* in das Werk einbetten zu können und um abzuleiten, weshalb manche Rückschlüsse auf die Ausgestaltung von Lücken in den Regieanweisungen plausibel sind.

Das Stück *the feast* hat sieben Figuren, davon drei weibliche.[1468] Die siebente Figur, die als eine Art Entertainer und Opa mit Pfeife und dickem grauen Bart fungiert, hat keinen Namen: „Das ist ein slowenisches Drama, so dass ich gar keinen Namen habe, oder sogar vielleicht, vielleicht bin ich alle Namen, die Ihr wünscht oder jene, die ihr euch vorstellt, wenn ihr mich erblickt [...] man könnte John Doe sagen, wenn es ein amerikanisches Drama

---

1464 Übersetzt: Untersuchung, Überblick.

1465 Übersetzt: Frauenort, Ort der Frauen, Ort für Frauen. Die Stücke können auch direkt bei der Autorin über ihre Email angefordert werden: simona.semenic@gmail.com, s. auch ihre Homepage: simonasemenic.com, Stand 03.08.2020.

1466 https://eurodram.wordpress.com/2017/06/01/portrait-simona-semenic/, Stand: 03.08.2020.

1467 2010; im weiteren Text werden, der Autorin folgend, abgekürzte Betitelungen wie beispielsweise *the feast* verwendet.

1468 Das Stück lässt sich aber auch, wie bereits beim bitef 2012 erprobt und mit dem zweiten Platz beim Publikumspreis bedacht, mit zwei Schauspieler*innen inszenieren.

wäre, aber das ist es nicht, also bin ich nicht John Doe, weil es kein amerikanisches Drama ist."[1469]

Der redundante Stil dieser Zeilen macht deutlich, dass die Erwägungen zu nationalen Zuschreibungen wichtig sind, auch wenn sie verworfen werden und sich als sinnlos herausstellen, da die Figur namenlos bleibt. Dieser Umgang gibt Aufschluss über das Nationalbild: Eine Zuschreibung der Nationalität ist paradox und Projektionsfläche; ein wichtiges Element, aber zugleich nichtssagend und sinnlos. Das Individuelle der Figur verschwände hinter dem amerikanischen Musternamen. Ohne namentliche Kennzeichnung bleibt die Figur identitätslos, und insofern sie mit Slowenien aus einem Land kommt, das sich eher klein und unbedeutend vorkommt, ist es so, als ob sie keinen Namen verdiene. Dieser ‚Komplex' weitet sich auch auf die Staatsebene aus und hat dabei mit Präsenz und Verantwortung zu tun, denn die Gesellschaft, hier die Tafel-Gesellschaft, bemächtigt sich des Frauenkörpers.[1470]

Aufgetischt ist bei Semeničs *the feast* ein Frauenkörper als Leichnam,[1471] der als Behältnis, ein (Präsentier-)Teller und zugleich als Inhalt fungiert. Es ist eine Frauenleiche, die eine als schmackhaft bezeichnete Suppe liefert und aus vielen verschiedenen Beispielen an toten Frauen besteht. Sie wird von den Figuren, die im Titel genannt sind, als eine Art Eintopf ‚ausgelöffelt'. Dabei essen die Figuren, die z.T. auch verstorben sind, diese tote, dennoch sprechende Frau.

Das Phagische, denn der Körper wird verspeist, hat entweder etwas Gynobalisches,[1472] oder in Ansätzen etwas von einem Verzehr im Kontext von Ahnenkult. Es ist darin aber auch positives Deutungspotenzial enthalten: Alle haben Anteil an der Kraft der Verzehrten, die theoretisch danach wieder auf-

....

1469 Semeničs: *the feast*, 2010, S. 1: „to je slovenačka drama, tako da nemam nikakvo ime, ili pak možda, možda jesam sva imena koja poželite ili ona koja zamislite kada me ugledate […] moglo bi se reći john doe, da je ovo američka drama, ali nije, dakle nisam john doe, jer to nije američka drama". John Doe ist wie Jane Doe eine Art Platzhaltername, wie Max Mustermann im Deutschen, wobei Doe Hirschkuh heißt.

1470 Anschauliches Beispiel bereits für den jugoslawischen Kontext ist die erwähnte Abramović-Performance *Rhythm 0*, bei der sie bewegungslos ausgestellt liegt.

1471 Semeničs: *the feast*, 2010, S. 3: „Taj lik je leš", „Lik sa imenom leš se pojavljuje u pozadini." [Die Rolle mit dem Namen Leichnam erscheint dabei im Hintergrund.].

1472 Gynobalismus als spezifische Form des Kannibalismus; Kreo-Gyno-Phagie.

(er)stehen könnte.[1473] Wie beim Abendmahl essen alle – eine versöhnliche, solidarische Geste[1474] von einem einzigen Leib, hier einem Frauenkörper – es ist eine Art Leichenschmaus.[1475] Zudem ist der Leichnam der Frau als symbolisch nährende Mutter zugänglich.[1476]

Dieses Drama zeigt beides: Wie Teile der Gesellschaft sich an Frauenmorden delektieren, wie sie von ihnen profitieren und wie absurd riesig die Kluft zwischen den Geschlechtern ist, was Geld und Gewalt betrifft.

„Alles, was gegessen wird, ist Gegenstand der Macht",[1477] schreibt Canetti. Daraus lässt sich ableiten, dass die Frauenkörper, die konsumiert oder eingenommen bzw. vereinnahmt werden, ob in der Realität oder in den Stücken der Autorinnen, zuvor Macht gehabt hatten und benötigt werden, um Macht zu bekommen. Ohne Gegenstände auf der Bühne kann die nackte Bühne und auf ihr der inszenierte Text Hauptort sein. Wenn zudem geschwiegen wird, scheint der auftretende Körper der Leere ausgesetzt, wäre die Kriegserfahrung als Un-

---

1473 Vgl. Canetti, Elias: „Die Kommunion (1960)", in: Kashiwagi-Wetzel, Kikuko/Meyer, Anne-Rose (Hg.): *Theorien des Essens*, Berlin 2017, S. 187: „In den höheren Religionen spielt bei der Kommunion etwas Neues mit, der Gedanke an eine Vermehrung der Gläubigen. Wenn die Kommunion intakt bleibt, wenn sie richtig vor sich geht, wird der Glaube immer weiter um sich greifen, und mehr und mehr Bekenner werden zu ihm stoßen. Doch ist, wie man weiß, von viel größerer Bedeutung die Verheißung der Wiederbelebung und Auferstehung. Das Tier, von dem der Jäger zeremoniös genossen, würde wieder leben, es würde aufstehen und sich wieder jagen lassen. Diese Herbeiführung einer Auferstehung wird in den höheren Kommunionen zum wesentlichen Ziel; aber statt des Tieres wird der Leib eines Gottes genossen, und seine Auferstehung beziehen die Gläubigen auf sich selbst."

1474 R. Abramovič [nicht Marina A., Anm. LTG], Janša, Kristeva, Semenič und Z. I.

1475 Vgl. Brunner, M. E., 1997, S. 66ff: Menschen sind „eßbare Konsumobjekte" (bei Jelinek, „zum alsbaldigen Verzehr bestimmt", aus: *Die Kinder der Toten*, S. 489); sie werden bei Jelinek, Barthes folgend zu „Kadavern", „sprechenden Kadavern", S. 68. Und vgl. Barthes: *Mythen des Alltags*, Frankfurt am Main 1996 (1964), S. 117.

1476 Vgl. Kristeva, Julia: „Auszüge aus: Mächte des Grauens. Versuch über den Abscheu (1980)", in: Kashiwagi-Wetzel, Kikuko/Meyer, Anne-Rose (Hg.): *Theorien des Essens*, Berlin 2017, S. 222f und S. 219: „Die nährende Öffnung für den anderen, die volle Anerkennung der archaischen und erfüllenden Beziehung zur Mutter, so heidnisch sie auch sei als Trägerin paganer Konnotationen einer fruchtbaren und schützenden Mütterlichkeit, wird hier zur Bedingung für eine andere Öffnung: die Öffnung für die symbolische Beziehung als wahrer Erfolg des christlichen Weges."

1477 Canetti, 1998, S. 257.

behaustheit im gewalttätig entstandenen Leeren zu greifen. Beim Festessen des Frauenkörpers, der stellvertretend für alle Frauenkörper als Essen daliegt, geht es zentral um das materiell Visuelle, die pure Existenz.

Die untote Leiche benennt Namen, teils Lebensdaten und Tode vieler Frauen. Vorstellbar ist für eine Bühnendarstellung, dass sie tot daliegt, aber ihre Stimme aus dem Off zu hören ist. Die Theaterautorin gibt den realen Frauen mit dem Nennen der Namen ein Stück der Macht zurück.

Rinnert schreibt: „Irigaray, Cixous, Kristeva und die Italienerinnen gehen nicht von einer Benachteiligung in Form von Marginalisierung aus, die konstitutiv für die symbolische Ordnung ist. Sie vertreten die Auffassung, dass Frauen durch eine phallozentrisch strukturierte Sprache, die die bestehende Ordnung affirmiert, von sich selbst entfremdet werden."[1478] Diese Entfremdung kann durch das Phagische als wieder aufgelöst angesehen werden, zwischen Frau und Mann wie auch Frau und Frau sowie Mutter und Tochter.

Es ist empirisch erlebbar und evident: Ohne den Körper ereignet sich hier keine Kunst: „I would even say that signs are what produce a body, that – and the artist knows it well – if he doesn't work, if he doesn't produce his music or his page or his sculpture, he would be, quite simply, ill or not alive. Symbolic production's power to constitute soma and to give an identity is completely visible in modern texts."[1479]

Zugleich stellt sich hierzu die Frage, inwiefern es berechtigt ist, mit dem Körper eines Opfers Kunst zu machen, wie die Performance-Künstlerin Haliti in *Our Death/Other's Dinner* formuliert: „Should the victim get victimized for the second time if it's used as a concept for an artistic creation?"[1480] Ob man ein Ereignis, einen ‚Fall' benutzt, dadurch erneut traumatisiert, oder eine Begeben-

---

1478 Rinnert, 2001, S. 88.

1479 Guberman, Ross Mitchell (Hg.), *Julia Kristeva Interviews*, New York 1996, S. 17. Zu ergänzen ist: Statt von „he" and „his work" könnte natürlich auch von „she" and „her sculpture" etc. die Rede sein.

1480 Haliti, Flaka: „Our Death/Other's Dinner", in: Von Oswald, Anne/Schmelz Andrea/Lenuweit, Tanja (Hg.): *Erinnerungen in Kultur und Kunst. Reflexionen über Krieg, Flucht und Vertreibung in Europa*, Bielefeld, 2009, S. 123f. Mit albanisch-kosowarischem Erfahrungskontext transportiert Haliti die Trauergepflogenheiten, bei denen Gäste versorgt werden und Trauernden Essen mitgebracht wird, zur künstlerischen Moralfrage.

heit aufgreift und vor dem Vergessenwerden bewahrt, sind zwei Arten, diesen Vorgang aufzufassen. Da Menschen selektiv wahrnehmen, propagandistisch ignorieren und ebenso traumatisiert vergessen können, wird eindeutig, dass Gedenken mit Macht zu tun hat[1481] und es in Südosteuropa so etwas gibt wie „Erinnerungskämpfe, die in den Nachfolgestaaten des ehemaligen Jugoslawien stattfinden".[1482] Semenič verhindert dies durch die vielen Namen und dafür stellvertretend einen an sich namenlosen Körper als Projektionsfläche. Als metaphorisches Bild löffeln Menschen kollektiv, ohne dass klar oder hierarchisch definiert sei, ‚wer spricht und wer isst',[1483] die Aas-Suppe aus, die sie sich selbst eingebrockt haben, ernähren sich fast parasitär von ihren Ahnen und anderen Menschen auf der globalisierten Welt und denken: Verschwindet der Körper, verschwinden die Probleme.[1484]

Vieles andere wird in diesem Stück ebenfalls nicht näher spezifiziert, u.a. das Requisiten-Mobiliar wird als nicht wichtig bezeichnet. Das nicht Festgelegte im Stück macht zugleich das Universale sichtbar, aber auch, dass der Gewaltkontext alle Koordinaten verschiebt und verunsichert. Trotz dieser Verunsicherung geschieht auf der Bühne etwas Herausragendes – ein Festessen, das vom Krieg gegen die Frauen zeugt und übel aufstoßen wird: Vor der Aufzählung verschiedener Namen spricht die Leiche eines namenlosen weiblichen Babys, das direkt nach der Geburt von der Mutter im Toilettenwasser ertränkt

....

1481 Vgl. Terzić, Zoran: *Making up Things. On the Ideology and the Art of Remembrance*, in: Von Oswald/Schmelz/Lenuweit (Hg.), 2009, S. 41–54. Vgl. Buden, Boris: „Kunst und Macht im postsozialistischen Erinnerungsdiskurs. Interview von Zoran Terzić", in: Von Oswald/Schmelz/Lenuweit (Hg.), 2009, S. 111–122.

1482 Von Oswald/Schmelz/Lenuweit: *Einleitung*, in: Von Oswald/Schmelz/Lenuweit (Hg.), 2009, S. 10. Vgl. auch: Möntnich, Ute: *Aufarbeitung nach Bürgerkriegen. Vom Umgang mit konkurrierender Erinnerung in Bosnien und Herzegowina*, Frankfurt am Main 2013.

1483 Dies spielt auf die serbokroatische Redewendung an, die Chaos in den gesellschaftlich-bürgerlichen Strukturen ausdrückt: ne zna se, ko pije ko plaća; dt. Übers.: Man weiß nicht, wer trinkt, wer zahlt.

1484 Vgl. hierzu Gržinić, die sagt, das Leben als Stilfrage ist das einzige, das in der kapitalistischen ersten Welt zählt, während es ansonsten um das nackte Leben geht („bare or naked life"), „Cyberbodies² or more stories about the political of the cyberspace", in: *Pavilion # 14*, 2010, S. 13.

worden ist. Neben den ‚bloßen‘ vierzehn Frauennamen,[1485] die ohne weiteren Kommentar gegen Ende des Stückes aufgezählt werden, erzählen die anderen Leichen von sich und ihrem Sterben: Die namenlose schwangere Bosnierin aus Gnjilani wird im Juni 1999, nachdem sie zuschauen musste, wie ihr erstes Kind umgebracht wird, mehrfach vergewaltigt. Nach diesem Trauma möchte sie nicht mehr leben. Die 16jährige Rudina Qinami wird vom Vater mit dem Gewehr vor dem Verlust ihrer ‚Ehre‘ ‚gerettet‘, die sie unfreiwillig im Auto eines Freundes verloren hat, obwohl sie einem anderen bereits versprochen war. Die im Alter von 18 bis 21 auf dem Balkan durch Frauenhandel und Prostitution gesundheitlich ruinierte Ukrainerin Olena Popik stirbt an multiplem Organversagen am 02.11.04 mit 21 Jahren. Die afghanische Lehrerin Fatonah Kharikova mit zwei Kindern aus Herat, die sich nach brutalen 13 Jahren Gewaltehe selbst mit Kerosin überschüttet und angezündet hat, ist erst einige Tage

....

1485 Vgl. Semenič, *the feast*, 2010, S. 21f.: ružica markobašić (im sechsten Monat schwanger, stirbt nach Bauchschuss, evtl. Mord an ihr als Rache am Ehemann), rukhsana naz (im siebten Monat schwanger, wird mit 19 Jahren von Mutter und Bruder erwürgt; Angabe des Motivs: Sie weigerte sich abzutreiben, ein ‚Ehren‘mord in Normanton/Derby), dijana ninić (wird nach zehn Jahren Ehe und neun Monate nach der Scheidung vom Ex-Ehemann erschossen, der sie und das gesamte Café, in dem sie sich befindet, massakriert; die Waffen hatte sein Vater nach den Kriegen inkl. Sprengkörper und Munition auf dem Dachboden gelagert; Vater und Onkel sind ebenfalls Frauenschläger), shakila azizi (27 Jahre, Afghanistan, wird nach häuslicher Gewalt und Selbstanzündung spät ins Krankenhaus gebracht), radmila stolić (80 Jahre, wird mit ihrem 80jährigen Mann und 50jährigem Sohn im Haus angezündet), hatin suruku (Hatun Aynur Sürücü, Deutsche sunnitisch-kurdisch-türkischer Abstammung, ‚Ehren‘mord mit 24 Jahren durch Bruder in Berlin), indira okanović (16 Jahre, Tod durch Granate in 1995, wie elvira hurić, 17 Jahre, und lejla atiković, 14 Jahre), maja bradarić (16 Jahre, in den Niederlanden von 18jährigem erwürgt), mirela stan (24 Jahre, Rumänien, wie hitara antilsova, 29 Jahre, Ukraine, an der griechisch-bulgarischen Grenze von Menschenhändlern ausgesetzt und erfroren; Preis dort für eine Frau 1000,– bis 1.400,– €), morsal obeidi (16 Jahre, Deutsche afghanischer Abstammung, ‚Ehren‘mord durch Bruder mit 20 Messerstichen auf offener Straße in Hamburg), sofijanka jovanović perić (72 Jahre, 2003 erschossen; evtl. wegen ihrer Nationalität bzw. ethischen Zugehörigkeit). Diese Aufzählung könne endlos andauern. [Unter anderem könnte sie erweitert werden um Daphne Galizia, Bergeeta Almby, Hande Kader, FannyAnn Eddy, Dian Fossey, Maria del Rosario Fuentes Rubio, Lea Dalmacio, Asia Bibi, Berta Caceres]. Manche Ethnien und Orte sind hier ausgelassen, da sie nicht gesichert sind und außerdem den Eindruck von Parteilichkeit erwecken könnten. Die zwölf Namen oben sind im vorliegenden Theatertext klein geschrieben.

danach qualvoll gestorben.[1486] Es folgen Du'a kalil Aswad, 17, ihr Tod erfolgt durch Steinigung, und Suzan Abulismail, gest. 25.5.1995 in Tuzla, die durch eine Granate stirbt.[1487] Es sind jeweils transnational gewaltvolle Tode, kaum eine Frau älter als dreißig Jahre.

Diese Leichen sind verzahnt mit den Essenden, aber stellen auch einen Kontrast zu den drei reichen Männerfiguren im Stück dar: Ein russischer Oligarch, der zu den reichsten Männern der Welt gehört, ein slowenischer Staatspräsident[1488] und ein, z.b. für 69 Millionen Euro nach Barcelona verkaufter, danach für Manchester United spielender schwedischer Fußballspieler namens Zlatan Ibrahimović. Die zwei Frauen, die zu Tisch gebeten werden bzw. kommen, sind Autorinnen, Geisteswissenschaftlerinnen. Sie partizipieren unterschiedlich an dem Mahl, die Figur Kristeva ist zunächst widerwillig. Da sie erst 24 Jahre alt ist, kann sie noch alles werden, berühmt oder Leiche, wird im Text festgestellt.[1489] Metaphorisch speist sich ihre Theorie aus den Körpern, besonders dem Frauenkörper. Ebenso wie bei den Philosophinnen Irigaray, Cixous und Kristeva geht die Theorie hier vom Körper aus und sieht die Frau nicht als Objekt einer symbolischen Ordnung, da sie der Sprache unterworfen ist, sondern als Instanz, die partizipiert.[1490]

......

1486 Wobei durch die mehrmalige Wiederholung der Zeile „Ich wollte nicht sterben", „Ich wollte nicht", „Nicht" („nisam htjela da umrem/nisam htjela/nisam") der SelbstMORD deutlich wird, S. 19. Während der Leichnam die Worte immer schneller wiederholt, steigert sich das Füttern von Kristeva, sodass „abgespeist" werden deutlich wird, aber auch ein Hunger nach mehr, der die Rauchwolke vergrößert. Diese weist – wie bei Sajko oder Kane Bombe und Detonation es tun – auf das Maß und Übermaß hin.

1487 Semenič, *the feast*, 2010,S. 18f.

1488 Janez Janša, der ehemalige konservative Ministerpräsident, wird aber bei dem Projekt dreier Aktivisten *FREE Janez Janša* herausgefordert, indem sie alle drei ihre Namen in Janez Janša amtlich umschreiben lassen. Hierzu mehr bei Dolar, Mladen: *What's in a Name?*, Ljubljana 2014.

1489 Semenič: *the feast*, 2010, S. 17: „Može da postane slavna julija kristeva/a može da postane i leš" [übers. Sie kann alles werden, berühmte Julia Kristeva und sie kann auch eine Leiche werden].

1490 Vgl. Rinnert, 2001, S. 67: „Autorschaft und Frausein stehen in keinem widersprüchlichen Verhältnis mehr zueinander."; ebd., S. 79: „Mit der Verknüpfung von Autorschaft und Mutterschaft unterminiert sie [Cixous, Anm. LTG] ähnlich wie Irigaray, die gängige Gleichsetzung von Männlichkeit und geistiger Produktion." Vgl. Muraro, 2006.

Die Antwort auf die Grausamkeit ist zuerst ein Schweigen und dann die Nennung der Namen.[1491] Für all die Namen von Frauen, deren Leben zwischen patriarchal-wirtschaftlichen Zwängen und Menschenhandel zerstört bzw. die getötet worden sind und werden, gibt es diesen einen Leichnam der Frau an sich symbolisch für alle. Aber verschwindet er, gibt es auch keine potentielle Bedrohung. Komplementär dazu verhält sich der Rauch: Er steigt auf wie bei einer kultischen Verbrennung, Ausräucherung zum Zwecke der meditativen Reinheit, aber wie der Geruch, den er relativiert, verteilt er sich überall hin, kennt keine Begrenzung und steht sowohl für einen Nebel, der sich bei der Entdeckung der Namen lichtet, als auch eine Wut, die nur langsam verraucht. Die Misogynie, der Frauenhass hinter der Gewalt kann in dem sexistischen Sprachgebrauch deutlich werden, der im Alltag unbeachtete Gewohnheit geworden zu sein scheint. Rauch ist auch etwas Flüchtiges und Unwichtiges.[1492]

Die Figur der Autorin des Stückes selbst, wird betont, habe, wie alle anderen Schmausgäste, nichts mit der Autorin des Stückes persönlich gemeinsam. Dies zu bestreiten, sich aber mit der Figur in die Liste der Schmausgäste einzureihen, bedeutet humorvoll Distanz zur eigenen Person hergestellt und Selbstkritik geübt.[1493]

Wenn der Leichnam so sitzt, dass die Vagina demonstrativ sichtbar ist, erinnert dies stark an die Kunstperformance *Aktionshose: Genitalpanik* angespielt,[1494] die ursprünglich am 22.04.1969 von VALERIE EXPORT performt worden ist und mit *Reperformance of VALERIE EXPORT, Action Pants: Genital Panic* am

---

1491   Vgl. Semenič, 2010, S. 19f: „My name is suzan/suzan abulismail/they call me suzy/they called me suzy and I wanted to live/it was the day for youth/the last day for youth/I was killed by a grenade on may 25 1995/". S. 21: „Namely, this enumeration of names, you see/these names that the corpse is enumerating/these names that are the corpse/this enumeration can go forever".

1492   Nicht nur Schall und Rauch im Deutschen, sondern, auch wenn es hier nicht auftaucht, sei als Beispiel die sexistische serbokroatische Bezeichnung *pizdin dim*, wörtlich Mösenrauch, genannt, die dafür steht, dass das so Bezeichnete etwas Belangloses und Uneffektives ist.

1493   Semenič: *the feast*, 2010, S. 2.

1494   Vgl. Semenič: *the feast*, 2010, S. 14: „maybe it spreads its legs so wide that julia kristeva, age 24, has a magnificent view of the corpse's/cunt"

03.11.2005 von Marina Abramović aufgegriffen wird.[1495] Eine weitere Möglichkeit bietet Nikki de Saint Phalle mit ihrer Riesen-Nana, deren Vagina die Eingangstür zur Ausstellung 1966 in Stockholm war, oder Baubo als antike Vorgängerin, die Demeter ihr Geschlecht zeigt, um diese zum Lachen zu bringen und damit von der Trauer um die verschwundene Tochter Persephone zu heilen – was auch gelingt.

Dieses Zeigen des Geschlechtsteils ist eine machtvolle offensive Angelegenheit, bei der, ebenso wie beim ‚die Brüste gen Himmel richten‘[1496] archaisch auf eine matriarchale Stärke rekurriert wird, die beneidet, benutzt und durch männlichen Waffengebrauch und kriegerischen Einsatz bekämpft wird.[1497] Dass der Leichnam offenliegt, ist die Umkehrung davon, aber der Text, ohne konkrete Textanweisung, lässt offen, wie der Körper derart exponiert präsentiert wird.

....

1495 Vgl. *DIE ZEIT*, Nr. 46, 11.11.2010, S. 71; Westcott, 2010, S. 293f und Christian (Hg.), 2010, S. 36, 190f.

1496 Christian (Hg.), 2010, S. 19f, 178; im Text wird die Performance-Grundlage nicht archaisch genannt, wie im Alten Europa nach Marija Gimbutas, aber auch in England die She-Lana-Gig-Figuren, Frauengottheiten, die nicht zwingend Mütter sein müssen, ihre Brüste zeigen und u.a. Schlangen halten. Es heißt „folk tradition“, bei der Bäuer*innen traditionelle Kleidung tragen, sich entblößen und allein die Gerüche der männlichen und weiblichen Genitalien eine heilsame und schützende Wirkung haben sollen.

1497 Vgl. Amstadt, Jakob: *Die Frau bei den Germanen. Matriarchale Spuren in einer patriarchalen Gesellschaft*, Stuttgart 1994, S. 83–85. Es gibt *Die Frau als psychologische Hilfe der Krieger* und *Die Frau als aktive Kriegerin*, aber nur bei Bedarf, um Blutvergießen zu verhindern, wie beispielsweise bei den Langobarden. Später ereilt sie dann das Verbot Waffen zu tragen. Sie werden zuständig für Ausdruck und Zorn, Speisen-Bringen, Wunden-Kühlen sowie als Ansporn und zur Beschämung als negative Motivation. Frauen hatten sich ihre langen Haare zu Bärten kaschiert (Kampf der Winiler gegen die Wandalen), als Kriegslist und durften die Truppen verstärken, sogar mit männlicher Waffenkleidung. Abschreckender waren sie dann nur mit entblößten Brüsten. Dies beim Kampf der Wikinger gegen Winland/Skrälinger; eine Schwangere tritt aus dem Haus, schimpft mit ihren vor den Eindringlingen fliehenden Kriegern, schlägt sich die flache Seite des Schwertes eines Toten gegen ihre Brüste, die sie entblößt hat, und sorgt so dafür, dass, Amstadt, 1994, S. 84: „die Wilden entsetzt auf ihre Schiffe flohen“. Die Performance *Balkan Erotic Epic* von Abramović in 2005 greift dies auf, vgl. Christian (Hg.), 2010, S. 19, 27. Vgl. auch Essling, Lena (Hg.): *Katalog zur Ausstellung in der Bundeskunsthalle Bonn 20.04.–12.08.2018*, Berlin 2017.

© Frank & Timme   Verlag für wissenschaftliche Literatur

Explizit genannt werden Frauennamen, Vor- und Nachnamen, die Toten zuzuordnen sind; Alter, Nationalität, Herkunfts-, und Ortsnamen kommen hinzu.

Bezogen auf Semeničs Dramen kann von einem Namensmotiv gesprochen werden. Es changiert zwischen Namenlosigkeit und Namensgleichheit.

Fast haben die sieben Köchinnen in dem Stück *seven cooks*, 2014, etwas von den keltischen und griechisch-antiken mythischen Frauengruppen wie Moiren, Musen, Danaiden, Bakchen, Mänaden, Hetären, Amazonen, Erinnyen und Eumeniden, Furien und Megären, Bethen, Sirenen, Nymphen, darunter die Nereiden, Plejaden und Hyaniden, aber sie wechseln auch kurz in Nebenrollen, so wenn die Mutter von Sophie Scholl bügelt und reflektiert, wie alles kommen konnte, wie es kam, was wohl ihre Kinder machen; oder sie repräsentieren gängige frauenfeindliche Meinungen, von Kartoffeln schälenden Frauen, die Kinderlose als trockene Bohnenstangen bezeichnen und alles als Gottes Wille oder Strafe, jedenfalls als gerecht ansehen. Zwischendrin sprechen sie Regieanweisungen und kommentieren ihre eigenen Zeilen, wobei dies im Unterton an die Autorin gerichtet sein könnte.[1498] Sie schälen vor allem Kartoffeln für Soldaten, dabei wird auch zuweilen recht machtvoll breitbeinig gesessen.[1499] Vorgestellt und geköpft werden sie wie die Töchter der personifizierten Weisheit im Stück *whilst/wisdom* ungeachtet ihrer historischen Todes- oder Hinrichtungsart.[1500] Neben Sophie Germain werden zwei weitere Sophias geköpft; Sophie Scholl wurde mit 21 durch eine Guillotine exekutiert. Es werden ferner Massakerberichte eingebaut, was die Verhältnismäßigkeit von Taten und Stra-

---

1498 Z.B. sagt „the dainty one": „i'm the dainty one/although, if i may, i'm not fond of my name, either, it's not particularly inspired", Semenič, 2014, S. 7.

1499 Vgl. Semenič, *seven cooks*, 2014, S. 11f: „we're sitting in a half-circle on the right side of the stage", „legs wide apart".

1500 Vgl. Semenič, *seven cooks*, 2014. Die Figur weist auf ihren historischen Tod hin, während der vierte der vier Soldaten im Stück die Irrelevanz formuliert: S. 73: „SOPHIA, THE SECOND ONE: no no, i was sentenced to death by hanging/i'm the first woman in russia sentenced to death by hanging for political activism", S. 74: „IV.: may be it was as you say, madam, but we'll execute with an axe regardless/THE HUFFY ONE: this may not be historically precise, but it doesn't make it any less true".

fen als Thema positioniert.[1501] Das Stück informiert, erinnert und wiederholt. Der Vollzug von drei Todesstrafen geschieht sachlich und ohne direkten Bezug. Die Zuschauenden werden dazu herausgefordert, Position zu beziehen,[1502] u.a. zur Gewaltfrage, wenn es um das Bombenattentat geht.[1503]

Dies spiegelt den Umgang mit totalitären Staaten, von patriarchaler Gesellschaft mit engagierten Persönlichkeiten wider.

Dieses Stück spielt auf die Jugoslawienkriege im Hintergrund in minimalen Wortgruppen an: „not in this war" und „how do people not get tired", „of throwing bombs"[1504] sind, neben einem Dorfmassaker, die Kriegsanspielungen. Dazu gehören aber auch die vier Soldaten, die stellvertretend sind für Tausende, die Blut vergießen, täglich, eigenes und fremdes, und evtl. auch die vor den Enthauptungen auf der Bühne angesprochenen „gentlemen of the jury".[1505] Wenn die Frauen für eine Menge Soldaten Kartoffeln schälen und kochen und derweil alle möglichen Themen verhandeln, zeigt dies, wie die Zeit vor zwanzig Jahren ebenso wie die Frage nach Ereignissen am Tag zuvor präsent sind.[1506]

Im Folgenden werden zwei von Semeničs Stücken untersucht, die zeitlos und stark zukunftsweisend sind: *5jungs.de* und *whilst i almost ask for more or*

1501 Semenič: *seven cooks*, 2014, S. 72: „the beautiful wedding gown totally destroyed/oh, what a pity", „have you heard what happened yesterday? They entered the village, theirs, theirs, theirs into our village/set fire everything and tossed the people into the flames/including one heavily pregnant woman, a young woman who was about to give birth/horrifying".

1502 Piscator, 1977, S. 134: „Die grundsätzliche Aufgabe, vor die wir uns gestellt sahen, lautete: Aufhebung der Distanz zwischen Bühne und Zuschauerraum zur Aktivierung des Publikums.", vgl. auch Piscator, 1977, S. 20.

1503 Vgl. Semenič: *seven cooks,* 2014. Die Figur THE BORING ONE sagt, S. 71: „a bomb assassination, i beg you, a woman, i don't understand, an assassination attempt of the tsar, one can't believe that […] not tired of throwing bombs, I cannot understand that a woman, this young […] solve things with violence, yes, what is this, how can a woman support violence".

1504 Semenič: *seven cooks*, 2014, S. 85: „THE BORING ONE: no, no/this happened, some twenty years ago, I remember well/it wasn't in this war/they tossed the baby into fire years ago".

1505 U.a. Semenič, 2014, S. 55.

1506 Im Stück *1981* verhält es sich ähnlich: Es hat zwei Zeitebenen und Szenen mit Zeitsprüngen in Zukunft und Vergangenheit, indem manche Rollen plötzlich auf ihr Leben in zwanzig Jahren bzw. vor zwanzig Jahren schauen; also auch 2001 – nach den Jugoslawienkriegen. Es geht um den Verlust an Menschen; die Werte, die in dem Stück genannt und deutlich werden, Wahrheit, Mitmenschlichkeit, Gerechtigkeit, Gewaltfreiheit, Ehre.

a parable of the ruler and the wisdom,[1507] dem die Autorin nachträglich zur Vereinfachung den Vornamen Sophia vorsetzt.[1508] Dieses führt die Handlungsschritte der herrschenden kriegswilligen Machthaber im Vorfeld und Hintergrund eines Krieges vor.

Die Kinder(kriegs)spiele, die diese Machthabenden als ca. Zehnjährige gespielt haben könnten, werden in *5jungs.de* von 2008 deutlich. Beide Stücke demonstrieren die Unvernunft der Kriege.

Die individuellen Tode der drei Töchter in *whilst/wisdom* korrespondieren teilweise mit dem Schicksal der Krieg spielenden Jungen in *5jungs.de*, die Namen von Heiligen tragen. Die Märtyrer*innen und Heiligenverehrung geht auf das Mittelalter zurück: Ein interessantes Vorgängerstück für *whilst/wisdom* ist das der einzigen bekannten deutschen Dramatikerin des Mittelalters Hrosvith von Gandersheim *Sapientia. The martyrdom of the holy virgins faith, hope and charity.*[1509]

8.1   *whilst/wisdom* – Inhalt

Dieses Drama[1510] hat zwei Handlungsebenen: Das Geschehen im Herrscherhaus und jenes draußen auf der Straße im Volk, später der Nation, – letzteres erfolgt wortlos unter Zuhilfenahme, und kommentiert das Geschehen im Herrscherhaus.

Sieben Hauptfiguren können ausgemacht werden: Der Herrscher und seine zwei Minister sowie auf der Gegenseite die personifizierte Weisheit und ihre

....

1507 *whilst i almost ask for more or a parable of the ruler and the wisdom,* [übers.: während ich fast nach mehr frage oder eine parabel über den herrscher und die weisheit.] Im folgenden Text wird die abgekürzte Betitelung *whilst/wisdom* verwendet, da der Titel mit dem Vorangestellten Vornamen Sophia erst später wegen der Praktikabilität ausgestattet worden ist.

1508 Email von S. Semenič vom 02.11.2019.

1509 Chipok (Hg.), 2013; *The Plays of Hrotswitha of Gandersheim*, transl. by Bonfante 2003 [bilinguale Ausgabe, neu übersetzt]; Kraft, 1996; Kronenberg, 1978. Auch: Brown, Phyllis/ McMillan, Linda A./Wilson, Katharina: *Hrotsvit of Gandersheim. Contexts, Identities, Affinities, and Performances*, Toronto 2004. Weiteres siehe Fn 292 und Literaturliste.

1510 Das Stück liegt in englischer Sprache vor und wurde von LTG ins Deutsche übertragen. Hier wird konsequent bei allen Semenič-Stücken primär die englische Fassung herangezogen.

drei Töchter. Der Text von Weisheit ist eine Mischung aus Regieanweisungen, Sätzen als Gefangene zum Herrscher hin, der sie nicht hört oder überhört, jedenfalls nicht darauf reagiert, und Sätzen an ihre Töchter, von denen sie ebenfalls akustisch oder sogar visuell getrennt scheint. Als letztes Wort des Stückes erfahren wir, dass ihr Name Sophia ist. Die drei Töchter dieser Personifizierten sind ebenfalls Personifikationen: Hoffnung, Vertrauen und Liebe. Die männlichen Hauptrollen sind der mächtige Herrscher, „mighty ruler",[1511] Vladimir mit seinen zwei Ministern: Bogomir, dem spirituellen Berater, und Branimir, einem Minister, dessen Arbeitsbereich nicht näher bezeichnet wird, der aber Innen-, Außen- und Verteidigungsminister sowie Berater zu sein scheint.

Bogomir berichtet, die Dinge entwickelten sich vorteilhaft für die Herrschenden: „I believe the time has come/the people are dissatisfied enough/ our time has come".[1512]

Ferner schlägt Branimir vor: „we break the news/you know, to every village, every settlement, every house/then we throw a ceremony/games/we pour/for instance/wine/sir/you know/you abolish one single trifle/and calm the people with a ceremony/my analysis shows".[1513]

Branimir macht Pläne für das Vorgehen und gibt Ratschläge: „the analysis shows three critical points/regressive fiscal policy/arbitrariness of the repressive apparatus/and/hm/privatisation of natural resources".[1514] Der Herrscher Vladimir verlässt sich auf seine Berater, lässt entsprechend in diesem Sinne eine ideologische Nachricht an das Volk schreiben, um einen Krieg anzuzetteln:

„barbarian troops are gathering on our borders/they have begun hostile activities/we expect an attack any day now/I order the most dilligent attention/I order the food be gathered for the army [...] we shall bend to no one/we shall fight for our freedom and prevall/we shall not let the

---

1511   U.a. Semenič, 2011, S. 1.

1512   Semenič, 2011, S. 2. Auch: ebd., S. 3: „the people are dissatisfied to the point of madness/ and it's getting worse" und ebd., S. 11: „to the brink of madness".

1513   Semenič, 2011, S. 10.

1514   Semenič, 2011, S. 11.

© Frank & Timme   Verlag für wissenschaftliche Literatur

barbarians rob our nation/force it/rape our wives and daughters/this is the battle for our nation, for our freedom".[1515]

Der diktatorisch-faschistische Herrscher will Geld und Macht, um zudem Krieg, einen legitimierten Erstschlag gegen angebliche Barbaren im Osten zu führen, u.a. zur Ablenkung von dem eigenen Machtmissbrauch, von den innerstaatlichen Problemen, Zuständen und Lebensverhältnissen des verarmten und hungrigen Volks. In seinen Ministern hat der Herrscher direkte Unterstützer, aber u.a. auch Boten, die Nachrichten verbreiten: „the people are very poor, hungry even [...] send messengers across the country to report on/on your generosity, sir/if you yielded a little here, for instance, then/you know/ then we can press them on some other end".[1516]

Es fehle noch die Zusage zur Unterstützung vom gottlosen Land im Norden. Diese Anerkennung erfolgt allerdings erst mit der Gegenzusage, dass der Herrscher Vladimir die Tieropferung oder das Recht der ersten Nacht[1517] mit jeder Jungfrau vor ihrer Ehe abschafft oder sich nach den Gepflogenheiten des Nordens mit der dortigen, nicht namentlich bezeichneten offensichtlich bedeutenden Frau vermählt. Ob sie Königin, Prinzessin oder einen weiteren hohen Stand hat, ist nicht näher angegeben. Sie wäre die achte Frau, wie bei Henry VIII. und sie wäre schöner als die siebente, denn die war zahnlos, zänkisch und hatte einen Schnurrbart, wie Vladimir sich erinnert,[1518] während Branimir diese Frau als „as pretty as a star" beschreibt.[1519]

....

1515 Semenič, 2011, S. 24. Die Nachrichten sind Lügen, Vorurteile und Diffamierungen. Parallelen zum aktuellen Tagesgeschehen sowie zu historischen Ereignissen lassen sich finden, so z.B. ein bestimmter Radiosender 1990 in Ruanda gesendet hat. Vgl. Meibauer, Jörg (Hg.): *Hassrede/Hate Speech. Interdisziplinäre Beiträge zu einer aktuellen Diskussion*, Gießen 2013

1516 Semenič, 2011, S. 11.

1517 „jus primae noctis", evtl. keine archaische Idee, die in England (vgl. Film: *Brave heart*, GB 1995) oder anderswo existierte, sondern ein Phantom, nach Wilhelm Schmidt-Bleibtreu: *jus primae noctis. Herrenrecht der ersten Nacht*, Bonn 1988, ein Phantom und eine männliche Lustphantasie. Die Vorstellung hält sich aber ebenso standhaft wie die vermeintliche Schuld und Verführung einer Lillith oder einer aus der angeblichen Rippe geformten Eva.

1518 Semenič, 2011, S. 32: „I ended up with a toothless virago with a moustache".

1519 Semenič, 2011, S. 50: „exuberant and soft", „I can guarantee with my life".

Der barockartige Doppeltitel[1520] des Stückes *whilst i almost ask for more or a parable of the ruler and the wisdom* wirft die Frage auf, was es ist, wonach die Ich-Figur, „i", fragt bzw. wovon sie fast mehr will. Es stellt sich im Verlauf des Stückes heraus, dass diese Figur, die personifizierte Weisheit, fast nach mehr Gewalt fragt, um zu sterben, weil sie die Ereignisse nicht mehr erträgt.[1521]

Wir erfahren – der vorliegenden Fassung folgend – erst am Ende, dass die Ich-Figur die Weisheit ist und wisdom/Sophia heißt, denn bei ihren Anläufen, während des Stückes ihren Namen zu sagen, stockt sie immer wieder: „my name is/too late", „my name is/I am a widow"[1522] Die aktuelle Situation und was sie vor Einsetzen der Handlung im Stück erlebt haben muss, lässt sie fast lebensmüde und kraftlos erscheinen. Sie spricht als Figur und Regieanweisung und kommentiert so wie ursprünglich ein Chor, „she speaks quietly/very quietly/now I'm even more scared".[1523] Entweder sie ist zu sehen, aber schweigt, oder sie spricht aus dem Off ihre Gedanken, für das Publikum hörbar. Immer wieder scheint sie wie abgeschnitten von den Geschehnissen auf der Bühne zu sein, aber ihre sprachliche Verbindung dazu, das Benennen des Gesehenen, hilft ihr beim Bestehen und Zurechtfinden in der Welt. Dies gilt am Ende auch für sie selbst mit ihrem sprechenden Eigennamen wisdom/Weisheit/Sophia.

Ihre Tochter love erlebt mit dem Herrscher ebenfalls eine Situation, bei der sie ihm nicht ausweichen kann: „circles around her/looking at her/and doesn't

....

1520 Vgl. Asmuth, Bernhard: *Einführung in die Dramenanalyse*, 8. Aufl., Stuttgart/Weimar 2016, S. 21f.

1521 Dies kann im Zusammenhang mit einer bosnischen Frau gesehen werden, die ihre serbisch-bosnischen Peiniger darum bittet, von ihnen umgebracht zu werden, weil sie von den permanenten Vergewaltigungen sowie anderen seelischen und physischen Foltermethoden erlöst werden will. Einer der Vergewaltiger antwortet ihrer Aussage nach zynisch lachend, sie zu töten sei nicht nötig, da sie sich später selbst umbringen werde. Vgl. hierzu Areh, Dr. Valentin: *Skrivni načrti Radovana Karadžića*, [übers. LTG: Die falschen Pläne des Radovan Karadžić] Dokumentarfilm des Kriegsreporters und -fotografen, in: www. 4d/rtvslo.si/arhiv/dokumentarni-filmi-in-oddaje-informativni-program/174395576, Stand: 03.08.2020.

1522 Semenič, 2011, S. 35 zweimal; u.a. auch S. 36, 39, 48, 60. Vgl. Kane, 2002, S. 42, auch der Soldat in *Blasted* setzt, wie zuvor erwähnt, siebenmal mit „She's –" an, etwas über seine Freundin zu sagen, wechselt dann das Thema.

1523 Semenič, 2011, S. 38.

stop looking at her/circles around her for long/soft as the devil/with all the softness the devil can possess/until she looks at the floor".[1524]

Semenič geht mit Gewaltmomenten teilweise so um, dass sie das Dissoziieren von Gewaltopfern aufnimmt und auch die Szene zum Stillstand bringt und von der Wahrnehmung her wie dissoziiert: „the royal city is in total darkness the air is not trembling/the air is standing still/the heat is not passing off/and the air is standing still/she's reading by candlelight/she's reading a huge book/she's reading about holding hands".[1525]

Da es zu der Figur Weisheit keine Angabe einer Bewegung gibt, außer dass sie spricht, beobachtet, kommentiert, auflacht, die Augen schließt, scheint sie sonst statisch zu stehen und wie hinter einer Glas- oder Spiegelwand in ihrer Bewegungsfreiheit eingeschränkt zu sein. Sie wird von keiner der anderen Figuren gehört. Der Herrscher „approaches me/steps in front of me/and then/keeps looking at me [...] he's walking around me/looking at me/circling/and then/he's standing behind my back/and just/just smells my hair".[1526] Er reibt seine Wange an ihrer, wirft ihr Blicke zu, sieht sie an, starrt, fährt ihr durch die Haare, küsst sie und geht ihr an die Gurgel: „slides his hands towards my neck"[1527] und stellt sich für eine Verbindungs-Zeremonie neben sie.[1528]

Sie ist Witwe des vorherigen Königs, von dem man nicht weiß, wie er genau für sein Vaterland umgekommen ist,[1529] – vielleicht hieß er Verstand oder Vernunft, wie ihre drei Töchter Liebe, Freiheit und Hoffnung heißen. Diese drei werden gefangen genommen und sollen mit dem Herrscher kooperieren. Sie weigern sich standhaft, werden gefoltert, enthauptet, ungesehen in den Fluss geworfen, um die Tat anschließend als Verbrechen der feindlichen Nachbarn auszugeben und die ermordeten Toten, perfide verdreht, zu nationalen Kriegs-

....

1524 Semenič, 2011, S. 45.

1525 Semenič, 2011, S. 38: „love, my love, who loves the color of red/red is the color of love".

1526 Semenič, 2011, S. 25.

1527 Semenič, 2011, S. 20.

1528 Semenič, 2011, S. 67: „he steps right next to me/I can feel his breath on my cheek/stands right next to me", S. 68: „I close my eyes/with eyes closed/no/he kisses me".

1529 Semenič, 2011, S. 65: „milord, the mother is in mourning/her daughters have given their lives for their fatherland/and her husband before them, although it doesn't matter now".

heldinnen zu stilisieren.[1530] Ihre Mutter wisdom, die Weisheit, muss zusehen oder zuhören, was ihnen alles geschieht, welche Folter und Vergewaltigung. Sie entscheidet sich aber dagegen, darum zu bitten, umgebracht zu werden. Mindestens neun Mal sagt sie Nein[1531] und, dass sie Vladimir nicht heiraten will und nicht heiraten wird.

Doch dann, so scheint es, kooperiert sie, indem sie sich gegen seine teuflisch-sanften körperlich-sexuellen Annäherung nicht weiter wehrt – jedenfalls gibt es keine Angaben, die in diese Richtung weisen. Gleichzeitig mit der Jungfrau aus dem Norden wird sie mit dem Herrscher vermählt. „two new queens/one from the north/and the other one domestic/me".[1532] Die Jungfrau aus dem Nachbarstaat im Norden wird von Vladimir geheiratet, damit der Bund mit den Alliierten besiegelt ist. Aber mit dem letzten Satz des Stückes bleibt offen, ob die Einwilligung von Weisheit nicht Taktik ist, um Zeit zu gewinnen und Rache zu üben. Es gibt keine Regieanweisung, ob Weisheit sich in diesem Moment bewegt, oder etwas in Bewegung ist oder zusammenbricht oder ihm ein heimlich gehaltenes Messer ins Herz stößt, oder mit einer anderen Waffe der Verkündigung ihres Namens eine beeindruckende pointierte Handlung hinzufügt, einen Befreiungsschlag. Diese Überlegungen sind zwar spekulativ, aber im Gespräch mit der Autorin als im Bereich des Möglichen bestätigt.[1533]

1530 Semenič, 2011, S. 63: BRANIMIR, der Minister, sagt: „I suggest we prepare an additional ceremony", „I think the people would be very satisfied if the river martyrs would be proclaimed war heroes in this war"; und als BOGOMIR zögerlich fragt: „will you really crown them as our war heroes?", antwortet der Herrscher: „VLADIMIR: contemporary practices, you know".

1531 Semenič, 2011, S. 67f.

1532 Semenič, 2011, S. 68.

1533 Email von S. Semenič vom 29.01.2016.

8.2 Strukturelles zur Handlung – Sprache, Orte, Aufbau

Moralisch und sprachlich sind die Gewaltherrscher, die ihre politische Macht mit einer Menge an Gewalttätigen[1534] ausüben, den Töchtern Vertrauen, Hoffnung und Liebe unterlegen. Dies wird in den Dialogen deutlich. Die Freiheit, die Wahrheit und die Gerechtigkeit bestehen bereits schon länger nicht mehr, ganz gleich, ob als Personen oder als abstrakte Werte, sondern die Herrschenden haben sie okkupiert und geben vor, für sie zu kämpfen.[1535]

Im totalitären Terrorstaat stören den Herrscher und seine Mitherrschenden die Hoffnung, das Vertrauen und die Liebe, die Bogomir als Feinde im Innen ansieht, deren Stimmen zum Verstummen gebracht werden müssen.[1536] Es gelingt sogar, sie im Zuge der Ermordung zum Kriegsgrund zu instrumentalisieren, damit der Feind angegriffen werden kann, dem absichtlich fälschlicherweise Missetaten unterstellt werden. Wenn dann schließlich die Weisheit noch aus dem Weg geräumt werden könnte, wären alle Probleme für die Ausweitung der Machtbereiche der Herrschenden gelöst.[1537] Dies alles gelingt mit vielen Registern: Vom subtilen Druck der Verhandlung, über Verhaftung, Verhör, Propaganda durch treue berittene Boten, Manipulation bis hin zur Brutalität der Folter, Mehrfachvergewaltigung, sadistischen Verstümmelung und Ermordung ist die Sprache codiert: Vergewaltigung ist Wille der Götter, Zwangsverheiratung gehört zu den Bräuchen der Gegenwart sowie Ehrung der heldenhaften Märtyrerinnen.[1538]

....

1534 Semenič: *whilst/wisdom*, 2011, mindestens fünf „bruisers", S. 48, die sich weniger Streitkräfte als eine Form von Leibgarde oder auch Handlanger, Schläger, Schlägertrupp und Halbkriminelle nennen ließen.

1535 Semenič: *whilst/wisdom*, 2011, S. 49, 53: freedom, truth, justice.

1536 Semenič: *whilst/wisdom*, 2011, S. 33: „I'm talking about an internal enemy, milord", „I'm talking about the voices that are too loud/the voices that are not going to go silent like that".

1537 Semenič, 2011, S. 67: „then our problems will be solved".

1538 Semenič, 2011, S. 66f: VLADIMIR: even though she' she's not a virgin?/mister minister, isn't it the will of the gods that the king can only lie with a virgin? BOGOMIR: milord/you know/contemporary practices" WISDOM: „I am laughing because I am to become a queen VLADIMIR: I am beginning to like these contemporary practices more and more/what if she refuses?//WISDOM: explain state […] VLADIMIR: you know I never force women/I am

Feinde sind aber auch im Außen, im Osten. Sie sollen mit militärischen Einsätzen, als Naturgewalten codiert, bekämpft werden, während es zeitgleich in der Szene blitzt, donnert und stürmt:

„the barbarians in the east [...] we will be able to sweep them out along with their/what would I say/negative impact on our land [...] panic, as if it weren't simply a storm/panic, as i fit weren't simply a lightning VLADIMIR: so, with all the forces against the barbarians? *lightning/thunder/and water* BOGOMIR: that's right/for they are/scum, and villains and evildoers and heretics/and/and/they are evil itself/and the world must recognize that VLADIMIR: and if it doesn't, we are obliged to help/you meant to say, dear minister [...] nothing will stand in the way of the progress/if you know what I mean"[1539]

Die codierte Sprache wird hier deutlich: helfen meint wegwischen; Fortschritt meint Ausbeutung und Terrorherrschaft.

Weisheit steht ohne die Figuren Liebe, Hoffnung und Vertrauen allein da und soll durch eine erzwungene Heirat vereinnahmt werden. „I am still here"[1540], sagt Weisheit und bewegt sich nicht. Es ist schwer, da sie Geld und Ansehen hat,[1541] ihre Passivität zu verstehen. Als Frau in einer Gewaltsituation ist sie wie gefesselt oder sie erstarrt und ist immer noch an den Ort gebunden. Diese Mimikry ist ein Scheinschutz,[1542] weil Weisheit in ihrer konkreten Situation ge-

....

a king/a mighty ruler [...] BOGOMIR: this is precisely why, milord/you are the mighty ruler, while she has nothing left/except her blue blood/if you know what I mean here VLADIMIR: no/I don't get it any more/but you are entertaining/and if I take her/and thus show the people I favour contemporary practices WISDOM: bogomir laughs VLADIMIR: and show how I treasure our heroes who dies as martyrs".

1539 Semenič, 2011, S. 4f.

1540 Semenič, 2011, S. 60.

1541 Semenič, 2011, S. 65: „BOGOMIR: there/their mother, the respected widow/a higly esteemed person in our country/esteemed among the people as well as the noblemen/a wise aristocrat [...] VLADIMIR: make it up to her?/you mean financially? BOGOMIR: oh, no, no/the widow doesn't need that/no/I mean with honour".

1542 Vgl. Bovenschen, in: Becker/Bovenschen/Brackert et al. (Hg.), 1977, S. 308: „Lange Zeit reagierten die Frauen auf ihre bedrohliche Situation, auf die ihnen zugefügte Gewalt, die

fangen ist, bis sie schließlich ihren Namen sagt, sagen kann.[1543] Zuvor schweift sie oft ab in die Beschreibung einer Szene, in der Junge und Mädchen ein Sandschloss bauen, oder sie beschreibt, wie sich der mächtige Herrscher ihr nähert, nicht was sie zu tun gedenkt.[1544] Von gesellschaftlichen Zwängen frei ist Weisheit nicht, aber sie ist mehr und mehr dazu bereit, ihre Situation zu verändern. Aus der Erstarrung heraus bewegt sie sich in eine Aktion, eventuell eine destruktive, wenn nötig und nicht anders möglich. Die Kraft, ihren Namen zu sagen, offenbart Weisheit am Schluss fast wie eine Gottheit.[1545] Dies stellt eine Wendung des von den Machthabern geplanten Geschehens dar, vor allem, da es offen bleibt, was sie während ihrer Namensnennung tut und wie der Herrscher, wie beispielsweise die andere Frau, die zweite Braut, aus dem Norden, reagiert, oder die anderen Hochzeitsgäste etc. Weisheit hat die letzten Sätze. Da sie „we say: I do […] I say: I do/to vladimir/the mighty ruler" sagt und dabei Vladimirs Vornamen und seine Betitelung „the mighty ruler" wiederholt, betont, lässt sich dies auf eine andere Tat als die Heiratseinwilligung beziehen.[1546] Die Ankündigung eines Befreiungsschlages, einer Messerattacke, einer Sprengung dürfte in ihren Worten enthalten sein, weil sie, eigentlich umringt von vielen, u.a. der anderen Braut, betont: „I am standing beside the ruler/I am standing beside the ruler before the minister bogomir"; und die erneute Versicherung ihres Standes und dass sie zu guter Letzt ihren Namen Sophia doch nennt, nennen kann, dies alles wirkt drohend, feierlich und befreiend zugleich: „many many years ago/I am an aristocrat/far far away/I am of blue blood/my name is/sophia"; dabei verleihen die beiden zuvor immer

ihnen zugewiesene Existenzbestimmung als anachronistische Naturwesen entsprechend ‚naturhaft' – durch reglose angsterfüllte Mimikry: *idiosynkratisch.*"

1543   Horkheimer, Max/Adorno, Theodor W.: *Dialektik der Aufklärung. Philosophische Fragmente*, 1969, S. 212: „Indem aber das Bewegte dem Unbewegten, das entfaltete Leben bloßer Natur sich nähert, entfremdet es sich ihr zugleich, denn unbewegte Natur, zu der, wie Daphne, Lebendiges in höchster Erregung zu werden trachtet, ist einzig der äußerlichsten, der räumlichen Beziehung fähig. Der Raum ist die absolute Entfremdung."

1544   Semenič, 2011, S. 66ff.

1545   Vgl. *Ode an Dionysos* von Homer.

1546   Semenič, 2011, S. 69.

wieder und nun je zweimalig auftauchenden Märchenphrasen „many many years ago/far far away" der Kampfansage etwas Legendäres.[1547]

Weitere Rollen, falls es sich nicht um Berichte von Weisheit handelt, bestehen aus StatistInnen, die ganz ohne Text handeln.

Der Ort des Geschehens ist einerseits die königliche Halle in dem herrlichen Herrscherpalast in der Mitte der Königsstadt; Gold und Scharlachrot sind die zwei Farben des Raumes. Es gibt noch das Draußen und ein Davor, vor dem Schloss, ein Platz mit einem Lindenbaum, als Mittelpunkt der Inbegriff für Treffen von Liebespaaren oder einer Dorfgemeinschaft; wie sonst nur öffentliche Brunnen, so es überhaupt andere gibt.

Dort fließt ein Fluss und es gibt eine Steinbank an der Flusspromenade. Das anonyme Paar, das sich dort bei strömendem Regen[1548] exzessiv küsst und auch beim anbrechenden Sommersturm nicht aufhört,[1549] sondern hin zum Geschlechtsakt fortfährt, scheint ein Paar ohne Zuhause, an einem öffentlichen Ort, „mitten in der Zivilisation",[1550] wie Weisheit, die hier mit der Regieanweisung in Eins fällt, wiederholt. Das exhibitionistische Verhalten hat

....

1547 Semenič, 2011, ebd.

1548 Regen ist in vielen Kulturen ein Symbol für Fruchtbarkeit und für, Canetti, 1998, S. 95: „die Masse im Augenblick ihrer Entladung", „und er bezeichnet ihren Zerfall. Die Wolken, denen er entstammt, geben sich im Regen auf; die Tropfen fallen, weil sie nicht mehr beisammen bleiben können, und es ist noch unklar, ob und wie sie später wieder zueinanderfinden werden."

1549 Starkregen und Sturm sind in jugoslawischen und postjugoslawischen Erwachsenen- und Kinderfilmen, Erwachsenenfilmen, Musik-CDs (*Before the rain*) ein festes Element. Die Schuld, die Reinigung, die Traurigkeit, auch pure Intensität scheinen darin vereinigt. Vgl. Benjamin, Walter: „Die Leiche als Emblem – Götterleiber im Christentum – Trauer im Ursprung der Allegorie", in: Tiedemann, Rolf (Hg.): *Ursprung des deutschen Trauerspiels*, Frankfurt am Main 1978, S. 200: „Dem allegorisch Bedeutenden ist es durch Schuld versagt, seine Sinnerfüllung in sich selbst zu finden. Schuld wohnt nicht nur dem allegorisch Betrachtenden bei, der die Welt um des Wissens willen verrät, sondern auch dem Gegenstande seiner Kontemplation. Diese Anschauung, begründet in der Lehre von dem Fall der Kreatur, die die Natur mit sich herabzog, macht das Ferment der tiefen abendländischen Allegorese, die von der orientalischen Rhetorik dieses Ausdrucks sich scheidet. Weil sie stumm ist, trauert die gefallene Natur. Doch noch tiefer führt in das Wesen der Natur die Umkehrung dieses Satzes ein: ihre Traurigkeit macht sie verstummen. Es ist in aller Trauer der Hang zur Sprachlosigkeit und das ist unendlich viel mehr als Unfähigkeit oder Unlust zur Mitteilung."

1550 Semenič, 2011, S. 6, zweimal findet sich die Formulierung: „in the midst of civilisation".

etwas von Respektlosigkeit gegenüber dem öffentlichen Raum, was auch von Vladimirs Herrschaftsstil vertreten wird, und es birgt zugleich einen Hauch von traurig-trotzig widerständiger Leidenschaft, wie die Töchter von Weisheit sie zeigen.

Dieses sich auf der Bank küssende und kopulierende Paar gehört zu Handlungen, die die Herrschenden-Handlung ergänzen und kommentieren. Es ist unglaublich, was vor aller Augen geschieht, sich Menschen trauen, im Grunde ebenso wie letztlich der Machtmissbrauch der Herrschenden. Über die Bühne laufen ferner spielende Kinder, und danach eine sie verfolgende Großmutter, wie man mit den „bösen Jungs" umgehen müsste, die ihre Macht missbrauchen. Eine stillende Mutter mit Baby ist zu sehen, der Herrscher saugt die Bevölkerung, die Landwirte aus, die ihn nähren; er saugt den Staat aus, um sich selbst zu bereichern. Auf eine Mädchen-Sequenz, die Weisheit als Regieanweisung spricht: „a girl/a tiny little girl/with an apple in her hand/in her mouth/in her hand/is walking/in the sun/jumping over puddles in the royal city/the puddles are drying",[1551] folgt eine weitere, mit einem Apfel. Das Mädchen „offers her face to the sun",[1552] findet später ein Messer und nimmt es an sich. Schließlich gibt es noch eine arme, hungrige Gruppe des Volkes und einen Kartoffelhändler, der die Situation eines weiteren sehr hungrigen Mädchens sexuell übergriffig ausnutzt: „a ragged girl with protruding teenage nipples comes closer/do come closer, will you/the man sticks his hand under her shirt/squeezing her tit that has yet to become a tit", „squeezes her tit with one hand/holding a potato in the other".[1553] Wie bei den Frauen, die in den Jugoslawienkriegen mehrfach vergewaltigt, ihrer Freiheit beraubt, gefoltert (Hautritzungen etc.) und denen die Brüste abgeschnitten und Salz hineingerieben worden sind, wird klar: Hier wird etwas Heiles zerstört, das Anteil an etwas früher Heiligem hatte. Anschließend wird der Kartoffelverkäufer von der Menge gelyncht,

....

1551 Semenič, 2011, S. 13.

1552 Semenič, 2011, S. 15. Dieses Offerieren erinnert leicht an die archaische Kraft, dem Himmel die Brüste zu zeigen, das in Abramovićs *Balkan Erotic Epic*, Christian (Hg.), 2010, S. 19, 27; vgl. auch Essling (Hg.), 2017, aufgegriffen wird; es hat etwas von Demut und Dankbarkeit, Verletzlichkeit und zugleich Stärke. Darauf folgt allerdings das Brustbetatschen bei einem anderen Mädchen durch diesen Kartoffelverkäufer.

1553 Semenič, 2011, S. 16.

während der Herrscher agieren kann, wie er möchte.[1554] Schließlich ist da ein Schlägertrupp des Herrschers in einer folternd-vergewaltigenden wortlosen (Hintergrund)darstellung.

Von der Struktur her gibt es in dem Stück, ein Draußen und ein Drinnen, im und vor dem Schloss: Zwei Teile, das Innen und Außen, wie auch das Land im Norden, mit dem kooperiert wird, und im Osten das Land der Barbaren, das um des Fortschritts Willen erobert werden soll.

Zwischen diesen Bereichen gibt es Schnittpunkte und auch eine Drittelung des Raumes, der aus der einsam-isolierten Weisheit, dem Herrscherhaus mit den drei Männern, Herrscher und zwei Minister, und der größeren Volksmenge unten draußen besteht.

Das postdramatische Stück ist ein Gleichnis, hat „Tatcharakter", will eine Handlung initiieren, weil es sich „auf das Außerordentliche" bezieht, und es hat „Kraft, das Rätselhafte auf seinen Sinn hin zu durchdringen".[1555] Hier gibt es zwischen den zwei Welten eine Grenze, auf der sich die Figur der Weisheit wie ein Geist bewegt, der zu beiden und zu keiner ganz gehört. Erst auf der achten Seite wird klar, dass die Regieanweisungen von Weisheit gesprochen werden, die auch beteiligte Zeugin ist: „vladimir looks at me/the rain is falling/ no, no, no/he doesn't look at me/two people are fucking on a stone bench along the royal river/he glances at me/the river is surging/vladimir glances at me".[1556] Die meisten Handlungen, die Weisheit vollführt, sind stimmlich, soweit es Regieanweisungen gibt. Sie bestehen aus Sprechen, Flüstern, Schreien, gequältem verzweifeltem Auflachen, Atmen. Aber weder wird sie gehört noch bewegt sie sich. Jedenfalls gibt es keine Angabe zu Bewegungen – was auch Freiraum für Inszenierungen lässt. Sie schließt die Augen, verneint ungehört, dass Vladimir seine Wange an ihrer reibt: „he rubs his cheek against mine/rubs it again/no/I say/and again/and then/runs his hand through my hair/strokes me/I close my eyes/no/with my eyes closed/no/he kisses me".[1557] Sie verneint immer wieder: „I tell him no/although/more and more quietly/

1554 Semenič, 2011, S. 18.

1555 Bantel, Otto: *Grundbegriffe der Literatur*, Frankfurt am Main 1974, S. 76f.

1556 Semenič, 2011, S. 8.

1557 Semenič, 2011, S. 68.

© Frank & Timme   Verlag für wissenschaftliche Literatur

and less and less/madly/I breathe with him", immer leiser und weniger heftig, während er von „gently [...] tenderly/softly/as the devil" immer wilder wird: „then he's kissing me/more and more"[1558] – die Wortwahl in diesem Stück lässt Spielraum zur Art und Heftigkeit des Übergriffes.

Die Regieanweisung gibt zuweilen das Stichwort für den Rollentext, so zu Beginn: Nach dem Herrschaftstitel „the mighty ruler" in der Regieanweisung folgt die Frage „mighty?", die der Herrscher als erstes Wort im Stück an Bogomir stellt und fortfährt: „Are you sucking up to me again, you louse?"[1559] Bogomir, der eine der beiden Minister, ist ein stellenweise cholerisches Wesen mit Wutausbrüchen[1560] und er versichert schmeichelnd, er stelle nur die Wahrheit fest. Die zwei Minister bereiten den Krieg vor. Ihre Auftritte wechseln sich ab.

Die Gattung und die Orte lassen sich bei diesem Stück nicht von der Handlungszeit trennen, denn das Stück wird von der Autorin einerseits im Titel als Parabel bezeichnet, und als weitere Paradoxa heißt es im Text sieben Mal, es sei ein Märchen, dabei ist es eher ein Albtraum, und spiele weit, weit weg[1561] und sei viele, viele Jahre her, wenn auch nicht mehr als zwanzig.[1562] Märchen haben, anders als Sagen und Legenden, keine konkreten Ortsangaben, sind jedoch oft so nah an der Natur, dass sogar das Riechgedächtnis aktiviert werden könne: „not so far for one not to be able to smell the flowering linden tree in the midst

....

1558 Semenič, 2011, ebd.

1559 Semenič, 2011, S. 1, 14: Es gibt zwischen der Weisheit und Vladimir einen Blickwechsel, bei dem sie das Gefühl hat, er möchte, dass sie den Satz beendet, aber der Minister übernimmt dies: *„valdimir looks at me again/looks at me, as if expecting me to finish his sentence/sacrifice is part of our.../*BOGOMIR: identity/*there/*VLADIMIR: there/sacrificing cattle to the gods is part of our identity". Bogomir wird mehrmals als „louse" bezeichnet, vgl. ebd. S. 3, 54.

1560 Bei der Frage nach der ersten Nacht verliert er völlig die Kontrolle, Semenič, 2011, S. 16: „bogomir, minister bogomir/hits the table/or the wall/or maybe, if he's holding a stick, hits the stick on the floor/", S. 17: „striking rhythmically/mister minister/boom/even/boom/form/boom/matters/boom/ius primae noctis/boom boom/is/boom/a ritual/boom boom/which/boom/anchors/boom/yes/boom/which anchors the matrix/boom boom/of our community/boom boom boom/my competence cannot/boom/must not/boom boom/and will not concede to this/boom boom boom", S. 59: „bogomir is hitting her".

1561 Eine Anspielung auf *Far away* von Caryl Churchill ist denkbar.

1562 Man kann es an zwei linken und zwei rechten Händen abzählen, heißt es in den ersten Angaben zum Stück. Dies ergibt 20. Vgl. Semenič, 2011, S. 1: „many many years ago/and yet, not so many for one not to be able to count them with the fingers of two left and two right/hands/far far away".

of the square."[1563] Semenič erinnert daran, wie historische Ereignisse in dieser Form, sogar über Ländergrenzen hinweg, verklärt werden können und wie dünn die Grenze zwischen kultureller Pflege von Tradition sowie emotionaler Ausbeutung und Instrumentalisierung ist.

Wo die Töchter der Weisheit gefangen genommen werden, bleibt offen. In Ketten werden sie ins Schloss geführt und dann in ein Bordell gebracht. Sie enden im Fluss, was an Flussmärtyrerinnen erinnert.[1564]

Vertrauen, Hoffnung und Liebe bleiben auf der Strecke, werden, nach Folterung und Vergewaltigung, vom Volk mythisiert und von den Ministern als Märtyrerinnen deklariert. Als Flussmärtyrerinnen, „BOGOMIR: the people named them at once/the river martyrs, they call them"[1565] und Nationalheldinnen heroisiert werden sie zu Grabe getragen.

Das Stück enthält keinen Hinweis auf wahre Begebenheiten. Auf Rückfrage erfahre ich von Semenič,[1566] dass sie die Geschichte der fünf Nonnen im Sinn gehabt habe, die wohl 1941 von den Tschetniks verschleppt worden sind. Auf der Flucht vor Vergewaltigung sind diese aus dem zweiten Stock gesprungen, sind mit Messern getötet und acht Tage später in die Drina geworfen worden. Eine blieb, weil 76jährig, zunächst zurück, erlitt aber eine Woche später wohl dasselbe Schicksal. 2011 sind sie von Papst Benedikt XVI.

....

1563 Im Stück wird die doppelte Verneinung, eine Sprachspezialität slawischer Sprachen, verwendet. Semenič, 2011, S. 1. Nach Agamben, Giorgio: *Die Sprache und der Tod. Ein Seminar über die Negativität*, Frankfurt am Main 2007, kann die doppelte Verneinung eine Stimme sein, die in dieser Negativstruktur gehaltlos oder inhaltsleer vor purer Todesangst nur sprechen will um des Sprechens Willen, statt des Sterbens. Oder, umgekehrt, störend an den Tod erinnert, erinnern will.

1564 Fluss und Frau liegen im historischen Kontext symbolgeschichtlich und vom Schönheitsideal her eng beieinander, denn neben den zahlreichen weiblichen Wasserwesen, ist der Fluss ein Trauer- und Reinigungsort. Um die Frauen wird geweint, sie waschen, holen Wasser, sie haben wallende Haare, fließende, weiche Bewegungen und lange Zeit ihres Lebens regelmäßig Blutfluss. Der Fluss wird als Ort gewählt, das Leben zu beenden, siehe u.a. V. Woolfs Lebensende. Vgl. Kraß: *Meerjungfrauen*, 2010; vgl. Wunderlich (Hg.): *Mythos Sirenen*, 2007.

1565 Vgl. Semenič, 2011, S. 61.

1566 Email, 02.11.2016.

selig gesprochen worden.[1567] „Die Flüsse sind besonders ein Symbol für die Zeit, in der sich die Masse bildet",[1568] schreibt Elias Canetti und reale Heilige einfließen zu lassen, wie die Autorin dies vornimmt, erweist auch diesen Frauen posthum Respekt.

Die Zeremonien, die drei mit der Doppelhochzeit zeitgleichen Beerdigungen, erfolgen mit den pantomimischen, stummen Rollen aus dem Hintergrund, die stellvertretend für eine ganze Nation knien, gläubig schauen und mitbeten. Vorstellbar ist, die Handlanger und die Schlägergruppe sind darunter.

Den Schlusspunkt bildet eine feierliche Rede des Herrschers ans Volk, die durch das zusammenfassende „he talks"[1569] inhaltlich Belanglosigkeit signalisiert.

8.3   Figurenkonstellation und Kommunikationsformen

Die Weisheit, die abgeschnitten bzw. räumlich abgeschirmt ist, bewegt sich von „My world is not like that",[1570] das auf die verarmte Unterschicht bezogen ist, zu „My world is not this world",[1571] und „This world is not my world/my world is different".[1572]

Ihr Körper, sofern er überhaupt zu sehen und besonders wenn er in Bewegung ist, trennt den Raum, insofern als Weisheit erstens die Welt da draußen, die sie beobachtet und beschreibt, zweitens ihre Erinnerungswelt hat, vor der sie die Augen verschließen kann und bei der sie einen Vorhang vermisst,[1573]

1567   https://sh.wikipedia.org/wiki/Drinske_mućenice; htpps://www.bitno.net/vjera/svetac-dana/bazene-drinske/mucenice/, Stand: 03.08.2020.

1568   Canetti, 1998, S. 96, der Fluss sei ein, S. 97: „Symbol eines noch beherrschten Zustandes", bei dem etwas bevorsteht, sich langsam entwickelt, sich noch nicht entladen hat.

1569   Semenič, 2011, S. 69.

1570   Semenič, 2011, S. 37.

1571   Semenič, 2011, S. 43. Vgl. auch, ebd. S. 37: „no, no, my child was not born into this world".

1572   Semenič, 2011, S. 60.

1573   Semenič, 2011, S. 20: „there is no curtain here/why is there no curtain here", S. 68: „I close my eyes".

und noch eine dritte Welt vor Augen hat, deren Konzept ein ganz anderes sein muss, als das sich ereignende.

Diese Frauenfigur namens Weisheit ‚stört‘ die Herrscherabsichten, wie manch andere, da sie demonstrativ, erinnernd, mahnend, bald vielleicht schweigend, aber präsent ist. Die Weisheit passt nicht in diese Welt, weigert sich dazuzugehören, fühlt sich verloren, ist nicht verortet, aber auch nicht ergeben abhängig. Sie wirkt verlassen von allen. Gewalt und Weisheit gehen nicht zusammen. Weisheit oder Prudentia bildet mit Iustitia, Fortitudo und Temperantia die vier Kardinal-Tugenden im Mittelalter und sie gilt „als die wichtigste Tugend des Herrschers".[1574]

Die Weisheit ist von Anfang an auf der Bühne präsent, aber wir wissen nicht wie, ob z.B. sichtbar, verhüllt oder projiziert. Als bis kurz vor Schluss des Stückes abgetrennte oder nur halb sichtbare Figur hinterlässt sie eine Leerstelle. Ihre visuelle Abwesenheit würde als Göttlichkeit wirken und bei ihr eine göttliche Wirkmächtigkeit erwarten lassen. Sie könnte eine Büste auf dem Tisch des Herrschers sein, während der Rest ihres Körpers unter dem Tisch diesen hält und stabilisiert. Sie erfüllt die Funktionen einer Kommentierenden, wie ein Chor. Wie bei einer Mauerschau, beschreibt sie, was die Minister zur Lage im Land beitragen, dem Land antun.

Vladimir, Bogomir, Branimir sind drei sprechende Männernamen: FriedensHerrscher/Herrschfried, Gottesfrieden/Gottfried, Friedensverteidiger/Verteifried. Diese Benennung ist aufgrund ihrer Handlung ironisch und konterkarierend. Die vier Frauenrollen sind real und allegorisch, Weisheit hat noch ihren griechischen ‚Nennnamen' Sophia, der im Stück ein einziges Mal und von ihr selbst genannt wird und das letzte Wort des Stückes ist.

Die zwei Minister stehen in Konkurrenz zueinander; umso interessanter ist der Moment, in dem der eine sich vom Herrscher verabschiedet und dabei so gebückt steht, dass der eilig erscheinende andere Minister, Bogomir, fast mit seinen Genitalien an das Hinterteil des vorderen Ministers Branimir stößt – wie Weisheit als Regieanweisung beschreibt: „enters minister bogomir/

....

1574 Assmann, Aleida: „Der Wissende und die Weisheit – Gedanken zu einem ungleichen Paar", in: Schade, Sigrid/Wagner, Monika/Weigel, Sigrid (Hg.): *Allegorien und Geschlechterdifferenz*, Köln/Weimar/Wien 1985, S. 13.

© Frank & Timme   Verlag für wissenschaftliche Literatur

almost bumbing into branimir's behind, almost/[…] bogomir's genitals almost bump into branimir's behind/this doesn't happen, however, because branimir is quick enough to turn around and greet him/sturdily/cultivatedly/and leaves the hall".[1575] Diese Szene kann das Publikum wegen des puren Zusammenstoßes lachen machen, die homosexuelle Andeutung verstärkt dies, falls das Publikum über ein solches Stereotyp lachen kann. Wer mit wem wie positioniert anstößt, zeigt aber auch den Statusunterschied, der zwischen dem defensiveren Minister Branimir und dem machtorientierten und skrupellosen Bogomir besteht. Von Beginn an besteht zwischen den beiden eine konkurrente Situation, bei der Bogomir Branimir vor dem Herrscher heftig kritisiert: „bogomir: minister, you are an ungodly man!/and totally without principles/your mentality can only bring us to decay/do fundamental/I would say/fundamental values/yes, that's it/do fundamental values mean nothing to you?",[1576] weil Branimir z.B. wenigstens das Tieropfer abzuschaffen rät: „maybe you could abolish this, at least",[1577] wenn nicht das ius primae noctis, nach Bogomir ein „god-given right" und ein Ritual „which anchors the matrix of our community".[1578]

Branimir, der Friedensverteidiger, ist der säkulare Berater, neben dem spirituellen Berater Bogomir. Branimir ist zögerlich bei der Idee des präventiven Erstschlags,[1579] diplomatisch, nahezu ein Häretiker,[1580] und er schleicht sich gerne an. Branimir ist in seiner Diplomatie mehr für Taktiken wie Ablenkung durch Zeremonien, Brot und Spiele, Wein, eine symbolische Hochzeit mit einer Herrscherin aus dem kooperierenden Norden und mit Sophia. Er und Bogomir, Gottesfriede, können sich nicht gut leiden. Der Herrscher nennt Bogomir gerne öfter Laus,[1581] in einer Art Bewunderung für dessen Hinterhältigkeit,

....

1575 Semenič, 2011, S. 50f.

1576 Semenič, 2011, S. 14.

1577 Semenič, 2011, S. 16. Vgl. ebd. S. 27: „I'm not contradicting/but…/the bloodshed/is it truly necessary?"

1578 Semenič, 2011, S. 16.

1579 Semenič, 2011, S. 27: „why strike first?", ebd. S. 29: „I still think we should find a more peaceful way".

1580 Semenič, 2011, S. 8: „a loyal minister and secular advisor, almost a heretic".

1581 Semenič, 2011, S. 6: „you ingenious louse", ebd. S. 7: „you tiny little louse, really".

auch einmal Insekt.[1582] Der Herrscher bezeichnet seinen spirituellen Berater aber nicht nur verächtlich, sondern nennt auch dessen spirituellen Einsatz Hokuspokus,[1583] während er sich selbst so gut gefällt, dass er sich im pluralis majestatis oft z.B. für seine Formulierungen lobt.[1584] Die richtige Wortwahl ist an mehreren Stellen des Stückes ebenso wichtig wie die floskelhafte Andeutung von Unausgesprochenem, das wahrscheinlich ausgesprochen illegal oder unmoralisch ist: „BOGOMIR: an excellent figure of speech, truly, my noble lord, however, if I might suggest, at daggers drawn is not exactly – what would I say, I'd say appropriate, yes, that's what I'd say, not exactly an appropriate word",[1585] denn er hat es in seinen Augen nicht geschafft, dass die Menschen so schnell miteinander auf Kriegsfuß stehen. Stattdessen möchte er es als Bewusstsein der Menge bezeichnet wissen; einer Menge, die seines Erachtens nicht in der Lage ist, das Gesamte zu überblicken. Bogomirs ominös andeutende Lieblingsphrase „if you know what I mean" kommt allein auf S. 4 und S. 5 je zweimal vor. Er bezeichnet die Töchter der Weisheit abschätzig als „sluts".[1586] Vladimir geht subtiler vor, zugleich verlogener und zum Schein schmeichelnder, indem er sie selbstverliebt anspricht und Vergewaltigung androht: „respected young girls/one has to earn my company/but you have not tried hard enough/I'd love to plough your field/oh, how nicely I've put it".[1587] Es wird deutlich, dass das Regime gegen Gefolgsleute anderer Herrscher und Kriegsherren ebenso vorgeht wie gegen eigene Untreue und ZivilistInnen, die dem Herrscher im Wege sind. Vom drohenden Schweigen und Stieren zum Erheben der Stimme und wieder zurück zum drückenden Flüstern an genau der Stelle, an der klar wird, dass die Stimme nicht gewirkt hat, beherrscht Branimir verschiedene Stimmregister durch das gesamte Stück hindurch gut.

Die weiblichen Hauptrollen im Stück sind Allegorien: Personifikationen von Weisheit, Vertrauen, Hoffnung und Liebe, womit diese auf die christli-

---

1582 Semenič, 2011, S. 53: „well, what is it, you insect?"

1583 Semenič, 2011, S. 4: „did you also do your hocus-pocus?"

1584 Semenič, 2011, ebd.: „wow, how well I've put it".

1585 Semenič, 2011, S. 3.

1586 Semenič, 2011, S. 55.

1587 Semenič, 2011, ebd.

chen Werte Glaube, Liebe, Hoffnung anspielen und auf eine Art patriarchales Paradoxon hinweisen, wobei Frauen real erniedrigt, aber allegorisch erhöht werden, was auch Bartrops Aussage unterstützt: „It could be said that the woman's experience is a metaphor for the city of Vukovar itself, which was ravaged by the conflict and then left to fend for itself after the men were done."[1588] Oder es handelt sich um die Spur einer ehemaligen präpatriarchalen Macht der Frauen.[1589]

Die Weisheit spricht nur für sich, sie lässt die Arbeit und die Verantwortung bei Vladimir, wenn sie sagt: „I cannot finish the sentence for you."[1590]

Vertrauen, die Defensivste der Töchter, äußert, dass sie kategorisch zu gewaltfreier Kommunikation stehe. Die Töchter führen Konfliktgespräche in der Form, dass sie hinterfragen, benennen und stichhaltig argumentieren. Besonders Liebe ist dabei kämpferisch und leidenschaftlich, wenn sie die Phrase „it's curtains for you" vier Mal wiederholt und dem Herrscher seine Entmachtung wie drohend und warnend vorhersagt: „it's curtains for you/this time has come [...] meaning we will put an end to your stupidity/meaning the time has come for us to stand together/meaning to say no to you/meaning to say that was enough/meaning to take matters into our own hands/to think our own thoughts/to not let you trick us any more/to resist".[1591]

Liebe benennt mit – im Verhältnis zur Gewalt der Herrscher, relativ harmlosen – Beschimpfungen, rhetorischen Fragen und dem provokanten Aussprechen der wahren Tabus eine eher moralische, aber auch sprachliche Grenze:

„this has passed just about every limit/you swine/what language do you use? [...] you stinking bastard/that we should go to the people and tell them the opposite of what we have told them so/far?/tell them to lay down beside you, because it's their duty?/to pay taxes and drop dead in

....

1588 Bartrop, Paul R.: „Genocide, Rape, and the Movies", in: Rittner, Carol/Roth, John K. (Hg.): *Rape. Weapon of war and genocide*, St. Paul 2012, S. 183.

1589 Vgl. Rentmeister, Cäcilia: *Berufsverbot für die Musen*, in: *Ästhetik und Kommunikation. Beiträge zur politischen Erziehung. Frauen / Kunst / Kulturgeschichte*, Heft 25, Jhrg. 7, September 1976, S. 93f.

1590 Semenič, 2011, S. 14.

1591 Semenič, 2011, S. 39.

silence, we should tell them that all your wars are absolutely/necessary you piece of shit/you stinking piece of shit/do what you want".[1592]

Hoffnung verwehrt sich gegen den Vorwurf, Pläne gegen den Herrscher zu haben, „the king is not in my plans", zu der Liebe den Grund mit aushebelnder Logik ergänzt „because he's not important enough".[1593]

Rhetorisch versiert, wenn auch nicht deeskalierend, fragt sie – nach der Herrscherfrage zu ihrem kooperativen Verhalten – zurück: „Does this mean I have to suck on you? [...] does this mean I have to wring out your member for you?".[1594] Damit verlässt sie die den Frauen erlaubte Sprache, worauf Bogomir sie direkt hinweist: „such vulgarity!/such a lack of basic female decency/disgusting/truly disgusting/milord, I don't know if it's worth proceeding any further".[1595] Indem die Frauenfigur sich der ‚widerlichen' Worte bedient, enttarnt die Autorin durch diese Sprach-Arbeit, was die Herrscherfigur perfide und feige umgeht. Auf die Totalverweigerung von Liebe: „do what you want, it will not happen/not ever!", sagt Bogomir ungeduldig: „milord/this is taking too long, we have no time/they will not say yes" und Vladimir entgegnet: „then, the standard procedure/maybe they will change their minds/little doves".[1596]

Liebe lässt sich auf bestimmte Kommunikationswege überhaupt nicht ein, sondern pariert: „BOGOMIR: miss/we live in a difficult, groundbreaking moment/try to understand those things are important/it's about freedom LOVE: how much?//BOGOMIR: excuse me? LOVE: what is the price of our freedom? How many gold coins do you want in order to let us go?/we are talking about the same freedom, aren't we?".[1597] Das Publikum hat hierbei die Gelegenheit über Vladimir erkennend zu lachen, da Liebe sein Spiel nicht mitspielt.

Vertrauen erklärt ebenfalls kategorisch: „I'm a peaceful person/I believe in reconciliation and I believe in the peaceful way and I don't agree with any sort

1592 Vgl. Semenič, 2011, S. 47.

1593 Semenič, 2011, S. 41.

1594 Semenič, 2011, S. 45.

1595 Semenič, 2011, ebd.

1596 Semenič, 2011, S. 47.

1597 Semenič, 2011, S. 41.

of/violent communication at all [...] the solution lies in unity, the solution lies in the common ground",[1598] Vertrauen plädiert damit für Einigkeit.

Weisheit will, dass die Töchter still sind.[1599] Als schützende Mutter hat sie Angst um ihre Töchter, möchte deren Redefreiheit reglementieren, denn verbal sind die Figuren den Männern überlegen, und das kostet sie das Leben. „Denn die Opfer kennen keine Sprache, sie sind naturgemäß stumm und sollen es auch bleiben, damit sie die Namen ihrer Täter nicht nennen können. Das Erinnern verhindert es, stumm zu werden. (...) Poesie ist die Subversion gegen das Opfersein."[1600]

Die rebellischen Töchter sind für die Herrschenden wie Bogomir vorwirft: „self-willed/and unpredictable/you were gathering a crowd against the king today".[1601] Sie wollen nicht damit aufhören, gegen den König opponierende Reden zu halten, und im Verhör schweigen sie zu dem, was der Herrscher von ihnen will. Sie leisten einen Widerstand, der am tiefsten Punkt der drohenden Resignation einen Kern neuer Widerstandskraft enthält. Nach Verachtung, Erniedrigung und Misshandlung können sie nur als zerstückelte Tote oder als Geheiratete instrumentalisiert werden. Weisheit aber ahnt, was geschehen wird, und denkt über die Grundsatzfrage nach, ob es feige oder mutig gewesen ist, ein Baby in diese Welt zu setzen: „I don't like the world I was born into/ in which I gave birth to my three daughters/I'm far from liking it/when I was pregnant with the eldest, I remember thinking about it/what kind of person I am, to bring into a world I don't like, into a world I'm far from liking, what kind/of person I am to bring into this world a small human being/brave or cowardly?/would it be braver to say no, I won't give birth to another human being in this world/or would that be cowardly?"[1602] Sie will kein weiteres Wesen in eine solche Welt setzen. Das fast sichere Ahnen, die eigenen Töchter

....

1598 Semenič, 2011, S. 41. *Common ground* auch der Titel des Stückes, auf das in Kapitel 9 eingegangen wird.

1599 Vgl. Semenič, 2011, S. 44, 47: Sowohl Weisheit als auch dann Tochter Vertrauen im Umkehrschluss rufen einander jeweils „shut up!" zu.

1600 Bečejac, Brankica: *Ich bin so wenig von hier wie von dort. Leben und Werk*, Hamburg 2006, S. 160.

1601 Vgl. Semenič, 2011, S. 41.

1602 Vgl. Semenič, 2011, S. 43.

bald gequält ermordet zu sehen, lässt sie – wie Lysistrata[1603] – sowohl eine potentielle erneute Sexualität und Schwangerschaft verwerfen und verweigern als auch abschweifen,[1604] um sich mit Folter und Tod nicht permanent direkt konfrontiert zu sehen. Dieses Abschweifen, aber auch Reflektieren der Geburt und Erinnern an die Schwangerschaft sind die Voraussetzungen für die Stärke, später ihren Namen zu nennen, für diesen befreiend einzutreten und eventuell diese Schandtaten an ihren Töchtern zu rächen, wenn nicht gar den Staat zu retten: „I must save the state."[1605]

Die zwei Welten, die eine im Hintergrund, die andere am Hofe, stehen in vagem und teils untermalendem, teils kontrastierend-kommentierendem Verhältnis zueinander. Dem kopulierenden Paar ist es beispielsweise offensichtlich ganz egal, dass sie bei stürmischem Starkregen nackt ‚inmitten der Zivilisation' sind.

Den Machthabenden scheint ihr korrupt-kriegerisches Unterfangen ‚inmitten der Zivilisation' ohne Skrupel und Zweifel auch völlig akzeptables Verhalten zu sein. Es gibt nur zwischen der Mutter und den Töchtern ein empathisches intaktes Verhältnis, auch wenn sie ihnen nicht helfen kann, als sie die Gewalt erleiden. Diese wird ihnen als Strafe und Lektion zuteil, da sie die falschen ‚Wahrheiten' entlarven, nicht schweigen wollen und sogar die Sinn- und Perspektivlosigkeit der puren Gier benennen, indem sie fragen, was mit den Steuereinnahmen erfolgen soll, ob ein weiterer Krieg geführt oder ein weiterer Palast gebaut werden solle.[1606]

8.4 Krieg(sgewalt)

Die erste Gewalt, die im Stück angedeutet ist, erfolgt in der Handlung, die von der Figur Weisheit berichtet wird, durch die fluchende Mutter oder Großmutter, die mit einem Holzlöffel hinter den fünf Kindern her ist, die vor ihr weglau-

---

1603 Aristophanes: *Lysistrate*, Berlin 2014.
1604 Eine bei Traumaopfern verbreitete Form der Verdrängung und passiver Dissoziation.
1605 Semenič, 2011, S. 23.
1606 Vgl. Semenič, 2011, S. 46.

fen und dabei in Regenpfützen springen und lachen. Die zweite Situation voller Gewalt ist das Saugen eines Babys an der Brust seiner aufopferungsvollen und Schmerzen leidenden Mutter, die aber die Zähne zusammenpresst und weint und das Blut von ihrer Brust und von der Wange des Babys wischt und weiter nährt.[1607] Der weibliche Körper ist in Form der Brüste hier bedroht, wenn die Brüste als Nahrung für neues Leben dienen sollen, aber damit die Nährende selbst zur Nahrung wird.[1608] Hier bei Semenič saugt ein Baby die Brüste seiner Mutter so stark,[1609] dass die blutenden Brüste zu einer Qual werden, die auf die spätere Folter hinweist.[1610] Wie auch bei Semeničs *the feast* ist zu sehen, wie Frauen zum Schweigen gebracht werden sollen, zuerst subtil, dann brutal; brutal wie im Märchen, auf das das Stück als Gattung anspielt.[1611] Die Brutalität, sofern auf der Bühne gezeigt, enthält das Element des Symbolisch-Demonstrativen, aber auch der Anklage.[1612]

....

1607   Dieses Bild eines geradezu blutrünstigen Babys, eines Stillens als mütterlich-schmerzvoller Akt der Aufopferung erscheint wie ein ausgleichendes Negativ-Abziehbild zu der Szene bei Kanes, in der das Baby angebissen wird. Zudem vgl. Semenič, 2014, *seven cooks*, S. 80, 85: Es wird von einem Baby erzählt, dass bei der Verbrennung seiner Mutter geboren und ins Feuer geworfen wird.

1608   Vgl. Bühler-Dietrich, Annette: *Drama, Theater und Psychiatrie im 19. Jahrhundert*, Tübingen 2012, S. 157. Bühler-Dietrich verweist auf Canetti und stellt zu Hebbels *Judith* fest, dass der „lebensspendenden, das Kind nährenden Mutter, die selbst Nahrung wird […] die vernichtende Aneignung der Frau" gegenüber steht, dies ist also kein ausschließlich festes Bild einer geradezu mythischen ‚Balkan-Mutter' ist, die sich selbst bis hin zum Tod opfert. Vgl. auch Kristeva, Julia: *Auszüge aus: Mächte des Grauens. Versuch über den Abscheu (1980)*, in: *Theorie des Essens*, 2017, S. 219ff.

1609   Dies passiert übrigens in der Realität häufig, es sei denn ein/e gute/r Geburtshelfer/in zeigt Baby und Mutter, wie es ohne zu festes Saugen geht.

1610   Vgl. Semenič, 2011, S. 13f.

1611   Vgl. Hardmeier, Ursula: „Gewalt gegen Frauen – ein Thema in Theologie und Kirche", in: Hilbig/Kajatin/Miethe, 2003, S. 58. Vgl.: Das Grimmsche Märchen vom Mädchen ohne Hände. Es bekommt ihre Hände abgehackt, weil der Vater nicht vom Teufel geholt werden möchte und damit der Teufel sich ihr nähern kann; später sollen ihr nach der Tötung noch Zunge und Augen entfernt und aufgehoben werden. Vgl. Drewermann, Eugen: *Das Mädchen ohne Hände*, 2004, S. 9ff. Für Drewermann ist es eine Geschichte der oralen Not, die Kinder armer Familien mit Dauerarbeitslosigkeit der Eltern leiden und keine Geschichte des sexuellen Missbrauchs oder tätlichen Übergriffs oder wörtlich zu nehmender, realer Gewalt. Wie dies in den Jugoslawienkriegen Gefolterte sehen, bleibt noch zu erforschen.

1612   Vgl. Covington, Sara: „Cutting, Branding, Whipping, Burning: The Performance of Judical Wounding in Early Modern England", in: Allard/Martin (Hg.), 2009, S. 92ff.

Als der Kartoffelmann vom hungrigen „Mob"[1613] verfolgt und um Kartoffeln angebettelt wird, nutzt er den Hunger aus, um bei einem sehr hungrigen Mädchen sexuelle Gefügigkeit gegen eine Kartoffel zu ‚tauschen'. Dafür wird er vom Lynch-Mob gesteinigt, der danach wegrennt. Diese Textstelle erinnert an Kanes Figur Cate, die in Kriegszeiten Essen besorgt. Deutlich wird, wie schnell Gewalttaten ausbrechen, Machtverhältnisse ausbrechen können und Armut zwar zu Ausbeutung führt, aber eine Moralvorstellung und ein Gerechtigkeitsgefühl bestehen bleiben können, wenn und gerade wenn die untere Schicht Hunger hat. Wie viel der schlimmen Kriegsgewalt, die im Text folgt, auf der Bühne gezeigt werden soll, bleibt offen. In diesem Stück ist dies neben dem Freiheitsentzug die sexualisierte Gewalt in Form von Massenvergewaltigung durch über 15 verschiedene Männer, Stock- oder Peitschenhieben, Schlägen ins Gesicht, die Entbrüstung[1614] und Folter durch das Einreiben von Salz in die Wunden, – dies alles aus Sadismus, um den Widerstand zu brechen und die Frauen zum Schweigen zu bringen. Ihre Ermordung und dass sie in den Fluss geworfen werden, dient als Scheingrund für den Erstangriff durch die Täter. Zugleich ist es als Verdrehung der archaisch-matriarchalen Urmacht bzw. als Methode der Entmachtung mit gleichzeitiger Machtaneignung/Machtusurpation zu verstehen, denn die ursprünglich mächtigen Frauen werden entmachtet und dann als Tote zur Verehrung erhöht. Die sexualisierte Gewalt wird in Wörtern wie „brothel", „bruisers" und „sluts"[1615] deutlich. Unter den Folterern ist Bogomir einer der schlimmsten: „first bogomir sweats/and sweats/ for as long as he can/sweats, because it has to be done/sweats, because it's the right thing to do/sweats, because there must be order/and then/then his bruisers sweat".[1616] Da die Täter ihre Taten nicht benennen wollen, verwenden sie Euphemismen und setzen Codewörter für Vergewaltigung und andere Foltermethoden ein: Standardprozedur, etwas Nützliches beibringen, Schwitzen,

---

1613 Semenič, 2011, S. 16: „dirty mob / kids / sir, sir / give us a potato". Ebd., S. 42: „mob".

1614 Dies ist ein Neologismus, denn die Brüste zu amputieren, zu entfernen, klänge nach einem legitimen medizinisch nötigen Eingriff und euphemistisch; Brust und Entrüstung sind vereint.

1615 Semenič, 2011, S. 47: „brothel". S. 41: „you sent fifteen bruisers for us three". Unter anderem auch ebd. S. 48; ebd. S. 55: „sluts".

1616 Semenič, 2011, S. 48.

Vergnügen, Gesellschaft und Feld bestellen.[1617] Durch diese Sprachwahl im Stück wird die Gewalt auf einer intellektuellen Ebene verarbeitet, indem die sprachliche Vertuschung von den Zielobjekten der Gewalt selbst aufgegriffen und verwendet zu einem Kampfbegriff wird. Schwitzen impliziert schwere Arbeit, unter Umständen auch nicht erfolgreiches Vorgehen. Weil innerhalb der Figurenhandlung und den Zuschauenden klar ist, was vor sich geht, sind mit dem Gebrauch der euphemistische Begriffe Gewalt und Sprachstrategie auf eine demaskierende Ebene gebracht, zwar werden die Täter juristisch nicht getroffen, aber das Angebliche wird durch die Code-Betonung deutlich.

Die Ellipse, wenn Weisheit sagt, „I almost ask for more"[1618] und nicht sagt, wovon mehr, ist trotzdem aus dem Kontext deutlich genug – es geht um so viel Gewalt und eine so unerträgliche Situation, dass sie es – fast – vorzöge, dadurch umgebracht zu werden wie ihr Mann und ihre Töchter. Dies würde ihr Leid erleichtern und die Täter würden sich schuldiger machen, als durch die subtile Erniedrigung und psychische Qual, die sich noch schlechter nachweisen lässt. Die hohen Werte „freedom, justice, truth",[1619] werden mit Füßen getreten. Die drei allegorischen Frauen macht das zeitweise sprachlos,[1620] aber der feindselige Dialog[1621] bzw. Disput über die Gewalt, die Extremsituation der gefangenen Weisheit und ihrer gequälten Töchter machen das Leiden an der Gewalt deutlich: Weisheit fragt nicht, sagt deutlich und mehrmals „no", wird aber nicht gehört. Vertrauen und Hoffnung werden stumm; dies wird mehrmals wiederholt.[1622]

....

1617 Semenič, 2011, S. 33: „some business" wird von Bogomir für das Ausschalten von Hoffnung, Vertrauen und Liebe verwendet. Ebd. S. 47: „VLADIMIR: then, the standard procedure", „teach them something useful", ebd. „sweat", ebd. S. 55: „no pleasure of your company", „plough your field", S. 56: „their field has been ploughed over and over".

1618 Semenič, 2011, S. 55.

1619 Semenič, 2011, S. 53. Die Werte „freedom and justice" werden auf S. 69 erneut erwähnt, aber Wahrheit ausgelassen.

1620 Vgl. Semenič, 2011, S. 55f.

1621 Vgl. Semenič, 2011, S. 156. Im Stil der antiken griechischen Stichomythie.

1622 Semenič, 2011, S. 56: „faith cannot speak anymore", S. 57: „faith cannot speak", S. 58: „hope doesn't say anything, she cannot speak anymore/faith doesn't say anything, she has been unable to speak for a while now/I shout at the top of my voice: no!/no!/but he doesn't hear me".

Die Machthaber, die korrupt und kriminell sind, machen sich bezeichnenderweise auch die Sprache gefügig, das ist das Subtile. Worte wie Staat, höhere Gründe, werden umgedeutet und für eigene Interessen vorgeschoben. Nichts bedeutet mehr das, was es heißt. Liebe wirft die Frage auf, ob sie über dieselbe Freiheit sprechen, Hoffnung findet ihre Sprache wieder, als Vladimir sie bezichtigt, eine Bedrohung für den Staat zu sein: „HOPE: of the state, excuse me/could you explain the meaning of state/state – as in you and your two ministers?/pardon me/you, your two ministers, the bruisers and the messengers/explain state//BOGOMIR: milord, don't try to communicate with them/it's below your dignity/these are wrongdoers/ungodly creatures/traitors LOVE: so many compliments, by you/thank you, mister minister/that was the nicest thing I've heard in a while/anything else out of your mouth would be an insult […] FAITH: I don't get it/the three of us are a security threat?".[1623] Nichts scheint seine wahre und ursprüngliche Bedeutung wert zu sein oder sie behalten zu können, wenn es anders den Interessen der Machthaber dient. Solche Manipulationen und Lügen klingen nach den mittlerweile fast etablierten Diffamierungen anstelle kritischer Berichterstattung, die wiederum propagandistisch als „false truths"[1624] oder „fake news" umgewertet werden. Die Verbündeten aus dem Norden werden nicht wirklich respektiert; ihre Modernisierungen als Angriff auf die Tradition gewertet, insofern sie die Alleinherrschaft und den Machtmissbrauch abschafft; sie werden als „ungodly northeners" geschmäht.[1625] Deren modernen Praktiken schließen sich die Herrschenden aus Opportunismus pro forma an und, weil Geld hintertrieben werden kann: „VLADIMIR: just between us/and I ask you to keep it between us/the state treasury is to pay five thousand gold coins for the northerners/five thousand/between you and me, minister bogomir/if you know what I mean here".[1626]

....

1623 Vgl. Semenič, 2011, S. 43f.

1624 Semenič, 2011, S. 46: „VLADIMIR: to explain to the people some false truths that have been circulating in this past period/HOPE: explain what in particular?BOGOMIR: that we collect more taxes/this is a blatant false truth".

1625 Semenič, 2011, S. 18.

1626 Vgl. Semenič, 2011, S. 52.

Die Methoden des Machtmissbrauchs, Medienmanipulation, Lüge, Betrugs, Geldhinterziehung, Repression in Form von inhumaner Steuererhöhung etc. werden nur zwischen den Zeilen und mit der sich wiederholenden Phrase „if you know what I mean"[1627] angedeutet. Illegales wird mit reduziertem Wortgebrauch geregelt.[1628]

Das Steinzeitlich-Unkultivierte und Gewalttätige in Bogomirs Vorstellungswelt[1629] lässt sich trotzdem nicht kaschieren. Es wird darin deutlich, dass er den Kriegserstschlag mit dem Werfen des ersten Steines gegen den Täter ins Bild setzt. Auch das Abschneiden der Brüste der drei Töchter gehört zu dieser archaischen Gewalt, die aber immerhin direkt und unverblümt zeigt, wie die angeblich zivilisierten Herrscher wirklich sind:[1630] Feige, denn sie lassen auch noch die Köpfe abschneiden, damit die Zuordnung bzw. Identifizierung nicht gelingt. Diese Gewalt ist nicht wirklich machtvoll im Sinne von θυμός als tapfer, ehrlich und mutig, sondern eines von vielen Beispielen des Amts- und Machtmissbrauchs, den die Herrscher nicht scheuen, um zugleich nach außen hin zivilisiert und kultiviert erscheinen wollen. Die Definition von ‚Identität'[1631] und ‚Matrix'[1632] liegt in der Hand von Korrupten, die Freiheit der Weisheit wird für Geld verkauft. Bogomir doziert: „the bruisers are too scarce/and the taxes are too sacred/and and/even the first nights are too sacred", „VLADIMIR: I completely agree/the first nights are definitely too sacred/does this nation even marry anymore?/The last time I was brought a bride was/

....

1627 Semenič, 2011, u.a. S. 23, 51, 67. Die Wiederholung hier gibt diesen Wiederholungseffekt wieder.

1628 Semenič, 2011, S. 19. „VLADIMIR: my dear ministers/my left and my right hand/is there a need for another word?"

1629 Semenič, 2011, S. 5.

1630 Indirekter ist ein solches Vorgehen, wenn aufgrund von Krebskrankheit prophylaktisch oder bei Schönheitsoperationen Brüste ganz entfernt oder bis zur Unkenntlichkeit verkleinert oder vergrößert werden. Semenič spielt in *seven cooks* darauf an, wenn von Brustkrebs primitiv als Strafe Gottes gesprochen wird und eine der Köchinnen, die beleidigte, sagt, S. 83: „if they don't lose their heads, they lose their tits".

1631 Vgl. Semenič, 2011, S. 14: „VLADIMIR: there/sacrificing cattle i spart of our identity".

1632 Vgl Semenič, 2011, S. 16: „BOGOMIR: mister minister/form also matters/ius primae noctis is a ritual which anchors/I'd say/anchors, yes/which ancors the matrix of our community".

was/I don't even remember".[1633] Die Sichtweise dieser Kriminellen, die an die Macht gekommen sind, ist tatsächlich die, dass das Volk unkultiviert, skrupellos und undiszipliniert ist, weil zu wenig Steuern eingenommen werden können, weil es nicht genug Schlägertypen und zu wenig Hochzeiten gibt, sodass auch die ‚Erstnächte' der Herrscher rar geworden sind. Sie ‚müssen' ihren Status schützen, z.B. durch das „jus primae noctis"[1634], wie nicht nur Bogomir, sondern auch Herrscher Vladimir deutlich macht: „I'm the fornicator maximus/I should think I deserve a fresh body/now and then" – Fornicator maximus klingt mächtig und wichtig wie ein Titel, heißt übersetzt allerdings ‚größter Hurenbock'. Das Ritual und Recht auf den „frischen Körper"[1635] einer Jungfrau direkt in der Hochzeitsnacht, soll nicht verändert, abgeschwächt oder gar abgeschafft werden, das ist bei Bogomir mit dem oben genannten heftigen vandalistischen Ausbruch verbunden.[1636] Ob er gegen eine Wand oder einen Tisch schlägt oder einen Stock, falls er einen solchen hat,[1637] auf den Boden schlägt, wird von der Regieanweisung zur Wahl gestellt. Zentral ist die Angst vor dem Status- und Machtverlust, die aus eklatantem Mangel an alternativen Verhaltensformen und Lebensinhalten sowie Regierungsinkompetenzen zur Gewalttätigkeit führt.

Im Anschluss daran sind die ‚üblichen' Kriegsopfer den Herrschenden eine Nachricht im Nebensatz wert, wobei es nur lapidar um die Quantität im Verhältnis geht, im Stil von „a few casualties on our side, more casualties on their side".[1638]

Expliziter wird Folter anhand der drei Töchter der Weisheit thematisiert. Diese müssen sadistische Torturen bis hin zu ihrer Ermordung für die Werte, die sie bedeuten und verkörpern, erleiden. Wenn die Wahrheit als erstes Opfer im Krieg stirbt, scheint sie eine Schwester der Weisheit zu sein und vor Be-

....

1633 Vgl. Semenič, 2011, S. 18.

1634 Vgl. Semenič, 2011, S. 17. Nach Schmidt-Bleibtreu, Wilhelm: *jus primae noctis. Herrenrecht der ersten Nacht*, Bonn 1988.

1635 Vgl. Semenič, 2011, S. 17.

1636 Vgl. Semenič, 2011, S. 16f.

1637 Vgl. Semenič, 2011, S. 16: „while he is saying that/bogomir, minister bogomir/hits the table/ or the wall/or maybe, if he's holding a stick, hits the stick on the floor".

1638 Semenič, 2011, S. 62.

ginn dieses Stückes, wie anzunehmen, bereits tot.[1639] Wobei es auch hier eine Überlagerung, ein Doppelbild gibt, denn was diese Personifikationen erleiden, erleiden auch Frauengruppen in den Jugoslawienkriegen. Codiert wird die Gewalt und das Vergewaltigen mit „sweat" bezeichnet.[1640] Zuvor Schweigen und danach Dunkelheit, und wieder Schweigen, denn Weisheit kann nach den Mehrfachvergewaltigungen, die ihren Töchtern zugefügt wurden, nicht über deren Kindheit sprechen.[1641] Aber dass sie nicht sprechen kann, kann sie immerhin sagen. Da sie nicht gehört wird, ist dieses Nicht-Sprechen ihr Kampf.

Die Macht bleibt insofern auf der weiblichen Seite, als die drei Töchter mit 15 Schlägertypen in Schach gehalten werden und noch entscheiden können zu kooperieren. Der Herrscher würde sie gerne auf seine Seite bringen und er ist es, der eine Bestätigung hören möchte,[1642] während die Liebe mit Leidenschaft spricht, Widerstand leistet und u.a. nach der Definition von Staat fragt, die Legitimität des Herrschers in Frage stellt.

Anschließend, als Liebe die Kraft fehlt, Vladimir oder einen seiner Minister oder Schläger auch nur anzuspucken, kommt trotzdem als Reaktion von ihr ein „I don't think you want to hear"[1643] – und es wird im folgenden Text deutlich: Das Schlagen ist ein Ausdruck von Hilflosigkeit; es ist das Einzige, was die Schläger in der Hand haben. Doch da im Stück selbst mit Verweis, dass es kein Partisanenfilm sei, die Frauen nicht spucken, sondern schweigen, bleiben sie

---

1639 Ganz gleich, ob dieses Wahrheit-erstes-Opfer-des-Krieges-Zitat aus der griechischen Antike, von Aischylos, oder Samuel Johnson, 1758 oder von Senator Hiram Johnson, 1914 stammt [vgl. Calließ, Jörg (Hg.): Das erste Opfer eines Krieges ist die Wahrheit *oder Die Medien zwischen Kriegsberichterstattung und Friedensberichterstattung*, Loccum 1997, S. 9], es ist ein Gemeinplatz geworden und wird als geflügeltes Wort bezeichnet sowie als Journalist*innenweisheit relativiert. Es ließe sich nach „Die Wahrheit ist das erste Opfer des Krieges" anfügen: „Frauen sind das zweite".

1640 Semenič, 2011, 13 Mal auf S. 48.

1641 Semenič, 2011, S. 49.

1642 Semenič, 2011, S. 58: „have you decided?", „are you going to say something?"

1643 Die englische Version lässt offen, ob „Sie" oder „Du" eingesetzt werden soll. Hier wird angenommen, es ist mit dem Siezen für die Aussage des Stückes für die Zuschauenden wirksamer, weil das Verhältnis dann seitens der Werte nicht so vertraut klingt.

die Stärkeren.[1644] Das Schweigen provoziert so stark, dass sie geköpft werden. Mit dem Köpfen, einer Art Kastration, dem finalen Entfernen des Kopfes als gesamte Potentialität des Sprechenkönnens, wird klar, wie angegriffen und schwächlich die Machtmissbraucher sein müssen. Nachdem den Frauen ihr Leben und – ohne Köpfe – ihre Identität genommen worden ist, müssen die Spuren im Fluss beseitigt werden, die Täter sollen keinesfalls gesehen werden: „and be careful that no one sees you".[1645] Diese Sprache ist keine der Macht, sondern zeugt von Unrechtsbewusstsein und Angst, gesehen zu werden. Die Leichen werden jedoch nicht nur im Wasser gereinigt, sie werden vom Volk zu Heiligen erklärt und insofern unsterblich. Unfreiwillig verleihen die auf ihr jetziges Leben fixierten Machtmissbraucher ihren Feinden einen zeitlos mächtigeren und mythischen Status, auf den bei der Macht durch Frauen und Männer zurückgegriffen werden könnte.

Wenn die Hauptfigur am Ende ein letztes Mal ansetzt, ihren Namen zu sagen, entspricht dies dem Augenblick, der im Sprachlosen seine Eigenheit hat. Ob Weisheit beim Aussprechen ihres Namens die Augen erstmals öffnet bzw. aufreißt, oder ein Messer zückt und erfolgreich verwendet oder ruckartig einen Vorhang wegzieht, bleibt in der Schwebe des Moments.

8.5   Komik, Ironie, Humor – hier?!?

Das Theaterstück setzt aus dem Bereich des Komischen mehreres ein: Das Unschuldigste ist das Kinderlachen, wenn diese Figuren in den Pfützen spielen,[1646] obwohl die Regenpfützen nach dem Gewitter so schnell austrocknen wie der Schlamm nach dem Regen und das Blut während der Folter.[1647] Das Kinderlachen hat auch wenig mit Komik zu tun, wie auch das böse Lachen der

---

1644   Semenič, 2011, S. 57: Dies sind Worte von Weisheit, aber auch halbe Regieanweisungen: „if this were a partisan movie, hope would have spat at him now/but this is not a partisan movie/it's a fairytale/taking place many many years ago/and far far away".

1645   Semenič, 2011, S. 60.

1646   Semenič, 2011, S. 12.

1647   Semenič, 2011, S. 12, 18, 59.

perfid-sadistischen Herrscherfigur, die um die Macht ihrer subtilen Gewalt weiß; böser als die Geräusche der offen-brutalen Gewalt ihrer Schlägertruppe. Mit dem Mittel der Ironie und Übertreibung oder Verzerrung „können politische Konflikte auf fatale Weise entschärft werden, indem sie in einen ästhetischen Rahmen"[1648] eingefasst werden, aber hier werden die Gedankenfiguren der Ironie und des Zynismus im Unterton der Herrschenden gezeigt. Die Figur Liebe macht dieses aneinander Vorbeireden deutlich, wenn sie fragt, ob man über dieselbe Freiheit spreche und was sie koste. Sie demonstriert ihr Wissen über die Zustände und, dass sie für Korruption nicht empfänglich ist; sie macht sich einen Feind bzw. ist undiplomatisch, aber integer und dem Volk gegenüber loyal.[1649]

Die Momente im Gang der Handlung, die amüsiertes Lachen beim Publikum auslösen könnten, bestehen bei der homosexuellen Anspielung zwischen den Ministern, dem Lachen der Schläger beim Quälen, dem Lachen des Herrschers, dem Mitlachen seines Untergebenen, der bei diesem bloßen Mitlachen durch den Herrscher gebremst wird, und Branimirs Witz, dass aufgrund der Kriegsbereitschaft im Volk das Einnehmen von Steuern kein Problem mehr sei: „those who can, take up weapons, while the others are donating all of their possessions to/the army/the tax policy is no longer problematic/if you allow me to make a joke despite of the difficult situation".[1650]

Bogomir wiederholt sich oft, schier stotternd und selbstentlarvend, was Komik erzeugt. Er bleibt gerne vage, sagt aber selbst über Worte, sie seien redundant: „BOGOMIR: yes, well, I didn't mean to say any such thing/there is no need/I mean/I mean to say/in some cases/I would say/words are redundant/among people/I mean/such as me and you/I mean/if you know what I mean".[1651]

Die lateinische Bezeichnung „fornicator maximus"[1652] zeigt, wie solche Charaktere lächerlich und lachhaft sind, auch wie Wahrheit euphemistisch verfremdet werden kann; nur bedarf die Formulierung unter Umständen im Theaterprogramm der Erklärung.

....

1648 Warstat, Matthias: *Politisches Theater*, in: Fischer-Lichte et al., 2012, S. 72.

1649 Vgl. Semenič, 2011, S. 41.

1650 Semenič, 2011, S. 62.

1651 Semenič, 2011, S. 5.

1652 U.a. Semenič, 2011, S. 17, 54.

Einzig die Figuren Weisheit und besonders Hoffnung und Liebe sind geistreich, wenn sie feststellen, dass der Staat sehr armselig sei, und alle ernsthaft in Gefahr, so wenn er sich aus diesem Schlagen, Foltern, Vergewaltigen, Auspeitschen etc. heraus konstituiere.[1653] Liebe operiert mit der Doppeldeutigkeit des Wortes „fucked" sowie „state". Sie wendet dieselbe Methode an, wie die Herrschenden, indem sie die Codewörter aufgreift und im Subtext provoziert: „BOGOMIR: again, it depends on you/ if you are willing to cooperate... HOPE/ with the state? BOGOMIR: right, with the state/ HOPE: first explain state/ [...] HOPE: you will have to explain state/is it the thing that was screwing me all night long? *and then another one hits her* LOVE: that thing was a pretty poor part of the state *hits her/and love laughs/laughs in tears and cries in laughter".*[1654] Zu dieser zynischen Erkenntnis gehört eher ein verzweifeltes Lachen, das zugleich ein Weinen ist. Sie befindet sich zwischen Verzweiflung und Wahnsinn. Alles andere an Bühnengeschehen ist fern von Humor und Komik: „and he is laughing/laughing at his wittiness/minister bogomir feels a sense of humour to be essential/minister bogomir is proud when he has a sense of humour/therefore he is laughing",[1655] „bogomir laughs, because he has a sense of humor";[1656] „they cut off their breasts, they laugh, because they have a sense of humor".[1657] Es

1653 Semenič, 2011, S. 57: Liebe sagt: „if that was the state, we are severely fucked", das sich höflich mit „dran sein" oder „in der Tinte sitzen" ins Deutsche übertragen lässt, während im Serbokroatischen und Englischen mit „fucked"/„najebali" die sexualisierte Gewalt-Komponente enthalten ist. Diese bezieht die Vergewaltigungssituation mit ein, aber zugleich ist auch die metaphorische Ebene sehr klar. Die fehlenden Regieanweisungen ersetzt auch hier, wie im gesamten Stück, in homodiegetischer Weise die Figur *Weisheit*.

1654 Semenič, 2011, S. 56. Hüttinger schreibt hierzu, 1996, S. 106: „Verbindet man das Lachen eigentlich mit Freude und Heiterkeit, so ist es gerade das Umfeld des Todes, in dem oft gelacht wird. In der größten Not, der größten Katastrophe, in der der Mensch keine Lösung mehr sieht und sich nicht mehr zu helfen weiß, lacht er.". Zudem ebd. S. 129: „Die Verdrängung von Leiblichkeit und Geschlechtlichkeit vor allem seit dem 18. Jahrhundert, die mit der Verdrängung des Lachens einhergeht, hat ihre Ursachen im Versuch, damit auch den Tod zu verdrängen. Negiert man Körper und Sexus, so leugnet man damit auch Verletzlichkeit, Krankheit, Alterungsprozeß und den Tod des Menschen. Lachen, das sich als Ausdruck sowohl für Körper wie für Sexus präsentiert, muß aus dem Bewusstsein ausgeschieden werden, will man die eigene Sterblichkeit vergessen."

1655 Semenič, 2011, S. 56ff.

1656 Semenič, 2011, S. 58.

1657 Semenič, 2011, S. 59.

© Frank & Timme   Verlag für wissenschaftliche Literatur

handelt sich um ironische Sprachverwendung, wenn Weisheit Bogomir, dem Herrscher und den folternden Schlägern allen angeblich einen Sinn für Humor zuspricht, den diese auch für sich reklamieren würden, während sie sadistisch Übergriff, Körperverletzung, Folter und Mord betreiben.

Wo Erbarmen gefühlt werden und „gefühllos" als Wort vorkommen sollte, wird erneut ironisch „Sinn für Humor" eingesetzt: „WISDOM: then they take knives/then they cut off faith's breasts/then love's/and last, hope's, hope, who doesn't feel anything anyway/they cut off their breasts, they laugh/because they have a sense of humour/and then/then they rub salt into their wounds/ slowly/thoroughly/and then/I hear/I hear love mumble/salt is life/and then I don't follow anymore/cries mingle with laughing and crying/and I don't know anymore who laughs and who cries".[1658]

Die wiederholt ironische Codierung, – denn Sadismus ist nicht Sinn für Humor –, entlarven das Phrasenhafte und die Nichtexistenz von Mitgefühl bei den Folternden. Allen ist klar, dass es nicht stimmt: Deutlich wird das besonders, wenn Bogomir versucht, seine Fassung nicht zu verlieren bzw. zu ihr zurückzufinden, aber in der „red orgy [...] bloody orgy" und dem „sweating in jets"[1659] der Gruppe seiner Schläger verschwindet, bis er wieder Ausführender von Befehlen wird: „that will do".[1660] Es reicht aber nicht, die Schmerzgrenze ist zwar erreicht, aber das Äußerste steht noch aus, die Ermordung von Vertrauen, Liebe, Hoffnung, denn die drei Töchter sind zu stark.

8.6   *whilst/wisdom* – Fazit

Wer die Gewaltverhältnisse, z.B. Unterdrückung, in sog. ‚Friedenszeiten' leugnet, hilft, sich schleichend daran zu gewöhnen.[1661] Die Folge ist, dass die

....

1658 Semenič , 2011, S. 59.

1659 Semenič , 2011, ebd.

1660 Semenič, 2011, S. 60.

1661 Ein Land als Beispiel: Vgl. *Lateinamerika-Nachrichten*, 2016, S. 40–45. Der „kalte Putsch" an Rousseff, die vom 01.01.2011 bis zum 31.08.2016 Brasiliens Präsidentin war; es gab keine einzige Ministerin mehr und das Frauenministeriums wurde geschlossen zeitgleich mit der ungesühnten Massenvergewaltigung einer 16-Jährigen in den Favelas.

Gewaltbereitschaft in Krisenzeiten steigt. Insofern ist das Aufdecken von Gewaltanwendungen, und sei es ‚nur' auf der Bühne, außerhalb einer expliziten Kriegszeit eine Frieden fördernde Maßnahme.[1662]

Dieses Stück zeigt das ‚große Ganze', die korrupten und machtgierigen Herrscher, die letztlich ihrer Position unwürdig sind, da sie willentlich ihr Volk mit gezielter Steuererhöhung erstens arm machen und zweitens dann den Unmut auf äußere Feinde lenken wollen und willentlich Krieg herbeiführen. Eine Rebellion des Volkes, das in großer Armut lebt und dem ein immer größeres äußeres Feindbild aufgebaut wird, kann verhindert und ein Krieg gegen die Feindbilder begonnen werden. Die Wichtigkeit von bereitwilligen Propaganda-BotschafterInnen und Sprachrohr- bzw. Papageien-JournalistInnen wird deutlich, da diese die Hassbotschaften übers Land verkünden sollen: „I sent the messengers immediately/to every house, milord/everybody knows the barbarians have murdered three young girls in cruel fashion".[1663] Und: „minister bogomir has fixed things as he should/news of the river martyrs has travelled like lightning, as one might say".[1664]

Vladimir und die anderen Männer-Figuren bei Semeničs *whilst/wisdom* können im Gegensatz zu den Frauen nur Herrschende sein, kennen keine Augenhöhe. Solche Herrscher und solche Minister brauchen ferner bereitwillige Schlägertruppen, um nicht zu sagen, sadistisch-perverse Paramilitärs,[1665] weil eine Person, ein Mann in diesem Fall, alleine nicht systematisch-zahlreich bis massenhaft vergewaltigen kann und das Kollektive die Umsetzung der Gewalt eher gewährleistet.[1666] Das Delegieren ist einerseits aus praktischen Gründen nötig, zweitens geben sie dann auch die Verantwortung auf andere mit ab.

....

1662 Vgl. Gronemeyer, Marianne: „Gewalt und menschliche Grundbedürfnisse", in: Dirks/ Kogon: *Frankfurter Hefte. Zeitschrift für Kultur und Politik. Sonderheft. Anpassung und Widerstand heute*, 34.Jg., Nr. 4, 04/1979, S. 14.

1663 Semenič, 2011, S. 61.

1664 Semenič, 2011, S. 63.

1665 Insofern als Brüste abgeschnitten und mit Salz eingerieben werden, was Berichten von (Kriegs)verbrechen zur Zeit der Jugoslawienkriege entspricht – als Beleg lassen sich Gespräche und Berichte beim pitchwise-Festival im September 2009 in Sarajewo anführen.

1666 Die Schlägertypen bringen die drei Gefangenen auf die Bühne, diese sollen kooperieren, verbal einwilligen mitzumachen, weigern sich wort-kämpferisch, werden gefoltert und ermordet, oder dies wird projiziert oder abstrakter bzw. ganz anders inszeniert. Die Regie-

Bei diesem Stück gibt es insofern Parallelen zu Sophokles' *Antigone*,[1667] als eine Schwelle zwischen Frauenmacht und Patriarchat zu erkennen ist, bei der sich das Patriarchat im „Krieg der Geschlechter"[1668] „Platz verschafft", indem „die Tochter von ihrer Mutter und allgemeiner von ihrer Familie getrennt"[1669] wird, hier sich die Töchter mit dem Herrschenden im Konflikt befinden. Darin zeigt sich ein antikes Muster: Vom Schmerz zur Wut, die zu einer sich wiederholenden Starre[1670] und zugleich zur Handlung formt, die Abschottung bedeutet. So wie Hekabe sich in ein Gewand hüllt, Niobe zu Stein erstarrt und Demeter sich in ihren Tempel zurückzieht, so geht Weisheit in eine innere Emigration. Jedoch ist dem archaischen Muster zufolge zu vermuten, dass sie weiterlebt, abwartet und auf tödliche Rache sinnt.[1671]

Ihr Körper ist auch der Platz, an und in dem sich vieles ereignet: Erstens, da Weisheit schweigt, zweitens, weil Folter und Mord an den Töchtern ge-

---

anweisungen machen keine Vorgaben. Denkbar wäre auch jede der drei Gefangenen mit mehreren Personen darzustellen, die dann jeweils in eine Farbe gekleidet sind-dies würde die Menge der Frauen optisch verdeutlichen.

1667 Sophokles: *Antigone. Tragödie*, Stuttgart 2013.

1668 Irigaray, *Genealogie der Geschlechter*, 1989, S. 18f: „Welcher Natur sind die Gesetze, die Antigone respektiert? Es sind religiöse Gesetze, die die Bestattung ihres in einem Krieg zwischen Männern getöteten Bruders betreffen. Sie sind gebunden an kulturelle Verpflichtungen gegenüber dem Blut der Mutter, Blut, das die Brüder und Schwestern in der Familie teilen und dem gegenüber es Pflichten gibt, die im Übergang zur patriarchalischen Kultur mit Verboten belegt werden. Diese tragische Episode im Leben und Krieg der Geschlechter stellt einen Übergang zum Patriarchat dar, das der Tochter verbietet, die Blutsbande mit ihrer Mutter zu achten. In spiritueller Hinsicht haben diese religiösen Charakter, sie verbinden sich mit der Fruchtbarkeit der blühenden und Früchte tragenden Erde, sie beschützen die Liebe in ihrer körperlichen Dimension, sie wachen über die weibliche Fruchtbarkeit in oder außerhalb der Ehe (je nachdem, ob es sich um das Reich von Demeter oder Aphrodite handelt), sie sind mit Perioden des Friedens verbunden."

1669 Irigaray, 1989, 19. „Wenn sich das Patriarchat Platz verschafft, wird die Tochter von ihrer Mutter und, allgemeiner, von ihrer Familie getrennt."

1670 Vgl. Loraux, Nicole: *Die Trauer der Mütter. Weibliche Leidenschaft und die Grenze der Politik*, Frankfurt am Main/New York/Paris 1992, S. 58: „Schmerz und Zorn werden zusammen zu Mēnis, die dauert, sich wiederholt, fürchterlich und endlos ist."

1671 Loraux, 1992, S. 63f., 67f. Die Frauen schreiten zur Tat, sie töten zumeist ihre Söhne oder den Mann. Loraux, ebd., S. 67: „Medea tötet ihre vielgeliebten Söhne Jasons wegen." Loraux findet und belegt Regelhaftes, wie, dass niemals eine Mutter ihre Tochter töte. Ebd., S. 64f: „selbst wenn diese Tochter Elektra heißt und Mutter und Tochter sich aus tiefstem Herzen hassen".

schehen und drittens, weil die Hochzeit von der körperlichen Anwesenheit der Weisheit abhängt.

So wie die Figur Weisheit die Zeugin für das Schicksal ihrer Töchter Liebe, Vertrauen und Hoffnung ist, sind die Zuschauenden hier Zeug*innen des Bühnengeschehens, als solche werden sie angesprochen und können sich dieser Aufgabe kaum entziehen.[1672] Der Titel *whilst i almost ask for more or a parable of the ruler and the wisdom* enthält zwei Hinweise für einen Bezug zu den Zuschauenden: Weisheit äußert sich in Ich-Form – wenn dies nicht selbstreflexiv ist, richtet es sich an die impliziten Lesenden bzw. Zuschauenden.

Mit dieser Parabel werden die Zustände im totalitär-korrupten Staat mit seinem Aufbau einer Zwangsherrschaft erklärt und in Bezug gesetzt. Mit Bedacht setzen die Macht habenden Männer kultivierte Sprache ein, haben aber keine Skrupel. Sie sind um die äußere Wirkung und das Einverständnis der Unterworfenen – eine gewisse pro forma-Legitimation – eine gut-manipulierende Geschichte für die Massen bemüht, aber dahinter befindet sich rohe Gewalt, niederträchtigste Hinterhältigkeit und Inkaufnahme vieler Toter.[1673] Für einen höheren Grund und Sinn, für die Ehre, die Nation und die Zukunft, für die Gerechtigkeit, den Fortschritt wollen die Kriegstreiber offiziell Krieg führen.[1674] Aber eigentlich führen sie ihn nicht selbst und für ihre drei kritischen Bereiche: regressive Steuerverträge, Willkür ihres Unterdrückungsapparates und die Privatisierung der natürlichen Ressourcen unter ihrer Hand.[1675] Die Machthaber wenden dies ungeachtet dessen an, wie sehr sie versuchen, es zu verdecken, aus Respektlosigkeit dem Leben gegenüber und aus Machtgier. Sterben wollen sie selbst nicht. Die Töchter der Weisheit zeigen ihnen allerdings auf, dass sie mit ihrem Leben auf dieser Welt ohnehin eher gestraft sind, haben sie doch sonst nichts Wertvolles an sich, während die Töchter der Weisheit, vom Volk

....

1672 Vgl. Bühler-Dietrich, Annette: „Kein Theater der Ein-Sicht", in: Balme/Fischer-Lichte/ Grätzel (Hg.), 2003, S. 170f: „Der Zuschauer wird so zum Zeugen eines Textes, den seine Anwesenheit sowohl bezeugt als auch erzeugt.", S. 171: „Als Bezeugen ist die Rezeption infektiös, da sie auf die Notwendigkeit der Weitergabe des Zeugnisses verweist."

1673 Vgl. Canetti, 1998, S. 162: „Der Krieg, der zu seiner Entfachung sich eines einzigen oder weniger Toter bediente, führt zu einer gewaltigen Zahl von ihnen."

1674 Vgl. Semenič, 2011, S. 9.

1675 Vgl. Semenič, 2011, S. 11.

geachtet, in dieser Welt und in der jenseitigen einen namhaften Wert haben. Sie gehen nicht namenlos unter, sondern bleiben präsent. Ihr Über-der-Gewalt-Stehen bleibt nicht auf der Oberfläche, sondern geht durch Mark und Bein, vor allem wenn eine Inszenierung mit Zeigen und Hören der Folterqualen operiert. Aufgrund der Beschreibung, dass das Volk sie gleich als Flussmärtyrerinnen tituliert hat, weicht ihre Existenz und ihr Tod die Machtstrukturen auf, vor allem, falls die Wahrheit ans Licht kommen sollte.

Korruption, illegale Machtsicherung, Geltungssucht werden unter dem verbalen Mantel der Tradition und Kultur gepflegt und geschützt, Hunger ab- und umgewertet: „BOGOMIR: the people are hungry/hungry, hungry/who isn't hungry/everybody hungers for something, it's human, it's natural".[1676] Auch das Ausnutzen des Hungers ist kriegstypisch.[1677] Die Morde widersprechen deutlich der Moral, die Massivität der ungerechten Verhältnisse wird deutlich.[1678] Diese propagandistische Lüge, wie einige andere, zeugt von Sarkasmus und Zynismus. Es wird eine Täterherrschaft gezeigt, die „das Gedenken zur Staatsaktion erklärt",[1679] weil es alles kontrollieren will. Würde dabei überhaupt Scham entstehen, wäre dieses Gefühl schwer darstellbar. Die Heirat zwischen der aristokratischen Weisheit und dem Machtherrscher ist keine Versöhnung, sondern eine gesellschaftliche Falle, insofern sie eine Konvention ist, die zwar erfüllt wird, mit der es jedoch letztlich um mehr Machtspielraum geht.[1680] Das

....

1676 Semenič, 2011, S. 12.

1677 Dies findet sich auch bei Kane, aber nur angedeutet, nicht dargestellt, nicht mit Inszenierungsauftrag verknüpft, als Cate mit Essen wiederkommt, während ihr Blut die Beine hinunter rinnt.

1678 Lehmann, 2017, S. 29: „in manchen der heutigen Theaterformen, kommt Politik vor, auch als Geste von Solidarität. Das Theater funktioniert aber erst da, wo es genau das zum Problem macht. Man findet sich in einem falschen Konsens mit dem Publikum. Für das Gute gegen das Böse sind wir alle."

1679 Sofsky, 2002, S. 212f.

1680 Auch eine Rebellin wie Phoolan Devi kann in der Gruppe, in der sie Baditenanführerin ist, zunächst nicht ganz ohne einen Mann, Vikram oder Man Singh, auskommen. Als sie ohne auskommt, lebt jedoch die Fama weiter, dass sie nicht die absolute Anführerin ist und ihre Entscheidungen mit ihm bespricht. Vgl. DVD-Dokumentarfilm von Quinte, 1994, in: Baer/Dellwo, 2012.

Geschlechterverhältnis ist zerrüttet, teilweise auch das Generationenverhältnis und das Vertrauen in Vertreter von Institutionen und Staaten.[1681]

Das Stück endet nicht mit dem einwilligenden „I do" von Weisheit, sondern mit der Fähigkeit und Stärke, dass sie endlich ihren Namen sagen kann.[1682] Das Nennen des Namens birgt die Kraft des Widerstands, eine ErLösung, ihre Individualisierung. Wer schweigt, aber nicht verschweigt, ist noch unschuldig. Die Figur wird mit ihrem Namen sehr bald handlungsfähig. Hinter diesem Aussprechen am Ende ist ein Wille zum Überleben, der „fast" verloren gegangen wäre, der „fast" der Macht der Herrschenden zum Opfer gefallen wäre. Dieses Beinahe, das sie zuvor immer wieder an den Rand des Mitläufertums bringt, ist der Zwischenraum, in dem sich Energie für einen neuen Anlauf nehmen lässt. Weisheit geht nicht unter, sie steht gezwungen neben dem Gewaltherrscher und sagt „Ja" dazu, an seiner Seite zu sein und ihn nicht aus den Augen zu lassen. Dass sie zuvor nicht eingreift, nicht die Kraft und Stärke findet, zeugt nicht von einer ursprünglich vorhandenen streitbaren und kämpfenden Energie. Sie ist eine Adelige. Die Aristokratin wird als positive Figur gezeichnet, edelmütig und als gütige Mutter, allerdings Witwe und zu distinguiert für die zum Teil sehr rohe Gewalt. Der Herrscher ist von der Blaublütigen abhängig, er hat die Ehe nötig, die Vermählung, er kann nicht auf sie verzichten. Das ist ihre Macht, die sie aus dem Hintergrund wieder in den Vordergrund bringt, nicht indem sie hinter ihm steht, nicht an seiner Seite und nicht, indem sie sich wie schützend vor ihn stellt, sondern ihn überschattet, ablöst und zur Randfigur macht. Alles Weitere muss spekulativ bleiben: Bei ihrem „Ja" könnte Weisheit den Freitod wählen oder, wie die Attentäterin bei Sajko, den Herrscher mit in den Tod nehmen. Vorstellbar wäre außerdem, dass sie sich machtvoll enthüllt, falls sie zuvor verhüllt war, wie Abramović

....

1681 Semeničs Herrscher Vladimir in *whilst/wisdom* kann in Zusammenhang gesehen werden mit dem Familienvater bei Marković wegen dessen Spitznamen Knez/Fürst, der auf eine Herrscherposition verweist, die politisch-militärisch ist.

1682 Vgl. Gržinić, Marina: „Cyberbodies² or more stories about the political of the cyberspace", in: *Pavilion. Bucharest Journal for politics and culture/# 14. Special issue: Biopolitics. Necropolitics. De-coloniality*, Bukarest 2010, S. 92: „To make a mistake is to find a place in time. A mistake is like a wound in the image, it is like an error in the body. This is a situation of producing a gap, a hiatus, where we can insert only a proper body, but an interpretation."

das archaische Brüstezeigen aufgreift,[1683] und Weisheit den Herrscher einer Gorgo gleich sterben lässt.[1684] Sobald sie konkret und sichtbar ist, kann sie nicht als überhöhtes Ideal oder Projektionsfläche herhalten, sondern ist ihre eigene Herrin. Der enthüllte Körper könnte ein heiler, aber auch ein deutlich geschundener sein. Das bleibt offen, ebenso wie es danach weitergehen kann; ob die Macht von Frauen[1685] und Werten wie Weisheit, Liebe, Vertrauen und Hoffnung zurückerobert werden kann.

8.7   5jungs.de. stück für fünf schauspielerinnen mit prolog und epilog, 2008 – Inhalt, Struktur und Zeit

Das Stück 5jungs.de liegt auf Deutsch und Englisch vor und zeigt fünf Jungen, die ,nur' spielen wollen. Doch in den Spielen offenbaren sich die Gewalt im Alltag, Kriegsalltag und familiäre Verhältnisse. Zudem wird die akustische und visuelle Aufdringlichkeit der Gewalt gezeigt, mit der das Gewaltspiel der Jungen in Zeitdehnung erfolgt. Die Vorgabe problematisiert die Geschlechterfrage, insofern als Schauspielerinnen die fünf Jungen spielen sollen. Die Schauspielerinnen sind durch die spielenden Jungen ebenfalls Helden und Herrscher auf Zeit und im Kleinen, bis sie nach Hause müssen. Dies ist eine Auseinandersetzung mit der eigenen Persona und mit den Männern an sich und wie sie als Jungen sein können.

Das Stück beginnt mit einem Prolog und hat einen Epilog, die beide nicht als solche ausgewiesen sind. Im Prolog beginnen die Schauspielerinnen jeweils mit dem Satz „Ich spiele …"[1686] und nennen die Jungenfigur, die sie spielen. Darauf folgt eine Beschreibung ihrer Aktivitäten und ihres Treffpunktes, in der von ihnen in der dritten Person die Rede ist. Daran schließt eine Textpassage zu Zeit und Ort an sowie Angaben, unter welchen Bedingungen die fünf Jungenfiguren den

....

1683   Christian (Hg.), 2010, S. 178: *Balkan Erotic Epic, Massaging the Breast* (2005).

1684   Auch an Aktionen der *Femen* oder *Pussy Riot* ist zu denken.

1685   Das Konzept bzw. ein Experiment könnte lauten, Jelinek: *Ein Sportstück*, 2008, S. 118: „Ein Frauenstaat, in dem keine Männerstimme mehr gehört wird".

1686   Semenič, 2008, S. 2f.

Ort, eine verlassene Kaserne, aufsuchen und dort spielen. Es sind vier verschiedene Spielszenarien vorhanden, das Treffen der Jungen umrahmt und bildet den Hintergrund ab. Der Kampf von Superhelden, Schlägerei im Park und auf der Straße sowie häusliche sexualisierte Gewalt bilden die Basis der Szenarien. Indem jeder Junge seinen eigenen Film im Kopf zum Spiel hat, sind dies zusätzliche Handlungsorte, die in Dialog und Spiel mit den anderen übereinander gelegt werden. Die gesamte Spielszene hat bis zum Epilog fließende Übergänge, was unterstreicht, dass die Jungen den Zeitrahmen für jedes Spiel sehr flexibel gestalten.

Im Epilog kommen fünf kurze Ausblicke auf den weiteren Verlauf der Leben der fünf Jungen in deren Erwachsenenalter bis zum jeweils unterschiedlichen Ableben vor. Die Informationen zu den Lebensläufen sind spärlich und uneinheitlich. Es werden teil- und ansatzweise die Berufe, die Familienstände, Lebensorte sowie Todesalter und -umstände genannt: Blaž tritt glücklich konservativ in die Fußstapfen des Vaters, der Firmendirektor ist, heiratet und zeugt drei Kinder, davon zwei Söhne. Krištof begeht mit 23 Selbstmord, Denis stirbt im Schlaf. Bis zu seinem 83. Lebensjahr lebt er als promovierter Biochemiker im Ausland, das nicht näher spezifiziert wird. Seine Sexualität bleibt nicht im Verborgenen, wir erfahren, dass er zwar stets vom Familienstand her ledig bleiben wird, aber mit seinem Partner ein Adoptivkind hat. Vid wird Comiczeichner und nur 45 Jahre alt. Ohne Angabe einer Todesursache ist zu erfahren, dass er im Kreise seiner fünf Kinder stirbt, die er nach drei Ehen mit Frauen und einer Ehe mit einem Mann hat. Den Computerprogrammierer Jurij ereilt mit 27 Jahren ein brutaler Verkehrsunfall mit sofortiger Todesfolge. Auf der Heimfahrt nach einem erfolgreichen Bewerbungsgespräch kollidiert sein Auto mit einem Lastwagen.

In diesem Stück aus dem Jahr 2008 sind die fünf Jungenfiguren zehn und elf Jahre alt. Sie sind nach slawisch-orthodoxen Märtyrern benannt, die mit Enthauptungen ihr Leben ließen: Blasius, Georg, Dionysius, Vitus, Christoph. Sie treffen sich an einem Nachmittag am Wochenende zum Spielen an einem bestimmten Ort, nämlich einem verlassenen Haus, das sich nahe ihrer Schule im Stadtzentrum befindet. Bis auf Denis, der viel fernsieht und gerade eine Phase mit einer sehr negativen Sichtweise und wenig Lebenslust hat, sind alle recht wohl behütet, auch wenn Jurij seinen Vater nicht kennt und Vids Mutter gestorben ist, als dieser fünf Jahre alt war.

© Frank & Timme   Verlag für wissenschaftliche Literatur

Die Komik erwächst aus dem Konterkarierten. Sie zeigt sich unvermittelt im Kontrast dessen, wie die Aktivitäten der Nachmittage durch die Regieanweisung in der dritten Person beschrieben und wiederholt werden: „wenn sie sich nicht an schulaktivitäten beteiligen/auf wettkämpfen sind/oder bei wettbewerben/oder auf familientreffen/oder lernen müssen/hausaufgaben machen/ oder etwas dem genannten ähnliches/heute ist samstag nachmittag/nach dem mittagessen/und vor dem abendessen/keiner von ihnen hat einen wettkampf/ nicht einmal einen wettbewerb/ein familientreffen oder hausaufgaben".[1687] Die Aufzählung, die zunächst einen Eindruck von Reichtum an Möglichkeiten und Wichtigkeit vermittelt, zeigt in der Menge dessen, was gerade alles nicht stattfindet, die Leere und Langweile.

Der zehnjährige Krištof findet alles doof und entschuldigt sich oft für alles Mögliche, was den gleichaltrigen Denis, der Einzelkind ist, aber auch die beiden elfjährigen Vid und Blaž auf die Nerven geht. Rasend wird vor allem Vid, weil Krištof sich für seinen schlechten Geschmack entschuldigt und dazu als Beispiel JLA, Justice League of America, mal falsch, mal uncool ausspricht. Wenn er Heldinnen auftauchen lassen will, haben die anderen wenig Verständnis und Geduld. Ihre vielen guten und teils bösen Superhelden kommen u.a. in *Star Wars*, *Batman* und *Herr der Ringe* vor.[1688]

Blaž spricht oft Vid nach dem Mund, ist mehr oder weniger aggressiv und mag keine Mädchen. Diese bezeichnet er grundsätzlich als „weiber".[1689] Jungen, die ihm zu weich erscheinen, werden mit „tussen",[1690] „zicken"[1691] und

....

1687 Semenič, 2008, S. 3.

1688 Iron Man, Titanium man, Batman, Spider- und Superman, Radioactive Man, He-Man, Plastic Man, Sandman, aber auch Balrog, Darth Vader, Lex Luthor, Joker, Oktopus, Robin, die Orks, Saruman, Basilisk, Riddler, Aragorn.

1689 Semenič, 2008, dreimal auf S. 6, auch 9, 16.

1690 Semenič, 2008, S. 3f.: „BLAŽ: ihr nervt/wie richtige/kleine", Vid beendet den Satz mit „tussen" und Blaž bestätigt „ja/tussen". Dennis entgegnet: „weißt du was/du bist eine/tusse".

1691 Semenič, 2008, S. 6: „BLAŽ: stopp/stopp/stopp/leute/ihr seid ja echt solche/zicken/tut mir echt leid/und du/denis/hör auf mit dieser wonder woman rumzunerven".

„mädchen"[1692] betitelt. Daher mag er Denis nicht, der nach Jurijs „wir ham alle besiegt" entgegnet: „außer catwoman und poison ivy".[1693] Nach Blaž sind auch sämtliche Superheldinnen wie Catwoman, Wonder Woman und Poison Ivy verboten.[1694]

Beschimpfungen und Beleidigungen sind häufig, wobei Blaž, Vid und Denis eher austeilen, während Jurij und Krištof vermittelnd, höflich und defensiv sind.[1695]

Das Vater-Mutter-Kind-(Rollen)Spiel, das die Jungen zusammen spielen, ergibt zunächst keine Konflikte in der Hierarchie der Jungen. Die Rollen werden verhandelt und gelten als austauschbar, wobei Blaž sofort Vater sein will.

Die Familie, die sie spielen, ist patriarchal, jedoch ist der Erziehungsstil der Mutter autoritär und beinhaltet körperliche Gewalt. Es gibt keine Geschwisterfiguren, obwohl sie als Rollen im Spiel auftauchen: Ein kleiner Bruder und eine Schwester, die vor allem Tochter ist. Der Ton gegenüber der Tochter ist vorwurfsvoll. Die Wortwahl ist beschimpfend und drohend. Die Mutter setzt ihre Tochter im Haushalt ein, ist zeitlich unter Druck und entmutigt sie bezogen auf das Lernen und ihr Selbstbewusstsein: „du beeilst dich nicht genug", „du kannst es deshalb nicht, weil du dir nicht genug Mühe gibst".[1696] Stattdessen verlangt die Mutter Gehorsam und verbittet sich Widerworte: „du widersprichst schon wieder/du widersprichst schon wieder/wirst du mir denn einmal gehorchen?/wirst du mir zur abwechslung einmal gehorchen?"[1697]

....

1692 Semenič, 2008, S. 23: Jurij sagt: „mir langts/die zwei/wie zwei/wie zwei/mädchen/ja/genau/ die nerven/wie zwei/wie zwei/mädchen".

1693 Semenič, 2008, S. 15.

1694 Zu ergänzen sind noch Batwoman, Bat-Girl, Invisible Girl, Arrowette, Supergirl, Fantomah und Black Canary, White Canary, Hawkgirl, SpiderWoman, Spider-Girl, Witchblade, Birds of Prey, Jessica Jones, Psylocke, The Wasp, Scarlet Witch, She-Hulk, Dazzler, Elektra, Black Widow etc. – siehe Liste in: superheldenkino.de/superhelden-wiki/superheldin-weibliche-superhelden/, Stand: 03.08.2020.

1695 Vgl. Semenič, 2008, S. 23: „Schwuchtel", und S. 4: „Arschloch" fallen als Schimpfworte offensichtlich nicht dramatisch ins Gewicht, sondern gehören zur Kommunikation wie selbstverständlich dazu.

1696 Semenič, 2008, S. 19.

1697 Semenič, 2008, S. 20.

Der kleine Bruder spielt mit Autos, wobei er mit seiner Stimme das Motorengeräusch brummend nachahmt, während der ältere Bruder versucht zu lernen. Der Ältere ist für die Mutter vorbildlich, das spaltet die Geschwister. Blaž, der sich bereits aus dem Off eingeschaltet hat, um der Mutter vorzuschlagen, die Tochter zu schlagen, spricht im Spiel wie ein Souffleur, der den Text einer Mutterfigur einspricht, wie er sie sich – für das Spiel – vorstellt und sie für die anderen Jungen vorbestimmt. Sein Bild vom Umgang in der Familie ist gewaltgeprägt, was auf unterdrückte Aggressionen schließen lässt und auf negative Vorbilder in den Medien.[1698]

Der Vater kommt von der Arbeit und soll ganz bewusst nicht zwischen den drei Kindern und der Mutter ein Machtwort sprechen, sondern er kommt, als bereits alles wieder geklärt ist. Da ihm nicht einmal diese Aufgabe zufällt, verliert er seine Fassung und wird zu einem saufenden, prügelnden und vergewaltigenden Ehemann.

Die zwei Spiele im Anschluss – Homosexueller outet sich vor Vater und trifft mit Freund im Park auf Neonazis sowie Krieg – gehen nahtlos ineinander über. Die Begegnung mit den Nazis mündet in eine wilde und ungezügelte Schießerei, bei der auch noch Orks und Hare Krishnas in maßloser Menge eine Rolle spielen. Das Spiel ist erst aus, wenn und weil alle tot sind, zugleich beendet die kirchliche Tagesstruktur mit dem Geläut auch das Spiel und mahnt an die Alltagsrollen Sohn, Enkel etc. sowie häusliche Verpflichtungen.

8.7.1 Figurenkonstellationen

Die fünf spielenden Jungen inszenieren sich auf dem Kriegsschauplatz ihrer Helden als Sieger oder Verlierer. Wir lernen Jungen durch ihr Spiel miteinander und ihre Vorbilder kennen: „Children and young adults read comics, collect them, and think a good deal about the adventures they have. So these paper heroes are much more important than we might imagine. When you know a person's heroes, you know a great deal about him."[1699]

Wir erfahren damit viel über ihr Selbstbild und Verhältnis untereinander sowie zu ihrer Familie. Das müssen nicht amerikanische Superhelden oder ihre

....

1698 Semenič, 2008, S. 70ff.
1699 Berger, A.A., 1993, S. 118.

Abziehbilder[1700] sein, Denis, Krištof und Jurij sollen oft Rollen übernehmen, die ihnen nachvollziehbar nicht gefallen, teils nur vorgeblich nicht gefallen, aber es gelingt ihnen immer wieder, diese abzugeben, zu verändern oder zu verweigern bis hin zur kompletten Aufgabe des Spiels. Sie inspirieren sich nur bedingt gegenseitig, eher werden Ideenreichtum, Anpassungsbedürfnis und Charakterstärke der Figuren im Vergleich miteinander demonstriert.

Von Distanz zueinander zeugt, dass die Jungen die Spiele am Ende nur durchsprechen und ankündigen, aber nicht innerhalb der fiktiven Rollen bleiben. Der Grund dafür liegt in mangelnder bzw. abgestumpfter Phantasie der Figuren, mangelndem Vertrauen einander gegenüber, mittlerweile reduzierter Spiellust oder eingeschränkter Freiheit und Stärke, sich aufs gemeinsame Spiel einzulassen, was an den immer kürzer werdenden Spielphasen in den vier Spielszenarien deutlich wird. Nachvollziehbar lässt sich im Spiel auch der Status zwischen den Figuren im Spiel ablesen. Der Vater kommt beispielsweise betrunken nachhause und will dann Sex mit der Ehefrau: „JURIJ: du bist meine frau/du musst mich ranlassen DENIS: verschwinde".[1701] Die spielenden Jungen stellen sich ein solches Eheverhältnis mit solch entwürdigender Wortwahl vor. Besonders Blaž gefällt ein solches Szenario, er schlägt vor: „jetzt muss er ihr die seele ausm leib prügeln".[1702] Krištof verwirft dies und ist sich sicher, der Vater gehe, nachdem er abgewiesen worden sei, ohne seine Frau zu schlagen, zur Tochter. Krištof tituliert die Tochter zunächst mit „Schwester"[1703] und verbessert sich, als Vid irritiert nachfragt, welche Schwester er meine. Krištof betont dreimal, dass der Vater zur Tochter gehe, obwohl Denis und Vid dies unlogisch finden, da die Tochter mit zwei Brüdern im selben Zimmer schlafe. So wie Krištof beschreibt, gehe das, weil die Brüder die Köpfe unters Kissen legen, und da er insistiert, liegt der Verdacht nahe, er spreche über diese Inzest-Spielidee aus eigener Erfahrung. Da dies für Vid „doof/fuck/wie doof ist das denn/hier ist ja gar keine action/das ist echt n doofes spiel" ist, wird die Szenerie mit

---

1700 In Kroatien hat beispielsweise eine Telefonfirma 2016 einen eigenen Superman namens Hrvatko kreiert, wobei die Endung eher verniedlichend ist, im Vergleich zu z.B. Hrvatac.

1701 Semenič, 2008, S. 38.

1702 Semenič, 2008, S. 39.

1703 Semenič, 2008, ebd.

© Frank & Timme Verlag für wissenschaftliche Literatur

einer neuen Konstellation betitelt: „dann spielen wir halt schwuchteln und neonazis".[1704]

Denis und Vid gelten oft „wie Mädchen", werden als „pussies"[1705] bezeichnet. Die unreflektierte Wortwahl der Figuren macht die Frauenverachtung offenkundig. Gesteigert wird dies durch die Bezeichnung „Schwuchtel",[1706] die in jeder der Spielvarianten auftaucht, vor allem im Superheldenkampf, der Familienszene und den Schwule-und-Nazis/Neonazis-Szenen. Im Spiel erscheinen die Homophobie, die Verachtung für Homosexuelle, wie auch Stereotype und Vorurteile. Sie können durch das Spiel kanalisiert und ausgetobt, Verhaltensvarianten durchgespielt werden. Die Plausibilität der verschiedenen möglichen Verhaltensweisen wird von den Jungen ebenso angesprochen wie die Informationen und Einstellungen der Eltern:

> „DENIS: was gibt euch das recht/diese zwei jungs zu verprügeln BLAŽ: herr polizist/das sind schwuchteln [...] BLAŽ: aber nee/mein papa sagt/ dass die schwulen schon überall sind/dass es so viele sind/dass es immer mehr werden/dass uns nicht träumen würd wie viele schwuchteln auf der welt rumlaufen/dass sie sich so tarnen/dass sie kinder ham und so".[1707]

Die Wiedergabe der Elternworte, deren Bandbreite von verständnisvoll über Äußern von Vermutungen bis hin zu massiver Ablehnung reicht, zeigt, dass die Jungen noch keine wirklich eigene Position haben. Sie begegnen sich auf dieser Ebene nicht inhaltlich. Insgesamt bleiben sie eine flüchtige Gemeinschaft. Vielleicht sind sie in ihrer Vorliebe für Computerspiele, wie der Titel des Stückes es betont, temporär vereint, aber einander nicht sympathisch; sie verhalten sich zueinander jedenfalls nicht empathisch. Sie spielen wie ,unter sich', bleiben unter sich, aber ohne tragende Freundschaft, was deutlich wird, wenn sie am

....

1704 Semenič, 2008, S. 40.

1705 Semenič, 2008, S. 23 (engl. Fassung), dt, S. 26: „wie zwei Mädchen", S. 60: „wie so Mädchen". Und ebd., S. 59: „DENIS: aber keine weiber, ja [...] VID: ohne weiber, ja".

1706 U.a. Semenič, 2008, u.a. S. 23, 53, 58.

1707 Semenič, 2008, S. 57.

Ende unvermittelt und ohne Verabschiedung nachhause gehen. Mädchen sind in ihrer Vorstellungswelt nicht willkommen, tauchen als Figuren nicht auf.

Das Spiel der Jungenfiguren ist in den Mutter-Tochter-Rollen nicht einfallsreich, sondern stereotyp. Die Mutter-Tochter-Rollen sind statisch angelegt und bleiben innerhalb des patriarchalischen Systems, das nachgestellt wird, vereinzelt. Die Jungen entwickeln in diesen Rollencharakteren keine neuen Handlungsperspektiven.

Zwischen den Jungen besteht, trotz aller Rollenwechsel in ihrem Spiel als Helden oder als Angehörige in einer Familie, eine klare Hierarchie. Insgesamt ist ihre Zusammenkunft recht lustlos angelegt, sie scheinen müde und die Atmosphäre ist gereizt, was die tendenzielle Reizüberflutung der Kinderrollen in ihrem Leben ‚im Off‘ deutlich macht.

Insgesamt lässt sich feststellen, dass den Stücken eine Struktur zugrunde liegt, die explikativ und dechiffrierbar ist, denn die Botschaft ist deutlich: Wenn Kinder allein gelassen werden, agieren sie womöglich häusliche Gewalt aneinander aus, und es scheint so, als ob nichts von den konflikthaften Szenen dabei reflektiert oder untereinander verbal problematisiert werden kann.

8.7.2 Handlungsorte

Wenn die Jungen nicht in der Schule, zuhause oder bei ihren diversen Freizeitaktivitäten musikalischer und sportlicher Art sind, ist „ein verlassenes steinhaus" der Hauptort der Handlung auf der ersten Ebene des Geschehens, den die Jungen als „einen geheimen treffpunkt"[1708] ausgemacht haben und wo sie sich zum Spielen verabreden.

Daran, wie die fünf Jungen sich inszenieren, wird das Zuhause und das ‚Fernseh‘-Heim deutlich, in dem sie beim Spielen gedanklich und verbal leben. Die Straße, der Park sind offene Orte, Küche und Wohnzimmer zum Wohnort gehörig, aber sie zeugen allesamt nicht von Geborgenheit, sondern von Ausgesetztsein, Schutzlosigkeit und leichter Vernachlässigung bis Verwahrlosung.

Die Religion, in Form der Kirchenglocken akustisch dargestellt, und die Brutalität des Spiels, bei dem am Ende alle Helden tot sind, führen dazu, dass die Jungen den Spielort verlassen und sich zerstreuen. Der Friedhof wird bei

---

1708 Semenič, 2008, S. 3.

der späteren Beerdigung von Krištof nach seinem Selbstmord ein letzter Ort der gemeinsamen Begegnung als Erwachsene. Dies ist jedoch nur ein informativer Satz im Epilog.

Es bestehen düstere Orte wie der Friedhof, verbotene Orte wie das verlassene Haus und die Straße als öffentlicher Ort – der Handlungsort befindet sich zudem in den Ohren: Was es an Gewalt, vor allem Schüsse- und Schlägereien, zu hören gibt, bleibt unartikuliert. Die Figuren begleiten sprachlich – wie später unter zäher Wiederholungsschleife beschrieben – ihre Aktion mit dem Geräusch, das jeweils dazugehört. Die Hörtoleranz wird auf die Probe gestellt. Dem Bild können wir uns verschließen, dem Geräusch weniger. Durch die akustischen Eindrücke werden Räume außerhalb der Bühne evoziert.

8.7.3 Krieg(sgewalt) als Kinderspiel

Die Spiele mit den Superhelden sind im Comic schon gewaltvoll und kriegerisch und in der Handlung des Stückes noch mehr,[1709] obwohl u.a. bei Spiderman[1710] eine ganz andere Ethik verfolgt wird, da er ein guter Superheld ist und Weltretter, wie Batman, Robin und Wonder Woman, während Poison Ivy und Octopus zu den Bösewichten gehören.

Die fünf Jungen treffen sich, um die finalen Kämpfe von Comic-Helden durchzuspielen, und sie wollen in ihrem Alter nicht aufhören zu spielen.[1711]

Das Familienleben, zu dessen Nachspiel sie wechseln, scheint auch von häuslicher Gewalt geprägt zu sein, falls nicht TV-Sendungen, Internetaufzeichnungen etc. von sehr zweifelhafter Qualität nachgespielt werden, die voll

....

1709 Vgl. Barthélémy, Andrea: *Schlechte Vorbilder. Kinder können Superhelden nicht einordnen*, in: *Frankfurter Rundschau* 03.02.2017, S. 39.

1710 Spiderman, wie auch Superman und Batman kämpfen gegen die ‚bösen Buben' und haben gelernt, dass aus großer Kraft große Verantwortung erwächst. Vgl. Berger, A.A., 1993, S. 115: „Because of his behaviour, his uncle is killed by the thief. So Spider-Man learns, from this, that with great power comes great responsibility, and that failure to act often has negative consequences".

1711 Hierzu passt Isers Beobachtung, auch wenn er diese bezogen auf Beckett trifft, in: Iser, 1979, S. 44: „Die Not der Figuren kündigt sich darin an, dass sie das ‚Enden' spielen. Statt aufzuhören, machen sie aus dem Aufhören ein Spiel. Denn nur im Spiel lassen sich die Möglichkeiten des Aufhörens freisetzen, die als Spielmöglichkeiten so variabel sind, dass keine Notwendigkeit besteht, Schluss zu machen. Es wirkt daher wie eine List der Figuren, durch das Spiel dem Enden noch einmal seine Endlosigkeit abzugewinnen."

von Streit, Konflikten und von niedrigstem Umgangston geprägt sind, wie so manche Gerichtsfälle oder Familienstreitsendungen bei Privatsendern in Deutschland. Die Jungen, die von Schauspielerinnen gespielt werden sollen, sind Teil der Zivilbevölkerung. Es steht nichts in der Vorlage darüber, dass eine aktuelle Kriegssituation nachgestellt würde. Auch ob die Figuren militärische Mode tragen, wird offen gelassen. Der Grad an Kriegskontext ist insofern abhängig von der Inszenierung.

Die Figur des Kindes Krištof schlägt und beschimpft im Rollenspiel als Mutter ihre Tochter, die von seinem Spielkameraden Vid gespielt wird. Die Wortwahl ist dabei nicht plausibel, sondern eine Übertreibung, indem sie im Vergleich zum hier zuvor Genannten um Grade heftiger wird.[1712] Mit „kleine sau", „rotznase verwöhnte", „kleine nutte", über „nichtsnutz", „schlampe" und „unverschämte" steht Heftiges in der Vorlage.[1713] Richtig vernichtend kommen Sätze hinzu wie „verflucht sei der Tag, an dem ich dich geboren habe" und „verschwinde aus meinen Augen".[1714] Dies könnte eine Situation sein, die mehr überzeichnet angelegt ist, als sie realistisch wirken soll. Dem Kontext nach zu urteilen, handelt es sich allerdings um aufgeschnappte Formulierungen und Hörerfahrungen der Jungen.

Mit Drohungen und Beschimpfungen übernimmt die Härte der kleine Sohn, dem beigebracht wird, dass Jungen nicht zu weinen haben, weil sie sonst für homosexuell gehalten werden. Dabei hatte der Älteste lediglich skeptisch auf den Wert der Einschätzung, er sei ein „goldschatz", mit der Rückfrage reagiert „bin ich morgen auch ein goldschatz?", „gestern war der kleine auch ein goldschatz".[1715] Dieser Ausbruch von Muttermacht äußert sich in Form von Selbstmitleid, in Sätzen wie „ich kanns nicht fassen, wie mich diese brut schikaniert"[1716] und „am ende bin ich bei allem allein/bei allem"[1717] – sowie

....

1712 Semenič, 2008, S. 26:
1713 Das serbokroatische Wort ‚drolja' für ‚Schlampe' ist um einiges schwerwiegender als unter Umständen ‚Schlampe' im Deutschen klingt.
1714 Semenič, 2008, S. 26.
1715 Semenič, 2008, ebd.
1716 Semenič, 2008, S. 20.
1717 Semenič, 2008, S. 27.

einem Opferbild, das dem Ältesten zum Vorwurf gemacht wird: „wo ich alles für dich geopfert habe/ich habe alles für dich gegeben/du warst immer an erster stelle/mein ganzes leben habe ich dir untergeordnet/nur dir/und jetzt dankst du mir das so?"[1718] Dabei fließen die familiären Spielszenen ineinander über, sodass das Mutter-Lamento übergreifend ist.

Hopp und topp – der Wechsel kann recht schnell verlaufen, je nachdem wie gut die Tochter-Sohn-Rollen es der Mutter recht machen, was keine fest verlässlichen Koordinaten hat.[1719]

In der Vaterrolle stülpt Blaž der Frauenrolle seine geballten von Vorurteilen beladenen Vorstellungen von Frauen über. Diese sind passiv, frigide, zugleich „nutte".[1720] Hier gehört zum Spiel- und Sprechrepertoire der Zehn-/ Elfjährigen, dass unzählige Male auf hässlichste Weise beschimpft und sogar angespuckt wird.[1721]

Das von Homophobie und Misogynie durchsetzte und gewaltlastige Spiel der Jungen hat Entsprechungen bzw. Vorläufer bei den Eltern und geht damit einher, dass Sich-Bewaffnen als männlich angesehen wird. Wenn die Figur Denis in seiner Rolle als Vater sagt: „dein papa wird dir eine pistole kaufen/ eine richtige pistole/damit ein richtiger junge aus dir wird", aber sein Sohn entgegnet „aber papa/ich will nicht mit pistolen spielen/ich will kleidchen und mäntelchen nähen" ist die Militarisierung direkt mit dem Coming-out verknüpft, als könnte Schwulsein damit verhindert werden. Immerhin reagiert der Vater auf das Coming-out nicht direkt mit Gewalt, sondern als der Sohn

....

1718 Semenič, 2008, S. 28.

1719 An dieser Stelle sei in diesem Zusammenhang darauf verwiesen, dass aus vielerlei Quellen berichtet wird, es gebe ein komplett neues, bis dahin völlig unbekanntes Phänomen im Sohn-Mutter-Verhältnis nach den Jugoslawienkriegen: Söhne ohrfeigen bzw. schlagen ihre Mütter. Ein untrügliches Zeichen für eine ‚Entmachtung' einer Autorität, ohne dass dieser Prozess in gewaltfreien Umgang umgewandelt wird. Hierzu passt, dass auf S. 31 des Stückes verhandelt wird, ob der ältere Sohn die Mutter verteidigt, oder teilnahmslos zuschaut oder, ganz anders, er verprügelt wird und die Mutter nicht eingreift.

1720 Semenič, 2008, S. 29.

1721 Bezeichnender Weise befassen sich mehrere Autor*innen zu Hassprache mit Beispielen, die bereits bei Kindern auftauchen, u.a. vgl. Butler, 1997, S. 9: „The violence of language consists in its efforts to capture the ineffable and, hence, to destroy it, to seize hold of that which must remain elusive for language to operate as a living thing."

„aber papa/ich bin schwul" äußert, entgegnet die Figur Denis in seiner Vater-rolle: „du bist nicht schwul, mein sohn/das ist nur eine fixe Idee/die du von dieser verdorbenen gesellschaft hast/du bist mein sohn/du bist mein sohn".[1722] Diese Textstelle macht deutlich, dass das Selbstbild in Frage gestellt wird, die Vaterschaft als Bollwerk dient und der Grund für Homosexualität der Gesell-schaft als einer abstrakten Größe zugeschoben wird und nicht als eine andere naturgegeben akzeptiert werden kann. In der Negativ-Spirale der Logik die-ser Rolle muss nach dem Redeverbot an den Sohn das Vater-Sohn-Verhältnis aufgekündigt werden: „schweig/sag nichts mehr", „du bist nicht mein sohn/du bist eine widerliche kreatur/der teufel soll dich holen",[1723] sowie präventiv, „damit ich dich nicht umbringe",[1724] der Sohn aus dem Familienverband aus-geschlossen werden.

Die Gewalt im Stück bricht sich neben Morddrohungen und verbal eska-lierenden Sprechakten Bahn, indem jemand einen anderen zu Boden wirft, tritt, mindestens zwölf Mal zuschlägt, dann später noch 15 Mal, zudem an den Haaren zieht oder den Kopf auf den Boden drückt. Alternativ wird von Denis erwogen, dass die Mutter den Vater mit dem Besen verhaut,[1725] aber das wird von den Stärkeren in der Gruppe verworfen.

Im dritten und letzten Spiel wird von Vid, der wie ein Regisseur wirkt, der Vorschlag gemacht: „Wir könnten Krieg spielen".[1726] Damit unterbricht er das vorige Spiel, entweder, weil er nach Jurijs Hinweis, dass Blut fehlt, einerseits aus dem Spiel herausgekommen ist oder aber unbewusst ein Potenzial sieht, die Gewalt zu steigern. Das Problem zu lösen, dass es an Blut mangelt, ist da-mit keineswegs gelöst, aber offensichtlich nicht mehr wichtig. Insgesamt wird die Szenerie rasch gewechselt: Von den Superhelden zur Kleinfamilie, dann hin zu Mitbürgern im Park und dann zu Kriegsparteien, die aber aus einer Sektengruppe und Homosexuellen bestehen. Sämtliche Eindrücke der Jungs werden im Spiel miteinander kombiniert und ausgespielt.

....

1722 Semenič, 2008, S. 48.

1723 Semenič, 2008, S. 49.

1724 Semenič, 2008, S. 50.

1725 Vgl. Semenič, 2008, S. 32.

1726 Semenič, 2008, S. 34.

Der Beginn einer kriegerischen Einstellung ist u.a. nach der Millerschen Auffassung in den Folgen von Erfahrungen der Kindheit anzusiedeln, die nicht heilen können, wenn sie verdrängt oder verschwiegen werden.[1727] Ihr Entstehen macht Miller in der frühen Kindheit und der emotionalen Entwicklung fest, später sind wir dann „Opfer, Beobachter, Berichterstatter oder stumme Zeugen einer Gewalttätigkeit, deren Wurzeln wir nicht kennen".[1728] Die Jungen sterben nicht, auch kein anderes Kind auf der Bühne, und es wird im Stück nicht auf im Krieg getötete Kinder angespielt. Ihre Comic-Superhelden sterben, das ‚alter ego‘ von manchen von ihnen, und dies immer wieder. Es wird deutlich, dass Tode sich vor den Augen der Kinder abgespielt haben müssen, und sei es ‚nur‘ im Fernsehen oder Internet. Die Erwachsenen fehlen, sie bleiben aus, sie ‚stecken‘ in den Schauspielerinnen, die die Kinder spielen. So abrupt wie die Jungen das Spiel am Ende sein lassen, scheint es unbedeutend. Dies wirft die Sinnfrage der Handlungen auf und gibt sie als Handlungen Erwachsener an die Zuschauenden weiter, sodass über die Kinderspiele nachgedacht werden kann und in zweiter Linie über eine Vernachlässigung der Jungen durch Erwachsene.

Das Spiel der Jungen, die man sich beim Lesen vermutlich stärker als bei einer Inszenierung als echte Zehn-/Elfjährige vorstellt, da sie bei der Aufführung von Schauspielerinnen gespielt werden sollen, hat zunächst auch etwas Komisches, da sie nachspielen und diskutieren. Das Publikum sieht sich sowohl als Erwachsene, teilweise selbst Eltern und Erziehende in Frage gestellt, in die eigene Kindheit versetzt und gerät in eine Beobachtungssituation, als würde es die Jungen beim selbstvergessenen Spiel observieren.

Die Zuschauenden im öffentlichen Raum des Theaters sind auf der Metaebene die Zuflucht der Figuren.

....

1727 Miller, 2004, S. 71: „*Zeitbomben im Gehirn*", „Wir sind gewohnt, die Nöte unserer Kindheit zu verschweigen, daraus erwächst häufig die blindwütige Tat." Und ebd. S. 72: „Wenige Verantwortliche sind sich darüber klar, daß in den Gefängnisinsassen emotionale Zeitbomben ticken, die entschärft werden müssen, und daß dies mit mehr Wissen durchaus möglich ist." Mit Wissen meint Miller das in der frühen Kindheit schmerzhaft Erlebte, das tabuisiert wird, um des Überlebens willen, aber auch insofern die Zufügenden es in einer Form von Generationen Teufelskreis ausblenden. Denn ebd. S. 17: „Wenn das kognitive System das Gegenteil dessen behauptet, was in den Körperzellen untrüglich gespeichert ist, liegt der Mensch in einem ständigen Krieg mit sich selbst."

1728 Miller, 1983, S. 130.

Zähe Zeit in der Wiederholungsschleife

Zum Spiel in Slow-Motion gibt es keine Regieanweisung. Zäh ist die Atmosphäre allerdings, wenn Blaž sagt: „gehen wir noch mal n bisschen zurück" und Denis entgegnet „aber wir machen doch keine slow-motion" und Vid führt aus „jau/du bist echt bescheuert/wir machen slow motion/beim fußball/oder beim krieg".[1729] An dieser Stelle geht es um ein ‚Zurückspulen', das letztlich aus der Rollenverweigerung von Blaž resultiert, der als Vater nicht in den Streit zwischen Mutter und Kinder geraten will, wenn das Abendessen bereits fertig ist. Trotzdem muss das Spiel immer wieder warten, bis sich die Figuren über die Handlung einig geworden sind. Es ist eine Art Stillstand, bei dem Blaž pejorativ kommuniziert: „jetzt langts/gehen wir zurück/und mama verhaut wieder die kleine".[1730] Es ist ein freeze, eine Lähmung, Selbstbeobachtung und Selbstdistanz.[1731] Die Atmosphäre eines Vakuums ist bei Semeničs *whilst/wisdom* auch vorherrschend, wenn der Herrscher versucht die Figur Weisheit zur Kooperation zu unterjochen. So kann sich ein Zeitlupenspiel auf der Bühne, oder ein Waffenstillstand anfühlen. Daher passt, dass Susan Sontag für das Ankündigungsplakat für *Waiting for Godot* in Sarajewo ein Foto von Annie Leibovitz verwendet hat, auf dem ein Turmspringer in dem Moment zu sehen ist, in dem sein gesamter Körper fast waagerecht in der Luft nach oben gerichtet ist.[1732] Der Schwimmer bzw. Turmspringer auf dem Foto steht geradezu in gekreuzigter Körperhaltung in der Luft. Er ist im freien Fall und regungslos

....

1729   Semenič, 2008, S. 25.

1730   Semenič, 2008, S. 26.

1731   Semenič, 2008, S. 34: „BLAŽ: un jetzt rufst du mir hinterher KRIŠTOF: was denn? BLAŽ: wo gehst du hin/nicht gehen/ich bitte dich/geh nicht weg/nur nicht gehen KRISTOF: aha/wo gehst du hin/nicht gehen/nur nicht gehen/ich bitte dich/nicht gehen JURIJ: wartet wartet/ wir haben das blut vergessen VID: oh shit/gehen wir nochmal zurück?"

1732   Leibovitz, Annie (Hg.): *A Photographer's Life. 1990–2005*, New York 2006. Was die Fotos des Bandes mit dem Gewalt- und Kriegskontext sowie die Sportler*innenaufnahmen von den ‚Glamourfotos' unterscheidet, ist, dass diese Momente nicht gestellt sind, sondern ein kleiner Ausschnitt aus einem Gesamtzusammenhang, einer großen Bewegungsabfolge; ein ästhetischer Ausschnitt wie eine Sekunde aus einem Leben, das als Gesamtes durch den Stillstand überhaupt wahrgenommen werden kann. Der Schwimmer bzw. Springer ist mittig im Werk abgebildet. Das Turmspringen wird hier mit den traditionellen Sprüngen Jugendlicher in Flüsse wie die Miljačka in Verbindung gebracht. Der Fotoband hat keine Seitenzählung und kein Verzeichnis mit Angaben zu den Fotographien.

© Frank & Timme   Verlag für wissenschaftliche Literatur

zugleich. Der Wert eines jungen Lebens, wie er auch bei den fünf Jungenfiguren vorliegt, kann besser wahrgenommen werden, wenn die Handlung ganz langsam abläuft, alle innehalten, wenn sie wie diese Fotographie *The swimmer* von 1993 in der Luft hängen, lebendig sind und ihre Rolle/n verhandeln. Hier wie dort wird damit auf Jesus- und Heiligenverehrung angespielt, wie auch die Jungennamen jene von Heiligen sind. Durch ein Foto wie auch bei Zeitlupe entsteht eine Verzögerung, ein Warten sowie die Tatenlosigkeit, die Zeit wird bis zum Stillstand gedehnt. Unwirklich, absurd und grotesk erscheint die über dreijährige Belagerung der Hauptstadt Bosniens mitten in Europa im 21. Jahrhundert – dennoch war es Realität.[1733] Die ereignislose Lähmung ist wie eine Schießpause zugleich ein Moment, Luft zu holen.

Geräusche bei Kinderspielen können zum Lachen sein, wie das Nachmachen von Flugzeugpropellern, Tierlauten oder verschiedenen Personen. Die Wortwiederholungen bei *5jungs.de* sind beim Lesen bereits ermüdend. Die Kampfgeräusche, vor allem Schieß-, Schlag- und Explosionsgeräusche, sind es zusätzlich. Beides verfremdet die Kommunikation dada-artig, indem sie sie auf teils vokallose, teils monovokalische Lexeme, lautmalerische Zeichen und Pengwörter reduziert.[1734] Werden die Stimmsimulationen komisch und stimmmodulatorisch interessant gestaltet, sind sie vielleicht länger erträglich, aber wenn solche phonologischen Strukturen gegen Ende des Stückes über

....

1733 In einem Fotoband, den Leibovitz selbst herausgeben musste, befinden sich bezüglich der Belagerung von Sarajewo Fotos, die Sontag 1993 in den Kellerräumen von *Oslobodjenje* zeigen, mit Freund*innen, Journalist*innen und Schauspielenden. Ebenso wie eine Szene aus einem Krankenhaus von Sarajewo mit einer Ärztin umringt von vielen Menschen mit einem nackten Verletzten auf der Bahre vor ihr, von Kindern, die in den Fluss springen. Ferner Sontag in der innen komplett zerstörten Nationalbibliothek sitzend an eine Säule gelehnt, ein Blutfleck auf dem Asphalt und ein Kinderfahrrad daneben. Es gibt auch das Foto von einer blutverschmierten Toilettenwand einer Schule in Ruanda 1994 nach dem Massaker an Tutsi-Schulkindern und Dorfbewohner*innen und zwei Fotos zu 9/11. Das kleine S und das große S (in Anlehnung an den Filmtitel *Murder and murder* von Yvonne Rainer) – das Sterben im Krieg und private Tode, das des Vaters und der Partnerin Sontag, hält Leibovitz ebenso fest wie z.B. Schwangerschaften und Geburten.

1734 Semenič, 2008, 64: „buff/buff/buff/buff", „dsch", „aaaaaaaaaaa/aaaa", „wufffff", „wummmmm" und „iiii", „wumm/wumm/wumm", „feueeeeeeeeeeeeeeeeer" oder gar über acht Zeilen voll mit „ra ta tata tata tata ta ta ta ta ta tata ta …". Tata heißt Papa, rat heißt übersetzt Krieg im Serbokroatischen.

vier Seiten verteilt zu lesen sind,[1735] dann wird durch diese Kulmination das Geschehen und die Aufnahmefähigkeit des Publikums bis zu einem ‚toten Punkt' hin ausgereizt, weil es nicht mehr auszuhalten ist; vergleichbar mit der Schlägersituation bei den Töchtern von Weisheit. Wie lange soll welche Gewaltdosis wie gezeigt werden, ist die Frage. Hier endet das Stück sehr abrupt. Die Kirchenglocken läuten das Spielende ein, die Kirche ist eine noch funktionierende Instanz, die Struktur vorgibt, moralisch mahnt und deren Regeln befolgt werden. Lapidar sagt „JURIJ: das ave maria läutet/ich muss heim". „BLAŽ: oh, ich auch/DENIS: gehen wir also/ VID: gehen wir/ KRIŠTOF: sind sowieso alle tot".[1736] Das Verständnis des Gesehenen als Spiel hört mit Krištofs Satz auf. Die Spielebene trifft auf die Kriegsrealität. Dadurch, dass das Spiel direkt endet und das Stück nur noch im Epilog aus dem Off die vier Lebensläufe mitteilt, findet die Kriegsebene in der Vorstellung statt, besonders wenn die Assoziationen beim intensiv kriegserfahrenen Publikum auf Erlebtes anspielen können. Am Ende stellen sich drei Zustände ein: Die Kriegsgeräusche führen zu einer Hör-Ermüdung, die Begeisterung für das Kinderspiel an sich verringert sich und die Sympathie für das ‚unschuldige' Spiel der Kinder, das zu einem besinnungslosen Abschlachten wird, zugleich Teil von Semeničs Verfremdungseffekt, geht verloren, mag dies noch so auf die Realität der Erwachsenen in Kriegszeiten anspielen. Der abrupte Wechsel vom Kriegsgeräusch von einem Schnellfeuergewehr bzw. Maschinengewehrsalven zu dem lakonischen „das ave maria läutet/ich muss heim"[1737] von Jurij bietet die Chance, darüber aufzulachen, wie leicht und diszipliniert und aus welchem Grund das Spiel aufgegeben wird.

Das Läuten der Kirchenglocken ist mit Warnung vor Unglück, späteren Toden verknüpft, aber auch ein Zeichen von Widerstand und Hoffnung. Die Glocken läuten gegen das Spielen an, beenden es. Es erinnert an die Rolle der katholischen Kirche und des Vatikans bei den Jugoslawienkriegen.[1738]

....

1735 Semenič, 2008, S. 60–64.

1736 Semenič, 2008, 60–64.

1737 Semenič, 2008, ebd.

1738 Hierzu Weiteres in der Forschung u.a. bei Ramet und Melčić.

© Frank & Timme   Verlag für wissenschaftliche Literatur

8.7.4 5jungs.de – Fazit

Das familiär-getönte Nachahmen des kriegerischen Kampfes von Superhelden durch vorpubertäre Jungen stellt mindestens vier Spielebenen auf: Das Bühnenspiel, das Superheldenspiel, das Nachspielen von Familiensituationen und -erlebnissen sowie das Darstellen von Jungen durch Schauspielerinnen. Bei diesen Inhalten wechseln die Jungenrollen zwischen Spiel und Ernst.

Die Spielideen innerhalb des Rollenspiels der Jungen stammen aus dem filmischen Wissen über die Kriege der Vergangenheit, z.b. aus den Partisanenfilmen und aus dem Geschehen im Fernsehen, im Internet sowie den Familien an sich.

Die Spiel-im-Spiel-Situation zusammen mit der Verfremdung der Schauspielerinnen, indem sie männliche Kinder spielen, legt das geschlechtergetrennte Verhalten offen. Die Frauen sind mit den Kinderrollen festgelegt, damit wird sowohl die Rolle der Schauspielenden thematisiert, die die nicht-weiblichen Rollen bekommen, als auch die Rollen der Jungen, die dadurch einer Komik unterzogen sind, da die Deutung sich in jene Richtung bewegen könnte, dieses übermännliche Jungsverhalten nachzuahmen und sich damit darüber zu erheben, in die Komik hinein. Es ist aber auch das Deutungspotential enthalten, sich an die verlorenen Kindheiten und verlorenen Kinder zu erinnern.

Vor dem historischen Hintergrund wird der Krieg, der aus der Realität ins Kinderzimmer und ins Fernsehen verlegt worden ist, als Kinderspiel auf die Bühne gebracht; die Jungen spielen draußen Krieg, während er zuhause offensichtlich ein Tabuthema ist, denn spielerisch ist er im Gegensatz zur häuslichen Gewalt, Frauenfeindlichkeit und Homophobie kein Gesprächsthema.

In diesem Stück werden die junge Generation, allgemeine Gruppendynamiken, Machtverhältnisse und Charaktervielfalt dargestellt, was den Eindruck hinterlässt, dass die strukturelle Gewalt massiv ist. Die Gewalthandlungen schockieren, weil es sich um Kinder handelt und ihr Spiel in Verbindung mit der häuslichen Gewalt kein harmlos einzustufendes und entschuldigtes ‚Jungsspiel' ist.

Ohne die gespielten Kämpfe, die auf Gewinnen und Verlieren ausgerichtet sind, scheint es, wird die Begegnung der Jungen erschwert. Ihre Weltvorstellungen und Geschlechtervorstellungen begegnen sich indirekt. Die Jungen sind in ihrem Verhalten und ihren Vorurteilen als Kinder zu verstehen, die sozialisiert werden und Anschauungen und Erlebnisse übernehmen.[1739]

Der Geschlechtertausch zwischen den Jungenrollen und den Schauspielerinnen fordert die Zuschauenden: Denn sie sehen die Ebene des Kinderspiels der Jungen, sie sehen die Erwachsenenebene darin und zusätzlich den Geschlechterwechsel. Der Geschlechter- und Generationentausch zugleich wirkt wie zwei Zeitebenen übereinander. Das dürfte das Publikum als Verfremdung nachdenklich machen. Wie das Spiel wäre, wenn Mädchen es spielen würden, oder eine gemischtgeschlechtliche Gruppe bestünde, bleibt offen, wie, ob sich das gespielte Geschlecht vergessen ließe.

Wie bei Srbljanovićs *Familiengeschichten*[1740] erinnert der ‚Alterstausch‘ an eine Entfernung der Kindheit, denn in der Konstellation spielen die fünf Jungen kleine Erwachsene. Dabei sind es Jungen, die nur ‚spielen‘ wollen, wenn wir nicht eine Infantilisierung von Erwachsenen vermuten. Daher ist ein Elfjähriger, der extrem vulgäre, sexualisierte und gewaltvolle drohende Sprache verwendet,[1741] eine Warnung für die Erwachsenen, nicht wegen seines Alters, das ihn der Verantwortung entheben könnte, sondern wegen der offensichtlich gewalttätigen Sozialisation, der Gewalt in den Medien, wegen der Vorbilder und der zu vermutenden Vernachlässigung.

Es wird vor Augen geführt, dass Kinder, darunter auch Jungen, letztlich nachahmen, was sie in der Welt der Erwachsenen, Familie, Fernsehen, Internet etc. sehen. In den Stücken wird offenkundig, dass es Schwächere und Machtlose sind, deren Zukunft zu einem großen Teil verspielt bzw. zerstört wor-

....

1739 Hierzu wäre zukünftig ein Vergleich lohnend mit Bogovac, Milena Minja: *TDž ili PRVA TROJKA. Tragedija (ne)odrastanja*, [übers. *Tragödie des (nicht) Erwachsenwerdens*], www.assitejsrbija.org.rs/srpski/biblioteka.html, Stand: 03.08.2020.

1740 Die vier Rollen sollen Kinder sein. Die Schauspielenden aber Erwachsene, die Kinder darstellen.

1741 Semenič: *5jungs.de*, 2008, S. 36. Figur Blaž fungiert als Regisseur und erklärt: „sie will nich mit ihrem mann ficken/weil sie eine frigide sau is/kapiert?", S. 53: „arschgesicht/fotze/wichser/schon wieder schwuchteln/leck mich am arsch/verfluchte schwuchteln/wir reißen euch den verfickten arsch auf/die ganze welt ist voll von euch/wir werden euch zu einem verfickten brei prügeln/wir werden euch totprügeln/arschgesicht fotze wichser wir reißen euch den verfickten arsch auf".

den ist: Eine Million toter Kinder im Zweiten Weltkrieg, ungefähr insgesamt 90.000 tote Kinder während der Jugoslawienkriege und traumatisierte Kinder sind eine gesellschaftliche Bürde für friedliche Zeiten und ein schmerzhafter Verlust.

8.8   Semenič – Fazit

Semenič träumt keinen Traum von einem neu(nt)en Land wie Handke, der sich von Slowenien und Jugoslawien verabschiedet.[1742] Ihr Stück *whilst/wisdom* ist ein warnendes Abziehbild eines negativen Beispiels für ein totalitäres Herrschaftssystem und insofern ein Plädoyer für ehrliche, gerechte, friedliche und frauenfreundliche Staaten. Postdramatisch ist das Stück, insofern es keine Akte und Szenen hat, die Handlungssituationen in verschiedene Teilaspekte zerlegt und in Bildern ausgedrückt sind.

Dieses Stück enthält die Katastrophe, dass unschuldige Töchter umgebracht werden. Der Grad an Leiden aufgrund der Ungerechtigkeit sowie der Grad an Grausamkeit im Stück stehen für die Ahnung des unendlich steigerbaren Schlimmsten in der Realität. Dem stehen *5jungs.de, the feast or the story of a savoury corpse or how roman abramovič, the character janša, julia kristeva, age 24, simona semenič and the initials z.i.found themselves in a tiny cloud of tobacco smoke* und *seven cooks, four soldiers and three sophias* wenig nach.

Die Sprachlosigkeit von Weisheit ist von den Verhältnissen verursacht und wirkt auch so, dass man ahnt, wie aussichtslos die Lage ohne einen Hinweis auf Rebellion aussähe. Das Temporäre der Fassungslosigkeit ist der Namensnennung als Pointe am Ende zu verdanken. Die Nennung des Namens erfolgt aus einer Stärke der Figur heraus, insofern als der Schutz der Anonymität, ein Schattendasein und Verstecken nicht mehr hilfreich und nötig sind. Die Figur spricht ihren Namen aus, spricht eine Ungerechtigkeit, einen Missstand an, auch für die Frau/en im Publikum. Das Stück könnte damit schließen, dass die Figur Weisheit die Augen aufschlägt oder dass sie einen Vorhang ruckartig

....

[1742] Anspielung auf Handke, Peter: *Abschied des Träumers vom Neunten Land*, Frankfurt am Main 1991.

wegschiebt. Das Stück könnte mit einem Schuss, Schlag oder einem Messer-stich, einer Detonation, einem Suizid, einem Mord oder einem erweiterten Suizid durch die Figur Weisheit enden. Die nicht existente Regieanweisung bietet jede Freiheit.

Mit *whilst/wisdom*, wie auch mit *the feast* und *seven cooks*, auf die hier nur in Ansätzen eingegangen werden kann, schreibt Semenič Stücke, bei denen die Gewalt, die auf der Bühne gezeigt werden soll oder kann, bei den Schlägern bleibt. Die Gewalt geht nicht auf die Werte und die Frauenfiguren über, die diese Gewalt erleiden. Sie werden zwar in *whilst/wisdom* gefoltert, aber trotz alledem bleiben sie als Ziele der Gewalt mit dem, was sie zuvor sagen, und mit allem, was ihnen zu sagen, nicht möglich ist, starke Figuren. Ihre Köpfe werden nicht wie Trophäen ausgestellt, es wird nicht mit ihnen Fußball gespielt – sie müssen nur verschwinden, wie auch die vielen Frauen in *the feast* genannt werden, die verschwunden sind, wie der Hauptkörper, der kollektiv gegessen wird. Darin kommt die ganze Bedrohlichkeit der Figuren zum Ausdruck.[1743] Sie verfallen nicht auf die Ebene der Schläger, Betrüger, Machtmissbraucher etc. Bevor ihnen die Gewalt angetan wird, haben sie gesprochen, mit den Wor-ten die Wahrheit getroffen, die beiden Seiten klar ist, und selbst gehandelt. Die Gewalt ist insofern eine Folgehandlung von schlecht Regierenden und korrupten Machthabern, die als solche erkannt worden und unfähig sind, mit stichhaltigen Argumenten gewaltfrei zu kommunizieren.[1744] Dies wird auch beim Nachspielen der Vaterfigur bei *5jungs.de* deutlich. Die Kindergruppe, die in *whilst/wisdom* von der älteren Frau mit Kochlöffel verfolgt wird, könnten die fünf Jungen sein. Semenič unternimmt mit dem Klischee-Spiel der Jungen zum Thema Helden und Familie, denen man nicht entfliehen zu können scheint, das, was Grene der modernen Dramaturgie mit bestehenden Heim- und Fa-

---

1743 Spuren werden verwischt, wie Grenzen verwischt werden müssen, vgl. hierzu Gržinić: „Bio-politics, Necropolitics and the De-Coloniality", in: *Pavilion #14*, S. 64.

1744 Muraro, 2006, schreibt hierzu, S. 85: „Die symbolische Unordnung der patriarchalischen Gesellschaften braucht nicht nachgewiesen werden. Ihre strukturellen Merkmale selbst ma-chen es deutlich: Sie sind aus dem Austausch von Waren, Frauen und Zeichen entstanden, wobei die Frauen sowohl mit den Waren als auch mit den Zeichen vergleichbar wären und niemand sich erklären kann, ob und wie sie zu sprechen lernen."

　　© Frank & Timme　　Verlag für wissenschaftliche Literatur

milienbildern zu tun empfiehlt: „The best that playwrights can do is adapt it, deconstruct it or play games with it."[1745] Jedenfalls sind diese Stücke bezogen auf die Lebensumstände so, wie Christa Reinig Familie definiert: „so lustig wie stacheldraht".[1746]

Den Figuren der Herrschenden bei *whilst/wisdom* geht es hinter dem äußeren Schein und der Kulisse um Ausübung von Macht und Gewalt. Ihr Machtkalkül verrät ihre bis dahin eventuell noch intakte Vorstellung von gültigen Werten völlig, wie die Sakralität der Ehe, bzw. löst sie ab und auf. Ethik und Sakralität werden bei den Gewaltherrscher-Figuren in *whilst/wisdom* gegen Ökonomie und Macht ausgetauscht: Sie nehmen Brautpreise ein und es wird eine machtorientierte Vernunftehe geschlossen, bei der Vergewaltigung der Braut in einer Mischehe jedenfalls kein Kriegsverbrechen ist.[1747]

Das Stück ist darauf hin angelegt, dass die Grenzen gezeigt werden, die noch nicht überwunden sind, insofern Figuren gezeigt werden, die nicht hören und keine Werte haben, die eine hohle oder gewaltvolle Macht offenbaren.

Die Werte sind personifiziert, sie leben und müssen für die Ziele und Machtinteressen der Herrschenden umgebracht werden, aber sie machen es ihren Feinden nicht leicht. Wenn die Werte, wie z.B. die Figur Vertrauen in *whilst/wisdom* nicht zu sprechen imstande sind, oder, wie Weisheit, nicht ihren Namen nennen können, oder, was sie sagen, nicht gehört, sondern überhört oder ausgelacht wird, ist doch in diesem Leid und der Behandlung, die wir Zuschauenden bezeugen, eine Lebendigkeit. Diese Lebendigkeit und Kampf-

....

1745 Grene, Nicolas: *Home on the stage. Domestic Spaces in Modern Drama*, Cambridge 2014, S. 205.

1746 Reinig, Christa: *Müßiggang ist aller Liebe Anfang. Gedichte*, 1980. Textstelle findet sich unter 19. März – das Werk hat keine Seitenzahlen. München 1980.

1747 Žarkov, Dubravka: *The body of war. Media, Ethnicity, and Gender in the Break-up of Yugoslavia*, Durham/London 2007, S. 185f: „Lena, although a Croat, remained on the Muslim side, for her husband was a Muslim. But their already fragile marriage fell apart soon after the war started, and her husband started beating her and raping her, using explicitly ethnic insults, with his family and friends encouraging him. Lena's family and friends had cut all contacts with her earlier, because she had married a Muslim. She fled Mostar […] and arrived 1995 in the Netherlands. Her lawyer started legal proceedings for refugee status, but her application was rejected. […] Had she been raped and beaten by any other Muslim man, this would have been seen as war rape."

kraft kann sich auf Lesende/Zuschauende übertragen, indem das Geschehen durchschaut wird.

Bei *the feast* steht der Körperleichnam für viele Tote, er ist lebendige mit Namen versehene Geschichte.[1748] Die Figuren werden nicht Nationalitäten, Ethnien oder Konfliktparteien zugeordnet. In foucaultschem Sinne wird in der „Grenzschicht" gespielt, die „zwischen Wissen und Macht, zwischen Wahrheit und Macht"[1749] besteht. *whilst/wisdom* ist nur insofern ein friedliches Stück, als die Frauenfiguren kaum gewalttätig sind, *the feast* insofern als es nicht Gewalt perpetuiert oder fortsetzt, sondern der Frauenleichnam bereits tot ist und bei *5jungs.de* insofern als die Figuren nicht im Stück sterben.

1748 Gržinić spricht in dem Zusammenhang eher von Necropolitics, vgl. „Biopolitics, Necropolitics and the De-Coloniality", in: *Pavilion #14*, S. 9–93; in Weiterentwicklung des Begriffes Biopolitik bei Foucault: *Der Wille zum Wissen*, Frankfurt am Main 1977, S. 170f.

1749 Foucault, Michel: *Geometrie des Verfahrens*, Frankfurt am Main 2009, S. 358.

9 Aufführungen – eine weitere Dimension des Sujets

Für die Thematik sind die vorliegenden Textvorlagen mit ihren Inhalten und Bedeutungsschichten Bezugspunkt, ebenso sämtliche theatralen Zeichensysteme, (Regie)Anweisungen und Mittel von multimedial-theatralen Aufführungen,[1750] sofern es dazu Angaben gibt. Aufführungen kommen nun im Anschluss zur Betrachtung, da sie im Jetzt verankert sind und stark variieren können, sich der exakten Repetition entziehen. Mit Aufnahmen lassen sie sich als Erlebnis kaum fassen; „sie sind flüchtig und transitorisch".[1751]

Die ausgewählten Werke wurden in der bisherigen Arbeit mit Informationen zu den Stücken *Irirangi Bay* und *Krieg im dritten Stock* und in Ansätzen zu Werken von Scheuermann-Hodak, Handke, Šnajder, Richter, Mihanić, Frljić, Bošnjak und Dukovski sowie zu bestimmten Abramović-Performances, *DAH Theater*-Darbietungen und *Frauen in Schwarz*-Aktionen ergänzt, um die Stücke in Relation zu Raum, Zeit und Sujet zu sehen. Aufführungen von Kanes *Blasted* und Sajkos *Bombenfrau* fanden ebenfalls Eingang.

Abschließend werden nun die Stücke der fünf Autorinnen mit weiteren Beispielen aus der Praxis in Verbindung gebracht, die eine andere Nuance

....

1750 Über vierzehn Zeichen, teils akustische: Musik und Geräusch/e, Wort (dabei Textmenge), Sprache (Satzarten und Sprechakte), Intonation/Stimmlage, Sprechweise (z.B. laut, leise, chorisch/lippensynchron); visuelle, teils visuell-kinetische: Mimik, Gestik, Bewegung am Platz und im Raum, Proxemik, Geschwindigkeit der Bewegung/en, Bühnenbild, Kostüme, Frisur, Requisiten/Dekoration, Raumkonzept, Maske/Make-up, Frisur, Kostüm, Requisit/en (Accessoires der Schauspielenden und Mobiliar/Gegenstände auf der Bühne), Licht, Bühnenanordnung. Vgl. Scherer, 2010, S. 17. Vgl. Schößler: *Einführung in die Dramenanalyse*, 2012, S. 195 und Fischer-Lichte, *Semiotik des Theaters*, Bd. 1 u. 3, Tübingen 1983. Ferner ist noch die Frage der Besetzung bzw. der Körperlichkeit der Schauspielenden bzw. der Figuren ein Element der Interpretation; denn es wirkt anders, wenn ich große und starke oder kleine und schmächtige Schauspieler*innen wähle, solche mit weißer oder schwarzer Hautfarbe, evtl. gar mit einer sichtbaren Behinderung oder ohne.

1751 Fischer-Lichte, Erika: *Theaterwissenschaft. Eine Einführung in die Grundlagen des Faches*, Tübingen/Basel 2010, S. 32.

haben, u.a. *Common ground* von Ronen, Berlin 2014 und Frankfurt am Main 2017, sowie *The Dark Ages* von Rau und *Balkan macht frei* von Frljić, jeweils München Juni 2015. Diese ergänzen das Bild, wenn es um die Frage geht, wie Stücke konzipiert und ausgeführt werden können, die ein gesamteuropäisches unterschiedlich vorinformiertes Publikum erreichen wollen und für ein Friedenstheater stehen könnten.

Bei der Aufführung von *Bombenfrau* im September 2009 im Sarajewo inszenierte Regisseurin und Theaterpädagogin Tanja Miletić-Oručević[1752] die Figur Sajkos als Schwangere, die ein ungewolltes Kind austragen könnte, und dies wie einen eruptiven Countdown empfindet. Im Kontext der brutalen sexuellen Gewalthandlungen, die (Kriegs)verbrechen sind, ist dies naheliegend, neben einer Regie, die die Figur als schwangere Attentäterin oder lediglich als Attentäterin mit Bombe statt Bauch inszeniert.

Bei den gesehenen Inszenierungen von Sajkos *Bombenfrau* und Kanes *Zerbombt*[1753] wird die Geschlechterbeziehung in einem stagnierenden Moment thematisiert, bei dem auf den richtigen oder erlösenden Moment gewartet wird.

Sontags Idee war es, dass das Warten, das Vakuum, die Enttäuschung in dem paralytischen Zustand des belagerten Sarajewo sehr gut mit Becketts *Waiting for Godot* ausgedrückt werden konnte.[1754]

Das *Sarajevo War Theater*,[1755] das während der Belagerung von Sarajewo griechische Klassiker wie *Alkestis*[1756] und weitere antike Dramen spielte, zeigte viele Facetten von Krieg anhand von konkreten Figuren;[1757] auch Shakespeares Figuren wie *König Lear* und *Hamlet*.

....

1752　Von LTG im September 2009 in Sarajewo gesehen, siehe Interview mit TMO im Anhang.

1753　Premiere mit diesem Titel am 28.02.2014 in Stuttgart; 7/2014 von LTG dort gesehen.

1754　Von Nihad Kreševljaković bei der Tagung *Susan Sontag Revisited. Transatlantische und transmediale Vermittlungen*, 29.–30.01.2015, am ICI in Berlin wiedergegebenes Gespräch zwischen ihm und Sontag während der Belagerung.

1755　Eine andere Gruppierung nennt sich *Theaters Against War*: https://en.wikipedia.org/wiki/Theaters_Against_War, www.thawaction.org/?reqp=1&reqr=pzRhnaM4qzAlpKMhYzWy-qN==, www.inmotionmagazine.com/ac04/sskiles_thaw.html, Stand: 03.08.2020.

1756　*Euripides*, Stuttgart 2002.

1757　König Ödipus, Antigone, Aias, Elektra, Iphigenie, Troerinnen.

Wenn Schauspielende, wie Karanović berichtet,[1758] auf der Bühne in einem Moment noch etwas Ernstes, Privates, beispielsweise von ihrem Tag, den spielerischen Anforderungen in Kriegszeiten mit einfließen lassen, ist dies etwas sehr Anderes als ein klassisches Stück:

> „Und dann kamen die Neunzigerjahre, die einerseits schrecklich schmerzhaft waren, […] andererseits haben sich hier auf der Bühne Vorstellungen ereignet, die für mich persönlich eine Art psychiatrisches oder politisches Asyl waren, in dem wir als Künstler über das Sprechen konnten, was passiert […] In diesen neunziger Jahren war diese Bühne eine Art Trost und ein Ort, an dem meine Freunde waren".[1759]

Aufführungen unter erschwerten Bedingungen wie im angehängten Interview mit Miletić-Oručević zu lesen ist, sind fundamental anders, beispielsweise wenn ein Schauspieler unerwartet abends zur Aufführung fehlt, weil er beim Wasserholen von einem Heckenschützen getroffen worden ist. Dies kann destabilisieren. Zu erinnern und darüber auf der Bühne im Rahmen einer Inszenierung zu sprechen, zeigt sich dabei als Methode, sich den sicheren Boden unter den Füßen wieder zu schaffen, wie Fordyce sagt: „The ability to situate self, to establish a secure ground"[1760] gegen Methoden des Vergessens, Ignorierens und der Unterdrückung. Aber auf welchem Terrain? Was ist insofern der sozusagen gemeinsame Grund und Boden bei Stücken wie *Common ground* oder *The Dark Ages*?

1758 In einem privaten Gespräch im Rahmen des Internationalen Frauenfilmfestival im Frühjahr 2010 in Köln.

1759 Vgl. Karanović, Mirjana: „Nemam nikakvu želju da se slatko smeškam da se ne bih zamerila" [übers. Ich habe keinen Wunsch, süß zu lächeln, damit ich mich nicht unbeliebt mache], in: Babić, 2009, S. 117, im Original: „I onda su došle devedesete godine, koje su, s jedne strane, bile strašno bolne, a s druge strane, ovde, na sceni, su se dešavale predstave koje su za mene lično bile jedna vrsta azila psihijatrijskog ili političkog, u kome smo mogli kao umetnici da progovorimo o onome što se dešava, […] Tih devedestih godina je ovo pozorište bilo jedna vrsta utehe […] i gde su bili moji prijatelji".

1760 Fordyce, Ehren: „The voice of Kane", in: De Vos/Saunders (Hg.), 2010, S. 108.

Untersuchende Gedanken und Beobachtungen: *Common ground*

Bei diesem Stück gelingt es dem kriegserfahrenen Ensemble, viele Figuren der Kriegsbetroffenen zusammen und ausgewogen agieren zu lassen. *Common ground* wird in Berlin 2014 am Gorki Theater und im Rahmen der Thementage *Erfindung Europa* vom 10.–12.02.17 in Frankfurt am Main am Schauspiel Frankfurt, dem größten Sprechtheater im Rhein-Main-Gebiet, erneut aufgeführt. Es ist untertitelt mit *Eine Reise zu den Wunden;*[1761] ähnlich wie Ulrich Seidler seine Besprechung mit *Reise zu den Wunden des Bosnienkrieges* übertitelt.[1762] Die Inszenierung wird von der Israelin Yael Ronen und sieben SchauspielerInnen aus dem Ensemble des Maxim Gorki Theaters, vier Frauen und drei Männern entwickelt und erarbeitet, davon drei Frauen und zwei Männer mit Bezug zu Jugoslawien und den Kriegen. Die vierte Frauenrolle ist die der Regisseurin selbst, gespielt von einer Schauspielerin, und führt die Schnittpunkte vor Augen: Ein Deutscher und eine Israelin begleiten auf einer fünftägigen Busreise drei Frauen und zwei Männer nach Bosnien an Orte und zu Menschen, die von den Jugoslawienkriegen zeugen, jede dieser fünf Biografien enthält ihre eigene Geschichte zu den Jugoslawienkriegen; Teile werden szenisch umgesetzt. Das Stück ist emotional sehr dicht, es wird intensiv gespielt, was sich an einer starken Bühnenpräsenz und inneren Beteiligung anhand der autobiographischen und musikalischen Elemente zeigt und im Publikum zu spüren ist. Das gesamte Stück umfasst – neben der Busreise – die 1990er Jahre, mehrere jugoslawische Kriege, Fronten und Volkszugehörigkeiten sowie andere Konflikte auf der Welt – es ist ein volles Stück.[1763] Dabei ist zu unterscheiden: Das Publikum aus dem Kriegsgebiet bedarf des Zeigens/ Sehens anders als das Publikum außerhalb des Kriegsgebiets – das eine wird erinnert, das andere konfrontiert. Es geht um Verarbeiten, Vergessen und Verdrängen, auch darum, in welchem Grad Westeuropa involviert ist, dies wird

....

1761 Am 02.05 2014 in Berlin und am 11.02.2017 in Frankfurt am Main von LTG gesehen.

1762 Seidler, Ulrich: *Maxim Gorki Theater. Eine Reise zu den Wunden des Bosnienkrieges*, in: *Berliner Zeitung*, vom 16.03.2014 und „Eine Reise zu den Wunden", in: *Frankfurter Rundschau* vom 17.03.2014, 70. Jhrg., Nr. 64; www.berliner-zeitung.de/kultur/maxim-gorki-theater-eine-reise-zu-den-wunden-des-bosnienkrieges-1158142, Stand: 03.08.2020.

1763 Vgl. auch Paech, in: Bösling et al., 2015, S. 95ff, 102f. geht darauf ein, als dritten Weg beim Vergleich zweier Filme. Er vergleicht *Esmas Geheimnis* mit *In the land of blood and honey*.

am Text der Figuren zu dieser Auseinandersetzung deutlich. Die Personen auf der Bühne sind fast alle im Kriegsgebiet Betroffene ersten Ranges, die die eigene Person spielen.

Wenn nur solche Schauspielenden und Autor*innen aus Kriegsgebieten glaubwürdig wären und Bestand hätten, ergäbe sich eine Chance: Stücke dieser Autorinnen müssten sehr gefragt sein. Sajko und Srbljanović wurde aber z.B. für ihre Stücke, die allgemeine Gewaltmuster aufzeigen, traumabedingte Apathie und Indifferenz bescheinigt, statt Engagement.[1764]

Zu Krieg(sverbrechen) gibt es Fernsehbilder, Zeitungsberichte, essayistische Verarbeitung wie in *Keiner war dabei*[1765] oder Prosa wie *Als gäbe es mich nicht*[1766] oder *Meeresstille*,[1767] Theaterstücke zu diesem Thema sind selten. *Blasted*, Handke-Werke sind außerjugoslawische Stücke, *Die Schlangenhaut* von Šnajder, Richters *Krieg der Bilder* zunächst für deutsches Publikum geschrieben. *Das Pulverfass* und *Leere Stadt* von Dukovski finden etwas mehr Beachtung als *Pavillons* von Milena Marković und *Bombenfrau* von Ivana Sajko. Vor allem Peričićs, aber auch Scheuermann-Hodaks[1768] Stücke bleiben als Stücke von südosteuropäischen AutorInnen im Vergleich zu Kane relativ unbekannt.

Common ground ist dabei so etwas wie ‚the missing link‘; weder ‚Stunde Null‘, noch ‚ground zero‘, das Leben dieser Truppe ist ein Kontinuum zwischen Hier und Damals. Offen bleibt zwar die Frage der Zukunft, aber die spielt offensichtlich keine Rolle. Das Stück pendelt zwischen Schrecklichem und Lustigem, das das Schreckliche erträglich macht; unbequeme Wahrheiten zu den Verlusten, Konflikten und Gewalttaten des Krieges werden in diesem

....

1764 Vgl. Govedić: *The trauma of apathy*, in: *Revue des études slaves*, 2006, S. 203–216. Vorwurf der Apathie statt *politics of care*.

1765 Drakulić, Slavenka: *Keiner war dabei*, Wien 2004.

1766 Drakulić, Slavenka: *Als gäbe es mich nicht* [übers. Kao da me nema], Berlin 2002.

1767 Ljubić, Nikol: *Meeresstille*, Hamburg 2010.

1768 www.academia.edu/22610267/MEĐUNARODNA_RECEPCIJA_MONODRAME_SLIKE_ MARIJINE_LYDIJE_SCHEUERMANN_HODAK__INTERNATIONAL_RECEPTION_ OF_LYDIJA_SCHEUERMANN_HODAK_MONODRAMA_MARIJAS_PICTURES, [nur bis Zahl eintippen, also: www.academia.edu/22610267, Anm. LTG], Stand: 03.08.2020. Scheuermann-Hodaks Figur Marija ist wie die Tochter der Figur im kroatisch-serbischen Krieg von Soldaten vergewaltigt worden und muss entscheiden, ob sie sich um die neugeborene Enkelin kümmern will, da die Mutter, ihre Tochter, bei der Geburt gestorben ist.

Stück mithilfe der Schauspielenden und ihrer Biografien vermittelt. Es beginnt bereits damit, dass die Problematik der Geschlechter im Verhältnis zur Dauer des jeweiligen Redebeitrages und zugleich das Manipulationspotential beim Übersetzen thematisiert werden: Der deutsche Übersetzer spricht viel länger oder auch mal ganz kurz, im Missverhältnis zur englisch sprechenden Figur der Regisseurin. Die Zuschauenden sind erstmal amüsiert, aber sehr schnell gefordert aufzunehmen, was die Frau sagt, der Mann aber bemerkbar absichtlich nicht übersetzt, und dem, was auf einem Teleporter angezeigt wird, sowie selbst zu verstehen, zwischen Deutsch und Englisch. Wahrheit ist das, was gehört wird, die ungehörte Wahrheit existiert nicht. Der Prozess der Meinungsbildung wird dadurch vor Augen geführt, lange vor dem Begriff Fakenews.

Im Stück wird der Wechsel der Zeitgeschichte so inszeniert, dass die Schauspielenden sich so schnell abwechseln und so schnell sprechen, dass die Bilderflut deutlich wird, die eine/n abhängt, weil man fast gar nicht mitkommt. Dabei erfahren Text und Inhalt oft eine Brechung, indem die Schauspielenden mit leichter Stimme eine schwere Begebenheit nennen. Sie geben sich laufend gegenseitig das Mikro in die Hand und die Zuschauenden werden textlich und musikalisch anhand verschiedenster Ereignisse im Leben der Figuren, der Jugoslawien-Kriege insgesamt sowie anderer Kriege und Konflikte sowie Katastrophen, Hits und Highlights durch die 1990er gewirbelt. Die Zuschauenden erleben Szenencollagen, in denen in kurzer Zeit hintereinander so viele Nachrichten von allen abwechselnd ins Mikro gesprochen und manche zugleich von den anderen szenisch umgesetzt werden. Ebenso wie zu Zeiten des Krieges lässt sich dazu sagen: „Manches ging so schnell, ich kam gar nicht mit."[1769] Dieses ‚Prasseln' – durch Projektionen von Bildern auf die Bühnenrückwand verstärkt – führt im Stück zur Frage der Wertigkeit: Das Erdbeben in Bangladesh, die Überschwemmung sonstwo oder die Toten eine Autostunde entfernt oder direkt auf der Straße vor dem Haus – was wiegt schwerer? Was ist, wenn jemand, in Sarajewo belagert und von Snipern ins Visier genommen, für die Situation in Bangladesh mehr Empathie hat als für die eigene im Krieg? Wie

....

1769 Nachrichten werden sehr selektiv erinnert, wenn z.B. manche Menschen in West- und Mitteleuropa zu den Jugoslawienkriegen nur ein Wort behalten haben, Srebrenica, aber nichts Substantielles.

© Frank & Timme   Verlag für wissenschaftliche Literatur

verstehen das WesteuropäerInnen? In dieser Inszenierung mit der Fülle des Lebens ist es nicht nötig, dass im Publikum um Distanz gerungen wird, z.b. wenn die Schauspielerin und Figur Vernessa/Vanessa in Sarajewo während der Belagerung einen Hund aussetzen muss, weil sie kein Futter mehr für ihn hat. Der potentielle Dialog mit einem Deutschen in der Realität wird auf der Bühne vorweggenommen bzw. nachgespielt – „Es war einfacher ihn auszusetzen, als ihn aufzuessen", antwortet sie lakonisch und tränenlos über das Schicksal ihres Hundes während der Vorstellung. Im Zuschauerraum ist zu spüren, dass ein großer Teil des Publikums damit beschäftigt ist, diese Information über den ‚Alltag' des Belagerungszustands erstmals aufzunehmen. „Was? Echt?", raunt es irgendwo im Publikum. Andere ZuschauerInnen seufzen, flüstern kurze Ausrufe des inneren Beteiligtseins, weinen, murmeln eigene Erlebnisse.[1770] Die sportlichen und kulturellen Ereignisse, wie die Olympiade in Barcelona oder der Grand Prix, wirken vertraut, aber eventuell zugleich absurd bis quälend – je nachdem, welche Zuschauenden mit welchem Erfahrungsgrad zum jugoslawischen Kriegskontext sich welche Begebenheiten vergegenwärtigen. Die anderen schlimmen Geschehen, sei es das Erdbeben oder die Überschwemmungen, trösten und relativieren nicht bei dem, worum es in dem Stück hauptsächlich geht, dass Geschehnisse während der Jugoslawienkriege zur Sprache gebracht werden, und zwar in mindestens zwei Sprachen, teils der eigenen und teils der gemeinsamen – je nachdem, der serbokroatischen und der deutschen.

In diesem Stück sind Namen nicht nur Namen, sie sind Vorurteile. Grabsteine sind nicht nur Grabsteine, sie sind Zeuginnen. Erinnerung der Figuren und Schauspielenden ist nicht nur Erinnerung, es ist zugleich die Verarbeitung der traumatischen Erfahrung der Schauspielenden und des Publikums. Ein Lied ist nicht einfach ein Lied, es ist ein Verbindungszeichen. Der Pass ist kein neutraler einfacher Ausweis einer Nationalität, sondern verbindet und überdeckt eine Vielzahl an Volkszugehörigkeiten und Herkünften, die z.B. italo-ungaro-kroato-serbisch-jugoslawisch-deutsch sind, wie ein Schauspieler an sich vorführt. Letztlich sagen diese organisatorischen Papiere nichts über den Menschen aus, vor allem nicht im Krieg, außer, zu welcher Seite man gehören müsste, von denen es im Krieg möglichst nur zwei geben soll – die

....

1770 Mehrstimmig zustimmendes „Ach, ja" im Publikum an verschiedenen Stellen des Stückes.

eigene Seite und die Gegenseite. Aber dies ist bei den ‚Biografien' vom Balkan ziemlich unmöglich: Bosnisch-serbisch die eine und muslimisch-bosnisch die andere Schauspielerin haben Väter, von denen einer Täter und der andere noch nicht identifizierter Ermordeter ist. Ein Schauspieler ist Serbe in Serbien, der andere Serbe in Deutschland. Als bei dem Thema Vergewaltigungserzählungen auf die Bühnenwand dokumentarisch das Interview mit der Anwältin Bakira projiziert wird, die Aussagen von vergewaltigten Frauen für eine Klage sammelt,[1771] stehen die Reaktionen der Schauspieler/Männer im Fokus, nicht die der Schauspielerinnen/Frauen. Beide Männer ertragen die Wahrheit der Vergewaltigung nicht, aber jeder auf seine Weise. Der eine weint, der andere schweigt und platzt später mit der Sprache heraus: „Ich habe damals nicht über den Krieg gesprochen. Ich wusste nicht, wie ich damit umgehen sollte." Dem Publikum geht es, während er das sagt, offensichtlich nicht anders.

Jede Figur ist am Ende gestärkt, z.B. darin, wer sie ist, und wer nicht. Ein Schauspieler ist sich darüber klarer, Deutscher und Serbe zu sein, aber kein Vergewaltiger und Verbrecher. Einer der wichtigsten Sätze in diesem Stück ist: „Ich beneide die Rolle der Opfer." Denn es lebt sich – gerade als Mann – schwer in der ‚Normalität': Man ist als Serbe Feind im eigenen Deutschland, aber in Serbien der Aggressor und Verräter, da man in Deutschland lebt und gerade Ski fährt, während Verwandte 1998 von der NATO bombardiert werden.

Die Konflikte kulminieren innerhalb einer Person und zwischen allen ‚äußeren Merkmalen' wie Täter, Opfer und Nationalitäten. Zugleich sind die Figuren auf der Bühne in Harmonie miteinander. Die Töchter von Täter und Opfer verstehen sich, der Mann, der vor Ort war, und der Mann aus dem Ausland; die JugoslawInnen und die Israelin; die Israelin und der Deutsche. Die Figuren haben den Krieg am Ende besser in ihr Leben integriert. Das Stück funktioniert für beide Seiten, die nicht in den Krieg Involvierten wie für die direkt Betroffenen. Insofern weinen die einen anders am Schluss als die anderen, aber das sieht man nicht. Wie man auch nicht sieht, was richtig ist, nicht weiß, was gerecht ist; ob ein Kriegsverbrecher ans Grab seiner Tochter darf, die sich aus Scham vor den Taten ihres Vaters erhängt hat, während die Toten, die er zu verantworten

....

1771 www.bbc.co.uk/worldservice/documentaries/2008/01/071227_only_one_bakira.shtml, Stand: 03.08.2020.

hat, kein Grab haben – diese Frage bleibt unbeantwortet im Raum, während die Schauspielerin die Bühne, – die Figur wütend den Raum verlässt und damit die Schauspielerin zugleich den Raum und die Figur. Menschen lassen sich zuweilen nicht in Teile trennen, nicht auseinander dividieren, ebenso wie die Zugehörigkeit einer Person zu einem Land, einer Nationalität: Die Figur Vernessa setzt ihren ungewöhnlichen Vornamen als Hilfe bei der Kontrolle der Papiere auf der Flucht ein – „Das erste Mal, dass jüdisch sein in Europa ein Leben rettet", sagt die Figur bzw. kommentiert die Schauspielerin, was im Publikum ein wissendes Auflachen zur Folge hat. Im wahren Leben – wie sie nach einer Vorstellung im persönlichen Gespräch erzählte – war es nicht ihre Idee, sondern der kontrollierende Soldat hatte in seiner Frage im Grunde selbst angenommen, sie sei Jüdin, und sie brauchte ihm seine Idee nur zu bestätigen.

Bei diesen Kriegen sind Jüdinnen und Juden nicht im Visier, trotzdem besteht das Thema immer wieder im Hintergrund – deutlich wird es bei dem Versuch, einen Vergleich zu finden, wie es sich anfühlt, dass in einem Dorf, das fast ganz deportiert worden ist, ein Gedenkstein für gefallene serbische Soldaten aufgestellt ist: „Das ist, als ob ein Denkmal für gefallene Nazis aufgestellt wäre", heißt es im Stück. In diesem Stück, das so nah an der Realität ist, wird die Frage, ob der Bezug zum Nationalsozialismus nötig und passend ist, ob damit besser nachempfunden werden kann, oder ob es ein Schlag ins Gesicht der Opfer und Überlebenden ist, plausibel und menschlich nahe gebracht. Mit einem realen – und im Zuschauerraum an diesem Abend anwesenden – Überlebenden des jüngsten europäischen Verbrechens, Sudbin Musić, steht für einen kurzen Moment nicht die Singularität der nationalsozialistischen Verbrechen, das Unvergleichliche des Holocaust, im Vordergrund. Die Tochter eines Ermordeten sitzt, da er sie auf den Schultern trägt, einem Zeugen oder gar Täter physisch im Nacken, während sie ihm auf der Bühne zu einem Massaker-Ort folgt. „Die Mörder sind unter uns" – jene und diese, damals wie heute.

Das Aussetzen des eigenen Hundes mangels Hundefutter, das Zulassen-Müssen, dass dieser zum streunenden Menschenleichenfresser wird, wie auch die Begegnung mit der Menschenrechtlerin und Überlebenden von Vergewaltigungen Bakira – das Stück zeigt die Facetten von Leidensintensität und wie sie gezeigt werden können. Bei den Passagen, bei denen es um die am ,direktesten' Traumatisierten geht, sprechen bzw. spielen diese nicht direkt.

Die Figuren sagen Sätze wie „Ich höre, wie ich sage ‚Žao mi je.' ‚Es tut mir leid.'" – die Figur, die einen biografischen Splitter des Schauspielers darstellt oder umgekehrt, hört sich selbst zu und übersetzt zugleich. Dies scheint ein Mittel der doppelten Distanzierung zu sein. Auch als sich die zwei Töchter, die enge Freundinnen werden, am nächsten und am meisten wunden Punkt unterhalten, wählen sie – Angesicht zu Angesicht gewendet – die dritte Person und sprechen von sich mit „Sie sagt…" – neben der Distanzierung – auch als Mittel der Verdoppelung: Sie sagt es damals und sie sagt es jetzt, während sie spielt; doppelte Wahrheit wirkt auch doppelt. Das Publikum sieht und hört beides gleichzeitig, das damalige Kennenlernen, das jetzt spielend erzählt wird, und das Spielen auf der Bühne, das zum Sich-Jetzt-Kennen gehört. Durch das stark Authentisch-Biografische geht es nicht um Identifizierung, sondern um Erfahren und Nachfühlen. Es geht um das Fragen und Wissenwollen, vor allem, wenn es sich um Unkundige handelt.[1772] Kundig-bewusste Menschen nehmen Darstellungen anders auf, beispielsweise wenn auf der Bühne betrunkene Vergewaltiger mit dem Theaterblut eines Erschossenen ein ‚U'[1773] auf eine Theaterwand schreiben oder Popen Đinđić erschießen, wie 2014 in Wiesbaden von Frljić aufgeführt.

Vorzeitlich und fast vergessen scheinen die Jugoslawienkriege vielen Europäer*innen der jungen Generation. Weiten Teilen der deutschen Bevölkerung sind sie in ihrer Entstehungszeit (1989–1990),[1774] während sie stattgefunden haben und im Nachhinein recht fern und von der Motivation her unverständlich geblieben.[1775] Dies belegen auch zahlreiche Zeitungsberichte, -kommentare und -kolumnen aus den Kriegsjahren (1991–1999) und wissenschaftliche

....

1772 Wobei dies in ein Stück überzeugend einzubauen, schwer ist, da in der verzweifelten Situation demütig die Fragen der Unkundigen zu ertragen, zuweilen das Zweitschwerste neben dem Erleiden der Gewalt ist.

1773 Man erfährt bei Scheuermann-Hodaks Stück nur als bruchstückhafte Rückschau im Monolog, dass jemand ein U auf das Haus mit dem Blut von Mato geschrieben hat. Vor einer Aufführung sollte man wissen, was es damit auf sich hat, um bewusst damit umzugehen. Es steht, wie erwähnt, für Ustascha.

1774 Mehr als 50 Menschen wurden nach einem General- und Bergarbeiter-Hungerstreik im Februar/März 1990 im Kosovo getötet. Die Autonomie des Kosovo wurde aufgehoben.

1775 Vgl. Handke: *Die Fahrt im Einbaum*, 1999, S. 74: „Aber immer, immer wird in dieser balkanischen Gesellschaft einer mit dabeisein, von dem du nicht weißt, wo ihn hintun."

Aufsätze, die z.B. den literarischen Umgang mit den ‚Balkan'-Stereotypen, die eine Dichotomie zwischen ‚hier wir Zivilisierten' und ‚da unten ihr Wilden, Rückständigen, Irrationalen' reflektieren.[1776] Von den Kriegen wird in der breiten Öffentlichkeit kaum gesprochen.[1777]

Bezeichnend ist, dass *Common ground*, *The Dark Ages* und *Balkan macht frei* für ein Publikum außerhalb der Kriegszone Südosteuropa verfasst sind. Ein Exilpublikum und ein ausländisches verstehen die Stücke, die z.B. als Gastspiel in Deutschland mit Übersetzung (Über- oder Untertitel) aufgeführt werden, anders als das Belgrader Publikum, für das sie geschrieben worden sind. Diese drei Stücke werden auf Tourneen einem west- und mitteleuropäischen Publikum vorgestellt.[1778] Dies trägt zur Kulturvermittlung bei, da sich die Auffassungen und Verständnisweisen annähren können.

Schauspielende erinnern Biographisches aus „dunklen Zeiten" – Erhellendes für das Publikum – *The Dark Ages*

Milo Rau inszenierte im April 2015 im Residenztheater in München *The Dark Ages*. Hierbei unterhalten sich Figuren, die reale Personen darstellen und mit ihnen identisch sind, vier Frauen und zwei Männer, über ihre Kriegserinnerungen. Diese erzählen aus ihrem realen Leben, während sie sich gegenseitig abwechselnd mit einer Videokamera aufnehmen, die zeitgleich das Gesicht vergrößert auf eine Leinwand projiziert: Der deutsche Schauspieler Manfred

....

1776　Vgl. exemplarisch Jakiša, Miranda/Sasse, Sylvia: „Kontingente Feindschaft? Die Jugoslawienkriege bei David Albahari und Miljenko Jergović", in: Borissova, Natalia/Frank, Susanne/Kraft, Andreas: *Zwischen Apokalypse und Alltag. Kriegsnarrative des 20. und 21. Jahrhunderts*, Bielefeld 2009, S. 221–236. Kazmierczak, Mladen: „‚Balkankrieg ist die Spezialität eines Volkes' – Zum entlarvenden Blick der Figur der Migrantin auf den Jugoslawienkriegsdiskurs bei Melinda Nadj Abonji und Marica Bodrožić", in: Braun et al. (Hg.), 2014, S. 59–74.

1777　Ein Grund dafür könnte darin liegen, dass die Vorstellung existiert, darüber zu reden, vergröße die Wahrscheinlichkeit der Wiederholung oder Fortsetzung. Ein zweiter Grund liegt möglicherweise in einer gewissen historisch-politischen Unkenntnis, die vor diesen Kriegen bestand, währenddessen und unverändert bzw. sogar vergrößert danach besteht. Aber auch ganz ohne diese Gründe: Die wirtschaftliche Situation ist verzweifelt und viele territoriale Fragen sind ungeklärt geblieben. Die Nachkriegsgewalt ist offensichtlich, ebenso wie die konkreten Kriege zuvor, zu nah und zu fern zugleich.

1778　Vgl. u.a. das Wiesbadener Theaterfestival 2014, s.u..

Zapatka äußert sich zu einem Erbschaftskonflikt zwischen sich und seinem Bruder in Deutschland, Valery Tscheplanova, Schauspielerin äußert sich zu ihrer russischen Herkunft aus Kazan, und Vedrana Seksan, Schauspielerin und Journalistin aus Sarajewo, Sanja Mitrović, Performerin aus Belgrad/Amsterdam und Brüssel, sowie Sudbin Musić, ein Kronzeuge aus Bosnien, äußern sich zu Erlebnissen während der Jugoslawienkriege. Solche Anordnungen befördern als Vorbedingung für Frieden Empathie.[1779] Säßen Publikum und DarstellerInnen in einem Lesungs- oder Café-Setting wären ein Austausch, Rückfragen und Rückmeldungen möglich. Ist es überhaupt ein Stück oder ist es *Total real?* wie Erik K. Franzen in seinem Artikel in der Frankfurter Rundschau[1780] fragt. Da die SchauspielerInnen mit Figuren identisch sind, wäre es sehr anders, wenn andere Menschen den Text sprächen. Die biographischen Bruchstücke an Informationen, wie brennbar z.B. die Schuhsohlen der Stiefel waren, werden nicht erneut aufgegriffen. Diese Bausteine werden nicht zusammengefügt, sondern bleiben unkommentiert und untereinander beziehungslos wie verspielte Chancen bei Begegnungen. Das dichte und intensive Erzählen und die Inhalte laden zum realen Gespräch darüber ein, das jedoch ausbleibt, da die Inszenierung kein Publikumsgespräch ist. Bei *The Dark Ages* wird etwas den Schauspielenden biographisch Vertrautes gespielt, es wird erzählt, wie bei einem Zusammensein von Fremden, die sich fremd bleiben und zusätzlich durch die Bühnenanordnung und diesen Einsatz von Technik entfremdet sind. Die Beziehung zum Publikum ist reduziert, die Monologe sind zentral. Es geht um das Recht, erzählen zu dürfen. Die Ortlosen, auch ein seines Erbhauses beraubter Manfred Zapatka, finden auf der Bühne Heimat, das Verlusterlebnis eine Daseinsberechtigung. Die verbindende Komponente bleibt: ein vergange-

....

1779 Vgl. Galtung, Johan: *Kriegsbilder und Bilder vom Frieden oder: Wie wirkt diese Berichterstattung auf Konfliktrealität und Konfliktbearbeitung?*, in: Calließ (Hg.), 1997, S. 90f: „Also die Empathie ist außerordentlich wichtig. Fast alles, was ich über Jugoslawien in den letzten fünf Jahren gelesen habe, ist völlig unempathisch. Man muß verstehen, wie diese Menschen denken und fühlen, und das heißt nicht, daß man Sympathien mit den Gewalttätern hat."

1780 Franzen, Erik K.: „Milo Rau. The Dark Ages. Total real"?, in: *Frankfurter Rundschau* vom 13.04.2015, 71. Jhrg., Nr. 85, S. 22, https://www.fr.de/kultur/theater/total-real-11681016.html und: www.fr-online-de/theater/milo-rau-the-dark-ages-total-real-a-481074, jeweils Stand: 03.08.2020.

© Frank & Timme   Verlag für wissenschaftliche Literatur

nes Europa. Mittlerweile gibt es ein Hörspiel von *The Dark Ages*,[1781] allerdings ohne Sanja Mitrović, der ehemals Belgrader Performerin, die in Amsterdam und Brüssel arbeitet.[1782]

Betrachtungen zu *Balkan macht frei*

Zu diesem Stück, Premiere am 22.05.2015, am 25.06.2015 im Residenztheater in München aufgeführt, wird vor der Aufführung eine Theaterzeitung ausgeteilt, in der Frljić seinen eigenen Tod aufgrund einer falschen Todesanzeige vom 19.05.2015 nach einem angeblichen Anschlag auf ihn behauptet.[1783] Drohungen eines solchen Szenarios waren allerdings Realität des Regisseurs, der in Rijeka Intendant war und riskierte, Stücke zum Attentat auf *Zoran Đinđić*[1784] und Kriegsverbrechen und -traumata auf die Bühne zu bringen, wie z.b. *Aleksandra Zec*.[1785] Nahtlos lässt sich Frljićs Inszenierungspraxis in das *In-your-face*-Gefühl einreihen, unabhängig davon, ob er kroatischem Publikum mit *Aleksandra Zec*, serbischem Publikum mit *Đinđić* oder dem deutschem mit *Balkan macht frei* unangenehme Wahrheiten und seine Sichtweise „ins Gesicht" sagt.[1786]

Im für das deutsche Publikum verfassten Stück *Balkan macht frei* verhandelt, ohne dass sie von ihm gespielt wird, seine Person als Figur seine Gage im Verhältnis zu den Gagen im Westen und den Lebensumständen auf dem ‚Balkan'. Erschießungs- und Folterszenen in Form von Waterboarding und

....

1781 https://schichtwechsel.li/?p=7439&lang=de, Stand: 03.08.2020.

1782 Becker, Tobias: *Therapie im Theater*, Frankfurter Rundschau vom 13.04.2015: https://www.spiegel.de/kultur/gesellschaft/residenztheater-the-dark-ages-von-milo-rau-immarstall-a-1028171.html, Stand: 03.08.2020.

1783 Diese Idee geht auf den amerikanischen Komiker Andy Kaufmann (1949–1984) zurück.

1784 Es wurde im Rahmen von *Neue Stücke aus Europa. Theaterbiennale des Staatstheaters Wiesbaden 19.–29. Juni 2014* als serbisch-kroatische Kooperation im Original mit deutscher Simultanübersetzung vom *Pozorište Atelje 212* aufgeführt. Im diesem Stück tragen Figuren als Popen Sonnenbrillen und erschießen mit Maschinengewehren die Figur des Zoran Đinđić, der serbischer Präsident war.

1785 Hier wird der Fall thematisiert, bei dem die serbisch-kroatische Familie Zec einschließlich der 12-jährigen Tochter Alexandra in Kroatien vor Beginn des Krieges aus nationalistischen Gründen gefoltert, getötet und im Wald verscharrt wird.

1786 In *Balkan macht frei* oder *Ich hasse die Wahrheit* arbeitet Frljić Biographisches u.a. von 1983, 1990 ein und lässt u.a. seine Eltern-Figuren über das Stück reflektieren.

Publikumsbeschimpfung finden zudem statt. Dabei wird die Fähigkeit des Publikums zu Zivilcourage auf die Probe gestellt: Das Publikum sieht sich, wenn es nicht eingreift und die Szene beendet, bei der ein Schauspieler beispielsweise zum anhaltenden Trinken von Wasser gezwungen wird, einer sonst offensichtlich weiter andauernden Szene ausgesetzt, die Folter wäre.[1787]

Frljić thematisiert in seinen Stücken dokumentarisch historische Begebenheiten, Fälle, Vorfälle und greift u.a. Gespräche mit seinen Eltern auf. Ob das Stück in Belgrad, Zagreb oder Wiesbaden aufgeführt wird, ist dabei ein großer Unterschied. Die Botschaft oder auch manche Elemente funktionieren bei einem Publikum, das sich als unbeteiligt definiert, anders. Daher sind Frljićs Stücke sehr an der jeweils aktuellen Zeitgeschichte ausgerichtet. Sie liegen kaum in Textform vor, sind pure Inszenierungen. Sie führen einmal Kroatien, einmal Serbien, aber eben auch anderem Publikum unangenehme Problemthemen der jeweils eigenen bzw. dortigen Gesellschaft vor Augen, kritisieren brutal-kriminellen Nationalismus und mafiös-korrupte Züge von Staaten.

Weitere Aufführungen und Beobachtungen

Inszenierungen von *Hair* 1992/1993 durch Alexander Brill,[1788] Marina Abramovićs *Balkan baroque*[1789] 1996, die Arbeit von Sontag an *Waiting for Godot* 1998 im belagerten Sarajewo und einige Werke von den aktuellen Performance-Künstlerinnen aus Sarajewo Adela Jušić[1790] sowie Maja Bajević,[1791] mit Einschränkungen auch Sajkos *Bombenfrau* im November 2011 im Gallus Theater

---

1787 Wenn niemand aus dem Publikum eingreifen sollte, darf vermutet werden, dass die Szene innerhalb des Stückes beendet und die Situation wohl thematisiert würde.

1788 Von LTG im Dezember 1992 gesehen.

1789 Christian (Hg.), 2010, S. 164. Eine Vorläuferin ist die Performance *Cleaning the mirror*, bei der ein dreistündiges Video zu sehen ist, bei dem Abramović ein Skelett wäscht, Christian (Hg.), 2010, S. 162. Vgl. auch Westcott, 2010, S. 255ff.

1790 Jušić, Adela: „Free radicals" [übers. Slobodni radikali], in: *vox feminae*, 01.04.2016, https://adelajusic.wordpress.com/2016/06/14/free-radicals-adela-jusic-for-vox-feminae/, Stand: 03.08.2020.

1791 „Frauen bei der Arbeit/Washing up (Auswaschen), 2001", in: Anonym: „Kunstszene: Balkan. Reportage über eine Generation im Aufbruch", in: *Art. Das Kunstmagazin*, Nr. 1/Januar 2005, S. 20–33.

in Frankfurt durch Helen Körte liefern Beiträge zur Kriegsthematik, indem sie sowohl das Leid vor Ort aufgreifen als auch die Lähmung sozusagen Außenstehender, die teilweise ignorant wirkt. Die Inszenierung Helen Körtes von Sajkos *Bombenfrau* ist in eine musiktheatralische Trilogie mit Charms und Atwood eingebettet.[1792] Körtes Herangehensweise, verknüpft mit Wolfgang Fiebigs Kostümen, einem sehr symbolischen und minimalistischen Bühnenbild, das einen ganz eigenen ästhetischen Stil aus phantasievoll verfremdeten Alltagsgegenständen hat, erinnert nicht an einen jugoslawischen Kriegskontext oder irgendeinen Terroranschlag.[1793] Als Alexander Brill 1992/1993 in der Inszenierung von *Hair* die 1970er Jahre der USA mit Nachrichtenelementen zu den Jugoslawienkriegen und der Figur einer Frau als personifiziertes Jugoslawien übereinander legt, ist die Verknüpfung eindeutig.[1794] Naturalistische Inszenie-

....

1792   13.5.2011, Ensemble 9. November: Trilogie des Wahnsinns auf halber Strecke. *Musiktheater anhand von vier Kurzgeschichten aus* Gute Knochen *von Margret Atwood, zwei Geschichten aus* Himmelkumonov *von Daniil Charms und* Bombenfrau *von Ivana Sajko*. www.gallustheater.de/2011/03/triwahn.php, Stand: 17.08.2016. Charms, 1905–1942, russ. Schriftsteller u. Dichter; Margret Atwood, kanad.Schriftstellerin, geb. 1939.

1793   Eine besondere Kombination ist Philipp Ruchs *Himmel über Srebrenica*, eine Art theatrale Doku-Performance; Deutschland 2010, s.: www.politicalbeauty.weebly.com, Stand: 03.08.2020. Eine Aufführung wurde am 11.07.2009 auf der Wiese vor dem Reichstag in Berlin inszeniert, die mit bis dahin noch nie veröffentlichtem Originalmaterial die Ereignisse und Verantwortungen vom 11.07.1995 in Srebrenica dokumentiert. Telefonate und Gespräche zwischen mehreren verantwortlichen Politikern und involvierten Militärpersonen verschiedener Länder, mit denen die Chronologie der Ereignisse und Fehlverhalten deutlich gemacht werden, sprechen Personen beispielsweise an verschiedenen Positionen am Aufführungsort aus Megaphonen heraus. Dabei werden bis dahin geheime Protokolle des Führungsstabs der Vereinten Nationen und die Aufzeichnungen von Besprechungen des Vorabends der Deportationen und Erschießungen von über mindestens 4.000, wenn nicht gar 8.372, Zivilist*innen, verwendet. Ferner liegt David Rohdes *Endgame. The betrayal and fall of Srebrenica: Europe's worst massacre since World War II*, Boulder 1997 zugrunde. Ein Film zu diesem Thema, *Ordinary people*, 2009, zeigt sieben Soldaten, die auf einer abgelegenen Farm auf ihren ihnen unbekannten Auftrag warten, der dann darin besteht, Menschen, die zu ihnen deportiert werden, zu erschießen.

1794   Die weibliche Figur des personifizierten Jugoslawien sieht beängstigend aus, wie eine Mischung aus Baba Yaga, einer Obdachlosen und einer gerade geflohenen, vergewaltigten alten Frau mit zerrissener Kleidung, und sie erzählt Märchen. Sie geistert in Zwischenstücken zwischen Szenen mal ängstigend durch die Publikumsreihen, sucht etwas und findet es. Einmal sagt sie an einer Rampe als Žana aus Brnačka Reka wie vor Gericht „we deeply regret", trägt mal einen Radiorecorder mit sich, aus dem das Lied von den *Partibrejkers* kommt *Oprosti nam bože*, dass sie übersetzt: Vergib uns Gott.

rungen können das Risiko erhöhen, eine Wiederholung der Tat-Handlung und eine Re-Traumatisierung[1795] zu erfahren.

....

1795 Vgl. Lukić, Darko: *Drama ratne traume*, Zagreb 2009 [übers. Drama des Kriegstraumas], S. 389ff.: „Američki pisci polaze od pretpostavke da njihov gledatelj o vijetnamskoj traumi uglavnom ne zna ništa, pa mu zbog toga sve predstavljaju iskazima i ponašanjem svojih likova, objašnjavajući i pokazujući. Hrvatski pisci nemaju takve potrebe, svjesni da gledatelji o traumi (ako i ne o njezinu izravnom iskustvu) već dosta znaju i da nema nikakve potrebe pričati im priču ‚od početka' niti objašnjavati ‚općepoznate' stvari, koje onda jednostavno ugraudju u iskaze svojih likova kao nešto što se podrazumjeva i što ne treba objašnjavati." [übers. Amerikanische Schriftsteller gehen von der Annahme aus, dass ihr Zuschauer hauptsächlich nichts vom Vietnam-Trauma weiß, und deshalb zeigen sie ihm alles mit dem Verhalten ihrer Figuren, erklärend und zeigend. Kroatische Schriftsteller haben solche Bedürfnisse nicht, im Bewusstsein dessen, dass das Publikum über Trauma (wenn auch nicht über eigene Erfahrung) schon genug wissen und es keinen Bedarf gibt, ihnen die Geschichte ‚von Anfang an' zu erzählen und auch nicht ‚allgemein bekannte' Dinge zu erklären, die sie dann in den Ausdruck ihrer Figuren als etwas einbauen, was sich von selbst versteht und nicht erklärt zu werden braucht.] Vgl. auch ders.: *Hrvatsko ratno pismo*, [übers. Kroatische Kriegsliteratur], in: *KOLO. Časopis Matice Hrvatske*, [übers. Der Reigen. Zeitschrift der matrix croatica, wörtl. kroatischen Mutterzelle; dies ist eine Kulturorganisation.], Jhrg. VI/ Nr. 2/Sommer 1997 S. 344–352.

10 Resümee

Die konkrete und zentrale Fragestellung „Wie gehen Sarah Kane, Biljana Srbljanović, Milena Marković, Ivana Sajko, Simona Semenič mit den Jugoslawienkriegen in ihren Stücken um?" ist wie folgt zu beantworten:

Diese Autorinnen stellen sich dem Thema Gewalt und zeigen auf struktureller und interpersonaler Ebene deren Mechanismen und Auswirkungen auf.[1796] In dem untersuchten Textkorpus ist die Primärverantwortung weniger im Bereich der individuellen Frauenfiguren, sondern mehr in kollektiven und strukturellen Zuständigkeiten der patriarchalen Lebensumstände lokalisiert. Ausgehend von der zentralen Fragestellung wird deutlich, wie präsent die Kriegs- und Nachkriegsgewalt ist, dass jedoch Jugoslawien als Bezeichnung ausgelassen wird. Autor*innen und Regisseur*innen aus den jugoslawischen Nachfolgestaaten haben mehr ‚Vor-Ort'-Erfahrung als Kane, wenn auch wiederum unterschiedlichen Grades, jedoch verzichten alle Autorinnen der hier untersuchten Stücke auf politisch aufgeladene ethnische und regionale Zuschreibungen, die polemische Deutung zulassen.

Die Stücke von Sajko und Semenič thematisieren Gewalt in Verbindung mit Staatsapparaten ohne konkrete zu benennen. Damit sind die Stücke zeitlos und davor sicher, propagandistisch zu werden. Wenn bei Sajkos *Bombenfrau* und Semeničs *feast* jeweils eine namensgleiche Autorin-Figur präsent ist, die den Text und die anderen Figuren nicht allein und unkommentiert lässt, sind die Autorinnen verewigt. Mittels der Namensgleichheit stehen sie zu ihrem Werk und können sich nicht zurückziehen und vergessen machen. Durch das Vorführen von Lebensumständen erfolgt ein Impuls zur Reflexion, der die Situation unterbricht.[1797] Anderen Medien, wie dem Internet, scheint eine solche Verlangsamung des Erlebten nicht so gut möglich, da sich dort Menschen nicht

---

1796 Die Gewalt bezieht sich auf jede Frau; Minderheiten bezüglich der sexuellen Orientierung z.B. spielen in den Stücken keine, jedenfalls keine explizite, Rolle.

1797 Vgl. Gržinić, Marina, in: *Pavilion #14*, Bucharest 2010, S. 93: „A political act is that which interrupts a situation where the only impossible thing in the world today is impossibility as such". Die Situation wird unterbrochen.

begegnen, selten kennen und durch die Anonymität etwas schneller gesagt wird als geprüft und durchdacht.

Die Stücke, auch die postdramatischen, verbinden glaubwürdige Räume mit realen Menschen und konkreten Erlebnissen. So werden die Aufführungsorte zu freien Denkräumen, die in Kriegszeiten oft rar sind. Mittels minimaler Regieanweisungen lassen die Inszenierungen offen, mit welchem Akzent, mit welchem Dialekt die Figuren sprechen, welche Migrations- und Herkunftserfahrung und welche Kriegs- und Fluchtbiographie sie haben.[1798] Zwar sind die Stücke nicht ethnisch festgelegt, aber fanatischer Nationalismus ist in keinem Fall eine Option. Insofern können die Namen der Figuren am besten mit Bedacht gewählt und verändert werden. Denn die ursprüngliche Bedeutung verschwindet, wenn aus einer Helen ein Harry oder Hamed, Howard, Horst, Haso oder Hrvoje wird, da die verschiedenen Namen eine unterschiedliche kulturell-geographische Wortbedeutung haben, unabhängig davon, wer die Figur spielt.

Zu den Annahmen, die im ersten Kapitel eingeführt worden sind, ist festzustellen, dass man bezüglich der ersten denken könnte, dass es innerhalb dieser fünf Stücke wenig bis keine Frauenfiguren gäbe und sie – im Gegensatz zu den Männerfiguren – als schwach gezeigt würden, indem sie schwiegen, zu schweigen hätten, oder kaum zu Wort kämen. Diese Vermutung hat sich nicht bewahrheitet: Das Zahlenverhältnis ist ausgewogen, und die Frauenfiguren wehren sich mit Widerworten und Taten. Wenn sie schweigen, tun sie dies machtvoll; sie stehen beredt oder demonstrativ wortlos da. Wenn sie handeln, dann um die Zustände zu verändern, zu beenden. Es geht ihnen um ein Herauskommen aus einer Ohnmacht(ssituation). Die Sprache der Männerfiguren ist von eskalierenden Sprechakten dominiert, ganz besonders die Figur des Knez/Fürst bei Marković oder Dača bei Srbljanović.

Die zweite Prämisse war: Die Frauenfiguren, falls überhaupt, seien nur minimal gewalttätig. Ergebnis der Untersuchung ist: Die Frauenfiguren greifen, unter Umständen untypisch für die herkömmliche Geschlechterrolle, zum Teil

---

1798 Dabei können alle Biographien eigene als auch familiengeschichtliche Migrationserfahrung enthalten. Vgl. Brunnbauer, Ulf: „Emigration aus Südosteuropa, 19.–21. Jahrhundert. Kontinuitäten, Brüche, Perspektiven", in: Brix/Suppan/Vyslonzil (Hg.), 2007, S. 128.

© Frank & Timme   Verlag für wissenschaftliche Literatur

massiv zur Gewalt (verbal-psychisch und physisch), als Reaktion und Aktion, um ein endgültiges Ende herbeizuführen (bes. Bombenfrau/Sajko und Čera/ Marković, Weisheit/Semenič). Ihr Verhalten steht in Relation zu der sexistisch-patriarchalen (Kriegs-) Gewalt, insofern leisten sie, wo sie gewalttätig werden, Notwehr und Selbstverteidigung (z.b. Lepa/Marković: erschlägt Ehemann als dieser die schwangere 16jährige Tochter schlägt). Die Gewalt der Männer-figuren resultiert aus Statuskämpfen untereinander, macho-patriarchalem Männerbild und sprachdefizitär bedingter Nervenschwäche. Ferner gehören die Sozialisation (geschlechtsspezifische und autoritäre Familienstrukturen) und die Angst vor Insubordination dazu. Die Stücke sind insofern keine guten Beispiele für gelingende Kommunikation und Aussöhnung, sondern bleiben im gesellschaftlichen Gewaltkontext des Krieges bzw. häuslicher Nachkriegs-gewalt.

Drittens: Es schien naheliegend zu vermuten, die Frauenfiguren seien al-lesamt Mütter und gingen in dieser Rolle tendenziell begeistert auf, da es die Erfüllung in einem Frauenleben sei und lebensbejahendes Hoffnungspotenzial berge; und anzunehmen, die Figuren täten alles für ihre Kinder und unter-nähmen alles, um ihre Kinder zu retten. Oder aber, sie seien autoritär und ge-waltbereit, verroht, insofern sie selbst zuvor Opfer von Gewalt gewesen wären.

Hierzu stellt sich heraus: In jedem der Stücke gibt es zwar die Schwanger- oder Mutterschaft als Thematik. Aber, wenn die Figuren überhaupt freiwillig Mütter sind, dann sind sie dies mit einer großen Distanz zur Mutterrolle. Die Frauenfiguren freuen sich nicht. Sie sind bei Srbljanović überfordert und ge-stresst vom Geschrei, bei Kane und Marković müssen sie sich u.a. um Essen kümmern. Die Schwangerschaft scheint k/ein Bombengefühl zu sein, beispiels-weise bei Sajko und Marković. Bei Srbljanović sinkt der Kopf auf die Herdplat-te, bei Marković gibt es eine Herdexplosion und bei Semenič Kindesverlust und blutige Brüste. Die Väterrollen sind gewalttätig, frustriert und alkoholisiert, sofern anwesend.

Die vierte Annahme beinhaltet die Denkschritte: Krieg ist nicht komisch, in Literatur und Menschheitsgeschichte findet und hält sich das Vorurteil, Frauen hätten keinen Humor, die Stücke sind von Autorinnen und es könnte demnach sein, in den Stücken gäbe es nichts zu lachen; und wenn, kämen Diskriminierungen und Stereotype vor.

Tatsächlich aber ist es so: Es gibt Elemente zum Lachen, u.a. Situationskomik und immer dann, wenn die typischen Geschlechterrollen durchbrochen werden (z.b. der Drogenboss behauptet, das beste Schnitzel zu machen, oder Cate sich an Ian rächt, ihm den Jackenärmel abreißt und dieser es erst später merkt). Dabei gibt es keine sonst – für Südosteuropa evtl. typischen Witzmerkmale – keine ethnischen Klischees oder national gefärbten Eigenheiten.

Bei der fünften Annahme, es würde eine Nachkriegsgesellschaft gezeigt werden, die sich um Frieden bemüht, und Eltern, die ihre Kinder pazifistisch im Sinne der Nächsten-, Feindesliebe sowie der Geschlechtergerechtigkeit erzögen, oder es gäbe nationalistisch-propagandistische Zuschreibungen zu Figuren und Orten der Handlung stellt sich heraus: Es gibt weder Propaganda, noch explizite national(istisch)e Zuschreibungen, die eine Kriegsseite in ihrer politischen Position festmachen, auch wenn dies, von den wenigen Regieanweisungen jedenfalls her, in Inszenierungen möglich wäre. Diese Lücke scheint geeignet, als Schatzkiste der Möglichkeiten gesehen zu werden. Ansonsten sind in den Stücken eine Menge Gewalt präsent und Sexismus – aber als politischer Aspekt im Kontext der gesellschaftlichen Umstände.

In dem Zusammenhang mit der sechsten Annahme, die privaten Konflikte hätten nichts mit den Jugoslawienkriegen der 1990er oder Krieg allgemein zu tun, das eine sei persönlicher Beziehungskrieg, das andere wäre offizieller Krieg zwischen Staaten mit Soldaten/eventuell -innen, bei denen Zivilist*innen tendenziell nicht involviert seien, zeigt sich: Doch, hier besteht eine enge Verbindung. Es liegen Stücke vor, die diese Kriege mit der Form einer häuslichen sexualisierten Nachkriegsgewalt verknüpfen. Die strukturellen Kriegsfolgen werden auf individueller Ebene manifest.

Die eingangs formulierten Fragebereiche A bis D[1799] werden im Folgenden beantwortet; zunächst kann festgehalten werden: Die Stücke sind im Kontext der Jugoslawien-Kriege spezifisch, aber zugleich übertragbar.

....

1799 Die Fragen waren: A: Welche Rolle spielen Erinnern, Gedenken, Verarbeiten, Zeigen und Ästhetisieren bestimmter Ereignisse für die Autorinnen Kane, Srbljanović, Marković, Sajko und Semenič? Wie ist dies gegebenenfalls mit ihren Figuren verknüpft? B1: Sind die Stücke im Kontext der Jugoslawien-Kriege spezifisch und wären sie auch übertragbar auf andere Konflikte, Kriege und Nachkriegsgesellschaften? B2: Welche Lesarten gibt es? Worüber und wie schreiben (Theater)Autorinnen zu den kriegerischen Konflikten? Geraten sie in

Entwürfe positiver, friedlicher Konfliktlösung werden in den Stücken teils angedeutet, teils können sie aus den Negativ-Beispielen gefolgert werden. In den weiteren Unterkapiteln hier lassen sich gegenseitige Anknüpfungspunkte und Schnittmengen der untersuchten Stücke ausmachen, u.a. Komik, Humor, Schweigen und Gewalt.

10.1 Gewalt und Schweigen im Spiel. Querbezüge

Die Gewalt wird von den hier diskutierten Autorinnen insofern aufgenommen, als sie eine gesellschaftliche unverarbeitete Realität zeigen. Alle Stücke sind durchgehend direkt oder latent von kriegerischer Gewalt geprägt und weisen auf einen unfriedlichen Zustand in der Gesellschaft hin, der noch Arbeit erfordert. Bei den Figuren in den Stücken gibt es unterschiedliche Grade an

kriegsbedingte Deutungszwänge oder propagandistisch Anmutendes, das sich mit Blick auf die jugoslawischen Kriegszeiten in den 1990ern ergibt? Inwiefern sind die Stücke politisch? Auf welche Art sind sie mit dem Persönlichen und Privaten, das sie zeigen, allgemein bedeutsam? Inwiefern können sie eine Art Probehandeln bezogen auf Krieg sein? Welche Vorstellungen von zwischenmenschlichem Umgang werden in den ausgewählten europäischen Theaterstücken aus der Zeit der Jugoslawienkriege und der Nachkriegszeit geweckt? C1: Gibt es signifikante soziale Geschlechterkonstruktionen, und wenn ja, welche? Zu dieser Frage gibt es einen Unterkomplex an Fragen wie: Wie sind die weiblichen Rollen in diesen Stücken angelegt? Aufgrund der Geschlechtercharaktere und -rollen, die in der Gesellschaft zugewiesen werden, sowie geschlechtsspezifischen Rollenverschiebungen von Frauen in Kriegszeiten in Männerdomänen wird es darum gehen, wie diese artikuliert werden. In Nachkriegszeiten gibt es eine hohe Gewaltrate, besonders an Frauen. C2: Wie wird dies aufgegriffen? Wie findet bei diesen Autorinnen kriegerische Gewalt in ihr jeweiliges Stück Eingang: Strukturell, physisch, psychisch oder verbal? Wie wird die Kriegswirklichkeit für Frauen in den Stücken dargestellt, welche Rollen sind ihnen vom Stück her zugedacht? Wie verhalten sich die Frauenfiguren; verharren sie demonstrativ im Schweigen, oder nicht? Sind sie Kriegsgrund, -beute, Opposition oder werden sie als Individuen sichtbar? Entsprechen sie typischen Rollen, einem Klischee, falls es überhaupt mehrere Frauen/-rollen gibt? Entwickeln sich die Figuren in Richtung Gegengewalt, Selbstzerstörung, oder leisten sie Widerstand? Sind sie utopisch oder ideologisch? D: Wenn irgendetwas Positives aus der Kriegszeit auf die Bühne gebracht wird, wie kommt es zur Sprache? Gibt es positive Körperlichkeit, wo doch Körper im Krieg eliminiert werden? Wird von der vielen (Kriegs) Gewalt, die es in den Jugoslawienkriegen gab, etwas dargestellt oder ganz darauf verzichtet? Welche kriegerische Handlung wird mit Sprache und den Mitteln und Zeichensystemen des Theaters dargestellt? Gibt es in den Theatertexten Hoffnung für die Gesellschaft und die Individuen? Welche Gegenwelten werden eventuell aufgebaut?

körperlicher (Selbst)Zerstörung und gegenseitigem Schaden sowie innerer Beschädigung: Frauenkörper werden gegessen, zerstückelt, sie explodieren. Das Zersprengte (*Blasted, Bombenfrau*), das Temporäre (*Pavillons*), das Abgeteilte und Gespaltene (*Belgrader Trilogie, whilst/wisdom*), einzelne Körperteile (*Rippen, Füße*) finden sich in einigen Titeln wieder. Die Figuren bemächtigen sich des gewaltvollen Lösungsversuchs, das Ende der Stücke ist dementsprechend jeweils explosiv: Bei *Blasted* von Kane gibt es zwar die Bombendetonation szenisch früher, aber als sich Cates Pflegefall Ian am Ende bedankt, implodieren im Grunde darin gängige Vorstellungen. In *Belgrader Trilogie* von Srbljanović platzt, während Feuerwerks-Körper an Neujahr knallen, der hochschwangeren Ana metaphorisch am Ende vor Sorgen, die wir bezüglich der Ereignisse 1996 gut ahnen können, die die Autorin aber nicht in ihr Stück aufnimmt, der Kopf den sie müde auf dem Küchentisch ablegt.

Bei Srbljanović findet sich vor Sajkos *Bombenfrau*, allerdings nur ganz am Rande in einer Regieanweisung, das Bild der Schwangeren, deren Bauch platzt in *Der Sturz*: (2000), S. 82: „Der riesige Bauch sieht aus, als würde er gleich platzen oder gebären, ganz nach Belieben." Dies, wie auch die Salz-Wunden-Annäherung zwischen Semenič aus Slowenien und der Performance des Dah-Theaters, scheinen symptomatische Bilder zu sein, mit denen besonders deutlich wird, wie frauenspezifische Gewalt durch die Künstlerinnen verarbeitet wird.

Mit der Gasexplosion durch die junge Schwangere, Ćera, am Ende von Markovićs *Pavillons* findet sich eine Steigerung, die sich bei Sajkos *Bombenfrau* mit ihrem potentiell schwangerem Bauch mit eindeutiger Absicht fortsetzt und schließlich bei Semeničs *whilst/wisdom* ein Ende findet, bei dem eine Selbstfindung mit oder ohne Tyrannenmord angelegt ist.

Auffällig ist, dass die Frauenrollen keine vulgäre Sprache verwenden, bis auf eine einmalige Ausnahme bei Markovićs Mala[1800] nicht fluchen.[1801] Bis auf eine

---

1800   Marković: *Pavillons*, 2001, S. 34: „Mamu vam jebem".

1801   Assmann, Aleida: *Einführung in die Kulturwissenschaft. Grundbegriffe, Themen, Fragestellungen*, Berlin 2006, S. 48: „Fluchen ist eine von vielen Möglichkeiten, Sprache nicht als Informations- und Kommunikationsmedium einzusetzen, sondern als eine Form des Handelns. Ein Fluch taugt so gut wie ein anderer, wenn es darum geht, Angst einzujagen, einzuschüchtern, zu bedrohen, aufzubegehren, abzuschütteln."

oder zwei Beschimpfungen zeigen sie fast keine verbale Aggression: Lepa bei Marković beispielsweise schreit Knez nicht an: „Deine Eier stinken", während er ihr ein Omlett macht. Die Stücke zeigen auch keine von sich aus gewalttätig angelegten Frauenfiguren, die z.b. den Mann mit Schlägen aus der Küche verbannen, begrapschen, ihre Waffe bedrohlich und demonstrativ reinigen oder damit drohen, jemanden foltern, sich mit Gewalt sexuell gefügig zu machen versuchen und erschlagen. Die Autorinnen spielen mit der Doppelbedeutung von Wörtern: Frau, Bombe – Sexbombe, die Waffen einer Frau; der Bauch ist ein Bombenversteck, wenn kein Baby schreit und ‚stört'.

Demonstratives Schweigen ist an der Stelle Stärke, Ausdruck von Protest und Unabhängigkeit, ein Zeichen von Ablehnung und Aufruhr, wie Schreien, ein Zeichen von Raumnahme. Bei den Frauenfiguren ist es ein Aufheben der Komplizenschaft, ein sprechendes Schweigen, vor allem im Kontext von Unbeugsamkeit und Widerstand. Damit sind sie vom Verhalten her verändert.[1802] Unter Umständen ringen die schweigenden Gestalten[1803] mit sich und mit etwas Äußerem zugleich, führen also zwei Kämpfe: Einen Konflikt mit jemandem im Außen und mit sich bezüglich der Frage, ob dieser Außenkonflikt und wenn ja, wann und wie angesprochen werden soll.

Den Figuren stößt Gewalt in unterschiedlicher Heftigkeit zu und kulminiert in gewalttätiger Verweigerung als Antwort.

Die Gewalt, auch die der Frauenfiguren, geschieht wie zur Warnung *in-yer-face* statt ‚out of view'. In den ohnehin minimalen Regieanweisungen der vorliegenden Stücke der ausgewählten Autorinnen sind zwischen den Figuren

....

1802 Vgl. dazu bei Gay, Ignacio Ramos: „Violence et silence chez Yasmina Reza", in: Benoit, Claude (Hg.): *La violence au féminin*. [*Les éditions de la transparence*], Chatou 2011, S. 163–178, der zur Gewalt und Stille bei Yasmina Reza schreibt, S. 167: „Précédés ou suivis du monologue, le silence et les échanges entre les personnages acquièrent une sémantique nouvelle du point de vue du spectateur." Und S. 170: „C'est en ce sens que l'on peut affirmer que le renfermement sur soi du personnage implique automatiquement une ouverture de celui-ci au public, qui, plus qu'une mise en avant de deux niveaux de représentation, deux systèmes de lecture de la pièce – l'un concernant le personnage avec son interlocuteur dramatique, l'autre avec le spectateur – représente, en réalité, *une même ligne de lecture* dont le monologue n'est en fait que la conséquence d'une conceptualisation de l'existence comme affrontement." [kursive Hervorhebung im Orig., Anm. LTG]

1803 Antike Figuren wie Tekmessa, hier vorliegend Figuren wie Weisheit bei Semenič, wie Mala oder Ćera bei Marković.

Verletzungen, Wunden, Vergewaltigungen und Folter angelegt, aber bezüglich der Menge an Gewalthandlung wird, – außer an Lepa bei Markovićs *Pavillons* und an Mara bei Srbljanović –, ein Freiraum gelassen, das Realisieren auf der Bühne nicht explizit gefordert. Gestank, Schweiß und Blut – hier körperlich-sinnliche Zeichen des Lebendigen – können eine Rolle spielen.

Insofern als Vergewaltigung ab 1662 bis zum 18. Jahrhundert regelmäßig in Theaterstücken vorkommt,[1804] können die hier untersuchten Stücke bezüglich der sexuellen Gewalt in einen europäisch-historischen Kontext eingereiht werden. Der Selbstmord von Frauen ereignet sich dagegen traditionell außerhalb der Bühne, genau davon weichen Marković und Sajko hier ab.[1805] Da die jeweiligen Tode in den vorliegenden Stücken in der Öffentlichkeit stattfinden, stellt sich die Frage, wem der Körper im Patriarchat gehört. Wie zu den Stücken gezeigt werden konnte, eignen sich die Figuren ihren Körper mittels Gewalt, die todbringend sein kann, wieder an. Angel-Perez spricht bezüglich der Figuren bei Kane von körperlichen Ruinen des postmodernen Subjekts.[1806] Dies passt auch auf die Figuren der Stücke von Srbljanović, Marković, Sajko und Semenič: Die Männerfiguren sind durchaus ‚Ruinen‘ ihrer Selbst.[1807] Die eher namenlosen Männergruppen in Form von Bodyguards bei Marković und

....

1804 Vgl. Reilly, in: Allard/Martin (Hg.), 2009, S. 139. Zwischen 1594 und 1612 taucht Vergewaltigung in vier Stücken auf. 1612 bis 1625 sind es fünf.

1805 Loraux, Nicole: *Tragische Weisen, eine Frau zu töten,* Frankfurt am Main/New York/Paris 1993, S. 41: „Dennoch gibt es für die Frauen, seien sie nun weiblich oder männlich, eine Art zu sterben, bei der sie voll und ganz Frauen bleiben. Nämlich außerhalb der Bühne ihren Selbstmord zu inszenieren: ein minutiöse Inszenierung, den Blicken des Zuschauers entzogen und im wesentlichen berichtet; eine Inszenierung, die bei Sophokles sogar so etwas wie einer formelhaften Struktur gehorcht: ein stummer Abgang, ein Gesang des Chors und dann die Nachricht eines Boten, daß sich, fern den Blicken, die Frau getötet hat".

1806 Vgl. Angel-Perez, in: Rabey/Goldingay, 2013, S. 46: „The construction of the subject is achieved by postmodern techniques (fragmentation, anacolutha, aposiopesis, the defeat of reason); yet these tools do not construct a ruined dislocated postmodern (or post-Eliotian) subject: a subject in ruins (with ‚fragments shored against my ruins‘, in Eliots's *The Waste Land*), such as we find in Martin Crimp or Sarah Kane's plays."

1807 Als Soldaten im Dienst sind sie zuvor im Sinne der Körperoptimierung einer fremdbestimmten Disziplin untergeordnet; an ihrem Nachkriegskörper können sie versuchen, das zu heilen, was ihnen und was sie anderen zugefügt worden ist. Vgl. Kniesche, Thomas W.: „Krieg als body sculpting. Die Metamorphosen des männlichen Körpers in den frühen Texten Heinrich Bölls", in: Mohi-von Känel/Steier (Hg.), 2013, S. 33.

Sajko, Vladimirs Handlanger bei Semenič sind Rollen stummer austauschbarer Helfershelfer. Patriarchale Feindseligkeit, Destruktivität und Marginalisierung führen offensichtlich dazu, dass Frauenbrüste, Frauenköpfe, andere Körperteile, ein ganzer Körper oder ein ganzer Leichnam entfernt werden müssen.[1808] So ist bei Semeničs *the feast* der gesamte Frauenkörper ein Suppenteller und ein Baby saugt die Brüste seiner Mutter blutig. Eine Schwangere und ein Baby sind in allen Stücken vorhanden, als eine disharmonische Dyade bei Sajko, als stillende Statistin bei Semenič oder in stummer Nebenrolle bei Srbljanović. Innerhalb der Verhältnisse bejahen die Frauenfiguren bei Sajko, Marković, Srbljanović und Semenič ihre existierende oder bevorstehende Mutterschaft nicht, entsprechen insofern nicht dem tradierten Rollenbild. Die Stücke geben eine eindeutig verneinende Antwort auf die Frage, ob wegen eines Bildes der aufopferungsvollen Mutter jede Erniedrigung berechtigt ist. Stattdessen erleben die Frauenfiguren Gewalt, wenn sie ihren Standpunkt äußern, wie z.B. Lepa innerhalb der Ehe oder die Töchter der Weisheit. Dabei wird die kümmernde Mütterlichkeit als eine machtvolle Aufgabe inszeniert, die patriarchal besetzt und herabgesetzt ist.

In diesem kriegerischen Kontext ist die Gewalt zwischen den Geschlechtern für die Frau eine Falle: Wendet sie keine an, droht sie Opfer zu werden. Setzt sie die Gewalt auf Augenhöhe ein, wird sie zur ebenbürtigen (Mit)Täterin. Bei der Zerstörung durch eine Bombe oder Herbeiführung einer Gasexplosion setzen die Frauenfiguren ein Zeichen und machen plausibel, dass es ein intensives Bedürfnis gibt, die Gewalt möge aufhören bzw. ihre eigene möge ein Schlusspunkt sein.

Die Gewalt ist auch für die Männerfiguren eine Falle, aber anders: Sie stehen vom patriarchalen-heterosexistischen Männlichkeitsideal her unter Druck, Gewalt als Teil ihrer Identität anzunehmen und u.a. nationalistisch definiert auszuführen.

....

[1808] Wie bei Semenič: *wilst/wisdom*, 2011, bei Marković: *Pavillons*, 2001, wie bei Sajko: *Bombenfrau*, 2003 und bei Semenič: *the feast*, 2010; Jelinek setzt solche Taten übrigens in Bezug zum chirurgischen Eingriff, bei dem offen ist, ob medizinische Gründe, ästhetisch-weibliche Vorbilder oder transsexuelle Bedürfnisse dazu führen, vgl. Jelinek: *Ein Sportstück*, (1998) 2008, S. 48f.

Die Sprache der Figuren ist in den Stücken oft fragmentarisch, reduziert und mit verknappten Dialogen ausgestattet. Dies verweist darauf, dass sie mit ihrer inneren Zerrissenheit trotzdem in sich eins sind und solidarisch mit jenen Teilen der Menschheit, die ähnliche Gewalt erfahren haben. Grundsätzlich stehen die Frauenfiguren sprachlich-emotional in einer Anspannung, was sich weniger symbolisch ausdrückt als in tatsächlichen Handlungen, z.B. geht Ćera in die Küche, Ana senkt ihren Kopf langsam auf die Tischplatte. Viele der Männerrollen in den untersuchten Stücken sind gekennzeichnet durch ihre gewaltüberfrachtete Sprache und durch ihre gewaltgeladenen Taten. Tugendhaft vorbildliche Männerfiguren sind kaum vorhanden, ohne positives Lebenskonzept ausgestattet, wie bei Srbljanovićs Brüdern Mića und Kića sowie Jovan zu sehen. Zwar dürfen sie sich wie Knez, Ćopa oder die Einbrecher in *Pavillons* bei Marković mit Essen, Kochen, Rezepten und Gerichten auskennen, aber die Küche ist nicht ihr Einflussbereich. Das typische Frauen-Rollenbild wird dementsprechend nur dann deutlich, wenn die Frauenfiguren in der Küche zu wirken befohlen wird, sie aber dort ihren Schutzraum finden, wie Lepa, Ana, Ćera.[1809] Wenn es in Sydney bei Srbljanović zwischen Küche und Essbereich bzw. Wohnzimmer keine Grenze gibt, überschreiten auch die Gesprächsthemen Grenzen und sind auf brutale Weise ehrlich.

Alle Frauenfiguren bleiben stets gefasst und behalten ihren Verstand; sie ziehen Schweigen oder Sterben dem Zustand des Selbstverlustes vor, stehen zu ihrem Scheitern, – das macht sie stark. Insofern sind es selbstsichere Figuren, die sich auf sich selbst verlassen können. Es ist nicht verwunderlich, dass sie, trotz oder wegen ihrer Stärke, Gewalt erleben, wenn sie das Ausmaß der Gewalt, die ihnen begegnet, unterschätzen oder nicht ahnen, wie lange, wie dauerhaft sie ihre starke Ausstrahlung behalten, welchen Kriegszuständen sie standhalten müssen. Eine Frauensolidarität ist in solchem Kontext nicht einfach und in den Stücken, die fast ganz frei von Konkurrenz und Rivalität zwischen den Frauenfiguren sind,[1810] ist sie immerhin in Ansätzen zu erkennen. Die relativ isolierten Figuren sind die einzigen Zeuginnen ihrer Situation, ohne

----

1809 Nach Butler, 2009, S. 9, ist gender „eine Praxis der Improvisation im Rahmen des Zwangs".
1810 Einzige Ausnahme: Srbljanović: *BT*, 1999: Die Figur Kaća neidet Ana ihre Fernsehkarriere.

auf eigene schützende Räume zurückgreifen zu können.[1811] Zum Zuschauen gezwungen sind sie, wenn sie selbst Gefangene sind oder der Ort der Gewalt sich direkt vor ihnen befindet, wie bei Semeničs *whilst/wisdom* für die Figur Weisheit; es sei dahingestellt, ob gefesselt oder unter einer durchsichtigen Kapsel, vor oder hinter einer Glaswand etc.[1812]

Der Aufenthalt der mehrheitlich Familienfiguren, besonders der Frauenfiguren, im Haus oder Wohnprovisorium als Ort des Geschehens, als Bühnenort, ist mehrdeutig. Er scheint ein Rückverweis auf das bürgerliche Trauerspiel und auf das soziale Drama mit verführter Tugend und weiblicher Aufopferung – verbunden durch „ihr Sujet – die Familie".[1813] Theoretisch könnte das Zuhause im Nachkriegsleben ein Schutzort, ein Ort der Autonomie sein. Er sieht aber auch wie ein Verweis in einen eingegrenzten Bereich aus, wie eine Einschränkung der Bewegungsfreiheit, enthält sowohl das Bild der Hüterin von Haus und Herd als auch ein Gefangensein in einem Zuhause während einer Belagerung, z.B. die Sarajewos. Die Räume sind bei allen Stücken, wie es Sava Andjelković formuliert,[1814] in irgendeiner Weise geschlossen: etwas zum Abschließen,

....

1811 Vgl. Ilić, Branislava: *Šta žena ženu u Srbiji pita dok Steriju čita* [übers. Was eine Frau in Serbien fragt, während sie Sterija liest], in: *Teatron&Scena, 200 Jahre seit der Geburt und 150 Jahre seit dem Tod von Jovan Sterija Popović*, Zeitschriften für Bühnenkunst, Nr. 134/145/XXXI, Beograd/Nr. 1/XLII, Novi Sad 2006 [Orig. in Serbokroatisch], S. 68: „Žena, sa druge strane, emancipacijom i ulaskom u do skora uskraćene sfere društvenog života, dakle izlaskom iz porodičnog okvira, pored porodičnog nasilja, doživljava i nasilje u društvu", „Nasilje joj preti na različitim mestima: na ulici, u braku, na poslu…" [übers. „Die Frau andererseits erlebt mit der Emanzipation und dem Eintritt in die zuvor beschnittenen Sphären des gesellschaftlichen Lebens, also dem Herausgehen aus dem familiären Rahmen", „und ihr droht Gewalt an verschiedenen Orten: auf der Straße, in der Ehe, auf der Arbeit…"].

1812 Jelinek schreibt dazu mit einem sarkastischen Ton, den man auf Kane, aber auch auf sich selbst beziehen kann, in Jelinek: *Ein Sportstück*, 1998/2008, S. 34f: „Ich bin dagegen, daß es überhaupt einen Krieg gegeben hat und sitze ganze Mörderstunden vor dem Fernseher, um zu heulen und zu klagen. Man läßt mich die Toten einfach nicht begraben! Man lässt mich nur dabei zuschauen. Gemein. Wir Frauen. Wir Gemeindeschwestern. Ganz vom Berg der Tragik erdrückt!".

1813 Vgl. Grene, 2014, S. 8. Vgl. auch: Schößler, Franziska: *Einführung in das bürgerliche Trauerspiel und das soziale Drama*, Darmstadt 2003. Und: Hassel, Ursula: *Familie als Drama. Studien zur Thematik im bürgerlichem Trauerspiel, Wiener Volkstheater und kritischen Volksstück*, Bielefeld 2002, S. 81ff, Unterkapitel: *Die Bedeutung des weiblichen Opfers*.

1814 Andjelković, in: *Revue des études slaves*, 2006, S. 83: „Comme un texte théâtral est plus souvent situé dans un espace fermé que les textes relevant des autres genres littéraires, en

etwas zum Unterwegssein, wie ein Campingwagen bei Srbljanovićs *Familiengeschichten*. *Belgrad*, ein Keller, ein Wohnzimmer, ein Hotelzimmer, provisorische ,Boxen', eine Enklave oder belagerte Stadt – die einzige Befreiung aus dem Hermetischen ist Flucht, wie Cates Verschwinden durchs Badfenster, in einen unbekannten Raum; ein fremdes Niemandsland, aber wortwörtlich kein ,no man's land'. Es entsteht bei allen Stücken auf der Bühne ein Dazwischen zwischen (Hotel)Zimmer und Straße bei Kane, zwischen Zuhause und Terrasse bei Marković, zwischen Exil und Heimat bei Marković und Srbljanović, zwischen Gebären und Töten bei Sajko und Srbljanovićs Figur Ana.

Die Autorinnen zeigen gesellschaftliche Defizite und brechen zugleich Orte, Altersangaben, Geschlechtszuschreibungen auf, entwerfen Frauenfiguren, die eine Politik der aggressiven Trauer verfolgen,[1815] die sich in vielfältigen, eher destruktiven Handlungen äußert, aber nicht im passiven Erleiden. Thematisiert werden neben der Gewalt und den jeweiligen Aufenthaltsorten die Situation der Kinder und die Verhältnisse der Figuren zueinander, die teilweise geprägt sind von Schweigen, teilweise unerwartet und grotesk geprägt von Humor, Komik und Ironie.

10.2 Humor, Komik, Ironie

Wenn im Krieg Normen, Ordnungen und Werte auf den Kopf gestellt sind, gibt es wenig Raum für Humor und Lachen, die intra- und extradiegetisch „Überlebensprinzip"[1816] und Bewältigungsstrategie sind.[1817] Führt das Lachen

---

prose ou en poésie, il y a toujours dans un drame une certaine dissymétrie entre espace ouvert et espace fermé: […] Cette dissymétrie entre espaces mimétiques ouverts et fermés, au bénéfice du second type, est particulièrement intéressant pour les drames qui traitent de la guerre."

1815 Govedić, Nataša: „The trauma of apathy: two playwrights of post-Yugoslav nowhereland (Ivana Sajko and Biljana Srbljanović)", in: *Revue des études slaves*, 2006, S. 203–216, S. 215.

1816 Droege, Heinrich: *Über Lachen, Auslachen, Verlachen*, in: Droege (Hg.): *Lachen. Auslachen. Verlachen. Texte zum Lachen und übers Lachen*, Frankfurt/Wien 2003, S. 187.

1817 Vgl. Berger, 1998, S. 156: „Humor, we see, has instrumental qualities and is a good way of dealing with certain kinds of problems"; ebd. S. 160: „we select humor that will help us deal with the problems we face".

ein Unbehagen mit sich, ist es ein schmerzlich-dynamisches, das zeigt, dass eine Erkenntnis vorausging.[1818] Dies wird besonders deutlich, wenn z.b. bei Srbljanovićs *Belgrader Trilogie* in Los Angeles Daćas Wutausbruch erfolgt; sein frustriertes Lachen ist freudlos. Die schleichend immer unerträglicheren Zustände rufen nach einem befreienden Knall, die Figuren haben das Bedürfnis, den Rahmen zu sprengen, der ihnen zugewiesen wird, ob mit Worten, Bomben, Kugeln, Gas oder einem eruptiven Lachen.

Der befreiende Humor ist dadurch gekennzeichnet, dass die bestehende nicht akzeptable Unterdrückung angegriffen wird, z.b. feministisch, denn die „Frauen haben die kommunikative Struktur rund ums Haus erhalten.“[1819] In keinem der Stücke haben die Frauen Grund zu lachen, sie tun es trotzdem, wenn es um den Ausbruch aus einer Starre geht. Dabei wird das bisher und vermeintlich Geltende nichtig gemacht: Der 18jährige Dača wird in Srbljanovićs *Belgrader Trilogie* dadurch bis hin zur todbringenden Aggression verunsichert. Die beiden Brüder bei Srbljanovićs *Belgrader Trilogie* oder die Brüder bei Markovićs *Pavillons* in Prag können mitfühlend belächelt werden, da sie als schlichte Gemüter gezeigt werden, die beispielsweise auf die Uhr schauen, ohne sie lesen zu können, oder wenn die Minister bei Semeničs *whilst/wisdom* beim Kommen und Gehen zusammenstoßen. Der Herrscher wird in Semeničs *whilst/wisdom* von den Töchtern der Weisheit provoziert, das geht unter Umständen mit Verlachen einher, während seine beiden Untergebenen ihm nach dem Mund lachen, wie ihm aber bewusst ist. Diese Männerfiguren ertragen es nicht, wenn über sie gelacht wird; auf Lachen folgt Tod. Dies zeigt sich deutlich bei Kane und auch in den Werken von Srbljanović, Marković und Sajko: Eine Detonation im Hotelzimmer der „Paar-Bombe“[1820] in *Blasted*, eine Explosion am Ende von *Pavillons* und der Sylvesterabend mit Raketen und Krachern sowie Sajkos *Bombenfrau* – enthalten Situationen mit realer und und metaphorischer Sprengkraft. Jede dieser Explosionen setzt ein Schlusszeichen.

....

1818   Vgl. Iser, 1979, S. 56, 142.

1819   Schreiner, in: *Frauen verstehen keinen Spaß*, 2002, S. 70.

1820   Heeg, Günther: „Zerbombt. Unser Krieg“, in: Hilzinger (Hg.), 2012, S. 97.

Symbolisch stehen sie mit ihrer Endgültigkeit für Aufstieg, Auftrieb, die Freiheit zu einem Neuanfang danach.[1821]

10.3   Schlussbemerkungen und Ausblick

Liest man den Vierzeiler von Hilde Domin *Schneide das Augenlid ab: fürchte dich. Nähe dein Augenlid an: träume*[1822] wird deutlich, Autorinnen schreiben durchaus gewaltvoll. Aber auch die Geschehnisse hinter den Theaterstücken sind sehr brutal. „Der Massenmord von Potočari war ein einziges Chaos und überall war Blut, außerdem ein furchtbarer Gestank. Männer wurden abtransportiert, um ermordet zu werden. Frauen und Mädchen wurden auf der Stelle vergewaltigt; es wurde unsägliche Gewalt verübt. Wir wissen heute, dass 731 Kinder vermisst werden und mehr als 5 Prozent der Opfer unter 15 Jahre alt waren.",[1823] schreibt Leydesdorff. Wie ist nach einem Genozid ein Theaterstück möglich? „Wäre es nicht besser, stumm zu bleiben, wo doch die Aufgabe des Erinnerns und Aussprechens so furchtbar schwer scheint? Manche Historiker gehen sogar so weit, zu behaupten, dass eine traumatisierende Situation nicht wirklich miterlebt wurde, bis die Traumatisierten davon erzählt haben",[1824] führt Leydesdorff weiter aus.

Es sei zu dieser Arbeit betont, dass, weil in der Sachliteratur zuweilen Irritierendes zu finden ist,[1825] hier Informationen zum Geschehenen streng

----

1821   Wie archaische Bestattungsrituale haben diese Explosionen befreienden Charakter. Vgl. Kocur, 2016, S. 55.

1822   Stadt- und Universitätsbibliothek Frankfurt am Main (Hg.): *Hilde Domin. Begleitheft zur Ausstellung*, Frankfurt am Main 1988, S. 51.

1823   Leydesdorff, 2009, S. 362.

1824   Leydesdorff, 2009, S. 363.

1825   In einer Textstelle zu einer „kroatisch-nationalistischen Provokation" (Hofbauer, Hannes: *Balkankrieg. Zehn Jahre Zerstörung Jugoslawiens*, Wien 2001, S. 38) am 02.03.1991 im slawonischen Pakrac mittels Waffen aus Ungarn steht folgender Satz: „Die ersten Toten dieses Krieges waren Serben." (Hofbauer, 2001, ebd.). In einer anderen wissenschaftlichen Quelle ist zu lesen: „Der erste Tote des Jugoslawien-Krieges ist ein kroatischer Polizist." [Vetter, Matthias: „Chronik der Ereignisse 1986–2002", in: Melčić, Dunja (Hg.): *Der Jugoslawien-Krieg. Handbuch zu Vorgeschichte, Verlauf und Konsequenzen*, 2. aktualisierte

© Frank & Timme   Verlag für wissenschaftliche Literatur

als Teil der Wissenschaftlichkeit geleistet worden sind. Es wurde an keiner Stelle bezüglich irgendwelcher Interessen von Staaten, NationalistInnen oder TäterInnen Partei ergriffen.[1826] Es geht um Theaterstücke die, angesichts der Bilderflut der diversen technischen Medien, die die Mauerschau abschaffen, eine Alternative darstellen. Es geht darum, die Wahrnehmung bei künftigen Inszenierungen schärfen zu helfen und das Deutungsspektrum zu erweitern. Die Stücke nehmen sich neben der Gewalt und der Situation zwischen Geschlechtern und Generationen vor allem der Ungerechtigkeit bezogen auf die Formen von Armut an, so bei Srbljanović, Marković und Kane; *whilst/wisdom* von Semenič und Sajkos *Bombenfrau* verweisen zudem auf die Staatsebenen. Sie haben das kollektive Gedächtnis und staatlich geförderte Erinnerungspolitik im Blick,[1827] entwerfen Bilder zu politischen Verhältnissen und zu zwischenmenschlichen Beziehungen. Sajko thematisiert individuell anonymes

....

und erweiterte Auflage, Wiesbaden 2007, S. 554]. Dieser Satz bezieht sich unspezifisch auf Ende März 1991 und einen Schusswechsel zwischen kroatischer Polizei und serbischen Freischärlern im Gebiet des Nationalparks von Plitvice. „Freischärler" ist ein Wort aus der Quelle. Pakrac wird nicht genannt, es heißt nur, Vetter, in: Melčić, 2007, S. 553: „am 1.3. kommt es zu den ersten Zusammenstößen zwischen serbischen Aufständischen und der kroatischen Polizei." Fünf Tote im Oktober 1989 und 26 Tote im Januar 1990 auf dem Kosowo haben keine Art runden Friedens-Tisch aller jugoslawischen Republiken oder intensives internationales Interesse zur Folge gehabt. Die Aussagen könnten umformuliert werden zu: ‚kommt es bereits am 02.03.1991 zu den ersten Toten dieses Krieges, kroatischen Serben oder/und serbischen sowie kroatischen Kroaten'. Solche Formulierungen ließen sich theatralisch aufgreifen. Bisher tut dies kein Theaterstück.

1826 Vgl. u.a. Gordon, Thomas/Burch, Noel: *Die neue Beziehungskonferenz. Effektive Konfliktbewältigung in Familie und Beruf*, München 2002, ferner Gordon, Thomas: *Die neue Familienkonferenz. Kinder erziehen ohne zu strafen*, 18. Aufl., München 2004 und Kauschat, Irmtraud/Schulze, Birgit (Hg.): *Das große Praxisbuch zum Wertschätzenden Miteinander*, Norderstedt 2014 sowie Rosenberg, Mashall B.: *Gewaltfreie Kommunikation. Eine Sprache des Lebens*, 6. Aufl., Paderborn 2005 ist diese Arbeit dem Vorgehen auf Augenhöhe, einem ausgeglichenen und gleichwertigem Verhältnis in der Kommunikation, ohne Festschreibungen verpflichtet. Zu Wahrheit und Verifizierung sei hier immer wieder vor allem auf Ramet verwiesen, und plädiere für weiteren Austausch, u.a. den WDR-Film von Angerer, Jo/Werth, Mathias: *Es begann mit einer Lüge*. Die Untersuchungen zu dem Massaker im Stadion von Priština sowie dem Massaker von Račak, 18.01.1999 sind hier nicht Forschungsthema.

1827 Vgl. Vortrag von Grujić, Marija: *Theater as a Travelling Medium against Oppression. Local Interpretations of Theater Plays in Serbia as Criticism of Homophobia*, gehalten am 04. 11.2016 in Gießen. Vgl. auch dies.: *Interfaith Dialogue – an Orthodox perspective*, in: *Countering Violence with Dialogue – Gender-based violence and multireligious dialogue*, Sarajevo 2011, S. 49–54.

Vorgehen als Antwort auf totalitäre politische Systeme,[1828] da ihr Stück die Gedanken der Attentäterin vor dem Anschlag auf einen Politiker während seiner Selbstdarstellung verhandelt; ebenso zeigt sich das Verhältnis zwischen Repression und Gewalt im Miteinander der Jungengruppe bei Semenič. Bei *whilst/wisdom* lässt die Autorin der Weisheit alle Handlungsoptionen offen. Insoweit sie sich mit herrschenden und einfachen Menschen befassen, sind sie politisch[1829] und mit ihrem Rückbezug auf Mythisches traditionsbewusst. Kriegerische Gewalt ist nicht in Massenspektakeln und konkreten Militärhandlungen, sondern in ihren feingliedrig-massiven Wirkebenen in individuellen Handlungen, Sprechakten und Folgen sowie Charakterveränderungen ausgedrückt. Der durchgängig gestörten Kommunikation ist sie ebenfalls inhärent. Damit ist die omnipräsente Bedrohung friedlicher Koexistenz, besonders zwischen den Geschlechtern, aber auch Generationen gekennzeichnet. Die Autorinnen thematisieren Repressionen im individuellen Bereich sowie im herrschenden System gegen Bevölkerungsteile und fördern damit die Aufarbeitung von Konflikten ungeachtet der nationalen oder ethnischen Zuordnung.

Das Motiv der Ortlosigkeit, des Zersprengten scheint bei den untersuchten Stücken ein Merkmal der unfreiwillig staatenlos gewordenen Menschen.[1830] Ob *Blasted, Bombenfrau, Pavillons, Orangen in den Wolken, Belgrader Trilogie, whilst/wisdom* – an allen ihren Orten sind die Figuren die Geflohenen oder Fliehende, die nicht selbstverständlich das Recht haben bleiben zu dürfen, zu sprechen und gehört zu werden.

....

1828 Vgl. Dreyfus/Rabinow/Foucault, 1987, S. 250: „Wir müssen uns das, was wir sein können, ausdenken und aufbauen, um diese Art von politischem ‚double-bind' abzuschütteln, der in der gleichzeitigen Individualisierung und Totalisierung durch moderne Machtstrukturen besteht."

1829 Piscator, Erwin: *Theater der Auseinandersetzung. Ausgewählte Schriften und Reden*, Berlin 1977, S. 16f: „Tendenzlos war das Theater nie".

1830 Sie leben im Exil, innerlich oder äußerlich. Neben Werken von Autorinnen wie Slavenka Drakulić, ist dafür Vlado Marteks Gemälde ohne Titel [USA – Balkan] von 1996 ein anschauliches Beispiel. Er hat auf einem Bild die Landkartenfläche der USA rot gefärbt und in weißen Großbuchstaben über die Fläche Balkan geschrieben. Vgl. Petzer, Tatjana: *Geoästhetische Konstellationen, Kartographische Kunst im Spiegel von Balkanisierung/Libanonisierung*, in: Jakiša/Pflitsch (Hg.), *Jugoslawien – Libanon.*, Berlin 2012, S. 159.

Mit der Lektüre und Analyse der Stücke der südosteuropäischen Autorinnen wird klar: Die Gewalt macht vielleicht zunächst stumm, aber nicht verfügbar. Anhand der Figuren wird deutlich, wo Gefahren aufkommen, wenn Grenzen massiv übertreten werden, mit Grenzsituationen auf der Bühne, u.a. als tickende Zeitbombe oder dem Herd zugeordnet. Die Autorinnen bilden dabei mit ihren Stücken zwischen Kriegs- und Friedenszeit Brücken: „Writers not only mediate between their individual experience and the cultural values of their community but also take part in interethnic and intercultural exchange."[1831] Bei dieser Arbeit wurde unternommen, neue Verständniswege zu den Theaterstücken der Autorinnen freizulegen, die Friedenswege zu gehen ermöglichen. Bei diesem Blick auf Gesamteuropa sind die Zwischenräume und Übergänge das Wichtigste. In Bewegung, mit friedlichen Methoden im Austausch zu bleiben, bedeutet alles.

....

1831 Kenneweg, Anne Cornelia: *Writers in Conflict*, in: Von Oswald/Schmelz/Lenuweit (Hg.), 2009, S. 68.

Interview mit Tanja Miletić-Oručević

Das Interview wurde von Lee Teodora Gušić im Jahr 2009 geführt.

Tanja Miletić-Oručević hat nach Abschluss ihres Dramaturgiestudiums in Krakau 1995 Erfahrungen als Mitbegründerin des Freien Theaters *Lazin* in Krakau (http://www.laznianowa.pl) und als Regisseurin u.a. in Polen und Makedonien gesammelt. Zeitgeschichtliche Texte, modernes Drama sind ihr Metier. In Brno/Tschechien hat sie promoviert, zuletzt am meisten in Bosnien-Herzegowina gearbeitet. Miletić-Oručević hatte dort über 30 Aufführungen, eine davon ist *Žena bomba/Bombenfrau* von Ivana Sajko. Ursprünglich in Mostar, im OKC Abrašević, entwickelt und inszeniert, gab es eine Aufführung 2009 im Rahmen des *pitchwise*-Festivals in Sarajewo. Es kam überhaupt dazu, weil sie die Texte von Ivana Sajko im Vergleich zur kroatischen Theaterszene insgesamt mochte und weil die Schauspielerin Marina Kujundžić Đaković sie für ihre Abschlussaufführung um Unterstützung gebeten hatte.

Was war für dich an dem Stück das Wichtigste?

Der Text hat einen Universalismus. Er spricht über Terrorismus allgemein, dann im Grunde an einem recht fernen, aber konkreten Beispiel, das uns nicht viel bedeutet: Das Attentat auf Rajiv Gandhi. Die Kombination aus Kriegs- und Nachkriegs- und politischer Neurose kam uns insofern bekannt vor, als es dabei um eine Art psychotisches parafeministisches Unbehagen des weiblichen Körpers geht, dem heimischen ähnlich. Und auch wenn der globale Anteil des Textes Sajko wahrscheinlich die Türen für die europäischen Bühnen geöffnet hat, haben wir uns auf die Passagen konzentriert, die für uns glaubwürdig in unserem eigenen Weltschmerz und dem unseres Publikums waren. Im Sinne des Theaters war es sehr interessant und herausfordernd, dieses recht komplizierte und mehrschichtige Drama äußerst einfach auszuführen, mit minimalen Mitteln, und die gemeinsamen Erfahrungen von Schauspielerin und Publikum erkennbar zu machen; also visuell, ton- und lichttechnisch etc. Wort und Körper – das waren die Hauptkommunikationsmittel auf der Bühne. Ausdruck und Sinn waren auf diese Weise kongruent.

Körperlich war es eine Arbeit, bei der ich mit der Schauspielerin an ihren Ängsten, Blockaden und Begrenzungen bezüglich ihres Körpers arbeiten konnte und forcieren und insistieren konnte, dass sie die Grenzen der physischen Expression bewältigt.

Würdest du das Stück erneut inszenieren?

Nie gehe ich zu Texten zurück, die ich bereits inszeniert habe, da ich das Gefühl habe, bereits die kreativen Möglichkeiten des Textes bis zum Maximum ausgeforscht zu haben. Wenn es zu der Situation käme, dass ich *Frau Bombe* erneut inszeniere, wäre das auf jeden Fall der Versuch, eine völlig andere Aufführung zu schaffen, eine gänzlich andere Linie zu verfolgen. Bei diesem Stück mit einer so breiten und verlängerten Struktur ist es sicher möglich, andere Wege bezüglich der Dramaturgie und Interpretation zu gehen.

Wie waren die Reaktionen der Zuschauenden, wie die Kritiken?

Außergewöhnlich gut. Sehr aufmerksam wurden die Aufführungen verfolgt; mit der Sensibilität, eine Reihe sehr subtiler sprachlicher und physischer Manifestationen zu erkennen. Vor allem ist es gelungen, dass das Publikum die Inszenierung als eine annimmt, die uns angeht, hier und jetzt. Den interessantesten Kommentar gab nach der Vorstellung eine Zuschauerin in Mostar. Sie sagte zu mir sehr aufgeregt, sie habe die ganze Zeit darüber nachgedacht, wie sie 1993, als die kroatische Armee Mostar auseinander riss, sich leidenschaftlich gerne mit Explosivem gürten wollte, nach Zagreb reisen und Tuđman zersprengen. Bis heute tue es ihr Leid, dass sie dies nicht getan hatte. Aber, was heißt das? Dieses Tabu des Selbstmordattentäters, das die so genannte westliche Zivilisation für Verbote von allem Möglichen, wie z.B. von Guantanamo, rassistische Diskriminierung und Eroberungskriege nutzt, ist für uns nicht exotisch. Die Menschen in Mostar und Sarajewo waren einer existentiellen Situation ausgeliefert. Diese existentielle Situation bringt die Menschen zu solch verzweifelten Gedanken. Wenn ich genauer darüber nachdenke, ist es geradezu ein Wunder, dass Bosnier-Herzegowiner keine Selbstmordattentäter gewesen sind. Wahrscheinlich hat genau diese westliche Zivilisation, an die sie glauben und in der sie verwurzelt sind, der Humanismus, sie davon abgehalten, sich mit Sprengkörpern zu begürten.

Wovor hattest du bezüglich des Stückes und des Publikums am meisten Angst?

Ehrlich, ich hatte Angst, dass sie sich langweilen. Das ist bei der Bühnenarbeit die einzig legitime Angst. Ich habe mich gefragt, ob diese bescheidene Theaterform bei gleichzeitiger Intensität, eines solch dichten, fast poetischen Textes, ob sich die Aufmerksamkeit halten lässt.

Glücklicherweise zeigte sich, dass diese Angst unbegründet war. Aufmerksamkeit und Verständnis waren vorherrschend.

Inwiefern steht das Inszenieren, deine Theaterarbeit unter dem Einfluss des Krieges und deiner Erfahrungen mit diesem Krieg?

Jeder in meinem Alter, über 40, der im jungen Erwachsenenalter den Krieg überlebt hat, dem dieser Krieg den Lebensweg völlig verändert hat, – und das hat er uns allen ausnahmslos –, muss unter dem Eindruck des Krieges sein. Im künstlerischen Ausdruck findet diese Art von Trauma unkontrolierter statt als im Alltag. Die Gesellschaft, in der wir in Bosnien-Herzegovina leben, ist eine vom Krieg tragisch determinierte Nachkriegsgesellschaft. Heute sind in BuH auf der politischen Szene diejenigen Kräfte, die den Krieg mit hervorgerufen hatten. Das darf nicht vergessen werden. Eine meiner ersten Inszenierungen war *Schlangenhaut* von Slobodan Šnajder in Krakau, im *Lazin*.

Das war meine Diplom-Vorstellung. Wir haben im Off im Keller gearbeitet, aber mit den am meisten angesehenen SchauspielerInnen des polnischen *Altes Theater*. Es ist uns gelungen, den polnischen Zuschauenden die grausige Geschichte von den Massenvergewaltigungen an den Musliminnen während des Krieges in serbischen Lagern zu vermitteln und den Zwang, die Kinder zu gebären, die resultierten. Wir haben es auch geschafft, was ich als Riesenerfolg ansehe, ein zusammengestelltes, aber wahres Bild des Krieg in BuH zu zeigen, dabei die Seiten, die Konflikte und alles Kontroverse aufzunehmen, was dem

Durchschnittseuropäer in diesen 1990er Jahren unverständlich erschien. Den Polen wurde die Geschichte sehr klar und hat sie tief bewegt. Die Räume, in denen wir uns befanden, waren mal Teile eines jüdischen rituellen Bades, sodass die Assoziation zum Holocaust im Kontext der Aufführung sehr lebendig war. Die letzte Aufführung von *Es war ein schöner und sonniger Tag* im *Sarajevo War Theater* entstand dokumentarisch nach Aufzeichnungen von Menschen zum 02. Mai 1992, dem ersten Kriegstag. Diese Arbeit war eine außerordentliche Erfahrung, auf gewisse Weise kathartisch für mich und das Ensemble; – den Reaktionen nach auch für das Publikum.

Welche Erinnerungen sind am meisten präsent, wenn du an die Theaterarbeit denkst?

Verschiedene. Ich liebe Theater, was wörtlich heißt, ich liebe alles daran: Mich auf der Bühne, hinter der Bühne zu tummeln, den Dekor, die Seile, die Wischtücher und den Staub. Ich mag es, in der Umkleide zu sein, das Licht zu führen, den Ton, liebe es, etwas an ein Kostüm zu nähen oder ein Requisit heranzuschleppen. So, dass meine Gedanken ans Theater vornehmlich die an Proben sind, weil das der kreative Raum ist, in dem ich mich am besten fühle. Die Aufführung ist etwas anderes, da bin ich nur eine der Zuschauenden, ich kann nichts anderes tun als zu hören, wie das Publikum atmet, ob es ein- oder ausatmet oder aufatmet oder – in glücklichen Momenten – den Atem anhält.

Meine liebste Erinnerung ist mir eine Aufführung von *Schlangenhaut*. Im Laufe der Vorstellung fiel der Strom im Saal aus, aber die Aufführung wurde fortgesetzt. Wir haben Kerzen auf die Bühne gebracht, die musikalischen Nummern improvisiert, Geräusche und Effekte per Hand ausgeführt und alles, was zur Hand war. Sogar ohne eine Videosequenz konnten wir die Vorstellung zu Ende führen, trotzdem ging nichts vom Sinn verloren. Zum Glück war Slobodan Šnajder zugegen, auch ihm war das eine denkwürdige Erfahrung.

Welche Gefühle sind deines Erachtens vordringlich, wenn du an Jugoslawien denkst und was nun daraus geworden ist?

© Frank & Timme   Verlag für wissenschaftliche Literatur

Ich bin alt genug, um mich sehr gut an Jugoslawien und mein Leben darin zu erinnern. Ich denke, dass ich vor 1992 intelligent genug war zu sehen, was im Land gut war und was nicht. Mir hat die kommunistische Indoktrination nicht gefallen, meine Generation war bereits sehr an Wettbewerb interessiert. Ich habe es ausgeschlagen, in den Bund der Kommunisten (die einzige Partei) aufgenommen zu werden, was für die Jungen die größte Ehre war. Mein damaliger Freund, heutiger Ehemann, schaffte es, bei der Musterung für die JVA (Jugoslawische Volksarmee) verrückt zu spielen, weil er nicht in dieser Organisation sein wollte. Aber wir hatten einen fantastischen kulturellen Raum. Wir lasen Bücher, die in einigen Zentren veröffentlicht worden sind, Zeitschriften, Platten. Und als Jugendliche reisten wir zu Konzerten von Nick Cave oder Sonic Youth nach Ljubljana oder Zagreb. Wir hatten einen breiten Lebensraum und Handlungsspielraum, in jeder Beziehung. Unabhängig von allen schlechten Seiten der Zerstörung dieses Landes, denke ich, dass der Kampf um und für den Zerfall Jugoslawiens und die Gründung von Nationalstaaten ein Fehler war. Diese ganzen Staaten sind nun kleiner, mehr wie nervöse nationalistische Waisenkinder mit Syndromen des Hasses und giftiger Galle gegenüber den Brüdern, die sie, soviel es nur ging, abgeschlachtet und geschlagen haben. In Jugoslawien sprach die Mehrheit der Menschen eine Sprache, schaute dieselben Filme und las dieselbe Presse. Diese Sorte kultureller Identität spüre ich auch weiterhin und habe damit kein Problem. Höchstens sehe ich nun manche Formen des kulturellen Kolonialismus durch Serben und Kroaten, die mir in Jugoslawien nicht so bewusst waren, und sie bestehen immer noch. Natürlich kämpfe ich dagegen an, wie jeder andere sich gegen den Versuch, kulturell dominiert zu werden, wehren würde.

Welche Kriegserfahrungen hast du bezüglich der Kriege und Konflikte in der Welt (Naher Osten, Jugoslawien, Afghanistan, Somalia etc.), abgesehen davon, dass du in Europa lebst und Zugang zu Medien wie TV, Internet, Radio, Magazinen und Zeitungen hast?

Ich habe nicht viel Kriegserfahrung. Bereits zu Beginn des Krieges bin ich aus Sarajewo, wo ich studiert hatte, weggegangen. Meine Eltern waren in Mostar, aber sie haben mir nicht erlaubt, nach Hause zurückzukommen, weil der Krieg dort auch schon tobte. So sind meine Kriegserfahrungen Flüchtlingserfahrungen, der Versuch, nicht alleine all die schrecklichen Informationen mit mir herumzutragen, der Versuch, den Menschen um mich herum Bosnien zu erklären. Der erste Text, den ich auf Polnisch geschrieben habe, noch in der Sprachschule, war ein Leserbrief, eine Reaktion auf eine grauenvolle propagandistische Unwahrheit über Srebrenica oder Žepa. Eine halbe Seite. Und dann hat die wichtigste Zeitung Polens dies auch abgedruckt. Irgendwie, auch deswegen habe ich angefangen dieses Land zu lieben.

Welches Stück würdest du am liebsten im Westen Europas inszenieren?

Schwierige Frage. Gerne würde ich dort etwas von Slobodan Šnajder inszenieren, das ist ein fantastischer Dramenschreiber, der bereits in Jugoslawien ein großes Renommee hatte und in den vergangenen Jahren Stücke zur Transition der Gesellschaften, dem Verfall der postjugoslawischen Arbeiterklasse geschrieben hat. Er hat einen sophistischen und europäischen Dramenstil, sodass ich denke, dass der europäische Zuschauer überrascht wäre, dass eine balkanische Stimme nicht nur ,Blut und Schießpulver' und eventuell noch cigane Bläsermusik ist, sondern ganz brechtisch und hegelianisch.

Was bedeutet für dich, dass 1993 Waiting for Godot *in Sarajewo aufgeführt worden ist?*

Das ist eine unvergleichlich wunderschöne und sehr symbolische Idee. Bedeutend und edel ist die Geste von Sontag, diesen ultraeuropäischen und ultraphilosophischen Text zu inszenieren, so dass nicht nur die Welt darauf aufmerksam wird, dass Sarajewo zunichte gemacht wird, sondern der kulturellen Öffentlichkeit gezeigt wird, dass mit den serbischen Granaten auch eine durch und durch europäische Kultur zerstört wird, die keinen Deut anders ist als die der Bewohner von Paris oder London. Ich weiß, wie viel die Vorstellung den Kollegen bedeutet hat, die mitgespielt haben, wie viel Kraft und Licht sie in ihr Leben gebracht hat, wie viel Menschenwürde sie ihnen zurückgab.

Was fällt dir noch ein, was mit dem Thema Krieg, Theater und Jugoslawien zu tun hat, aber wichtig ist und ich noch nicht gefragt habe?

Vielleicht lohnt es, eine meiner Aufführungen zu erwähnen, die mir gezeigt hat, dass auch bei solch tragischen Zuständen, wie es Krieg einer ist, Humor und menschlicher Geist stärker sein können. Mit dem Schauspieler Hasija Borić haben wir Feral Tribune Cabaret aufgeführt, mit Texten, die die glänzenden Journalisten und Satiriker Viktor Ivanić, Predrag Lucić und Boris Dežulović während des Krieges in Bosnien und Kroatien geschrieben haben. In diesen Jahren brachten die Wahrheiten, aber auch die Satire, Fotomontage und Groteske den Menschen in Kroatien und Bosnien die überaus notwendige Hoffnung und den Lichtschein. Und viele Jahre später, als wir einige ‚Herrscher des Krieges‘ und absurde Veränderungen in der Welt um uns aufgeführt, kabarettistisch ausgelacht haben, kam nach der begeisterten Premiere eine Menge Menschen aus dem ganzen ehemaligen Jugoslawien. Mehr als hundert Mal haben wir sie an verschiedenen Orten aufgeführt. Auch wenn ich mich im Theater relativ wenig mit Humor befasst habe, zeigte mir dieser Fall, dass Satire und Ironie große Kräfte des menschlichen Geistes sind, die ihm hilft, sich entgegenzustellen und in den dunkelsten Zeiten zu überleben.

Literatur und Quellen

Agamben, Giorgio: *Die Macht des Denkens. Gesammelte Essays*, Frankfurt am Main 2013 (Erstveröffentl. Mailand 2005).

Ders./Ferrando, Monica: *Das unsagbare Mädchen. Mythos und Mysterium der Kore*, Frankfurt am Main 2012.

Ders.: „Ursprung und Vergessen. Mythisches Sprechen und literarisches Sprechen", in: Zinfert, Maria (Hg.): *Victor Segalen, Tote Stimmen: Maori-Musik/Giorgio Agamben: Ursprung und Vergessen. Mythisches Sprechen und literarisches Sprechen*, Berlin 2006, S. 58–79.

Ders.: *Die Sprache und der Tod. Ein Seminar über den Ort der Negativität*, Frankfurt am Main 2007.

Ders.: *State of Exception*, Chicago 2005.

Ahmed, Sara: *Feministisch leben! Manifest für Spaßverderberinnen*, Münster 2017.

Dies.: *Living a Feminist Live*, Durham 2017.

Dies.: *The Cultural Politics of Emotion*, 2. Aufl., Edinburgh 2014.

Alexijewitsch, Swetlana: *Der Krieg hat kein weibliches Gesicht*, 3. Aufl., München 2015 (Russ. Orig. 2013).

Allard, James Robert/Martin, Mathew R. (Hg.): *Staging pain, 1580–1800. Violence and Trauma in British Theater*, Burlington/Surrey 2009.

Amstadt, Jakob: *Die Frau bei den Germanen. Matriarchale Spuren in einer patriarchalen Gesellschaft*, Stuttgart 1994.

Andjelković, Sava: „Espaces mimétique, diégétique et géopolitique dans les drames sur les guerres balkaniques des années 1990", in: *Revue des études slaves. Le théâtre d'aujourd'hui en Bosnie-Herzégovine, Croatie, Serbie et au Monténégro. Nationalisme et autisme*, Paris 2006, LXXVII/1–2, S. 81–97.

Andrić, Ivo: *Liebe in einer kleinen Stadt. Jüdische Geschichten aus Bosnien*, Frankfurt am Main 1996.

Angel-Perez, Élisabeth: „Reinventing ‚grand narratives': Baker's challenge to postmodernism", in: Rabey, David Ian/Goldingay, Sarah (Hg.): *Howard*

Barker's Art of Theatre. Essays on his plays, poetry and production work, Manchester/New York 2013, S. 38–50.

Dies.: *Voyages au bout du possible.* Les théâtres du traumatisme de Samuel Beckett à Sarah Kane, Klincksieck *2006.*

Dies.: *Howard Barker et le* théâtre *de la Catastrophe,* Montreuil-sous-Bois 2006.

Anonym: „Kunstszene: Balkan. Reportage über eine Generation im Aufbruch", in: *Art. Das Kunstmagazin,* Nr. 1/Januar 2005, S. 20–33.

Apelt, Maja: „Soldatinnen in westlichen Streitkräften und ‚Neuen Kriegen'", in: Latzel, Klaus/Maubach, Franka/Satjukow, Silke (Hg.): *Soldatinnen. Gewalt und Geschlecht im Krieg vom Mittelalter bis heute,* Paderborn/München/Wien/Zürich 2011, S. 465–484.

Areh, Dr. Valentin: *Skrivni načrti Radovana Karadžića,* [übers. LTG: Die falschen Pläne des Radovan Karadžić] Dokumentarfilm des Kriegsreporters und -fotografen, in: www.4d/rtvslo.si/arhiv/dokumentarni-filmi-in-oddadje-informativni-program/174395576, Stand: 03.08.2020.

Aristophanes: *Lysistrate,* Berlin 2014.

Artaud, Antonin: *Das Theater und sein Double. Das Théâtre de Séraphin,* (Paris 1964) Frankfurt am Main 1969. Auch: www.katarze.mysteria.cz/artaud/theatre_its_double.pdf, Stand: 03.08.2020.

„Artist talk with Albert Heta, Šejla Kamerić, Borka Pavičević, Branimir Stojanović and Milica Tomić, moderated by Rozita Dimova ‚Do we Need Art for Remembrance'", in: Von Oswald/Schmelz/Lenuweit (Hg.): *Erinnerungen in Kultur und Kunst. Reflexionen über Krieg, Flucht und Vertreibung in Europa,* Bielefeld 2009, S. 25–40.

Ashton, Elaine: „Feeling the Loss of Feminism: Sarah Kane's ‚Blasted' and an Experiential Genealogy of Contemporary Women's Playwriting", in: *Theatre Journal,* Vol. 62, Nr. 4, 12/2010, S. 575–591.

Asmuth, Bernhard: *Einführung in die Dramenanalyse,* 8. Aufl., Stuttgart/Weimar 2016.

Assmann, Aleida: „Der Wissende und die Weisheit – Gedanken zu einem ungleichen Paar", in: Schade, Sigrid/Wagner, Monika/Weigel, Sigrid (Hg.): *Allegorien und Geschlechterdifferenz,* Köln/Weimar/Wien 1985, S. 11–26.

Dies./Assmann, Jan: „Kultur und Konflikt. Aspekte einer Theorie des un-kommunikativen Handelns", in: Assmann, Jan/Harth, Dietrich (Hg.): *Kultur und Konflikt*, Frankfurt am Main, 1990, S. 11–48.

Dies.: *Einführung in die Kulturwissenschaft. Grundbegriffe, Themen, Frage-stellungen*, Berlin 2006.

Athanasiou, Athena/Butler, Judith: *Die Macht des Enteigneten. Das Performa-tive im Politischen*, Zürich 2014, S. 69–82: Sexuelle Enteignungen.

Attardo, Salvatore (Hg.): *The Routledge Handbook of Language and Humor*, New York/London 2017.

Ders./Raskin Victor: „Linguistics and Humor Theory", in: Attardo, Salvatore (Hg.), 2017, S. 49–63.

Baberowski, Jörg (Hg.): *Was ist Vertrauen? Ein interdisziplinäres Gespräch*, Frankfurt am Main 2014.

Ders.: „Einleitung: Ermöglichungsräume exzessiver Gewalt", in: Baberowski, Jörg/Metzler, Gabriele (Hg.): *Gewalträume. Soziale Ordnungen im Aus-nahmezustand*, Frankfurt am Main/New York 2012, S. 7–28.

Ders.: „Gewalt verstehen", in: Riekenberg, Michael (Hg.): *Zur Gewaltsozio-logie von Georges Bataille*, Leipzig 2012, S. 35–50.

Ders.: „Verwüstetes Land: Macht und Gewalt in der frühen Sowjetunion", in: Baberowski, Jörg/Metzler, Gabriele (Hg.): *Gewalträume. Soziale Ordnun-gen im Ausnahmezustand* 2012, S. 169–188.

Ders.: *Räume der Gewalt*, 3. Aufl., Frankfurt am Main 2015.

Babić, Dragan S. V.: *Jugoslovensko dramsko pozorište – samim sobom* [übers. Jugoslawische Dramenbühne – mit sich allein], Beograd 2009.

Bachmann, Michael: „Objekte der Zeugenschaft: Recht und Versöhnung im Figurentheater", in: Däumer, Michael/Kalisky, Aurélia/Schlie, Heike (Hg.): *Über Zeugen, Szenarien von Zeugenschaft und ihre Akteure*, Pader-born 2017, S. 81–92.

Badiou, Alain: *Rhapsodie für das Theater. Kurze philosophische Abhandlung*, Engelmann, Peter (Hg. d. Monographie), Wien 2015 (Paris 2014).

Baer, Willi/Dellwo, Karl-Heinz (Hg.): *Bibliothek des Widerstandes*, Bd. 13, Phoolan Devi. Die Rebellin, Hamburg 2012. Mit den Dokumentarfilmen *Phoolan Devi – Rebellion einer Banditin*, Regie: Mirjam Quinte, 80 Min.

BRD, 1994 und *Pink Saris*, Regie: Kim Longinotto, 96 Min., GB/Indien 2010 [Buch mit zwei DVDs].

Bär, Jochen A.: „Das semantische Konzept Witz in der deutschen Literatur- und Kunstreflexion um 1800: Ansätze einer linguistischen Beschreibung", in: Schubert, Christoph (Hg.): *Kommunikation und Humor. Multidisziplinäre Perspektiven*, Berlin 2014, S. 37–60.

Bail, Ulrike: *Gegen das Schweigen klagen. Eine intertextuelle Studie zu den Klagepsalmen Ps6 und Ps55 und der Erzählung von der Vergewaltigung Tamars*, Gütersloh 1998.

Dies./Crüsemann, Frank/Crüsemann, Marlene/Domay, Erhard/Ebach, Jürgen/Janssen, Claudia/Köhler, Hanne/Kuhlmann, Helga/Leutzsch, Martin/Schottroff, Luise (Hg.): *Bibel in gerechter Sprache*, Gütersloh 2006.

Balfour, Michael (Hg.): *Theatre and War 1993–1945. Performance in Extremis*, New York/Oxford 2001.

Ball, Patrick/Tabeau, Ewa/Verwimp, Philip: *The Bosnian Book of Dead. Assessment of the Database* (Full Report), Households in Conflict Network Research Design Note 5 – Households in Conflict Network: The Institute of Development Studies (www.hicn.org), Brighton 17 June 2007, in: https:// hrdag.org/wp-content/uploads/2013/02/rdn5.pdf, Stand: 03.08.2020.

Ballestra-Puech, Sylvie/Brailowsky, Yan/Marty, Philippe/Torti-Alcayaga, Agathe/Schweitzer, Zoé: *Théâtre et violence. Shakespeare,* Titus Andronicus. *Corneille,* Médée. *Botho Strauss,* Viol. *Sarah Kane,* Anéantis, in der Reihe: Moncond'huy, Dominique/Tomiche, Anne (Hg.): *Clefs concours – Littérature comparé*, Neuilly 2010, S. 89–106.

Baltzer, Stefan: *Wo ist der Witz? Techniken zur Komikerzeugung in Literatur und Musik*, Berlin 2013.

Bančić, Aleksandar: „Acting for a different society. Theatre of the Oppressed in Croatia", in: Wiegand, Hartmut (Hg.): *Theater im Dialog: heiter, aufmüpfig und demokratisch. Deutsche und europäische Anwendungen des Theaters der Unterdrückten*, Stuttgart 2004, S. 98–107.

Bantel, Otto: *Grundbegriffe der Literatur*, Frankfurt am Main 1974.

Barker, Howard in einem Interview mit Élisabeth Angel-Perez und Vanasay Khamphommala am 02.02.2009, in: „‚Imagination and a Voice': On Writing Tragedy, Resisting Political Dogmatism and Avoiding Success.

© Frank & Timme   Verlag für wissenschaftliche Literatur

A conversation between Howard Barker and Oliver Py", in: *Ètudes Anglaises* 63/10–4, 2010, S. 464–472. Auch: https://www.cairn.info/ revue-etudes-anglaises-2010-4-page-464.htm, Stand: 03.08.2020.

Barkijević, Ivana: „Die Umsetzung der Europäischen Charta der Regional- oder Minderheitensprachen in Montenegro, Serbien, Slowenien und Kroatien im Bildungsbereich", in: Voß, Christian/Dahmen, Wolfgang (Hg.): *Babel Balkan? Politische und soziokulturelle Kontexte von Sprache in Südosteuropa*, München/Berlin 2014, S. 77–92.

Barnes, Linda Horvay: *The Dialectics of Black Humor: Process and Product. A Reorientation toward Contemporary American and German Black Humor Fiction*, Frankfurt am Main/Bern/Las Vegas 1978.

Barnett, Dennis (Hg.): *DAH Theatre: A Sourcebook*, New York/London 2016.

Barthélémy, Andrea: „Schlechte Vorbilder. Kinder können Superhelden nicht einordnen", in: *Frankfurter Rundschau*, 03.02.2017, S. 39.

Barthes, Roland: *Die Lust am Text*, Berlin 2010.

Ders.: *Mythen des Alltags*, Sonderausgabe, Frankfurt am Main 1996 (1964).

Bartrop, Paul R.: „Genocide, Rape, and the Movies", in: Rittner, Carol/Roth, John K. (Hg.): *Rape. Weapon of war and genocide*, St. Paul 2012, S. 177– 194.

Bašović, Almir: „Theater im Transitbereich oder Dionysos auf Dienstreise", in: Vannayová, Martina/Häusler, Anna (Hg.): *Landvermessungen. Theater landschaften in Mittel-, Ost und Südosteuropa*, Berlin 2008, S. 23–28.

Beach, Maria Christine: *Women staging war. Female dramatists and the discourses of war and peace in the United States of America 1913–1947*, Austin in Texas 2004.

Becker, Gabriele/Brackert, Helmut/Brauner, Sigrid/Tümmler, Angelika: „Zum kulturellen Bild und zur realen Situation der Frau im Mittelal- ter und der frühen Neuzeit", in: Becker, Gabriele/Bovenschen, Sylvia/ Brackert, Helmut/Brauner, Sigrid/Brenner, Ines/Morgenthal, Gisela/ Schneller, Klaus/Tümmler, Angelika (Hg.): *Aus der Zeit der Verzweiflung. Zur Genese und Aktualität des Hexenbildes*, Frankfurt am Main 1977, S. 11–128.

Becker, Maria: *Schweigen in der Psychotherapie und Pausen in der Musik*, in: Hobler, Werner (Hg.): *Psyche. Zeitschrift für Psychoanalyse und ihre An-*

wendungen, Heft 11: *Szenisches Erinnern – Schweigen – Pause*, 67. Jahrgang, 11/2013, S. 1100–1125.

Becker, Ruth/Kortendiek, Beate (Hg.): *Handbuch Frauen- und Geschlechterforschung. Theorie, Methoden, Empirie*, 2. erw. u. aktual. Auflage, Wiesbaden 2008.

Becker, Tobias: *Therapie im Theater*, in: *Frankfurter Rundschau* vom 13.04.2015: https://www.spiegel.de/kultur/gesellschaft/residenztheater-the-dark-ages-von-milo-rau-im marstall-a-1028171.html, Stand: 03.08.2020.

Beckett, Samuel: *Warten auf Godot. En attendant Godot. Waiting for Godot*, Frankfurt am Main 1971.

Bečejac, Brankica: *Ich bin so wenig von hier wie von dort. Leben und Werk*, Hamburg 2006.

Dies.: „‚Sie lebt dreckig in einem sauberen Haus'. Aus dem Nachlaß", in: Wehr, Norbert (Hg.): *Schreibheft. Zeitschrift für Literatur*, Nr. 71, Essen September 2008, S. 114–120.

Dies.: „Ortlos – ausgewiesene Schuld", in: Wehr, Norbert (Hg.): *Schreibheft. Zeitschrift für Literatur*, Nr. 71, Essen September 2008, S. 121–124.

Beganović, Davor/Braun, Peter (Hg.): *Krieg sichten. Zur medialen Darstellung der Kriege in Jugoslawien*, Paderborn/München 2007.

Begić, Aida: *Snijeg*, DVD, Bosnien-Herzegovina/Deutschland/Frankreich/Iran 2009 (Film von 2008).

Beiblatt zur Ausstellung: *Mechanismen der Gewalt*, Frankfurter Kunstverein, Frankfurt am Main 19.02.–17.04.2016.

Benedek, Wolfgang: „The Human Security Approach to Terrorism and Organized Crime in Post-Conflict Situations", in: Benedek, Wolfgang/ Daase, Christopher/Dimitrijević, Vojin/van Dyne (Hg.): *Transnational Terrorism, Organized Crime and Peace-Building. Human Security in the Western Balkans*, Basingstoke/New York 2010, S. 3–16.

Benhabib, Seyla: *Dignity in adversity. Human rights in troubled times*, Cambridge 2011.

Dies.: *Identities, affiliations, and allegiances*, Cambridge 2008.

Dies.: *Migrations and mobilities. Citizenship, borders and gender*, New York 2009.

Benjamin, Walter: „Die Leiche als Emblem – Götterleiber im Christentum – Trauer im Ursprung der Allegorie", in: Tiedemann, Rolf (Hg.): *Ursprung des deutschen Trauerspiels*, Frankfurt am Main 1978, S. 192–211.

Berger, Arthur Asa: *An anatomy of humor*, New Brunswick/New Jersey 1998 (first paperback) (first ed. 1993).

Berger, Dieter A.: *Englischer Humor – literarisch*, Trier 2008.

Bergmann, Claudia D.: „>We Have Seen the Enemy, and He Is Only a ‚She'<: The Portrayal of Warriors as Women", in: Kelle, Brad E./Ritchel Ames, Frank (Hg.): *Writing and reading war. Rhetoric, Gender, and Ethics in Biblical and Modern Contexts*, Atlanta 2008, S. 129–144.

Bergson, Henri: *Das Lachen*, Darmstadt 1988.

Bernig, Jörg: „Literatur der Erinnerung", in: Von Oswald, Anne/Schmelz, Andrea/Lanuweit, Tanja (Hg.): *Erinnerungen in Kultur und Kunst. Reflexionen über Krieg, Flucht und Vertreibung in Europa*, Bielefeld 2009, S. 197–202.

Bibó, István: *Die Misere der osteuropäischen Kleinstaaterei*, Frankfurt am Main 1992.

Biçer, Ahmet Gökhan: „Depiction of violence on stage: Physical, sexual and verbal dimensions of violence in Sarah Kane's experiential theatre", in: *The Journal of International Social Research*, Vol. 4, Issue 16, 2011, S. 81–88.

Black, Cheryl: „Milena Marković's ‚Tracks' (2002): May God look upon us. At the utopian theatre asylum", in: European Stages, *Slavic and East European Performance (SEEP)*, Vol. 27, Winter 2007; Nr. 1, S. 60–68. Auch: http://www.europeanstages.org/past-issues/slavic-and-east-european-performance-archive/seep-volume-27, Stand: 03.08.2020.

Blaschke, Bernd: „Emotionsmodellierung in Kriegsdramen. Elfriede Jelinek und Falk Richter als satirische Medienbeobachter", in: Fauth et al. (Hg.), 2012, S. 259–274.

Bloch, Natalie: *Legitimierte Gewalt. Zum Verhältnis von Sprache und Gewalt in Theatertexten von Elfriede Jelinek und Neil LaBute*, Bielefeld 2011.

Boantă, Adriana/Nelega, Alina: „Resursele tragicului la Sarah Kane. Noul brutalism – Blasted i Cleansed (The Resources of the Tragic in Sarah

Kane's Works. New brutalism – Blasted and Cleansed)", in: *Symbolon*, 01/2003, S. 81–86.

Boal, Augusto: *Theater der Unterdrückten. Übungen für Schauspieler und Nicht-Schauspieler*, Frankfurt am Main 1989.

Bodrožić, Ivana: *Rupa*, Zagreb 2016.

Boeckh, Katrin: *Serbien, Montenegro. Geschichte und Gegenwart*, Regensburg 2009.

Böhm, Andrea: „Unsere ungewollten Kolonien. Kann die Europäische Union in Bosnien und im Kosovo stabile Staaten aufbauen? Eine Reise durch den Balkan zwölf Jahre nach Dayton", in: *Die Zeit*, Nr. 32, 02.08.2007, S. 3.

Bogoeva-Sedlar, Ljiljana: „Art Against War, or War Against Art? NATO's use of Shakespeare in the 1999 Attack on Yugoslavia", in: *FACTA UNI VERSITATIS – Linguistics and Literature* issue 7, Vol. 2, 2000, S. 87–100. Auch: http://www.ceeol.com/search/article-detail?id=137563, Stand: 03.08.2020.

Bogovac, Milena Minja: „TDž ili PRVA TROJKA. Tragedija (ne)odrastanja", [übers. *Tragödie des (nicht) Erwachsenwerdens*], www.assitejsrbija.org.rs/srpski/biblioteka.html, Stand: 03.08.2020.

Bohnsack, Ralf: *Rekonstruktive Sozialforschung. Einführung in qualitative Methoden*, 8., durchges. Aufl., Opladen & Farmington Hills 2010.

Boll, Julia: *The New War Plays: From Kane to Harris*, London/New York 2013.

Bond, Edward: *The War Plays. A Trilogy, Part one and two*, London 1985.

Ders.: „The Children. A play to be acted by young people and two adults", in: Bond, Edward: *The Children Have I None*, London 2000, S. 1–54

Borissova, Natalia/Frank, Susanne/Kraft, Andreas: *Zwischen Apokalypse und Alltag. Kriegsnarrative des 20. und 21. Jahrhunderts*, Bielefeld 2009.

Boßler, Claudia: *Sarah Kane's Blasted/Zerbombt – eine Analyse*, München 2010.

Boshtrakaj, Gonxhe: „Kosova. Ort eines seltsamen Gegenübers von Spiel und Ernst, Theater und Krieg. Ein Essay", in: Beganović, Davor (Hg.): *Krieg sichten. Zur medialen Darstellung der Kriege in Jugoslawien*, Paderborn 2007, S. 229–246.

Bosse, Heinrich/Renner, Ursula (Hg.): *Literaturwissenschaft – Einführung in ein Sprachspiel*, 2. überarb. Aufl., Freiburg i.Br./Berlin/Wien 2010.

Bošnjak, Elvis: *Hajdemo skakati po tim oblacima* [übers. Lass uns auf diesen Wolken hüpfen], in: *Nosi nas rijeka i druge drame* [übers. Der Fluss trägt uns fort und andere Dramen], Zagreb 2011.

Botić, Matko: *Igranje proze, pisanje kazališta, Scenske prerade hrvatske proze u novijem hrvatskom kazalištu*, Zagreb 2013 [übers. Spielen der Prosa, Schreiben des Theaters. Szenische Überarbeitungen der kroatischen Prosa im neueren kroatischen Theater].

Bourdieu, Pierre: *Die verborgenen Mechanismen der Macht*, Hamburg 1992.

Ders.: *Die männliche Herrschaft*, 2. Aufl., Frankfurt am Main 2013 (2005, Frz.1998).

Bovenschen, Silvia: „Über die Frage: gibt es eine weibliche Ästhetik? – welche seit kurzem im Umlauf die feministischen Gemüter bewegt – gelegentlich auch umgewandelt in die Frage nach den Ursprüngen und Möglichkeiten weiblicher Kreativität", in: Institut für Kultur und Ästhetik (Hg.): *Ästhetik und Kommunikation. Beiträge zur politischen Erziehung, Frauen / Kunst / Kulturgeschichte*, Heft 25, Jg.7, September 1976, S. 60–75.

Dies.: „Die aktuelle Hexe, die historische Hexe und der Hexenmythos. Die Hexe: Subjekt der Naturaneignung und Objekt der Naturbeherrschung", in: Bovenschen/Becker/Brackert et al. (Hg.): *Aus der Zeit der Verzweiflung. Zur Genese und Aktualität des Hexenbildes*, Frankfurt am Main 1977, S. 259–312.

Bowen, Barbara E.: *Gender in the Theater of War: Shakespeare's* Troilus and Cressida, erschienen in der Reihe: Snyder, Carol L. (Hg.): *Gender & Genre in Literature*, New York/London 1993.

Boyes, Roger: „,Don't mention the war!' Warum die Engländer so gerne über die Nazis lachen und wie der Krieg im Humor weiterlebt", in: Demandt, Alexander (Hg.): *Was vom Krieg übrig bleibt*, Regensburg 2007, S. 85–86. Auch: Ders.: „,Don't mention the war!'", in: *Kulturaustausch. Zeitschrift für internationale Perspektiven*, Ausg.I/2007: *Was vom Krieg übrig bleibt*: www.zeitschrift-kulturaustausch.de/de/archiv?tx_amkulturaustausch_pi[auid]=18&tx_amkulturaustausch_pi[view]=ARTICLE&cHash=f61b-6027a131bfb3c43a7c1fe45d048f, Stand: 03.08.2020.

Brân, Zoë: *After Yugoslavia*, Melbourne/Oakland/London/Paris 2001.

Braun, Insa/Drmić, Ivana/Federer, Yannic/Gilbertz, Fabienne (Hg.): *(Post-) Jugoslawien. Kriegsverbrechen und Tribunale in Literatur, Film und Medien*, Frankfurt am Main 2014.

Brecht, Bertolt: *Gesammelte Werke 4. Stücke 4*, 76. bis 90. Tausend, Frankfurt am Main 1973.

Brešan, Ivo: „ZAŠTO NE BISMO OPET SARAĐIVALI?", [übers. Weshalb sollten wir nicht wieder zusammenarbeiten?], in: *Scena&Teatron, 50. GODINA STERIJINOG POZORJA, Scena. Časopis za pozorišnu umet-nost*, Broj 1, Godina XLI, Novi Sad 2005, *Teatron. Časopis za pozorišnu umetnost*, Broj 130/131, Godina XXX. [übers. in: Scena&Teatron. Zeitschriften für Bühnenkunst. 50 Jahre Sterijas Bühne, Scena Nr. 1, Teatron Nr. 130/131], S. 129–131.

Bridenstine, Evan: „Identity as Ideology, Assumed or Otherwise: Second-Wave Responses to the Idea of 9/11", in: Phillips, M. Scott (Hg.): *Theatre, War, and Propaganda: 1930–2005, Theatre Symposium*, A publication of the southeastern theatre conference Vol. 14, Alabama 2005, S. 124–137.

Brinker, Klaus: *Linguistische Textanalyse. Eine Einführung in Grundbegriffe und Methoden*, 7. durchges. Aufl., Berlin 2010.

Brix, Emil/Suppan, Arnold/Vyslonzil, Elisabeth (Hg.): *Südosteuropa. Traditionen als Macht*, Wien 2007.

Brocher, Corinna/Tabert, Nils (Hg.): *Sarah Kane: Sämtliche Stücke*, 8. Aufl., Reinbek bei Hamburg, 2010 (2002).

Dies./Quiñones, Aenne (Hg.): *René Pollesch. Liebe ist kälter als der Tod. Stücke Texte Interviews*, 2. Aufl., Reinbek bei Hamburg 2010.

Brokoff, Jürgen: „‚Srebrenica – was für ein klangvolles Wort!' Zur Problematik der poetischen Sprache in Peter Handkes Texten zum Jugoslawien-Krieg", in: Gansel, Carsten/Kaulen, Heinrich (Hg.): *Kriegsdiskurse in Literatur und Medien nach 1989*, Göttingen 2011, S. 61–88.

Ders.: „Übergänge. Literarisch-juridische Interferenzen bei Peter Handke und die Medialität von Rechtssprechung und Tribunal", in: Gephart et al. (Hg.), 2014, S. 157–171.

Ders.: „„Nichts als Schmerz' oder mediale ‚Leidenspose'? Visuelle und textuelle Darstellung von Kriegsopfern im Bosnienkrieg (Handke, Suljagić,
Drakulić)", in: Fauth et al. (Hg.), 2012, S. 163–180.

Brown, Mark: „On Slovenian theatre. A letter from a friend", in: www.ingen-
ta connect.com/contentone/intellect/maska/2013/00000028/f0020155/
art00010;jsessionid=3k61n7i2w3f7n.x-ic-live-03 und: https://doi.
org/10.1386/maska.28.155–156.124_7, jeweils Stand: 03.08.2020, Vol. 28,
Nr. 155–156, 01.07.2013, S. 124–129 (Sloven. Übers. v. Polona Petek),
engl. Fassung: S. 130–134.

Brown, Phyllis/McMillan, Linda A./Wilson, Katharina: *Hrotsvit of Gandersheim. Contexts, Identities, Affinities, and Performances*, Toronto 2004.

Brown, Riwia: „Irirangi Bay", in: Kouka, Hone (Hg.): *Ta Mantou Mangai:
three plays of the 1990's*, New Zealand 1989/90, S. 149–166.

Brückner, Christine: *Wenn du geredet hättest, Desdemona. Ungehaltene Reden ungehaltener Frauen*, Hamburg 1983.

Brummet, Barry: *Techniques of close reading*, Los Angeles/London/Neu Del-
hi/Singapur/Washington DC 2010.

Brunnbauer, Ulf: „Emigration aus Südosteuropa, 19.–21. Jahrhundert. Kontinuitäten, Brüche, Perspektiven", in: Brix et al. (Hg.), 2007, S. 119–143.

Brunner, Maria E.: *Die Mythenzertrümmerung der Elfriede Jelinek*, Neuried
1997.

Dies.: „Literaturübersetzung und Interpretation – Die Suche nach dem Subtext hinter dem Text", in: Yadigar, Eğit (Hg.): *Globalisierte Germanistik:
Sprache, Literatur, Kultur – Tagungsbeiträge. XI. Türkischer Internationa-
ler Germanistenkongress, 20.–22.05.2009*, Izmir 2010.

Brusberg-Kiermeier, Stefani: „Cruelty, violence and rituals in Sarah Kane's
plays", in: De Vos, Laurens/Saunders, Graham (Hg.): *Sarah Kane in context*, Manchester, 2010, S. 80–87.

Bryn *Steinar/Eidsvåg, Inge/Skurdal, Ingunn: Understanding the Other.
Dialogue as a Tool and an Attitude to Life*, Lillehammer o.J., S. 37f.: *Can
Experiences from the Balkans be used in Norway?*

Buckley-Zistel, Susanne/Krause, Ulrike/Loeper, Lisa: „Sexuelle und geschlechterbasierte Gewalt an Frauen in kriegsbedingten Flüchtlingslagern. Ein Literaturüberblick", in: *Peripherie. Zeitschrift für Politik und*

Ökonomie in der Dritten Welt, krieg macht geschlecht, Nr. 133, 34. Jhrg., März 2014, S. 71–89.

Budău, Ozana: *Sarah Kane. The corrosive drama of aggression, trauma and depression,* in: *Studia Universitatis Babes-Bolyai – Dramatica,* 01/2013, S. 95–102.

Buden, Boris: „Kunst und Macht im postsozialistischen Erinnerungsdiskurs. Interview von Zoran Terzić“, in: Von Oswald, Anne/Schmelz, Andrea/ Lanuweit, Tanja (Hg.): *Erinnerungen in Kultur und Kunst. Reflexionen über Krieg, Flucht und Vertreibung in Europa,* Bielefeld 2009, S. 111–122.

Bühler-Dietrich, Annette: *Drama, Theater und Psychiatrie im 19. Jahrhundert,* Tübingen 2012.

Dies.: *Auf dem Weg zum Theater. Else Lasker-Schüler. Marieluise Fleißer. Nelly Sachs. Gerlind Reinshagen. Elfriede Jelinek,* Würzburg 2003.

Dies.: „Kein Theater der Ein-Sicht“, in: Balme, Christopher/Fischer-Lichte, Erika/Grätzel, Stephan: *Theater als Paradigma der Moderne? Positionen zwischen historischer Avantgarde und Medienzeitalter,* Tübingen 2003, S. 167–176.

Dies.: „Theaterfrauen im globalisierten Raum“, in: Engelhardt, Barbara/Hörnigk, Therese/Masuch, Bettina (Hg.): *TheaterFrauenTheater,* Berlin 2001, S. 247–254.

Büttner, Christian: *Mit aggressiven Kindern leben,* 3. Aufl., Weinheim 1992.

Burgold, Jessica/Wiskow, Luisa: „Frauen im Krieg“, in: Heringer, Ulrike (Hg.): *Zeichen des Krieges. Beiträge zur Semiotik der Kriegsfotografie,* Berlin 2015, S. 190–206.

Burneva, Nikolina/Hristova, Maria: „Gender und Kunstfolklore: über ein Festival maskuliner Emanzen in Bulgarien“, in: Hoffmann et al. (Hg.), 2008, S. 35–48.

Butler, Judith: *Excitable Speech. A Politics of the Performative,* New York/ London 1997. Auf Deutsch erschienen unter: *Haß spricht,* Frankfurt am Main 2006.

Dies.: *Antigone's Claim. Kinship Between Life & Death,* New York/Chichester 2000.

 © Frank & Timme   Verlag für wissenschaftliche Literatur

Dies.: *Frames of war. When Is Life Grieveable?*, London/New York 2009. (verwendet wurde auch die dt. Ausgabe: *Raster des Krieges. Warum wir nicht jedes Leid beklagen*, Frankfurt am Main 2010)

Dies.: *Die Macht der Geschlechternormen und die Grenzen des Menschlichen*, Frankfurt am Main 2009.

Dies.: *Das Unbehagen der Geschlechter*, Frankfurt am Main 2014.

Dies.: *Before and after gender. Sexual mythologies of everyday life*, Chicago 2016.

Dies.: *Die Macht der Gewaltlosigkeit. Über das Ethische im Politischen*, übers. von Reiner Ansén, Frankfurt am Main 2020.

Calic, Marie-Janine: *Geschichte Jugoslawiens im 20. Jahrhundert*, München 2010.

Callaghan, David: „Where Have All the Protestors Gone? 1960s Radical Theatre and Contemporary Theatrical Responses to U.S. Military Involvement in Iraq", in: Phillips, M. Scott (Hg.): *Theatre, War, and Propaganda: 1930–2005, Theatre Symposium, A publication of the southeastern theatre conference* Vol. 14, Alabama 2005, S. 104–123.

Calließ, Jörg (Hg.): „*Das erste Opfer eines Krieges ist die Wahrheit" oder Die Medien zwischen Kriegsberichterstattung und Friedensberichterstattung*, Loccum 1997.

Cama, Aida: *Balkan: Opfer sexueller Gewalt im Kosovo-Krieg brechen ihr Schweigen*, in: https://www.dw.com/de/opfer-sexueller-gewalt-im-kosovo-krieg-brechen-ihr-schweigen/a.4659831; vom 05.12.2018, Stand: 03.08.2020.

Cameron, Deborah: „Performing Gender Identity: Young Men's Talk and the Construction of heterosexual Masculinity", in: Johnson, Sally/Meinhof, Ulrike Hanna (Hg.): *Language and Masculinity*, Oxford 1997, S. 47–64.

Campbell, Alyson: „Experiencing Kane: an affective analysis of Sarah Kane's ‚experiential' theatre in performance", in: *Australasian Drama Studies*, Vol. 46, 04/2005, S. 80–97.

Campbell, Kirsten: „Transitional Justice und die Kategorie Geschlecht", in: *Mittelweg 36*, 18. Jahrgang, Hamburg Februar/März 2009, S. 26–52.

Canetti, Elias: *Masse und Macht*, 144.–146. Tausend, Frankfurt am Main 1980/1998 (Hamburg 1960).

Ders.: „Die Kommunion (1960)", in: Kashiwagi-Wetzel, Kikuko/Meyer, Anne-Rose (Hg.): *Theorien des Essens*, Berlin 2017, S. 186–187.

Carlson, Marvin A.: *Theatre is more beautiful than war: German stage directing in the late twentieth century*, Monographie in der Reihe: Postlewait, Thomas (Hg.): *Studies in Theatre History & Culture*, Iowa 2009.

Carney, Sean: „The Tragedy of History in Sarah Kane's *Blasted*", in: *Theatre Survey*, Vol. 46, Nr. 2, 11/2005, S. 275–296.

Carter, Ronald/Goddard, Angela: *How to Analyse Texts. A toolkit for students of English*, New York 2016.

Chambers, Helen: *Humor and Irony in Nineteeth-Century German Women's Writing. Studies in Prose Fiction, 1840–1900*, New York 2007.

Chiarloni, Anna: „Im Zeichen des Geiers. Zur Ikonographie der Gewalt bei Heiner Müller und Sarah Kane", in: Vietta, Silvio/Uerlings, Herbert (Hg.): *Moderne und Mythos*, München 2006, S. 227–240.

Chien, Chieh: *Gewaltproblematik bei Elfriede Jelinek: erläutert anhand des Romans* Lust, Berlin 2005.

Chipok, Robert (Hg.): *The Plays of Hrotswitha of Gandersheim. Bilingual Edition*, Illinois 2013.

Christian, Mary (Hg.): *Marina Abramović. The Artist Is Present*, New York 2010.

Churchill, Caryl: „Objections to sex and violence", in: Wandor, Michelene (Hg.): *Plays by Women*, Vol. 4, London 1988 (1985).

Dies.: „Vinegar Tom", in: Wandor, Michelene (Hg.): *Plays by Women*, Vol. 1, London 1983 (first ed. 1982).

Dies.: *Churchill: Shorts*, London 2008 (1990).

Dies.: *This is a Chair*, London 1999.

Dies.: *Far away*, New York 2001.

Cixous, Hélène: *Die unendliche Zirkulation ds Begehrens*, Berlin 1977.

Clarke, Alan: „German Refugee Theatre in British Internment", in: Balfour, Michael (Hg.): *Theatre and War. 1993–1945. Performance in Extremis*, New York/Oxford 2001.

Coates, Jennifer: „One-at-a-Time: The Organization of Men's Talk", in: Johnson, Sally/Meinhof, Ulrike Hanna (Hg.): *Language and Masculinity*, Oxford 1997, S. 107–129.

Cockroft, Susan: *Language and Society*, London 2001.

Cohen, Roger: *In a Town ‚Cleansed' of Muslims, Serb Church Will Crown the Deed*, 07.03.1994, siehe: www.nytimes.com/1994/03/07/world/in-a-town-cleansed-of-muslims-serb-church-will-crown-the-deed.html?scp=1&s-q=zvornik+40%2cooo&st=myt, Stand: 03.08.2020.

Cohen, Tsafir: „Das Theater am Rande der Welt“, in: *rundschreiben 04/08, medico international*, 2008, S. 26–29.

Ders.: „Kein Ort mehr für Grenzgänger“, in: *rundschreiben 02/11, medico international*, 2011, S. 28–29.

Colleran, Jeanne: *Theatre and War. Theatrical Responses since 1991*, New York 2012.

Corbineau-Hoffmann, Angelika: *Kontextualität. Einführung in eine literaturwissenschaftliche Basiskategorie*, Berlin 2017.

Corpet, Oliver/Boutang, Yann Moulier (Hg.): *Louis Althusser. Die Zukunft hat Zeit. Die Tatsachen. Zwei autobiographische Texte*, Frankfurt am Main 1993.

Costa, Maddy/Dimitrijević, Selma: „Default Male: On Gender and the Rejection of Naturalism in the Work of Greyscale Theatre Company“, in: Barnett, David (Hg.): *Contemporary Theatre Review. An international journal: Simon Stephens: British Playwright in Dialogue with Europe*, Vol. 26, Nr. 3, London, August 2016, S. 399–402.

Court in Belgrade Sentences Serbs for warcrimes, Artikel o.A. vom 23.02.2013, in: www.iede.co.uk/news/2013_1072/court-belgrade-sentence-serbs-warcrimes, Stand: 11.01.2018. Danach: *Belgrade Court sentences Serb man for war crimes in Bosnia*, 19.09.2019. Siehe auch: *Serbia sentences ex-soldier for 1991 war crimes in Croatia*, 20.06.2019 und *Serbian Court sentences Bosnian national to 10 years for alleged war crimes*, 06.07.2020, Stand: 03.08.2020.

Covington, Sarah: „Cutting, Branding, Whipping, Burning: The Performance of Judical Wounding in Early Modern England“, in: Allard, James Robert/Martin, Mathew R. (Hg.): *Staging pain, 1580–1800. Violence and Trauma in British Theater*, Surrey 2009, S. 93–110.

Cuisinier-Delorme, Samuel: „Au-delà de la représentation, le discours autour des corps dans Manque de Sarah Kane“, in: Coulon, Claude/March,

Florence (Hg.): *Théâtré anglophone. De Shakespeare à Sarah Kane*, Montpellier 2008, S. 133–142.

Cvetković-Sander, Ksenija: „Diktatur oder Demokratie? Titos Jugoslawien aus der Sicht der Sprachplanung", in: Voß, Christian/Dahmen, Wolfgang (Hg.): *Babel Balkan? Politische und soziokulturelle Kontexte von Sprache in Südosteuropa*, München/Berlin 2014, S. 77–92.

Čečo, Irham: „Das verlorene Abkommen: 20 Jahre Dayton", in: https:// www.boell.de/de/2015/11/03/das-verlorene-abkommen-20-jahre-dyton, Stand: 03.08.2020.

Dahl, Mary Karen: *Political Violence in Drama. Classical Models, Contemporary Variations*, Michigan 1987 (1984).

Dane, Gesa: *Zeter und Mordio! Vergewaltigung in Literatur und Recht*, Göttingen 2005.

Darragi, Rafik: *La societé de violence dans le théâtre élisabeéthian*, Paris 2012.

Davis, Colin: *After Poststructuralism. Reading, stories and theory*, New York 2004.

de Ishtar, Zohl, Pazifik Netzwerk, Pazifik-Infostelle, Women's International League for Peace and Freedom (Aotearoa), the Disarmament and Security Centre (Aotearoa) and Pacific Connections (Australia) (Hg.): *Lernen aus dem Leid. Frauen der Pazifik-Inseln schildern die Schicksale ihrer Völker*, Neudettelsau 1998.

de Klerk, Vivian: „The Role of Expletives in the Construction of Masculinity", in: Johnson, Sally/Meinhof, Ulrike Hanna (Hg.): *Language and Masculinity*, Oxford 1997, S. 144–158.

de Neve, Thomas: *Zwischen Malaise und Magie. Theater im Leben, Leben im T heater*, Studio Ijsvogel, 2012, Original: *Tussen Malaise en Magie*, o.O. 2011.

De Vos, Laurens: *Cruelty and Desire in the Modern Theater. Antonin Artaud, Sarah Kane and Samuel Beckett*, New Jersey 2011.

Deb, Basuli: *Transnational feminist perspectives on terror in literature and culture*, New York 2015.

Delabar, Walter: *Literaturwissenschaftliche Arbeitstechniken. Eine Einführung*, Darmstadt 2009.

Delalić, Enida: *Gebrochene Geschichten. Erinnerte Traumata von Flüchtlingsfrauen aus Bosnien und Herzegowina*, Frankfurt am Main 2015.

Delbrück, Hans Gottlieb Leopold: *Geschichte der Kriegskunst im Rahmen der politischen Geschichte*, 4 Bde., Berlin 1900–1920; div. Nachdrucke, u.a.: Berlin 1962–1966; Berlin/New York 2000; Hamburg 2000–2008.

Delgado-García, Cristina: „Subversion, Refusal, and Contingency: Transgression of Liberal-Humanist Subjectivity and Characterization in Sarah Kane's *Cleansed, Crave*, and *4.48 Psychosis*", in: *Modern Drama*, Vol. 55, Nr. 2, o.O. 2012, S. 230–250.

Delvaux, Martine: „Mourir/survivre. Lumières de Sarah Kane", in: *Temps Zéro: Revue d'Ètude des Écritures Contemporaines*, Vol. 5, 2012, http://doc player.fr/65656732-Mourir-survivre-lumieres-de-sarah-kane.html, Stand: 03.08.2020.

Demandt, Alexander (Hg.): *Was vom Krieg übrig bleibt*, Regensburg 2007.

DeSalvo, Louise A.: *Virginia Woolf. Die Auswirkungen sexuellen Missbrauchs auf ihr Leben und Werk*, München 1990.

Dies.: *Virginia Woolf. The Impact of Childhood Sexual Abuse on her Life and Work*, Boston 1989.

Dies.: „Shakespeare's ‚Other' Sister", in: Marcus, Jane (Hg.): *New feminist essays on Virginia Woolf*, London/Basingstoke 1981.

Detel, Wolfgang: *Hermeneutik der Literatur und Theorie des Geistes. Exemplarische Interpretationen poetischer Texte*, Frankfurt am Main 2016.

Di Lellio, Anna/Kraja, Garentina/Sada, Mirlinda: „Wartime sexual violence: new evidence as hundreds of survivors come forward"; in: https://prishtinainsight.com/wartime-sexual-violence-was-a-tool-of-ethnic-cleansing-in-kosovo-mag/ vom 22. November 2018, Stand: 03.08.2020.

Diamond, Irene/Quinby, Lee (Hg.): *Feminism & Foucault. Reflections on Resistance*, Boston 1988.

Diederich, Anja: „‚Last in a Long Line of Literary Kleptomaniacs': Intertextuality in Sarah Kane's *4.48 Psychosis*", in: *Modern Drama*, Vol. 56, Nr. 3, 2013, S. 374–398.

Dierks, Walter/Kogon, Eugen: *Frankfurter Hefte. Zeitschrift für Kultur und Politik. Sonderheft. Anpassung und Widerstand heute*, 34. Jhrg., Nr. 4, 04/1979.

Diller, Hans-Jürgen/Ketelsen, Uwe-K./Seeber, Hans Ulrich (Hg.): *Gewalt im Drama und auf der Bühne. Festschrift für Günter Ahrends zum 60. Geburtstag*, Tübingen 1998.

Ders.: „Zwischen Sünde und Selbstbestimmung: Gewalt und Selbstmord im Tudor-Drama", in: Diller et al. (Hg.), 1998, S. 13–30.

Dimitrijević, Olga: *Radnici umiru plevajući*, [übers. Die Arbeiter sterben singend] 2011.

Dimova, Ana: „Humor und Witz als Übersetzungsproblem", in: Hoffmann et al. (Hg.), 2008, S. 7–20.

Dolar, Mladen: *What's in a Name?*, Ljubljana 2014.

Domin, Hilde: *Wozu Lyrik heute. Dichtung und Leser in der gesteuerten Gesellschaft*, Frankfurt am Main 2005 (München 1971).

Dies.: *Abel steh auf. Gedichte, Prosa, Theorie*, Stuttgart 2008 (1979), S. 75–91.

Domsch, Sebastian: „Sarah Kane", in: *edition text + kritik. Kritisches Lexikon der fremdsprachigen Gegenwartsliteratur (KLfG)*, 83. Nachlieferung 01. März 2011. Auch: munzinger.de/search/klfg/Sarah+Kane/642.html, Stand: 03.08.2020.

Douglas, Mary: „Die Greuel des dritten Buchs Mose (1966)", in: Kashiwagi-Wetzel, Kikuko/Meyer, Anne-Rose (Hg.): *Theorien des Essens*, Berlin 2017, S. 188–206.

Doussan, Jenny: *Time, Language, and Visuality in Agamben's Philosophy*, London 2013.

Dragičević-Šešić, Milena: „Culture of Dissent, Art of Rebellion: The Psychiatric Hospital as a Theatre Stage in the Work of Zorica Jevremović", in: Dolečki, Jana/Halibašić, Senad/Hulfeld, Stefan (Hg.): *Theatre in context of the Yugoslav Wars*, Cham 2018, S. 177–198.

Drakulić, Slavenka: *Keiner war dabei. Kriegsverbrechen auf dem Balkan vor Gericht*, Wien 2004.

Dies.: *Als gäbe es mich nicht*, Berlin 2002 (1999).

Dies.: *Die Männer übernahmen sofort die Mikrophone*, Interview in der taz vom 31.08.1991, geführt von Ulrike Helwerth, in: Schmid, Thomas (Hg): *Jugoslawien – Journal. Von der Krise in Kosovo zum Krieg in Kroatien: Reportagen, Analysen, Interviews*, Frankfurt am Main o.J.

Drewermann, Eugen: *Das Mädchen ohne Hände. Grimms Märchen tiefen-psychologisch gedeutet*, 12. Aufl. 1994, erweiterte Neuauflage, Düsseldorf/ Zürich 2004 (1981).

Ders.: *Und gäbe dir eine Seele… Hans Christan Andersens Kleine Meerjung-frau tiefenpsychologisch gedeutet*, Freiburg/Basel/Wien 1997.

Dreyfus, Hubert L./Rabinow, Paul/Foucault, Michel: *Jenseits von Struktura-lismus und Hermeneutik*, Frankfurt am Main 1987 (Chicago 1982).

Dreysse, Miriam: *Mutterschaft und Familie. Inszenierungen in Theater und Performance*, Bielefeld 2015.

Droege, Heinrich: „Über Lachen, Auslachen, Verlachen", in: Droege, Hein-rich (Hg.): *Lachen. Auslachen. Verlachen. Texte zum Lachen und übers Lachen*, Frankfurt/Wien 2003, S. 171–187.

Drmić, Ivana/Grauert, Grischka: „„Meine Sache ist es, zu verstehen". In-terview mit Dževad Karahasan", in: Braun, Insa/Drmić, Ivana/Federer, Yannic/Gilbertz, Fabienne (Hg.): *(Post-)Jugoslawien. Kriegsverbrechen und Tribunale in Literatur, Film und Medien*, 2014, S. 175–188.

Du Toit, Louise: „„Meine Not ist nicht einzig". Sexuelle Gewalt in kriegeri-schen Konflikten – Ein Werkstattgespräch", in: *Mittelweg 36, Zeitschrift des Hamburger Instituts für Sozialforschung*, 18. Jahrgang, Hamburg Februar/März 2009, S. 3–25.

Duda, Sebastian: *A Revolving Door of Language. Repetition in American Experimental Writing*, Heidelberg 2011.

Dudenredaktion: *Der kleine Duden. Fremdwörterbuch*, Mannheim/Wien/ Zürich 1977.

Dürrenmatt, Friedrich: *Theaterprobleme*, Zürich 1955.

Ders.: *Die Wiedertäufer. Eine Komödie in zwei Teilen*, Zürich 1998.

Ders.: *Die Physiker*, Zürich 1998.

Ders.: *Der Besuch der alten Dame. Eine tragische Komödie*, Zürich 1998.

Dukovski, Dejan: *Das Pulverfass. Leere Stadt, Zwei Stücke*, Frankfurt am Main 2008 [Bure Baruta, 1995/1996; Prazen Grad, 2007].

Ders.: „Balkan ist nicht tot", in: *Theater der Zeit*, Heft 12/2001, S. 62–76. (Orig. 1993)

Ders.: *Wer verdammt hat angefangen*, Frankfurt am Main 1997.

Dunphy, Graeme/Emig, Rainer (Hg.): *Hybrid Humour. Comedy in Transcultural Perspectives*, Amsterdam/New York 2010.

Dželilović, Muhamed: *Srebrenica dans les drames d'après-guerre en Bosnie-Herzégovine*, in: *Revue des études slaves. Le théâtre d'aujourd'hui en Bosnie-Herzégovine, Croatie, Serbie et au Monténégro. Nationalisme et autisme*, Paris 2006, LXXVII/1–2, S. 99–107.

Easterling, Pat: *Trojan Women in Context*, Cambridge 1998, www.cambridge greekplay.com/teaching-the-play, dort in der pdf-Datei: trojan_women_essays, Stand: 03.08.2020.

Ecker, Gisela (Hg.) unter Mitarbeit von Kublitz-Kramer, Maria: *Trauer tragen – Trauer zeigen. Inszenierungen der Geschlechter*, München 1999.

Editorial Board Fantom slobode. Književni časopis: „Emir Kusturica vs. Biljana Srbljanović", in: *Phantom of Freedom*, issue3, Zagreb/Dubrovnik 3/2004, S. 219–220, http://www.ceeol.com, auch: https://www.ceeol.com/search/article-detail?id=78530, jeweils Stand: 03.08.2020.

Ehrlich, Susan: „Language, Gender, and Sexual Violence: Legal Perspectives", in: Ehrlich, Susan, Meyerhoff, Miriam, and Holmes, Janet (Hg.): *The Handbook of Language, Gender, and Sexuality*, Second Edition, Oxford 2014, S. 452–470.

El Sherif, Isis: *Die Bewertung von sexualisierter Kriegsgewalt gegen Frauen im internationalen Recht nach dem Jugoslawienkrieg*, Frankfurt am Main 2008.

Elsom, John: *Cold War Theatre*, London/New York 1992.

Emcke, Caroline: *Von den Kriegen. Briefe an Freunde, Kosovo I (Juli 1999)*, 4. Aufl. Frankfurt am Main 2016.

Engberg-Pedersen, Anders/Maurer, Kathrin (Hg.): *Visualizing War. Emotions, Technologies, Communities*, New York 2018.

Engelhardt, Barbara/Hörnigk, Therese/Masuch, Bettina (Hg.): *TheaterFrauen Theater*, Berlin 2001.

Engelmann, Reiner (Hg.): *Plötzlich ist nichts mehr sicher. Kinder und der Krieg*, Berlin 2000.

Enloe, Cynthia: „‚Alle Männer sind in der Miliz, alle Frauen sind Opfer'. Die Politik von Männlichkeit und Weiblichkeit in nationalistischen Kriegen", in: Fuchs, Brigitte/Habinger, Gabriele (Hg.): *Rassismen & Feminismen.*

Differenzen, Machtverhältnisse und Solidarität zwischen Frauen, Wien 1996, S. 92–110.

Ensler, Eve: *die vagina-monologe*, Hamburg 1999 (Orig. New York 1998).

Essling, Lena (Hg.): *Katalog zur Ausstellung in der Bundeskunsthalle Bonn 20.04.–12.08.2018*, Berlin 2017.

Euripides: *Alkestis*, Stuttgart 2002.

Ders.: *Die Troerinnen*, Stuttgart 2004.

Evangelische Akademie Baden/Gemeinschaftswerk Evangelische Publizistik (GEP/Frankfurt am Main): *Dokumentation Frauen und Krieg Ein Diskussionsbeitrag in Verantwortung für den Frieden, Tagung der Evangelischen Frauen in Baden und der Evangelischen Akademie Baden*, Bad Herrenalb, 04.–06.07.2014, Nr. 37/16.09.2014.

Fauth, Søren R./Krejberg, Kasper Green/Süselbeck, Jan (Hg.): *Repräsentationen des Krieges. Emotionalisierungsstrategien in der Literatur und in den audiovisuellen Medien vom 18. bis zum 21. Jahrhundert*, Göttingen 2012.

Fehrmann, Helma und Roth, Ingrid (Hg.): *Gewalt im Spiel. Theater Rote Grütze*, Berlin 1988.

Feichtinger, Barbara: „Rapta – ein weibliches (Nach-)Kriegsschicksal", in: Walde, Christine/Wöhrle, Georg (Hg.): *Gender und Krieg*, Trier 2008, Genderstudies in den Altertumswissenschaften, Bd. 8, S. 69–90.

Feld, Helmut: *Frauen des Mittelalters. Zwanzig geistige Profile*, Köln/Weimar/Wien 2000, S. 14–30.

Figueroa-Dorrego, Jorge/Larkin-Galiñanes, Cristina (Hg.): *A source book of literary and philosophical writings about humour and laughter*, New York/Ontario 2009.

Finburgh, Clare: *Watching War on the Twenty-First Century Stage. Spectacles of Conflict*, London/New York 2017.

Fischer, Martina: „Dealing with the past from the top down and bottom up – challenges for state and non-state actors", in: Fischer, Martina/Simić, Olivera (Hg.): *Transitional Justice and Reconciliation. Lessons from the Balkans*, Oxon/New York 2016, S. 25–60.

Fischer-Lichte, Erika: „Perzeptive Multistabilität und ästhetische Wahrnehmung", in: Fischer-Lichte, Erika/Gronau, Barbara/Schouten, Sabine/Weiler, Christel (Hg.): *Wege der Wahrnehmung. Authentizität, Reflexivität und Aufmerksamkeit im zeitgenössischen Theater*, Berlin 2006, S. 129–139.

Dies./Wihstutz, Benjamin (Hg.): *Performance and the Politics of Space. Theatre and Topology*, New York/London 2013.

Dies./Czirak, Adam/Jost, Torsten/Richarz, Frank/Tecklenburg, Nina (Hg.): *Die Aufführung. Diskurs – Macht – Analyse*, München 2012.

Dies.: *Die Aufführung als Text*, 2. durchges. Aufl., Tübingen 1988.

Dies: *Das System der theatralen Zeichen*, 2. durchges. Aufl., Tübingen 1988.

Dies./Horn, Christian/Pflug, Isabel/Warstat, Matthias (Hg.): *Inszenierung von Authentizität*, 2. Aufl., Tübingen 2007.

Dies.: *Semiotik des Theaters. Eine Einführung*, Bd. 1;3, Tübingen 1983.

Dies.: *The semiotics of theatre*, übersetzt von Gaines, Jeremy/Jones, Doris L., Bloomington/Indianapolis 1992.

Dies.: *Theaterwissenschaft. Eine Einführung in die Grundlagen des Faches*, Tübingen/Basel 2010.

Dies./Gronau, Barbara/Schouten, Sabine/Weiler, Christel (Hg.): *Wege der Wahrnehmung. Authentizität, Reflexivität und Aufmerksamkeit im zeitgenössischen Theater*, Berlin 2006.

Fisher, Ian: http://www.iainfisher.com/kane.html, Stand: 03.08.2020.

Flanagan, Mary: „Play, Participation, and Art: Blurring the Edges", in: Lovejoy, Margot/Paul, Christine/Vesna, Victoria: *Context Providers: Conditions of Meaning in Media Arts*, Bristol/Chicago 2011, S. 89–102.

Fleig, Anne: *Handlungs-Spiel-Räume. Dramen von Autorinnen im Theater des ausgehenden 18. Jahrhunderts*, Würzburg, 1999.

Flügge, Christoph: „Die juristische Aufarbeitung von Kriegsverbrechen am ‚International Criminal Tribunal for the former Yugoslavia (ICTY)' in Den Haag", in: Gephart et al. (Hg.), 2014, S. 57–67.

Fordyce, Ehren: „The voice of Kane", in: De Vos, Laurens/Saunders, Graham (Hg.): *Sarah Kane in context*, Manchester 2010, S. 103–114.

Foucault, Michel: *Der Wille zum Wissen. Sexualität und Wahrheit*, Bd. 1, Frankfurt am Main 1977, Bd. 1/1983, Bd. 2 u. 3/*Die Sorge um sich*, Frankfurt am Main 1989.

Ders.: *Schriften zur Literatur*, München 1974.

Ders.: *Schriften zur Medientheorie*, Berlin 2013.

Ders.: *Geometrie des Verfahrens. Schriften zur Methode*, Frankfurt am Main 2009.

Franco, Robert W.: „Samoan Representations of World War II and Military Work: The Emergence of International Movement Networks", in: White, Geoffrey M./Lindstrom, Lamont (Hg.): *The Pacific Theater. Island Representations of World War II*, Melbourne 1990, S. 373–394.

Franzen, Erik K.: „Milo Rau. The Dark Ages. Total real"?, in: *Frankfurter Rundschau* vom 13.04.2015, 71. Jhrg., Nr. 85, S. 22, https://www.fr.de/ kultur/theater/total-real-11681016.html und: www.fr-online-de/theater/ milo-rau-the-dark-ages-total-real-a-481074, jeweils Stand: 03.08.2020.

French, Marylin: *Der Krieg gegen die Frauen*, 2. Aufl., München 1993 (1992).

Frieling, Simone: *Im Zimmer meines Lebens. Biografische Essays*, Berlin 2010.

Frisch, Max: *Stiller*, 45.Aufl., Frankfurt am Main 2013.

Frljić, Oliver: *Zoran Đinđić*, Serbien/Kroatien, u.a. aufgeführt von Oliver Frljić und Ensemble (Pozorište Atelje 212, Beograd) in Wiesbaden im Kleinen Haus des Staatstheaters Wiesbaden am 21./22.06.2014.

Ders.: *Aleksandra Zec*, o.O. o.J.

Ders.: *Balkan macht frei*, aufgeführt in München in 2015.

Fuß, Dorothee: „*Bedürfnis nach Heil*". Zu den ästhetischen Projekten von Peter Handke und Botho Strauß, Bielefeld 2001.

Galindo, Regina José: *Regina José Galindo*, Milán 2011.

Galtung, Johan: „Gewalt, Frieden und Friedensforschung", in: Senghaas, Dieter (Hg.): *Kritische Friedensforschung*, Frankfurt am Main 1971, S. 55–104.

Ders.: „Kriegsbilder und Bilder vom Frieden oder: Wie wirkt diese Berichterstattung auf Konfliktrealität und Konfliktbearbeitung?", in: Calließ (Hg.), 1997, S. 81–92.

Gašparović, Darko: *Dubinski rez kroz hrvatsku dramu 20. stoljeća*, Zagreb 2012. [übers. Tiefenschnitt durch das kroatische Drama des 20. Jahrhunderts].

Gay, Ignacio Ramos: „Violence et silence chez Yasmina Reza", in: Benoit, Claude (Hg.): *La violence au féminin*. [*Les éditions de la transparence*], Chatou 2011, S. 163–178.

Geisen, Herbert (Hg.): *Five English Short Plays. Howard Brenton. Edward Bond. Tom Stoppard. Harold Pinter. Caryl Churchill*, Stuttgart 1999.

Gelhard, Susanne: *Ab heute ist Krieg. Der blutige Konflikt im ehemaligen Jugoslawien*, Frankfurt am Main 1992.

George, Terry: *Hotel Ruanda*, Film, Südafrika/GB/Italien 2009.

Gephart, Werner/Brokoff, Jürgen/Schütte, Andrea/Suntrup, Jan Christoph (Hg.): *Tribunale. Literarische Darstellung und juridische Aufarbeitung von Kriegsverbrechen im globalen Kontext*, Frankfurt am Main 2014.

Gesellschaft für Österreichische Heereskunde: *Militaria Austriaca 1993/Folge 12: Pulverfass Balkan. Bosnien-Herzegowina; Teil 2*, Wien 1993.

Gibinska, Marta: „A barbarous and bloody spectacle. A study of violence in three parts of Henry VI", in: Diller et al. (Hg.), 1998, S. 31–48.

Giesen, Bernhard/Binder, Werner/Gerster, Marco/Meyer, Kim-Claude: „Amok, Folter, Hooligans. Gewaltsoziologie nach Georges Bataille und Victor Turner", in: Riekenberg, Michael (Hg.): *Zur Gewaltsoziologie von Georges Bataille*, Leipzig 2012, S. 73–102.

Gilbertz, Fabienne: „Sprachliche Gerechtigkeit für Serbien? Peter Handkes ,Jugoslawien-Texte' im Kontext seiner Sprachkritik", in: Braun, Insa/Drmić, Ivana/Federer, Yannic/Gilbertz, Fabienne (Hg.): *(Post-)Jugoslawien. Kriegsverbrechen und Tribunale in Literatur, Film und Medien*, Frankfurt am Main 2014, S. 19–36.

Gimbutas, Marija: *The Goddesses and Gods of Old Europe. 6500–3500 BC. Myths and Cult Images*, new and updated edition, 1974/1982, reprinted 1996.

Gipser, Dietlinde: „Lachen gegen Macht? Gedanken zur Funktion des Lachens im szenischen Spiel", in: Wiegand, Hartmut (Hg.): *Theater im Dialog: heiter, aufmüpfig und demokratisch. Deutsche und europäische Anwendungen des Theaters der Unterdrückten*, Stuttgart 2004, S. 19–22.

Girard, René: *Das Heilige und die Gewalt*, Zürich 1987 (Frz. Orig. Paris 1972).

Gläser, Jochen/Laudel, Grit: *Experteninterviews und qualitative Inhaltsanalyse als Instrumente rekonstruierender Untersuchungen*, 4. Aufl., Wiesbaden 2010.

Gleichauf, Ingeborg: *Was für ein Schauspiel! Deutschsprachige Dramatikerin nen des 20. Jahrhundert und der Gegenwart*, Berlin 2003.

Glenny, Misha: *The Fall of Yugoslavia. The third Balkan War*, London/New York 1992.

Glogovac, Nebojša: „Mi smo došli posle sahrane" [übers. Wir sind nach der Beerdigung gekommen] Interview vom 11.02.2008, in: Babić, 2009, S. 138–144.

Glunz, Claudia/Pełka, Artur/Schneider, Thomas F. (Hg.): *Information Warfare. Die Rolle der Medien (Literatur, Kunst, Photographie, Film, Fernsehen, Theater, Presse, Korrespondenz) bei der Kriegsdarstellung und -deutung*, Göttingen/Osnabrück 2007.

Görner, Tina: *Was für ein Theater! Methodische Ansätze in der Arbeit mit gewalttätigen Jugendlichen*, Freiburg 2011.

Goffman, Erving: *Wir alle spielen Theater. Die Selbstdarstellung im Alltag*, 9. Aufl., München 2011 (1969).

Goldhill, Simon: Euripides: *Rhetoric and Power*, Cambridge 1998, www. cambridgegreekplay.com/teaching-the-play (dort pdf-Datei) „trojan_women_essays"), auch: www.cambridgegreekplay.com/sites/default/files/documents/trojan_women_eyssays_pdf, jeweils Stand: 03.08.2020.

Goldstein, Albert: „„Wir bezahlen den Preis für die Haltung der Europäer", Interview in der taz vom 06.11.1991, geführt von Anita Kontrec", in: Schmid, Thomas (Hg): *Jugoslawien – Journal. Von der Krise in Kosovo zum Krieg in Kroatien: Reportagen, Analysen, Interviews*, Frankfurt am Main o.J., S. 68.

Gordon, Thomas: *Familien-Konferenz*, München 1989.

Ders./Burch, Noel: *Die neue Beziehungskonferenz. Effektive Konfliktbewältigung in Familie und Beruf*, München 2002.

Ders.: *Die neue Familienkonferenz. Kinder erziehen ohne zu strafen*, 18. Aufl., München 2004.

Gospić, Ana: „Istraživanje dramske forme u dramama Ivane Sajko", in: *Croatica et slavica Iadertina*, Zadar, 2008, S. 467–477 [übers. Untersuchung der Dramenform in den Dramen von Ivana Sajko]

Govedić, Nataša: „The trauma of apathy. Two playwrights of post-Yugoslav nowhereland (Ivana Sajko and Biljana Srbljanović)", in: *Revue des études slaves. Le théâtre d'aujourd'hui en Bosnie-Herzégovine, Croatie, Serbie et au Monténégro. Nationalisme et autisme*, Paris 2006, LXXVII/1–2, S. 203–216.

Gourevitch, Philip: *We wish to inform you that tomorrow we will be killed with our families: Stories from Rwanda*, New York 1999.

Grätzel, Stephan: „Theatralität als anthropologische Kategorie", in: Balme, Christopher/Fischer-Lichte, Erika/Grätzel, Stephan: *Theater als Paradigma der Moderne? Positionen zwischen historischer Avantgarde und Medienzeitalter*, Tübingen 2003, S. 33–48.

Gratz, Dennis: *Elitozid in Bosnien und Herzegowina 1992–1995*, Hamburg 2007.

Greenham, David: *Close Reading. The Basics*, Oxon/New York 2019.

Grene, Nicolas: *Home on the stage. Domestic Spaces in Modern Drama*, Cambridge 2014.

Griffin, Gabriele: „Großbritannien", in: Uecker, Karin (Hg.): *Frauen im europäischen Theater heute*, Hamburg 1998, S. 74–82.

Gritzner, Karoline: *Adorno and Modern Theatre. The Drama of the Damaged Self in Bond, Rudkin, Barker and Kane*, New York 2015.

Gronemeyer, Marianne: „Gewalt und menschliche Grundbedürfnisse", in: Dirks, Walter/Kogon, Eugen: *Frankfurter Hefte. Zeitschrift für Kultur und Politik. Sonderheft. Anpassung und Widerstand heute*, 34. Jhrg., Nr. 4, 04/1979, S. 11–16.

Grossmann, David: „Die Welt wird täglich enger", in: *Die Zeit*, Nr. 19/3. Mai 2007; siehe: www.zeit.de/2007/19/Rede-Grossmann, Stand: 03.08.2020.

Grujić, Marija: „Interfaith Dialogue – an Orthodox perspective", in: Grujić, Marija: *Countering Violence with Dialogue – Gender-based violence and multireligious dialogue*, Sarajevo 2011, S. 49–54.

Gržinić, Marina: „Cyberbodies[2] or more stories about the political of the cyber-space", in: *Pavilion. Bucharest Journal for politics and culture / #14. Special issue: Biopolitics. Necropolitics. De-coloniality*, Bukarest 2010, S. 9–93; pavilionmagazine.org/download/pavilion_14.pdf, Stand: 03.08.2020; auch: grzinic-smid.si/?p=925 vom 26.02.2013, Stand: 03.08.2020.

Dies.: *Identity Operated in New Mode: Context of Body / Space / Time*, in: Lovejoy, Margot/Paul, Christine/Vesna, Victoria: *Context Providers: Conditions of Meaning in Media Arts*, Bristol/Chicago 2011, S. 151–174.

Dies.: *In Line for Virtual Bread. Time, Space, the Subject and New Media*, Wien 2000 (Ljubljana 1996, Zagreb 1999).

Dies.: *Fiction Reconstructed: Eastern Europe, Post-Socialism and the Retro-Avant-Garde*, Wien 2000.

Guberman, Ross Mitchell (Hg.), *Julia Kristeva Interviews*, New York 1996.

Gutjahr, Ortrud (Hg.): *Iphigenie von Euripides/Goethe. Krieg und Trauma in Nicolas Stemanns Doppelinszenierung am Thalia Theater Hamburg*, Würzburg 2008.

Gutman, Roy: *Augenzeuge des Völkermordes*, Göttingen 1994.

Gstrein, Norbert: *Wem gehört eine Geschichte? Fakten, Fiktionen und ein Beweismittel gegen alle Wahrscheinlichkeit des wirklichen Lebens*, Frankfurt am Main 2004.

Haliti, Flaka: „Our Death / Other's Dinner", in: Von Oswald, Anne/Schmelz Andrea/Lenuweit, Tanja (Hg.): *Erinnerungen in Kultur und Kunst. Reflexionen über Krieg, Flucht und Vertreibung in Europa*, Bielefeld, 2009, S. 123.

Handke, Peter: *Peter Handke. Prosa Gedichte Theaterstücke Hörspiel Aufsätze*, Frankfurt am Main 1969.

Ders.: *Abschied des Träumers vom Neunten Land*, Frankfurt am Main 1991.

Ders.: *Die Stunde da wir voneinander nichts wussten*, Frankfurt am Main 1992.

Ders.: *Zurüstungen für die Unsterblichkeit. Ein Königsdrama*, Frankfurt am Main 1997.

Ders.: *Die Fahrt im Einbaum oder Das Stück zum Film vom Krieg*, Frankfurt am Main 1999.

Ders.: *Untertageblues*, Frankfurt am Main 2003.

Ders.: *Spuren der Verirrten*, Frankfurt am Main 2006.

Ders.: „Der weibliche Marsyas. Brankica Bečejac", in: Wehr, Norbert (Hg.): *Schreibheft. Zeitschrift für Literatur*, Nr. 71, Essen September 2008, S. 113.

Hardmeier, Ursula: „Gewalt gegen Frauen – ein Thema in Theologie und Kirche", in: Hilbig, Antje/Kajatin, Claudia/Miethe, Ingrid (Hg.): *Frauen und Gewalt. Interdisziplinäre Untersuchungen zu geschlechtsgebundener Gewalt in Theorie und Praxis*, Würzburg 2003, S. 47–60.

Harding, Sandra: „Gender, Modernity, Knowledge: Postcolonial Studies", in: Rippl, Daniela/Mayer, Verena (Hg.): *Gender Feelings*, München 2008, S. 53–76.

Hark, Sabine (Hg.): *Dis/Kontinuitäten: Feministische Theorie*, 2., aktual. Aufl., Wiesbaden 2007.

Hart, Sarah: „Marin Ireland. Theatre of the Impossible. She boldly goes where many actors wouldn't – including acting her own ghost-producer", in: *American Theatre Magazine*, May/June 2009, Vol. 26, issue 5, S. 46–49.

Hartman, Geiffrey: „Worte und Wunden", in: Assmann, Aleida (Hg.): *Texte und Lektüren. Perspektiven in der Literaturwissenschaft*, Frankfurt am Main 1996, S. 105–141.

Harvey, Penelope: „The Presence and Absence of Speech in the Communication of Gender", in: Kiesling, Scott F./Paulston, Christina Bratt (Hg.): *Intercultural Discourse and Communication. The Essential Readings*, Oxford 2005, S. 164–179.

Harzer, Friedmann: *Literarische Texte interpretieren. Lyrik – Prosa – Drama*, Paderborn 2017.

Hassel, Ursula: *Familie als Drama. Studien zur Thematik im bürgerlichem Trauerspiel, Wiener Volkstheater und kritischen Volksstück*, Bielefeld 2002.

Hayakawa, Samuel I.: *Sprache im Denken und Handeln. Allgemeinsemantik*, 9. Aufl. Darmstadt 1993.

Ders./Hayakawa, Alan R.: *Language in Thought and Action*, 5th Ed., San Diego/New York/London, 1990.

Haydon, Andrew: Gods Are Fallen and All Safety Gone – *Almeida*, Postcards from the Gods, 30 July 2012, http://postcardsgods. blogspot. co.uk/2012/07/gods-are-fallen-and-all-saftey-gone.html, Stand: 30.05.2020.

Hecht, Werner/Knopf, Jan/Mittenzwei, Werner/Mittenzwei, Klaus-Dorf (Hg.): *Bertolt Brecht. Große kommentierte Berliner und Frankfurter Ausgabe*. Schriften 4; *Bertolt Brecht, Gesamtausgabe*, Bd. 24, Frankfurt am Main 1991.

Heeg, Günther: „*Zerbombt*. Unser Krieg", in: Hilzinger (Hg.): *Auf den Schlachthöfen der Geschichte: Jeanne d'Arc und ihre modernen Gefährtinnen bei Bertolt Brecht, Anna Seghers, Sarah Kane und Stieg Larsson,* [Brecht-Tage 2011], Berlin 2012, S. 93–98.

Heiliger, Anita: „Perspektiven der Beendigung von Männergewalt gegen Frauen", in: Hilbig, Antje/Kajatin, Claudia/Miethe, Ingrid (Hrsg.): *Frauen und Gewalt. Interdisziplinäre Untersuchungen zu geschlechtsgebundener Gewalt in Theorie und Praxis,* Würzburg 2003, S. 275–288.

Hellinger, Marlis: *Kontrastive Feministische Linguistik. Mechanismen sprachlicher Diskriminierung im Englischen und Deutschen,* Ismaning 1990.

Hempelmann, Christian F.: „Key Terms in the Field of Humor", in: Attardo, Salvatore (Hg.), 2017, S. 34–48.

Hennig, Thomas: *Intertextualität als ethische Dimension. Peter Handkes Ästhetik nach Auschwitz,* Würzburg 1996.

Hensel, Andrea: „Die Freien Theater in den postsozialistischen Staaten Osteuropas. Neue Produktionsformen und theaterästhetische Kreativität", in: Brauneck, Manfred/ITI Zentrum Deutschland (Hg.): *Das Freie Theater im Europa der Gegenwart. Strukturen – Ästhetik – Kulturpolitik,* Bielefeld 2016, S. 191–284.

Herb, Karlfriedrich (Hg.): *Raum und Zeit. Denkformen des Politischen bei Hannah Arendt,* Frankfurt am Main/New York 2014.

Hersch, Jeanne: *Das philosophische Staunen. Einblicke in die Geschichte des Denkens,* 4. Aufl. München 1995 (Zürich 1981).

Heywood, John: „,The Object of Desire in the Object of Contempt': Representations of Masculinity in ‚Straight to Hell' Magazine", in: Johnson, Sally/Meinhof, Ulrike Hanna (Hg.): *Language and Masculinity,* Oxford 1997, S. 188–207.

Hilbig, Antje/Kajatin, Claudia/Miethe, Ingrid (Hrsg.): *Frauen und Gewalt. Interdisziplinäre Untersuchungen zu geschlechtsgebundener Gewalt in Theorie und Praxis,* Würzburg 2003.

Hillgärtner, Jule: *Krieg darstellen. Kaleidogramme Bd. 83,* Berlin 2013.

Hilzinger, Sonja (Hg.): *Gewalt und Gerechtigkeit. Auf den Schlachthöfen der Geschichte: Jeanne d'Arc und ihre modernen Gefährtinnen bei Bertolt*

Brecht, Anna Seghers, Sarah Kane und Stieg Larsson, [Brecht-Tage 2011], Berlin 2012.

Hitzke, Diana: *Nomadisches Schreiben nach dem Zerfall Jugoslawiens. David Albahari, Bora Ćosić und Dubravka Ugrešić*, Frankfurt am Main 2014.

Dies./Majić, Ivan (Hg.): *The State(s) of Post-Yugoslav Literature*, http://www. kakanien-revisited.at/beitr/re_visions/DHitzke_IMajic1.pdf, Stand: 03.08.2020.

Hockenos, Paul: „„Friedenskarawane durch ein zerrissenes Land", Reportage in der taz vom 19.07.1991", in: Schmid, Thomas (Hg): *Jugoslawien – Journal. Von der Krise in Kosovo zum Krieg in Kroatien: Reportagen, Analysen, Interviews*, Frankfurt am Main o.J., S. 79.

Höller, Hans (Hg.): *Der dunkle Schatten, dem ich schon seit Anfang folge: Ingeborg Bachmann. Vorschläge zu einer neuen Lektüre des Werks*, München 1982.

Höpken, Wolfgang/Riekenberg, Michael (Hg.): *Politische und ethnische Gewalt in Südosteuropa und Lateinamerika*, Köln/Weimar/Wien 2001.

Ders.: „Post-sozialistische Erinnerungskulturen im ehemaligen Jugoslawien", in: Brix et al. (Hg.), 2007, S. 13–50.

Hofbauer, Hannes: *Balkankrieg. Zehn Jahre Zerstörung Jugoslawiens*, Wien 2001.

Hoffmann, Tina: „Humor im Theater mit Fremdsprachenstudenten oder: Warum gerade Komödie?", in: Hoffmann et al. (Hg.), 2008, S. 205–214.

Holmes, Georgina: *Women and war in Rwanda. Gender, Media and the Representation of Genocide*, London/New York 2014.

Hong, Melanie: *Gewalt und Theatralität in Dramen des 17. und des späten 20. Jahrhunderts. Untersuchungen zu Bidermann, Gryphius, Weise, Lohenstein, Fichte, Dorst, Müller und Tabori*, Würzburg 2008.

Horkheimer, Max/Adorno, Theodor W.: *Dialektik der Aufklärung. Philosophische Fragmente*, Frankfurt am Main 1969.

Hüttinger, Stefanie: *Der Tod der Mimesis als Ontologie und ihre Verlagerung zur mimetischen Rezeption. Eine mimetische Rezeptionsästhetik als postmoderner Ariadnefaden*, Frankfurt am Main 1994.

Dies.: *Die Kunst des Lachens – das Lachen in der Kunst. Ein Stottern des Körpers*, Frankfurt am Main 1996.

Humphreys, Sarah C.: *The family, women and death. Comparative studies*, London/Boston/Melbourne 1983.

Hvistendahl, Mara: *Das Verschwinden der Frauen. Selektive Geburtenkontrolle und die Folgen*, München 2013 (Orig.: *Unnatural selection. Choosing boys over girls, and the consequences of a world full of men*, New York 2011).

Iball, Helen: *Sarah Kane's* Blasted, London/New York 2008.

Ilić, Branislava: „Šta žena ženu u Srbiji pita dok Steriju čita" [übers. Was eine Frau eine Frau in Serbien fragt, während sie Sterija liest], in: *Teatron&-Scena, 200 Jahre seit der Geburt und 150 Jahre seit dem Tod von Jovan Sterija Popović*, Zeitschriften für Bühnenkunst, Nr. 134/145/XXXI, Beograd/Nr. 1/XLII, Novi Sad 2006 [Orig. in Serbokroatisch/Ser bisch], S. 63–72.

Ingenschay, Dieter: „Frauenpower unspanisch-postmodern. Zu Konstanze Lauterbachs Inszenierung von Federico García Lorcas ‚La casa de Bernarda Alba' am Schauspiel Leipzig", in: Diller et al. (Hg.), 1998, S. 59–72.

Institut für Kultur und Ästhetik (Hg.): *Ästhetik und Kommunikation. Beiträge zur politischen Erziehung, Frauen/Kunst/Kulturgeschichte*, Heft 25, Jg. 7, September 1976.

Irigaray, Luce: *Genealogie der Geschlechter*, Freiburg im Breisgau 1989 (Orig. 1980).

Dies.: *Das Geschlecht, das nicht eins ist*, Berlin 1979.

Dies.: *Conversations*, London 2008.

Isaak, Jo Anna: *Feminism and contemporary art. The revolutionary power of women's laughter*, London/New York 1996.

Iser, Wolfgang: *Die Artistik des Misslingens. Ersticktes Lachen im Theater Becketts*, Heidelberg 1979.

Ders.: *Akte des Fingierens. Oder: was ist das Fiktive im fiktionalen Text?*, in: Henrich, Dieter/Iser, Wolfgang (Hg.): *Funktionen des Fiktiven*, München 1983, S. 121–152.

Ders.: *The range of interpretation*, New York 2000.

Ders.: *How to Do Theory*, Oxford 2006.

Ivanković, Hrvoje: „Zwischen Text und Kontext", in: Vannayová, Martina/ Häusler, Anna (Hg.): *Landvermessungen. Theaterlandschaften in Mittel-, Ost und Südosteuropa*, Berlin 2008, S. 63–73.

Iveković, Rada/Jovanović, Biljana/Krese, Maruša/Lazić, Radmila: *Briefe von Frauen über Krieg und Nationalismus*, Frankfurt am Main 1993.

Jäger, Friedrich: *Bosniaken, Kroaten, Serben. Ein Leitfaden ihrer Geschichte*, Frankfurt am Main 2001.

Jakiša, Miranda/Pflitsch, Andreas (Hg.): *Jugoslawien – Libanon. Verhandlungen von Zugehörigkeit in den Künsten fragmentierter Kulturen*, Berlin 2012.

Dies./Pflitsch, Andreas: *Verhandlungen von Zugehörigkeit in den Künsten fragmentierter Kulturen*, in: Jakiša, Miranda/Pflitsch, Andreas (Hg.): *Jugoslawien – Libanon. Verhandlungen von Zugehörigkeit in den Künsten fragmentierter Kulturen*, Berlin 2012, S. 7–13.

Dies./Sasse, Sylvia: „Kontingente Feindschaft? Die Jugoslawienkriege bei David Albahari und Miljenko Jergović", in: Borissova, Natalia/Frank, Susanne/Kraft, Andreas (Hg.): *Zwischen Apokalypse und Alltag. Kriegsnarrative des 20. und 21. Jahrhunderts*, Bielefeld 2009, S. 221–236.

Dies.: „Ivana Sajko – Theater der Disjunktion(en): *Rose is a rose is a rose is a rose* und *Prizori s jabukom*", in: Jakiša/Pflitsch (Hg.): *Jugoslawien – Libanon. Verhandlungen von Zugehörigkeit in den Künsten fragmentierter Kulturen*, Berlin 2012, 275–295.

Dies.: „Postdramatisches Bühnen-Tribunal: Gerichtstheater rund um das ICTY", in: Gephart et al. (Hg.), 2014, S. 223–242.

Jakovljević, Branislav: *Zvornik 1992: Vernacular Imagination and Theater of Atrocities*, Vortrag, gehalten im Rahmen der Tagung *Theatre During the Yugoslav Wars*, in Wien, 19.11–21.11.2015 am Freitag, 20.11.2015, 15.15–16.15h.

Janich, Nina/Thim-Mabrey, Christiane (Hg.): *Sprachidentität – Identität durch Sprache*, Tübingen 2003.

Janušević, Bojana: „UKRŠTENI POGLEDI BALKANSKIH PISACA" [übers. Sich streifende Blicke der balkanischen Schriftsteller], in: *Scena&Teatron, 50. GODINA STERIJINOG POZORJA, Scena. Časopis za pozorišnu umetnost*, Broj 1, Godina XLI, Novi Sad 2005, *Teatron. Časopis za pozorišnu umetnost*, Broj 130/131, Godina XXX. [übers. Scena&Teatron. Zeitschriften für Bühnenkunst. 50 Jahre Sterijas Bühne, Scena Nr. 1, Teatron Nr. 130/131], S. 45–46.

Japanische Fraueninitiative Berlin, Koreanische Frauengruppe Berlin e.V. (Hg.): *...gebt mir meine Würde zurück! Zwangsprostitution im Asien-Pazifik-Krieg Japans*, Berlin 1993.

Jeßing, Benedikt: *Dramenanalyse. Eine Einführung*, Berlin 2015.

Ders./Köhnen, Ralph: *Einführung in die Neuere deutsche Literaturwissenschaft*, 2. Aufl., Stuttgart/Weimar 2007.

Jelinek, Elfriede: *Ein Sportstück*, 3. Aufl., Reinbek bei Hamburg 2008 (1998).

Dies.: *Krankheit oder Moderne Frauen*, Köln 1987.

Jevremović, Zorica: „Strah slobode" [übers. Die Angst vor der Freiheit], *Scena*, XXXVIII, S. 5–14. Auch: www.komunikacija.org.rs/komunikacija/casopisi/scena/XXXVIII_2/index_html?stdlang=gb. Stand: 03.08.2020.

Dies.: *Tišina, pomrlice*, [übers. Stille, Sterbende], Beograd 2017.

Johnson, Sally: „Theorizing Language and Masculinity: A Feminist Perspective", in: Johnson, Sally/Meinhof, Ulrike Hanna (Hg.): *Language and Masculinity*, Oxford 1997, S. 8–26.

Jones, Briony: „Educating citizens in Bosnia-Herzegovina – experiences and contradictions in post-war education reform", in: Fischer, Martina/Simić, Olivera (Hg.): *Transitional Justice and Reconciliation. Lessons from the Balkans*, Oxon/New York 2016, S. 193–208.

Jost, Torsten: „Analyse der Aufführung. Über die Pluralität der Perspektiven", in: Fischer-Lichte/Czirak, Adam/Jost, Torsten/Richarz, Frank/Tecklenburg (Hg.): *Die Aufführung. Diskurs – Macht – Analyse*, München 2012, S. 245–252.

Junk, Claudia/Schneider, Thomas F. (Hg.): *Die Revolte der heiligen Verdammten. Literarische Kriegsverarbeitung vom 19. bis zum 21. Jahrhundert*, Osnabrück/Göttingen 2017.

Jušić, Adela: „Free radicals" [übers. Slobodni radikali], in: vox feminae, 01.04.2016, https://adelajusic.wordpress.com/2016/06/14/free-radicals-adela-jusic-for-vox-feminae, Stand: 03.08.2020.

Kacic, Ana: „Croatia's EU accession and domestication of BCMS", in: Voß, Christian/Dahmen, Wolfgang (Hg.): *Babel Balkan? Politische und sozio-*

kulturelle Kontexte von Sprache in Südosteuropa, München/Berlin 2014, S. 207–210.

Kaléko, Mascha: *In meinen Träumen läutet es Sturm*, 4. Aufl., München 1979.

Kandinskaia, Natalia: *Postmoderne Groteske – groteske Postmoderne? Eine Analyse von vier Inszenierungen des Gegenwartstheaters*, Berlin 2009.

Kane, Sarah: *Blasted*, London, 2002.

Dies.: *Complete Plays*, London 2001.

Dies.: *Skin*, 1995, nomatt.wordpress.com/2016/04/06/skin1006/, Stand: 03.08.2020. Dazu s. auch: https://www.youtube.com/watch?y=FcTV-c2iGdmA, https://www.youtube.com/watch?v=oPjvsd-9DC0, https://www.youtube.com/watch?y=EAYfvqN5RVo, https://www.youtube.com/watch?v=O7Z_5JhnkTA, https://www.youtube.com/watch?v=SoJM1rA_HDQ; alle fünf Seiten jeweils Stand: 03.08.2020.

Karahasan, Dževad: „Tribunal, Theater und das Drama des Rechts", in: Gephart et al. (Hg.), 2014, S. 151–155.

Karanović, Mirjana: „Nemam nikakvu želju da se slatko nasmeškam da se ne bih zamerila" [übers. Ich habe keinen Wunsch süß zu lächeln, um mich nicht unbeliebt zu machen] Interview vom 08.02.2008, in: Babić, 2009, S. 116–120.

Karge, Heike: *Steinerne Erinnerungen – versteinerte Erinnerung? Kriegsgedenken in Jugoslawien (1947–1970)*, Wiesbaden 2010.

Karpenstein-Eßbach, Christa: *Orte der Grausamkeit. Die Neuen Kriege in der Literatur*, München 2011.

Kauschat, Irmtraud/Schulze, Birgit (Hg.): *Das große Praxisbuch zum Wertschätzenden Miteinander*, Norderstedt 2014.

Kayser, Wilhelm: *Das Groteske in Malerei und Dichtung*, Hamburg 1960.

Kazmierczak, Mladen: „,Balkankrieg ist die Spezialität eines Volkes' – Zum entlarvenden Blick der Figur der Migrantin auf den Jugoslawienkriegsdiskurs bei Melinda Nadj Abonji und Marica Bodrožić", in: Braun, Insa/Drmić, Ivana/Federer, Yannic/Gilbertz, Fabienne (Hg.): *(Post-)Jugoslawien. Kriegsverbrechen und Tribunale in Literatur, Film und Medien*, Frankfurt am Main 2014, S. 59–74.

Kebir, Sabine/Hörnigk, Therese (Hg.): *Brecht und Krieg. Widersprüche damals, Einsprüche heute, Brecht-Dialog 2004, Theater der Zeit, Recherchen 23*, o.O. 2005.

Kelle, Brad E./Ritchel Ames, Frank (Hg.): *Writing and reading war. Rhetoric, Gender, and Ethics in Biblical and Modern Contexts*, Atlanta 2008.

Kenneweg, Anne Cornelia: „Writers in Conflict. Literature, Politics and Memory in Croatia and beyond", in: Von Oswald/Schmelz/Lanuweit (Hg.): *Erinnerungen in Kultur und Kunst. Reflexionen über Krieg, Flucht und Vertreibung in Europa*, Bielefeld 2009, S. 63–78.

Kilpatrick, David: *Writing with blood. The Sacrificial Dramatist as Tragic*, o.O. 2011.

Kindt, Tom: *Literatur und Komik. Zur Theorie literarischer Komik und zur deutschen Komödie im 18. Jahrhundert*, Berlin 2011.

Kittler, Wolf: „Kriegstheater", in: Auer, Michael/Haas, Claude (Hg.): *Kriegstheater. Darstellungen von Krieg, Kampf und Schlacht in Drama und Theater seit der Antike*, Stuttgart 2018, S. 25–48.

Kiwerska, Jadwiga: „Zur Teilnahme der USA am Krieg im Kosovo", in: WeltTrends e.V. und Institut Zachodni Poznań (Hg.): *Zeitschrift für internationale Politik und vergleichende Studien*, Nr. 32, Herbst 2001: *Thema: Balkan – Pulverfaß oder Faß ohne Boden?*, S. 9–24.

Knezević, Duca: „Theatre that Matters: How DAH Theatre Came to Be", in: Barnett/Barba (Hg.), 2016, S. 3–16.

Kniesche, Thomas W.: „Krieg als ‚body sculpting'. Die Metamorphosen des männlichen Körpers in den frühen Texten Heinrich Bölls", in: Mohivon Känel/Steier (Hg.): *Nachkriegskörper. Prekäre Korporealitäten in der deutschsprachigen Literatur des 20. Jahrhunderts*, Würzburg 2013, S. 33–44.

Kocur, Miroslav: *On the Origins of Theater*, transl. by David Malcolm, Frankfurt am Main 2016.

König, Angela: „Frauen-Bewegungen im Krieg in Bosnien-Herzegowina und Kroatien", in: Lemke, Christiane/Penrose, Virginia/Ruppert, Uta (Hg.): *Frauenbewegung und Frauenpolitik in Osteuropa*, New York/Frankfurt am Main 1996, S. 46–68.

Köster, Philipp: „Pate vom Roten Stern. Hooligan und Kriegsverbrecher: Der Serbe Željko Ražnatović alias ‚Arkan der Tiger' und seine Bande". Auch unter: *Die Blutspur des Tigers*, in: *11 Freunde*, Heft 191-102017, in: https://11freunde.de/artikel/die-blutspur-des-tigers/531061, Stand: 03.08.2020.

Koff, Clea: *The bone woman. Among the dead in Rwanda, Bosnia, Croatia and Kosovo*, London 2004.

Kohout, Pavel: *Krieg im dritten Stock*, Luzern/Frankfurt am Main 1970.

Kollmann, Anett: *Gepanzerte Empfindsamkeit. Helden in Frauengestalt um 1800*, Heidelberg 2004.

Kolodny, Annette: „Neu lesen – erneut lesen – (Ge-)schlecht lesen. Eine Landkarte", in: Assmann, Aleida (Hg.): *Texte und Lektüren. Perspektiven in der Literaturwissenschaft*, Frankfurt am Main 1996, S. 247–268.

Kord, Susanne: *Ein Blick hinter die Kulissen. Deutschsprachige Dramatikerinnen im 18. und 19. Jahrhundert*, Stuttgart 1992.

Kordić, Snježana: *Jezik i nacionalizam*, Zagreb 2010; bisher nur ins Spanische übersetzt: *Lengua y Nacionalismo*, Madrid 2014. Auch: https://hr.wikipedia.org/wiki/Snježana_Kordić, Stand: 03.08.2020.

Kouka, Hone (Hg.): *Ta Mantou Mangai: three plays of the 1990's*, New Zealand 1989/90.

Kovačević, Marko: „Les auteurs dramatiques, de l'autodidacte au postmoderniste: l'écriture théâtrale contemporaine en Bosnie-Herzégovine", in: *Revue des études slaves. Le théâtre d'aujourd'hui en Bosnie-Herzégovine, Croatie, Serbie et au Monténégro. Nationalisme et autisme*, Paris 2006, LXXVII/1–2, S. 159–172.

Kraft, Helga: *Ein Haus aus Sprache. Dramatikerinnen und das andere Theater*, Stuttgart/Weimar 1996.

Krah, Hans: „KRIEG UND KRIMI. Der Bosnienkrieg im deutschen Fernsehkrimi – TATORT: KRIEGSSPUREN und SCHIMANSKI: MUTTERTAG", in: Petersen, Krister (Hg.): *Zeichen des Krieges in Literatur, Film und den Medien*, Bd. 1: *Nordamerika und Europa*, Kiel 2004, S. 96–131.

Kraß, Andreas: *Meerjungfrauen. Geschichte einer unmöglichen Liebe*, Frankfurt am Main 2010.

Krämer, Franziska: *Die Politik Deutschlands in der Kosovofrage*, Schriften-reihe Welttrends *Thesis*, Bd. 4, Potsdam 2009.

Kreuder, Friedemann (Hg.), unter Mitarbeit von Annika Frank: *Falk Richter. Theater. Texte von und über Falk Richter 2000–2012*, Marburg 2012.

Ders.: „Formen des Erinnerns in der Theaterwissenschaft", in: Balme/ Fischer-Lichte/Grätzel: *Theater als Paradigma der Moderne?*, Tübingen 2003, S. 177–188.

Kristeva, Julia: *Die Revolution der poetischen Sprache*, Frankfurt am Main 1978.

Dies.: „Auszüge aus: Mächte des Grauens. Versuch über den Abscheu (1980)", in: Kashiwagi-Wetzel, Kikuko/Meyer, Anne-Rose (Hg.): *Theorien des Essens*, Berlin 2017, S. 207–222.

Kronenberg, Kurt: *Roswitha von Gandersheim und ihre Zeit*, Bad Ganders-heim 1978.

Küng, Hans: *Der Islam*, München 4. Aufl. 2006.

Künzel, Christine: *Vergewaltigungslektüren. Zur Codierung sexueller Gewalt in Literatur und Recht*, Frankfurt am Main 2003.

Dies. (Hg.): *Radikal weiblich? Theaterautorinnen heute*, Berlin 2010.

Kunert, Günter: *So und nicht anders. Ausgewählte und neue Gedichte*, Mün-chen/Wien 2002.

Larkin-Galiñanes, Cristina: „An Overview of Humor Theory", in: Attardo, Salvatore (Hg.), 2017, S. 4–16.

Dies.: „Writing on Humor and Laughter in the Late Modern Period: Intro-ductory Notes. Introduction", in: Figueroa-Dorrego/Larkin-Galiñanes (Hg.), Ontario 2009, S. 311–315.

Lateinamerika-Nachrichten, Die Monatszeitschrift, 505/506, Juli/August 2016.

Lazin, Miloš: „À quoi tient le succès de Biljana Srbljanović?", in: *Revue des études slaves. Le théâtre d'aujourd'hui en Bosnie-Herzégovine, Croatie, Ser-bie et au Monténégro. Nationalisme et autisme*, Paris 2006, LXXVII/1–2, S. 217–243.

Ders.: „Bibliographie du théâtre de Bosnie-Herzégovine, Croatie, Monténégro et Serbie traduit en français", in: *Revue des études slaves. Le théâtre d'au jourd'hui en Bosnie-Herzégovine, Croatie, Serbie et au*

Monténégro. Nationalisme et autisme, Paris 2006, LXXVII/1–2, S. 269–275.

Ders.: „OTKUD USPEH BILJANE SRBLJANOVIĆ?", in: *Scena&Teatron, 50. GODINA STERIJINOG POZORJA, Scena. Časopis za pozorišnu umetnost*, Broj 1, Godina XLI, Novi Sad 2005, *Teatron. Časopis za pozorišnu umetnost*, Broj 130/131, Godina XXX, S. 33. [übers. Woher der Erfolg von Biljana Srbljanović?], in: [übers. Scena&Teatron. Zeitschriften für Bühnenkunst. 50 Jahre Sterijas Bühne].

Le Pors, Sandrine: *Le théâtré des voix: À l'écoute du personnage et des écritures contemporaines*, Rennes 2011.

Lebert, Stefan: *Ostermeier, Thomas: Der Radikale*, vom 08.12.2011, editiert am 07.05.2014, in: https://www.zeit.de/2011/50/Regisseur-Ostermeier, Stand: 03.08.2020.

Legatt, Alexander: *Shakespeare's tragedies. Violation and identity*, Cambridge 2005.

Lehmann, Hans-Thies: Ich mache ja nicht das, was Menschen sind oder tun, zu meinem Thema… *Postdramatische Poetiken bei Jelinek und anderen*, Göttingen 2017.

Ders.: *Tragödie und dramatisches Theater*, Berlin 2013.

Ders.: *Postdramatisches Theater*, 5. Aufl., Frankfurt am Main (1999) 2011.

Ders.: *Postdramatic theatre*, London/New York 2006, reprinted 2010.

Ders.: *Theater und Mythos. Die Konstitution des Subjekts im Diskurs der antiken Tragödie*, Stuttgart 1991.

Leibovitz, Annie (Hg.): *A Photographer's Life. 1990–2005*, New York 2006.

Lentricchia, Frank/DuBois, Andrew (Hg.): *Close reading. The reader*, Durham/London 2003.

Lercher, Marie-Christin: „Humor als Bewältigungsstrategie von Fremde: Beobachtungen zu Ida Pfeiffers Reisebericht über Madagaskar", in: Hoffmann et al. (Hg.), 2008, S. 93–104.

Leskovec, Andrea: *Einführung in die interkulturelle Literaturwissenschaft*, Darmstadt 2011.

Dies: *Fremdheit und Literatur. Alternativer hermeneutischer Ansatz für eine interkulturell ausgerichtete Literaturwissenschaft*, Berlin 2009.

Leydesdorff; Selma: „Die Traumata von Srebrenica. Vom Ringen überlebender Frauen um Erinnerung und Zukunft", in: Mattl, Siegfried/Botz, Gerhard/Karner, Stefan/Konrad, Helmut (Hg.): *Krieg. Erinnerung. Geschichtswissenschaft*, Wien/Köln/Weimar 2009, S. 351–373.

Lindhoff, Lena: *Einführung in die feministische Literaturtheorie*, Stuttgart 1995.

Lindstrom, Lamont/White, Geoffrey M.: „War Stories", in: White/Lindstrom (Hg.): *The Pacific Theater. Island Representations of World War II*, Melbourne 1990, S. 3–42.

Listhaug, Ola/Ramet, Sabrina Petra (Hg.): *Bosnia-Herzegovina since Dayton. Civic and uncivic values*, Ravenna 2013.

Dies.: *Civic and uncivic values in Macedonia*, Budapest 2013.

Dies.: *Civic and uncivic values in Kosovo*, Budapest 2015.

Listhaug/Ramet/Dulić, Dragana (Hg.): *Civic and uncivic values – Serbia in the Post-Milosevic-era*, Budapest 2011.

Ljubić, Nikol: *Meeresstille*, Hamburg 2010.

Lobsien, Eckhard: *Wörtlichkeit und Wiederholung. Phänomenologie poetischer Sprache*, München, 1995.

Lóránd, Zsófia: „Feminist Criticism of the ‚New Democracies' in the First Half of the 1990s in Serbia and Croatia", in: Kopecek, Michal (Hg.): *Thinking through Transition. Liberal Democracy, Authoritarian Pasts, and Intellectual History in East Central Europe after 1989*, New York 2015, S. 431–460.

Dies.: A politically non-dangerous revolution is not a revolution: *critical readings of the concept of sexual revolution by Yugoslav feminists in the 1970s*, in: *European review of History: Revue européenne d'histoire*, 2015, Vol. 22, Nr. 1, S. 120–137.

Dies.: „Feminist Intellectuals: From Yugoslavia, in Europe", in: Jalava, Marja/Nygård, Stefan/Strang, Johan (Hg.): *Decentering European Intellectual Space*, Leiden/Boston 2018, S. 269–292.

Loraux, Nicole: *Die Trauer der Mütter. Weibliche Leidenschaft und die Gesetze der Politik*, Frankfurt am Main/New York/Paris 1992 (Paris 1990).

Dies.: *Tragische Weisen ein Frau zu töten*, Frankfurt am Main/New York/Paris 1993 (Paris 1985).

Dies.: *Born of the earth. Myth and Politics in Athens*, Ithaca/London 2000 (1996).

Dies.: *The Mourning Voice. An Essay on Greek Tragedy*, Ithaca/London 2002.

Dies.: *The experiences of Tiresias. The feminine and the Greek man*, Princeton 1995.

Lorde, Audre: „A Woman Speaks", in: Lorde, Audre: *The Collected Poems of Audre Lorde*, 1997, www.nortonpoets.com, https://www.poetryfoundation. org/poems/42583/a-woman-speaks, Stand: 03.08.2020.

Lorenz, Konrad: *Der Abbau des Menschlichen*, München 1986 (1983).

Ders.: *Das sogenannte Böse. Zur Naturgeschichte der Aggression*, München 1998 (1963).

Lorentzen, Lois Ann/Turpin, Jennifer (Hg.): *The Women and War Reader*, New York/London 1998.

Lovejoy, Margot/Paul, Christine/Vesna, Victoria: *Context Providers: Conditions of Meaning in Media Arts*, Bristol/Chicago 2011.

Lukić, Darko: *Kazalište, kultura, tranzicija. Eseji*, Zagreb 2011 [übers. Theater, Kultur, Transition. Essays].

Ders.: *Kazalište u svom okruženju.* Bd. 1: *Kazališni identiteti. Kazalište u društvenom, gospodarskom i gledateljskom okruženju*, Zagreb 2010, [übers. Theater in seinem Umkreis. Buch 1. Theater-Identitäten. Theater in seinem gesellschaftlichen, herrschaftlichem Umfeld und im Zuschauerkreis]; Bd. 2: *Kazališna intermedijalnost i interkulturalnost*, Zagreb 2011 [übers. Intermedialität und Interkulturalität des Theaters].

Ders.: *Drama ratne traume*, Zagreb 2009 [übers. Drama des Kriegstraumas].

Ders.: *Hrvatsko ratno pismo*, [übers. Kroatische Kriegsliteratur], in: *KOLO. Časopis Matice hrvatske*, [übers. Der Reigen (od. Kreistanz). Zeitschrift der matrix croatica, wörtl. kroatischen Mutterzelle; das ist eine Kulturorganisation.], Jhrg. VI/Nr. 2/Sommer 1997, S. 344–352.

Lukić, Zlatko: *Bosanska sehara. Poslovice, izreke i fraze Bosne i Hercegovine*, Sarajevo 2005 [übers. Bosnische Schatztruhe. Weisheiten, Aussprüche und Redewendungen Bosniens und Herzegowinas].

Lyotard, Jean-Francois: *Streitgespräche oder: Sprechen nach Auschwitz*, Grafenau 1995.

Malcolm, Noel: *Geschichte Bosniens*, Frankfurt am Main 1996, *Kapitel XVI Die Zerstörung Bosniens 1992–1993*, S. 269–288; *Epilog über die Ereignisse von 1993 bis 1995*, S. 289–308.

Mančić, Anita: „Porodica više ne postoji" [übers. Familie existiert nicht mehr] Interview vom 09.02.2008, in: Babić, 2009, S. 135–137.

Mang, Sigmund: „Psychoanalytische Überlegungen zum Humor", in: Bohleber, Werner (Hg.): *Psyche. Zeitschrift für Psychoanalyse und ihre Anwendungen*, Nr. 4, 69. Jg., April 2015, S. 328–346.

Mangan, Michael: „Places of punishment: surveillance, reason and desire in the plays of Howard Barker", in: Rabey, David Ian/Goldingay, Sarah (Hg.): *Howard Barker's Art of Theatre. Essays on his plays, poetry and production work*, Manchester/New York 2013, S. 82–93.

Mangold, Ijoma: „Das war meine Rettung. Die Theaterregisseurin Yael Ronen macht in einem alten Indianer-Ritual mystische Erfahrungen", in: *ZEIT Magazin*, Nr. 41, 8.Oktober 2015, o.S.; auch: www.zeit.de/autoren/M/ Ijoma_Mangold/index.xml, Stand: 03.08.2020.

Mappes-Niediek, Norbert: *Kroatien. Ein Länderporträt*, 3. aktual. u. erw. Aufl., Berlin, 2011 (2009).

Ders.: „Die Sprache Serbokroatisch. Kein Narrenrabatt", in: *Frankfurter Rundschau* vom 17.01.2011, S. 31; https://www.fr.de/kultur/literatur/ kein-narrenrabatt-11432353.html (Seite wurde 23.01.2019 aktualisiert), Stand: 03.08.2020.

Ders.: *Die Ethno-Falle: der Balkan-Konflikt und was Europa daraus lernen kann*, Berlin 2005.

Ders.: *Kroatien. Das Land hinter der Adria-Kulisse*, Bonn 2009.

Maren-Grisebach, Manon: *Methoden der Literaturwissenschaft*, 9. Aufl., Tübingen 1970.

Marković, Milena: *DIE PAVILLONS oder wohin gehe ich, woher komme ich, und was gibt's zum Abendessen. Ein abendfüllendes Stück*, [Übersetzung: Kollektiv Theater m.b.H.], Wien 2001.

Dies.: *Schienen*, Wien 2002.

Dies.: *Das Puppenschiff. Ein abendfüllendes Schauspiel*, Wien 2003.

Dies.: „Svako vreme je isto" [übers. Jede Zeit ist gleich] Interview vom Februar 2008, in: Babić, Beograd 2009, S. 166–171.

Dies.: http://randnotizen.steirischerherbst.at/milena-markovic/, Stand: 03.08.2020.

Marx, Peter W. (Hg.): *Handbuch Drama*, Stuttgart/Weimar 2012.

May, Melanie A.: „1. Mose 18,1–15: Saras Lachen", in: Schmidt, Eva Renate/ Korenhof, Mieke/Jost, Renate (Hg): *Feministisch gelesen*, Bd. 1, Stuttgart 1988.

McConachie, Bruce A.: „A Cognitive Approach to Brechtian Theatre", in: Phillips, M. Scott (Hg.): *Theatre, War, and Propaganda: 1930–2005, Theatre Symposium, A publication of the southeastern theatre conference*, Vol. 14, Alabama 2005, S. 9–24.

McDougall, Joyce: *Theater der Seele. Illusion und Wahrheit auf der Bühne der Psychoanalyse*, Wien/München 1988.

McLeod, Laura: *Gender Politics and Security Discourse. Personal political imaginations and feminism in ‚post-conflict' Serbia*, New York 2016.

McRobbie, Angela: *The Aftermath of Feminism. Gender, Culture and Social Change*, Los Angeles/London/New Delhi/Singapore/Washington DC 2009.

Medenica, Ivan: „Die Stunde Null. Weltflucht mit wenigen Ausnahmen: Ein Überblick zur Situation des Theaters in Serbien zwischen gestern und heute", [übers. aus dem Serbischen von Brigitte Kleidt], in: *Theater heute*, Nr. 11, November 2000, S. 34–40.

Ders.: „Mit Flügeln und Pickelhaube", in: Vannayová, Martina/Häusler, Anna (Hg.): *Landvermessungen. Theaterlandschaften in Mittel-, Ost und Südosteuropa*, Berlin 2008, S. 149–157.

Meibauer, Jörg (Hg.): *Hassrede/Hate Speech. Interdisziplinäre Beiträge zu einer aktuellen Diskussion*, Gießen 2013.

Meier, Viktor: *Wie Jugoslawien verspielt wurde*, 3. durchgesehene und aktualisierte Ausgabe, München 1999.

Ders.: *Jugoslawiens Erben. Die neuen Staaten und die Politik des Westens*, München 2001.

Meinefeld, Ole: „Von der Zeitlichkeit zum öffentlichen Raum – Politik als ‚Sorge um die Welt'", in: Herb, Karlfriedrich (Hg.): *Raum und Zeit. Denkformen des Politischen bei Hannah Arendt*, Frankfurt am Main 2014, S. 92–106.

Meister Sun: *Meister Suns Kriegskanon*, Stuttgart 2011.

Melčić, Dunja (Hg.): *Das Wort im Krieg. Ein bosnisch-kroatisches Lesebuch*, Frankfurt am Main 1995.

Dies. (Hg.): *Der Jugoslawien-Krieg. Handbuch zu Vorgeschichte, Verlauf und Konsequenzen*, 2. aktualisierte und erweiterte Auflage, Wiesbaden 2007.

Messaoudi, Khalida: *Worte sind meine einzige Waffe. Eine Algerierin im Fadenkreuz der Fundamentalisten*, München 1995.

Messner, Elena: „„Literarische Interventionen' deutschsprachiger Autoren und Autorinnen im Kontext der Jugoslawienkriege der 1990er", in: Gansel, Carsten/Kaulen, Heinrich (Hg.): *Kriegsdiskurse in Literatur und Medien nach 1989*, Göttingen 2011.

Metz, Christian: *Photography and Fetish*, October, Bd. 34, The M.I.T. Press, Autumn, o.O. 1985.

Meyer, Tania: *Gegenstimmbildung. Strategien rassismuskritischer Theaterarbeit*, Bielefeld 2016.

Meyer-Gosau, Frauke: „Eine vollkommen realistische Wahrnehmung der Umwelt. Die Dramatikerin Sarah Kane", in: Engelhardt, Barbara/Hörnigk, Therese/Masuch, Bettina (Hg.): *TheaterFrauenTheater*, Berlin 2001, S. 116–132.

Mibenge, Chiseche Salome: *Sex and International Tribunals. The Erasure of Gender from the War Narrative*, Philadelphia 2013.

Michaels, Bianca: „Da kann ja jeder kommen!? Anmerkungen zu Theater und Migration im Social Turn", in: Schneider, Wolfgang (Hg.): *Theater und Migration*, Bielefeld 2011, S. 121–133.

Miguoué, Jean Bertrand: *Peter Handke und das zerfallende Jugoslawien. Ästhetische und diskursive Dimensionen einer Literarisierung der Wirklichkeit*, Innsbruck 2012.

Mihanović, Dubravko: *Bijelo. Žaba. Marjane, Marjane. Prolazi sve*, Zagreb 2014 [übers. Weiß. Frosch. Marjan, Marjan! Alles geht vorbei].

Mika, Bascha: *Die Feigheit der Frauen*, München 2011.

Miletić-Oručević, Tanja: „Temps et chronotope dans le théâtre d'aujourd'hui en Bosnie-Herzégovine", in: *Revue des études slaves. Le théâtre d'aujourd'hui en Bosnie-Herzégovine, Croatie, Serbie et au Monténégro. Nationalisme et autisme*, Paris 2006, LXXVII/1–2, S. 125–142.

Milin, Boko: „Nach dem Sturm. Dem jugoslawischen Theater steht die Erneuerung noch bevor", in: *Theater der Zeit*, Heft 11/2000, S. 24–26.

Miljanić, Ana: „Das ehemalige Jugoslawien. Auf der Suche nach einer Identität", in: Uecker, Karin/Ullrich, Renate/Wiegand, Elke (Hg.): *Frauen im europäischen Theater heute*, Hamburg 1998, S. 105–112.

Miller, Alice: *Du sollst nicht merken*, Frankfurt am Main (1981) 1983.

Dies.: *Evas Erwachen. Über Auflösung emotionaler Blindheit*, Frankfurt am Main 2004 (2001).

Möntnich, Ute: *Aufarbeitung nach Bürgerkriegen. Vom Umgang mit konkurrierender Erinnerung in Bosnien und Herzegowina*, Frankfurt am Main 2013.

Mohi-von Känel, Sarah/Steier, Christoph: „Interesse am Nachkriegskörper", in: Mohi-von Känel, Sarah/Steier, Christoph (Hg.): *Nachkriegskörper. Prekäre Korporealitäten in der deutschsprachigen Literatur des 20. Jahrhunderts*, Würzburg 2013, S. 7–16.

Momčilović-Ćokić, Svetlana: *Nach dem Applaus*, Beograd 2001.

Moncond'huy, Dominique/Tomiche, Anne (Hg.): *Clefs concours – Littérature comparée*; Ballestra-Puech, Sylvie/Brailowsky, Yan/Marty, Philippe/Torti-Alcayaga, Agathe/Schweitzer, Zoé: *Théâtre et violence. Shakespeare, Titus Andronicus. Corneille, Médée. Botho Strauss, Viol. Sarah Kane, Anéantis*, Atlande 2010.

Mooney, Annabelle/Evans, Betsy: *Language, Society & Power. An Introduction*, fourth edition, New York 2015 (1999).

Morales, Helen: *Women who kill*, Cambridge 1998, www.cambridge-greek-play.com/teaching-the-play (auf der Seite die pdf- Datei „trojan_women_ essays"), Stand: 03.08.2020.

Morus, Christina M.: „War Rape and the Global Condition of Womanhood: Learning from the Bosnian War", in: Rittner, Carol/Roth, John K. (Hg.): *Rape. Weapon of War and Genocide*, St.Paul/MN 2012, S. 45–60.

Münkler, Herfried: *Die neuen Kriege*, Reinbek 2002.

Ders.: *Über den Krieg. Stationen der Kriegsgeschichte im Spiegel ihrer theoretischen Reflexion*, Weilerswist 2002.

Muraro, Luisa: *Die symbolische Ordnung der Mutter*, erweiterte Neuauflage, Rüsselsheim 2006 (Ital. Original 1991, dt. Erstausgabe 1993).

Muska, Susan/Olafsdottir, Greta: *Women, the forgotten faces of war*, Bless-bless Productions, New York 2002.

Nachtigall, Andrea: „Embedded Feminism", in: *Peripherie. Zeitschrift für Politik und Ökonomie in der Dritten Welt, krieg macht geschlecht*, Nr. 133, 34. Jahrgang, März 2014, S. 90–93.

Nash, Walter: *The language of humour*, New York 1985.

Nelson, Daniel N.: „Four Confusions, Four Misunderstandings: Ghosts of America's Balkan Policy", in: WeltTrends e.V. und Institut Zachodni Poznań (Hg.): *Zeitschrift für internationale Politik und vergleichende Studien*, Nr. 32, Potsdam, Herbst 2001: Thema: *Balkan – Pulverfaß oder Faß ohne Boden?*, S. 25–40.

Nemec, Krešimir: „Rückkehr zur Erzählung und zum Erzählen/Die kroatische Prosa vom Verfall Jugoslawiens bis heute", in: *die horen. Zeitschrift für Literatur, Kunst und Kritik. Fabula rasa oder: Zagreb liegt am Meer. Die kroatische Literatur der letzten 25 Jahre*, 53. Ausgabe, Bremerhaven 2008, S. 53–66.

Neumann, G./Schröder, J./Karnick, M.: *Dürrenmatt. Frisch. Weiß. Drei Entwürfe zum Drama der Gegenwart*, [Komödien II und frühe Stücke, 4. Aufl., Zürich 1963], München 1969.

Nevitt, Lucy: *theatre & violence*, London 2013.

Neziraj, Jeton: „Eine späte Geschichte des Theaters", in: Vannayová, Martina/ Häusler, Anna (Hg.): *Landvermessungen. Theaterlandschaften in Mittel-, Ost und Südosteuropa*, Berlin 2008, S. 49–60.

Neziraj, Jeton/Zadel, Andrew: *Voices. An interactive Theatre initiative addressing the issue of the missing in Kosovo*, 2006.

Ders.: „Theatre as Resistance: The Dodona Theatre in Kosovo", in: Dolečki/ Halibašić/Hulfeld (Hg.): *Theatre in context oft he Yugoslav Wars*, Cham 2018, S. 87–105.

Nicolosi, Riccardo: „Dialogische Toleranz? Die Erfindung Bosniens in den 1990er Jahren im Zeichen osmanischer Idealisierung", in: Jakiša/Pflitsch (Hg.): *Jugoslawien – Libanon. Verhandlungen von Zugehörigkeit in den Künsten fragmentierter Kulturen*, Berlin 2012, S. 47–70.

Niedermeier, Cornelia: „Apokalypse gottlos. Zum Werk der Sarah Kane", in: Strigl, Daniela (Hg.): *Frauen verstehen keinen Spaß*, Wien 2002, S. 205–212.

Nikčević, Sanja: *Što je nama hrvatska drama danas?*, Zagreb 2008 [übers. Was ist uns das kroatische Drama heute? – Im Sinne von: Was bedeutet es uns?].

Dies.: *Nova europska drama ili velika obmana 2. O nametanju dramskog trenda u europskom kazalištu i neobičnoj sudbini teatrološke knjige*, 2. erg. u. erw. Aufl., Zagreb 2009 [übers. Neues europäisches Drama oder große Täuschung 2. Über das Aufzwingen eines Dramentrends im europäischen Theater und das ungewöhnliche Schicksal eines theaterwissenschaftlichen Buches].

Dies.: *Antologija hrvatske ratne drame (1991–1995.)*, Zagreb 2011 [übers. Anthologie des kroatischen Kriegsdramas].

Dies.: „La scène emprisonnée – les échos de la guerre, le cas des Tableaux de' Marija de Lydija Scheuermann Hodak", in: *Revue des études slaves. Le théâtre d'aujourd'hui en Bosnie-Herzégovine, Croatie, Serbie et au Monténégro. Nationalisme et autisme*, Paris 2006, LXXVII/1–2, S. 109–123.

Nölting, Hans-Peter: *Lernfall Aggression*, Reinbek bei Hamburg 1986.

Nöstlinger, Elisabeth J./Schmitzer, Ulrike: *Susan Sontag. Intellektuelle aus Leidenschaft. Eine Einführung*, o.O. 2007.

Nünning, Ansgar (Hg.): *Literaturwissenschaftliche Theorien, Modelle und Methoden. Eine Einführung*, Trier 2004.

Oberender, Thomas: „‚Kriegstheater' oder: Die Spiele der Macht. Über das Verhältnis von Krieg und Theater", in: Oberender, Thomas/Peeters, Wim/Risthaus, Peter (Hg.): *Kriegstheater. Zur Zukunft des Politischen III*, Berlin 2006, S. 9–22.

Ders./Peeters, Wim/Risthaus, Peter (Hg.): *Kriegstheater. Zur Zukunft des Politischen III*, Berlin 2006.

Obis, Éléonore: „‚Not nude but naked': nakedness and nudity in Barker's drama", in: Rabey, David Ian/Goldingay, Sarah (Hg.): *Howard Barker's Art of Theatre. Essays on his plays, poetry and production work*, Manchester/New York 2013, S. 73–81.

© Frank & Timme   Verlag für wissenschaftliche Literatur

Dies.: „Stratégies d'effacement et de déconstruction du corps sur scène dans *4.48 Psychose* de Sarah Kane et *Atteintes à sa vie* de Martin Crimp", in: Coulon, Claude/March, Florence (Hg.): *Théâtré anglophone. De Shakespeare à Sarah Kane*, Montpellier 2008, S. 143–153.

Okuka, Miloš: *Eine Sprache, viele Erben. Sprachpolitik als Nationalisierungselement in Ex-Jugoslawien*, Klagenfurt 1998.

Oldenburg, Silke: „Liebe in Zeiten humanitärer Intervention Sex, Geschlechterbeziehungen und humanitäre Intervention in Goma, DR Kongo", in: *Krieg. Zeitschrift für Politik und Ökonomie in der Dritten Welt, krieg macht geschlecht*, Nr. 133, 34. Jahrgang, März 2014, S. 46–70.

Olivier, Christiane: *Iokastes Kinder. Die Psyche der Frau im Schatten der Mutter*, München 1989.

Onea, Cătălina Ene: *Medea der Gegenwart. Formen und Funktionen des Medea-Mythos in literarischen Texten nach 1945 in intertextueller Perspektive*, Berlin 2017.

Opel, Anna: „Szenen einer Zerteilung. Zur Wirkungsästhetik von Sarah Kanes Theaterstücken", in: Benthien, Claudia/Wulf, Christoph (Hg.): *Körperteile. Eine kulturelle Anatomie*, Reinbek bei Hamburg 2001, S. 381–402.

Dies.: *Sprachkörper. Zur Relation von Sprache und Körper in der zeitgenössischen Dramatik – Werner Fritsch, Rainald Goetz, Sarah Kane*, Bielefeld 2002.

Oppenrieder, Wilhelm/Thurmair, Maria: „Sprachidentität im Kontext von Mehrsprachigkeit", in: Janich, Nina/Thim-Mabrey, Christiane (Hg.): *Sprachidentität – Identität durch Sprache*, Tübingen 2003, S. 39–60.

Oraić-Tolić, Dubravka (Hg.): *Hrvatsko ratno pismo 1991/92. Croatian War Writing 1991/92. Apeli Iskazi Pjesme. Appeals Viewpoints Poems*, Zagreb 1992.

Ormand, Kirk: „Silent by Convention? Sophokles' *Tekmessa*", in: *American Journal of Philology* 117/1, 1996, S. 37–64.

Ostojić, Ljubica: „Pour une anthologie imaginaire du théâtre contemporain en Bosnie-Herzégovine", in: *Revue des études slaves. Le théâtre d'aujourd'hui en Bosnie-Herzégovine, Croatie, Serbie et au Monténégro. Nationalisme et autisme*, Paris 2006, LXXVII/1–2, S. 67–77.

Other Modernities. Essays, Nr. 4, 10/2010 der Università degli Studi di Milano, Facoltà di Lettere e Filosofia, Dipartimento di Scienze del Linguaggio e Letterature Straniere Comparate, Sezione di Studi Culturali.

Ostojić, Tanja: „Crossing Borders: Development of Different Artistic Strategies", in: Gržinić, Marina/Reitsamer, Rosa (Hg.): *New Feminsm. Worlds of Feminsm, Queer and Networking Conditions*, Wien 2008, S. 436–445.

Ozieblo, Barbara/Hernando-Real, Noelia (Hg.): *Performing gender violence: plays by contemporary American women dramatists*, New York 2012.

Paech, Joachim: „Männer – Frauen – Krieg: Sarajevo 1992–1995", in: Bösling, Carl-Heinrich/Führer, Ursula/Glunz, Claudia/Schneider, Thomas F. (Hg.): *Männer. Frauen. Krieg. Krieg und Frieden – eine Frage des Geschlechts?* Osnabrück 2015, S. 95–108.

Pany, Doris: *Wirkungsästhetische Modelle. Wolfgang Iser und Roland Barthes im Vergleich*, Monographie in der Reihe: Leistner, Detlef/Penschel-Rentsch, Dieter (Hg.): *Erlanger Studien*, Bd. 121, Erlangen/Jena 2000.

Parker, Christian: „Ruthless Compassion: A Case for Simon Stephens", in: Barnett, David (Hg.): *Contemporary Theatre Review. An international journal: Simon Stephens: British Playwright in Dialogue with Europe*, Vol. 26, Nr. 3, London, August 2016, S. 393–396.

Parkin, John/Phillips, John (Hg.): *Laughter and Power*, Bern 2006.

Pašić, Zorica: *PUTOVANJE U SEĆANJE* [übers. Reise in die Erinnerung], in: *Scena&Teatron, 50. GODINA STERIJINOG POZORJA, Scena. Časopis za pozorišnu umetnost*, Broj 1, Godina XLI, Novi Sad 2005, *Teatron. Časopis za pozorišnu umetnost*, Broj 130/131, Godina XXX. [übers. Scena&Teatron. Zeitschriften für Bühnenkunst. 50 Jahre Sterijas Bühne, Scena Nr. 1, Teatron Nr. 130/131], S. 122–127.

Pavičević, Borka: „Testimony Borka Pavičević", in: Dolečki, Jana/Halibašić, Senad/Hulfeld, Stefan (Hg.): *Theatre in context of the Yugoslav Wars*, Cham 2018, S. 37–44.

Pejić, Bojana: „On Iconity and Mourning: After Tito – Tito!", in: Ecker, Gisela (Hg.): *Trauer tragen – Trauer zeigen. Inszenierungen der Geschlechter*, München 1999, S. 237–258.

Pekar, Harvey/Roberson, Heather: *Macedonia. What does it take to stop a war?* New York, 2007.

Peripherie 133, Zeitschrift für Politik und Ökonomie in der Dritten Welt, krieg macht geschlecht, 34. Jahrgang, März 2014.

Perišić, Vladimir: *Ordinary people*, DVD, Serbien 2010 (Film von 2009).

Pervić, Muharem: *Volja za promenom. Bitef 1967–1980*, Beograd 1995 [übers. Wille nach Veränderung, Original in kyrillischer Schrift: Первић, Мухарем: Воља за променом. Битеф 1967–1980, Београд 1995].

Petzer, Tatjana: „Geoästhetische Konstellationen. Kartographische Kunst im Spiegel von Balkanisierung/Libanonisierung", in: Jakiša/Pflitsch (Hg.): *Jugoslawien – Libanon. Verhandlungen von Zugehörigkeit in den Künsten fragmentierter Kulturen*, Berlin 2012, S. 143–165.

Pfeiffer, Christian: „Machos, Feinde der Menschheit. Essay", in: *Die Zeit*, Nr. 16, Politik, 11. April 2001, S. 9.

Pfister, Manfred: *Das Drama. Theorie und Analyse*, 11. Aufl., Paderborn 2001.

Philips, Susan U.: „The Power of Gender Ideologies In Discourse", in: Ehrlich, Susan/Meyerhoff, Miriam/Holmes, Janet (Hg.): *The Handbook of Language, Gender, and Sexuality*, Second Edition, Oxford 2014, S. 297–315.

Phillips, M. Scott (Hg.): *Theatre, War, and Propaganda: 1930–2005, Theatre Symposium, A publication of the southeastern theatre conference Vol. 14*, Alabama 2005.

Pieper, Uwe: „Kriegsschuld, Gerechtigkeit und Frieden", in: Gršak, Marijana/ Reimann, Ulrike/Franke, Kathrin (Hg.): *Frauen und Frauenorganisatio nen im Widerstand in Kroatien, Bosnien und Serbien*, Frankfurt am Main 2007.

Pilar, Ivo: *Eine Geschichte Kroatiens, Serbiens und Bosniens*, 3. Aufl. Heiligenhof Bad Kissingen 1995, S. 239–255.

Piscator, Erwin: *Theater der Auseinandersetzung. Ausgewählte Schriften und Reden*, Berlin 1977.

Platz-Waury, Elke: *Drama und Theater. Eine Einführung*, Tübingen 1978.

Plett, Heinrich F.: „‚Kill that woman!' Liebe, Tod und Dekadenz in Oscar Wildes *Salomé*", in: Diller et al. (Hg.), 1998, S. 109–122.

Plum, Thomas: *Wahrheit und Wirksamkeit des Logos. Aristoteles über Sprache, Sprechen und das Schreiben überzeugender und wirkungsvoller*

Texte für den Gebrauch in der Schule, im Theater und auf dem Marktplatz, Bonn 1985.

Pollesch, René: „Dialektisches Theater now! Brechts Entfremdungs-Effekt", in: Brocher, Corinna/Quiñones, Aenne (Hg.): *René Pollesch. Liebe ist kälter als der Tod. Stücke Texte Interviews,* 2. Aufl., Reinbek bei Hamburg 2010, S. 301–305; auch erschienen in: *Der Tagesspiegel,* 14. August 2006.

Ders.: „Requiem fürs Programmheft. Zum Tod von Jean Baudrillard", in: Brocher, Corinna/Quiñones, Aenne (Hg.): *René Pollesch. Liebe ist kälter als der Tod. Stücke Texte Interviews,* 2. Aufl., Reinbek bei Hamburg 2010, S. 306–310. Auch in: *Theater heute,* 04/2007; auch: https://www.der-theaterverlag.de/theater-heute/archiv/#year2007, auch: archiv/artikel/requiem-fuers-programmheft/, Stand: 03.08.2020.

Portmann, Michael: *Zwischen Tradition und Revolution: Die kommunistische Bevölkerungspolitik in der Vojvodina 1944–1947,* in: Brix et al. (Hg.), 2007, S. 112–118.

Previšić, Boris: *Literatur topographiert. Der Balkan und die postjugoslawischen Kriege im Fadenkreuz des Erzählens,* Berlin 2014.

Primavesi, Patrick: „Hölderlins Einladung ins Offene und das andere Fest des Theaters", in: Gross, Martina/Primavesi, Patrick (Hg.) unter Mitarbeit von Leber, Katja: *Lücken sehen … Beiträge zu Theater, Literatur und Performance. Festschrift für Hans-Thies Lehmann zum 66. Geburtstag,* Heidelberg 2010, S. 161–184.

Puchner, Martin: *Theaterfeinde. Die anti-theatralischen Dramatiker der Moderne,* Freiburg i.Br./Berlin 2006.

Pujolar i Cos, Joan: „Masculinities in a Multilingual Setting", in: Johnson, Sally/Meinhof, Ulrike Hanna (Hg.): *Language and Masculinity,* Oxford 1997, S. 86–106.

Putnik, Radomir: *Slike minulog vremena – pozorišne kritike 1980–1993.,* Novi Sad 2010, [übers. Bilder verblichener Zeiten. Bühnenkritiken 1980–1993] [Original in kyrillischer Schrift: Путник, Радомир: Слике Минулог Времена].

Pusch, Luise F.: *Alle Menschen werden Schwestern,* Frankfurt am Main 1990.

Dies.: *Die Frau ist nicht der Rede wert,* Frankfurt am Main 1999.

Dies.: *Das Deutsche als Männersprache,* Frankfurt am Main 1984.

Rabey, David Ian: „Introduction: the ultimate matter of style", in: Rabey, David Ian/Goldingay, Sarah (Hg.): *Howard Barker's Art of Theatre. Essays on his plays, poetry and production work*, Manchester/New York 2013, S. 1–20.

Radulescu, Domnica: *Theater of War and Exile. Twelve playwrights, directors and performers from Eastern Europe and Israel*, Jefferson 2015.

Rajilić, Simone: „‚Silovanje jezika!' – Vergewaltigung von Sprache! Debatten über Gender und Sprache in der serbischen Presse 2001–2012", in: Voß, Christian/Dahmen, Wolfgang (Hg.): *Babel Balkan? Politische und soziokulturelle Kontexte von Sprache in Südosteuropa*, München/Berlin 2014, S. 271–294.

Rame, Franca/Fo, Dario: *Offene Zweierbeziehung. Eine Mutter. Die Vergewaltigung. Drei Stücke und eine Nachbemerkung zu Franca Rame*, Hamburg 1990 (1985).

Ramet, Sabrina Petra: *Die drei Jugoslawien. Eine Geschichte der Staatsbildungen und ihrer Probleme*, München 2011 (Engl. Original: *The Three Yugoslavias. State-Building and Legitimation 1918–2005*, Washington D.C. 2006).

Dies.: *Balkan babel. The Disintegration of Yugoslavia from the Death of Tito to the War for Kosovo, auch unter dem Titel: Balkan babel: the disintegration of Yugoslavia from the death of Tito to insurrection in Kosovë*, Colorado/Oxford 1999.

Rathfelder, Erich: „Der Krieg an seinen Schauplätzen", in: Melčić, Dunja (Hg.): *Der Jugoslawien-Krieg. Handbuch zu Vorgeschichte, Verlauf und Konsequenzen*, 2. aktualisierte und erweiterte Auflage, Wiesbaden 2007, S. 344–361.

Rebellato, Dan: „Sarah Kane before *Blasted*. The monologues", in: De Vos/Saunders (Hg.): *Sarah Kane in context*, Manchester 2010, S. 28–44.

Recke, Matthias: *Gewalt und Leid. Das Bild des Krieges bei den Athenern im 6. und 5. Jh. v. Chr.*, Istanbul 2002.

Redfern, Walter: „A Little Bird Tells Us: Parrots in Flaubert, Queneau, Beckett (and *Tutti Quanti*)", in: Parkin, John/Phillips, John (eds): *Laughter and Power*, Bern 2006, S. 85–112.

Reinhardt, Uwe/Sallmann, Klaus (Hg.): *Musa iocosa. Arbeiten über Humor und Witz, Komik und Komödie der Antike. Andreas Thierfelder zum siebzigsten Geburtstag am 15. Juni 1973*, Hildesheim/New York 1974.

Reilly, Kara: „Lavinia's Rape: Reading the Restoration Actress's Body in Pain in Ravencrofts's *Titus*", in: Allard, James Robert/Martin, Mathew R. (Hg.): *Staging pain, 1580–1800. Violence and Trauma in British Theater*, Surrey 2009, S. 139–150.

Rentmeister, Cäcilia: „Berufsverbot für die Musen", *in: Ästhetik und Kommunikation. Beiträge zur politischen Erziehung. Frauen / Kunst / Kulturgeschichte*, Heft 25, Jhrg. 7, September 1976, S. 92–113.

Reza, Yasmina: *Gott des Gemetzels*, Langwil 2007.

Rich, Adrienne: „Frauen und Ehre – Einige Gedanken über das Lügen", in: Rich, A.: *Um die Freiheit schreiben. Beiträge zur Frauenbewegung*, Frankfurt am Main 1990, S. 24–34.

Richter, Falk: „Krieg der Bilder. The World Outside Is Real", in: Kreuder, Friedemann (Hg.), unter Mitarb. von Annika Frank: *Falk Richter. Theater. Texte von und über Falk Richter 2000–2012*, Marburg 2012.

Riekenberg, Michael (Hg.): *Zur Gewaltsoziologie von Geoges Bataille*, Leipzig 2012.

Ders.: „Einführende Ansichten der Gewaltsoziologie Georges Batailles", in: Riekenberg, Michael (Hg.): *Zur Gewaltsoziologie von Geoges Bataille*, Leipzig 2012, S. 9–34.

Ders.: „Die Gewaltsoziologie Georges Batailles und das Verhältnis von Gewalt und Ordnung", in: Baberowski/Metzler (Hg.): *Gewalträume*, Frankfurt am Main/New York 2012, S. 271–304.

Rinnert, Andrea: *Körper, Weiblichkeit, Autorschaft. Eine Inspektion feministischer Literaturtheorien*, Königstein i. Taunus 2001.

Roe, Sue: *Writing and gender. Virginia Woolf's writing practice*, New York 1990.

Roeder, Anke: „Ich will kein Theater. Ich will ein anderes Theater. Gespräch mit Elfriede Jelinek", in: Roeder, Anke (Hg.): *Autorinnen. Herausforderungen ans Theater*, Frankfurt am Main 1989, S. 141–160.

Roemer, Michael: *Shocked but connected. Notes on Laughter*, Lanham/Boulder/New York/Toronto/Plymouth (UK) 2012.

Rogers, William Elford: *Interpreting Interpretation: Textual Hermeneutics as an Ascetic Discipline*, Park/Pennsylvania 1994.

Rohde, David: *Endgame. The betrayal and fall of Srebrenica: Europe's worst massacre since World War II*, Boulder in Colorado 1997.

Rohrer, Barbara: „Patricia Highsmith – Weiberfeindin ohne Humor? Über die unveröffentlichten *notebooks* und die *Little Tales of Misogyny*", in: Strigl, Daniela (Hg.): *Frauen verstehen keinen Spaß*, Wien 2002, S. 162–171.

Rokem, Freddie: *Geschichte aufführen. Darstellungen der Vergangenheit im Gegenwartstheater*, Berlin 2012 (Iowa 2000).

Romashova, Ksenia: *Dealing with dark times. The changing forms and functions of humor in Mark Twain's later writings*, Magdeburg 2016.

Romčević, Nebojša: „Slučaj Sare Kejn" [übers. Der Fall der Sarah Kane], in: *Scena*, XXXVII, S. 75/76. Auch in: whttp://www.kominikacija.org.rs/komunikacija/casopisi/scena/XXXVIII_2/d17/show_download?stdlang=gb, Stand: 03.08.2020.

Rosenberg, Mashall B.: *Gewaltfreie Kommunikation. Eine Sprache des Lebens*, 6. Aufl., Paderborn 2005.

Rosenkranz, Jutta: *Zeile für Zeile mein Paradies. Bedeutende Schriftstellerinnen. 18 Porträts*, München 2014.

Ross, Annika: „Männertheater. Kotzen. Foltern. Ficken. Was unterscheidet das Theater von Intendant Sebastian Hartmann vom Theater der Intendantinnen? Nachfragen", in: *Emma*, Frühling 2011, S. 96–97.

Roth, Michael: *Strukturelle und personale Gewalt. Probleme der Operationalisierung des Gewaltbegriffs von Johan Galtung*, Frankfurt am Main 1988.

Ruch, Philipp: *Himmel über Srebrenica (Dokumentarfilm/mit Aufnahme einer Performance in Berlin am 11.07.2009)*, 2010; DVD, http://www.political-beauty.weebly.com, Stand: 03.08.2020.

Ruch, Willibald: „Sense of humor. A new look at an old concept", in: Ruch, W. (Hg.): *The sense of humor. Explorations of a Personality Characteristic*, Berlin/New York 1998, S. 3–14.

Rukhelman, Svetlana: „The Laughter of Gods and Devils: Edith Wharton and the Coen Brothers On Deception, Disappointment, and Cosmic Irony", in: Gallagher, David (Hg.): *Comedy in Comparative Literature. Essays on Dante, Hoffmann, Nietzsche, Wharton, Borges, and Cabrera Infante,* Lewiston/Queenston 2010, S. 89–112.

Rülicke-Weiler, Käthe (Mitverf.): *Beiträge zur Theorie der Film- und Fernseh-kunst: Gattungen, Kategorien, Gestaltungsmittel,* Berlin 1987.

Rupp, Susanne (Hg.): *Staging violence and terror,* Weimar 2007.

Rust, Serena: *Giraffentango,* Burgrain 2011.

Dies.: *Wenn die Giraffe mit dem Wolf tanzt,* 11. Aufl., Burgrain 2014.

Ryozo, Maeda (Hg.): *Transkulturalität. Identitäten in neuem Licht. Asiatische Germanistentagung in Kanazawa 2008,* München 2012.

Sadowska-Guillon, Irène: *Le théâtre actuel serbe, croate et bosniaque à travers ses projections sur la scène française. Point de vue sur les choix des auteurs et des textes par les metteurs en scène en France Lectures et approches scéniques,* in: *Revue des études slaves. Le théâtre d'aujour-d'hui en Bosnie-Herzégovine, Croatie, Serbie et au Monténégro. Nationalisme et autisme,* Paris 2006, LXXVII/1–2, S. 259–267.

Sajjad, Tazreena: „Rape on Trial: Promises of International Jurisprudence, Perils of Retributive Justice, and the Realities of Impunity", in: Rittner, Carol/Roth, John K. (Hg.): *Rape. Weapon of War and Genocide,* St.Paul MN 2012, S. 61–81.

Sajko, Ivana: *4 trockene Füße,* Frankfurt am Main 2001.

Dies.: *Orange in den Wolken,* Frankfurt am Main 2001 [Orig. Zagreb 1998].

Dies.: *Rippen/Wände,* Frankfurt am Main 2002 [im Orig.: rebra kao zeleni zidovi, übers. Rippen wie grüne Wände, Zagreb 2000].

Dies.: Orig: *Smaknuta lica. Četiri drame o optimizmu,* Zagreb 2001 [übers. Zum Verschwinden – im Sinne von getötet – gebrachte Antlitze/Perso-nen. Vier Dramen über Optimismus; liegt nicht auf Deutsch vor].

Dies.: *Archetyp: Medea – Bombenfrau – Europa. Trilogie,* Frankfurt am Main 2008 [Orig. *Žena bomba,* Zagreb 2004; allerdings: *Arhetip: Medeja* und *Europa* sind darin enthalten.].

Dies.: *Prema ludilu (i revoluciji),* Zagreb 2006 [übers. In Richtung Wahnsinn (und Revolution)].

Dies.: *Rose is a rose is a rose is a rose. Partitur,* Frankfurt am Main 2008.

Dies.: *Szenen mit Apfel,* Frankfurt am Main 2009.

Dies.: *Povijest moje obitelji od 1941 do 1991, i nakon*, 2. Aufl. Zagreb 2009 [übers. Die Geschichte meiner Familie von 1941 bis 1991, und danach].

Dies.: *Rio bar*, Beograd 2011.

Dies.: *Trilogija o neposluhu*, Zagreb 2011.

Dies.: Trilogie des Ungehorsams; enthält *Rose is a rose is a rose is a rose, Szenen mit Apfel und Das sind nicht wir, das ist nur Glas*, Frankfurt am Main 2012.

Dies.: *Krajolik s padom*, in: *Nagrada Marin Držić. Hrvatska drama 2011*, Ivana Sajko. Damir Šodan, Zagreb 2012 [übers. Landstrich/Landschaft mit einem Fall/Sturz, in: Preis Marin Držić. Kroatisches Drama 2011].

Dies.: *Ljubavni roman*, Zagreb 2015.

Salewski, W. D./Wegener, Claus: „Gewalt und Gewaltlosigkeit", in: Dirks, Walter/Kogon, Eugen: *Frankfurter Hefte. Zeitschrift für Kultur und Politik. Sonderheft. Anpassung und Widerstand heute*, 34.Jg., Nr. 4, 04/1979, S. 16–21.

Sands, Kathleen M.: „Tragedy, Theology, and Feminism in the Time After Time", in: Felski, Rita (Hg.): *Rethinking tragedy*, Baltimore 2008, S. 82–103.

Sanyal, Mithu Melanie: *Vergewaltigung. Aspekte eines Verbrechens*, Hamburg 2016.

Sartre, Jean-Paul: *Das Spiel ist aus*, Hamburg 1968.

Ders.: *Was ist Literatur? Ein Essay*, Hamburg 1964.

Saunders, Graham: *About Kane: the Playwright & and the Work*, London 2009.

Ders.: Love me or kill me. *Sarah Kane and the theatre of extremes*, Manchester 2002/2003.

Ders.: Out Vile Jelly: *Sarah Kane's* Blasted *and Shakespeare's* King Lear, Cambridge, Vol. 20, Nr. 1, 02/2004, S. 69–78.

Schäfer, Tina: *Postmodern Love? Auseinandersetzungen mit der Liebe in der britischen Literatur der 1990er Jahre*, Tübingen 2007.

Schaeffer, Neil: *The Art of Laughter*, New York 1981.

Schäuble, Michaela: *Narrating Victimhood. Gender, Religion and the Making of Place in Post-War Croatia*, New York 2014.

Schachinger, Heidelinde B.: *Konflikt, was nun? Konfliktbearbeitungsmethoden nach Dr. Marshall B. Rosenberg. Ein Methodenvergleich*, Frankfurt am Main 2015.

Schaller, Branka: „Ich weiß nicht, was Freiheit ist". Ein Gespräch mit der Belgrader Autorin Milena Markovic über die Generation der heute 30-Jährigen und über ihr zweites Stück *Schienen* (*Tracks*), diesen Monat auf der Biennale in Wiesbaden zu sehen", in: Theater heute 06/04, http://randnotizen.steirischerherbst.at/milena-markovic/, Stand: 03.08.2020.

Scherer, Stefan: *Einführung in die Dramen-Analyse*, Darmstadt 2010.

Scherl, Magdalena: „Zwischen Abgrenzung und Entgrenzung – Feministische Lesarten des öffentlichen Raums bei Arendt", in: Herb, Karlfriedrich (Hg.): *Raum und Zeit. Denkformen des Politischen bei Hannah Arendt*, Frankfurt am Main/New York 2014, S. 92–106.

Scheuermann-Hodak, Lydija: *Marijas Bilder. Monodrama*, Ulm 2000. http://okf-cetinje.org/lydia-scheuermann-hodak-slike-marijine/, Stand: 03.08.2020. [Orig.: Marijine slike, 1992 oder 1995 verfasst – zwei versch. Angaben in zwei verschiedenen Quellen –, 1996 veröffentlicht, 2004 aufgeführt].

Dies.: *Die Schlange am Hals*. Roman, Ulm 2000 [Orig.: Zmija oko vrata, 1999].

Schlüter, Sabine: *Das Groteske in einer absurden Welt: Weltwahrnehmung und Gesellschaftskritik in den Dramen von George F. Walker*, Würzburg 2007.

Schmid, Hans-Christian: *Sturm*, Deutsch-dänisch-niederländische Co-Produktion, DVD, 2010 (Film von 2009).

Schmid, Herta: „Gewalt wider Körper, Geist und Seele – zwei Lesarten von Mrožeks *Strip-tease*", in: Diller et al. Ulrich (Hg.), 1998, S. 123–138.

Schmidjell, Christine: „Mauerblümchen, na und? Beispiele aus der österreichischen Literatur der fünfziger und sechziger Jahre", in: Strigl, Daniela (Hg.): *Frauen verstehen keinen Spaß*, Wien 2002, S. 75–96.

Schmidt, Eva Renate/Korenhof, Mike/Jost, Renate (Hg.): *Feministisch gelesen*, Bd. 1, Stuttgart 1988.

Schmidt-Hidding, Wolfgang (Hg.): *Europäische Schlüsselwörter. Wortvergleichende und Wortgeschichtliche Studien*, Bd. 1, *Humor und Witz*, München 1963.

Schmitz-Burgard, Sylvia: *Gewaltiges Schreiben gegen Gewalt: Erika Mann, Ulrike Meinhof, Ingeborg Bachmann, Christa Wolf, Elfriede Jelinek, Helga Königsdorf,* Würzburg 2011.

Schnabel, Stefan: „Hölle – Fegefeuer – Paradies. Notizen zu Sarah Kanes Zerbombt in der Regie von Volker Lösch", in: Hilzinger, Sonja (Hg.), *Auf den Schlachthöfen der Geschichte: Jeanne d'Arc und ihre modernen Gefährtinnen bei Bertolt Brecht, Anna Seghers, Sarah Kane und Stieg Larsson, [Brecht-Tage 2011],* Berlin 2012, S. 85–92.

Schneider, Wieland: „Alte und neue Mythen in Südosteuropa: Vom Amselfeld bis Rambouillet", in: Brix et al. (Hg.), 2007, S. 177–185.

Schneider, Wolfgang (Hg.): *Theater und Migration. Herausforderungen für Kulturpolitik und Theaterpraxis,* Bielefeld 2011.

Schneider, Thomas F. (Hg.): *Modern War and the Media from the American Civil War to the Yugoslavian Wars. A bibliography of studies in the fields of literature, linguistics, history, film, and the arts published 1986–1996,* Osnabrück 2000.

Schnitzler, Mathias: *Die Kroatin Ivana Sajko schickt eine junge Braut in die Hölle. Bombenfrauen am Thresen,* 25.05.08, http://www.berliner-zeitung. de/15844430, Stand: 11.01.2018.

Schönbach, Klaus: „Rassismus und Gewalt in den Medien oder: Wie Medien Wahrnehmungen und Urteile prägen", in: Calließ, Jörg (Hg.), Loccum 1997, S. 57–70.

Schöning, Matthias: „Verbohrte Denkanstöße? Peter Handkes Jugoslawienengagement und die Ethik der Intervention. Ein Ordnungsversuch", in: Beganović, Davor (Hg.): *Krieg sichten. Zur medialen Darstellung der Kriege in Jugoslawien,* Paderborn 2007, S. 307–330.

Schößler, Franziska: *Einführung in die Dramenanalyse,* unter Mitarbeit von Christine Bähr und Nico Theisen, Stuttgart/Weimar 2012.

Dies.: *Einführung in das bürgerliche Trauerspiel und das soziale Drama,* Darmstadt 2003.

Schreiner, Margit: „Frauen verstehen keinen Spaß", in: Strigl, Daniela (Hg.): *Frauen verstehen keinen Spaß,* Wien 2002, S. 62–74.

Schröder, Gunda: „Lebenszeichen, Sterbensworte", in: Virginia, 2005, S. 6.

Schubert, Christoph: „Kommunikation und Humor aus multidisziplinärer Perspektive", in: Schubert, Christoph (Hg.): *Kommunikation und Humor. Multidisziplinäre Perspektiven*, Berlin 2014, S. 7–14.

Schütte, Andrea: „Nach-/Krieg in Körper und Textkörper. Ivana Sajkos Roman *Rio Bar*", in: Mohi-von Känel, Sarah/Steier, Christoph (Hg.): *Nachkriegskörper. Prekäre Korporealitäten in der deutschsprachigen Literatur des 20. Jahrhunderts*, Würzburg 2013, S. 85–94.

Dies.: „Peter Handkes Literatur der Fürsprache", in: Gephart et al. (Hg.), 2014, S. 189–213.

Dies.: „Imaginäres Interview mit der kroatischen Autorin Dubravka Ugrešić", in: Gephart et al. (Hg.), 2014, S. 215–222.

Dies.: „Krieg und Slapstick. Kontrolle und Kontrollverlust in der literarischen Darstellung des Bosnienkrieges", in: Fauth et al. (Hg.), 2012, S. 275–293.

Schulz, Georg-Michael: *Tugend, Gewalt und Tod: Das Trauerspiel der Aufklärung und die Dramaturgie des Pathetischen und Erhabenen*, Tübingen 1988.

Schuring, Jos: *United Nations uses theatre in Kosovo to help people deal with the pain of loss*, in: *The power of culture*, Janaur 2006, s. www.kracht vancultuur.nl/en/current/2006/january/kosovo.html, Stand: 03.08.2020.

Schwartz, Peter: *Digitaler Balkan. Viele Staaten wollen das globale Internet in nationale Netze aufteilen. Es wäre ein Rückschritt, der alle Länder Wohlstand kosten würde*, in: *Welt am Sonntag*, Nr. 41, o.S., 12. Oktober 2014. Auch: https://welt.de/print/wams/debatte/article133172880/Digitaler-Balkan.html, Stand: 03.08.2020.

Seeßlen, Georg/Metz, Markus: *Krieg der Bilder – Bilder des Krieges. Abhandlung über die Katastrophe und die mediale Wirklichkeit*, Berlin 2002.

Segler-Messner, Silke/Neuhofer, Monika/Kuon, Peter: *Vom Zeugnis zur Fiktion. Repräsentation von Lagerwirklichkeit und Shoah in der französischen Literatur nach 1945*, Frankfurt am Main 2006.

Seidensticker, Bernd: *Gewalt und Ästhetik. Zur Gewalt und ihrer Darstellung in der griechischen Klassik*, Berlin 2006.

Seidler, Ulrich: „Maxim Gorki Theater. Eine Reise zu den Wunden des Bosnienkrieges", in: *Berliner Zeitung*, vom 16.03.2014; www.berliner-zeitung.

© Frank & Timme   Verlag für wissenschaftliche Literatur

de/kultur/maxim-gorki-theater-eine-reise-zu-den-wunden-des-bosnien-krieges-1158142. Auch: „Eine Reise zu den Wunden", in: *Frankfurter Rundschau*, Jhrg. 70, Nr. 64 Stand: 03.08.2020.

Seifert, Ruth: *Disziplin, Wertewandel, Subjektivität. Ein Beitrag zum Verständnis soldatischer Identität in den 90er Jahren*, München 1994.

Sekularac, Ivana: „Serbia jails three for killing Muslims, prosecutor to appeal", in: www.reuters.com/article/idUSL12204051, Stand: 03.08.2020.

Sellar, Tom: „Truth and Dare: Sarah Kane's *Blasted*", in: *Theater summer*, Nr. 27, 1/1996, S. 29–34.

Semenič, Simona: *Nisi zaboravila, samo se ne sećaš više* [übers. *Du hast es nicht vergessen, du erinnerst dich nur nicht mehr*] – liegt nur auf SK vor, 2007.

Dies.: *I, the Victim* [Ja, žrtva] – liegt nur auf SK u. Engl. vor, 2007.

Dies.: *5fantkov.si. komad za pet glumica sa prologom i epilogom*, 2008 – liegt auf Engl. vor: *5boys.si. play for five actresses with prologue and epilogue*, und auf Deutsch: 5jungs.net, vor, 2008.

Dies.: *the feast or the story of a savoury corpse or how roman abramovič, the character janša, julia kristeva, age 24, simona semenič and the initials z.i. found themselves in a tiny cloud of tobacco smoke* [Orig. Priča o izvesnom (jednom) slasnom lešu ili gozba ili kako su se roman abramović, lik janša, dvadesetčetvorogodišnja julia kristeva, simona semenič I inicijali z.i. u oblačiću duvanskog dima] – liegt auf Serbokroatisch und Englisch vor, 2010.

Dies.: *whilst i almost ask for more or a parable of the ruler and the wisdom*, – liegt auf Englisch vor, 2011; Übersetzung ins Deutsche: LTG.

Dies.: *onethousandandninehundredeightyone*, – engl. Vorlage, 2013.

Dies.: *seven cooks, fours soldiers and three sophias*, – engl. Vorl., 2014. Die Stücke sind auf Deutsch übersetzt von Urška Brodar, durchgesehen von LTG, auf Englisch übersetzt von Barbara Skubić und zu beziehen über simona.semenic@gmail.com, Stand: 03.08.2020.

Senghaas, Dieter (Hg.): *Kritische Friedensforschung*, Frankfurt am Main 1971.

Seulen, Sila: *Words as Swords. Verbal violence as a construction of authority in Renaissance and contemporary English drama*, Stuttgart 2009.

Sieber Egger, Anja: *Krieg im Frieden. Frauen in Bosnien-Herzegowina und ihr Umgang mit der Vergangenheit*, Bielefeld 2011, S. 108–136.

Siegmund, Gerald: *Von der Katastrophe des Sehens*, in: Primavesi Patrick/ Schmitt, Olaf A. (Hg.), in: *AufBrüche. Theaterarbeit zwischen Text und Situation. Hans-Thies Lehmann zum 60. Geburtstag*, Frankfurt am Main 2004, S. 368–370.

Sierz, Aleks: *In-Yer-Face-Theatre. British Drama Today*, London 2001.

Ders.: http://www.inyerface-theatre.com, Stand: 03.08.2020.

Ders.: „Looks like there's a war on': Sarah Kane's *Blasted*, political theatre and the Muslim Order", in: De Vos/Saunders (Hg.): *Sarah Kane in context*, Manchester 2010, S. 45–56.

Simić, Olivera: „Breathing Sense into Women's Lives Shattered by War: Dah Theatre Belgrade", in: *Law Text Culture*, Volume 14, *Law's Theatrical Presence, Article 8*, 2010, S. 117–132; https://ro.uow.edu.au/ltc/vol14/issl/8/, Stand: 03.08.2020.

Dies./Rush, Peter (Hg.): *The Arts of Transitional Justice: Culture, Activism and Memory After Atrocity*, New York 2013, S. 99–113.

Dies.: „Pillar of Shame': Civil Society, UN Accountability and Genocide in Srebrenica", in: Simić, Olivera/Volčić, Zala (Hg.): *Transitional Justice in Civil Society in the Balkans*, New York 2013, S. 181–199.

Simonović, Lazar: „KONDENZOVANO PAMĆENJE'" [Kondensiertes Andenken], in: *Scena&Teatron, 50. GODINA STERIJINOG POZORJA, Scena. Časopis za pozorišnu umetnost*, Broj 1, Godina XLI, Novi Sad 2005, *Teatron. Časopis za pozorišnu umetnost*, Broj 130/131, Godina XXX. [übers. Scena&Teatron. Zeitschriften für Bühnenkunst. 50 Jahre Sterijas Bühne, Scena Nr. 1, Teatron Nr. 130/131], S. 159.

Sin, Tong-do: *Die Verkehrtheit der Mittel. Lust und Unlust an der Gewalt in Schillers Ästhetik und späten Dramen*, Würzburg 2012.

Sinanović, Emsud: *Bošnjačka drama* [übers. Bosnisches Drama], Lovran 1996.

Singer, Annabelle: „Don't Want to Be This: The Elusive Sarah Kane", in: *The Drama Review*, Vol. 48, Nr. 2, 2004, S. 139–171, https://www.muse.jhu.edu/article/168268/pdf, Stand: 03.08.2020.

Sjoberg, Laura: *Gendering global conflict. Toward a feminist theory of war*, New York 2013.

Slapšak, Svetlana: *The war started at Maksimir: hate speech in the media. Content analyses of Politika and Borba newspapers 1987–1991*, Michigan 1997.

Slavic and East European Performance, International Index to Performing Arts Full Text., Vol. 27; No.1, Winter 2007.

Šnajder, Slobodan: *Die Schlangenhaut*, in: *Theater heute*, Heft 12, o.O. 1996, S. 42–52.

Ders.: *Radosna apokalipsa*, [übers. Fröhliche Apokalypse], Rijeka 1988.

Ders.: *Adornova analiza potiskivanja prošlosti*, in: *Republika. Časopis za književnost*, Broj 7–8, [übers. Adornos Analyse der Verdrängung der Vergangenheit, in: Republik. Zeitschrift für Literaturwissenschaft, Nr. 7–8], Zagreb 1996, S. 109–111.

Sofsky, Wolfgang: *Zeiten des Schreckens. Amok, Terror, Krieg*, Frankfurt am Main 2002.

Ders.: *Einzelgänger*, Berlin 2013.

Solnit, Rebecca: *The Mother of All Questions*, Chicago 2017.

Dies.: *Men Explain Things to Me*, Chicago 2014.

Solomon, Zahava/Gelkopf, Marc/Bleich, Avraham: „Is terror gender-blind? Gender differences in reaction to terror events", in: *Soc Psychiatry Psychiatr Epidemol*, 40, 2005, S. 947–954.

Sombatpoonsiri, Janjira Echanechiraa: *Humor and Nonviolent Struggle in Serbia*, Syracuse 2015.

Soncini, Sara: „‚A horror so deep only ritual can contain it': The art of dying in the theatre of Sarah Kane", in: *Other Modernities. Essays*, Nr. 4, 10/2010 der Università degli Studi di Milano, Facoltà di Lettere e Filosofia, Dipartimento di Scienze del Linguaggio e Letterature Straniere Comparate, Sezione di Studi Culturali, S. 116–131.

Sontag, Susan: *On Photography*, o.O. 1997.

Dies.: *Das Leiden anderer betrachten*, 2. Aufl., Frankfurt am Main, 2008.

Sophokles: *Antigone. Tragödie*, Stuttgart 2013.

Srbljanović, Biljana: *Familiengeschichten. Belgrad. Zwei Theaterstücke*, Frankfurt am Main 1999.

Dies.: *Barbelo, von Hunden und Kindern*, Berlin 2008.

Dies.: *Das Leben ist kein Fahrrad*, Berlin 2011.

Dies.: *Der Sturz*, Berlin 2000. Auch: *Theater der Zeit: Der Sturz. Biljana Srbljanović und der Umbruch in Jugoslawien*, Heft 11/2000, S. 6–23.

Dies.: *Ich bin absolut optimistisch*. Biljana Srbljanović im Gespräch mit Barbara Engelhardt und Thomas Irmer, in: *Theater der Zeit*, Heft 11/2000, S. 4f.

Dies.: *Dieses Grab ist mir zu klein*, Berlin 2013.

Dies.: *God save America*, Berlin 2003.

Dies.: henschel SCHAUSPIEL edition #9, *Biljana Srbljanović, Heuschrecken. Milena Marković, Der Wald leuchtet. Maja Pelević, Orangenhaut*, Berlin 2011.

Dies.: *Supermarket. Soap Opera*, Berlin 2001.

Dies.; „Hvala lepo", Editorial Board Fantom slobode. Književni časopis, in: *Phantom of Freedom*, issue 3, Zagreb/Dubrovnik 3/2004, S. 221–229, www.ceeol.com, Stand: 03.08.2020.

Dies.: „Moj jezik je moj identitet" [übers. Meine Sprache ist meine Identität] Interview vom 28.02.2008, in: Babić, 2008, S. 149–152.

Dies.: „Eine wahre Geschichte", in: Swartz, Richard (Hg.): *Der andere nebenan. Eine Anthologie aus dem Südosten Europas*, Frankfurt am Main 2007, S. 205–220.

Stadler, Christian: *Krieg*, Wien 2009.

Staines, John D.: „Radical Pity: Responding to Spectacles of Violence in King Lear", in: Allard, James Robert/Martin, Mathew R. (Hg.): *Staging pain, 1580–1800. Violence and Trauma in British Theater*, Surrey 2009, S. 75–92.

Stamenković, Vladimir: *Pozorište u zenitu. Odabrane kritike. 1956–2005*, Beograd 2005 [übers. Bühne im Zenit. Ausgewählte Kritiken 1956–2005] [Original in kyrillischer Schrift: Стаменковић, Владимир].

Ders.: NIN, Juni 16, 2016, jdp.co.yu/plays/boatfordolls.html, Stand: 03.08.2020.

Steggle, Matthew: *Laughing and weeping in Early Modern Theatres*, Hampshire 2007.

Stehlik, Eva: *Thematisierung und Ästhetisierung von Gewalt im spanischen Gegenwartstheater*, Hildesheim 2011.

Stein, Gertrude: *Look at me now and here I am. Writing and lectures 1911–1945*, Meyerowitz, Patricia (Hg.), London 2004 (1967).

Dies.: *Was ist englische Literatur? Vorlesungen*, Zürich 1985 (1965) (Orig. Lectures in America, 1933/1935).

Dies.: *Geography and Plays*, Wisconsin 1993 (Boston 1922).

Stemich Huber, Martina: *Heraklit. Der Werdegang der Weisen*, Amsterdam/Philadelphia 1996.

Stephen, Leslie: „Feminine Humour (1871)", in: Figueroa-Dorrego/Larkin-Galiñanes (Hg.), 2009, S. 533–537.

Ders.: „Humour (1876)", in: Figueroa-Dorrego/Larkin-Galiñanes (Hg.), 2009, S. 538–546.

Stephenson, Heidi/Langridge, Natasha: *Rage and reason. Women playwrights on playwriting*, London 1997, S. 129–135.

Stiglmayer, Alexandra: „Gender politics in the Western Balkans", in: https://www.forbes.com/sites/ewelinaochab/2017/07/10/remembering-the-lives-lost-in-srebrenica/#51d50162238c, Stand: 03.08.2020.

Dies.: „Vergewaltigungen in Bosnien-Herzegowina", in. Stiglmayer, Alexandra (Hg.): *Massenvergewaltigung. Krieg gegen die Frauen*, Freiburg im Breisgau 1993, S. 109–216.

Stojanović, Gorčin: „Gajiti, negovati, održavati ukus" [übers. Hegen, pflegen, Geschmack erhalten] Interview vom 18.02.2008, in: Babić, 2009, S. 127–130.

Stojić, Mile: *Via Vienna. Postaje jednog sudbinskog putovanja*, Zagreb 2008.

Stoller, Claudia: *Linguistik des Lachens*, Hamburg 2011.

Stricker, Achim: *Text-Raum. Strategien nicht-dramatischer Theatertexte. Gertrude Stein, Heiner Müller, Werner Schwab, Reinald Goetz*, Heidelberg 2007.

Strigl, Daniela (Hg.): *Frauen verstehen keinen Spaß*, Wien 2002.

Strohschein, Barbara Ruth M.: „Schock ohne Schreck", in: Engelhardt, Barbara/Hörnigk, Therese/Masuch, Bettina (Hg.): *TheaterFrauenTheater*, Berlin 2001, S. 133–145.

Struck, Lothar: Der mit seinem Jugoslawien *Peter Handke im Spannungsfeld zwischen Literatur, Medien und Politik*, 2.Aufl., Leipzig 2013.

Süselbeck, Jan: *Im Angesicht der Grausamkeit. Emotionale Effekte literarischer und audiovisuelle Kriegsdarstellungen vom 19. bis zum 21. Jahrhundert*, Göttingen 2013.

Sulajgić, Emir: *Srebrenica – Notizen aus der Hölle*, Wien 2009.

Swartz, Richard (Hg.): *Der andere nebenan. Eine Anthologie aus dem Südosten Europas*, Frankfurt am Main 2007.

Szezepaniak, Monika: „Männer aus Stahl? Konstruktion und Krise der kriegerischen Männlichkeit im Kontext des Ersten Weltkrieges", in: Glunz, Claudia/Pełka, Artur/Schneider, Thomas F. (Hg.): *Information Warfare. Die Rolle der Medien (Literatur, Kunst, Photographie, Film, Fernsehen, Theater, Presse, Korrespondenz) bei der Kriegsdarstellung und -deutung*, Göttingen/Osnabrück 2007, S. 158–171.

Szyndler, Anne: „Kann man über den Krieg lachen? Das Komische im Roman *Die Abenteuer des braven Soldaten Schwejk* von Jaroslav Hašek", in: Glunz, Claudia/Pełka, Artur/Schneider, Thomas F. (Hg.): *Information Warfare. Die Rolle der Medien (Literatur, Kunst, Photographi, Film, Fernsehen, Theater, Presse, Korrespondenz) bei der Kriegsdarstellung und -deutung*, Göttingen/Osnabrück 2007, S. 172–182.

Tabert, Nils: „„Lebende Tote, tote Lebende". Zur Entstehungsgeschichte und Entwicklung der Stücke von Sarah Kane", in: Hilzinger, Sonja (Hg.): *Gewalt und Gerechtigkeit. Auf den Schlachthöfen der Geschichte: Jeanne d'Arc und ihre modernen Gefährtinnen bei Bertolt Brecht, Anna Seghers, Sara Kane und Stieg Larsson, [Brecht-Tage 2011]*, Berlin 2012, S. 77–84.

Ders. (Hg.): Carr, M./Crimp, M./Kane, S./Ravenhill, Mark: *Playspotting. Die Londoner Theaterszene der 90er*, Reinbek bei Hamburg 1998.

Tannen, Deborah: *Women and Men in Conversation. You Just Don't Understand me. The classic book that shows us why we find it difficult to talk to the opposite sex*, London 1990.

Dies./Kendall, Shari/Gordon, Cynthia (Hg.): *Family talk. Discourse and Identity in Four American Families*, Oxford 2007.

Terkessidis, Mark: *Interkultur*, Frankfurt am Main 2010.

Terzić, Zoran: *Politischer als die Politik. Mediale Aspekte jugoslawischer Identitätsdebatten seit den 1980er Jahren*, in: Jakiša/Pflitsch (Hg.): *Jugoslawien – Libanon. Verhandlungen von Zugehörigkeit in den Künsten fragmentierter Kulturen*, Berlin 2012, S. 7–13.

Ders.: „Making up Things. On the Ideology and the Art of Remembrance", in: Von Oswald, Anne/Schmelz, Andrea/Lanuweit, Tanja (Hg.): *Erinnerungen in Kultur und Kunst. Reflexionen über Krieg, Flucht und Vertreibung in Europa*, Bielefeld 2009, S. 41–54.

The Plays of Hrotswitha of Gandersheim, transl. by Larissa Bonfante with collaboration of Alexandra Bonfante-Warren, Illinois 2003.

Thistlethwaite, Susan Brooks: *Women's bodies as battlefields. Christian theology and the global war on women*, New York/London 2015.

Thomas, Paul-Louis: „„Si c'était un spectacle…' d'Almir Imširević: l'impossibilité d'une dramaturgie de la guerre dans le théâtre d'aujourd'hui", *in: Revue des études slaves. Le théâtre d'aujourd'hui en Bosnie-Herzégovine, Croatie, Serbie et au Monténégro. Nationalisme et autisme*, Paris 2006, LXXVII/1–2, S. 143–156.

Thompson, James/Hughes, Jenny/Balfour, Michael: *Performance in Place of War*, London/New York/Calcutta 2009.

Thürmer-Rohr, Christina: „Veränderungen der feministischen Gewaltdebatte in den letzten 30 Jahren", in: Hilbig, Antje/Kajatin, Claudia/Miethe, Ingrid (Hrsg.): *Frauen und Gewalt. Interdisziplinäre Untersuchungen zu geschlechtsgebundener Gewalt in Theorie und Praxis*, Würzburg 2003, S. 9–16.

Dies.: *Vagabundinnen. Feministische Essays*, 5. Aufl., Berlin 1990.

Tikkanen, Märta: *Wie vergewaltige ich einen Mann?*, Reinbek 1980 (Schwed. Original Stockholm 1975).

Tomašević, Dragana: *Briefe nach Sarajevo*, Graz/Wien 1995.

Trömel-Plötz, Senta (Hg.): *Gewalt durch Sprache. Die Vergewaltigung von Frauen in Gesprächen*, Neuauflage, Wien 2004 [Erstausgabe 1984].

Dies.: *Vatersprache – Mutterland. Beobachtungen zu Sprache und Politik*, 2., überarb. Aufl. München 1993.

Dies.: *Frauensprache – Sprache der Veränderung*, Frankfurt am Main 1987.

Tufek, Selma: „Die Frauen Bosniens vor, im und nach dem Krieg", in: Fuchs, Brigitte/Habinger, Gabriele (Hg.): *Rassismen & Feminismen. Differenzen, Machtverhältnisse und Solidarität zwischen Frauen*, Wien 1996, S. 224–232.

Turner, Victor: *Vom Ritual zum Theater. Der Ernst des menschlichen Spiels*, Frankfurt am Main/New York 2009.

Twomey, Jay: „„Blasted Hope': Theology and Violence in Sarah Kane", in: *The Journal of Religion and Theatre*, Vol. 6, Nr. 2, 2007, S. 110–123.

Tycer, Alicia: „„Victim. Perpetrator. Bystander': Melancolic Witnessing of Sarah Kane's 4.48 *Psychosis*", in: *Theatre Journal*, Vo.60, 2008, S. 23–37.

Uecker, Karin: *Hat das Lachen ein Geschlecht? Zur Charakteristik von komischen weiblichen Figuren in Theaterstücken zeitgenössischer Autorinnen*, Bielefeld 2002.

Dies/Ullrich, Renate/Wiegand, Elke: „Deutschland", in: Uecker, Karin (Hg.): *Frauen im europäischen Theater heute*, Hamburg 1998, S. 31–46.

Ugarte Chacón, Rafael: *Theater und Taubheit. Ästhetiken des Zugangs in der Inszenierungskunst*, Bielefeld 2015.

Ugrešić, Dubravka: *Die Kultur der Lüge*, Frankfurt am Main 1995 [Dieses Buch ist nicht in Kroatien erschienen.]

van Marwyck, Mareen: *Gewalt und Anmut. Weiblicher Heroismus in der Literatur und Ästhetik um 1800*, Bielefeld 2010.

Van Rijswijk, Honni: *Towards a Feminist Aesthetic of Justice: Sarah Kane's* Blasted *as Theorisation of the Representation of Sexual Violence in Inter national Law*, in: *Australian Feminist Law Journal*, Vol. 36, 06/2012, https://papers.ssrn.com/sol3/papers.cfm?abstract_id=2167962, Stand: 03.08.2020.

Vaßen, Florian: „„einverstanden sein heißt auch: nicht einverstanden sein'. Gewaltstrukturen in Brechts Lehrstück-Texten und in Lehrstück-Spielprozessen", in: Hilzinger (Hg.): *Auf den Schlachthöfen der Geschichte: Jeanne d'Arc und ihre modernen Gefährtinnen bei Bertolt Brecht, Anna Seghers, Sarah Kane und Stieg Larsson, [Brecht-Tage 2011]*, Berlin 2012, S. 19–36.

Vervaet, Stijn: *Holocaust, War and Transnational Memory. Testimony from Yugoslav and Post-Yugoslav Literature*, Devon 2018.

Vetter, Matthias: „Chronik der Ereignisse 1986–2002", in: Melčić, Dunja (Hg.): *Der Jugoslawien-Krieg. Handbuch zu Vorgeschichte, Verlauf und Konsequenzen*, 2. aktualisierte und erweiterte Auflage, Wiesbaden 2007, S. 550–578.

Vidulić, Svjetlan Lacko: „Geteilter Erinnerungsort? Der Internationale Gerichtshof für das ehemalige Jugoslawien als Topos regionaler Erinnerungskulturen", in: Brokoff et al., Frankfurt am Main 2014, S. 173–185.

Vogel, Ulrike (Hg.): *Meilensteine der Frauen- und Geschlechterforschung. Originaltexte mit Erläuterungen zur Entwicklung in der Bundesrepublik*, Wiesbaden 2007.

Volmerg, Ute: *Krieg und Frieden als persönliches Problem: Abwehr- und Übertragungsvorgänge bei d. individuellen Aggressionsbewältigung*. Vortrag zum Kongress *Aggression in Spiel und Theater*, Hessische Stiftung für Friedens- u. Konfliktforschung, Frankfurt am Main 1979.

Volk, Petar: *Između kraja i početka. Pozorišni život u Srbiji od 1986. do 2005.*, Beograd 2006 [übers. Zwischen dem Ende und dem Anfang. Bühnenleben in Serbien von 1986 bis 2005].

Ders.: *Pozorište i tradicija. Studije i eseji*, Beograd, 2000 [übers. Bühne und Tradition. Studien und Essays, Orig. in kyrill. Schrift: Волк, Петар].

Ders.: *U vremenu prolaznosti. Pozorišne kritike*, 1981–1997, Beograd 1999 [übers. Im Zeitalter der Vergänglichkeit oder: Durchgangszeiten. Bühnen-/Theaterkritiken, Orig. in kyrill. Schrift: Волк, Петар].

Ders.: *Srpsko pozorište*, Beograd 1997 [übers. Serbische Bühne, Orig. in kyrill. Schrift].

Ders.: *Povratak u budućnost. Rasprava o filmu i nama poslje zajedničke istorije* [übers. Rückkehr in die Zukunft. Klärung/Diskurs über den Film und uns nach der gemeinsamen Historie], Beograd 1994.

Von Brincken, Jörg/Engelhart, Andreas: *Eine Einführung in die moderne Theaterwissenschaft*, Darmstadt 2008.

Von Clausewitz, Carl: *Vom Kriege*, Neuausgabe Köln 2010, auch: http://www.clausewitz.com/readings/VomKriege1832/Book1.htm, Stand: 03.08.2020. Auch: Nachdruck der 19. Auflage, Bonn 1991; weitere Ausgaben: Stuttgart 1994, Hamburg 2008, Hörbuch, Berlin 2010, Hamburg 2011, Reinbek bei Hamburg 2013.

Von Düffel, John: *Weltkrieg für alle. Eine kurze Geschichte des Friedens*, Reinbek bei Hamburg 2014.

Von Oswald, Anne/Schmelz, Andrea/Lanuweit, Tanja: „Einleitung", in: Von Oswald, Anne/Schmelz, Andrea/Lanuweit, Tanja (Hg.): *Erinnerungen in Kultur und Kunst. Reflexionen über Krieg, Flucht und Vertreibung in Europa*, Bielefeld 2009.

Voß, Christian/Dahmen, Wolfgang (Hg.): *Babel Balkan? Politische und sozio-kulturelle Kontexte von Sprache in Südosteuropa*, München/Berlin 2014.

Walker, Nancy: *A Very Serious Thing: Women's Humor and American Culture*, Minnesota 1988.

Walters, Scott: „‚The Dumbwaiter' (Harold Pinter). When Farce Turns into Something Else: Harold Pinter's ‚The Dumb Waiter'", in: Bloom, Harold (Hg.): *Dark Humor*, New York 2010, S. 115–126.

Wandor, Michelene (Hg.): *Plays by Women*, Volume One: *Churchill. Gems. Page. Wandor*, London 2002 (London 1982).

Dies.: *Plays by Women*, Volume Four: *Churchill. Dayley. Lochhead. Lyssa, Croydon* 2002 (London 1985).

Ward, Ian: „Rape and Rape Mythology in the Plays of Sarah Kane", in: *Comparative Drama*, Vol. 47, Nr. 2, 01/2013, S. 225–283. Auch: https://scholarworks.wmich.edu/compdr/vol47/iss2/4/, Stand: 03.08.2020.

Warstat, Matthias: *Krise und Heilung. Wirkungsästhetiken des Theaters*, München 2011.

Ders.: „Politisches Theater zwischen Theatralität und Performativität", in: Fischer-Lichte/Czirak, Adam/Jost, Torsten/Richarz, Frank/Tecklenburg, Nina (Hg.): *Die Aufführung. Diskurs – Macht – Analyse*, München 2012, S. 69–82.

Watzlawick, Paul/Beavin, Janet H./Jackson, Don D.: *Menschliche Kommunikation. Formen, Störungen, Paradoxien*, 13. Aufl. Bern 2017.

Weber, Julia: „‚My mind is the subject of these bewildered fragments'. La défaite de l'homme et la d´figuration progressive dans le théâtre de Sarah Kane, in: arcadia, Internationale Zeitschrift für Literaturwissenschaft", Bd. 45, Nr. 1, 2010, S. 120–149 [An anderer Stelle wird von Weber der

Titel mit ‚I am the Subject of these Bewildered Fragments…' angegeben, aber die Seite des Journals gibt „my mind" an.]

„Wege der Sinne. Formen der Aufmerksamkeitslenkung. Ein Gespräch mit Hans Peter Kuhn und Jörg Lauer", in: Fischer-Lichte/Gronau, Barbara/ Schouten, Sabine/Weiler, Christel (Hg.): *Wege der Wahrnehmung. Authentizität, Reflexivität und Aufmerksamkeit im zeitgenössischen Theater*, Berlin 2006, S. 116–128.

Wehr, Norbert (Hg.): *Schreibheft. Zeitschrift für Literatur*, Nr. 71, Essen 2008.

Weigel, Sigrid: *Die Stimme der Medusa. Schreibweisen in der Gegenwartsliteratur von Frauen*, Reinbek bei Hamburg 1989.

Weiler, Christel/Richarz, Frank: „Aufführungsanalyse und Theatralanalyse – ein Dialog", in: Fischer-Lichte/Czirak/Jost/Richarz/Tecklenburg (Hg.): *Die Aufführung. Diskurs – Macht – Analyse*, München 2012, S. 253–262.

Weine, Steven M.: *When History Is a Nightmare. Lives and Memories of Ethnic Cleansing in Bosnia-Herzegovina*, New Brunswick, New Jersey, London 1999.

Welzer, Harald: *Täter. Wie aus ganz normalen Menschen Massenmörder werden*, 6. Aufl., Frankfurt am Main 2013 (2005).

Westcott, James: *When Marina Abramović dies. A biography*, Massachusetts 2010.

White, Geoffrey M./Lindstrom, Lamont: „War stories", in: White, Geoffrey M., Lamont, Lindstrom: *The Pacific Theater. Islands representations of World War II*, Melbourne 1990, S. 3–42.

Wiegand, Hartmut (Hg.): „Das Lachen im Theater der Unterdrückten", in: Wiegand, Hartmut (Hg.): *Theater im Dialog: heiter, aufmüpfig und demokratisch. Deutsche und europäische Anwendungen des Theaters der Unterdrückten*, Stuttgart 2004, S. 23–39.

Wiegmann, Hermann: *Und wieder lächelt die Thrakerin. Zur Geschichte des literarischen Humors*, Frankfurt am Main 2006.

Wieser, Angela: *Ethnische Säuberungen und Völkermord. Die genozidale Absicht im Bosnienkrieg von 1992–1995*, Frankfurt am Main 2007.

Wiesinger, Barbara: „Der Krieg der Partisaninnen in Jugoslawien. Bewaffneter Widerstand von Frauen in Jugoslawien (1941–1945)", in: Latzel, Klaus/Maubach, Franka/Satjukow, Silke (Hg.): *Soldatinnen. Gewalt und*

Ge schlecht im Krieg vom Mittelalter bis heute, Paderborn/München/ Wien/Zürich 2011, S. 233–256.

Dies.: *Partisaninnen. Widerstand in Jugoslawien 1941–1995*, Wien/Köln/ Weimar 2008.

Wildermann, Patrick: *Ich will das Erbe von Kunst im Belagerungszustand bewahren*. GALORE-Interview mit Nihad Kreševljaković vom 30.04.2014, nur online veröffentlicht, https://galore.de/interviews/people/nihad-kresevljakovic/2014-04-30, Stand: 03.08.2020.

Williams, Kirsten J./Kaufman, Joyce P.: *Women and War. Gender Identity and Activism in Times of Conflict*, Sterling 2010, S. 37–56: *Gendering Armed Conflict: Rape and Sexual Violence as Strategic Instruments of War*.

Wilton, Antje: *Lachen ohne Grenzen. Eine gesprächsanalytische Untersuchung zu Scherzkommunikation in zweisprachigen Interaktionen*, München 2009.

Wingfield, Nancy M./Bucur, Maria: *Gender and War in Twentieth-Century Eastern Europe*, Bloomington 2006.

Wittgenstein, Ludwig: *Tractatus logico-philosophicus. Logisch-philosophische Abhandlung*, Frankfurt am Main 1963.

Wixson, Christopher: „‚In better places‘: Space, Identity, and Alienation in Sarah Kane's *Blasted*", in: *Comparative Drama*, Vol. 39.1, 2005, S. 5–77.

Wolfreys, Julian: *Readings. Acts of Close Reading in Literary Theory*, Edinburgh 2000.

Womack, Shawn: „‚In/Visible City‘: Transporting Histories and Intersecting Identities in Postwar Serbia", in: Barnett/Barba (Hg.), 2016, S. 81–92.

Women in Black (Hg.): *The Women's Side of the War*, Belgrade 2008.

Wood, Elisabeth Jean: *Conflict-related sexual violence and the policy implications of recent research*, in: *International Review of the Red Cross* (2014), 96 (894), S. 457–478. *Sexual violence in armed conflict*, https://www. icrc. org/eu/download/file/12237/irrc.894-wood.pdf, Stand: 03.08.2020.

Woodworth, Christine: „‚Summon up the Blood‘. The Stylized (or Sticky) Stuff of Violence in Three Plays by Sarah Kane", in: *Theatre Symposium*, Vol. 18, 07/2010, S. 11–22.

Woolf, Virginia: *A Room of One's Own & Three Guineas*, London 2001 (1929/1938).

Würzbach, Natascha: „Einführung in die Theorie und Praxis der feministisch orientierten Literaturwissenschaft", in: Nünning, Ansgar (Hg.): *Literatur wissenschaftliche Theorien, Modelle und Methoden. Eine Einführung*, Trier 2004, S. 137–152.

Wunderlich, Werner (Hg.): *Mythos Sirenen. Texte von Homer bis Dieter Wellershoff*, Stuttgart 2007.

Young, Allison: „Transzendenz und Befreiung", in: https://www.khanacademy.org/humanities/ap-art-history/global-contemporary/a/viola-the-crossing, Stand: 03.08.2020.

Young, James E.: *Beschreiben des Holocaust. Darstellung und Folgen der Interpretation*, Frankfurt am Main (1992) 1997.

Zanki, Josip: „De/constructing Balkan Masculinities. Local Tradition and Gender Repsresentation in Video Installation Art in the Region", in: Kosmala, Katarzyna (Hg.): *Sexing the Border. Gender, Art and New Media in Central and Eastern Europe*, Cambridge 2014, S. 55–85.

Zimmermann, Tanja: „Jugoslawien als neuer Kontinent. Politische Geographie des ‚dritten Weges'", in: Jakiša/Pflitsch (Hg.): *Jugoslawien – Libanon. Verhandlungen von Zugehörigkeit in den Künsten fragmentierter Kulturen*, Berlin 2012, S. 73–100.

Žarkov, Dubravka: *The Body of War. Media, Ethnicity, and Gender in the Break-up of Yugoslavia*, Durham/London 2007.

Internetquellen

www.bpb.de/gesellschaft/migration/laenderprofile/160545/historische-entwicklung, Stand: 03.08.2020.

https://www.billviola.com, Stand: 03.08.2020.

http://www.bpb.de/nachschlagen/lexika/politiklexikon/17756/krieg, Stand: 19.02.2017; danach: http://www.bpb.de/nachschlagen/lexika/das-junge-politik-lexikon/161339/krieg, Stand: 03.08.2020.

https://www.filmfestival-goeast.de/download/documents/goEast_Program_2016_web.pdf, Stand: 03.08.2020.

http://www.munzinger.deproxy.ub.uni-frankfurt.de/document/
00000024064, Stand: 23.09.2017: Eintrag *Srbljanović, Biljana* in Munzinger Online / Personen – Internationales Biographisches Archiv. Danach: http://www.munzinger.de/search/portrait/Biljana+Srbljanovic/0/24064. html, Stand: 03.08.2020.

https://antjeschrupp.com/2010/05/19/liebe-ohne-objekt-eine-erinnerung-an-margarete-porete/, Stand: 03.08.2020.

http://footballuprising.blogsport.eu/201507/15/zurueck-an-der-front-fan-kultur- im-ehemaligen-jugoslawien/, Stand: 03.08.2020.

https://www.youtube.com/watch?v=qr0X1LqYzY, The Thursday Scene, Stand: 03.08.2020.

https://www.youtube.com/watch?v=vb8xE3RV6DY, Ivana Sajko_intervju 040310-She.hr, Stand: 03.08.2020.

https://www.youtube.com/watch?v=5yaY-Qk9nls, Dancing marathon, Stand: 03.08.2020.

https://www.amnesty.org/en/for-media/press-releases/bosnia-and-herzegovina-no-justice-rape-victims-20090721, Stand: 12.02.2017. Danach: https://www.amnesty.org/en/press-releases/2009/07/bosnia-and-herzegovina-no- justice-rape-victims-20090721, Stand: 03.08.2020.

https://bloomberg.com/news/articles/2010-11-22/serbian-court-sentences-two-for-war-crimes-during-bosnian-war, Stand 03.08.2020.

https://www.snopes.com/horrors/freakish/onstage.asp, Stand: 03.08.2020.

https://eurodram.wordpress.com/2017/06/01/portrat-simona-semenic/, Stand: 03.08.2020.

https://www.deutschlandfunkkultur.de/kriegserfahrungen-the-dark-ages.3683.dehtml?dram:article_id=379007, Stand: 03.08.2020.

http://schichtwechsel.li/?p=7439&lang=de, Stand: 03.08.2020.

www.index.hr/vijesti/clanak/obiljezava-se-nacionalni-dan-borbe-protiv-nasilja-nad-zenama-stiti-se-pocinitelje-a-ne-zrtve/638246.aspx, vom: 22.09.2012, [übers. Nachrichten. Artikel. Ausgerufen wird der nationale Tag des Kampfes gegen Gewalt gegen Frauen. Geschützt werden die Täter und nicht die Opfer] Stand: 03.08.2020.

www.academia.edu/22610267/MEĐUNARODNA_RECEPCIJA_MONODRA-ME_SLIKE_MARIJINE_LYDIJE_SCHEUERMANN_HODAK_-_

INTERNATIONAL_RECEPTION_OF_LYDIJA_SCHEUERMANN_
HODAK_MONODRAMA_MARIJAS_PICTURES, [nur bis Zahlenende
eintippen, also: www.academia.edu/22610267], Stand: 03.08.2020.

https://www.sahistory.org.za/article/black-sash, Stand: 03.08.2020.

www.laschoresch.org/talmud-und-mischna-auszuege/pirke-awot-iii/
Sprueche-der-vaeter-drittes-kapitel.html, Stand: 03.08.2020.

www.margueriteporette.org, Stand: 03.08.2020.

www.glasnost.de/kosovo/990324schroeder.html, Stand: 03.08.2020.

www.rudan.info/aleksandra-zec, Stand: 03.08.2020.

www.olympedegouges.eu, Stand: 03.08.2020.

www.sahistory.org.za/article/black-sash-organisation-history-transformation-
ashley-schumacher, Stand: 03.08.2020.

www.thefreedomtheatre.org, Stand: 03.08.2020.

www.taz.de/!5014755/, Stand: 03.08.2020.

www.goethe.de/kue/the/reg/reg/enindex.htm, Stand: 03.08.2020.

www.deutsche-depressionshilfe.de/stiftung/9565.php, Stand: 03.08.2020.

www.ulrike-bail.de/Ulrike_Bail/Veröffentlichungen_files/UlrikeBailGegen
das Schweigen klagen.pdf, Stand: 11.01.2018. Danach: www.ulrike-bail.
de/Ulrike_Bail/, Stand: 03.08.2020.

https://www.matthes-seitz-berlin.de/autor/ivana-sajko.html, Stand:
03.08.2020.

https://www.nelsonmandela.org/omalley/index.php/q/03Pv01508.htm,
Stand: 03.08.2020.

https://www.nelsonmandela.org/omalley/, Stand: 03.08.2020.

https://www.nelsonmandela.org/omalley/index.php/site/q/031v01508.htm,
Stand: 03.08.2020.

www.croatia.org/crown/articles/10745/1/Author-Helene-Pericic-
interviewed-by-Marta-Mestrovic-Deyrup.html, Stand: 03.08.2020.

www.doollee.com/PlaywrightsS/shaplin-adriano.html, Stand: 03.08.2020.

www.deutschlandfunk.de/20-jahre-dayton-vertrag-wieder-am/scheideweg.
724.de.html?dram:er, Stand: 03.08.2020. Auch: www.Deutschlandfunk.
de/20-jahre-dayton-vertrag-wieder-am-scheideweg.724.de.html?
dram:article_id=337552, Stand: 03.08.2020.

www.dahteatarcentar.com, Stand: 03.08.2020.

www.bbc.co.uk/worldservice/documentaries/2008/01/071227_only_one_
bakira.a.shtml, Stand: 03.08.2020.

www.superheldenkino.de/superhelden/superheldin-weibliche-superhelden/,
Stand: 03.08.2020.

https://www.irmct.org/specials/srebrenica20/, Stand: 03.08.2020.

https://en.wikipedia.org/wiki/Srebrenica massacre, Stand: 03.08.2020.

https://inmotionmagazine.com/dah.html, Stand: 03.08.2020.

https://sh.wikipedia.org/wiki/Drinske_mućenice, Stand: 03.08.2020.

htpps://www.bitno.net/vjera/svetac-dana/bazene-drinske/mucenice/, Stand:
03.08.2020.

Danksagung

Prof. Dr. Annette Bühler-Dietrich – ihre professionelle Betreuung und stets hilfreiche Beratung hat mit Anregungen, Anmerkungen und Rückfragen entscheidend zur Weiterarbeit und dem Abschluss dieser Arbeit beigetragen. Sowohl für die positive Grundeinstellung zu Beginn als auch die Präsenz über die Zeit der Anfertigung der Arbeit hin bin ich sehr dankbar. Die Kommunikation mittels verschiedenster Medien, ganz gleich über welche geographischen Distanzen hinweg, der Respekt im Umgang und das unermüdliche wissenschaftliche Interesse waren sehr förderlich. Durch sie habe ich maßgebliche Förderung erfahren, die selten ist und vorbildlich. Ihr enormer Einsatz gerade im Bereich der formalen Bedingungen für meine Arbeit war groß und bleibt beispiellos.

Prof. Dr. Marina Gržinić, die bereits bei der ersten Begegnung positiv und motivierend war, danke ich vor allem für den Elan als Zweitbetreuerin. Ihre Professionalität und kompromisslose Haltung war wegweisend.

Prof. Dr. Andrea Albrecht danke ich für ihre Bereitschaft, ihr Interesse und ihre Zeit sowie für ihren kurzfristigen intensiven Einsatz und ihre mir sehr wichtige Rückmeldung.

Ivana Sajko und Simona Semenič bin ich für hilfreiche Antworten bei Rückfragen sehr dankbar.

Allen, die an der Entstehung dieser Arbeit in nächster Nähe Anteil genommen haben, danke ich sehr, vor allem für anregende und tiefgehende Gespräche und Empowerment sowie Freundschaft und pures Dasein, zuweilen auch Kontaktreduzierung für die naturgemäß einsame Schreibarbeit. Mit der erfahrenen Bestärkung von Dr. Anouschka Strang sowie Nic Kramer und Svetlana Vučelić ist diese Arbeit entscheidend vorangekommen. Ihnen und Brigitte Nicola Krones, Dr. Marija Blažina, Petra Blanke sowie Dr. Konstanze Streese bin ich für umfassende Solidarität, manche Hinweise und eine Menge Geduld sehr dankbar. Für ihr gründliches und schnelles Lektorieren danke ich Nic Kramer und Hannelore Fickler. Mein Dank gilt allen Vorbildern, denen ich persönlich begegnen durfte, darunter Dr. Sylvia Bovenschen, PD Dr. Luise F. Pusch, Lepa Mladenović, Dr. Tanja Miletić-Oručević, Adela Jušić, Nihad Kreševljaković,

Prof. Dr. Snežana Kordić, Prof. Dr. Milena Dragićević-Šešić, Haris Pasović, Prof. Dr. Darko Lukić und Dr. Irmtraud Kauschat. Louise deSalvo und Simon Kane danke ich für den Email-Kontakt. Den TheaterregisseurInnen Alexander Brill, Helen Körte und Niloofar Beyzaie, den Filmemacherinnen Susan Muska und Greta Olafsdottir sowie der Schauspielerin/Performerin Snežana Golubović danke ich für Material, das sie zur Verfügung gestellt haben. Auf dem Gebiet der Lektürebeschaffung waren die Wiener Buchhandlung *Mi* von Miroslav Prstojević und das Team der Buchhandlung *Land in Sicht* in Frankfurt am Main eine große Hilfe, zudem das Team von *abdigital.repro*. Frau Baymus und Frau Taherian danke ich stellvertretend für das Team der Universitätsbibliothek in Frankfurt am Main. Für die aufmerksame und effektive Zusammenarbeit am Schluss danke ich Oliver Renner und dem gesamten Verlagsteam von Frank & Timme. Ferner haben Ranko Cvetković, Prof. Dr. Lukas Bormann, die Familien Loewinstein, Briskola-Anderson, Hoppe, Pabiou und Rohn-Madzarac, Mirela Duplančič, Katarina Šaban, Ljerka Oreškovič-Hermann, Walburga Eisenhauer, Eleni Sprout, Lisa G. Dempsey und das Megalomania Theater unterstützend gewirkt. Wichtig waren Prof. Dr. Maria Brunner, Prof. Dr. Dieter Georgi, Prof. Teodora Gušić, Dr. Angela Federlein, Dr. Barbara Brüning, Dr. Athina Paraschou, das Team vom IWFF, von *go east* und das Team der Kinothek Asta Nielsen (Gaby Babić, Karola Gramann, Prof. Dr. Heide Schlüppmann), Dr. Cath Koa Dunsford, Dr. Karin Meißenburg, Ana Scheiber und alle ID-Judoka von Rotenburg/Wümme, darunter mein famoser Bruder Ivan. Zuletzt bin ich drei Wesen dankbar, die in wichtigen Momenten zugegen waren: Steed, Rouky und Cali.

EHARA TAKU TOA I TE TOA TAKITAHI ENGARI HE TOA TAKITINI (Maori) – Meine Kraft ist nicht die von mir allein, sondern die von sehr vielen zusammen.

FRAUEN – LITERATUR – WISSENSCHAFT

Bd. 1   Annette Bühler-Dietrich/Friederike Ehwald/Altina Mujkic (Hg.):
         Literatur auf der Suche. Studien zur Gegenwartsliteratur.
         252 Seiten. ISBN 978-3-7329-0377-1

Bd. 2   Annette Bühler-Dietrich (ed./Hg.): Feminist Circulations between
         East and West / Feministische Zirkulationen zwischen Ost und West.
         404 Seiten. ISBN 978-3-7329-0613-0

Bd. 3   Theater im Krieg – Friedenstheater? Theaterstücke zu den
         Jugoslawienkriegen (1991–1999): Sarah Kane, Biljana Srbljanović,
         Milena Marković, Ivana Sajko und Simona Semenič.
         562 Seiten. ISBN 978-3-7329-0674-1

T Frank & Timme